Les microrégions du guide :
(voir la carte à l'intérieur de la couverture ci-contre)

Pays basque
France, Espagne
et Navarre

Collection Le Guide Vert sous la responsabilité d'Anne Teffo

Édition
Anne Duquénoy, Aude Gandiol, Manuel Sanchez

Rédaction
Pierre Plantier, Ur Apalategi, Marie-Claude Berger, Iker Elosegi, Alexandra Forterre, Claude Labat, Pakea, Jean-Emmanuel Sceau

Cartographie
Marie-Christine Defait, Véronique Aissani, Aura Nicolae, Cristina Bragaru, Mirela Spita, Alexandru Iorga, Severin Vlad, Stéphane Anton, Michèle Cana

Relecture
Valérie Lajoinie-Mériot

Remerciements à :
Didier Broussard, Maria Gaspar (iconographie), Marjorie Desbard

Conception graphique
Christelle Le Déan

Régie publicitaire et partenariats
michelin-cartesetguides-btob@fr.michelin.com
Le contenu des pages de publicité insérées dans ce guide n'engage que la responsabilité des annonceurs.

Contacts
Michelin Cartes et Guides
Le Guide Vert
46 avenue de Breteuil - 75324 Paris - Cedex 07
✆ 01 45 66 12 34 - Fax 01 45 66 13 75
cartesetguides.michelin.fr

Parution 2010

Note au lecteur

Michelin a apporté le plus grand soin à la rédaction de ce guide et à sa vérification. Toutefois les informations pratiques (formalités administratives, prix, adresses, numéros de téléphone, adresses Internet...) doivent être considérées comme des indications du fait de l'évolution constante de ces données.

Il n'est pas totalement exclu que certaines d'entre elles ne soient plus, à la date de parution du guide, tout à fait exactes ou exhaustives. N'hésitez pas à nous signaler toute omission ou inexactitude que vous pourriez constater ainsi que de nous faire part de vos avis et suggestions sur les adresses contenues dans ce guide.

Avant d'entamer toute démarche (formalités administratives ou douanières notamment), vous êtes invités à vous renseigner auprès des organismes officiels. Ces informations ne sauraient, de ce fait, engager notre responsabilité.

Le Guide Vert, mode d'emploi

Le Guide Vert, un guide en 3 parties

- **Organiser son voyage** : les informations pratiques pour préparer et profiter de son séjour sur place
- **Comprendre la destination** : les thématiques pour enrichir son voyage
- **Découvrir la destination** : un découpage en **microrégions** *(voir carte générale dans le 1er rabat de couverture et sommaire p. 1)*

En ouverture de chaque **microrégion**, retrouvez un **sommaire** et une **carte** qui indiquent :
- les villes et sites traités dans le chapitre
- les itinéraires conseillés

Pour chaque chapitre, consultez « **Nos adresses...** » :
- des informations pratiques
- des établissements classés par catégories de prix
- des lieux où boire un verre
- des activités à faire en journée ou en soirée
- un agenda des grands événements de l'année

En fin de guide

- un **index général** des lieux et thèmes traités
- un **sommaire** des cartes et plans du guide
- la légende des symboles du guide
- la liste de nos publications

Et en complément de notre guide

- Créez votre voyage sur **Voyage.ViaMichelin.fr**

Votre avis nous intéresse
Rendez-vous sur votreaviscartesetguides.michelin.fr

Sommaire

1/ ORGANISER SON VOYAGE

VENIR DANS LA RÉGION

AVANT DE PARTIR

MÉMO

2/ COMPRENDRE LE PAYS BASQUE ET LA NAVARRE

LA RÉGION AUJOURD'HUI

ART ET CULTURE

NATURE ET PAYSAGES

HISTOIRE

3/ DÉCOUVRIR LE PAYS BASQUE ET LA NAVARRE

1 LA CÔTE BASQUE ET LE LABOURD

2 LA BASSE-NAVARRE ET LA SOULE

3 SAINT-SÉBASTIEN ET LA PROVINCE DE GUIPÚZCOA

4 BILBAO ET LA BISCAYE

5 VITORIA ET LA PROVINCE D'ÁLAVA

6 LA NAVARRE

1/ ORGANISER SON VOYAGE

M. Barraud/Ojo Images/Photononstop

Venir dans la région

Par la route

LES GRANDS AXES

Plusieurs autoroutes convergent vers le Pays basque : l'A 10 (Paris-Bordeaux) et l'A 62 relient Paris et Toulouse à Bordeaux, d'où l'A 63 conduit jusqu'à Bayonne et au-delà Hendaye. Enfin l'A 64 va de Toulouse à Pau. Le passage sur l'Espagne se fait par Irún où l'A 8 prend le relais en direction de St-Sébastien et Bilbao. Juste après St-Sébastien, la E 5/E 80 permet de rejoindre respectivement Vitoria et Pampelune.
Informations autoroutières – ✆ 0 892 681 077 - www.autoroutes.fr.

LES CARTES MICHELIN

Plans de villes : Bilbao 77, Donastía San Sebastían 84 et **Pamplona 88.**
Camino de Santiago de Compestella 160 au 1/150 000 ; l'itinéraire des chemins de Compostelle, de St-Jean-Pied-de-Port à Santiago, avec auberges, refuges et informations pratiques.
Cartes Zoom 144 (Pyrénées occidentales) au 1/150 000, avec index des localités, plans de ville et parcours pittoresques.
Cartes Départements 342 (Hautes-Pyrénées, Pyrénées-Atlantiques) au 1/150 000.
Cartes Région 573 (Pays basque et Navarre) au 1/250 000 et **524** (Aquitaine) au 1/200 000.
Carte de France 721 et carte d'Espagne-Portugal 734.
En ligne : calcul d'itinéraires sur **www.ViaMichelin.fr.**

En train

LE RÉSEAU GRANDES LIGNES

Le **TGV** relie Paris-Montparnasse à Bayonne en 5h environ. C'est la seule liaison directe. Il continue jusqu'à Irún (5h35 pour les directs, mais il faut parfois changer à Bordeaux) où la Renfe prend le relais pour conduire à St-Sébastien, Bilbao, Vitoria ou Pampelune. Les autres liaisons ont un changement et se font en partie en train Corail.
Informations et réservations – ✆ 36 35 (0,34 €/mn) - www.voyages-sncf.com.
Iberail France (représentation des chemins de fer espagnols Renfe) - 57 r. de la Chaussée-d'Antin - 75009 Paris - ✆ 01 40 82 63 60 - www.renfe.es.

DISTANCES	Bayonne	Bilbao	Pampelune	St-Sébastien	Vitoria-Gasteiz
Bayonne		150	112	55	162
Bilbao	150		156	99	65
Pampelune	112	156		82	94
St-Sébastien	55	99	82		111
Vitoria-Gasteiz	162	65	94	111	

TRAINS EXPRESS RÉGIONAUX

Les **TER** sillonnent la région au départ de Bayonne, direction Biarritz, Hendaye, Cambo-les-Bains, Ossès et St-Jean-Pied-de-Port. Ces lignes ferroviaires sont renforcées, dans certains cas doublées, par des lignes d'**autocars** (TER).

Informations et réservations sur le réseau régional
Ligne directe : ✆ 36 35 (0,34 €/mn) - www.ter-sncf.com/aquitaine.

EN ESPAGNE

C'est la compagnie nationale **Renfe** qui assure les trajets sur les grandes lignes. Horaires, prix, et réservations en ligne sur **www.renfe.es**.
En Euskadi et, en attendant la réalisation de l'Y, liaison à grande vitesse reliant les trois capitales (Bilbao, St-Sébastien et Vitoria-Gasteiz), le chemin de fer est régi en Biscaye et Guipúzcoa par une compagnie publique régionale **Euskotren** – Gare de St-Sébastien, plaza Easo - ✆ 943 013 500 - **www.euskotren.es** : détail des lignes et des horaires.

En avion

LES COMPAGNIES AÉRIENNES

Air France – La compagnie dessert depuis Paris les aéroports de Biarritz et de Bilbao. Renseignements et réservations : ✆ 36 54 - www.airfrance.fr.
Iberia – Renseignements et réservations : ✆ 0 825 800 965 - www.iberia.fr - ✆ 902 400 500 - www.iberia.es.

LES AÉROPORTS DE LA RÉGION

Aéroport de Biarritz-Anglet-Bayonne – 7 esplanade de l'Europe - 64600 Anglet - ✆ 05 59 43 83 83 - www.biarritz.aeroport.fr. Vols directs de (et pour) Paris-Orly, Lyon, Clermont-Ferrand, Nice et Genève (Air France), Paris-CDG, Lyon et Londres (Easyjet) Marseille, Londres, Dublin et Birmingham (Ryanair).
Aéroport de Fontarabie/St-Sébastien – C/Gabarrari, s/n - 20280 Hondarribia - ✆ 943 668 500. Vols directs pour Biarritz, Madrid et Barcelone.
Aéroport de Bilbao-Loiu – 48180 Loiu - ✆ 944 869 663 (administration) ou 905 505 505 (infos vols). Un vol hebdomadaire pour Paris opéré par Air France, vols pour Bruxelles (SN Brussels Air Lines).
Aéroport de Vitoria – 01196 Vitoria - ✆ 902 404 704.
Aéroport de Pampelune – Ctra Zaragoza, km 5 - 31110 Noáín - ✆ 902 404 704 -
Informations sur les aéroports espagnols : www.aena.es.

LES BONS PLANS

N'hésitez pas à surfer sur le Net pour bénéficier des meilleures offres (promos, vols de dernière minute).
Voici quelques sites permettant de réserver en ligne au meilleur prix :
www.lastminute.com
www.opodo.fr
www.anyway.com
www.voyagermoinscher.com
www.bevedair.com (au départ de Beauvais)
www.govoyages.fr
www.easyjet.com
www.voyages-sncf.com.

Avant de partir

Météo

Services téléphoniques de Météo France – ✆ **3250** suivi de :
1 – météo d'une commune, d'un département ou de l'outre-mer ;
2 – météo du prochain week-end ;
3 – météo activités de bord de mer et navigation ;
4 – météo montagne ;
5 – météo des routes.
Accès aux prévisions du département – ✆ **0 892 680 2** suivi du numéro du département (0,34 €/mn).
En ligne : **www.meteo.fr**
Deux versants, l'un tributaire de l'Atlantique, l'autre plus méditerranéen, une barrière montagneuse, c'est dire si le climat peut être changeant sur la région.

ÉTÉ

La région a la réputation d'être souvent pluvieuse, mais la réalité ménage heureusement de très belles périodes ensoleillées, parfois troublées dans l'arrière-pays par des orages subits. Les températures peuvent grimper très vite, mais elles restent généralement assez douces. Dans la Ribera navarraise, c'est l'aridité et, parfois, la canicule qui règnent.

AUTOMNE

Un programme d'automne pourrait se décliner comme suit : surf ou promenade sur la plage, randonnées en montagne, cueillettes, bonnes tables et calendrier festif bien rempli… mais parapluie ou imperméable toujours à portée de main (par précaution, bien entendu).

HIVER

Sur la côte, l'hiver est plutôt doux grâce à l'influence du Gulf Stream, mais attention aux sautes d'humeur de l'Océan qui peut s'emballer lors de grosses tempêtes… C'est l'époque idéale pour découvrir les Pyrénées sous la neige et skier du côté de la forêt d'Iraty.

PRINTEMPS

Les températures deviennent douces et, à St-Sébastien comme à Bilbao, on peut vite avoir l'impression d'être en été. Mais n'oubliez pas votre imperméable, car les pluies sont fréquentes, sur le littoral comme à l'intérieur des terres. En Álava et en Navarre (en particulier dans les vallées pyrénéennes), le temps se montre moins clément, les températures pouvant être très fraîches, surtout en montagne où la neige tient parfois jusqu'au mois de mai !

Adresses utiles

LES INSTITUTIONS

Comité régional du tourisme d'Aquitaine – Cité Mondiale - 23 parvis des Chartrons - 33074 Bordeaux Cedex - ✆ 05 56 01 70 00 - www.tourisme-aquitaine.fr.
Office espagnol du tourisme – 43 r. Descamps - 75016 Paris - ✆ 01 45 03 82 50 - www.spain.info/fr.
Comité départemental du tourisme Béarn Pays basque – Petite Caserne, 2 allée des Platanes - 64100 Bayonne - ✆ 05 59 30 01 30 - www.tourisme64.com.
Au programme du guide des loisirs en Béarn et Pays basque : culture et art de vivre, nature, eau, glisse et sports.

Euskadi – www.euskadi.net. Le gouvernement autonome du Pays basque publie plusieurs brochures très bien conçues sur les différents types d'hébergement, la gastronomie, les parcs naturels et les randonnées. Elles sont disponibles en plusieurs langues dans tous les offices de tourisme. N'hésitez donc pas à demander : le *Guide des petits hôtels et hébergements en milieu rural* ; le *Guide de l'hébergement au Pays basque* ; celui de la *Gastronomie* ; le *Voir, Visiter et Connaître* ; les *Deux chemins pour Compostelle* ; *Randonnée au Pays basque*, *Fêtes et traditions* et enfin, celui portant sur les *Espaces naturels*.

Département de tourisme du gouvernement de Navarre – Parque Tomas-Caballero, 1-4 - Edificio Fuerte del Príncipe - 31005 Pamplona - ✆ 948 206 540 - www.navarra.es.

De son côté, le **gouvernement navarrais** propose une série de brochures très détaillées présentant tous les sites dignes d'intérêt de la région (villes, monuments, sites naturels).

Il diffuse également un livret assez complet de tous les hébergements de la province.

Maison de pays

Maison des Pyrénées-Atlantiques – 20 av. de l'Opéra - 75001 Paris - ✆ 01 53 45 94 64.

Programmation culturelle

Institut culturel basque – Château Lota - 64480 Ustaritz - ✆ 05 59 93 25 25 - www.eke.org - lun.-vend. 9h30-12h30, 13h30-18h (vend. 17h).

Maison basque de Paris *(Pariseko Eskual Etxea)* – 59 av. Gabriel-Péri - 93400 St-Ouen - ✆ 01 40 10 11 11 - www.eskualetxea.jimdo.com - lun.-sam. 10h-12h, 14h-17h. Lieu de rencontre et de réunion, cette adresse propose activités et animations en accord avec le calendrier et la culture basques.

Sur Internet

Voici quelques adresses où vous trouverez de multiples informations :

www.cotebasque.com
www.turismopaisvasco.com
www.turismonavarra.com
www.navarra.net/turismo et /arteycultura
www.navarra.es
www.alavaincoming.com
www.euskadi.net
www.bizkaia.net
www.guipuzcoa.net

Offices de tourisme

Les adresses des offices de tourisme se trouvent dans la rubrique « S'informer » de chaque ville ou site dans la partie « Découvrir la région ». Nous y indiquons en outre les adresses des sites officiels de ces localités dont la consultation peut être précieuse à condition pour nombre d'entre elles d'avoir quelques notions d'espagnol.

En ligne : une mine d'information pour faire du tourisme en France sur **www.franceguide.com** et **www.tourisme.fr.**

FORMALITÉS

Pièces d'identité – La carte nationale d'identité en cours de validité ou le passeport (même périmé depuis moins de 5 ans) sont valables en Espagne pour les ressortissants des pays de l'Union européenne, d'Andorre, du Liechtenstein, de Monaco et de Suisse.

Santé – Numéro d'urgence unique : le **112**. Les ressortissants de l'Union européenne bénéficient de la gratuité des soins avec la **carte européenne d'Assurance maladie**.

Véhicules – Pour le conducteur : permis de conduire à trois volets ou permis international. Le conducteur doit être en possession d'une autorisation écrite du propriétaire, si celui-ci n'est pas dans la voiture.

Outre les papiers du véhicule, il est nécessaire de posséder la carte verte d'assurance.
Pensez également à vous munir de deux **triangles de signalisation** et d'un **gilet fluorescent**, obligatoires en cas de panne.

ANIMAUX DOMESTIQUES

Pour les chats et les chiens, un certificat de vaccination antirabique de moins d'un an, un certificat de bonne santé (de moins de 10 jours) et un carnet de santé à jour sont exigés.

TOURISME DES PERSONNES HANDICAPÉES

Le symbole ♿ signale les sites accessibles aux personnes à **mobilité réduite**.

Accessibilité des infrastructures touristiques :

Consultez les sites labellisés **Tourisme et Handicap** à l'adresse suivante : http://fr.franceguide.com/voyageurs/tourisme-et-handicap/sites-labellises.
Association Tourisme et Handicaps – 43 r. Max-Dormoy - 75018 Paris - ✆ 01 44 11 10 41 - www.tourisme-handicaps.org.
Association des Paralysés de France – Direction de la communication - 17 bd Auguste-Blanqui - 75013 Paris - www.apf.asso.fr.

Accessibilité des transports :

Train – Le *Mémento du voyageur handicapé* est disponible gratuitement dans les gares et boutiques SNCF ou sur le site www.voyages-sncf.com.
Numéro Vert **SNCF Accessibilité Service** : ✆ 0 800 154 753, 24h/24 et 7j/7.
En ligne : **www.accessibilite.sncf.fr.**
Avion – Air France propose aux personnes handicapées le service d'**assistance Saphir** : ✆ 0 820 01 24 24 (0,12 € TTC/mn). Pour plus de détails, consultez le site Internet **www.airfrance.fr**.

Se loger

Retrouvez notre sélection d'hébergements dans « Nos adresses à... » situées en fin de description des principaux sites de la partie « Découvrir le Pays basque et la Navarre ».
Bon à savoir – Les comités départementaux de tourisme et certains offices de tourisme proposent un service de réservation en ligne mais aussi parfois des formules thématiques de courts séjours et des offres promotionnelles.

NOTRE SÉLECTION

Les hôtels

Hôtel, pension ou chambre d'hôte, à vous de choisir ! Les établissements sont classés par catégories de prix *(voir le tableau p. 14)*. Les tarifs communiqués, prix minimum et maximum pour une chambre double, sont ceux pratiqués en haute saison. Le petit-déjeuner est pratiquement toujours facturé en supplément, en Espagne. Certains établissements assurent un service de restauration également accessible à la clientèle extérieure.
À consulter aussi : **Le Guide Michelin France**, le **Guide Camping Michelin France** et **Le Guide Michelin Espagne-Portugal**.

Les « paradores »

Le luxe « à l'espagnole ».
Anciens couvents, châteaux ou palais, devenus la plupart du temps propriété de l'État et transformés en hôtels de grand confort, ils occupent en général des sites idéalement placés en centre-ville ou sur des hauteurs avec vues imprenables. Comptez entre 80 et

L'innovation au service
de l'environnement.
Que ce soit à travers le développement de pneus à basse consommation de carburant ou à travers notre engagement en matière de développement durable, le respect de l'environnement est une préoccupation quotidienne que nous prenons en compte dans chacune de nos actions.
Car œuvrer pour un meilleur environnement, c'est aussi une meilleure façon d'avancer.
www.michelin.com
MICHELIN
Une meilleure façon d'avancer

NOS CATÉGORIES DE PRIX				
	Hébergement		Restauration	
	Province	Grandes villes	Province	Grandes villes
Premier prix	jusqu'à 45 €	jusqu'à 65 €	jusqu'à 14 €	jusqu'à 16 €
Budget moyen	plus de 45 € à 65 €	plus de 65 € à 100 €	plus de 14 € à 25 €	plus de 16 € à 30 €
Pour se faire plaisir	plus de 65 € à 100 €	plus de 100 € à 160 €	plus de 25 € à 40 €	plus de 30 € à 50 €
Une folie	plus de 100 €	plus de 160 €	plus de 40 €	plus de 50 €

170 € pour une chambre double (TVA en sus). Attention : il est plus que prudent de réserver…

Sur le territoire couvert par ce guide, il existe trois *paradores* : à Argómaniz près de la sierra de Gorbea (Álava), à Hondarribia (Guipúzcoa) et à Olite (Navarre).

Réserver depuis la France – Iberrail France - ✆ 0 825 079 200.

Réserver depuis l'Espagne – Requena, 3 - 28013 Madrid - ✆ 902 547 979 - www.paradores.es.

Les pensions

Cette formule d'hébergement ne se pratique qu'au sud des Pyrénées. Formule intermédiaire entre l'hôtel et la chambre d'hôte, la *pensión* offre convivialité et confort le plus souvent très convenable pour un prix généralement correct.

Le petit-déjeuner n'est souvent pas compris dans la prestation : renseignez-vous auprès de votre hôte.

SERVICES DE RÉSERVATION

Les services de réservation

Fédération nationale des services de réservation Loisirs-Accueil – 74/76 r. de Bercy - 75012 Paris - ✆ 01 44 11 10 20 - www.loisirs-accueil.fr.

Fédération nationale Clévacances – 54 bd de l'Embouchure - BP 52166 - 31022 Toulouse Cedex - ✆ 05 61 13 55 66 - www.clevacances.com.

HÉBERGEMENT RURAL

Fédération des Stations vertes de vacances et Villages de neige – BP 71698 - 21016 Dijon Cedex - ✆ 03 80 54 10 50 - www.stationsvertes.com.

Bienvenue à la ferme – Ce réseau regroupe dans tout le pays des agriculteurs qui proposent des activités d'accueil touristique. Voir le site www.alaferme64.com.

Maison des Gîtes de France et du Tourisme vert – 59 r. St-Lazare - 75009 Paris - ✆ 01 49 70 75 75 - www.gites-de-france.com. Cet organisme donne les adresses des relais départementaux et publie des guides sur les différentes possibilités d'hébergement en milieu rural (gîtes ruraux, chambres et tables d'hôte, gîtes d'étape, chambres d'hôte et gîtes de charme, gîtes de neige, gîtes de pêche, locations de chalets, locations de chalets et campings et séjours à la ferme, gîtes Panda).

Au sud des Pyrénées – Vous aurez la liste et le détail des hébergements en demandant les brochures dans les offices de tourisme, ou en consultant les sites Internet suivants : www.nekatur.net et www.casasruralesnavarra.com.

Pour randonneurs

En ligne : **www.gites-refuges.com**

Label St-Jacques – Il concerne les gîtes et chambres d'hôte situés à proximité des chemins de St-Jacques s'étant engagés à valoriser ce thème : mise à disposition de documentation, décoration intérieure, accueil, etc. Renseignements : Gîtes de France des Pyrénées-Atlantiques - 20 r. Gassion - 64000 Pau - ✆ 05 59 11 20 64 - www.gites64.com.

Les pèlerins « purs et durs », munis de leur **credencial** (obligatoire en Espagne pour accéder à ce type d'hébergement) pourront être accueillis outre Pyrénées dans les **Albergues** et **Lugares de Acogida**, souvent particulièrement spartiates. *Pour plus de détails, reportez-vous au chapitre « Les chemins de St-Jacques », p. 411.*

AUBERGES DE JEUNESSE

Fédération unie des auberges de jeunesse (FUAJ) – 27 r. Pajol - 75018 Paris - ✆ 01 44 89 87 27 - www.fuaj.org.

Ligue française pour les auberges de jeunesse (LFAJ) – 67 r. Vergniaud - bâtiment K - 75013 Paris - ✆ 01 44 16 78 78 - www.auberges-de-jeunesse.com.

POUR DÉPANNER

Les chaînes hôtelières

Akena – ✆ 01 69 84 85 17 - www.hotels-akena.com.

B & B – ✆ 0 892 782 929 - www.hotel-bb.com.

Etap Hôtel – ✆ 0 892 688 900 - www.etaphotel.com.

Villages Hôtel – ✆ 03 80 60 92 70 - www.villages-hotel.com.

Enfin, les hôtels suivants, un peu plus chers (à partir de 58 € la chambre), offrent un meilleur confort et quelques services complémentaires :

Campanile – ✆ 01 64 62 46 46 - www.campanile.fr.

Kyriad – ✆ 0 825 003 003 - www.kyriad.fr.

Ibis – ✆ 0 825 882 222 - www.ibis.com.

Du côté de l'Espagne, quelques chaînes qui pourront également vous tirer d'affaire :

www.sercotel.es – ✆ 902 141 515.

www.husa.es – ✆ 902 100 710.

www.solmelia.com – ✆ 902 144 440.

Et Mirza ?

Attention : même si les Espagnols sont de plus en plus nombreux à posséder un chien, vous devez savoir que rares sont les hôtels d'outre Pyrénées qui acceptent les *mascotas*.

Se restaurer

Retrouvez notre sélection de restaurants dans « Nos adresses à... », en fin de description des principaux sites de la partie « Découvrir la région ». Comme pour Se loger, ils sont listés par catégorie de prix, sur la base mini/maxi en haute saison.

Les séjours dans la région permettent de marier harmonieusement culture, nature et gastronomie. Car si cette région possède un riche patrimoine et des paysages variés, elle est aussi dédiée au « bien-boire » et au « bien-manger ».

Sur les **Côtes guipúzcoane et biscayenne**, les bars à tapas et à *pintxos (voir quelques conseils p. 53)* permettent de déguster une grande variété de produits locaux (asperges, anchois, fruits de mer, etc.) sous forme de canapé, de brochettes ou d'assiettes, accompagnées d'un verre du vin de la maison (ou de cidre).

Dans les **vallées pyrénéennes**, notamment du côté des Aldudes ou de Roncal, truites, jambons et fromages de brebis sont à l'honneur. Pour accompagner ces spécialités, ne pas hésiter à goûter le vin d'Irouléguy produit du côté de St-Étienne-de-Baïgorry.

En Basse-Navarre et Soule, foies gras et cèpes figurent immanquablement à la carte.

NOTRE SÉLECTION

Pour répondre à toutes vos envies, nous proposons des **restaurants** régionaux, mais aussi classiques, gastronomiques et des adresses où faire une petite pause.
À consulter aussi : **Le Guide Michelin France et le Guide Michelin Espagne-Portugal**.

En ligne : les fermes-auberges sur **www.bienvenue-a-la-ferme.com**

Bon à savoir – Lorsque vous séjournez en Espagne, vous devez vous plier à la fameuse « heure espagnole » : ne comptez pas déjeuner avant 14h ni dîner avant 21h !

LABELS

Les Sites remarquables du goût

Le label « Sites remarquables du goût » regroupe à travers toute la France des sites dont la richesse gastronomique s'appuie sur des produits de qualité liés à un environnement culturel intéressant et à une réelle volonté d'accueil touristique. Dans cette région, il a été décerné au village d'**Espelette**.
Pour en savoir plus : **www. sitesremarquablesdugout.com**.

Sur place de A à Z

♿ Pour obtenir de la documentation traitant des différentes activités à pratiquées, s'adresser aux **comités départementaux** et **comités régionaux** de tourisme *(voir p. 10)*.
En ligne : certaines brochures sont téléchargeables sur leurs sites Internet.

BAIGNADE

Les **plages du littoral** sont en général surveillées durant les mois d'été. Il faut cependant faire attention aux vagues déferlantes du fait de leur puissance et aux courants qui entraînent le nageur loin des côtes.
Si vous préférez des eaux moins tourmentées, optez pour les **lacs intérieurs** comme Urrúnaga ou Ullíbarri, près de Vitoria, en Álava. Mais attention, la baignade n'est pas autorisée partout ; renseignez-vous au préalable dans les offices de tourisme.
En ligne : **http://baignades.sante.gouv.fr**

Naturisme

Les villages ou les campings naturistes sont bien plus rares que sur la Côte landaise, mais certaines plages du littoral basque sont fréquentées par les naturistes qui peuvent profiter du soleil à Anglet, Biarritz, Bidart ou Hendaye pour la côte nord, St-Sébastien ou Zarautz pour le Guipúzcoa, Ispaster, Ea ou Getxo pour la Biscaye. Le naturisme est également pratiqué en bordure de certains lacs navarrais où il est « toléré » (Yesa, Aioz). N'hésitez pas à consulter les sites Internet et la brochure du Comité régional d'Aquitaine. Ils vous donneront la liste des plages et sites agréés, ainsi que des hébergements.
Délégation régionale de naturisme d'Aquitaine – Maison des associations, 2 cours Fénelon, 24000 Périgueux - www.naturisme-aquitaine.blogspot.com.
Euskal Naturista Elkartea – Apdo de Correos 4066 - 48080 Bilbao - ✆ 685 702 712 - www.ene-naturismo.org.
www.naturismo.org – Fédération nationale des naturistes espagnols.

CERF-VOLANT

Fédération française de vol libre – 4 r. de Suisse - 06000 Nice - ✆ 04 97 03 82 82 - www.federation.ffvl.fr/Vol_Libre/Cerf_Volant.

CHASSE

Les **Pyrénées** attirent les chasseurs à la recherche de gros gibier. Les amateurs de pièces rares, telles que le lagopède et le coq de bruyère, sont des passionnés qui fréquentent les stations d'altitude. Du côté espagnol, la législation en vigueur limite la chasse de certaines espèces à des zones et à des saisons bien déterminées. Le calendrier de chasse varie suivant les régions. Il est généralement établi au mois d'août, et prévoit les zones et les périodes de chasse autorisée pour chacune des espèces. Chaque chasseur doit posséder un permis de port d'arme délivré par la police des frontières sur présentation du passeport et du permis de chasse français en règle, accompagnés de leur traduction et certifiés par le consulat d'Espagne ; un permis de chasse délivré sur présentation du passeport par les autorités de la région choisie ; une assurance obligatoire.

Union nationale des fédérations départementales des chasseurs – 13 r. du Gén.-Leclerc - 92136 Issy-les-Moulineaux - ✆ 01 41 09 65 10 - www.chasseurdefrance.com.
Real Federación Española de Caza – C Francos Rodríguez, 70, 2e étage - 28039 Madrid - ✆ 913 11 14 11 - www.fecaza.com. Informations sur la législation.
Federación Vasca de Caza – D. José Ma Usarraga López - C/ Julián Gayarre, 48 Lonja - 48004 Bilbao (Biscaye) - ✆ 944 735 006 - fvcaza@euskalnet.net.
Federación Navarra de Caza – D. José Ángel Remírez Arana - Casa del Deporte, Paulino Caballero, 13 - 31002 Pamplona - ✆ 948 427 853 - www.cazanavarra.org.

Chasse à la palombe

On pratique bien entendu la chasse à la palombe (très ancrée dans les Pyrénées, même si sa pratique est aujourd'hui contestée par certaines associations), en octobre et novembre. Certains prestataires organisent des week-ends ou des journées de chasse à la palombe, avec transfert sur les lieux de chasse.
Pour obtenir de la documentation, s'adresser aux **comités départementaux** et **comités régionaux** de tourisme *(voir p. 10)*.

COURSES DE TAUREAUX

Voir « Sports et jeux » p. 47.

COURSE À PIED

Rien ne vous empêche de courir le long des routes ou sur les chemins du Pays basque pour profiter de leurs paysages tantôt verdoyants et vallonnés, tantôt secs et plats. Mais si vous êtes bien entraîné et si la compétition vous intéresse, inscrivez-vous donc à l'**Hirukasko**, la course des trois sommets, qui a lieu à Bidarray en juin ou à la **Course des Crêtes** du Pays basque, qui couvre des distances de 7 à 27 km, et dont les adeptes prennent le départ à Espelette chaque début de juillet depuis bientôt 35 ans (prévoir 15 € de participation, licence sportive requise ou à défaut certificat médical sans contre-indication pour pratiquer la course à pied). Un dîner animé vient clôturer la journée.
Autre course incontournable de l'été : la **Course de la Rhune**, soit 13 km parcourus chaque mois d'août entre Ascain et le sommet de la montagne mythique (6,5 km de montée, 920 m de dénivelé). Petits mollets s'abstenir !
Les plus mordus pourront tenter la **Euskal Trail**, un raid en boucle de 80 km dans la vallée des Aldudes, qui a lieu en juin. La course se fait par équipe de deux, en 2 étapes (environ 40 km, dénivelé de 2 000 m).

CYCLOTOURISME

Le Comité départemental du tourisme **Béarn-Pays basque** met à disposition un guide *Vélo* regroupant informations et propositions d'itinéraires. La **montagne pyrénéenne** se prête également à des randonnées à VTT. La liste des loueurs de cycles est fournie par les syndicats d'initiative et les offices de tourisme.
Fédération française de cyclotourisme –12 r. Louis-Bertrand - 94207 Ivry-sur-Seine Cedex - ✆ 01 56 20 88 88 - www.ffct.org.
Federación Vasca de ciclismo (Euskadiko Txirrindularitza federazioa) – Velódromo de Anoeta, paseo de Anoeta, 12, 1o derecha - 20014 San Sebastián - ✆ 943 457 069 - www.fvascicli.com.
Federación Navarra de ciclismo – Casa del Deporte, c/Paulino Caballero, 13 - 4a planta - 31002 Pamplona - ✆ 948 211 495 - www.fnavarraciclismo.com.

ESCALADE

Fédération française de la montagne et de l'escalade – 8-10 quai de la Marne - 75019 Paris - ✆ 01 40 18 75 50 - www.ffme.fr.

Des **stages d'initiation** et de perfectionnement sont généralement organisés par divers prestataires.

Pour le versant espagnol, renseignez-vous auprès des offices de tourisme et des fédérations.

Federación Española de Montañismo – C/Floridablanca, 84 - 08015 Barcelona - ✆ 934 264 267 - www.fedme.es.

Federación Navarra de Deportes de Montaña y Escalada – C/Paulino Caballero, 13, 5e étage - 31002 Pamplona - ✆ 948 224 683.

Federación Vasca de Montañismo – Pº Anoeta, 24 - 20014 San Sebastián - ✆ 943 743 619 - www.emf-fvm.com.

GOLF

Très verdoyante, la région est idéale pour le développement du golf qui a rapidement trouvé sa place sur le littoral, notamment vers Anglet et Biarritz.

Terre de golf, l'Espagne, qui a donné quelques champions, n'est naturellement pas en reste. Pour tout renseignement, contactez les fédérations.

Fédération française de golf – 68 r. Anatole-France - 92309 Levallois-Perret Cedex - ✆ 01 41 49 77 00 ou 0 892 691 818 - www.ffgolf.org.

Federación Española de Golf – C/ Provisional Arroyo del Fresno Dos (prolongement de c/ Gabriela Mistral), 5 - 28035 Madrid - ✆ 915 552 682 ou 913 769 130 - www.golfspainfederacion.com.

Federación Navarra de Golf – C/Av. Navarra, 1 bajo - 31012 Pamplona - ✆ 948 210 132 - www.fnavarragolf.com.

Federación Vasca de Golf – Plaza de Euskadi, 1 - 4° Edificio « La Equitativa » - 20001 San Sebastián - ✆ 943 293 508 - www.fvgolf.com.

Voici quelques golfs très connus :

- **Golf du Phare à Biarritz** – 2 av. Edith-Cavell - 64200 Biarritz - www.golfbiarritz.com. Il s'agit du doyen puisqu'il a été inauguré en 1887 par des résidents anglais.
- **Golf de Chiberta à Anglet** – 104 bd des Plages - 64600 Anglet - www.golfchiberta.com.
- **Real Golf Club de San Sebastián**, à 14 km de la ville en direction de Fontarabie/Hondarribia. - www.golfsansebastian.com.
- **Real Sociedad de Golf de Neguri**, à Punta Galea, 25 km de Bilbao (Vizcaya) - www.rsgolfneguri.com.
- **Club de golf d'Artxanda**, à Galdakao (Biscaye), sur la route BI3732 à 10 km de Bilbao - www.artxanda.golf.com.

KAYAK DE MER

Cette discipline utilise le même équipement que le kayak, mais avec des embarcations plus longues et plus stables pour mieux résister au roulis. C'est un moyen idéal pour visiter la côte, parfois inaccessible à pied.

En ligne : **www.ffck.org**.

NAVIGATION DE PLAISANCE

De l'embouchure de la Gironde à celle de la Bidassoa, de nombreux ports de plaisance peuvent accueillir les bateaux ; les principaux sont Anglet, St-Jean-de-Luz, Fontarabie, St-Sébastien, Zumaia et Getxo. Renseignements auprès des capitaineries des ports.

Pour en savoir plus sur les ports de la côte, vous pouvez consulter *La Côte basque, de Bayonne à Bilbao*, par Nathalie Dupuy, Éd. Atlantica.

En ligne : **www.ffports-plaisance.com.**

PÊCHE

Pour repérer au mieux votre lieu de pêche, vous pouvez vous procurer la carte halieutique *Truites et saumons en Béarn et Pays basque.*

Pêche en eau douce

Les Pyrénées offrent aux pêcheurs un grand choix de rivières, lacs et étangs. Généralement, le cours des rivières est classé en 1re catégorie (salmonidés dominants comme la truite, l'ombre ou l'omble chevalier) ou en 2e catégorie (cyprinidés dominants comme la carpe, la brème ou l'ablette, et carnassiers comme le brochet, le sandre et le black-bass).

Bon à savoir – Quel que soit l'endroit choisi, il convient d'observer la réglementation en vigueur et d'être affilié à une association de pêche et de pisciculture agréée. Il vous faudra même demander un permis de pêche aux services d'Agriculture et de Pêche en Espagne, où vous souhaitez pêcher.

Club halieutique – Vous trouverez de nombreux renseignements sur le site du club halieutique : www.club-halieutique.com.

Pour connaître les conditions de pêche de l'autre côté des Pyrénées, contactez les fédérations espagnoles.

Le permis s'obtient auprès des services officiels d'agriculture de chaque région, sur présentation du passeport.

Federación Española de Pesca y Casting – Navas de Tolosa, 3 - 28013 Madrid - ✆ 915 328 352 - www.fepyc.es.

Federación Vasca de Pesca y Casting – Pº de Anoeta, 24 2° - 20014 San Sebastián - ✆ 943 466 790 - www.fvpyc.org.

Federación Navarra de Pesca y Casting – C/Paulino Caballero, 13 - 31002 Pamplona - ✆ 848 427 850 - fednavarrapasca@yahoo.es.

Pêche en mer

L'amateur de pêche en eau salée peut exercer son sport favori à pied, en bateau ou en plongée le long de la Côte basque. Des sorties de pêche en mer sont organisées à la belle saison : pêche à la ligne, à la traîne, au « gros » (thon), pour une demi-journée ou une journée entière en fonction du temps, du nombre de participants et du poisson à prendre. Le matériel est fourni par l'équipage du bateau. Il est conseillé de s'inscrire à l'avance.

Fédération française des pêcheurs en mer – Résidence Alliance, centre Jorlis - 64600 Anglet - ✆ 05 59 31 00 73 - www.ffpm-national.com. Pour tout renseignement côté espagnol, contactez les fédérations de pêche *(voir ci-contre)* ou les offices de tourisme.

PELOTE BASQUE

Voir « Sports et jeux » p. 45.

Fédération française de pelote basque – Trinquet moderne - 60 av. Dubrocq - BP 816 - 64100 Bayonne - ✆ 05 59 59 22 34 - www.ffpb.net. Elle donne la liste de toutes les ligues régionales.

Ligue de pelote du Pays basque – Pl. du Jeu-de-Paume - 64240 Hasparren - ✆ 05 59 29 59 40 - www.ligue-pelote-basque.com ou www.lppb.fr.

Federación Vasca de Pelota Pedro Uriarte – Barrio Astola, 26 - 48220 Abadiño (Vizcaya) - ✆ 946 818 108 - www.euskalpilota.com.

Federación Navarra de Pelota – Frontón Labrit, c/Juán-de-Labrit s/n - 31001 Pamplona - ✆ 948 226 075 - www.fnpelota.com/es. C'est également Pampelune qui abrite, calle Bernardino Tirapu, la **Fédération internationale** (www.fipv.net).

Bon à savoir – Les Parisiens passionnés de ce sport disposent d'au moins deux trinquets :

le **trinquet Chiquito de Cambo** (8 quai St-Exupéry, 75016, M° Porte-de-St-Cloud) et le **trinquet de la Cavalerie** (8 rue de la Cavalerie, 75015, M° La Motte-Picquet).

PROMENADES EN BATEAU

Sur les fleuves et les rivières, la promenade en bateau constitue une agréable activité permettant de découvrir les paysages le long des berges, comme le long de l'Adour par exemple (de Bayonne à Dax). Le bassin de ce fleuve est l'un des rares non assujettis à la vignette VNF (Voies navigables de France). Sa navigation actuelle est très réduite, se limitant aux couralins – nom local d'un bateau à fond plat – et aux pêcheurs professionnels. En été, quelques voiliers (estivants) et la flottille de l'école de voile de Lahonce circulent dessus, ainsi que des bateaux à moteur de plaisance et deux bateaux-mouches entre Bayonne et Peyrehorade *(Le Bayonne et La Hire)*.

RANDONNÉE ÉQUESTRE

Il existe des itinéraires balisés en Labourd, Basse-Navarre et Soule, à travers la forêt, la campagne ou la montagne.

Le Comité régional du tourisme d'**Aquitaine** édite la brochure *À cheval* : pour chaque centre, club ou ferme équestre, cette brochure propose des idées de séjours et de randonnées de 1 à 7 jours et fournit toutes les coordonnées utiles.

De l'autre côté de la frontière, la plupart des centres équestres proposent des excursions. Vous en trouverez la liste sur les sites des fédérations autonomes basque et navarraise.

Federación Vasca de Hípica – Avda Julian-Gaiarre, 44 - Bajo - 48004 Bilbao - ☏ 944 734 895 - www.fvh.org.

Federación Hípica de Navarra – C/Paulino Caballero, 13 - 31002 Pamplona - ☏ 948 227 475 - www.fnhipica.com.

Dans un genre (parfois) moins physique, vous pourrez effectuer des **balades à dos d'âne** à Irouléguy (près de St-Étienne-de-Baïgorry). En revanche, grosse déception pour les amateurs de couleur locale : ne comptez pas enfourcher un **pottok** ! Ces sympathiques petits chevaux consentiront seulement à porter vos bagages *(voir à Espelette, p. 193)*…

RANDONNÉE PÉDESTRE

Principaux itinéraires

Deux sentiers de grande randonnée traversent le Pays basque français. Le **GR 10** débute à Hendaye et traverse les Pyrénées d'ouest en est, franchissant plusieurs cols de plus de 2 000 m d'altitude. De son côté, le **GR 65** suit l'un des tracés traditionnels (plus ou moins authentique) du pèlerinage de St-Jacques-de-Compostelle (celui du Puy-en-Velay). Vous pouvez le rallier à St-Palais.

Bon à savoir : sauf pour les chemins de pèlerinage, le balisage au sud des Pyrénées laisse parfois à désirer. Renseignez-vous dans les offices de tourisme locaux pour récolter une documentation plus précise.

Sentier littoral

Entre Bidart et Hendaye, sur 25 km, un sentier littoral a été aménagé pour découvrir la Côte basque. Interdit aux vélos, il est accessible à partir de Bidart, Guéthary, St-Jean-de-Luz, Socoa, Hendaye.

Fédération française de la randonnée pédestre – 64 r. du Dessous-des-Berges - 75013 Paris - ☏ 01 44 89 93 90 - www.ffrandonnee.fr.

Centre d'information montagne et sentiers (CIMES-Pyrénées) – 4 r. Maye-Lane - 65420 Ibos - ☏ 05 62 90 09 90 - www.rando.net.

Publication et diffusion d'ouvrages, de guides de randonnée et de cartes au 1/50 000 sur les Pyrénées.
Federación Vasca de Montañismo – *Voir la rubrique « Escalade ».*

Parcs naturels

La plupart des parcs naturels d'Espagne sont pourvus d'une Maison du parc où vous trouverez toutes les indications nécessaires pour vos randonnées.
Parque natural de Aralar (Guipúzcoa) – ✆ 948 513 233 - Lizarrusti - 20211 Ataun.
Parque natural de Pagoeta (Guipúzcoa) – ✆ 943 835 389 - Aia.
Parque natural de Urkiola (Biscaye) – ✆ 946 814 155 - 48211 Abadiño.
Parque natural de Urdaibai (Biscaye) – www.urdaibai.org.
Parque natural de Gorbeia (Álava, Biscaye) – ✆ 946 739 279 - Gudarien Plaza, s/n - 48013 Areatza.
Parque natural de Izqui (Álava) – ✆ 945 410 502 - 01129 Corres.
Parque natural de Valderejo (Álava) – ✆ 945 353 146 - 01427 Lalastra.
Pour en trouver les descriptifs sur le Net, connectez-vous sur les sites des *Diputaciones forales* (équivalent de nos conseils généraux) :
Diputación foral de Bizkaia – www.bizkaia.net. Sous-rubrique agriculture pour les parcs de Gorbeia et d'Urkiola.
Diputación foral de Gipúzkoa – www.gipuzkoa.net.

Les chemins de St-Jacques-de-Compostelle

Pour les pèlerins venant du nord, il existe **trois itinéraires** principaux et historiques (ceux qu'empruntèrent les pèlerins depuis le Moyen Âge), partant de quatre points différents et aboutissant tous à Ostabat (auquel s'ajoutent le chemin d'Arles et de St-Gilles d'Arles, passant par le col du Somport, Jaca et Sangüesa, et qui drainait les Italiens) ; après Ostabat, un chemin commun, le *Camino francés*, conduit à Puente-la-Reina (Espagne) où le rejoint le chemin d'Arles, pour finir à St-Jacques-de-Compostelle :
- **Via Turonensis**, ou chemin de Tours, via Poitiers, Aulnay, Saintes, Blaye, Bordeaux et Dax ;
- **Via Lemovicensis**, ou chemin de Vézelay, via Bourges, Neuvy-St-Sépulchre, St-Léonard-de-Noblat, La Coquille, Périgueux, Ste-Foy-la-Grande, Bazas, St-Sever et Orthez ;
- **Via Tolosane**, ou chemin d'Arles, via Montpellier, St-Guilhem-le-Désert, Castres, Toulouse, Auch, Oloron-Ste-Marie et le col du Somport ;
- **Via Podiensis**, ou chemin du Puy-en-Velay, via Saugues, Aubrac, Conques, Cahors, Moissac, Lectoure, Aire-sur-l'Adour et St-Jean-Pied-de-Port.

Équipement

Même si le parcours est balisé, il est préférable de se procurer une carte ou un topoguide.
Gourde, chapeau et crème solaire à prévoir dès les premiers rayons.
Porter des chaussures adaptées à la randonnée (durée et niveau).

ROUTES HISTORIQUES

Pour découvrir le patrimoine architectural local, la **Fédération nationale des routes historiques** (www.guide-chateaux.com/f/routes.cfm) a élaboré 23 itinéraires à thème. Tracés et dépliants sont disponibles auprès des offices de tourisme ou à **La Demeure historique** – Hôtel de Nesmond - 57 quai de la Tournelle - 75005 Paris - ✆ 01 55 42 60 00 - www.demeure-historique.org.
Sur les pas des seigneurs du Béarn et du Pays basque – Cette route fait étape dans quelques-unes des plus belles demeures du Béarn et du Pays basque, témoins

de l'histoire de l'Aquitaine, du 12e au 18e s. : châteaux d'Arcangues, d'Urtubie, d'Antoine Abbadie à Hendaye, d'Andurain à Mauléon-Licharre, de Trois-Villes, de Camou et d'Iholdy ; maisons Louis-XIV et de l'infante à St-Jean-de-Luz, villa Arnaga à Cambo. Renseignements au château d'Urtubie - 64122 Urrugne - ✆ 05 59 54 62 51 ou 05 59 26 93 99 - www.tourisme64.com.

ROUTES THÉMATIQUES

La Route des bastides 64 – Les Pyrénées-Atlantiques comptent 13 bastides que vous pourrez découvrir en vous procurant la plaquette *Bastides du Béarn et du Pays basque*.

Itinéraire de la culture industrielle – Le Guipúzcoa édite une brochure (demandez-la auprès des offices de tourisme) détaillant les anciens sites industriels de la province. La route part de St-Sébastien (Musée naval et musée du Ciment) vers Tolosa et son musée de la Confiserie, puis se dirige vers l'écomusée du Sel de Leintz-Gatzaga en passant par le Parc culturel de Zerain. Viennent ensuite le musée de la Machine-Outil d'Elgoibar et celui du Chemin de fer d'Azpeitia. Le circuit aboutit à l'ensemble de la Forge et des Moulins d'Agorregi, à Aia.

La Route gourmande du Pays basque – Comme son nom l'indique, cet itinéraire vous guidera de Bayonne à la vallée des Aldudes pour vous faire découvrir des producteurs et des écomusées qui vous mettront l'eau à la bouche. Miel, chocolat, cidre, gâteau basque, condiments, fromage, vin, truite et jambon… aucune spécialité basque ne manque à l'appel !
Route gourmande des Basques - Ferme Berrain - N 10 - 64501 St-Jean-de-Luz Cedex - ✆ 05 59 54 56 70.

La Route du fromage Ossau-Iraty Pyrénées – Autre voie gourmande, elle s'étend sur 200 km entre Pays basque Nord et Béarn, à la découverte des producteurs de ce délicieux fromage local.
Se renseigner au 05 59 37 86 61.

La Route du vin et du poisson – Le gouvernement d'Euskadi édite une petite carte sur le thème du poisson et du vin, reliant la Côte biscayenne à la Rioja alavesa. Elle recense en fait les parcs naturels et les principaux sites touristiques et culturels des provinces traversées.

La Routes des saveurs – Cette courte brochure publiée par le Comité du tourisme d'Álava recense de façon succincte les sites de production viticole de la Rioja. Disponible dans les offices de tourisme.

La Route du vin rouge – Elle englobe les bodegas de la Rioja alavesa. Renseignements à l'office du tourisme de Laguardia *(voir Laguardia p. 360)*.

La Route des cidreries – Si elle n'a rien d'officiel, vous pouvez toujours l'entreprendre de votre propre chef à partir des informations de l'office du tourisme de St-Sébastien. Car c'est dans son arrière-pays, autour d'**Hernani**, que se concentrent les producteurs de cidre et surtout ces auberges où l'on peut boire le précieux

breuvage. Certaines cidreries ont conservé la tradition de consommer boissons et nourriture debout, à la bonne franquette.

RUGBY

Voir « Sports et jeux » p. 48.
Fédération française de rugby – 9 r. de Liège - 75431 Paris Cedex 09 - ✆ 01 53 21 15 39 - www.ffr.fr.
Comité de rugby de la Côte basque-Landes – Résidence Soult - 16 av. du Mar.-Soult - 64100 Bayonne - ✆ 05 59 63 36 57.

SKI

On pratique surtout le ski de fond dans les Pyrénées basques et navarraises.
C'est le cas aux **Chalets d'Iraty**, côté nord, dans la vallée de Salazar ou celle de Belagua versant sud.
La station d'**Abodi Salazar**, située au-dessus d'Ochagavía, dispose d'une piste verte, de quatre bleues et d'une rouge.
Se renseigner : Carretera de Francia - 31680 Ochagavía/ Otxagabia (Navarra) - ✆ 948 394 022 ou l'office du tourisme d'Ochagavía *(« Forêt d'Iraty », p. 233)*.
Celle de **Larra-Belagua**, surplombant la vallée de Roncal et Isaba, déploie quant à elle 25 km de pistes signalisées, partagées entre deux vertes, quatre bleues, une rouge et deux noires.
Informations : www.rutasnavarra.com/asp/asp_ski/skisaba.asp.
Les Chalets d'Iraty – Larrau - 64560 Licq-Athérey - ✆ 05 59 28 51 29 - www.chalets-pays-basque.com.

SOUVENIRS

PRODUITS GOURMANDS

Les labels

Au nord des Pyrénées, le **label AOC** permet de repérer les produits typiques rattachés à un terroir, en l'occurrence le vin d'Irouléguy, le piment d'Espelette et l'Ossau-Iraty. Il est complété par le label **Idoki**, attribué aux producteurs fermiers adhérant à la charte du même nom (culture bio, volume de production contrôlé, hygiène de transformation assurée, utilisation de produits naturels, traçabilité).
Côté espagnol, il existe également des productions portant la dénomination de **produits d'origine (DO)** : le fromage d'Idiazabal, le vin de la Rioja alavesa et le txakoli de Getaria, de Biscaye et d'Álava. D'autres portent l'**Eusko label** (miel du Pays basque, pomme de terre d'Álava, tomate du Pays basque, etc.)
Nous vous conseillons les **foies gras** mais surtout les **jambons**, qu'ils soient de Bayonne ou espagnols, comme les fameux **bellota** dont le nom rappelle que les cochons sauvages ibériques dits *patas negras* se nourrissent presque exclusivement de glands.

Produits de la mer (et des rivières)

Bien sûr les produits frais sont déconseillés dans les bagages mais vous pourrez rapporter des soupes de poissons cuisinées sur la côte, et quelques morceaux de truites fumées ou préparées en rillettes, surtout si elles ont été élevées dans la vallée des Aldudes.

Fromages

Ne quittez pas les Pyrénées sans avoir fait provision de **fromage de brebis** : l'appellation Ossau-Iraty vous garantira l'achat d'un produit de qualité. Il en va de même de son *alter ego* guipúzcoan, le **fromage d'Idiazabal**.

Les douceurs

Miel, gâteau basque, macarons *(mouchous)* de St-Jean-de-Luz, chocolat de Bayonne et de Tolosa, confiture de cerise noire d'Itxassou et confiseries de Vitoria : voilà de quoi régaler les gourmands.

Vins et eaux-de-vie

Les amateurs de vins pourront goûter au **txakoli** en Guipúzcoa, aux vins de la **Rioja alavesa** en vente dans les bodegas proches de Laguardia *(voir p. 360)*, et à ceux de **Navarre** produits autour d'Olite. Côté liqueurs, vous disposez de l'**izarra** en France, à quoi s'ajoute le **pacharán**, eau-de-vie de prune de Navarre.

SPORT

Le chistera

Équipement indispensable à la pelote (au moins l'une de ses trois formes), il prend la forme d'un long gant d'osier courbe, dans lequel la balle vient atterrir avant d'être immédiatement relancée. La maison Gonzalez, à Anglet, en fabrique depuis le 19e s. ✆ 05 59 03 85 04.

HABILLEMENT, DÉCORATION

La gourde ou chahakoa

Savez-vous boire à la régalade ? C'est indispensable au Pays basque. Ici, faire couler le liquide directement dans le gosier s'apparente à un art. C'est du côté de Pampelune que vous aurez le plus de chance de trouver les derniers artisans qui en fabriquent.

Le makhila

Cette canne typiquement basque est plus qu'un bâton de marche car son pommeau cache une lame. Vous trouverez des ateliers spécialisés à Bayonne et Larressore *(voir p. 128 et p. 197)*.

La pure laine

Dans les **Pyrénées**, la laine apportée par les bergers à la filature est tricotée puis frottée sur un « métier de cardes ».

L'espadrille

Cousue en spirale, fermée par une toile de lin ou de coton, il s'agit de la chausse par excellence du Pays basque. C'est à Mauléon-Licharre *(voir p. 240)* qu'elles sont majoritairement fabriquées.

Le béret

Symbole de la France (pour les étrangers !), le béret (**boina** en espagnol ou **txapel** en basque), originaire du Béarn, est aussi devenu celui du Pays basque. Les plus réputés sont fabriqués à Tolosa, par la **maison Elosegui**. On peut également s'en faire faire sur mesure à Bayonne.

Le linge basque

Vous en trouverez dans toutes les boutiques de linge au nord des Pyrénées. Si vous le voulez, passez voir l'espace décoration de l'**écomusée Jean-Vier** à St-Jean-de-Luz ou la maison artisanale **Ona Tiss** à St-Palais.

SPORTS D'EAUX VIVES

L'**Adour** et les nombreux gaves et nives pyrénéens se prêtent à la pratique des sports d'eaux vives. Plusieurs bases nautiques permettent de découvrir les divers aspects de ces activités.

Fédération française de canoë-kayak – 87 quai de la Marne - 94344 Joinville-le-Pont - ✆ 01 45 11 08 50 - www.ffcanoe.asso.fr.

La fédération édite un livre, *France canoë-kayak et sports d'eaux vives* et, avec le concours de l'IGN, une carte, *Les Rivières de France*, avec tous les cours d'eau praticables (parution courant 2008).

Federación Navarra de Piragüismo – Casa del Deporte - Paulino Caballero, 13 - 31002 Pamplona - ✆ 848 229 934 - correo@fenapi.es.

Federación Vasca de Piragüismo – Pº Anoeta, 5 - 20014 San Sebastián - ✆ 943 470 483 - www.fvpiraguismo.org.

Canyoning

La technique du canyoning emprunte à la fois à la spéléologie,

à la plongée et à l'escalade. Il s'agit de descendre, en rappel ou en saut, le lit des torrents dont on suit le cours au fil de gorges étroites et de cascades.
Évasion 64 – Maison Errola - 64250 Itxassou - ✆ 05 59 29 31 69 - www.evasion64.fr.
Loisirs 64 – Porte du Labourd D 918 - 64250 Louhossoa - ✆ 05 59 93 35 65 - www.loisirs64.com. Ils organisent des sorties canyoning, randonnées, rafting, kayak, etc.

Hydrospeed

L'hydrospeed, ou nage en eaux vives, consiste à descendre un torrent, le buste appuyé sur un flotteur caréné très résistant.
Évasion 64 – *Voir ci-dessus « Canyoning ».*
UR 2000 – (Biscaye) - www.ur2000.com.

Rafting

C'est le plus accessible des sports d'eaux vives. Il s'agit de descendre le cours des rivières à fort débit dans des radeaux pneumatiques.
UR 2000 – (Biscaye) - www.ur2000.com.

SPORTS SOUS-MARINS

Les centres sportifs d'Hendaye, Ciboure et Bidart proposent des sorties de plongée sous-marine.
Fédération française d'études et de sports sous-marins (FFESSM) – 24 quai de Rive-Neuve - 13284 Marseille Cedex 07 - ✆ 04 91 33 99 31 ou 0 820 000 457 - www.ffessm.fr.
Federación Vasca de Actividades Subacuáticas – P° de Anoeta, 5 - 20014 San Sebastián - ✆ 943 472 057 - www.ehuif-fvas.org.
Federación Española de Actividades Subacuáticas – www.fedas.es.

SURF

Les plages de la Côte basque réservent aux surfeurs des rouleaux impressionnants. Ce n'est d'ailleurs pas un hasard si les plages d'Anglet ont longtemps figuré au calendrier du Championnat du monde.
Fédération française de surf – Plage nord - BP 28 - 40150 Hossegor - ✆ 05 58 43 55 88 - www.surfingfrance.com.
EHSF (Euskal Herriko Surfing Federazioa-Federación Vasca de Surf) – Julián Gaiarre, 44, Lonja 1 - 48004 Bilbao - ✆ 944 735 125 - www.euskalsurf.com.

THALASSOTHÉRAPIE

En France, les centres sont principalement localisés sur Hendaye, Biarritz, Anglet ou St-Jean-de-Luz. En Espagne, les Côtes guipúzcoane et biscayenne en comptent aussi plusieurs dont certains sont cités plus bas. Vous pouvez suivre une cure complète (avec hébergement), mais aussi accéder uniquement aux soins (divers forfaits possibles, contactez les établissements).
Thalassoline New-Eve SA – 14 av. du Gén.-de-Gaulle - 32600 L'Isle-Jourdain - ✆ 05 62 07 77 40 ou 0 800 800 136 (appel gratuit depuis un poste fixe) - ✆ (+33) 5 620 777 40 - pour les appels de l'étranger - www.thalasso-line.com. Cette centrale de réservation vous fera connaître quatre des cinq centres de la Côte labourdine.
Sofitel Biarritz Le Miramar Thalassa – 13 r. Louison-Bobet - 64 200 Biarritz - ✆ 05 59 41 30 00. Fondé par l'ancien champion cycliste Louison Bobet. Des soins haut de gamme !
La Perla Centro Talaso Sport – Paseo de la Concha s/n - Edificio la Perla - 20007 San Sebastián - ✆ 943 458 856 - www.la-perla.net.
Le plus : un jacuzzi panoramique ouvert sur la Concha.

Talasoterapia Zelai – Larretxo, 16 - Playa de Itzurun - 20750 Zumaia - ✆ 943 865 100 - www.talasozelai.com.
Le plus classique : algothérapie et soins esthétiques.
Talasoterapia Hotel Aisia Lekeitio (Emperatriz Zita) – Avda Sta-Elena, s/n - 48280 Lekeitio - ✆ 946 842 655 - www.aisiahoteles.com.
Le centre de thalassothérapie propose (entre autres) des thérapies au chocolat et des vinothérapies (usage externe !).

THERMALISME

L'abondance des sources minérales et thermales depuis la rive sud de l'Adour jusqu'aux Pyrénées a fait la renommée de la région dès l'Antiquité.
Les eaux pyrénéennes, appartenant à deux grandes catégories, les sources sulfurées et les sources salées offrent un large éventail de **propriétés thérapeutiques**.
Le thermalisme fut remis au goût du jour dès la fin du 18e s. et en particulier au milieu du 19e s., grâce à l'amélioration des transports, à la création par Napoléon III d'une route thermale reliant les stations du Nord, et à l'attrait exprimé par certains membres de la famille royale espagnole pour les thermes de Zestoa en Guipúzcoa.
Prenant le relais du thermalisme mondain d'autrefois, le thermalisme actuel attire des curistes venus se soigner pour des affections diverses.
Toutefois, les stations proposent également des formules de **séjour de confort**, basées sur la « remise en forme ».
Reportez-vous à la rubrique « Nos adresses » d'Azpeitia et de Cambo-les-Bains *(p 290 et p. 199)*.
Chaîne thermale du soleil/Maison du thermalisme – 32 av. de l'Opéra - 75002 Paris - ✆ 01 44 71 37 00 ou 0 800 050 532 (appel gratuit) - www.sante-eau.com.

Les sources sulfurées

Elles se situent principalement dans la zone axiale des Pyrénées, notamment à **Cambo-les-Bains**. Leur température, généralement tiède, peut s'élever jusqu'à 80 °C. Le soufre, qualifié de « divin » par les Grecs, en raison de ses vertus médicales, entre dans leur composition en combinaisons chloro-sulfurées et sulfurées-sodiques.
Sous la forme de bains, douches et humages, ces eaux sont utilisées dans le traitement de nombreuses affections : oto-rhino-laryngologie, maladies osseuses, rhumatismales, rénales et gynécologiques.

Les sources salées

Elles se trouvent en bordure du massif ancien. Les eaux dites chlorurées-sodiques, de **Zestoa** (Guipúzcoa) sont utilisées sous forme de douches et de bains et soulagent les affections gynécologiques et infantiles.
Celles de **Fitero**, en Navarre, soignent entre autres les rhumatismes.
Centre national des établissements thermaux – 1 r. Cels - 75014 Paris - ✆ 01 53 91 05 75 - www.cneth.org.
Asociación Nacional de Estaciones Termales (ANET) – C/Rodríguez San Pedro, 56, 3° I - 20815 Madrid - ✆ 902 117 622 ou 915 490 300 - www.balnearios.org.

TRAINS TOURISTIQUES

Au nord des Pyrénées, le plus emprunté est sans conteste le **petit train de la Rhune** qui monte au sommet mythique de la Rhune (le plus beau point de vue sur le Labourd, disent les habitués des lieux).
Au sud, le **txu txu** de St-Sébastien *(voir « S'informer à St-Sébastien » p. 254)* parcourt la célèbre station balnéaire, tandis que le train à

vapeur du musée du Chemin de fer d'**Azpeitia** dévoile un tronçon de voies, aujourd'hui fermées, entre sa gare et celle de Lasao, du moins à la belle saison *(voir horaires à Azpeitia, p. 288)*.

URGENCES

Police Secours – ✆ 17.
Pompiers – ✆ 18 ou 112.
Samu – ✆ 15.
SOS Médecins – ✆ 36 24 (0,12 €/mn).
Centre antipoison – ✆ 04 91 75 25 25 (Marseille).

Chéquier et carte de crédit

En cas de perte ou de vol, déposez immédiatement plainte auprès de la police et faites opposition :
Chéquiers volés – ✆ 0 892 68 32 08 (0,34 €/mn).
Carte Visa – ✆ 0 892 705 705 (0,34 €/mn).
American Express – ✆ 01 47 77 72 00.
Mastercard – ✆ 0 800 90 13 87.

Téléphone portable

Orange – ✆ 0 800 100 740.
Bouygues Télécom – ✆ 0 800 29 10 00.
SFR – ✆ 06 10 00 19 00.

VIGNOBLE

Visite des caves viticoles (bodegas)

La Navarre et la Rioja alavesa comptent parmi les vignobles les plus réputés de la péninsule Ibérique.
Consejo Regulador Denominación de Origen Navarra – Rua Romana s/n - 31390 Olite - ✆ 948 741 812 - www.navarrawine.com.
Consejo Regulador Denominación de Origen Calificada Rioja – C/Estambrera, 52 - 26006 Logroño - ✆ 941 500 400 - www.riojawine.com.

VOILE, PLANCHE À VOILE

La Côte basque fait le bonheur des amateurs de voile et de planche à voile. Les vagues sont belles, les vents sont forts et les sites de pratique, plutôt nombreux.
Fédération française de voile – 17 r. Henri-Bocquillon - 75015 Paris - ✆ 01 40 60 37 00 - www.ffvoile.org. La fédération donne la liste des clubs et des constructeurs, un guide d'information, les calendriers.
Federación Vasca de Vela – P° de Anoeta, 5 - 20014 San Sebastián - ✆ 943 453 767 - http://www.euskalbela.es.

VU DU CIEL

Federación Navarra de Deportes Aéreos – C/Paulino Caballero, 13 - 31002 Pamplona - ✆ 848 221 323.
Federación Vasca de los Deportes Aéreos – Casa del Deporte, c/José María Eskuza, 16 - 48013 Bilbao - ✆ 944 020 893 - www.eakf.net.

Vol à voile

Il se pratique à Itxassou côté français et à partir de différents aérodromes côté espagnol. Contacter les fédérations.
Fédération française de vol à voile – 29 r. de Sèvres - 75006 Paris - ✆ 01 45 44 04 78 - www.ffvv.org.

Vol libre

Fédération française de vol libre – 4 r. de Suisse - 06000 Nice - ✆ 04 97 03 82 82 - http://federation.ffvl.fr.

ULM

Fédération française de planeur ultraléger motorisé – 96 bis r. Marc-Sangnier - 94704 Maisons-Alfort - ✆ 01 49 81 74 43 - www.ffplum.com.
Vous pouvez également consulter le site du Comité régional Aquitaine : www.ulm-aquitaine.com.

La région en famille

Outre les nombreuses et belles **plages de la Côte basque** qui satisferont les envies de baignade et de châteaux de sable de vos enfants (privilégiez les baignades surveillées, et méfiez-vous des rouleaux), vous pourrez leur faire dépenser leur énergie débordante en les emmenant se promener dans la forêt des Arbailles, dans le bois de Mixe ou dans l'un des nombreux parcs naturels de Biscaye, de Guipúzcoa ou d'Álava. Certes, le terrain n'est pas plat, mais ça sent bon le sous-bois et on peut toujours espérer rencontrer un Laminak *(voir p. 88 et 246)* au détour d'un sentier!

En montagne, et quelle que soit la température à votre point de départ, pensez à vous munir de vêtements chauds et à vous équiper pour vous protéger de la pluie, car le temps peut varier de façon assez soudaine.

Bienvenue à la ferme *(voir p. 14)* recense 3 fermes pédagogiques et de découverte où vos enfants pourront découvrir les réalités de la vie agricole et rurale : Maison Espondaburu à Ste-Engrâce, Maison Mountagnes à Came (ferme équestre), ferme Agerria à St-Martin-d'Arberoue (bergerie, fromage Ossau-Iraty). La liste de ces fermes est disponible sur le site Internet www.bienvenue-a-la-ferme.com.

N'hésitez pas à vous reporter à « Nos adresses à » à la fin de chaque chapitre : ils recensent des activités qui conviendront bien souvent à toute la famille (promenades équestres ou avec un âne, bases de loisirs, aquariums, etc.).

Pour une approche plus globale, consultez le tableau ci-après : il présente par chapitre une sélection de sites naturels, de musées et de loisirs susceptibles d'intéresser vos enfants.

Les sites les plus adaptés au tourisme en famille sont repérés tout au long du guide par le pictogramme 👪.

EN FAMILLE

Sites ou activités à faire en famille				
Chapitre du guide	**Page**	**Nature**	**Musées**	**Loisirs**
Ainhoa	**189**	Grottes des Sorcières de Zugarramurdi, grottes d'Urdazubi		
Anglet	**141**			Plages, parcours aventure
Azpeitia	**286**		Musée du Chemin de fer	
Balmaseda	**331**	Grotte Pozalagua		Parc Karpinabentura
La Bastide-Clairence	**206**	Bois de Mixe		
Bayonne	**128**		Musée basque, Atelier du Chocolat	Journées du chocolat
Vallée du Baztan	**388**	Centre d'interprétation du parc de Bertiz		
Biarritz	**147**		Musée de la Mer, musée du Chocolat	
Bilbao	**298**		Musée Guggenheim, Musée maritime, forge d'El Pobal	Funiculaire d'Artxanda
Côte de Biscaye	**315**		Baleinier Aita Guria à Bermeo	Plages
Cambo-les-Bains	**195**	Forêt des lapins à Louhossa	La Maison labourdine	
Durango	**327**	Parc naturel d'Urkiola		
Fontarabie	**274**			Le bateau pour Hendaye
Guernica	**322**	Réserve d'Udaibai, arbres colorés de la forêt d'Oma	Musée de la Paix	
Côte de Guipúzcoa	**266**		Oiasso à Irún avec film en 3D, site archéologique de Santa Maria la Real	Plages (Orio, Zarautz, Zumaia…)
Hendaye	**179**	La plage		
Forêt d'Iraty	**233**			Sports de montagne
Grottes d'Isturitz	**211**	Grottes		
Laguardia	**360**	Parc ornithologique de Los Molinos		
Larrau	**237**	Gorges de Kakuetta		
Mauléon-Licharre	**240**			Rafting
Olite	**431**	Lagunes de Pitillas	Château des Rois de Navarre	
Pampelune	**376**	Parc de la Taconera	Planétarium, museo de Educación ambiental.	
St-Étienne-de-Baïgorry	**219**	Visite des fermes piscicoles et des élevages de porcs		Balade à dos d'âne à Irouléguy, sports d'eaux vives, parcours aventure d'Arrossa
St-Jean-de-Luz	**164**	Écomusée basque	Petit train de la Rhune, Maison Ortillopitz, base de loisirs de St-Pée-sur-Nivelle	
St-Palais	**213**		Château de Camou	
St-Sébastien	**254**		Musée de la Science Miramon, aquarium	Petit train, parc de loisirs du mont Igueldo, tour de la baie, plages
Sangüesa	**406**	Belvédère du défilé d'Arbayún		
Sare	**186**	Grottes		Ferme Etxola
Vitoria-Gasteiz	**340**	Jardin botanique Sta Catalina, salines d'Añana, musée du Sel, Monte Santiago, Mendoza	Musée des Cartes à jouer, musée des Sciences naturelles	

Mémo

Agenda

Nous proposons ci-dessous une sélection de manifestations traditionnelles de la région. D'autres sont répertoriées dans « **Nos adresses à** » des sites à la rubrique « **Agenda** ».

EN FRANCE

JANVIER-FÉVRIER

Espelette – Foire aux pottoks (fin du mois).
Biarritz – Festival international des programmes audiovisuels (3e w.-end) - www.fipa.tm.fr.

CARNAVAL

St-Pée-sur-Nivelle – Février.
Bayonne – Début février.
St-Jean-de-Luz – Début février.
Sare – Carnaval des jeunes.
Hendaye – Mi-février.
Arcangues – 3e semaine de février.
St-Jean-Pied-de-Port – 3e semaine de février.
Biarritz – 3e semaine de février.

MARS

St-Pée-sur-Nivelle – Fête de la confrérie de la truite.
St-Jean-de-Luz – Défilé des confréries gastronomiques.
Bayonne – Foire aux jambons (3e w.-end).
Biarritz – Quiksilver Biarritz Maïder Arrosteguy (surf).
Bi Harriz Lau Xori, festival d'expressions basques…

AVRIL

Gotein – Festival Xiru.
St-Étienne-de-Baïgorry – Journée de la Navarre (chants et danses).
Biarritz – Fêtes musicales de Biarritz (3e w.-end) - ✆ 05 59 22 20 21.

MAI

Bayonne – Journées du chocolat (autour du 8 mai).
Biarritz – Festival des arts de la rue.
Cambo-les-Bains – Festival d'*otxote* (chant choral).
St-Jean-Pied-de-Port – Festival des musiques d'ici et d'ailleurs (dernier w.-end).
St-Jean-de-Luz – Festival international du film de surf.
Hendaye – Mai du théâtre.

JUIN

Ascain – Fête du pottok (début juin).
Biarritz – Les Océanes, festival de la mer (fin juin).
St-Jean-de-Luz – Udaberria Dantzan, festival de danses traditionnelles (vers le 11 juin).

JUILLET

Biarritz – Les Extravagances (festival de musiques actuelles).
La Pierre-St-Martin – Junte de Roncal (le 13 juil.) : célébration du traité le plus ancien d'Europe avec la vallée de Roncal *(voir p. 400)*.
Bayonne – La Ruée au jazz (après le 14 juil.).
Espelette – Festival international de danse Gau Argi, enfants, 9/15 ans (mi-juil.).
Itxassou – Errobiko Festibala, festival de la Nive (3e w.-end).
Hendaye – Fêtes de la mer (dernier w.-end).

JUILLET-AOÛT

St-Jean-de-Luz – Internationaux professionnels de cesta punta, jeu de pelote (les mar. et vend. soir).
Biarritz – Biarritz Master Jaï Alaï (pelote).
St-Jean-de-Luz/Ciboure – Régates de traînières (vers le 10 juil.).

AOÛT

Cambo-les-Bains – Festival international de théâtre d'Arnaga.
Bayonne – Fêtes de Bayonne (1re sem.) - http://fetes.bayonne.fr.
Ascain – Concours de chiens de bergers et course de la Rhune (début du mois).
St-Étienne-de-Baïgorry – Festival musical de Basse-Navarre (musique baroque la 1re quinz. d'août).
Anglet – Surf de nuit/Quicksilver Airshow (14 août).

SEPTEMBRE

Biarritz – Quiksilver Pro Junior international de surf (fin sept.-début oct.).
St-Jean-de-Luz – Académie internationale de musique Maurice Ravel - ✆ 05 59 47 13 00.
Biarritz – Le Temps d'aimer, festival de danse (2e sem.)
Biarritz – Festival de cinémas et de cultures d'Amérique latine de Biarritz (dernière sem. de sept.) - www.festivaldebiarritz.com.

OCTOBRE

Biarritz – Les Translatines
St-Jean-de-Luz – Festival des jeunes réalisateurs.
Bayonne et Biarritz – Festival de théâtre latino-américain.
St-Jean-de-Luz – Festival de chant choral (fin oct.).

NOVEMBRE

Biarritz – Festival de cirque « On s'appelle on s'fait un cirque ! » (fin nov.).

EN ESPAGNE

JANVIER-FÉVRIER-MARS

St-Sébastien – La Tamborrada, une des fêtes emblématiques de la ville (autour du 20 janv.).
Bilbao – Semaine chorale de Biscaye (fév.).
Vitoria – Semaine du cinéma basque (fin fév.-déb. mars).

CARNAVAL

Mundaka – 1re quinz. de février.
Tolosa – janv.-mars - ✆ 943 697 413.
Vallée de la Bidassoa – Carnaval d'Ituren (fin janv.).
Carnaval de Lesaka (fév.-mars).

AVRIL

St-Sébastien – Festival du film sous-marin (avr. ou mai).
Vitoria – Fête de San Prudencio (27-28 avr.).

SEMAINE SAINTE

Balmaseda (Biscaye) – Chemin de croix vivant.

MAI

Bilbao – Festival du cinéma fantastique (1re quinz.).
Vitoria – Festival international du cinéma (2e sem.).
Festival international de folklore.
Errenteria – Musikaste : semaine dédiée aux compositeurs basques (3e quinz. de mai) - www.musikaste.com.
St-Sébastien – Festival publicitaire.

JUIN

Getxo (Biscaye) – Festival international de blues (déb. juin) - ✆ 944 914 080.

JUILLET

Vitoria – Festival de jeux dans la rue (fin juin-déb. juil.)
Festival de jazz (fin juil.)
Getxo (Biscaye) – Festival international de jazz (1re sem.) - ✆ 944 914 080.
Pampelune – Fêtes de la St-Firmin (los Sanfermines) avec les fameux *encierros* (6-14 Juil.).
Bilbao – Festival international de théâtre de rue.
Markina-Xemein – Fêtes patronales de Markina-Xemein (16 juil.).
Fontarabie – Fête de la Kutxa (25 juil.).
Tudela – Fête de sainte Anne (24-30 juil.).

JUILLET-AOÛT

Bermeo – Romaria a la isla de Izaro, fête de la Magdalena (22 juil.).
St-Sébastien – Festival de jazz (dernière sem.) - ✆ 943 440 034 - www.jazzaldia.com.

AOÛT

Pampelune – Festival de Navarre.
Vitoria – Nuit de los Faroles, procession du rosaire (4 août).
Quinzaine musicale - www.quincenamusical.com.
Bilbao – Semana Grande.
Guernica (Biscaye) – Fête de San Roque (15-18 août).
Llodio (Biscaye) – Fêtes patronales de Laudio/Llodio (2e quinz. d'août) - ✆ 944 034 930.
St-Sébastien – Semana Grande.
Fêtes de la Vierge blanche (6 août).
Pampelune – Festival Sabicas de guitare *flamenca*.

FIN AOÛT-DÉBUT SEPTEMBRE

St-Sébastien – Régates de traînières.
Fontarabie – Alarde d'armes (8 sept.).

SEPTEMBRE

Biarritz – Festival le Temps d'Aimer la danse - ✆ 05 59 22 20 21.
St-Sébastien – *Euskal Jaiak*, fêtes basques (1re sem.)
- Festival international du cinéma - ✆ 943 481 212 - www.sansebastianfestival.com.
Pampelune – Concours international de chant Julián Gayarre.
- Concours international de violon Pablo Sarasate - ✆ 848 424 683.

OCTOBRE

Vitoria – Festival international de théâtre.
Bilbao – Festival de théâtre et de danse contemporaine.
Durango – Fête de San Fausto (13 oct.).
St-Sébastien – Festival du film fantastique.
Festival de chorales (fin octobre) - Donostia kultura - ✆ 943 481 150.
Tolosa – Concours international de chorales (autour de la Toussaint) - ✆ 943 697 413.

NOVEMBRE

Bilbao – Festival international de marionnettes.
Concours international de chant
Festival de musique du 20e s. et Zinebi.
Festival international de cinéma documentaire et de courts métrages.
Tolosa – Festival international de marionnettes (fin nov.) - ✆ 943 697 413.

Bibliographie

CULTURE, GÉNÉRALITÉS

Les Basques, peuple de la montagne, Koldo San Sebastian, Éd. Elkar, 2007.
L'Archipel basque, C. Dendalteche, Éd. Privat, 2005.

Autrefois le Pays basque, C. Bailhé, Éd. Milan, 1999.
Les Basques, J. Allières, PUF, 1999.
Pays basque, terre et gens, A. Sorondo, Éd. Elkar, 2004.
La Côte basque, de Bayonne à Bilbao, N. Dupuy, Éd. Escales océanes Atlantica, 2004.
Le Pays basque vu d'en haut, J. Pattout, J.-Ph. Ségot, Éd. Atlantica, 2007.
Fêtes et traditions du Pays basque, O. de Marliave, Éd. Sud Ouest.
Jeux et sports basques, B. Zintzo-Garmendia, Éd. J & D/Deucalion.
La Pelote basque : Technique - Compétition - Règles - Pratique, P. Philippe, M. Diament, Éd. Milan, 2002.
Les Sorcières et leur monde, J. Caro Baroja, Éd. Gallimard, 1972.

GASTRONOMIE

La Bonne Cuisine basque, E. Bonche, Éd. J & D, 1995.
Recettes des sept provinces du Pays basque, J. Pouget, J.-J. Lapitz Mendia, Éd. Aubéron, 1999.

HISTOIRE

Histoire de Bayonne, J. Pontet, Éd. Privat, coll. Univers de France, 1995.
Histoire du peuple basque, J.-L. Davant, Éd. Elkar, 2000.
Pays basque (vie d'autrefois), J.-F. Ratonnat, Éd. Sud Ouest, coll. Histoire, 2000.

ITINÉRAIRES

Pays basque/Guide Rando, G. Véron, Éd. Rando, 2003.
Randonnées sur les sentiers du Pays basque, A.-M. Minvielle, Éd. Glénat, coll. Rando-Évasion, 2005.
Les Plus Belles Balades en Pays basque, F. Fontaine, Éd. du Pélican, 1996.
PR/Le Pays basque à pied, topoguide de la Fédération française de randonnée pédestre, 2004.
Balades nature au Pays basque, collectif, Éd. Dakota, 2009.

JEUNESSE

Téodosio, C. Labat, Éd. Elkar, 2005.
Olentzero, C. Labat, Éd. Elkar, 2005.
Ces deux ouvrages sont des contes basques adaptés pour petits et grands enfants…
Bécassine au Pays basque, Pinchon, Cauméry, Éd. Gautier Languereau, 1991.
Contes traditionnels du Pays basque, M. Cosem, F. Vincent, Éd. Milan, 1996.
Légendes et récits populaires du Pays basque, J.-F. Cerquand, Éd. Aubéron, 2006.

LANGUE/TOPONYMIE

La Grammaire basque, P. Lafitte, Éd. Elkar, 2002.
Guide de la conversation français-basque, Éd. Elkar, 2000.
La Naissance de l'écrivain basque, U. Apalategui, C. Mango, Éd. L'Harmattan, 2001.
Noms de lieux du Pays basque et de Gascogne, M. Morvan, Éd. Bonneton, 2004.
Le Comité départemental du tourisme Béarn-Pays basque édite un petit guide : *La Langue basque*.

LITTÉRATURE/ROMANS

La Villa Belza, B. Pécassou-Camebrac, Flammarion, 2007.
Portrait basque, R. Laxalt, Éd. Autrement, coll. Littérature, 2001.
Ramuntcho, P. Loti, Éd. Gallimard, coll. Folio, 1990.
Le Pays basque, P. Loti, Éd. Aubéron, 2007.
Voyages au Pays basque, Stendhal, T. Gautier, V. Hugo, Éd. Pimientos, coll. Voyages d'écrivains au 19e s., 2002.
Le Soleil se lève aussi, E. Hemingway, Éd. Gallimard, coll. Folio, 1972.
Zalacain l'aventurier, P. Baroja, Éd. Aubier-Montaigne (bilingue), 1979.

Discographie

Vous trouverez un grand choix de disques chez **Agorila** (13 r. Montalibet, 64100 Bayonne, www.agorila.com), spécialisé dans l'édition musicale du Pays basque. Il en va de même d'Elkar, maison d'édition (www.elkarlanean.com) qui propose des disques en plus de son catalogue de livres.
Musiques et promenades en Pays basque (compilation), Éd. Elkar.
Tatoo, fêtes du Sud-Ouest, Agorila.
Chœurs basques, Argileak, Agorila.
Euskal Herriko Musika, compilation de musiques basques, Éd. Elkar.
Desertore, Oskorri, Éd. L'autre Distribution.
Hitaz Oroit, Benito Lertxundi, Éd. Ihl/Elkar.
Bizi Bizian, Errobi, Éd. Import 3/ Elkarlanean.
Haatik, Amaia Zubiria, Éd. Elkar.
Oldarra – *Lu et approuvé*, compilation des principaux titres du groupe choral de Biarritz, en attendant la sortie d'un nouveau CD enregistré en 2009, né de l'expérience du voyage du groupe sur les chemins de St-Jacques.

Presse

QUOTIDIENS

Sud-Ouest
Le Journal du Pays basque,
La Semaine du Pays basque,
La République des Pyrénées,
Berria (en langue basque).

En Navarre
Diario de Navarra,
Diario de Noticias.

En Euskadi
El Correo (Biscaye-Álava).

REVUE

Pays basque (trimestrielle, Milan Presse).

2/ COMPRENDRE LE PAYS BASQUE ET LA NAVARRE

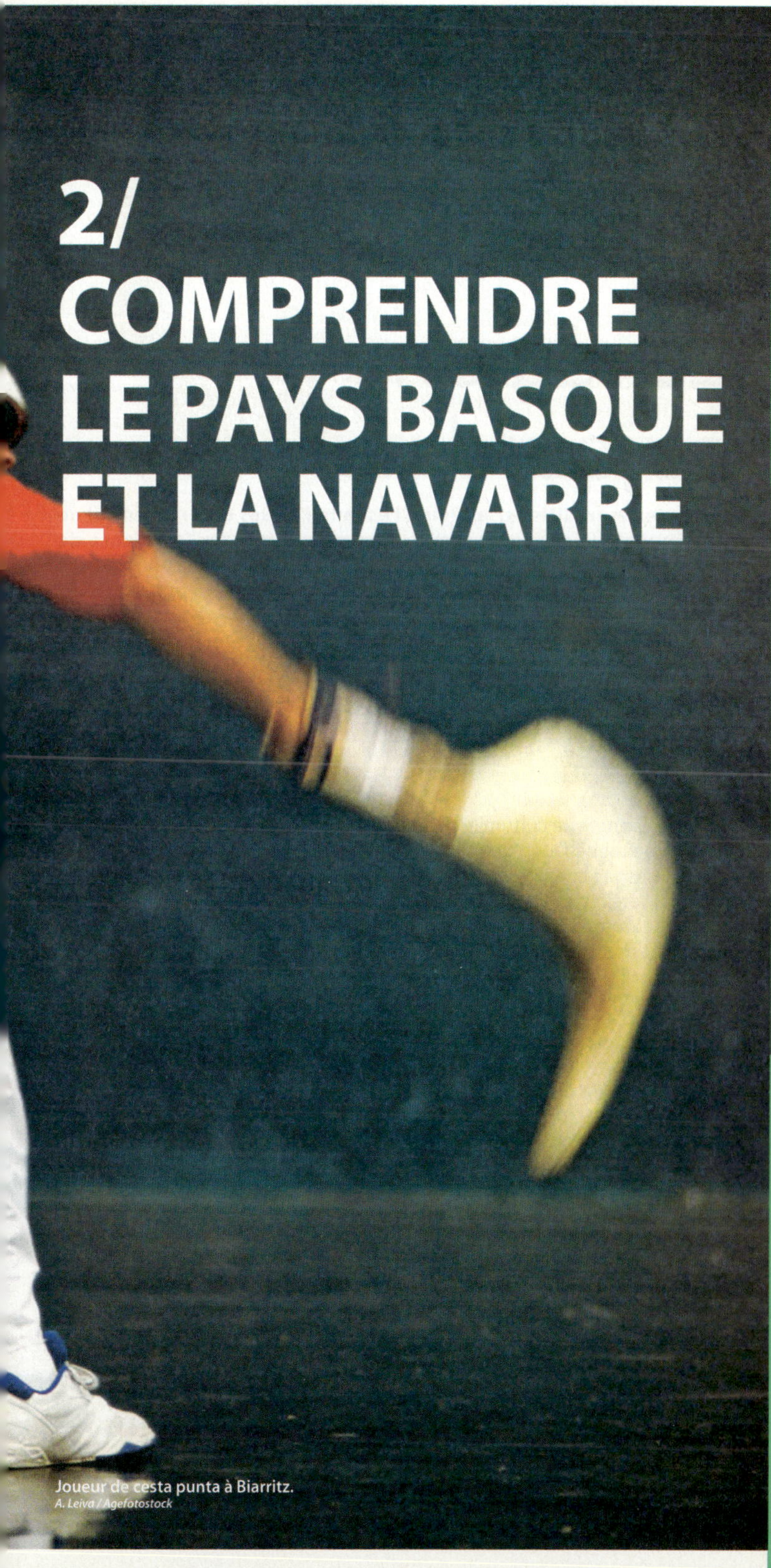

Joueur de cesta punta à Biarritz.
A. Leiva / Agefotostock

La région aujourd'hui

Riche de ses traditions, la région l'est aussi de ses différences qui ne s'atténuent guère avec le temps. Comment comparer l'ambiance de St-Jean-de-Luz à celle de Bilbao, le statut de la Navarre à celui du Pays basque français, le développement industriel d'Euskadi et le choix du tourisme vert du Labourd à la Soule ? Le principal lien reste la langue mais aussi cet art de vivre, de chanter, de faire la fête, de profiter des trésors gastronomiques de ces belles régions.

La vie culturelle aujourd'hui

Une intense activité culturelle se développe tout au long de l'année au Pays basque et en Navarre, même si l'été reste la saison la plus riche. Les manifestations sont tellement nombreuses qu'il serait impossible d'en faire ici un rapport exhaustif. Nous en présenterons donc à grands traits les principaux aspects.

AUX FONDEMENTS, LA LANGUE BASQUE

La langue basque, l'Euskara, est à la base de l'originalité de la culture basque. C'est pour cela que de nombreuses associations qui défendent cette langue sont à l'origine de nombreux événements festifs tout au long de l'année.

Le bertsu

Le bertsolarisme est une exception culturelle basque pas forcément très accessible aux touristes qui ne connaissent pas la langue : il s'agit en effet d'un chant versifié et improvisé en langue basque, dont les règles sont strictes. Selon le *bertsolari* biscayen Amuriza, le *bertsu* est le « sport national des mots ». Les écoles de *bertsu* ont fleuri partout en Pays basque ces dernières années, après une phase de désaffection.
Outre de nombreux tournois, tous les quatre ans, un concours général rassemble les meilleurs versificateurs des quatre coins de la région. La finale, télévisée, se déroule au vélodrome de St-Sébastien, et le vainqueur se voit remettre solennellement la *txapela* (béret).
Longtemps marqué par la ruralité, l'art du bertsolarisme est aujourd'hui porté par des jeunes générations très prometteuses.

LE CHANT, SOUS TOUTES SES FORMES

Très encadré en Espagne où les chorales sont nombreuses, le chant l'est de plus en plus en France, même s'il est encore fréquent d'entrer dans un bar où la sonorisation a été coupée pour laisser chanter à tue-tête les clients, toutes générations confondues.

Le blanc et le rouge des fêtes de Bayonne.
CDT64

Pour en savoir plus sur la musique, et le chant en particulier, reportez-vous à la p. 55.

LA DANSE

Le répertoire de danses traditionnelles est extrêmement riche ; chaque vallée, chaque village parfois, a ses danses propres.
Du **paloteado** (danse avec bâtons) d'Ochagavía/Otsagabia aux couleurs de la mascarade souletine, en passant par l'**inguruntxo** mixte dansé au rythme des castagnettes, le **zortziko** guipúzcoan dansé uniquement par des garçons, ou le **kaskarotak** féminin du Labourd, il est impossible de faire l'inventaire de toutes les danses existantes et de leurs variantes locales.
Les danseurs de toute la région se retrouvent régulièrement lors du **Dantzari Eguna**, journée en l'honneur de la danse. Chaque année, les enfants des écoles de danse du Pays basque français se rencontrent également lors du **Dantzari Ttiki** ou du **Dantzari Gazte** (pour adolescents).
Pour plus d'informations, consultez le site de l'Institut de la danse basque (IDB) : www.idb-idb.blogspot.com.

LE THÉÂTRE EN DIFFICULTÉ

Le théâtre populaire est un peu en perdition au Pays basque. Si elle résiste encore au nord, la grande tradition des **tobera**, théâtre joué sur la place publique où l'on dénonçait les problèmes du village, est en voie d'extinction. Quelques auteurs présentent encore leurs pièces, mais ils sont de moins en moins nombreux.
C'est en Soule que la **pastorale** (forme théâtrale très codifiée héritée du Moyen Âge, où bons et mauvais s'affrontent) connaît un regain d'intérêt depuis les années 1970. Les représentations, qui durent plusieurs heures, attirent des milliers d'amateurs chaque année en été dans une commune différente.

DE NOMBREUSES FÊTES

La fête, un art de vivre en Pays basque et en Navarre, est parfois victime de son succès. Les fêtes patronales se succèdent toute l'année et s'intensifient l'été. Chants, danses, concours sportifs, **txaranga** (ensembles instrumentaux appelés aussi **bandas** ou **peñas**), rien ne manque pour que les festivités soient réussies.

Bien entendu, rares sont ces festivités où le **taureau** ne tient pas une place de choix : de façon solennelle lors des corridas, plus ludique lors des courses landaises (au nord) auxquelles répondent les concours de *recortadores* au sud des Pyrénées. Et l'on n'hésite pas à se mesurer à l'animal roi lors des courses de vachette, quand on ne préfère pas vaincre sa peur en participant aux **encierros** de Pampelune, de Tudela ou d'ailleurs.

Fêtes locales

Chaque ville, chaque village, chaque quartier défend son originalité, même si, depuis aujourd'hui, certaines fêtes sont en voie de « pampelunisation ».

La renommée internationale des **Sanfermines** (fêtes de Pampelune) n'est plus à démontrer : des milliers de personnes se pressent chaque année dans la capitale navarraise pour huit jours de liesse, début juillet.

Les **fêtes de Bayonne** (ville jumelée avec Pampelune) attirent également la grande foule début août. Les couleurs rouge et blanche de Pampelune ont d'ailleurs été adoptées depuis des années par les Bayonnais… ainsi que par les villages voisins, au détriment parfois de l'ancienne « façon de faire la fête » du monde rural…

Certaines fêtes sont inaugurées par les personnages populaires. Ainsi **Célédon**, reconnaissable à sa blouse et à son parapluie, descend du clocher de l'église pour lancer les festivités de la Virgen Blanca à **Vitoria-Gasteiz**. À **Bilbao**, c'est **Marijaia**, une géante aux bras levés, qui inaugure la *Semana Grande (Aste Nagusia).*

On compte aussi de nombreuses fêtes thématiques : **carnavals** à la fin de l'hiver, foires diverses, **tamborradas** ou **alardes** (défilés) à Irún, Fontarabie et St-Sébastien… tout, en Pays basque et en Navarre, est une occasion pour faire la fête.

Fêtes religieuses

Difficile de passer sous silence les nombreuses fêtes religieuses qui marquent le calendrier, surtout côté espagnol. L'excentricité des carnavals précède les solennités de la Semaine sainte qui peuvent être impressionnantes comme à Balmaseda ou Durango. D'autres manifestations traditionnelles sont réputées comme la procession du Corpus Christi ou Fête-Dieu (très beaux masques et danses) à Oñati, les fêtes de la Virgen del Carmen sur la Côte de Biscaye, la fête de saint Ignace (Azpeitia, Getxo), où le profane se mêle sans complexe au sacré.

Musique, festivals

Les instruments de musique traditionnels tels la *gaïta*, le *txistu*, la *txirula*, l'*alboka* ou la *txalaparta* sont de tous les événements.

Mais il existe aussi des festivals internationaux qui dépassent le cadre de l'expression culturelle basque. Ainsi, entre la fin juin et la mi-juillet, les **festivals de jazz** de Getxo (Biscaye), Saint-Sébastien et Vitoria attirent les mélomanes de toute l'Europe.

Vitoria dispose également de son **festival de rock** Azkena, qui a déjà accueilli des géants tels Iggy Pop ou les Pogues.

Enfin, le septième art n'est pas en reste avec le **Festival de cinéma de St-Sébastien**. De son côté, Biarritz organisera en 2011 son 20e **Festival de cinéma et culture d'Amérique latine**.

Pour retrouver le calendrier des principales fêtes, voir p. 34.

Sports et jeux

LA PELOTE BASQUE

Chaque village possède son fronton ou son trinquet, où des parties de pelote ont lieu régulièrement. C'est un véritable sport régional, reconnu par le ministère de la Jeunesse et des Sports côté français. Vous pouvez tout aussi bien vous y initier qu'encourager les bons joueurs. En **été**, il est facile d'assister à un match.

Héritière de la **pila** pratiquée par les Romains, la pelote a connu bien des évolutions, surtout avec l'arrivée du caoutchouc au 19e s.

Alliant la rapidité au coup d'œil, l'intelligence stratégique à la finesse, la pelote, si elle n'est pas vraiment née au Pays basque, y est devenue une véritable institution au point d'être une référence en France et dans le monde. La pelote basque se pratique en effet dans les onze ligues françaises mais aussi beaucoup en Amérique latine. Les règles du jeu et les compétitions internationales (notamment les Championnats du monde qui ont lieu tous les quatre ans) sont régies par la Federación Internacional de Pelota Vasca *(FIPV, c/ Bernardino Tirapu, Pamplona, www.fipv.net)* reconnue par le Comité international olympique, et qui regroupe 27 fédérations nationales… mais la pelote n'est plus, depuis les J O, de Paris en 1900, un sport olympique, encore qu'elle ait été invitée aux Jeux en certaines occasions comme sport de démonstration.

Principaux éléments

On reconnaît quatre types de terrains différents, chacun accueillant un certain nombre de spécialités. De forme très caractéristique, le « **fronton place libre** », se retrouve sur les places de villages. Le mur, ou *frontis*, s'élève jusqu'à 10 m de haut pour 16 m de large. L'aire de jeu, ou *cancha*, peut atteindre 120 m de long.

Souvent couvert, le « **mur à gauche** », ou « fronton 36 m », se distingue du précédent par la présence de murs sur la gauche et au fond.

Salle à quatre murs, complètement fermée, le **trinquet** a quelques spécificités : le *xilo*, un trou à droite sur le mur de face (à 1,20 m du sol), un toit incliné (sur la gauche et au fond), un filet…

L'équipement

La tenue – Traditionnellement, elle est constituée de tennis, d'un pantalon et d'une chemisette de couleur blanche. Seule tache de couleur, la ceinture, ou *cinta*, permet d'identifier les équipes. En pratique, et pour le haut niveau, la ceinture est abandonnée et les chemises sont de différentes couleurs, tandis qu'un casque est désormais de rigueur pour les spécialités pratiquées en intérieur avec une pelote de cuir.

Gants et raquettes – Même si la « main nue » est à l'origine de ce jeu, gants et raquettes ont fait leur apparition et déterminent différents types de spécialités. Le **chistera** est une prolongation du gant par une sorte de gouttière courbe en osier. Le **rebot** est une variante plus petite, tandis que la **pala** est une raquette en bois massif qui peut prendre différentes tailles et formes.

La pelote – Plus grosse qu'une balle de tennis, elle doit allier la dureté à l'élasticité. Elle comporte un noyau de caoutchouc serré et moulé, enrobé de coton et protégé d'une ou deux épaisseurs de cuir. Elle pèse un peu plus de 100 g et peut atteindre une vitesse de 300 km/h.

La pelote de gomme creuse est de plus en plus utilisée.

DURS A L'EFFORT

Les sportifs de la région sont réputés pour leur endurance et nombre d'entre eux ont opté pour la carrière de champion cycliste : il est vrai que les routes tourmentées des Pyrénées représentent un remarquable terrain d'entraînement. Parmi eux, un nom est à retenir : celui du Navarrais **Miguel Indurain**, premier à avoir remporté le tour de France cinq fois consécutives (1991-1995), palmarès auquel il faut rajouter deux tours d'Italie (1992 et 1993).

Les spécialités

Difficile, pour le profane, de s'y retrouver dans les quelque 22 spécialités dont nous ne présentons ici que les plus célèbres. Dans les grandes parties, les *pelotaris*, en chemise et pantalon blancs, se distinguent par la couleur de leur ceinture, bleue ou rouge. Ils bondissent d'un bout à l'autre de la piste et renvoient la balle d'un puissant moulinet de bras. Le *txatxaria* (crieur) chante les points d'une voix sonore.

Le grand chistera – Depuis 1900, la formule la plus appréciée des touristes est le jeu au grand chistera, qui ne se pratique qu'en France. Ce « grand jeu », très rapide, à deux équipes de trois joueurs, fut popularisé par les prouesses de **Joseph Apesteguy** (1881-1950), devenu célèbre sous le nom de Chiquito de Cambo. La pelote, lancée contre le mur du fronton, est reprise de volée, ou après un premier rebond, à l'intérieur des limites tracées sur le terrain.

La cesta punta – Cette variante du jeu de chistera est aussi spectaculaire qu'athlétique, d'où son succès actuel. Elle se joue sur le *jaï-alaï* et le but se marque sur le « mur à gauche », entre deux des lignes verticales numérotées.

Et autres variantes... – Les connaisseurs basques préfèrent d'autres jeux, plus anciens et plus subtils : le « **jeu net** » *(joko-garbi)* au petit gant (chistera de petit format), le jeu à main nue. Le jeu de **rebot** se joue à deux équipes se faisant face. Pour engager le point, le buteur fait rebondir la pelote sur un billot et la lance à la volée, vers le mur, dans le camp adverse.

On retrouve dans les jeux en trinquet, pratiqués en salle, le cadre des anciens jeux de paume. La pelote est lancée à **main nue**, avec une palette de bois (**paleta**, de plus en plus utilisée) ou la raquette argentine (jeu de **xare**). Dans le jeu de **pasaka**, pratiqué avec le gant, les murs sont utilisés comme les bandes d'un billard.

LES JEUX DE FORCE

Il s'agit de mettre en concurrence des équipes de douze colosses venus défendre l'honneur de leur village. Chacun des équipiers a sa spécialité parmi huit épreuves, inspirées des activités quotidiennes à la ferme. Ces jeux animent de nombreuses fêtes locales, dont la plus connue est celle de St-Palais.

L'**orga joko** (lever de la charrette) consiste à faire tourner à bout de bras une charrette de 350 kg sur son timon en faisant le plus grand nombre de tours possible, tandis que l'*aizkolari* (bûcheron) doit couper à la hache des troncs de 35 à 60 cm de diamètre le plus vite possible, et que le *segari* (scieur de bois) scie dix troncs de 60 cm de diamètre, toujours le plus rapidement possible. Le **zakulari** (porteur de sac) court avec un sac de 80 kg sur les épaules.

Le **lasto altxari** (lever de bottes de paille) consiste à hisser à 8 m de hauteur une botte de paille de

Le *lasto altxari* un des jeux de force basque.
Ph. Laplace / cdt64.ressources-tourisme.com

45 kg le plus grand nombre de fois possible en deux minutes.
Pour le **harri altxatzea** (lever de pierres), on effectue une levée de pierres de 250 ou 300 kg le plus de fois possible. Les *esneketariak* (porteurs de bidons de lait) doivent parcourir la plus grande distance avec deux bidons de 40 kg.
Enfin, la **soka tira** (tir à la corde), épreuve reine, oppose deux équipes de huit hommes tirant chacune de son côté une corde afin que le milieu de celle-ci (marqué par un foulard noué) franchisse un repère au sol.

COURSES DE TAUREAUX

Dans le moindre village, comme partout en Espagne (la Catalogne faisant seule exception), le taureau est le roi de la fête, quelle que soit la manière de l'approcher.
Universellement connues grâce à Ernest Hemingway, les corridas de la **Sanfermines (St-Firmin)** de **Pampelune** attirent la grande foule entre le 6 et le 14 juillet (réservation indispensable). Les taureaux qui combattent dans l'arène l'après-midi sont lâchés au petit matin dans la rue encadrés de bœufs dressés : c'est l'**encierro** qui se déroule sur un trajet de 800 m encadré de hautes barrières. Des jeunes gens courent devant eux, *templant* (tempérant) la charge à l'aide d'un journal plié. Mais attention ! On ne s'improvise pas *corredor* d'*encierro* et les accidents, parfois graves, affectent surtout les profanes : restez donc spectateurs, de cette course (rendue encore plus dangereuse par la foule qui se presse sur le trajet dans le seul souci de se donner des émotions fortes), que ce soit derrière les barrières fermant les issues, ou sur les gradins des arènes où la course se termine.
Les vrais *aficionados* ne manquent sous aucun prétexte les **corridas générales de Bilbao** (une semaine autour du 15 août), un des sommets de la saison taurine espagnole.
Tout aussi courues, les corridas de **Bayonne** (les week-ends de début août à début septembre) et de **St-Sebastien** (Semana Grande, avant le 15 août). Vous pourrez en outre (et entre autres de moindre réputation) assister aux ferias de **Tudela** (juillet), d'**Azpeitia** (autour du 1er août) et de **Vitoria** (feria de la Virgen Blanca, autour des 4-6 août).
Vous pouvez également suivre des **courses landaises** dans les arènes de Bayonne, écarts et sauts permettant d'esquiver les charges de la vache. Les concours de **recortadores** constituent un spectacle assez similaire et de plus en plus populaire en Espagne. Mais à la différence des courses landaises, le taureau sort cornes nues et n'est pas maintenu par une corde.
Pour connaître le programme détaillé des corridas de chaque feria, rendez-vous sur le site espagnol **www.mundotoro.com**, rubrique *carteles*. Les affiches sont rendues publiques environ un mois avant le début de l'événement. Vous pouvez généralement vous procurer des places à l'avance sur le site Internet de chacune des arènes ou au guichet le matin de la course.

TRAÎNIÈRES

Comme pour les autres jeux de force, les courses de traînières (*traineras* en espagnol) font revivre des gestes d'autrefois. Ces bateaux étaient autrefois utilisés pour pêcher les baleines ou pour le remorquage, à rames, des grands navires approchant des côtes. Aujourd'hui, le Kevlar et le carbone ont remplacé le bois et, au lieu de lutter pour être le premier à aborder le grand voilier (activité fort lucrative) ou revenir au plus vite au port pour vendre les poissons, les équipages (13 rameurs) se mesurent dans de mémorables courses dont la plus célèbre a lieu dans la magnifique baie de St-Sébastien, lors de la Bandera de la Concha.

BALLON OVALE OU ROND

Est-il besoin de rappeler que le Sud-Ouest est la patrie du rugby français ? D'**octobre à mai**, chaque rencontre dominicale prend l'allure d'une épopée, souvent contée avec beaucoup de verve. L'équipe locale est l'objet de toutes les attentions et de discussions interminables, avivées par la subtilité des règles du jeu et les décisions de l'arbitre. En dehors des grands matchs nationaux et internationaux, vous pourrez vous procurer le calendrier des matchs d'amateurs auprès des offices de tourisme et aux adresses suivantes. Animé par de grands clubs comme ceux de Biarritz et de Bayonne, ce sport est très populaire en Pays basque. Celui-ci compte parmi ses clubs le prestigieux **Biarritz Olympique**. Créé en 1898, le club a pris ce nom en 1913 et a rapporté cinq fois le fameux Bouclier de Brennus (trophée attribué au champion de France) au Pays basque : 1935, 1939, 2002, 2005, 2006. Son grand rival local, l'**Aviron Bayonnais**, également au Top 14, a quant à lui remporté trois fois le titre suprême (1913, 1934 et 1943), pour quatre finales perdues…
Au-delà de la frontière, c'est le football qui est le sport roi et l'**Athletic Bilbao** s'enorgueillit de n'aligner que des joueurs basques. Ses duels avec la **Real Sociedad** de St-Sébastien sont épiques, tandis que l'**Osasuna** de Pampelune défend les couleurs navarraises dans la « Liga ». Mais s'il n'y a pas de club de haut niveau au Pays basque français, celui-ci a néanmoins donné des joueurs de talent comme le Luzien **Bixente Lizarazu** et le Bayonnais **Didier Deschamps**, tous deux champions de l'équipe de France à la coupe du monde 1998.

MUS

Ce jeu de cartes, dont on trouve une première mention au 18e s., serait originaire du Pays basque. Deux couples de joueurs s'opposent en faisant des paris ou mises, avec un décompte de points variables suivant les options choisies.
Le jeu se compose de 4 séries de 10 cartes chacune. Ce sont les ors, les coupes, les épées et les bâtons. Chaque série est constituée de trois figures (roi, cavalier, valet) et de sept cartes numérales.

Gastronomie

LE PLAISIR DE MANGER

Du fait de l'abondance des produits et de leur qualité, il est facile de bien manger dans la région, que vous vous contentiez d'un simple poisson cuit à la braise sur le quai d'un petit port ou que vous préfériez vous adonner à des agapes plus formelles. Les gourmands auront du pain sur la planche et un séjour ne leur suffira pas pour découvrir et savourer l'éventail de spécialités régionales. Ces provinces ont fait de la gastronomie un art de vivre, et ce n'est sans doute pas un hasard si la région concentre de part et d'autre de la frontière une quinzaine de restaurants étoilés *(voir les grands chefs ci-contre)*.

Les sociétés gastronomiques

La gastronomie est prise très au sérieux dans la région. En Espagne il existe, depuis le 19e s., des sociétés gastronomiques. L'Euskadi en répertorie plus de 1 000, dont au moins 500 pour le seul Guipúzcoa, la palme revenant à St-Sébastien avec une centaine de sociétés, dont les plus prestigieuses et anciennes sont Gaztelubide et Euskal Billera. Jadis apanage des hommes (des sociétés féminines se sont créées plus récemment) qui se réunissaient pour faire le marché, cuisiner, se transmettre les recettes et se retrouver dans un local réservé, le **txoko**. Dans les plus traditionnelles de ces sociétés, un « tour de cuisine » est établi entre les membres et scrupuleusement respecté. Certes, il est douteux qu'en tant que touriste vous ayez accès à un de ces cénacles mais vous devez connaître leur existence car ils reflètent l'importance que les Basques accordent à l'art de bien manger.

Les grands chefs

La gastronomie basque a été portée au plus haut par quelques grands chefs, dont certains se sont formés au sein des sociétés gastronomiques. En voici quelques-uns :

St-Sébastien

Juan Mari Arzak et Elena – Les grands-parents de Juan Mari Arzak ont construit cette bâtisse en 1897, à la sortie de la ville, afin d'abriter une taverne-cave à vins. Ses parents prennent la suite et en font un restaurant fréquenté et réputé localement. C'est en 1966 que le jeune Juan Mari reprend l'affaire familiale et fait évoluer la cuisine traditionnelle basque en y incorporant de nouveaux éléments jusqu'à atteindre un niveau de cuisine exceptionnel et un style qui lui est propre. Reconnaissance et distinctions arrivent vite jusqu'à atteindre la consécration suprême dans le Guide Michelin en 1989. Juan Mari Arzak a été le précurseur de la nouvelle cuisine basque espagnole, ouvrant la voie à toute une génération de cuisiniers espagnols. Elena, sa fille, représentant la 4e génération, apporte sa touche féminine et moderniste dans ses préparations personnelles. L'équipe père-fille fonctionne à merveille et est un gage de continuité dans la qualité.
Arzac - Alto de Miracruz 21 - ✆ 943 278 465.

Lasarte-Oria

Martín Berasategui – Certains se souviennent encore du Bodegon Alejandro, au cœur du vieux St-Sébastien, où le jeune Martín, après des stages en France et au Pays basque, bouscule les habitudes culinaires de ce restaurant tenu par sa mère et sa tante.

Martín se fait rapidement connaître ; il apporte ses idées récoltées de par le monde et revisite les recettes familiales. Il est rigoureux, travailleur et passionné, cherchant continuellement de nouveaux mariages de saveurs qui feront merveille. Il excelle aussi en pâtisserie. C'est en 1993 qu'il crée son restaurant de Lasarte et, à partir de ce moment, son ascension au firmament gastronomique sera rapide. Martín parle peu mais sait transmettre son art par l'exemple avec simplicité et gentillesse. Très enraciné dans son Pays basque, Martín Berasategui est un des cuisiniers les plus talentueux de sa génération.
Martín Berasategui, Loidi kalea 4 - (8 km de St-Sébastien) - ✆ 943 366 471.

Bayonne

Jean-Claude Tellechea – La famille est installée depuis plusieurs générations au Cheval Blanc et l'actuel patron-chef Jean-Claude Tellechea y officie depuis plus de 20 ans. C'est dans cette typique maison basque, ancien relais de poste situé au cœur de la vieille ville dans le quartier du « Petit Bayonne », que l'on accueille toujours avec gentillesse et professionnalisme les nombreux habitués ainsi que les touristes de passage. Les clients se régalent d'une cuisine de terroir habilement revisitée par ce chef sympathique, passionné et modeste qui met aussi bien à l'honneur les produits de la terre que ceux de la mer. Le Cheval Blanc ? Une institution à Bayonne.

Auberge du Cheval Blanc - 68 r. Bourgneuf - ✆ 05 59 59 01 33.

Bidart

Philippe Ibarboure – Philippe Ibarboure s'est « expatrié » il y a plus de 20 ans de l'affaire familiale de Guéthary, désormais reprise par son frère, pour créer son hostellerie de charme à Bidart.

Ayant longtemps œuvré avec son frère Martin, il y sert une cuisine classique élaborée qui privilégie les produits régionaux. Désormais, après un parcours dans les grandes maisons, le fils aîné a regagné le giron familial afin d'épauler son père au fourneau de cette belle demeure basque lovée dans son écrin de verdure. La pérennité de la dynastie Ibarboure semble assurée…

La Table des Frères Ibarboure, au sud de Bidart par N 10/4 km - ✆ 05 59 54 81 64.

St-Jean-Pied-de-Port

Firmin et Philippe Arrambide – C'est dans un ancien relais de diligences au cœur de son village natal que Firmin Arrambide régale ses clients d'une cuisine basque gourmande. Il privilégie les nombreux produits régionaux qu'il adore glaner sur les marchés auprès de ses amis fournisseurs : fermiers, pêcheurs, viticulteurs ayant comme lui l'amour du pays, de ses gens, de ses richesses. La promotion du terroir et le talent du chef font merveille dans cet établissement situé sur la place centrale, face à la citadelle et à deux pas de la Nive. Chez les Arrambide, la fibre culinaire est héréditaire puisque Firmin a succédé à ses parents, installés ici en 1939, et que son fils Philippe règne désormais en maître au fourneau, tandis que le papa garde toujours un œil attentif en cuisine. Firmin Arrambide a mis son expérience au service de la profession, s'investissant beaucoup dans la formation de jeunes cuisiniers qui mettent aujourd'hui à profit les leçons apprises lors de leur passage dans les cuisines des « Pyrénées ».

Les Pyrénées, pl. Charles-de-Gaulle - ✆ 05 59 37 01 01.

DES PRODUITS TRÈS VARIÉS

Les poissons

Avec près de 200 km de côtes s'étalant depuis Bayonne jusqu'à l'estuaire du Nervión, il est normal que Labourd, Guipúzcoa et Biscaye aient tiré de la mer leurs principales ressources alimentaires. Autrefois, chaque saison apportait son poisson : au printemps, l'**anchois**, à partir du 29 juin, le **thon** et, pendant l'hiver, la **dorade**, sans oublier les pêches plus lointaines qui ramenaient de Terre-Neuve la morue.

Aujourd'hui, grâce au commerce mondial ou à la congélation, on trouve de ces poissons toute l'année mais, si vous le pouvez, dégustez-les de préférence en saison, sur les nombreux ports de pêche de la côte.

La **morue** en risotto, en salade ou en ragoût n'en sera que meilleure. Le **marmitako guipúzcoan**, ragoût à base de thon, de pommes de terre, de tomates et de poivrons en prendra plus de goût, et le **ttoro**, cette soupe de poissons préparée avec ail et piment à St-Jean-de-Luz, n'en aura que plus de saveur.

Fruits de mer et coquillages

Autres spécialités venues de la mer et tout aussi délectables : les **chipirones**, petits encornets apprêtés dans leur encre ou avec de l'huile d'olive et de l'ail sont des grands classiques que vous trouverez dans nombre de bars à tapas. En Guipúzcoa, les restaurants proposent également du **crabe farci**, tandis que ceux de Biscaye mettent à leur carte les **palourdes d'Urdaibai** et les **araignées de mer**.

Poissons d'eau douce

Plus à l'intérieur des terres, la truite occupe une place de choix dans les assiettes. Fraîche ou fumée, les recettes la mettant en valeur ne manquent pas.

Enfin, s'il est une spécialité aquatique incontournable et de plus en plus recherchée, c'est bien la **pibale**, alevin d'anguille qui remonte les cours d'eau à la recherche d'un endroit où grandir en paix. Mais la pibale se faisant rare, sa pêche est strictement réglementée aujourd'hui, ce qui en fait un mets de choix, notamment pour les fêtes. Frite dans l'huile et l'ail, elle se déguste dans une cassolette à l'aide d'une petite fourchette de bois.

Viandes et charcuterie

Outre la mer, les provinces basques et navarraises peuvent se prévaloir de vastes espaces montagneux où agneaux, veaux et porcs paissent en toute tranquillité. Leur viande se retrouve tout naturellement dans les menus des *etxekoandreak* (maîtresses de maison) ou des restaurants, qui vous proposeront de l'**axoa** du côté d'Espelette (sorte de ragoût d'agneau ou de veau coupé en dés avec du piment), du **boudin** vers Laudio (Biscaye) et, partout, du **jambon**.

Jambons – Celui de Bayonne ne se présente plus. Côté espagnol, la gamme est très large, allant du savoureux **jabugo** à la viande de cochon sauvage ou de sanglier au **serrano**, en passant par le délicieux **bellota**, préparé avec de la viande de cochon ibérique *(ibérico) pata negra* nourri de glands et de châtaignes. Vous ne verrez pas un bar à tapas ou un restaurant sans son cuissot prêt à la coupe !

Gibier – Des deux côtés des Pyrénées, la chasse est aussi à l'honneur, offrant en saison gibiers à plume et à poil, dont les fameuses **palombes**, tirées à l'automne vers St-Jean-Pied-de-Port.

De belles parts de fromages basques.
CDT64

Fruits, légumes et épices

De par la surface importante de forêts et l'hygrométrie parfois élevée de certaines zones géographiques, les champignons sont à l'honneur dans la cuisine basque, et plus particulièrement le cèpe. Ainsi, il n'est pas une fête en Álava sans que ce mets ne figure au menu. Chanterelles, morilles, russules et girolles lui font parfois concurrence.

Rien ne manque dans le panier de la ménagère basque ou navarraise, et surtout navarraise puisque la vallée de l'Èbre constitue un véritable potager à ciel ouvert. On y produit de tout : asperges, fèves, bettes, artichauts, haricots verts, courgettes, betteraves, aubergines, petits pois, laitues, choux, poireaux oignons… Autant de produits qui entrent dans la composition des tapas, ou de plats comme la piperade, sorte de ratatouille relevée au piment avec œufs brouillés et jambon.

Certaines communes s'enorgueillissent d'une production bien particulière, comme Guernica pour le piment vert, Fontarabie pour le petit pois, Tolosa pour le haricot, Lodosa pour le *piquillo*, Espelette pour le piment (AOC depuis 2000) et Itxassou pour la cerise noire, dont la confiture accompagne si bien l'Ossau-Iraty. Vous ne vous déplacerez pas dans le pays sans goûter ou rapporter l'un de ces produits typiques.

Fromage

Culture pastorale oblige, les Basques et les Navarrais utilisent le lait des brebis pour produire des fromages. Le plus connu est l'Ossau-Iraty, AOC depuis 1980, produit dans les Pyrénées-Atlantiques, et plus spécifiquement aux abords de la forêt d'Iraty dont il tire son nom. Il se fabrique à partir du lait entier de brebis manech à tête noire ou rousse, brassé, moulé et pressé puis salé au gros sel et affiné au minimum trois mois. Sur le versant navarrais, le fromage de Roncal, obtenu grâce au lait entier des brebis latxa est travaillé puis salé et affiné entre les mois de décembre et juillet. Quant au délicieux fromage d'Idiazabal, il est produit à la frontière entre Navarre et Guipúzcoa. Il s'agit d'un fromage à pâte sèche, élaboré exclusivement avec du lait de brebis latxa et affiné au moins deux mois. Autre produit laitier que vous retrouverez sur les tables des deux côtés de la frontière hispano-française : le **mamia**, du lait caillé de brebis que l'on déguste avec du miel liquide.

Douceurs

Impossible de repartir du Pays basque sans avoir goûté à son chocolat ! Les meilleurs se dénichent à Bayonne, St-Sébastien ou Tolosa, selon une tradition remontant au 16e s. Les amateurs de sucreries apprécieront également les *vasquitos* et *nesquitas* de

GÂTEAU BASQUE À LA CRÈME OU À LA CONFITURE DE CERISE

Pour 5-6 personnes – 250 g de farine, 125 g de beurre, 125 g de sucre cristallisé, 2 œufs (+ 1 jaune pour dorer la pâte), 2 cuillers à soupe de rhum ou d'essence de vanille, une pincée de sel.

Mélangez d'abord beurre et sucre, puis les œufs et enfin la farine, le sel et l'arôme. Malaxez le tout et faites durcir la pâte au frais le temps de préparer la crème, s'il s'agit d'un gâteau à la crème. Pour préparer celle-ci (1/4 l de lait, 2 jaunes d'œufs, 65 g de sucre semoule, 25 g de farine, 50 g de poudre d'amandes, 2 cuillers à soupe de rhum ou d'essence de vanille) : fouettez ensemble jaunes d'œufs et sucre, ajoutez la farine et mélangez. Versez ensuite la moitié du lait bouilli, tournez puis mettez le tout sur le feu jusqu'à ébullition, pendant 1mn. Ajoutez le rhum ou l'essence et laissez refroidir.

Étirez votre pâte sur une épaisseur de 4 à 5 mm. Prenez-en 60 % pour en garnir votre moule, beurré et fariné. Répartissez au choix la crème refroidie à laquelle vous ajoutez la poudre d'amandes ou bien la confiture de cerise noire, puis appliquez la pâte restante pour fermer le moule. Abaissez les bords de la pâte, rayez-la à l'aide d'une fourchette. Passez-la à l'œuf pour la faire dorer et enfournez pendant 30 à 40mn, à feu doux (160 °C).

Vitoria, ou les spécialités à base d'œufs et d'amandes produites par les différentes congrégations religieuses du sud des Pyrénées. Côté pâtisseries, les gourmands se régaleront des macarons de St-Jean-de-Luz, de *goxua* (une sorte de baba au rhum nappé de crème pâtissière et de caramel) et, bien entendu, de gâteau basque au cœur de cerise ou de crème d'amande.

Vins

Pour accompagner tous ces plats, rien ne vaut un petit verre de vin. Or, Pays basque comme Navarre ne manquent pas de références. La carte des vins offre en effet une large gamme de saveurs issues de quatre principaux vignobles.

Cru côtier – Celui du **txakoli** demeure le plus confidentiel avec seulement 80 ha exploités du côté de Getaria et de Bakio, sur le golfe de Biscaye. Élaboré à partir d'un cépage local, il se caractérise par une légère acidité et une mousse à peine perceptible. Normalement blanc et sec, il se déguste aussi en vin rouge dans les alentours de Bakio, devenant alors *txakoli ojogallo*.

Irouléguy – En taille lui succède le vignoble d'Irouléguy avec 200 ha initialement plantés par les moines de Roncevaux au 13e s. non loin de St-Étienne-de-Baïgorry. Déclaré AOC en 1970, il produit des vins rouges exclusivement à partir de tannat (*bordelesa* en basque), de cabernet franc *(acheria)* et de sauvignon. Les blancs s'obtiennent quant à eux à partir de courbu *(xuri cerratia)* et de manseng *(ixiriota xuri)*.

Les vins de la Rioja alavesa – La Rioja alavesa couvre de son côté quelque 8 000 ha plantés essentiellement de *tempranillo*, un cépage qui donne un vin rouge généralement fruité et tannique, surtout s'il est complété par du graciano et du grenache. Les plus réputés sont produits dans les environs de Labastida. Côté blanc, le vignoble d'**Álava** en produit à partir de viura.

La Navarre – Enfin, avec 13 000 ha de tempranillo et de grenache, la Navarre arrive en tête des productions, en volume comme en qualité. Les **navarra** produits autour de Tafalla, Tudela, Olite et Estella comptent en effet aujourd'hui parmi les meilleurs vins d'Espagne.

Cidre

Ceux que le vin ne tenterait pas pourront toujours se reporter sur le cidre *(sagardoa)*, dont les Basques se revendiquent les premiers producteurs, avant même les Bretons et les Normands. Ils dégustaient autrefois ce breuvage acidulé et pétillant directement au tonneau, ou *kupela*.
Actuellement, la tradition se perd un peu, mais les cidreries ne continuent pas moins à proposer du cidre maison en hiver.

Spiritueux

En revanche, pour le **patxaran** ou **pacharán** (parfois appelé en basque *basarana*), point de saison. Cette liqueur de prunelles élaborée en Navarre, qui titre à 25 °C, peut se déguster à tout moment de l'année, tout comme l'*izarra*, spécialité d'Hendaye. Élaboré à partir de plantes aromatiques, de graines, d'écorces et d'Armagnac, cet alcool peut être de couleur verte (à dominante de menthe poivrée) ou jaune (à dominante d'amandes amères).

L'ART DU « TAPEO »

Mode d'emploi

Il n'est cependant pas besoin de restaurants étoilés ou de cercles privés pour goûter au meilleur des produits basques ou navarrais, surtout au sud des Pyrénées, et plus spécialement sur la côte.
Il suffit pour cela de *tapear*, c'est-à-dire d'aller de bar en bar en fin de journée (c'est-à-dire vers 20h côté espagnol) pour vous délecter de tapas et de *pintxos* accompagnés d'un verre de vin ou d'une bière.
À cette heure-là, les bars sont littéralement pris d'assaut par les jeunes, les retraités, les parents et les enfants. Chacun papote tout en se servant directement au comptoir, ou en désignant au serveur toutes les préparations dont on a envie avant de récupérer l'assiette qu'il aura composée. Le plus souvent, l'addition se règle après dégustation. Le serveur liste alors les consommations. Gare à celui qui essaierait de frauder : il a bonne mémoire et se souvient toujours de ce qui a été pris !
Au final, l'endroit est aux Basques ce que le pub est aux Anglais et le café aux Français : un pilier incontournable de convivialité. La gourmandise en plus ! En la matière, la réputation de St-Sébastien est inégalable, suivie de près par Fontarabie.

Tapas ou pintxos ?

Aujourd'hui connues un peu partout, les **tapas** sont des mises en bouche, qui, au terme de votre balade, auront constitué de véritables repas. Le choix est vaste pour ne pas dire infini et va des **piquillos** et des olives marinées jusqu'à l'assiette de jambon à la coupe en passant par les fameuses **tortillas** (omelettes), les **patatas bravas** (pommes de terre sautées avec une mayonnaise pimentée), les **chipirones** ou les tranches de pain garnies de thon, de crevettes, de poivrons, de champignons ou de tout autre produit dont le cuisinier aurait eu l'idée et la fantaisie.
Si les tapas sont d'origine médiévale, les *pintxos* sont apparus plus récemment, sans doute dans le premier tiers du 20e s. à St-Sébastien. Certains vont même jusqu'à préciser que c'est au bar de La Espiga de la calle San Marcial que sont apparus les premiers *pintxos* (ou *pinchos* selon la graphie espagnole). Parfois présentés comme de mini-brochettes, tartinés

sur des croûtons de pain ou servis dans de petites cassolettes, il s'agit d'une déclinaison de la tradition culinaire basque sous forme miniature. Là encore, le choix est considérable, et vous aurez peut-être la chance de tomber sur une noix de St-Jacques assaisonnée à l'ail et au pesto ou un foie gras poêlé à l'émulsion de mangue et au vinaigre balsamique, voire un *marmitako* ou un *ttoro* lilliputien.

Musique

La musique et les chants font partie intégrante de la culture, comme en témoignent les sources les plus anciennes.

HISTOIRE

De tradition orale, ce patrimoine musical n'a toutefois été recensé et mis par écrit qu'au 19e s. sous l'impulsion de particuliers comme Antoine d'Abbadie, et surtout le père Donostia, Resurrección María de Azkue ou Salaberry. Ces derniers ont réalisé un colossal travail de compilation en parcourant les provinces basques pour noter et répertorier chants et mélodies. Leurs travaux ont ainsi permis d'identifier des morceaux remontant au 17e s. Le risque était que cette retranscription figeât les harmonies et les textes en leur donnant un cadre écrit. Il n'en a rien été. Dès le début, ces passionnés d'ethnologie et de musicologie ont adapté les morceaux anciens qu'ils répertoriaient, et leurs disciples et lecteurs ont pris la suite. Aujourd'hui, les bibliothèques des archevêchés et avant tout le centre d'archives d'Eresbil offrent aux chercheurs et aux artistes des sources inépuisables d'inspiration.

INSTRUMENTS

La musique basque s'appuie essentiellement sur les instruments à vent et les percussions. Les plus répandus sont le **txistu**, flûte à trois trous déjà représentée il y a 22 000 ans dans la grotte d'Isturitz et dont l'une des variantes régionales est par exemple la **txirula** en Soule. Vient ensuite la **gaïta-dulzaïna** d'origine navarraise, qui malgré son nom (*gaita* signifie cornemuse), s'apparenterait à un hautbois à anche double, et dont le son ressemble à celui d'une flûte arabe. Quant à l'**alboka**, c'est une corne dans laquelle on souffle pour produire une note continue. Le rythme est marqué par le **txalaparta**, formé de deux corbeilles et de planches sur lesquelles on frappe avec des bâtons. Sa version en métal se nomme la **tobera**. Signalons aussi un tambour au son très sec, l'**atabal**. Enfin, le **trikitixa**, un accordéon diatonique très apprécié des artistes contemporains, complète l'ensemble.

CHANTS ET MÉLODIES

Chants

Chanter est une véritable institution en Pays basque. On chante partout, pour tout, avec ou sans accompagnement, avec ou sans livret, en amateur ou en professionnel. Vecteur de culture, le chant est omniprésent, depuis les offices religieux jusqu'aux fêtes patronales. Celles-ci donnent parfois lieu à des défis entre **otxote** (formation à huit voix) ou entre **bertsolari**, ces poètes qui improvisent en public des vers chantés. Des deux côtés de la frontière, chanter est une telle institution que même pendant les parties de pelote, les points sont psalmodiés ! On ne compte plus les festivals de musique et de chant, dont les principaux sont organisés au sud des Pyrénées.
Les chants les plus anciens se reconnaissent à leur caractère

modal (à l'instar du grégorien), tandis que les musiques plus récentes sont au contraire tonales, et syllabiques pour les mélodies populaires, c'est-à-dire qu'à chaque note correspond une syllabe. L'une des formes mélodiques les plus répandues, le **zortziko**, adopte un rythme irrégulier de 5 croches par mesure pour accompagner les danses.

Au niveau du répertoire, chaque région a développé ses propres traditions musicales, comme celle des complaintes, en Soule, mais certaines mélodies sont connues de tous. Elles correspondent généralement à des poèmes épiques. Le plus répandu est le **chant de Lelo**, relatant la résistance des Cantabres (supposés être les ancêtres des Basques) face aux troupes romaines conduites par Auguste. Il provient d'un manuscrit du 16e s. Celui de **Beotibar** nous est parvenu par des fragments de textes datant eux aussi des 16e et 17e s. et raconte la sanglante bataille de Beotibar qui eut lieu en 1321 entre Guipúzcoans et Navarrais. Autre chant arrivé jusqu'à nous, le **chant « Jeiki jeiki »** fait allusion à la rivalité qui opposa marins basques et hollandais à propos des zones de pêche à la morue à la fin du 18e s. Quant au **chant d'Altabizkar**, il s'inspire certes de *La Chanson de Roland*, mais a été écrit au 19e s.

La Navarre a une forte tradition musicale, surtout chorale. Incontournable, la « **jota navarra** » est apparue, semble-t-il, au début du 19e s. Ce chant, sensiblement différent de la jota aragonaise, est un bref poème très expressif sous forme de quatrains. Raimundo Lanas (1908-1939), surnommé « le rossignol navarrais », en est considéré comme le meilleur interprète. La jota est aussi une danse, distincte de la jota chantée en Navarre.

Chœurs

Aujourd'hui, le patrimoine musical est transmis et développé entre autres par le biais des **sociétés chorales** qui ont adapté les chansons populaires pour l'orphéon. Dans le nord, on n'en compte pas moins d'une cinquantaine dont les plus renommées sont Oldarra de **Biarritz**, le chœur d'hommes d'**Arcangues**, Adixkideak, celui d'**Hendaye**, Gaztelu Zahar, et le chœur mixte Xaramela de **Bayonne**. Elles s'inspirent pour beaucoup du répertoire folklorique, contrairement à leurs homologues d'Euskadi et de Navarre, de plus grande ampleur, mais qui interprètent pour la plupart du classique lors de festivals comme celui de Tolosa.

C'est le cas du très réputé **orphéon de St-Sébastien** (140 chanteurs des deux sexes), du Coro Caso de St-Sébastien aussi, qui regroupe quatre chœurs (l'un de 45 hommes, un autre de 70 garçons, un troisième de chant grégorien et un dernier mêlant hommes et enfants), du chœur mixte d'Andra Mari de Renteria et de la **société chorale de Bilbao** avec ses 140 chanteurs.

Interprètes

En plus de ces ensembles choraux, des interprètes contemporains se font le relais de la tradition en arrangeant ou en créant textes et musiques à partir des mélodies d'antan. C'est ainsi que le groupe **Oskorri** adapte les chansons populaires en s'inspirant du folk. **Beñat Achiary** est connu pour pour la virtuosité de ses improvisations vocales. **Amaia Zubiria** prête quant à elle sa voix grave et chaleureuse à des textes aussi bien anciens qu'actuels. Native de St-Palais, **Anne Etchegoyen**, qui a débuté en compagnie du groupe Oldarra, se fait l'ambassadrice de la chanson basque en France.

Enfin, l'auteur-compositeur **Benito Lertxundi** est l'un des rares artistes contemporains à être chanté par tout le Pays basque de son vivant. Et la liste ne s'arrête pas là. Le basque chanté a aussi trouvé de nouvelles expressions, dans le rock notamment.

Rock basque

Des groupes comme **Kortatu**, fondé au sud des Pyrénées par les frères Muguruza au début des années 1980 et devenu Negu Gorriak en 1990, E. H. Sukarra, Sustraia ou Akelarre marchent tous sur les traces d'**Anje Duhalde** et **Niko Etxart** qui ont choisi, dans les années 1970, de faire du rock en langue basque. Le premier forme avec un autre guitariste, Mixel Ducau, un duo appelé **Errobi** qui fera la passerelle entre folk et rock, tandis que le second tournera pendant près de 20 ans avec son groupe **Minxoriak**. Dans un genre différent, plus axé sur la musicalité, le groupe **Itoiz** (1978-1988) est devenu la formation culte des amateurs de musique pop. Revendicatif sur fond de crise économique en Euskadi dans les années 1980, le rock basque a su s'inspirer de courants extérieurs comme le courant punk, puis le rap, le reggae, et aujourd'hui le hip-hop, la techno, etc.

La population

Ce territoire compte aujourd'hui près de 3 millions d'habitants. Ceux-ci sont cependant très inégalement répartis : avec 262 000 habitants, le Pays basque français fait figure de nain démographique, comparé aux 2,6 millions d'habitants côté espagnol.

EN FRANCE

Concentration sur le littoral

Les principaux traits démographiques du Pays basque se sont accentués tout au long des 19e et 20e s. Aujourd'hui, le littoral du Labourd concentre plus des deux tiers des habitants. La croissance constante de la population (plus 15 % en 25 ans) est principalement due à l'attractivité touristique exercée par la côte. Le solde migratoire, largement positif, permet de couvrir et même dépasser le déficit du solde naturel. Les nouveaux arrivants sont principalement des familles jeunes avec enfants, même si la part des retraités attirés par le cadre de vie reste importante. Ce phénomène qui s'amplifie ne va pas sans poser des problèmes de logement : l'offre est insuffisante et, comme dans de nombreuses régions françaises, certaines villes (St-Jean-de-Luz, Biarritz) connaissent une flambée des prix inquiétante pour les familles à revenus moyens et la jeunesse locale. La crise s'étend peu à peu vers l'intérieur des terres…

Évolutions dans les terres

La Basse-Navarre et la Soule voient leur population se stabiliser (respectivement 26 000 et 14 000 habitants) après une longue phase d'exode rural. Certains cantons sont néanmoins toujours en crise, la part des plus de 50 ans représentant souvent 40 à 50 % des habitants. En revanche, les migrations pendulaires prennent de l'ampleur, entraînant l'installation des populations actives en périphérie de l'espace urbain (en Labourd intérieur et Basse-Navarre), le long des voies menant au BAB (ensemble Bayonne-Anglet-Biarritz).

EN ESPAGNE

La Navarre

Hégémonie de Pampelune – Plus de 190 000 personnes (près d'un Navarrais sur trois) vivent aujourd'hui dans l'agglomération pamplonaise dont l'emprise sur le territoire prouve le dynamisme.

Ces dernières années, les banlieues résidentielles sortent de terre à grande vitesse, englobant les villages proches dans une large ceinture périurbaine. La Navarre connaît depuis plus de quarante ans une forte augmentation de la population liée à l'industrialisation. Les migrations internes ont été importantes, favorisant le développement des espaces urbains : en trente ans, la population de Tudela (métropole du sud navarrais) est passée de 16 000 à 26 000 habitants quand celle de Pampelune doublait. La capitale navarraise affiche aujourd'hui sa volonté hégémonique, se dotant d'un réseau autoroutier qui fait d'elle un carrefour de voies de communication.

Au sud, la vallée de l'Èbre reste une zone densément peuplée (environ 120 000 habitants) grâce à son agriculture productiviste et à sa proximité avec ses voisins d'Aragon et de Rioja.

Désertification des vallées pyrénéennes – Ces vallées, principalement au nord-est, subissent de plein fouet la crise du monde rural : l'attraction de Pampelune y est très forte et la désertification succède à l'exode rural : populations vieillissantes, activités déclinantes, villages abandonnés, plus rien ne retient les jeunes actifs dans les vallées d'Arce, d'Aezkoa et de Salazar. En revanche, la vallée du Baztan, plus dynamique, est parvenue jusqu'à aujourd'hui à conserver ses jeunes générations. À défaut de devenir la deuxième couronne de banlieues-dortoirs de Pampelune, les vallées du nord espèrent trouver leur salut dans une route à grande capacité qui relierait le sud de la France à Pampelune, faisant de ce territoire une zone de passage du transit

international. Néanmoins, ce projet suscite de vives réactions de la part des associations écologiques et une opposition massive des populations et élus de Basse-Navarre, très concernés aussi par cette affaire.

La Communauté autonome basque (CAB) ou Euskadi

Un foyer de peuplement du Pays basque – L'Álava, le Guipúzcoa et la Biscaye sont inégalement peuplés. La suprématie biscayenne (1 140 196 habitants en 2006) est un phénomène assez récent : jusqu'à l'orée du 19e s., c'est le Guipúzcoa qui, des trois, est le plus peuplé. À partir de 1860, le processus d'industrialisation qui touche tout le littoral affecte plus particulièrement la région de Bilbao qui connaît alors une véritable explosion démographique. Ce phénomène est dû à la conjugaison de deux éléments : d'une part, le fort taux de natalité des campagnes biscayennes et, d'autre part, l'arrivée massive de main d'œuvre d'autres régions espagnoles (d'Estrémadure et d'Andalousie) pour travailler dans le secteur industriel. En quarante ans, la population augmente de 168 % ; en 1900, un Basque sur deux vit en Biscaye.
Le Guipúzcoa connaît aussi une forte augmentation de sa population, mais la croissance y est moins spectaculaire qu'en Biscaye.
L'Álava reste à l'écart du processus d'industrialisation jusque dans les années 1950, ce qui se ressent du point de vue démographique (304 325 habitants aujourd'hui). Ce territoire a longtemps gardé sa vocation agricole traditionnelle (il a joué pendant des siècles le rôle de grenier à blé de la Biscaye et du Guipúzcoa), même si Vitoria-Gasteiz se développe rapidement à partir de 1960 (en 40 ans, elle passe de 75 000 à 229 000 habitants).
Aujourd'hui, la Communauté autonome connaît les problèmes des pays industrialisés : une population vieillissante et un taux de fécondité parmi les plus bas d'Europe. L'immigration a aussi nettement ralenti dans les années 1980, sous le coup de la récession industrielle. La croissance démographique de ces territoires est donc négative sur ces vingt dernières années.
Enfin, le littoral touristique (de St-Sébastien à Mundaka) est victime de son succès : il souffre, comme la Côte labourdine, d'une flambée des prix rendant les logements inaccessibles aux jeunes actifs.

ÉMIGRATION, DIASPORA

L'émigration n'est pas un fait basque. Au 19e s., elle touche toute la population européenne. Cependant, si l'on rapporte l'ampleur du phénomène à la population, on se rend compte qu'il fut extrêmement important au Pays basque, concernant quasiment toutes les familles. L'écrivain souletin Lhande ne dit pas autre chose lorsqu'il annonce que pour être un véritable Basque, il faut notamment « avoir un oncle en Amérique ».
Outre les départs traditionnels vers les régions parisienne ou bordelaise, le Nouveau Monde est la principale destination des Basques qui quittent leur terre : des étendues immenses s'offrent à eux ; ils y seront bergers, producteurs de lait ou encore commerçants. Beaucoup s'enrichissent et retournent ensuite au pays, mais nombre d'entre eux restent.
Les Basques ont joué dès le 16e s. un rôle prépondérant dans l'**histoire de l'Amérique latine** : les Biscayens **Mendoza** et **Zabala** fondent respectivement Buenos Aires en 1533 et Montevideo en 1726. **Iturbide**, héros de l'indépendance

mexicaine, est originaire de la vallée navarraise du Baztan. La famille du *Libertador* **Bolívar,** tout comme celle du **Che Guevara**, est originaire de Biscaye.

Argentine, Uruguay, Cuba, Chili et Mexique sont les destinations favorites des Basques en Amérique du Sud. Autre grande terre d'accueil, le nord-ouest des États-Unis (Californie, Idaho, Montana, Nevada, Utah et Wyoming), très prisé au début du 20e s.

Partout où ils s'installent, ils s'organisent en communauté : des frontons sont construits, des « maisons basques » (centres de retrouvailles et de fêtes), fondées, pour regrouper tous les Basques, quelle que soit leur origine. La diaspora nord-américaine compte aujourd'hui quelques personnalités de renom telles que Paul Laxalt, ex-sénateur du Nevada et Robert, son frère écrivain, ou enfin, Peter Cenarrusa, sénateur de l'Idaho.

Organisation politique et administrative

EUSKADI : COMMUNAUTÉ AUTONOME BASQUE

La fin du franquisme et les premières années qui la suivent voient le pluralisme politique se remettre en place, dans un cadre institutionnel nouveau, celui d'une monarchie parlementaire. C'est ainsi que le **statut d'autonomie de Guernica**, adopté par référendum en 1979, s'applique à un territoire appelé Communauté autonome basque ou d'Euskadi, qui regroupe les trois provinces de **Guipúzcoa**, **Biscaye** (Vizcaya) et **Álava**. Chaque province est administrée par une *diputación*, et est représentée au parlement autonome de Vitoria-Gasteiz par 25 députés.

Ce **parlement** est investi de compétences très larges, qui font de lui l'autonomie la plus étendue d'Europe, même si toutes les compétences prévues par le statut de 1979 ne lui ont pas encore été totalement transférées par le gouvernement espagnol. Depuis les premières élections libres, le gouvernement qui dirige la Communauté est aux mains du **Parti nationaliste basque (PNV)**. Trois présidents s'y sont succédé : Carlos Garaikoetxea, José-Antonio Ardanza et, actuellement, **Juan-José Ibarretxe**.

LA COMMUNAUTÉ FORALE DE NAVARRE (NAVARRA)

La Navarre reste un cas particulier, extrêmement sensible. À l'origine intégrée aux premiers projets de statuts d'autonomie des années 1930, elle choisit de ne pas s'y associer lorsque le statut est finalement adopté en 1936. Très attachée à son passé foral, elle est également très religieuse et refuse tout lien avec les nationalistes basques qui soutiennent la République espagnole laïque, et qui, en outre, s'apprêtent à faire entrer des communistes au gouvernement. La Navarre est tellement hostile à la République qu'elle se soulève aux côtés de Franco, et s'éloigne toujours plus des autres provinces basques durant la dictature. Lorsque le statut de **1979** est voté, c'est presque naturellement que la Navarre choisit sa propre voie. Elle négocie en 1982 son **régime de communauté forale**.

LE PAYS BASQUE FRANÇAIS

Au Pays basque français, le découpage administratif hérité de la Révolution française est resté inchangé : les trois provinces du **Labourd**, de la **Basse-Navarre** et de la **Soule** sont intégrées au département des **Pyrénées-**

Atlantiques (anciennement Basses-Pyrénées). En parallèle à la naissance du nouveau nationalisme basque sous le franquisme durant les années 1960, le mouvement Enbata se crée au nord. Pour lui, l'avenir du Pays basque passe par un fédéralisme européen et la revendication du département Pays-Basque. En 1973, une nouvelle branche clandestine apparaît, Iparretarrak, qui privilégiera l'objectif d'un statut d'autonomie. En 1981, l'espoir d'une avancée significative naît avec l'avènement au pouvoir de François Mitterrand, qui s'était déclaré favorable au département et à l'officialisation de la langue basque. Mais il ne donnera jamais suite à ces propositions. La question du département reviendra au centre des débats à la fin des années 1990.

EN ESPAGNE, CES VINGT DERNIÈRES ANNÉES...

Une situation complexe

Le statut d'autonomie exceptionnel obtenu en 1979 par la Communauté autonome basque (Euskadi) ne règle pas le problème du nationalisme.
Confronté à des demandes d'autonomies de plusieurs régions (Andalousie, Catalogne, Galice, etc.), l'État espagnol affirme sa vision d'une nation espagnole unique composée de provinces aux statuts différents. Le problème est particulièrement complexe au Pays basque où le terrorisme d'ETA envenime un dialogue difficile avec les nationalistes.
Le passif humain s'alourdit rapidement : plus de 800 crimes sont commis par l'ETA au cours des dernières décennies. Pour sortir de cette crise, l'État espagnol utilise tous les moyens, alternant négociations et tractations secrètes, ouverture et fermeté ; au cours des années 1980, une « guerre sale » est menée par les Groupes antiterroristes de libération (GAL). Des moments de grande tension et de forte mobilisation antiterroriste ont régulièrement agité toute l'Espagne. Un des points culminants de ces événements restera certainement les manifestations géantes dans tout le pays contre le terrorisme après l'assassinat du jeune conseiller politique basque Miguel Angel Blanco en juillet 1997.

Les forces en présence

On peut schématiquement distinguer les trois composantes suivantes dans la vie politique basque en Espagne :
- une frange espagnole représentée par le **Partido Popular (PP)**, de droite, et le **Partido Socialista (PSOE)** de gauche ;
- une frange nationaliste basque radicale ou « gauche abertzale », autour d'**ETA** et de sa vitrine politique **Herri Batasuna** (Unité populaire) aujourd'hui interdit ;
- enfin une frange nationaliste modérée autour du **PNV** (Parti nationaliste basque) qui gouverne la Communauté autonome basque (Euskadi) depuis sa création.

La vie politique basque est marquée par une alternance d'accalmies, de trêves et de reprises de tension entre les séparatistes et le gouvernement espagnol.
L'espoir suscité par l'ouverture au dialogue du président Zapatero s'évanouit avec l'attentat à l'aéroport de Madrid qui fait deux morts le 30 décembre 2006.
Les tensions s'avivent encore lors des élections de mai 2007. ETA annonce la rupture du cessez-le-feu permanent le 5 juin 2007, laissant planer, malgré l'arrestation de plusieurs de ses membres, la menace de nouvelles violences.

Une question d'identité

L'identité basque est fièrement revendiquée aujourd'hui par de nombreux Basques espagnols. Elle n'est cependant, pour la majorité d'entre eux, nullement

Port de pêche de Bermeo.
S. Sauvignier / MICHELIN

antinomique avec un fort sentiment d'appartenance à la nation espagnole. En cela, les Basques sont proches des habitants de la plupart des autres provinces espagnoles qui assument et revendiquent également leur double identité, nationale et régionale.

Cette fierté d'appartenance permet, pour le plus grand bonheur des touristes, de maintenir aussi vivaces des traditions et une culture parmi les plus fortes et les plus originales d'Europe.

Activités économiques

Des ports de pêche aux barques colorées, des promenades et des plages de sable fin, des campagnes verdoyantes où paissent les brebis tandis que dans les villages, le piment sèche en grappes aux fenêtres. L'autre face de la carte, moins exotique, c'est la Biscaye industrialisée à outrance, avec ses mines, ses usines aux hautes cheminées crachant des nuages de suie…

AGRICULTURE ET PÊCHE EN DIFFICULTÉ

Agriculture : entre résistances et modernité

En France, l'agriculture est en perte de vitesse : le nombre d'exploitations agricoles a chuté de 11 353 à 5 939 en 40 ans. Activité agricole et pêche reculent devant les progrès de l'urbanisation et de l'activité touristique. Les quelques résistances sont liées à un fort attachement culturel à la terre et à l'exploitation familiale, qui fait que l'un des descendants finit par accepter de prendre la succession de manière à ce que le patrimoine ne soit pas démembré. Ainsi, alors que le taux d'agriculteurs français de plus de 55 ans ayant une succession atteint 27 %, il monte jusqu'à 41 % en Pays basque.

Même en recul, l'activité agricole en Pays basque présente des permanences anciennes. Sur les franges les plus septentrionales, c'est la production de maïs qui domine, ainsi qu'un élevage à viande et à lait. Vers les zones plus montagneuses de Cize, Baïgorry ou de Soule, c'est l'élevage ovin d'estive ou de petites exploitations encore consacrées à la polyculture. Sur toute la zone méditerranéenne, c'est-à-dire en Navarre et en Álava, le paysage plus aride est propice à la culture du blé, de l'orge, de la vigne et de l'olivier. L'agriculture y est moderne et riche, et se permet même de tenter la riziculture irriguée aux portes du désert des Bárdenas. En Guipúzcoa et Biscaye enfin, zones côtières à forte influence océanique et largement industrialisées, l'agriculture est marginale.

Pêche : une situation contrastée

La pêche est également en grande difficulté, alors qu'il s'agit d'un des secteurs d'activité traditionnels majeurs du peuple basque au cours de son histoire. La raison principale en est l'appauvrissement de la ressource. En outre, les relations entre pêcheurs se sont considérablement dégradées à cause des différentes pêches pratiquées (la guerre, parfois ouverte, oppose schématiquement pêcheurs traditionnels et chalutiers pélagiques). La pêche du Pays basque espagnol peut heureusement profiter de subventions européennes, et si les grands ports de pêche y sont moins nombreux que par le passé (les principaux sont Ondarroa, Lekeitio, Bermeo et Pasaia), ils sont florissants et modernes. On ne peut en dire autant de la pêche en France qui est en grande difficulté. Aussi n'y reste-t-il qu'une seule criée, à St-Jean-de-Luz, dont la valeur des ventes a beaucoup baissé ces dernières années.

POIDS INÉGAL DU SECTEUR SECONDAIRE

Si la tradition industrielle est ancienne en Biscaye et en Guipúzcoa (milieu du 19e s.), elle est récente en Álava et en Navarre et reste très peu développée en Basse-Navarre, Labourd et Soule.

En Euskadi – Au début des années 1980, le Gouvernement autonome de Vitoria doit redresser l'économie d'Euskadi qui connaît une crise sans précédent. Il se fixe alors trois axes majeurs : parier sur la technologie de pointe, renforcer la qualité du produit et internationaliser l'activité. En 1990, le secteur sidérurgique traditionnel est intégralement reconverti : Euskadi reste le premier **producteur d'acier** d'Espagne, tandis qu'il consolide le secteur automobile et crée *ex nihilo* une nouvelle industrie aéronautique. Cette politique économique est fondée sur le **système des clusters** : réseaux regroupant les entreprises d'un même secteur industriel ainsi que les représentants du gouvernement, dont le but est de travailler en commun dans la recherche et le développement de ce secteur pour le rendre toujours plus compétitif. C'est une véritable réussite, favorisant une croissance économique exemplaire ces quinze dernières années dans la Communauté autonome basque.

Le **modèle coopératif** est également en bonne santé : la MCC (Mondragón Cooperative Corporation, en Guipúzcoa), dont l'un des fleurons les plus célèbres est le groupe électroménager Fagor, emploie 83 000 personnes aujourd'hui.

En Navarre – Le développement industriel tardif (milieu du 20e s.) est essentiellement tourné vers l'agroalimentaire (30 % des emplois industriels), la chimie et les matériaux de construction. Le secteur automobile y est également puissant puisque le groupe SEAT-Volkswagen, installé aux portes de Pampelune, représente à lui seul 25 % de la production industrielle navarraise.

En France – Le développement industriel ne semble pas aussi brillant de ce côté des Pyrénées : les quelques grandes entreprises de la Côte basque sont en difficulté, d'autres ont fermé leurs portes ces dernières années. L'industrie de l'espadrille en Soule connaît les mêmes problèmes. Quelques entreprises telles Turbomeca aux portes de Bayonne et Sokoa à Hendaye, affichent quand même leur dynamisme. D'autres ont un rôle de soutien comme la société de capital-risque Herrikoa (fondée sur l'actionnariat populaire) qui aide, avec un certain succès, à la création et au développement des entreprises en Pays basque.

TOURISME BALNÉAIRE, TOURISME VERT ET SURF

Le tourisme est une activité récente au Pays basque et en Navarre. Certes, dès l'époque romaine, les villes d'eaux y étaient prisées, mais le véritable envol de cette activité date du 19e s., et est largement circonscrit au littoral labourdin. La **vogue des bains de mer** s'étend à la Côte basque par Biarritz, sous le Second Empire. C'est l'impératrice Eugénie, épouse de Napoléon III, qui en fait la promotion, puis l'accès vers les plages basques est facilité par la construction du chemin de fer jusqu'à Hendaye au milieu du siècle. Du côté espagnol, St-Sébastien a profité de l'intérêt de la reine Marie-Christine d'Auriche, qui y a séjourné et fait construire le palais de Miramar. Avec les congés payés, le tourisme se démocratise et prend de plus en plus de place dans les politiques locales. Actuellement, on estime à 15 % son poids dans l'activité économique du Pays basque français.

Le **tourisme vert** se développe également ces dernières décennies. Il est fondé sur trois piliers : la randonnée pédestre en montagne, la découverte de la gastronomie du Pays basque (organisée en labels, AOC) et l'accueil en gîte rural ou chez l'agriculteur. Il constitue un revenu complémentaire non négligeable pour le monde rural en quête d'un nouveau souffle.

Le surf – Le Pays basque a encore un autre atout dans sa manche depuis 1957 : le surf *(voir p. 154)*. Ce sport connaît une popularité grandissante, au point de compter aujourd'hui plus de 30 000 licenciés et 150 000 pratiquants, quand ils n'étaient respectivement que 5 000 et 100 000 en 1994. Le surf a même fait son entrée dans les épreuves physiques du baccalauréat. De l'avis des spécialistes, les meilleurs spots se trouvent vers Hendaye, Anglet et Guéthary ; Fontarabie, St-Sébastien, Mundaka, Orio ou Getxo en Guipúzcoa et Biscaye.

Cet engouement a généré une véritable manne économique pour la côte. Quelque 170 entreprises d'Aquitaine en vivent. En 2005, près de 65,7 % des salariés basques de l'habillement travaillaient pour le surfwear, et en 2007, Anglet a inauguré une ZAC (Baia Park) dédiée aux sports de la glisse. La même année, Biarritz a célébré les 50 ans de ce sport en lançant la construction d'une Cité du surf. Elle organise aussi chaque année la Quiksilver Cup. C'est ainsi que surf rime avec Pays basque !

Art et Culture

Depuis des siècles, les pèlerins traversent les Pyrénées pour se rendre à Compostelle. Ces voies plus ou moins fréquentées ont toujours été un lien, parfois très fort, entre des provinces bien différentes. Cette variété est plus que jamais d'actualité et il serait impossible de comparer St-Jean-de-Luz ou Biarritz à Bilbao, Bayonne à Pampelune. La culture ici n'appartient pas au passé comme en témoigne l'importance de l'architecture moderne et de l'art contemporain, réveillés par l'incroyable succès du musée Guggenheim de Bilbao.

Art roman

À partir du 10e s., on assiste au repeuplement de la région et à la reconstruction d'églises : au nord des Pyrénées après la victoire des ducs de Gascogne sur les Normands ; au sud après la Reconquête sur l'Islam grâce aux rois d'Asturie-León, Castille et Navarre, et à l'aide légendaire de saint Jacques Matamoros lors de la bataille de Clavijo (844).

LE RAYONNEMENT DES CHEMINS DE ST-JACQUES

La diversité des chemins de Saint-Jacques à travers le Pays basque et la Navarre fait surgir quantité de monastères, lieux d'hospitalité et de prière, et de nombreuses églises et chapelles : route côtière à travers le Labourd (Lahonce), le Guipúzcoa, la Biscaye (Cenarruza-Ziortza) et l'Álava (Estibaliz), route du col du Somport, conduisant les pèlerins par Jaca, Leyre et Sangüesa ou enfin la route d'Ostabat et Roncevaux, la plus fréquentée à partir du 11e s.
Bâtisseurs et sculpteurs transmettent styles et motifs décoratifs d'une région à l'autre (Toulouse, Jaca, etc.). D'autres passent de Compostelle à Pampelune : ainsi, Pierre de Roda (Rodez), évêque de Pampelune et ancien moine de Conques, appelle maître Esteban sur le chantier de sa cathédrale. Des ouvriers, prisonniers arabes ou chrétiens mozarabes, introduisent, sur les murs et les fenêtres, des éléments décoratifs musulmans : entrelacs, rosaces, larges palmettes. Les coupoles à nervures sur plan octogonal à **L'Hôpital-St-Blaise,** en Basse-Soule, ou **Sta María de Eunate** et **Torres del Río** en Navarre témoignent de l'influence de l'art califal de Cordoue. Ces deux derniers édifices étaient peut-être des chapelles funéraires, car des escaliers, logés dans des tourelles adjacentes, permettent d'accéder au toit pour entretenir la lanterne des morts, toujours visible à Torres del Río.
Art de confluences, l'art roman est aussi un art populaire : dans les villages qui se créent et deviennent des étapes pour les pèlerins, des artisans locaux ornent les bâtiments religieux de sculptures, parfois assez frustes mais d'une grande force expressive. Ainsi à Villatuerta en Navarre (1062) ou dans le groupe très curieux de la vallée d'Orba, au sud de Pampelune.

Deux églises, Orisain et Olleta, et deux ermitages isolés, Echano et Catalain, présentent une très belle décoration sculptée, exécutée par la même équipe au 12e s. Grand nombre de ces édifices comportent un porche méridional en appentis, supporté par des arcades ou des colonnes à chapiteaux.

Au nord des Pyrénées subsistent bien peu des anciens hôpitaux et monastères : en Labourd, Lahonce, en Basse-Navarre, Bidarray, en Soule, L'Hôpital-St-Blaise et, perdue au fond d'une vallée, la **collégiale Ste-Engrâce** (1075) aux superbes chapiteaux polychromes qui dépendait de la puissante abbaye navarraise de Leyre.

NAVARRE, TERRE ROMANE

Traversée par les deux branches du principal chemin, la Navarre devient tout naturellement une des terres d'élection de l'art roman. Cette floraison artistique commence sous le règne de **Sanche le Grand** (1004-1035), le fondateur du chemin des Français ou *Camino Francés* (Pampelune, Puente-la-Reina, Estella). Il domine un très vaste royaume où s'élèvent de nombreux monastères : Irache, San Millán et surtout Leyre, « cœur et centre du royaume » dont les abbés deviennent souvent évêques de Pampelune. Consacrée en 1057, la crypte, avec ses colonnes ramassées et ses énormes chapiteaux, décorés de simples volutes, soutient un chevet à trois vaisseaux, abside et absidioles, d'une hauteur audacieuse. Ce chevet est le prototype des grandes constructions romanes du 11e s. espagnol, car il est antérieur aux sanctuaires de Jaca, Léon et même Santiago de Compostela.

Près de deux siècles plus tard, l'ère romane s'achève avec **Sanche le Fort** (1194-1234), enterré à Roncevaux, grand champion de la croisade contre les Maures (victoire de Las Navas de Tolosa en 1212) voit s'achever l'ère romane avec Ste-Marie de Tudela, bâtie sur une ancienne mosquée et surtout avec les églises d'Estella, véritable synthèse de l'art du pèlerinage. Les influences musulmanes dans l'art chrétien après la Reconquête vont former le **style mudéjar**.

Art gothique

Après le succès du roman en Navarre, les souverains venus de Champagne vont faciliter le développement du style gothique qui va s'étendre dans les régions voisines.

LE ROYAUME DE NAVARRE

Le neveu et héritier de Sanche le Fort est **Thibaud Ier de Champagne**. Avec les rois champenois, suivis des capétiens, l'influence gothique pénètre le royaume. Premiers exemples : le monastère cistercien d'Iranzu, fondé en 1176, ceux de Fitero et de la Oliva (deuxième moitié du 12e s.). Ces églises ont des croisées d'ogives et des piliers d'une sobre rigueur avec des éléments encore romans à la Oliva (le chevet).

L'église romane d'**Ujué**, dont la vénérable statue de la Vierge sanctifie le rôle de forteresse face aux royaumes musulmans, fut enveloppée à la fin du 14e s. par la splendide église gothique construite par Charles II le Mauvais.

La ville royale d'**Olite** connaît une activité intense dès le 13e s. : San Pedro, Santa María la Real, une partie du château royal agrandi ensuite aux 14e et 15e s.

À **Pampelune**, la cathédrale romane fut ravagée en 1277 lors de guerres civiles. La reconstruction gothique (1312) est amplifiée de 1387 à 1425 par Charles III le

Noble : nef, bas-côtés et cloître sont de style flamboyant avec de remarquables sculptures (« la Puerta Preciosa »). Mais la façade fut détruite au 18e s. pour laisser place au néoclassique.

LES PROVINCES BASQUES EN FRANCE ET EN ESPAGNE

Le vif développement urbain du 13e s. favorise l'essor de l'architecture gothique. En témoignent quelques édifices civils et surtout les cathédrales des principales villes. À **Bayonne**, après l'incendie de 1258 qui ravagea la ville et la cathédrale romane Ste-Marie, l'évêque Raymond de Martres fit appel à des maîtres d'œuvre sans doute champenois. L'influence de Soissons et de Reims est frappante dans l'abside avec son déambulatoire dont les voûtes se prolongent vers les chapelles rayonnantes, la croisée du transept et les sculptures du portail sud. Les clefs de voûte polychromes de la nef datent du 14e s., à l'époque de la domination anglaise, le cloître et la façade ouest, avec les lys de France, sont du 15e s. Mais les flèches, en harmonie avec ce style gothique flamboyant, ne furent élevées qu'en 1877.

En Biscaye, il faut citer la cathédrale Santiago récemment restaurée au cœur de **Bilbao**, la basilique de **Lekeitio**, le portail flamboyant de **Güeñes**… En Álava, à **Vitoria**, la cathédrale Santa María est l'objet d'un exemplaire chantier de restauration qui remet en valeur la nef et le portail du plus pur gothique français. À **Laguardia**, Santa María de los Reyes présente un admirable portail sculpté du 14e s. Bien protégées des intempéries, les élégantes statues gothiques conservent la polychromie exécutée sans doute au 17e s. En Guipúzcoa, les églises Santa María de **Deba** et San Salvador de **Guetaria** sont de beaux exemples du gothique des 14e et 15e s.

De la Renaissance au néogothique

Le développement économique s'accompagne d'une richesse décorative très marquée pendant la Renaissance en Espagne. Elle devient très ostentatoire dans le baroque qui se diffuse partout, du 16e au 18e s. en réaction à l'austérité de la Réforme, avant un retour vers le gothique au 19e s.

LA RENAISSANCE

Avec la richesse venue du Nouveau Monde, le 16e s. est une période de grandes constructions en Pays basque espagnol : achèvement d'anciennes églises avec des voûtes aux articulations très complexes en pierre ou en bois, marquées encore par le gothique. Le style Renaissance, avec la disposition harmonieuse, symétrique des corps de bâtiments et l'importance donnée aux portails sculptés, apparaît à partir de 1526 avec la chapelle et l'université du St-Esprit à **Oñati** en Guipúzcoa. Le séminaire royal de **Bergara**, l'église d'**Elorrio**, entre autres, sont des exemples d'églises-halles à trois nefs de même hauteur, créant un espace unifié sur un modèle nordique. Sous l'influence castillane, la décoration sculptée des portails est souvent de **style plateresque**, imitant l'orfèvrerie (style d'ornementation architecturale de la Renaissance espagnole dont les motifs évoquent l'orfèvrerie).

LE BAROQUE

De la fin du 16e au 18e s., le baroque marque profondément l'architecture, soit avec un style assez sobre mais imposant (églises d'Elgoibar et Segura en

Vue de l'intérieur de la cathédrale Ste-Marie à Bayonne.
J.-P. Oger / MICHELIN

Guipúzcoa), soit avec un décor sculpté surabondant (ancienne cathédrale Santa María de **St-Sébastien**). Il a produit une œuvre grandiose en Guipúzcoa : le **sanctuaire de Loyola** en l'honneur de saint Ignace, fondateur de l'ordre des Jésuites. Conçu par l'Italien Carlo Fontana (1634-1714), élève du Bernin, l'influence romaine est visible dans la spectaculaire coupole de 65 m de hauteur et le majestueux portique d'entrée.

Les églises à galeries en Labourd et Basse-Navarre

Pour faire face à l'accroissement de la population au 16e s., l'évêque de Bayonne conseille en 1556 aux villageois d'Ossès d'agrandir leur église en hauteur et de la garnir de galeries de bois. Cette disposition architecturale simple et peu coûteuse est adoptée presque partout, même dans les églises reconstruites après les destructions dues aux protestants. Les massifs **clochers-porches** abritent souvent une salle servant autrefois de lieu de réunion communal. Avec leur nef unique, leur plafond en bois, souvent peint, et leurs galeries sculptées et datées, les églises s'ouvrent largement sur le chœur, décoré d'un retable étincelant de dorures.

Les églises souletines comportent généralement des tribunes sans galeries latérales. Elles offrent de curieux **clochers-calvaires** : murs pignons à trois frontons de hauteur inégale, surélevés de croix pour rappeler la Crucifixion et la Trinité (l'église de Gotein au sud de Mauléon-Licharre en est un exemple caractéristique).

Les retables

Déjà apparus à la fin de l'époque gothique (retable flamand de Lekeitio en Biscaye), les retables prennent une importance considérable à partir de la Contre-Réforme lorsqu'ils servent l'enseignement religieux et l'exaltation de la foi catholique. Ils réaffirment les dogmes : Trinité, Incarnation, Résurrection et vénèrent la Vierge et les saints autour du tabernacle eucharistique. Pour ces signes ostentatoires de la richesse d'une paroisse ou d'une ville, avec l'éclat des dorures, les sculpteurs rivalisent d'ingéniosité dans l'agencement des différents niveaux ou registres, des multiples volets, bas-côtés, autels latéraux. Outre les documents écrits, l'étude des styles des figures, des détails d'habillement, de la présence ou non d'éléments profanes permet de dater ces ouvrages et de reconnaître la marque d'un sculpteur ou d'une dynastie de sculpteurs.

En **Pays basque espagnol et en Navarre**, presque toutes les églises présentent de magnifiques retables, certains du 16e s. (Oñati, Bergara en Guipúzcoa, Galdakao en Biscaye, Artziniega en Álava, Arguiñano et Ciriza en Navarre), la majeure partie du 17e, du 18e et même du 20e s. (Arantzazu en Guipúzcoa).

En **Pays basque français**, le plus important est à St-Jean-de-Luz (1669), mis en place par le sculpteur Martin de Bidache, après le mariage de Louis XIV ! Les retables du Labourd et de Basse-Navarre datent presque tous du 17e s. Certains semblent provenir du sud.

LE NÉOGOTHIQUE DU 19e S.

L'engouement pour le Moyen Âge, le sauvetage et la redécouverte des grandes cathédrales influencent, au 19e s., les nouvelles constructions religieuses. Ce style gothique revisité apparaît alors comme le mieux adapté à l'expression de la foi, suivant un courant artistique en vogue.

Parmi les édifices néogothiques, on peut citer St-André à Bayonne, Ste-Eugénie à Biarritz et, en zone rurale, les églises rebâties des chefs-lieux de canton : Ustaritz, St-Palais, Hasparren, Bidache… En Guipúzcoa, la ville de St-Sébastien, très marquée par l'influence française, se dote d'une nouvelle cathédrale de ce style.

Architecture traditionnelle

Une ferme aux murs blancs et aux boiseries rouges trônant dans un écrin de verdure… Dès le 19e s., la maison basque (etxea) est victime de ce cliché réducteur qui ne concerne que la maison rurale de la façade océanique, et qui ne résume pas la diversité de formes, de plans et de matériaux observable aujourd'hui. Voici quelques clés pour apprécier, **loin des idées préconçues, cet art de bâtir.**

LA MAISON RURALE

Inventaire rapide

Vers 1930, le géographe Théodore Lefèbvre, parcourant l'ensemble des provinces, inventorie plusieurs types de maisons rurales en fonction de leur site d'implantation et des activités humaines qu'elles abritent. Ce travail permet encore aujourd'hui de distinguer les principaux types.

– Dans le **Pays basque « atlantique »**, l'habitat rural est généralement dispersé et les maisons blocs abritent à la fois les hommes, les animaux et les récoltes. Les constructions, blanchies à la chaux, font appel à des matériaux légers, permettant les encorbellements.

– Les **régions riveraines de l'Èbre** sont vouées au vin, au blé et à l'horticulture. Dans les « pays à vin », les maisons bâties au-dessus des caves se groupent sur des buttes ou des terrasses pour laisser les terres alluviales aux cultures ; dans les « pays à blé », l'habitat est plus dispersé et les maisons se développent en largeur pour abriter une étable et les récoltes ; une cour permet le battage.

On trouve peu de bois dans ces constructions qui font largement appel à l'argile.

– Les **maisons de Haute-Navarre** sont regroupées sur les hauteurs. Le climat rude impose des constructions massives faisant appel au bois et à la pierre. Dans certaines vallées, on peut encore découvrir des greniers sur piliers *(hórreos)*.

– En **Basse-Navarre**, l'habitat est dispersé mais les maisons souvent rassemblées en quartiers d'importance variable. Les constructions munies parfois de balcons possèdent souvent de beaux encadrements de portes et de fenêtres en grès, la pierre du pays.

– Dans la **vallée de la Soule**, les maisons réunies le long d'une route ou près d'un pont sont petites et peu profondes. Les murs en galets, la charpente dont la forte pente se termine par un ressaut (coyau), la toiture couverte d'ardoises et percée de lucarnes sont les caractéristiques de ces maisons montagnardes qui peuvent posséder plusieurs dépendances encadrant une cour.

Les plus anciennes maisons

Des recherches récentes ont permis de retrouver quelques maisons très anciennes qui, bien qu'ayant subi de nombreuses modifications au cours des siècles, témoignent d'un art de bâtir exceptionnel.
Certaines de ces maisons semblent remonter au 14e s. Elles sont constituées d'une ossature de bois dont les pièces principales sont des portiques assemblés par des queues d'aronde. La pierre ne s'est imposée qu'à partir des 16e-17e s. dans ces constructions dont les murs étaient eux aussi garnis de planches. Il s'agit là d'un type d'habitat vascon dont on trouve des traces jusque vers la Garonne.

L'évolution des maisons rurales

Les constructions rurales n'ont jamais été des modèles figés, mais elles se sont continuellement adaptées aux modes de vie. C'est ainsi qu'en Pays basque français, l'introduction du maïs au 16e s. a nécessité plus de place pour entreposer le matériel agricole et les récoltes, mais aussi pour accueillir l'augmentation de la population résultant de ce contexte économique favorable. Les agrandissements en largeur et en hauteur, tout en s'intégrant dans la volumétrie traditionnelle, ont fait davantage appel à la pierre.
On peut encore lire ces évolutions sur les façades des maisons rurales en observant les murs pignons dont l'allure plus ou moins symétrique est soulignée par les jeux de lignes des pans de bois.

Les maisons fortes

L'architecture régionale comprend encore de nombreux types de constructions. Parmi les plus typiques citons les **maisons-tours** ou maisons fortes, connues principalement en Pays basque espagnol. Ce sont des constructions

LES LINTEAUX DES MAISONS NAVARRAISES

Beaucoup de maisons rurales, en particulier dans les provinces de Navarre et de Basse-Navarre, portent des linteaux au-dessus de leurs portes d'entrée et parfois de leurs fenêtres. Ces pierres sculptées présentent des symboles solaires tels que rosaces, croix basques, ostensoirs… mais on peut y lire surtout le nom de la maison, suivi des prénoms et des noms du maître et de la maîtresse de maison, de la date de construction ou de reconstruction et, parfois, du nom du « maître maçon ». Ces inscriptions témoignent de l'importance de la maison dans la société traditionnelle : « l'*etxe* » donnait son nom à ses habitants.

fortifiées et imposantes, généralement « posées comme des sentinelles au centre des vallées », tel que l'affirmait l'architecte suisse Alfredo Baeschlin.
Si l'épaisseur des murs et l'étroitesse des ouvertures indiquent leur destination défensive, il s'agit aussi d'exploitations agricoles. Elles datent de l'époque où les habitants des vallées se livraient des luttes fratricides (entre le 13e et le 15e s.). Elles servaient de refuge quand un raid était annoncé. Beaucoup portent un **blason** sur leur façade.

Les « palacios »

Connus seulement dans les provinces du sud, les palacios ont été construits entre le 15e et le 18e s., souvent sur d'anciennes maisons-tours, progressivement transformées en agréables résidences donnant plus d'importance à la décoration extérieure. C'est ainsi que les tours défensives placées aux angles des constructions militaires sont devenues des pinacles d'ornement.

LA MAISON ET LA SÉPULTURE

Dans la société traditionnelle, il existait un lien très étroit entre le monde des vivants et celui des morts. La maison était reliée à la sépulture par un chemin particulier *(hil bide)* que tout cortège funèbre devait emprunter. On ne pouvait vendre la maison sans vendre la tombe s'y rapportant. Avant l'aménagement des cimetières, chaque maison possédait sa sépulture dans la nef de l'église. Lors des offices, les femmes de la maison prenaient place sur une dalle appelée *jarleku* pour accomplir les rites funéraires tandis que les hommes étaient relégués au fond, puis plus tard, dans des galeries. Ceci probablement pour des raisons pratiques : les nécessités des travaux des champs les contraignaient à un va-et-vient peu propice au déroulement serein du culte. Au cimetière, la sépulture de la maison, orientée vers le soleil levant, était généralement signalée par une stèle discoïdale sur laquelle étaient sculptés le nom de la maison et différents signes dont certains renvoient à des conceptions très anciennes du monde et de la vie. C'est le cas notamment de la fameuse **croix basque**, symbole solaire, souvent composée de trois éléments : le disque, représentant le ciel, le carré, la terre, et les quatre têtes, ou *lauburu*, orientées vers la droite, illustrant le mouvement, le passage.

LES MAISONS URBAINES

L'architecture basque traditionnelle ne se limite pas à la maison rurale. Il existe de nombreux types de maisons urbaines, mais, à l'origine,

Façades des maisons à Bayonne.
Ph. Séguinard / Office du tourisme de Bayonne

beaucoup étaient construites selon les principes des maisons rurales : mêmes matériaux, mêmes techniques. Ces maisons, destinées aux activités des négociants, des artisans et des bourgeois, s'adaptaient au parcellaire urbain. Citons par exemple les deux types de maisons existant à **Bayonne** dès le Moyen Âge : dans la haute ville, près de la cathédrale, les maisons possédaient de belles caves voûtées pour abriter les marchandises, tandis que, dans les quartiers gagnés sur les barthes (marécages), elles étaient construites sur pilotis avec un rez-de-chaussée muni d'arceaux donnant sur un canal. À l'origine, ces édifices ne possédaient que deux étages avant d'être rehaussés d'un ou deux niveaux lorsque les faubourgs furent rasés sur ordre de Vauban au 17e s.

Architecture urbaine

LES GRANDES ÉVOLUTIONS DU 19e S.

Urbanisme dans des villes en pleine croissance

À partir du début du 19e s., l'architecture urbaine se démarque complètement de l'architecture rurale. Destinée à des édifices municipaux de prestige, elle emprunte le style officiel à la mode dans les années 1800-1840, le **néoclassicisme**. Portiques et frontons, alignements de colonnades ou d'arcades, tous ces éléments se retrouvent dans les grandes villes. En Biscaye, la Casa de Juntas de Guernica, les mairies de Bilbao et d'Orduña, à Vitoria le palais de la Diputación et à Bayonne, alors seule ville importante du nord, un vaste édifice un peu fourre-tout construit en 1842. Mairie, théâtre, douanes et même musée et bibliothèque sont logés dans un bâtiment inspiré du grand théâtre de Bordeaux élevé au siècle précédent.

Aménagements de places

À Vitoria et Bilbao, les **« plazas nuevas »** sont de majestueux quadrilatères très centrés, quasiment fermés et souvent entourés d'arcades. À St-Sébastien, la place de la Constitution est enserrée dans un réseau de rues quadrillées à angles droits car la ville se rebâtit après les destructions du début du 19e s. Ce même plan régulier caractérise les nouveaux quartiers, les « **ensanches** » (extensions) de Pampelune, Vitoria, St-Sébastien. **Bayonne** est alors coincée dans ses fortifications de place forte. Elle ne peut qu'élever d'un ou plusieurs étages ses vieilles maisons, utiliser les arrière-cours et remblayer les quais sur la Nive pour loger le théâtre-mairie entre deux places anciennes agrandies. La ville s'ouvre sur les Allées Marines,

ABC d'architecture

Les dessins présentés dans les planches qui suivent offrent un aperçu visuel de l'histoire de l'architecture dans la région et de ses particularités. Les définitions des termes d'art permettent de se familiariser avec un vocabulaire spécifique et de profiter au mieux des visites des monuments religieux, militaires ou civils.

L'HÔPITAL-ST-BLAISE – Plan de l'église (12e-13e s.)

Cette petite église romane de Soule, située sur les chemins de St-Jacques, surprend par ses décors très révélateurs de l'influence hispano-mauresque.

MONASTÈRE DE LEYRE – Crypte (11e s.)

Remarquable pour ces courtes colonnes et ses robustes chapiteaux, la crypte a été construite pour supporter l'église supérieure, de même plan.

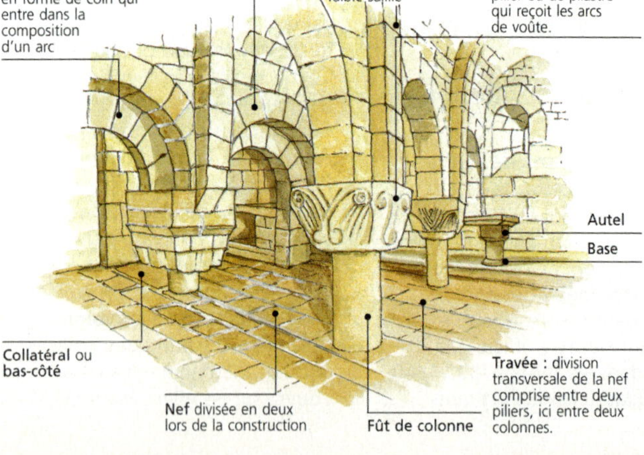

LAGUARDIA – Portail de l'église Sta-Maria-de-los-Reyes (12e-17e s.)

Sculpté au 12e s., ce portail gothique impressionne toujours par la richesse de son décor polychrome restauré et protégé depuis le 17e s.

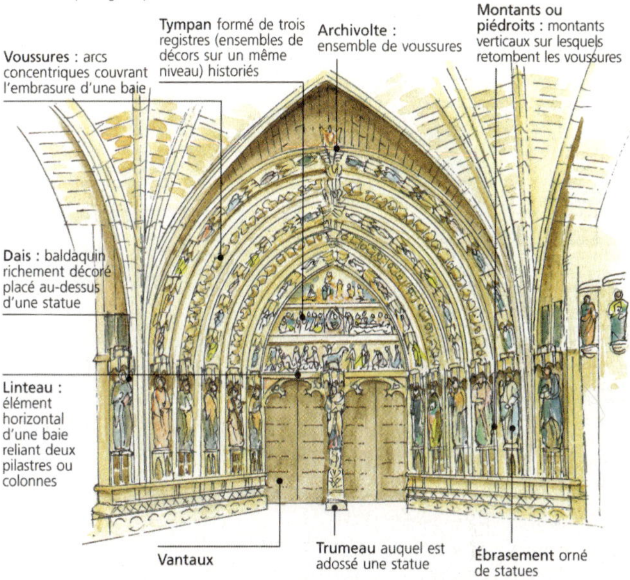

ST-JEAN-DE-LUZ – Intérieur de l'église St-Jean-Baptiste (17e s.)

Transformées pour la plupart au 17e s., les églises basques se distinguent par leur nef unique sur les murs latéraux de laquelle sont posées des galeries. Un retable monumental occupe le chœur.

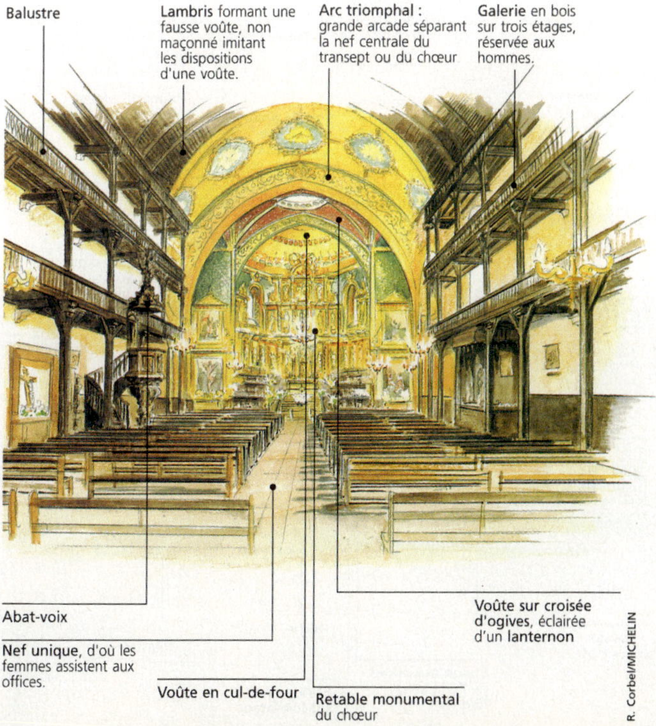

ZARAUTZ – Tour Luzea (15e s.)

Ce superbe palais-tour, sans doute le plus beau de la province, allie la solidité de sa construction et la beauté de son décor gothique.

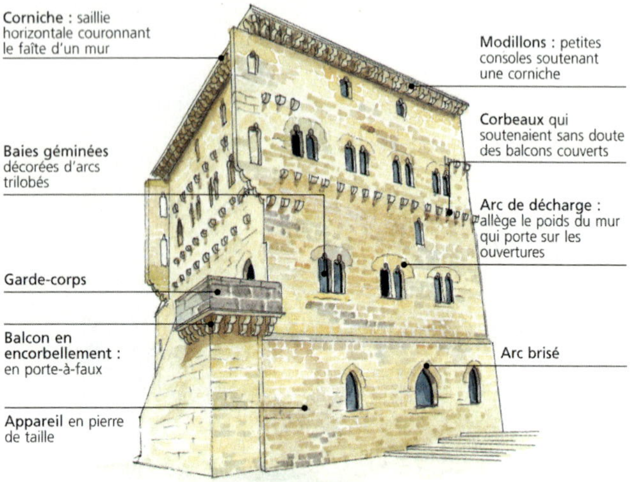

OÑATI – Université du Saint-Esprit (16e s.)

Dans cette université représentative de l'architecture Renaissance en Pays basque, la simplicité de l'appareil contraste avec la richesse décorative de son portail et des pilastres d'angle.

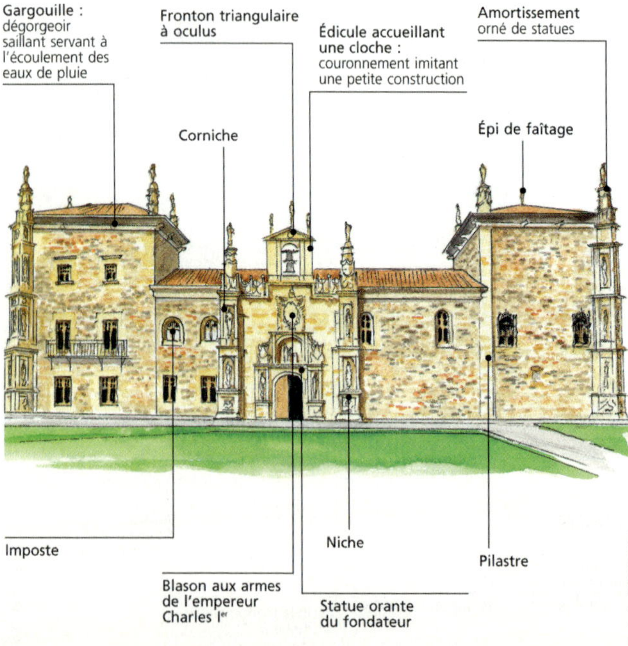

R. Corbel/MICHELIN

ART ET CULTURE

CAMBO-LES-BAINS – Villa Arnaga (début 20e s.)

Cette imposante maison à pans de bois, construite par Tournaire pour Edmond Rostand, est un des plus célèbres exemples de style néobasque.

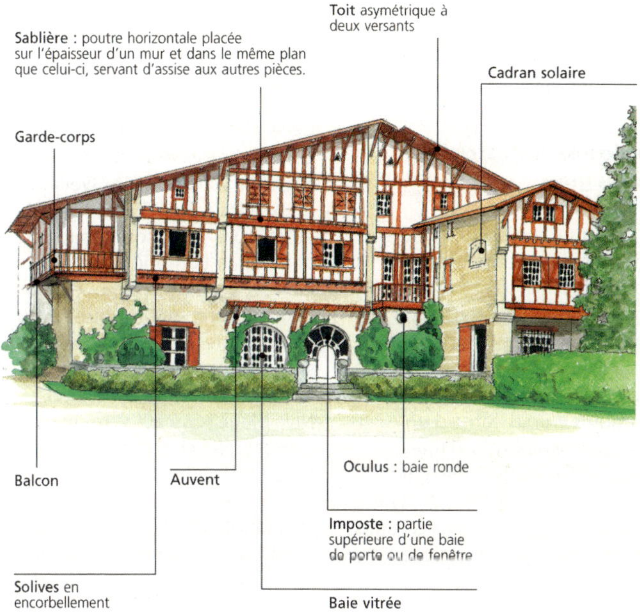

BILBAO – Musée Guggenheim (fin 20e s.)

La spectaculaire «fleur de titane», que l'on doit à Franck O. Gehry, séduit par sa silhouette sculpturale aux formes audacieuses.

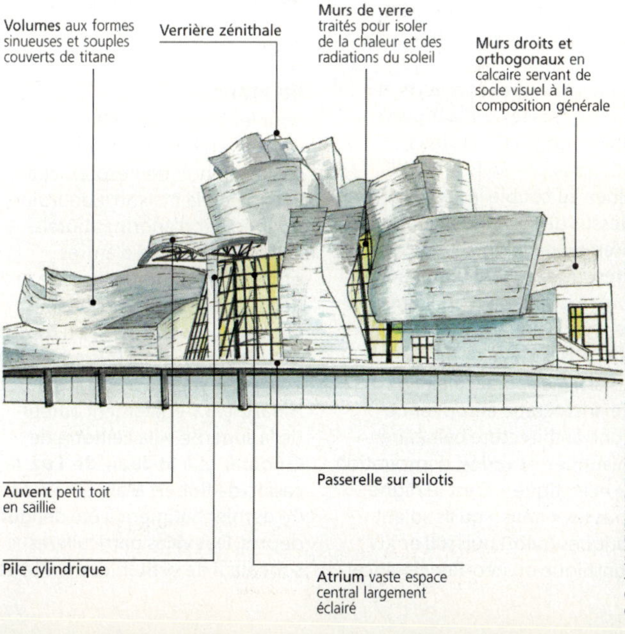

qui étaient à l'époque une large promenade ombragée de quatre rangées d'arbres majestueux. Ce nouvel ensemble urbain déplace le centre-ville des abords de la cathédrale vers le confluent Nive-Adour.

L'explosion industrielle en Espagne

Le triomphe de l'industrie sidérurgique, la présence de très nombreuses manufactures au sud entraînent la transformation des vallées du Guipúzcoa et de la Biscaye en « rues d'usines » et de lourds changements urbains, surtout à Bilbao qui se dote néanmoins d'un théâtre, d'un musée des Beaux-Arts, d'une université, Deusto, dirigée par les jésuites… tout cela dans un style éclectique assez pompeux comme dans les villas cossues des beaux quartiers.

Une architecture balnéaire

Dès 1830, les **« bains » de Biarritz** sont à la mode et attirent des Basques venus affronter l'Océan à la fin de l'été, des Bayonnais tout proches et quelques étrangers, Espagnols ou Anglais. On se loge alors dans ces « maisons rustiques à contrevents verts et toits roux, posées sur la bruyère » (Victor Hugo, 1843). En 1855, la villa Eugénie, de style Louis XIII, destinée au couple impérial s'élève au-dessus de la Grande Plage et du premier pavillon de bains « à la mauresque ». Le seul témoignage encore existant, bien que remanié, de ce style balnéaire oriental est le **casino d'Hendaye**.

Avec l'arrivée spectaculaire de la haute aristocratie européenne naît une architecture balnéaire sophistiquée et variée, d'inspiration très « éclectique ». C'est le règne de tous les « néos » qu'ils soient historiques (néo-Louis XIII et XIV ; néogothique ou néo-Renaissance) ou géographiques : andalou/ irlandais/anglo-normand. On retrouve aussi ces belles demeures à St-Sébastien devenu résidence royale d'été (palais Miramar).

Le style néobasque

L'architecture néobasque s'élabore à l'extrême fin du 19e s. avec deux villas à **Biarritz**, Toki Eder et Haïtzura, et surtout la superbe demeure d'Edmond Rostand à Cambo, la **villa Arnaga** (œuvre d'Albert Tournaire) voulue expressément par l'écrivain en style basque pour mieux s'intégrer « entre montagnes mauves et Nive bleue ». Au 20e s., les maisons blanches, aux boiseries rouges ou vertes, toits dissymétriques à deux versants et vastes porches d'entrée, se multiplient. D'abord dans les somptueuses villas début de siècle, puis schématisées, réduites à un catalogue assez directif d'éléments identifiants du régionalisme basque dans la seconde moitié du siècle lorsque le tourisme de masse s'amplifie.

ARCHITECTURES MODERNE ET CONTEMPORAINE

En France

Pour les bâtiments collectifs, certains architectes n'hésitent pas à agrandir démesurément le volume de la maison labourdine, pour édifier d'énormes hôtels-résidences, quand d'autres préfèrent résolument le style Art déco : à **Bayonne**, les douanes (Benjamin Gomez, 1938), à **Biarritz**, le casino municipal (Alfred Laulhé, 1929) et le musée de la Mer (Joseph Hiriart, 1932, également auteur de la superbe villa Leïhorra de Ciboure), et à **St-Jean-de-Luz**, le casino de Robert Mallet-Stevens. Ce dernier bâtiment a été défiguré depuis. Des villas particulières sont aussi de véritables manifestes des qualités décoratives et stylistiques de l'Art déco. Après la Deuxième Guerre mondiale, ces recherches régionalistes, ou modernistes, se sont appauvries. À côté d'une véritable remise en valeur du patrimoine architectural, commencent à apparaître quelques réhabilitations et créations dignes d'intérêt : Foyer des jeunes travailleurs à Bayonne, VVF d'Anglet, *ikastolas* (écoles associatives créées à partir des années 1960), médiathèque de Biarritz…

En Espagne

On peut noter, avant la guerre civile, quelques réussites modernistes : club nautique de St-Sébastien (Aizpurua, 1929), constructions de Victor Eusa à Pampelune. Dans les années 1950, la **basilique d'Arantzazu**, s'inscrivant dans le renouveau de l'architecture religieuse, relance la collaboration entre artistes de renom, principalement basques. Depuis les années 1980, le gouvernement basque d'**Euskadi** développe une politique ambitieuse en matière d'urbanisme et de création architecturale. **Vitoria-Gasteiz**, devenue capitale politique, a été dotée d'un palais de justice, d'un palais du Gouvernement et d'un musée d'art moderne, l'Artium. À **St-Sébastien**, l'apparition des deux cubes de verre translucide du centre culturel du Kursaal (Rafael Moneo, architecte navarrais né à Tudela en 1937) sur une nouvelle plage-promenade a transformé l'ancien *ensanche* de Gros. Symbole le plus célèbre du pari culturel de rénovation d'une ville administrative et industrielle, la « Flor de Titanio » (« fleur de titane ») de **Bilbao**, le musée Guggenheim. Depuis 1997, l'œuvre de Frank O. Gehry, véritable fleur futuriste sur les rives du fleuve, a fait entrer Bilbao dans les grands circuits touristiques internationaux. À signaler également, toujours à Bilbao, le métro de sir Norman Foster, l'aéroport de Sondika par Santiago Calatrava, le nouveau palais des congrès et de la musique Euskalduna, de Federico Soriano et Dolores Palacios, évoquant les anciens chantiers navals…
La **Navarre** à son tour, grâce notamment au statut d'autonomie, se lance dans des constructions ou rénovations audacieuses : université Opus Dei, musée de Navarre, fondation Oteiza, sièges d'entreprises industrielles…
Des aménagements urbains ont été réalisés en commun par le sculpteur **Eduardo Chillida** et l'architecte Luis Peña Ganchegui (Peigne des vents à St-Sébastien, plaza de los Fueros à Vitoria). Des chais et boutiques vinicoles sont édifiés dans la prestigieuse **Rioja alavesa** par Gehry, Calatrava et Philippe Mazières. En dehors des villes, on note la renaissance de villages et de bourgs adroitement aménagés, équipés de mobiliers urbains contemporains.

Art moderne

La peinture a longtemps été influencée, tant au nord qu'au sud des Pyrénées, par la volonté de décrire le charme des paysages et des maisons, « l'exotisme » des manifestations ludiques, sportives et religieuses, la beauté des rivages et des montagnes. Des « vues » quasiment cartographiques du 18e s., on passe au « pittoresque » des lithographies et tableautins romantiques. À partir de la fin du 19e s., l'évolution picturale diverge entre les peintres français qui se fixent sur la côte et ceux des provinces du sud où naît une véritable école basque, centrée sur Bilbao, « nouvelle Athènes ».

MULTIPLES TENDANCES JUSQU'EN 1950

Le dynamisme espagnol

La **Navarre**, malgré son brillant passé artistique, reste très proche de l'enseignement académique madrilène. Dans la riche **Biscaye**, les commandes affluent : décoration du palais foral de Biscaye à Bilbao ou de la Casa de Juntas à Guernica. Le musée des « Bellas Artes », fondé en 1914, s'ouvre largement aux artistes locaux. Dans les associations et cénacles divers les discussions artistiques sont multiples. Faut-il suivre les directives nationalistes de Sabino Arana, au risque de tomber dans la très académique peinture d'histoire ? Faut-il revenir aux valeurs fortes de la peinture espagnole, les couleurs austères, la force expressive du dessin comme le voulaient les intellectuels de « la génération de 98 » ? C'est le chemin que choisit le meilleur représentant de cette génération, **Ignacio Zuloaga** (1870-1945), également le plus connu en France, car une partie de sa carrière s'est déroulée à Paris où il fréquente Toulouse-Lautrec et Gauguin. Il représente avec un réalisme parfois assez cru et un grand sens dramatique, annonçant déjà l'expressionnisme, les personnages et les lieux typiques de la Castille. Un musée lui est consacré dans sa maison de Zumaia.

D'autres préfèrent suivre la voie de l'impressionnisme. C'est le cas d'**Aurelio Arteta** (1879-1940) qui s'attache à capter la lumière sur les rives du Nervión industrialisé dans des toiles empreintes de mélancolie ou du paysagiste **Dario de Regoyos** (1857-1913), formé à Bruxelles. **Francisco Iturriño** (1864-1924) est un adepte du fauvisme. **Nicolás de Lekuona**, (1913-1937), également auteur de photo-montages, adhère aux idées des constructivistes avant d'évoluer vers le surréalisme. Il faut également citer le peintre, dessinateur et céramiste **Ramiro Arrue** (1892-1971), l'un des fondateurs du Musée basque de Bayonne. De tous ces artistes (bien représentés dans les musées des Beaux-Arts de Bilbao et de Vitoria) émerge la force d'une humanité solide, burinée par les travaux de l'usine et des champs, campée fièrement sur sa terre. Cette voie est poursuivie (et renouvelée grâce aux apports du cubisme) par **Menchu Gal** (1918-2008), première femme peintre reconnue en Espagne.

Le néobasque en France

Les peintres, souvent originaires d'autres régions de France, soulignent aussi la vigueur et la dignité du peuple basque tout en accentuant le côté intemporel, sinon archaïque, des paysages et des travaux agricoles. Une vision idyllique des paysages, des maisons, des activités sportives et religieuses. Une facture très classique à peine marquée parfois d'impressionnisme ou de cubisme.

Au Musée basque de Bayonne figurent des œuvres célèbres de **Gustave Colin** (1828-1910), **Marie Garay** (1861-1953), **Henri Zo** (1873-1933).
L'école bayonnaise, formée autour du peintre plus parisien que basque, **Léon Bonnat** (1833-1922), reste très académique : portraits, scènes de genre, constituent leurs sources d'inspiration.

LES CRÉATIONS CONTEMPORAINES

Sculpture

Le **groupe Gaur** renouvelle la sculpture au Pays basque espagnol. Profondément nationaliste, ce groupe fondé en 1964 par le sculpteur charismatique **Jorge Oteiza** (1908-2003), veut mettre les nouvelles expressions de la sculpture et de la peinture à la recherche des racines profondes de l'identité basque. Les artistes les plus célèbres y adhèrent mais chacun poursuit sa propre quête. Sculpteur sur bois, **Remigio Mendiburu** (1931-1990) s'inspire de formes organiques, **Néstor Basterretxea** (né en 1924), sculpteur, peintre mais aussi cinéaste réfléchit sur la mythologie basque.
L'évolution sculpturale de **Jorge Oteiza**, auteur de la très discutée frise des 14 apôtres d'Arantzazu, est bien représentée à la fondation Alsasua de Pampelune. Il est passé de formes figuratives primitivistes à une recherche approfondie sur le vide.
Un peu écrasés par ces rénovateurs, les jeunes artistes peinent parfois à trouver leur voie et les nombreuses sculptures abstraites en acier qui décorent les places ne révèlent parfois guère de personnalité. Certaines individualités bien marquées émergent cependant. La diversité de leurs œuvres marque les places publiques de St-Sébastien : **Andrés Nagel** (né en 1947), la plaza de Europa, **Ricardo Ugarte** (1942), le bâtiment de la Kutxa (mais aussi sa ville natale de Pasaia), **Aïtor Mendizabal** (1949), la plaza de Irún. Dans un autre genre, **Agustín Ibarrola** a transformé la forêt d'Oma, près de Guernica, en sculpture vivante.
En France, il faut citer une grande figure : **Jesús Echevarria** (1916-2009), né en Álava dans une famille de tailleurs de pierre mais fixé à Cambo-les-Bains à partir de 1944, célèbre pour ses séries narratives et symboliques. De nombreux artistes qui s'expriment de manières diverses : figurative (**Christiane Giraud**), abstraite (**Claude Viseux**, **Jean Escaffre**), avec des matériaux et des techniques fort variés (**Killy Beall**, **Benoît et Jacques Lasserre**)…
Comme partout ailleurs, d'autres jeunes artistes discutent le concept de sculpture, adoptent les installations multimédias, les créations éphémères : **Cristina Iglesias**, **Txomin Badiola**…

EDUARDO CHILLIDA

Edouardo Chillida (1924-2002) est le plus reconnu internationalement, le plus honoré aussi au Pays basque, que ce soit dans sa ville natale de St-Sébastien ou avec ses nombreuses œuvres en places publiques en collaboration avec l'architecte Ganchegui, ou encore dans les divers musées. La fondation Chillida-Leku, inaugurée en 2000, montre l'évolution du sculpteur par rapport au matériau et à l'espace. Non figuratifs, monumentaux ou réduits, les volumes sont tantôt denses, refermés sur eux-mêmes, tantôt déchiquetés, tantôt inscrits dans l'espace en puissantes courbes.

Peinture

La peinture se modifie profondément et suit les courants internationaux. La rupture avec le traditionalisme basque se fait dans la décennie 1960-1970. Elle est symbolisée en Espagne par l'apparition des peintres du groupe Gaur tournés vers l'abstraction : **Rafael Ruiz Balerdi** (1934-1992), **Juan Antonio Sistiaga** (1932) ou le muraliste **José Luis Zumeta** (1939). En France, il n'y a pas de véritable école. Actuellement, les jeunes artistes s'orientent vers une expression beaucoup plus technologique en utilisant tous les médias possibles. Mais d'autres restent fidèles à la peinture, figurative ou abstraite : notamment **Lydie Arickx**, née en Flandres en 1954.

Actuellement, les liens nord-sud se développent grâce au rôle de « passeurs » de certains musées (Bonnat à Bayonne, San Telmo à St-Sébastien, Artium à Vitoria). Grâce aussi aux centres culturels comme Arteleku en Guipúzcoa, la Tabakalera de St-Sébastien, les Biennales d'art contemporain...

Une langue isolée au cœur de l'Europe

Objet de fascination pour les linguistes du monde entier, la langue basque fait partie, avec la famille des langues finno-ougriennes (le finnois, l'estonien et le hongrois), des seules langues non indo-européennes du Vieux Continent et l'on a coutume de la considérer comme la plus ancienne d'Europe. Elle possède, en outre, la particularité de n'être apparentée à aucune autre langue répertoriée, ce qui en fait une langue isolée. Son enracinement géographique actuel date de plusieurs millénaires bien que la première mention écrite de son existence ne remonte qu'à la guerre des Gaules de César.

DES ORIGINES MYSTÉRIEUSES

Les hypothèses concernant l'origine de la langue basque **(euskara)** sont nombreuses. On s'est plu par le passé à faire des Basques les survivants de l'Atlantide ou bien, de la langue basque, une des 72 langues mères créées par Dieu lors de la destruction de la tour de Babel ! Pour la communauté scientifique internationale, cinq hypothèses méritent le respect, bien qu'aucune n'ait établi de certitude.

Quelques hypothèses...

Le **basco-ibérisme** a voulu relier l'euskara à la langue des Ibères.

Le **basco-chamito-sémitisme**, dans le prolongement de cette hypothèse, fait provenir la langue basque d'Afrique du Nord.

Une troisième voie explorée au milieu du 20e s. est le **basco-caucasique** qui entend relier la langue basque aux langues non apparentées du Caucase.

Selon la **théorie des substrats**, l'ancêtre de la langue basque aurait été parlé dans toute l'Europe occidentale avant la venue par vagues successives des peuplades indo-européennes. Cette hypothèse a été plus récemment élaborée à partir des données tirées de l'étude génétique des populations européennes actuelles. On y observe une concentration décroissante et régulière à partir du Pays basque vers le reste de l'Europe occidentale d'un certain type d'ADN. Or, l'on sait que la population européenne durant la dernière glaciation s'est réfugiée dans le Bassin aquitain ainsi que les Pyrénées, seules zones encore habitables. Ainsi, le repeuplement du continent se serait-il fait à partir de ces zones. Chose que l'étude de la toponymie tendrait à démontrer. Ce dernier point, qui vient sceller l'alliance inédite entre

Forêt d'Oma, par Augustín Ibarrola.
Office espagnol du tourisme

la linguistique et la génétique des populations, est le plus contesté par les linguistes traditionnels.
Enfin, la thèse de l'**apparentement na-déné-caucasique** soutient que le basque ferait partie d'une plus vaste famille de langues qui aurait occupé le continent eurasien avant la venue des populations parlant l'eurasiatique (dont l'indo-européen). Cette association de langues aussi éloignées dans l'espace que le basque et les langues na-déné parlées en Alaska, ne convainc pas davantage les tenants de la linguistique historique classique, d'autant que cette hypothèse délaisse l'analyse interne de la langue au profit de l'étude statistique des correspondances lexicales interlinguistiques.

SPÉCIFICITÉS DU BASQUE

L'originalité de la langue ne réside pas tant dans son **vocabulaire**, dont on estime qu'il provient à 75 % de langues géographiquement voisines, que dans sa grammaire. La langue basque (qui ne compte pas moins de 22 cas de **déclinaison** ! est agglutinante, c'est-à-dire que les mots sont formés en « collant » au radical des préfixes, suffixes, voire des infixes. Si l'on ajoute à cela un système de **conjugaison** fort complexe, cela explique la fréquence de mots relativement longs. Ainsi, *daramakizudalako* signifie « parce que je te l'apporte ». Le basque suit généralement une **syntaxe** sujet-objet-verbe. Le **genre** (féminin/masculin) n'existe pas, sauf attaché au verbe pour le tutoiement. L'euskara est original par bien des traits dans le contexte européen proche. Pourtant, les éléments qui constituent cette langue, pris séparément, n'en demeurent pas moins communs à beaucoup d'autres langues du monde. Quelques exemples : l'**ergatif**, cas de déclinaison qui vient marquer de la lettre k le sujet d'un verbe transitif, est introuvable en Europe occidentale mais on le trouve dans certaines langues du Caucase ou dans le tibétain ; de même, son **système numérique** présente la particularité d'être vicésimal (base 20) comme en gaulois, breton ou en vieux français. L'euskara se sert de l'alphabet latin et possède une gamme phonétique proche de celle du latin classique. Toutes les lettres se prononcent, l'écriture est donc **phonétique**. Ce qui donne à la lecture pour un mot comme *euskalduna* (le basque, littéralement, celui qui possède la langue basque) : *éouchcaldouna*. Vous voyez que c'est simple, finalement !

UNIFICATION DE LA LANGUE

Le 5 octobre 1968, l'**Académie de la langue basque** jette les bases de cette unification. L'abandon des diversités provinciales – le Pays basque compte **quatre dialectes** dotés d'une tradition littéraire écrite – est soutenu voire précédé par les écrivains eux-mêmes. Ceux-ci contribueront par leurs œuvres à promouvoir l'**euskara batua** (le basque unifié), qui a aujourd'hui un rôle important dans l'enseignement et dans la vie culturelle.

UNE LANGUE MINORITAIRE MAIS DYNAMIQUE

Une présence contrastée

La langue basque est aujourd'hui parlée, écrite, audiovisuellement diffusée et enseignée aux enfants comme aux adultes. On dénombre 700 000 bascophones sur une population totale de 3 millions d'habitants.

Son assise est fragile **côté français** où la langue est en perte de vitesse et ne bénéficie d'aucune officialité, la France n'ayant pas ratifié la Charte européenne des langues minoritaires.

En Espagne, on doit distinguer la **Communauté autonome basque** dans laquelle elle jouit de la co-officialité totale avec le castillan depuis 1979 et la **Communauté forale de Navarre** dans laquelle cette co-officialité (1982) se limite à certaines zones, d'autres parties de la province étant pour des raisons historiques uniquement hispanophones.

Grâce à l'officialisation, l'euskara s'est hissé depuis un quart de siècle au rang de langue moderne et ouverte sur le monde (de la science, de l'administration, des médias, du droit, etc.). Sévèrement pénalisée sous le régime franquiste en Espagne ainsi que sous la IVe République française, puisque les enfants osant parler leur langue maternelle dans les enceintes des écoles étaient punis, la langue basque rattrape aujourd'hui son retard.

L'enseignement

L'enseignement bilingue n'est plus le fait exclusif des **ikastolas** (écoles associatives créées à partir des années 1960).

Côté espagnol, depuis 1983, l'enseignement bilingue s'est rapidement développé dans le système d'éducation public de la Communauté autonome basque où l'on trouve trois modèles d'enseignement concurrents, selon le degré de bilinguisme proposé.

Il s'est également développé, à moindre échelle, du côté français. Le **public** (depuis 1983), le **privé**, et les ikastolas désormais sous contrat avec l'État proposent l'euskara tantôt comme matière, tantôt comme langue d'enseignement.

Plusieurs réseaux d'enseignement de l'euskara pour les adultes se sont mis en place, notamment pour répondre aux besoins d'un public qui – au Pays basque espagnol – a besoin d'atteindre un certain niveau de maîtrise de la langue pour postuler à des emplois publics.

Les médias

Le Pays basque espagnol est actuellement doté d'un **quotidien** *(Berria)* entièrement rédigé en basque, d'une **chaîne de télévision publique**, ETB, qui émet exclusivement en euskara, de nombreuses **radios bascophones**, d'une presse locale variée et vivante, ainsi que d'une industrie culturelle (**édition** de livres, de musique) capable, par exemple, de produire 1 200 ouvrages par an en langue basque. La Foire du livre et du disque de Durango, qui a lieu tous les ans au début du mois de décembre et réunit des dizaines de milliers de visiteurs et de professionnels autour de la production bascophone, constitue un des moments forts de la vie culturelle du Pays basque.

QUELQUES RÈGLES DE PRONONCIATION

Très différente des langues latines voisines, la langue basque n'est pas facile à comprendre. Tous vos interlocuteurs basques étant au moins bilingues, la pratique n'est donc pas nécessaire pour le visiteur.

Pour ceux qui veulent utiliser quelques mots (voir lexique dans 2e rabat de couverture), voici quelques règles de base de prononciation, sachant que l'écriture est phonétique :

- Le E se dit « é »
- le U « ou »
- le G « gu »
- le J « y »
- le N « nn »
- le Z « s »
- le S « sh »
- le X « ch ».

Littérature

Les premiers écrits en basque

En 1545 paraît à Bordeaux le premier livre jamais imprimé en langue basque, le *Linguae vasconum primitiæ* de **Bernat Etchepare**. Il s'agit d'un recueil de poèmes dans lequel l'auteur, conscient d'être le fondateur de la littérature basque, revendique la valeur littéraire et universelle de l'euskara et invite l'élite sociale de son temps à en prendre acte.

Jeanne d'Albret, reine protestante du royaume de Navarre, décide de financer la traduction du Nouveau Testament en langue basque en 1563. Il s'agit pour la reine esseulée et menacée autant par la Castille que par la France, toutes deux catholiques, de rallier par ce geste le peuple à sa cause politique. Cette tâche sera accomplie par le pasteur **Joannes Leizarraga**. L'œuvre aurait pu jouer le rôle qu'a joué la Bible protestante de Luther pour la constitution de l'allemand littéraire mais l'Histoire en décidera autrement.

Des lettres sans littérature

Le démantèlement de la Navarre marque le début d'une longue ère de disette littéraire au cours de laquelle l'euskara sera au mieux asservi à des fins utilitaires (religieuses), au pire défendu… en français ou en espagnol. Ainsi le jésuite **Manuel Larramendi** (1690-1766) publie en 1729 une *Grammaire de l'euskara*, puis en 1745 un *Dictionnaire basque-castillan-latin* (1745) Cette période verra toutefois l'éclosion du premier génie littéraire basque, **Pedro Aguerre,** dit **Axular** (1556-1644), auteur de l'ouvrage d'ascèse *Guero* (1643), sommet de la prose classique.

Identité et littérature

Le 19e s. marque le retour à une inspiration profane sous l'impulsion des Lumières allemandes. Exhortés par le théoricien de l'« esprit de la nation » **Herder** à puiser dans le trésor de la tradition orale l'essence de l'âme basque, les auteurs basques vont créer une tradition littéraire romantique et identitaire en accord avec l'esprit du temps. La disparition des **fors** ou coutumes écrites au Pays basque espagnol suite à la deuxième guerre carliste, en 1876, va donner à cette célébration identitaire une tonalité sombre. C'est dans ce contexte que le premier romancier basque, le Biscayen d'Ondarroa **Txomin Agirre** (1864-1920), va décrire sous un jour idyllique le monde rural traditionnel dans *Kresala (Eau de mer* - 1906*)* et *Garoa (Fougère* -1912*)*, ouvrant la voie, avec de vraies qualités d'écrivain, au roman basque. Le point de vue de **Pío Baroja** (1872-1956) qui s'exprime, lui, en castillan, est bien différent : confronté à la misère, il se dresse avec vigueur contre toutes les règles religieuses et sociales. Ses héros sont volontiers révolutionnaires et aventuriers (*Mémoire d'un homme d'action* - 1918-1935).

Le changement de nature du projet littéraire des écrivains des années 1927-1937 accompagne l'avènement de la IIe République espagnole (1931), qui accorde son premier statut d'autonomie au Pays basque, ainsi que la montée en puissance du nationalisme basque. Une nouvelle génération de poètes entend mettre en avant sa connaissance de la littérature mondiale pour rompre avec le passé. Ils s'attachent essentiellement à recréer les principaux thèmes et motifs du symbolisme en les conformant à la pensée catholique et bien-pensante du nationalisme. **Esteban Urkiaga « Lauaxeta »** (1905-1937), fusillé par les franquistes, est le théoricien de cette modernité, tandis que **José María Agirre « Lizardi »** (1896-1933) accouche de son chef-d'œuvre lyrique *Biotz begietan (Dans le cœur et dans les yeux)* en 1932.

Langue basque et modernité

L'unification de la langue par l'**Académie de la langue basque** à partir de 1968 marque un tournant majeur soutenu par des écrivains comme le Souletin **Jon Mirande** (1925-1972), le Guipúzcoan José Luis Álvarez Enparantza, dit **Txillardegi** (né en 1929) ou le Biscayen **Gabriel Aresti** (1933-1975). En outre, ces auteurs « hétérodoxes » qui rejettent le catholicisme du Parti nationaliste basque et son réformisme politique, libèrent la littérature basque de ses principaux tabous – sexuels, politiques ou langagiers – et la mettent au diapason des courants littéraires en vogue en Europe. Existentialisme, poésie sociale, néopaganisme, érotisme, humour noir… constituent les principales nouveautés introduites par ces auteurs. D'autres écrivains, plus jeunes, continueront d'élargir l'horizon de la littérature de langue basque. **Ramon Saizarbitoria** (né en 1944) introduit les formes du nouveau roman tandis que la romancière **Arantxa Urretabizkaia** (née en 1947) explore les voies du monologue intérieur (*Zergatik Panpox*, 1979).

L'autonomie du fait littéraire

Dans le contexte de la « Transición » démocratique espagnole, un groupe de jeunes écrivains revendique l'autonomie du fait littéraire et le « désengagement » politique de l'écrivain. **Le groupe littéraire Pott (Désastre)**, constitué dès 1978 à Bilbao, comporte quelques-unes des figures les plus marquantes de la vie littéraire basque des années 1980 et 1990, dont le poète et nouvelliste **Joseba Sarrionaindia** (né en 1958), auteur d'une œuvre poétique raffinée et de quelques recueils de nouvelles, ainsi que **Bernardo Atxaga** (né en 1951). Ce dernier obtient le prix national de littérature d'Espagne et une reconnaissance de la critique internationale inédite pour un auteur de langue basque avec le recueil de nouvelles romancées *Obabakoak* (1988), depuis traduit en plus de vingt langues et porté au cinéma par le Navarrais Montxo

Armendáriz. Il y propose une relecture tragique du ruralisme littéraire de l'époque romantique. Les années 1990 sont marquées par l'arrivée à maturité du genre romanesque qui ose enfin le réalisme urbain et contemporain. Le génie ironique de **Ramon Saizarbitoria** éclôt en une série de romans où l'inconscient collectif basque contemporain est analysé avec autant de profondeur que d'humour : *Hamaika pauso (Les Pas incomptables* -1995*)* ; *Gorde nazazu lurpean (Garde-moi sous terre* - 2000*)*.

Régulièrement traduite, légitimée par la critique universitaire et constituant désormais un véritable marché, la littérature basque vit sa période la plus faste. En témoignent des romans comme ceux d'Iban Zaldua *(Mentiras, mentiras, mentiras* - 2006*)* ou l'accueil fait à la compilation de contes : *Mende berrirako ipuinak (Pintxos. Nuevos cuentos vascos* - 2005*)*.

La littérature populaire

Il existe également un riche versant populaire de la littérature de langue basque, principalement constitué de l'art des improvisateurs-poètes ou *bertsolari* et des diverses formes du théâtre souletin (mascarade et pastorale).

La mythologie basque

Les légendes basques constituent un patrimoine singulier qui, étant donné la facilité de passage offerte par le territoire, s'est continuellement enrichi d'apports étrangers. Bien que largement influencés depuis par le christianisme, les mythes primitifs permettent d'entrevoir les mentalités des populations présentes sur notre continent avant l'arrivée des peuples indo-européens.

LE CIEL BASQUE

Dans le ciel des Basques, ou plus exactement dans le firmament, on ne rencontre guère que le **Soleil (Eguzki)** et la **Lune (Hilargi)** qui sont deux sœurs, filles de la Terre. Jadis, les bergers adressaient une invocation au soleil couchant : « Soleil saint et béni, va rejoindre ta mère ! » Cette absence de divinités au-dessus des hommes est en opposition avec les mythes indo-européens pour lesquels les dieux commandent aux hommes depuis leur demeure céleste inaccessible, et exigent en retour que les humains leur offrent des sacrifices dont la fumée doit monter afin de bien marquer la distance entre le divin et l'humain.

LE MONDE SOUTERRAIN

Les légendes basques constituent un ensemble de récits fortement liés au paysage et mettant en scène des personnages qui vivent dans les profondeurs de la terre ou en surface.

Mari, la Dame des grottes

Mari est le personnage central de cette mythologie. D'après les éléments recueillis, cet être féminin est considéré comme la personnification des forces de la nature et, si son nom a été probablement influencé par celui de la Vierge chrétienne, on suppose qu'elle doit beaucoup aux déesses antiques : Cybèle, Isis, Mithra… Mari traverse l'espace sous la forme d'une tourmente, d'une faucille de feu ou d'un vautour. Elle habite les cavités souterraines dans lesquelles elle enferme les filles des hommes. Étrangement, ces rapts ont pour but d'apprendre aux jeunes captives certains travaux domestiques, mais Mari les libère toujours, non sans leur offrir des présents. Souvent Mari est appelée « la Dame » et on connaît dans toute la chaîne pyrénéenne de nombreuses grottes censées abriter une « Dame Blanche ».

Des animaux... rouges

Dans ce monde souterrain vivent des animaux surprenants : **Zezengorri (le taureau rouge)**, **Behigorri (la vache rouge)**... Peu de récits sont parvenus à leur sujet, mais on reste surpris de la coïncidence entre ce bestiaire légendaire et les figures peintes dans les grottes ornées entre Lascaux, Niaux et Altamira (zone par ailleurs riche en toponymes basques).

DANS LA MONTAGNE

Des hommes forts

La mythologie basque nous présente les **Gentils** (les païens) comme le peuple des origines qui vit dans la montagne et possède le secret de l'agriculture et de la technologie. Les **humains** (que les légendes appellent « chrétiens ») s'emparent de ces secrets par ruse afin de les faire connaître dans les vallées. Plusieurs récits racontent que la race des Gentils s'est autodétruite après la chute de la première neige, signe qui annonçait l'arrivée d'une ère nouvelle, en l'occurrence le christianisme.
Dans la profondeur des forêts vivent les **Basajaun** et les **Basaandere** (seigneurs de la forêt) qui effraient les humains par leur aspect monstrueux : certains sont couverts de poils, d'autres n'ont qu'un pied, l'un d'entre eux est un cyclope. Cependant, les bergers respectent ces créatures frustes qui protègent les troupeaux en signalant l'arrivée des orages.

Les Laminak

La nuit, le long des ruisseaux, les femelles Laminak (ou Lamiñak) coiffent leur longue chevelure avec des peignes en or. Ces êtres de petite taille sont pourvus de pattes de canard ou de chèvre, c'est selon, et elles sont généralement bienveillantes avec les humains. Leurs époux sont nettement plus inquiétants. Si ces travailleurs infatigables peuvent construire un pont ou une maison en une nuit (leur entreprise est toujours interrompue par le chant du coq, car les Laminak ne peuvent vivre au soleil), ils ont une fâcheuse tendance à capturer d'innocentes jouvencelles.
On dit que les Laminak ont disparu lorsque le pays s'est couvert d'églises.

SUR LA CÔTE

Peu de légendes ont été recueillies sur les côtes du Pays basque. Non pas que le littoral ait été moins fécond en mythes mais sans doute

LES GROTTES, LIEUX MAGIQUES

Les légendes basques présentent les gouffres et les grottes comme les lieux de rencontre entre les êtres mythiques et les humains, ces derniers cherchant à dérober les immenses richesses de ces cavités.
À **St-Martin-d'Arberoue**, on racontait de génération en génération que la colline de Gaztelu abritait le trésor des **Laminak**. C'est précisément sous ce sommet que l'on a découvert les fameuses grottes d'Isturitz et d'Oxocelhaya !
Dans une falaise de **Bidarray**, une petite grotte abrite une stalagmite ressemblant à un tronc humain. La tradition veut que ce soit là le corps d'une jeune bergère pétrifiée, mais elle est devenue la grotte du saint qui « sue », dont les eaux sont réputées pour guérir les maladies de peau.

Imaginez les Laminak au bord du ruisseau...
S. Sauvignier / MICHELIN

parce que les influences extérieures y ont été plus précoces. Cependant, on y retrouve les mêmes personnages à quelques variantes près : les Laminak ont l'apparence de sirènes.

L'INFLUENCE DU CHRISTIANISME

Comme toutes les mythologies, la mythologie basque a progressivement assimilé des personnages fameux : on peut citer le **roi Salomon** qui parcourt le ciel à la poursuite d'un gibier ou encore **Roland**, le neveu de Charlemagne, qui marque son passage en lançant çà et là des rochers qui portent toujours le nom de « pierres de Roland ». Le « pas de Roland », lui, se trouve près d'Itxassou.

Olentzero

Ce charbonnier, solitaire et ivrogne, travaille lui aussi dans la montagne mais, lorsqu'il apprend la naissance du Christ, il descend dans la vallée porter la nouvelle. Chaque année, au moment du solstice d'hiver, il réapparaît, noir de charbon, dans les villes et les villages où sa venue annonce le retour des beaux jours. Cette fête populaire rend manifeste le métissage entre le vieux mythe des Gentils et les traditions chrétiennes de Noël.

Les sorcières

Ici, comme ailleurs en Europe, on craint les sorcières. À l'origine, le terme de **sorgin (sorciers)** correspond aux acolytes de Mari, mais ensuite, il a désigné les personnes accusées de jeter des sortilèges, mais qui ne faisaient rien d'autre que de mélanger en toute innocence culte catholique et croyances païennes ancestrales… La chose fut à une certaine époque prise très au sérieux en Navarre par l'Inquisition, ainsi qu'au Labourd au début du 17e s. : nombre de malheureuses accusées de sorcellerie furent condamnées à monter au bûcher.

Nature et paysages

La nature est ici d'une richesse formidable; sur une surface réduite se télescopent l'Océan, une côte rude et déchiquetée, des collines, des vallées plus ou moins encaissées, des sommets atteignant les 2 000 m... et même un désert. Soumis à des influences climatiques différentes, ce pays montagneux est également occupé par l'homme depuis des millénaires. Et celui-ci a, au cours du temps, façonné cet espace pour en faire une fantastique mosaïque de milieux et d'écosystèmes très différents.

Des paysages variés

La région que nous décrivons s'étend de part et d'autre des Pyrénées, en France (Labourd, Basse-Navarre et Soule) et en Espagne (Álava, Biscaye, Guipúzcoa et Navarre). Or ici ce n'est pas la frontière administrative, mais la ligne de partage des eaux qui marque la limite entre deux versants aux paysages et climats très différents.

DEUX VERSANTS OPPOSÉS

Région charnière entre l'Europe continentale et la péninsule Ibérique, niché au creux du golfe de Biscaye (ou de Gascogne), battu par l'océan Atlantique, traversé par les massifs montagneux (axe pyrénéo-cantabrique), ce territoire de moins de 21 000 km² est bordé au sud-ouest par la vallée de l'Èbre, au nord par l'Adour qui se jette dans l'Océan, à l'ouest par la vallée de Karrantza et à l'est par le massif du pic d'Anie.

Les chaînes de montagne orientées est-ouest forment une ligne de partage des eaux sur l'**axe Gorbea-Irati**. Le versant nord (Biscaye, nord de l'Álava, Guipúzcoa, Labourd, nord de la Navarre, Basse-Navarre et Soule), dont les eaux débouchent dans l'Atlantique, est soumis à un climat océanique, doux et pluvieux : c'est le **versant atlantique** *(voir p. 92)*, humide, très vert. Sur le versant sud (grande majorité de l'Álava et de la Navarre), les eaux arrivent à la Méditerranée, à travers le cours majestueux de l'Èbre.

Vue d'Irissary Baigura.
Club photo Begi Rada / Office du tourisme de Basse-Navarre

C'est un climat méditerranéen qui s'impose sur ce **versant méditerranéen** *(voir p. 97)*, sec, de couleur ocre jaune en été. 150 km suffisent pour passer d'un climat de haute montagne à un climat subdésertique.

DES PAYSAGES COMPLEXES

Relief, sols et climats conditionnent les types de végétation et modèlent fortement les paysages.
La **Côte atlantique** est dure, déchiquetée, avec très peu d'espaces de calme, les chaînes de montagne venant se heurter directement à l'Océan. Ce sont essentiellement des falaises de **flysch** (formations géologiques prenant l'allure d'un empilement de couches de roches dures et tendres) qui plongent brutalement dans l'Océan, témoignant de la violence des éléments lors de l'émergence des montagnes. Elles ont à subir les attaques incessantes de la mer, et des phénomènes d'érosion spectaculaires rendant l'habitat sur ces falaises périlleux.
Les **estuaires**, ici appelés *rías*, comme les criques apportent un peu de quiétude sur cette côte et sont peuplés depuis fort longtemps. Ils recèlent des écosystèmes complexes et primordiaux qu'il convient de préserver.

Sans activité humaine, l'intérieur de la région serait couvert de **forêts**, avec de grandes chênaies en plaine et sur les collines. Les **montagnes** seraient recouvertes de hêtres et sapins au nord, pins sylvestres et hêtres au sud, et seules les zones très escarpées et la haute montagne échapperaient aux forêts avec, au-delà de 2 200 m, des pelouses alpines.
L'altitude de 2 000 m est dépassée vers l'est, au-delà du pic d'Orhy, dans les Pyrénées basques, où se trouvent les exceptionnels paysages de la forêt subalpine de pins à crochets dans le **karst de Larra** (Navarre).

L'EMPREINTE DE L'HOMME

Aujourd'hui, le territoire du Pays basque et de la Navarre est un pays de moyennes montagnes entrecoupées de vallées agricoles plus ou moins larges, avec des villes et des complexes industriels enfoncés au creux du relief. La plupart des massifs montagneux, souvent calcaires (du crétacé, voire du jurassique), mais également schisteux ou granitiques, culminent vers les 1 000-1 500 m. Les massifs de Gorbea, Anboto, Aizkorri, Aralar, Urbasa, Andia, Lokiz, Izco présentent d'immenses pâturages et des forêts. Les pentes des moyennes montagnes sont couvertes de prairies, de landes, voire de plantations de pins ou d'eucalyptus en Biscaye et Guipúzcoa.

Agriculture et industries

Les premières traces de présence humaine remontent bien avant, mais les paysages actuels découlent des activités d'une civilisation de paysans-éleveurs qui existe ici depuis le néolithique, c'est-à-dire depuis environ 4000 ans. La révolution néolithique a entraîné la domestication des animaux et des végétaux, l'établissement de villages, puis de villes, et l'augmentation de la population. Les sommets se sont dénudés sous la pression du feu des hommes et des besoins de leurs troupeaux. L'**industrie minière et métallurgique** très ancienne (plus de 2000 ans!), comme en témoignent les mines à Aiako Harriak (Guipúzcoa), Banka (Basse-Navarre), Larrau (Soule), Goizueta (Navarre), Gallarta (Biscaye), s'est accompagnée d'une importante déforestation due à la fabrication de charbon. Puis, au début du 19e s., l'exploitation massive du minerai de Biscaye enclenche le processus d'industrialisation qui a fait la richesse de la région.

La population rurale de Biscaye et du Guipúzcoa quitte ainsi la campagne pour la ville. Les terres agricoles y sont moins exploitées et les montagnes du Guipúzcoa et de la Biscaye sont envahies depuis les années 1950 par des plantations de pins de Monterey.

Plus à l'est, les provinces du Labourd, de la Basse-Navarre et de la Soule, mais également à l'ouest, la vallée de Karrantza *(voir p. 334)*, ont conservé leurs paysages de bocages et de montagnes pastorales, l'agriculture y étant toujours vivante.

Au 21e s., le paysage agricole n'a pas changé, et les pratiques ancestrales sont toujours vivantes : transhumances de plusieurs dizaines de kilomètres, écobuages pour nettoyer et fertiliser les pâturages. Les paysans entretiennent les prairies grâce à leurs troupeaux ou laissent des parcelles en jachère traditionnelle dans les zones méditerranéennes.

Le versant atlantique

Toute la partie nord de la région, du fond de la Biscaye aux confins souletins en passant par le Guipúzcoa et le nord des provinces d'Álava et de Navarre, constitue ce versant vert, humide, tempéré, océanique. Ici, les écarts de température sont faibles et les précipitations abondantes, allant de 1 200 mm à plus de 3000 mm en haute montagne.

UN RÉSEAU DE MONTAGNES INEXTRICABLE

Les montagnes proches de la côte n'atteignent pas les 1 000 m. Leurs pentes abruptes sont souvent recouvertes de **forêts** naturelles (chênes pédonculés, châtaigniers) ou artificielles (pins de Monterey ou eucalyptus en Guipúzcoa et Biscaye). La biodiversité et la richesse naturaliste en sont très affectées, ces plantations ayant comme conséquence d'appauvrir considérablement les milieux. Dans les zones plus accessibles, les forêts laissent la place aux prairies ou aux landes à fougères ou à ajoncs, landes qui servent également de pacages aux troupeaux de brebis, vaches et **pottoks**. Ces reliefs peu élevés sont utilisés comme zones d'hivernage des troupeaux qui passent la belle saison sur les estives des montagnes.

C'est en s'éloignant encore de la côte à travers des **vallées étroites**, complètement occupées par les routes, agglomérations et zones industrielles, que les montagnes prennent plus d'importance et que

les paysages ruraux caractéristiques dominent.
Différents trajets, comme celui de Tolosa à Azpeitia par Errezil (en Guipúzcoa) ou de Markina à Guernica par Aulesti (en Biscaye), permettent d'apprécier la diversité et la complexité des paysages traditionnels de ce versant. La traversée du **col d'Osquich** permet d'avoir une vue remarquable sur la Soule, province très agricole, dominée au loin par les Pyrénées. Prairies de fauche, prairies pâturées et maïs dominent ces espaces cultivés. Plus haut, d'énormes entailles faites par les eaux dans les épaisses couches calcaires du crétacé sont visibles : ce sont les **gorges d'Ujarre**, **Kakuetta**, **Holçarté**… Le Guipúzcoa et la Biscaye sont dans une grande mesure industrialisés, mais curieusement, les marges occidentales de la Biscaye, à peu de kilomètres des mines de fer de Somorrostro qui marquèrent l'essor industriel du Pays basque aux 18e et 19e s., sont restées très agricoles. Mais partout, l'horizon est réduit, parfois écrasé par les pentes.
Lorsque les montagnes ne retiennent pas les nuages chargés de pluie venant de la mer, elles apparaissent comme des sentinelles qui dominent les villages et les vallées : Txindoki, Anboto, Ernio, Béhorlégï, Orhuy, etc.
La douceur du climat est telle que la végétation reste verte toute l'année. De rares fougères subtropicales subsistent même dans quelques ravins encaissés, témoins de la flore d'avant la formation des Pyrénées.

UNE CÔTE SAUVAGE ET ABRUPTE…

Cette côte est extrêmement découpée, très sauvage et abrupte par endroits, comme on peut l'observer sur la corniche

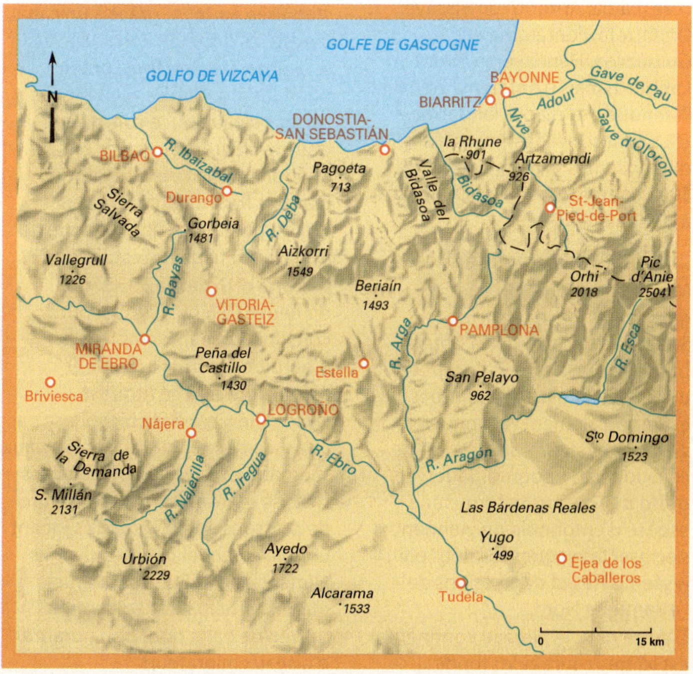

au sud de Zokoa ou autour d'Elantxobe en Biscaye. Le haut des falaises est occupé par une végétation caractéristique de landes, parfaitement adaptée aux bourrasques et à l'excès de salinité. Les arbres n'arrivent pas à se développer ici et seuls des **arbustes**, sculptés par le vent, arrivent à s'élever un peu du niveau de la lande à bruyère vagabonde ou de la pelouse littorale.

Curieusement, c'est proche de ces grandes falaises, en Biscaye près de Bakio ou en Guipúzcoa près de Getaria, que subsiste depuis le 13e s. un vignoble original donnant un vin blanc vif et pétillant, le **txakoli** (AOC).

Peu de plages...

Pour une distance à vol d'oiseau de 130 km, l'Océan longe le Pays basque sur plus de 200 km, dont moins de 30 km de plages ! Les rares plages, au sable généralement fin, se répartissent sur toute la côte (Laida, Arrigorri en Biscaye, Ondarreta, Fontarabie en Guipúzcoa, Hendaye ou Bidart au Labourd) mais n'ont rien à voir avec l'étendue des plages landaises.

Elles sont souvent surmontées par d'imposantes falaises de plus de 50 m comme Ogoño ou Dunbarriak à Hendaye.

...Mais des vagues réputées

Mise au goût du tourisme grâce aux villes de Biarritz, St-Sébastien ou Lekeitio, la Côte basque est le berceau européen du surf. La qualité de ses tubes est mondialement reconnue et s'explique par une succession de coïncidences géographiques. Le **golfe de Gascogne** forme une espèce d'entonnoir, où viennent s'écraser les vagues formées par les tempêtes et dépressions de l'Atlantique Nord.

D'autre part, le plateau continental est ici très court et les fonds marins plongent de manière très abrupte, ce qui permet d'obtenir ces **vagues puissantes et rondes** que recherchent les amateurs de sensations fortes. Les vagues les plus spectaculaires sont situées au large, entre Hendaye et Ciboure, sur un site appelé **Belharra**, où le fond rocheux fait que des vagues démesurées s'écrasent en pleine mer !

Les **surfeurs** du monde entier viennent ici se mesurer aux vagues fameuses de Mundaka, de Sopela en Biscaye, de Zarautz ou Getaria en Guipúzcoa ou Biarritz en Labourd.

... ET DES ZONES HUMIDES AUTOUR DES ESTUAIRES

L'**Adour**, qui prend sa source dans les Pyrénées centrales, est le seul « grand fleuve », avec un cours de plus de 300 km qui se jette dans l'Océan, à Bayonne.

Cette embouchure est récente, puisqu'elle fut définitivement stabilisée au 16e s., grâce à un canal creusé par Louis de Foix, à travers les dunes. Des **barthes**, prairies humides inondables abritant des tortues d'eau douce comme la cistude d'Europe, longent encore l'Adour ou la Nive en Labourd.

D'autres fleuves, au cours plus rapides, se jettent dans le golfe de Biscaye par le biais d'estuaires.

La **zone d'Urdaibai**, estuaire du fleuve Oka près de Guernica, constitue un bel exemple d'harmonie entre l'homme et la nature et, à ce titre, est classée Réserve de la biosphère par l'Unesco depuis 1984. Dans ses eaux saumâtres, ses vasières et ses prés salés se reproduisent bon nombre de poissons et d'invertébrés jouant un rôle essentiel dans les chaînes alimentaires et les écosystèmes marins. Urdaibai est également un lieu de halte pour bon nombre d'oiseaux migrateurs.

Une côte capricieuse

Le golfe de Gascogne – ou de Biscaye – est remarquable pour la variété de ses ressources sous-marines et ses écosystèmes côtiers. Ces richesses qui ne sont pas inépuisables ont toujours été largement exploitées, et même parfois surexploitées.

UNE VIE ADAPTÉE AU BORD DE MER

Sur les rochers et les plages

La zone battue par les vagues, notamment les rochers, abrite une vie intense de **crustacés** (crevettes, crabes, etc.) ou d'invertébrés (patelles, oursins, moules, étoiles de mer, etc.) et constitue un écosystème important. Les plages sableuses ou les vasières situées dans les estuaires abritent, quant à elles, des espèces fouisseuses comme des **annélides** (appelés communément vers de vase) et des **coquillages** comme les coques, les tellines… Les prélèvements au cours de pêches à pied de nombre de ces animaux côtiers (oursins, moules, huîtres, crabes, etc.) sont tellement intenses, qu'une réglementation a dû être mise en place sur les côtes du Guipúzcoa et de Biscaye.

La zone des marées est aussi le lieu de vie des **algues**, notamment algues rouges ou brunes, dont certaines espèces sont ramassées en période hivernale après les grandes tempêtes, pour fabriquer de l'agar-agar, un gélifiant alimentaire.

La Côte basque, riche en falaises, est assez pauvre en colonies **d'oiseaux marins** qui y trouvent en revanche la tranquillité nécessaire à leur reproduction.

Le **cormoran huppé** y niche en petits effectifs et les **goélands argentés** se reproduisent en nombre dans l'île inhabitée d'Izaro, en Biscaye. Un curieux petit oiseau ne se posant sur terre que pour se reproduire, le **pétrel tempête**, niche dans des rochers face à la Grande Plage de Biarritz ainsi que dans une grotte dans la falaise d'Ogoño en Biscaye.

Sur les falaises

Hors d'atteinte des vagues, c'est le domaine des **pelouses** ou de la **lande à bruyère,** où des arbustes arrivent à pousser, comme l'arbousier, le tamaris, ou le baccharis, espèce venant de régions tropicales. La flore locale abrite de nombreuses raretés dont des espèces endémiques de **séneçon** et d'**armérie**. Les **dunes** ont quasiment disparu suite aux aménagements et implantations d'habitations… Seuls des vestiges subsistent, notamment du côté d'Anglet, où on peut observer le **lis des sables**. Très fréquentes sur la zone méditerranéenne, les quelques **chênaies vertes**, forêts impénétrables, sont reléguées ici sur des pentes raides comme à Urdaibai, proche de Guernica ou Deba en Guipúzcoa. De même, si les forêts de **chênes-lièges** ont disparu, la race atlantique de cet arbre essentiellement méditerranéen existe toujours, surtout sur la côte, à la limite des Landes.

UN OCÉAN AUX RESSOURCES LIMITÉES

Une grande variété de poissons

Le golfe de Gascogne est une sorte de « cul-de-sac » de l'océan Atlantique. L'effet du **Gulf Stream**, courant marin chaud, s'y fait sentir et explique la présence de poissons habituellement rencontrés dans des eaux subtropicales, comme les **murènes** ou des **balistidés**. Le réchauffement climatique a entraîné l'apparition de **poissons des eaux chaudes**, au détriment des espèces boréales comme le cabillaud, le lieu jaune ou le merlan. Ce sont les grandes profondeurs qui se trouvent à peu de kilomètres des côtes qui expliquent la présence de **poissons abyssaux**.

Dans les eaux douces soumises aux marées (pouvant atteindre quelques kilomètres en amont des embouchures) vivent des espèces adaptées à des niveaux de salinité assez faibles. L'**alose** fréquente ces milieux de même que d'autres espèces migratrices, comme l'anguille ou le saumon. En mer, les espèces pélagiques prennent le dessus.

La baleine

Des marsouins, des dauphins et, plus rarement, des **phoques gris** sont parfois visibles de la côte. Mais le golfe de Biscaye est l'un des meilleurs sites au monde pour l'observation de **cétacés** : rorquals, orques, globicéphales, cachalots, curieuses baleines à bec, dauphins… s'y rencontrent. À peu de kilomètres de la côte, les fonds sous-marins passent brutalement de -200 m à -4000 m. Ces reliefs impressionnants sont à l'origine de courants marins remontants, propices à la prolifération du plancton dont ces grands mammifères marins se repaissent. Par contre, il est devenu quasiment impossible d'y observer la **baleine de Biscaye**, celle-ci étant proche de l'extinction. Cette baleine (également appelée baleine des Basques) fit l'objet d'une chasse attestée depuis le 12e s. Bon nombre de ports et de villes côtières arborent son image dans leurs armoiries. D'une taille voisine des 15 m, elle s'identifie par l'absence d'aileron sur le dos et par la présence d'une excroissance sur la mâchoire supérieure, souvent infestée de parasites. Elle migrait à l'automne vers les eaux tempérées entre la péninsule Ibérique et les Açores pour s'y reproduire pendant l'hiver et était donc proche des côtes basques pendant toute cette saison. Les techniques de chasse et surtout de navigation ayant évolué, la pression de chasse augmenta jusqu'au déclin irrémédiable des populations dès le 16e s. Les pêcheurs basques se retournèrent alors vers une espèce voisine dans les mers polaires avant d'abandonner également, faute de baleines !

Et autres pêches…

Les efforts de pêche hauturière s'orientèrent vers la pêche à la **morue** dans les eaux de Terre-Neuve, d'Islande ou du Spitzberg dès le 15e s. Plus récemment, dans les années 1950 et 1960, les thoniers, notamment des ports de St-Jean-de-Luz et Ciboure, allèrent pêcher le **thon** au large des côtes africaines au niveau du Sénégal et de la Côte d'Ivoire… Vint ensuite la pêche à la **sardine**, à l'**anchois**, au chinchard… Éternel recommencement où s'affrontent nécessités économiques et biologie des populations de poissons. Globalement, les espèces « nobles » comme le merlu, la sole, la dorade et le bar ont vu leurs stocks décimés par la surpêche.

Des poissons migrateurs

L'**anguille** a un comportement migratoire extraordinaire. Elle naît dans la mer des Sargasses (entre les Antilles et la Floride), traverse l'Atlantique au cours d'un long périple pour s'engouffrer dans les fleuves et rivières basques. C'est alors, en plein hiver, que les pêcheurs essaient, avec de plus en plus de difficultés, de capturer ces **civelles**, les fameuses pibales se vendant à prix d'or. Après quelques années passées à grandir en eau douce, les anguilles, terribles carnassières, repartent pour se reproduire dans la mer des Sargasses.

La baleine des Basques.
S. Sauvignier / MICHELIN

Les **saumons** aussi remontent les quelques rivières basques non polluées et vont frayer en hiver dans la Bidassoa, et en amont, à travers l'Adour. Après 3 ans de vie locale, les jeunes saumons, après des modifications physiologiques importantes, migrent vers les mers lointaines et froides du Groenland, d'où ils reviennent au bout de quelques années, pour se reproduire et souvent mourir dans les rivières qui les ont vus naître.

Le versant méditerranéen

Très différent du nord, ce versant est une région sèche qui, avant les phénomènes d'exploitation des mines puis d'industrialisation de la zone atlantique, fut la partie riche. Elle constituait un véritable grenier pour les régions voisines.

LES COLS, LIMITES CLIMATIQUES

Il est très fréquent, notamment en été, lorsque l'on traverse les cols de Barazar, Urkiola, Etxegarate, Azpirotz, Belate, Izpegi ou Ibañeta, d'émerger soudain d'un brouillard dense enveloppant le versant atlantique et de découvrir un ciel bleu, le soleil et une visibilité extraordinaire, portant la vue à des dizaines de kilomètres. Sous nos pieds et au-delà s'étend le versant méditerranéen, celui qui fut très tôt voué à l'agriculture, aux céréales, à la vigne, à l'olivier… L'Èbre, qui prend sa source plus à l'ouest, au sud des monts Cantabriques, atteint ici son statut de grand fleuve et continue sa route vers la Méditerranée, après avoir reçu, au cours de son passage, les eaux des rivières descendant des principaux massifs : Zadorra, Ega, Arga, Aragon…

DES PLAINES ET VALLÉES FERTILES

Les plaines de cette région méditerranéenne sont sèches, terriblement sèches en été. Mais elles sont également fertiles. La plaine d'Álava et la région entre Estella et Olite en Navarre, constituent le domaine des cultures de blé, d'orge ainsi que de la pomme de terre ou de la betterave.

LES PLANTES DU NOUVEAU MONDE

Les ports basques furent des entrées importantes de la plupart des plantes venant du Nouveau Monde. Maïs, pommes de terre, haricots, tomates, courges, potirons et piments sont cultivés depuis très longtemps au Pays basque et en Navarre, assez pour que les paysans aient, là aussi, utilisé leur savoir-faire pour sélectionner ces végétaux et produire des variétés adaptées aux conditions locales. Aujourd'hui, plusieurs variétés sont réputées, comme les **piments** d'Espelette, de Lodosa ou de Guernica, les **haricots** de Tolosa, ainsi que le grand roux basque, maïs remis au goût du jour ces dernières années. Plus de 600 espèces actuellement présentes dans la région proviennent de pays lointains. Si certaines ont été introduites volontairement à des fins alimentaires ou ornementales, d'autres sont rentrées « clandestinement » et se sont développées au point de devenir envahissantes et problématiques : **l'herbe des pampas** forme des fourrés impénétrables, empêche la végétation autochtone de pousser et rend stériles certaines zones humides…

L'olivier et l'amandier trouvent ici des conditions méditerranéennes et l'huile d'olive de Navarre et d'Álava est réputée pour sa qualité.
La **vigne** trouve ici des terroirs nobles (Rioja, vins de Navarre) et le vignoble de la Rioja alavesa, installé au pied du massif de Toloño, prend une coloration extraordinaire à chaque automne.
L'un des plus curieux paysages de ces plaines se trouve à **Añana** au sud-ouest de l'Álava, où depuis le Moyen Âge et jusqu'à une époque récente, des sources salées étaient exploitées sur des terrasses exposées au soleil. Le sel était récolté après évaporation de l'eau.
Plus au sud, l'irrigation à partir de l'Èbre permet une production importante de **légumes**. Dans cet immense jardin sont cultivés des artichauts, piments, tomates, haricots, maïs ainsi que les asperges de Navarre. On produit même du riz à l'extrémité méridionale de la Navarre !
Les vallées sont plus larges, plus fertiles, mais toujours sous le regard des montagnes. Sakana, large trouée reliant Irurtzun en Navarre à Vitoria-Gasteiz en Álava, est ainsi dominée par les massifs d'Aralar, Urbasa, Andia, mais aussi par le Beriaín, dont la silhouette évoque la formidable étrave d'un bateau perdu au milieu de la vallée.
Ici, il tombe entre 500 et 1 000 mm de pluie par an, souvent de manière brutale au printemps ou à l'automne. L'été y est chaud, l'hiver froid, donnant une touche continentale à ce climat méditerranéen. Les zones non cultivées sont recouvertes d'une végétation de type **garrigue**, avec des arbustes épineux, ou de pelouses desséchées en été, mais vertes et riches en fleurs et en odeurs au printemps. Les cigognes blanches font partie du paysage et établissent leurs nids imposants sur les églises, châteaux ou autres édifices.
Le long des cours d'eau, ce sont des **forêts « couloirs »** qui prédominent, extrêmement importantes puisqu'elles permettent de relier, par des biotopes adéquats, des lieux très éloignés les uns des autres. Les ormes, peupliers et saules peuvent y atteindre des tailles considérables et les oiseaux en sont les rois.
Les rivières aux eaux froides et oxygénées des montagnes conviennent aux poissons nobles tels que les truites ; ces dernières

laissent leur place dans les eaux plus chaudes et plus calmes à des espèces comme les barbeaux et les gardons.

MONTAGNES SAUVAGES ET BOISÉES

Les massifs montagneux, orientés principalement est-ouest, donnent un caractère très marqué au paysage. Ils reçoivent plus de précipitations et abritent l'essentiel des **forêts**. Hêtres, pins sylvestres et chênaies méditerranéennes (chênes verts, chênes kermès et pubescents) se partagent les pentes plus ou moins abruptes. Les plateaux et les sommets sont ici aussi devenus d'immenses **pâturages**.

Ces forêts et ces zones plus ouvertes abritent des milieux très différents, remarquables tant par leur faune que par leur flore.

Les montagnes, atteignant les 1 000-1 500 m d'altitude, étaient autrefois bien peuplées, mais de nombreux villages des austères vallées navarraises (Aezkoa, Urraul, etc.) se sont vidés à partir des années 1950, et les forêts ont doucement reconquis une partie des territoires jadis défrichés par les habitants.

D'immenses **canyons** balafrent les montagnes qui barraient le passage aux puissantes rivières montagnardes, ce qui donne des paysages tout à fait extraordinaires, comme dans les **hoces** (de *hoz*, défilé) de Burgi, Arbayún, Lumbier et Irunberri.

L'une des originalités de ces montagnes est qu'elles sont, pour une large part, calcaires, certaines ayant des réseaux karstiques importants.

Une multitude de gouffres, grottes et rivières souterraines minent ces massifs, au plus grand profit des insectes cavernicoles, étranges invertébrés adaptés à l'obscurité absolue.

UN DÉSERT PLEIN DE VIE AU SUD DE LA NAVARRE

Les Bárdenas, à l'extrême sud de la Navarre, sont en fait une steppe, ou plutôt un paysage steppisé. Très peu de zones boisées subsistent, il s'agit alors de pins d'Alep et de chênes verts. Les plantes sont ici particulièrement adaptées au climat méditerranéen : elles économisent l'eau grâce à leurs feuilles petites, charnues, parfois recouvertes d'une épaisse cuticule, souvent avec une pilosité blanche permettant de refléter le soleil et d'éviter la transpiration… Elles ont aussi une singulière capacité à profiter des rares pluies pour fleurir et se reproduire. Ainsi, les cycles biologiques peuvent-ils être très courts, avec des périodes de plusieurs années à l'état de graine, dans l'attente de conditions pour pouvoir germer… Mais ce paysage de steppe aride est également lié à l'activité humaine, puisque depuis des temps très anciens, les troupeaux de la vallée de Roncal viennent y hiverner…

Les Bárdenas abritent une avifaune de steppe très particulière *(voir p. 441)*.

Proches ou au cœur de ce désert, les zones d'eau sont de véritables oasis. C'est ici que viennent s'abreuver tous les oiseaux, les mammifères et que vivent les amphibiens, grenouilles et autres reptiles. Les bosquets aussi forment des oasis et permettent aux oiseaux arboricoles de s'y reproduire.

Eguaras, en plein milieu de la Bárdena Blanca (sud de Murillo), est un véritable havre de paix, où la complexité et la diversité des milieux et des espèces atteignent leur apogée.

Une biodiversité extraordinaire

Avec ces climats, reliefs et paysages différents, le Pays basque et la Navarre sont d'une richesse extraordinaire au niveau des espèces animales ou végétales. Ici sont recensés des milliers de plantes, des centaines d'espèces d'oiseaux, des dizaines de mammifères, de batraciens et reptiles, de poissons, des dizaines de milliers d'insectes ou autres invertébrés…

QUELQUES ESPÈCES RARES

La nature réserve parfois des surprises, même pour les spécialistes qui observent attentivement les nombreux écosystèmes régionaux. Certaines espèces comme le **lagopède alpin**, la **dryade octopétale** ou le **pic à dos blanc** vivent ici dans la haute montagne ainsi que dans les Pyrénées, les Alpes et la taïga ou la toundra arctique. Cela s'explique par le retrait des glaciers vers le nord et en altitude à la fin de la dernière glaciation qui a permis à des espèces adaptées à ces rudes milieux de vivre sous nos latitudes, en se réfugiant dans les montagnes.
D'autres espèces ne se retrouvent nulle part ailleurs ; il s'agit essentiellement de plantes et d'insectes. On parle alors d'espèces endémiques, nées à la suite de l'isolement des populations d'origine, les montagnes jouant alors un rôle d'île ou de refuge, propices aux phénomènes de spéciation.
Une sorte de triton, l'**euprocte des Pyrénées**, que l'on retrouve dans les torrents des Pyrénées basques, en est un exemple.
En montagne, de curieuses et rares zones humides, les tourbières, abritent une plante carnivore se nourrissant d'insectes : la **drosera**.

UNE RICHE AVIFAUNE

La zone méditerranéenne abrite des **oiseaux** hauts en couleur : huppe fasciée, guêpiers multicolores qui chassent les hyménoptères en vol, rollier au plumage d'un bleu intense. La garrigue abrite plusieurs espèces de **fauvettes** : orphée, passerinette, mélanocéphale, des jardins, à tête noire, grisette, pitchou… Une diversité impressionnante de petits oiseaux ! Tous ces insectivores migrent vers le sud du Sahara pendant la saison hivernale.
Les bordures de **rivières** hébergent rossignols, loriots d'un jaune intense ou les discrètes mésanges rémiz qui y suspendent leurs nids délicats.

Les grandes zones humides

Les grandes zones humides, outre leur rôle essentiel pour le repos et l'alimentation des oiseaux migrateurs, hébergent aussi des oiseaux fort rares.
Ainsi le beuglement sourd du **butor étoilé** hante-t-il les nuits de printemps de la lagune de Pitillas. Spatules, avocettes, limicoles en tout genre utilisent les marais et vasières des estuaires de la Bidassoa à Txingudi, Urola à Zumaia, Urdaibai vers Guernica. Les lagunes endoréiques, vestiges d'une mer qui exista et qui se « vida » dans la Méditerranée lorsque l'Èbre réussit au miocène à percer la barrière catalane qui se trouve au sud de l'Álava et de la Navarre, abritent également canards et limicoles. Toutes ces zones humides forment des écosystèmes originaux et très riches, ce qui explique que plusieurs soient classées dans la liste des zones humides d'importance internationale (sites Ramsar).

Les oiseaux des steppes

Tout à fait au sud de la Navarre, dans ses zones les plus sèches, ce sont des espèces africaines d'oiseaux qui sont les plus remarquables : dans les Bárdenas, le **sirli de Dupont**, petite alouette au bec légèrement recourbé caractéristique des steppes des bordures nord du Sahara, s'observe entre les touffes de graminées. Les gangas, oedicnèmes et autres oiseaux des steppes et déserts sont ici dans leur milieu de prédilection. C'est dans les plaines céréalières navarraises, près de Lerín, où se reproduisent les **perdrix rouges** et les **outardes canepetières**, que disparaissent les dernières grandes outardes, victimes de la chasse et de l'agriculture intensive.

DES MAMMIFÈRES DISCRETS

Souvent difficiles à observer, ils laissent en revanche nombre de traces et d'indices pour les yeux avertis. On les trouve en grand nombre, depuis la minuscule musaraigne pygmée à l'ours, en passant par les chauves-souris, le cerf, le chevreuil ou l'isard et le rare **vison d'Europe**. Ce dernier fréquente les zones humides et les abords de ruisseaux ; il risque de disparaître à cause de la pollution de ses milieux de prédilection, et de la concurrence des visons d'Amérique, échappés d'élevages…
En septembre, le majestueux et impressionnant brame du **cerf** s'entend aussi bien dans les hêtraies des Arbailles que dans la forêt d'Iraty ou dans le massif de Gorbea. Le chevreuil voit ses populations croître et se développer vers l'ouest. Le sanglier, quant à lui, règne sur les forêts méditerranéennes, difficiles à pénétrer… Fouines et renards peuvent vivre très près des habitations.
La **genette**, que les Égyptiens apprivoisaient comme animal de compagnie, est présente partout en zone méditerranéenne, alors que le chat sauvage hante les forêts montagnardes.
Le **loup** est présent à l'extrémité occidentale de la Biscaye et il pourrait remonter vers l'est, dans les Pyrénées occidentales, à partir des proches sierras de la *meseta* (plateau) de Castille.
L'**ours,** réintroduit, suit une tendance similaire. Il semble mieux coexister avec les paysans du sud de la frontière qu'avec ceux du nord. Selon la discrétion de ces deux prédateurs, qui sera liée aux ressources qu'ils trouveront (animaux sauvages ou domestiques), leur cohabitation avec les éleveurs sera facile ou pas… L'avenir nous le dira.

LA RICHESSE DES RIVIÈRES

Les rivières, dont la qualité est inégale, recèlent encore bien des trésors comme le saumon, qui remonte toujours vers ses frayères de la Bidassoa ou de la Nivelle, mais également la truite, omniprésente dès que la qualité de l'eau le permet. Le **desman**, curieux mammifère endémique des Pyrénées, ressemblant à une souris palmée avec une petite trompe en guise de museau, hante également les rivières basques.
La **loutre** est présente dans la Bidassoa et surtout les affluents de l'Èbre comme l'Irati ou l'Arga. Le **castor,** illégalement introduit, est présent sur l'Aragon avant sa jonction avec l'Èbre. Les tortues d'eau douce, cistude d'Europe et émyde lépreuse barbotent dans les bras les plus calmes de ces rivières.

LE RETOUR DES CHAROGNARDS

C'est dans les montagnes que l'on trouve les plus grandes colonies mondiales de **vautours fauves**, avec plus de 300 couples qui se reproduisent dans le défilé *(hoz)* d'Arbayún. Menacés de disparition il y a trente ans, ils ont su profiter de la protection légale dont ils font l'objet, ainsi que de l'augmentation conséquente des cheptels. Ils sont même visibles du centre de certaines grandes villes !
D'autres charognards comme le vautour percnoptère (qui hiverne en Afrique et revient se reproduire

ici chaque année) ou le rare gypaète barbu (connu pour casser les os en les lançant sur des rochers afin de pouvoir les ingurgiter plus facilement) profitent de cette manne. L'aigle royal, chasseur de rongeurs, d'oiseaux et charognard à ses heures, est également présent, mais de manière plus discrète.

Une montagne pastorale

Une longue tradition pastorale a profondément marqué la région. On retrouve dans l'origine des paysages, mais également dans la répartition de certaines espèces végétales ou animales, la trace de cette activité importante que fut l'élevage.

UNE TRADITION DE TRANSHUMANCE

Les plus vieilles nécropoles régionales sont celles que l'on trouve en montagne, sur les lieux de transhumance. Si les rituels et leurs significations ne sont pas connus, elles prouvent qu'il y a 4 000 à 5 000 ans, des éleveurs vivaient et mourraient dans ces lieux. Les conditions de vie et les activités économiques ont évolué, mais on retrouve encore les restes d'anciennes organisations, avec des transhumances pouvant être importantes (les troupeaux de la vallée de Roncal sont dans les Pyrénées en été, puis dans les steppes désertiques des Bárdenas pendant l'hiver).
Tous les **massifs pastoraux**, et ils sont nombreux (Gorbea, Andia, Urbasa, Aralar, Garazi, Arbailles, Haute-Soule…) sont occupés à la belle saison par des milliers de brebis, vaches et chevaux. Les bergers utilisent alors de petites **cabanes** souvent très anciennes *(txabola, etxola* ou *kaiolar)* aux conditions de vie assez spartiates. Les porcs aussi peuvent transhumer, transformant ainsi le petit lait issu de la fabrication de fromage et finissant de s'engraisser avec les faînes, glands et châtaignes à l'automne. Cette transhumance dans les pacages de montagne est une nécessité pour les éleveurs, puisque les prairies proches des fermes sont alors disponibles pour la fenaison, qui constitue la réserve alimentaire des troupeaux en hiver.

DES RACES LOCALES ADAPTÉES

Les éleveurs ont, au fur et à mesure du temps, domestiqué et sélectionné leurs bêtes. Aujourd'hui, plusieurs races de brebis, de chevaux et de vaches subsistent encore.

Les ovins

Les **ovins** sont représentés par plusieurs races autochtones, avec un rameau à viande, la race **rasa navarraise**, très présente dans toute la zone méditerranéenne. Elle est extrêmement rustique, très adaptée à la sécheresse et produit chaque année ses deux voire trois agneaux. Elle est également bonne laitière et son lait est utilisé pour la fabrication du fromage.
Au niveau des races laitières, trois races existent aujourd'hui : les types **manech** (**manex** ou **latxa**) qui peuvent être cornus ou pas, à tête rousse ou à tête noire et qui sont les plus productifs en lait. C'est essentiellement avec leur lait qu'est produit le fromage de brebis, connu par le grand public par ses appellations d'origine contrôlée, Idiazabal, Erronkari-Roncal ou Ossau-Iraty.
La deuxième est la race **basco-béarnaise** qui, comme son nom l'indique, se retrouve en Béarn et à l'extrémité nord-est du Pays basque, en Soule. C'est une grande brebis cornue, à tête blanche et très adaptée à la haute montagne.

Brebis manech à tête noire.
A. De Valroger / MICHELIN

La **karranzana**, grande brebis au nez busqué, à tête rousse ou noire, est concentrée à l'ouest de la Biscaye, dans la vallée de Karrantza. La richesse en races est liée aussi à la richesse des conditions écologiques, les éleveurs sélectionnant les animaux les mieux adaptés aux conditions locales. C'est un véritable travail de patience, d'observation qui demande un effort collectif et du temps… L'œuvre de plusieurs générations.

Les bovins

Les montagnes de Navarre, du Guipúzcoa et du Labourd recèlent les derniers exemplaires (il en existe moins de mille!) de **betizu** (littéralement « la vache insaisissable »). Ces petites **vaches** sauvages et rustiques de couleur rousse, extrêmement vives, que l'on peut rencontrer au-dessus d'Hernani ou d'Espelette, représentent une des races primitives européennes… mais elles sont en voie d'extinction et il n'est pas fait grand-chose pour les préserver. Plus grande, avec une robe blonde froment et des cornes en forme de lyre, la **pyrénéenne** est encore très présente en Navarre et a été largement utilisée dans la création de la blonde d'Aquitaine, pour ses qualités maternelles et bouchères.

Cochons

Une race de porc, le **porc pie noir du Pays basque**, s'est également conservée et permet aux éleveurs de la vallée des Aldudes en Basse-Navarre de produire une viande de très haute qualité. Cette race s'étendait auparavant sur une zone plus importante et valorisait de manière conséquente les faînes, glands et châtaignes.

Chevaux

Une race de cheval existe ici, le **pottok**, petit poney à la robe généralement baie mais parfois pie, longtemps utilisé dans les mines et ayant aujourd'hui perdu de l'intérêt économique. En revanche, son rôle est capital dans le maintien du paysage et des prairies en moyenne montagne, en dessous des 1 000 m, dans les landes à ajoncs et à fougères.

TAUREAUX DE NAVARRE

Étaient-ils apparentés aux *betizu* ? C'est une hypothèse. Toujours est-il que les taureaux de combat navarrais, souvent roux et de petite taille, étaient fort appréciés des *aficionados* d'antan. On parle encore du combat légendaire d'un certain Llaverito (taureau) dans les arènes de Saragosse en 1866 qui a inspiré Goya pour la réalisation de sa série d'estampes *Tauromaquia*. Mais la mode est passée et la race s'est diluée, sauf chez une poignée d'éleveurs locaux qui maintiennent vaille que vaille la tradition. Ces taureaux étaient acheminés par une *cañada* (chemin de transhumance) du sud de la Navarre jusqu'à Deba : un *encierro* à rallonge !

La trace des troupeaux

L'impact de ces élevages est visible, puisqu'ils ont été l'acteur principal de l'élimination des forêts d'altitude au profit des pâturages. Les plateaux d'Aralar, Andia, Urbasa, les montagnes de Garazi et de Soule sont de véritables gazons entretenus par des milliers de ruminants à chaque nouvelle saison. Si les grandes transhumances anciennes ont disparu, les troupeaux basques font encore à pied ou en camion des dizaines de kilomètres pour retrouver leurs pacages. Les *cañadas*, chemins publics réservés aux transhumances, existent encore par endroits, et une *cañada* était utilisée pour acheminer les taureaux de combat depuis leurs élevages au sud de la Navarre jusqu'à Deba sur la Côte atlantique, ce qui en faisait en quelque sorte un *encierro* à rallonge !

Un carrefour migratoire fragile

La jonction de la péninsule Ibérique et de l'Europe continentale est une extraordinaire voie de passage pour les oiseaux migrateurs. Des millions d'oiseaux le traversent surtout pendant leur migration postnuptiale, après s'être reproduits en Europe continentale. Ce spectacle extraordinaire ne saurait faire oublier la question récurrente de la chasse à la palombe et, plus largement, les défis écologiques auxquels sont confrontées ces régions.

LE SPECTACLE FASCINANT DES MIGRATIONS

C'est une énorme proportion du patrimoine ornithologique européen qui se concentre sur l'ouest des Pyrénées, lors de sa migration d'automne. Ces barrières naturelles y sont plus faciles à traverser puisqu'elles perdent de l'altitude…

Nord-sud

Le spectacle commence dès le mois de **juillet** : les milans noirs et les martinets commencent leur voyage vers l'Afrique subsaharienne, à plus de 5 000 km ! **Août** est le mois des bondrées apivores, rapaces forestiers se nourrissant de nids de guêpes. **Septembre** est le mois de la plus grande diversité : aigles bottés, balbuzards pêcheurs, hirondelles, alouettes, bergeronnettes, pipits, verdiers, pinsons, cigognes blanches, cigognes noires… **Octobre** : avec les pigeons ramiers passent aussi les pigeons colombins, les hirondelles, les milans royaux et des multitudes de petits passereaux. **Novembre** et **décembre** : les vagues de migrateurs en route vers le sud s'achèvent avec les grues.

Sud-nord

La région est à nouveau survolée par les migrateurs qui, cette fois-ci, vont retrouver, au nord, leurs sites de reproduction.

Les grues remontent dès **février**, les hirondelles, palombes en **mars**… Cette migration prénuptiale, plus étalée dans le temps, l'est également dans l'espace. Moins spectaculaire, elle n'en reste pas moins indispensable pour la reproduction de ces espèces.

LE DÉCLIN DES PALOMBES TRANSPYRÉNÉENNES

Les fameuses palombes monopolisent les esprits de beaucoup de chasseurs pendant un mois, de mi-octobre à mi-novembre. Les forêts, les cols et les montagnes sont alors pris d'assaut par des milliers de fusils et une pétarade incessante retentit dans tous les coins… Le **pigeon ramier**, également appelé **palombe**, est chassé depuis très longtemps, mais la pression de chasse à laquelle doit faire face cette espèce, et notamment sa population migratrice, a beaucoup augmenté au cours des dernières décennies. Des voix s'élèvent depuis plus de 25 ans pour la diminuer, en laissant par exemple des « couloirs » de migration que les oiseaux pourraient traverser sans risques… En effet, la migration des pigeons ramiers est réétudiée depuis la fin des années 1970 à partir de comptages effectués par l'association Organbidexka Col Libre sur une série de cols tels Organbidexka, Lindux et Lizarrieta. Ces études confirment que cette population de palombes transpyrénéennes, se reproduisant en Europe du nord et du nord-est et hivernant dans les *dehesas* (forêts ouvertes) ibériques est en déclin.

INDUSTRIALISATION ET POLLUTION

Certaines régions comme la Biscaye et le Guipúzcoa ont été longtemps montrées du doigt comme ayant les rivières les plus polluées d'Europe. Une absence d'intérêt pour l'environnement pendant des décennies explique que des **rivières** comme le Nervión, Urola et Oria, étaient il y a encore peu de temps des cours d'eau sans vie, gravement pollués par des métaux lourds. Si, depuis quelques années, de sérieux efforts ont été réalisés afin de réduire les émissions et les rejets, certains niveaux de polluants restent toujours préoccupants.
La **mer** a reçu pendant des décennies des tonnes de déchets industriels et elle est parfois souillée volontairement (dégazages) ou accidentellement (naufrages des pétroliers *Erika* et *Prestige*) par des hydrocarbures. Loin de ces pollutions, certains sites miniers abandonnés, comme les fameuses salines d'Añana, sont en train de réussir leur reconversion.
En outre, passerelle entre l'Europe continentale et la péninsule Ibérique, le Pays basque est devenu une voie de passage pour laquelle d'immenses **infrastructures** ont été réalisées ou sont en projet (autoroute de Salies-de-Béarn à Pampelune, voies ferrées, zones portuaires, etc.) au détriment de paysages et de milieux naturels fragiles.
Deux énormes projets à très forts enjeux illustrent l'importance des questions d'environnement : le projet de centrale nucléaire de Lemoiz et le barrage d'Itoiz. Le premier, situé sur une petite crique en Biscaye, fut définitivement abandonné après les travaux dans les années 1980, suite à une opposition sans précédent de la population.
Le second, un énorme **barrage** sur la rivière Irati au niveau d'Itoiz en Navarre, fut imaginé dans les années 1970 et réalisé au début du 21e s. dans des zones naturelles protégées. Son utilité (irrigation) est remise en cause par l'évolution de

la politique agricole européenne et les craintes des opposants semblent se confirmer : placé sur des terrains géologiquement instables, il provoque des petits séismes au fur et à mesure de son remplissage.

UN RÉSEAU D'ESPACES PROTÉGÉS

Comme dans nombre de pays industrialisés, la demande sociale de protection des espaces et des espèces fragiles a entraîné la création de réserves naturelles, parcs naturels ou réserves intégrales. Les contextes administratifs et les niveaux de protection sont très différents. Ainsi, les protections côté français ne sont en aucune manière comparables à celles en vigueur dans les provinces espagnoles. Ici pas de réserves naturelles, juste un arrêté de biotope sur ce qui reste des marais de Txingudi à Hendaye et quelques sites classés.

En revanche, en Biscaye, près de 23 000 ha constituent la Réserve de la biosphère de l'Unesco à Urdaibai près de Guernica, protégeant ainsi un écosystème et un patrimoine exceptionnels. De grands **parcs naturels**, plus récents, existent à **Valderejo** (environ 3 500 ha à l'extrémité occidentale de l'Álava), **Urkiola** (5 000 ha) et **Gorbea** (20 000 ha) en Biscaye, et à **Aralar** (11 000 ha) en Guipúzcoa. Ces quatre parcs naturels concernent des massifs montagneux abritant une flore et une faune caractéristiques.

Enfin, un très important réseau de **réserves naturelles**, parcs recouvrant plusieurs dizaines de milliers d'hectares, protège légalement en Navarre des milieux aussi divers que des bordures de rivières, des fragments de forêts primitives de haute montagne, des zones humides, des montagnes pastorales ou des steppes arides.

NATURE ET ENVIRONNEMENT

Le concept de **tourisme durable** est en train de faire son chemin. De plus en plus, les visiteurs des Pyrénées-Atlantiques (du moins ceux qui privilégient l'intérieur des terres) ont le souci de partir à la recherche de terroirs authentiques (fermes-auberges, produits bio) et de rencontrer ceux qui font vivre cette terre.

Le comité départemental du tourisme encourage les différentes initiatives menées dans ce sens par les opérateurs locaux, notamment en attribuant des labels, tels que le label CPIE (Centre permanent d'initiatives pour l'environnement), impliquant une démarche de qualité permettant de valoriser les ressources du territoire et de les transmettre, entre autres lors de sorties découvertes thématiques.

Pour en savoir plus, consultez les sites : www.cg64.fr, www.conservatoire-du-littoral.fr ou www.cpie-littoral-basque.eu.

En Espagne, les choses ont changé depuis les années 1980 avec la multiplication de parcs et de réserves naturelles. Le **gouvernement navarrais** fait un gros effort d'éducation à travers son Departamento de Medio Ambiente et la création de plusieurs centres d'interprétation de la nature. C'est ainsi qu'il a défini 42 espaces de diversité biologique (soit 24 % du territoire de la communauté) intégrés dans le réseau **Natura 2000**.

Il en va de même en Euskadi où a été défini un plan stratégique de longue durée (2002-2020) visant entre autres à obtenir une meilleure qualité environnementale de l'eau, de l'air et des sols, à promouvoir une gestion responsable des ressources naturelles, et à protéger la biodiversité.

Cheval de la galerie Laplace dans les grottes d'Isturitz et Oxocelhaya.
www.grottes-isturitz-espaceculturel.com

Histoire

Il est difficile de retracer l'histoire des territoires basques et navarrais. Ils ont connu des évolutions politiques propres qui les ont parfois rapprochés, mais parfois aussi éloignés. Séparés par des frontières nationales ou régionales, ils ont surtout en commun la fameuse langue basque, plus ou moins présente selon les régions, et l'expérience des fors, une organisation politico-juridique originale qui a marqué profondément la société jusqu'au 19e s., avant de disparaître.

Des origines à nos jours

PRÉHISTOIRE, PROTOHISTOIRE

L'ouest pyrénéen conserve le témoignage d'un peuplement humain ancien. Entre 300 000 et 40 000 av. J.-C., une quarantaine de sites attestent la présence de l'homme de Neandertal.
Les scientifiques sont mieux renseignés sur le **paléolithique supérieur** : les grottes d'Isturitz (Basse-Navarre), de Santimamiñe (Biscaye) et d'Ekain (Guipúzcoa) sont des gisements importants de l'art pariétal. Les fouilles ont fait apparaître qu'à la fin de cette période et au néolithique, la région était peuplée par un homme à la morphologie différente des autres types européens, que certains ont nommé le « type pyrénéen occidental », car on en a retrouvé la trace de Burgos à la Garonne. D'où venait-il et comment expliquer ses particularités ? Les chercheurs en biologie, sérologie ou linguistique proposent différentes réponses mais, à ce jour, aucune ne s'impose. Par la suite, les vagues successives de peuplement ont métissé ce type, tout en lui conservant des originalités que l'on retrouve aujourd'hui dans la région.

La **révolution néolithique** parvient jusqu'à l'homme pyrénéen puisque entre 4000 et 3000 av. J.-C., des signes de domestication sont repérés et que faucilles ou meules attestent les débuts de l'agriculture. À cette période, les dolmens, premiers monuments funéraires, apparaissent le long des voies pastorales. Des noyaux urbains (La Hoya en Álava) s'organisent aussi, signes de sédentarisation. L'ère du métal débute : on travaille le cuivre, puis le fer au 1er millénaire.

Au 6e s. av. J.-C., **Celtes** et **Ibères** arrivent en Europe occidentale, apportant des innovations techniques. Les esprits et les pratiques évoluent, le rituel de l'incinération s'impose : on dépose les cendres du défunt au cœur d'un cercle de pierre nommé « baratz » ou « cromlech ».

Ces nouveaux peuplements permettent un brassage des populations ; l'actuelle Navarre est alors le territoire des Vascons.

DES ROMAINS À L'INVASION MUSULMANE

Romanisation, christianisation

La Rome conquérante, qui a déjà envahi la péninsule Ibérique, fait irruption dans la région : la **vallée de l'Èbre** tombe entre ses mains au 2e s. av. J.-C. Prétextant une révolte en Hispanie, Pompée affermit son emprise sur le nord : il fonde **Pompaelo** (Pampelune) en 75 av. J.-C. sur le site vascon de Iruña. Puis, l'**Aquitaine** est conquise par César en 56 av. J.-C. Entre ces deux zones romaines, les Vascons tentent de résister. Il faut attendre l'avènement d'Auguste pour qu'ils intègrent l'Empire.

Provinces de l'Empire – Au 1er s. de notre ère, l'ensemble des territoires basques et navarrais actuels sont sous autorité romaine : le sud relève de la province de Tarraconaise et le nord d'une province d'Aquitaine qui s'étend jusqu'à la Loire.

Une inscription découverte à Hasparren (Labourd) mentionne la création, au 3e s., de la province de **Novempopulanie** entre Pyrénées et Garonne.

Romanisation – Tous les peuples de l'Empire, notamment celui des Vascons qui est le plus important, subissent un processus de romanisation : les nouveaux maîtres tracent de grandes routes et réaménagent les voies pastorales. Même si les Vascons y sont toujours chez eux, Rome pénètre jusqu'au plus profond de la montagne : le trophée d'Urkulu, érigé non loin de la voie qui traverse les Pyrénées dans le pays de Cize, témoigne de la présence romaine.

Le castrum de Lapurdum (Bayonne), le port d'Oiasso (Irún), le camp d'Imus Pyraeneus (St-Jean-le-Vieux), la grande villa de Comunión (Álava), le trésor monétaire de Barcus (Soule) ainsi que l'exploitation des mines de fer et de cuivre dans les montagnes navarraises et bas-navarraises sont autant de preuves de la romanisation du peuple vascon.

Christianisation – Par ailleurs, le christianisme se diffuse dans la région dès les premiers siècles de notre ère. Le processus est long (des zones païennes existent toujours au 10e s.), mais il ne semble pas marqué par des luttes religieuses.

Fin de l'Empire, arrivée des Barbares

La crise qui frappe l'Empire au 5e s. a ici de graves répercussions : en 407, les **Barbares** entrent en Novempopulanie. Ils franchissent les Pyrénées en 409. Entre 451 et 454, de graves troubles se répandent dans la région de Pampelune : soulèvement des Vascons ou révolte des paysans appauvris ? Les rebelles sont néanmoins écrasés par une **armée wisigothe** au service de Rome.

QUELQUES DATES CLÉS

Ier s. av. J.-C- 4e s. apr. J.-C. – Présence romaine en Pays basque

778 – Défaite de Charlemagne à Roncevaux

824 – Eneko Arista, premier roi de Pampelune, futur royaume de Navarre

1004 – Avènement de Sanche le Grand, apogée politique du royaume de Navarre

1152 – Mariage d'Aliénor d'Aquitaine avec Henri Plantagenêt. Le Labourd et la Soule passent sous suzeraineté anglaise

1212 – Victoire de Las Navas de Tolosa

1234 – Mort de Sanche le Fort, fin de la dynastie navarraise

1451 – Prise de Bayonne par les armées françaises

1522 – Défaite d'Amaiur (vallée du Baztan). La Navarre est totalement conquise par la Castille

1589 – Henri III de Navarre devient Henri IV de France

1620 – Édit d'union de la Basse-Navarre au royaume de France

1659 – Traité des Pyrénées, qui fixe les limites des royaumes de France et d'Espagne

1789 – Début de la Révolution française et abolition des fors, institutions populaires basques au nord des Pyrénées

1876 – Fin de la seconde guerre carliste et abolition définitive des fors au sud des Pyrénées

1895 – Création du Parti nationaliste basque

1936 – Premier gouvernement autonome basque et début de la guerre

1937 – Bombardement de Guernica et conquête franquiste du Pays basque

1959 – Création de l'ETA

1975 – Mort de Franco

1979 – Promulgation du statut d'autonomie d'Euskadi

1982 – Promulgation du régime foral de la Navarre

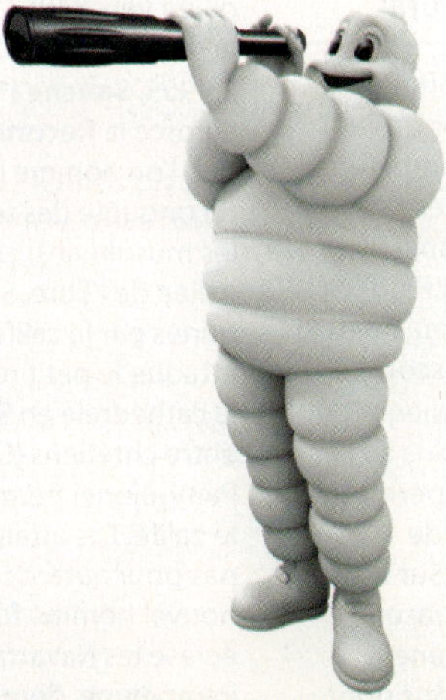

Alors que l'Empire disparaît, la puissance wisigothe tente de s'imposer en Tarraconaise et en Aquitaine. Repoussés par les Francs, les Wisigoths se replient sur la péninsule Ibérique, où ils fondent leur royaume. De nombreuses rivalités opposent les Francs, au nord, les Wisigoths, au sud, et les Vascons qui se replient entre les deux. Tout au long du 6e s., les **rois wisigoths de Tolède** interviennent en territoire vascon pour mettre fin aux troubles qui agitent la région. Les chroniques franques relatent des entreprises similaires au nord des Pyrénées. Le mythe des féroces **Vascons** descendant des montagnes et semant la terreur est en train de se forger.

Au 7e s., les Francs créent un duché de Vasconie pour surveiller ce peuple turbulent. Au sud, des expéditions militaires très dures sont lancées contre les Vascons qui s'allient maintenant à l'aristocratie régionale. En 710, une guerre civile éclate entre les partisans du roi de Tolède et son rival soutenu par les Vascons. C'est dans ce contexte difficile que les musulmans débarquent dans la péninsule.

UN ROYAUME À PAMPELUNE

Le royaume de Tolède, affaibli, s'effondre sous les coups des armées musulmanes. Pampelune tombe en 714, les Pyrénées sont franchies en 720. Les Francs stoppent leur avancée à Poitiers, en 732, et reprennent peu à peu le contrôle du territoire vascon.

En 778, Charlemagne assiège sans succès les musulmans à Saragosse. Il ne peut se permettre un long siège et décide de regagner son royaume. Sur le chemin du retour, il fait raser les murailles de Pampelune, principale cité des Vascons dont la fidélité est incertaine. Lorsque l'arrière-garde de l'armée de Charlemagne, conduite par son neveu Roland, passe les Pyrénées près de **Roncevaux**, les Vascons lui tendent une embuscade, vengeant ainsi l'attaque contre Pampelune. Charlemagne charge alors son fils d'un royaume d'Aquitaine pour maîtriser la **Vasconie**. Ce terme, que l'on retrouve dans les textes médiévaux sous le nom de *Wasconia,* désigne le territoire dominé par les Vascons ; établis à l'origine dans l'actuelle Navarre, ils ont été repoussés, à partir du 6e s., au nord des Pyrénées (future Gascogne).

Naissance des principautés vasconnes

Les Vascons trouvent un allié de taille avec les Banu Qasi, une famille wisigothe convertie à l'islam. Ainsi, en 824, le Vascon **Eneko Arista**, soutenu par ce clan, s'empare de la vieille Pompaelo : le royaume de Pampelune est né.

Outre-Pyrénées, une dynastie locale prend le titre de **ducs des Vascons** au 9e s., car le pouvoir carolingien déclinant ne protège plus la région agressée par les incursions normandes (Bayonne est pillée vers 840). Les ducs se lient à la famille royale de Pampelune.

En 905, **Sanche Ier de Pampelune** amorce la **Reconquista** (c'est ainsi que l'on nomme la campagne de reconquête des territoires pris par les musulmans) en récupérant la vallée de l'Èbre. Ses efforts sont ruinés par le calife de Cordoue qui attaque le petit royaume et brûle la cathédrale en 924. Une alliance entre chrétiens (Castille, León et Pampelune) permet de repousser le calife. Les attaques ne cessent pas pour autant : en 997, al Mansūr, nouvel homme fort de Cordoue, écrase les Navarrais et entre dans Pampelune, dont le roi se soumet.

L'apogée du royaume de Pampelune

La situation bascule au tournant de l'An Mil : al Mansūr meurt, le califat plonge dans l'anarchie. En 1004, **Sanche III** (surnommé « le Grand ») devient roi de Pampelune. Se gardant d'intervenir dans les affaires musulmanes, il renforce son patrimoine en réoccupant la Côte atlantique, l'Álava et la Rioja. Son entreprise majeure consiste à réunir les principautés chrétiennes sous un seul sceptre. Maître des comtés pyrénéens, il hérite de la Castille, pèse sur la destinée du royaume de León et s'allie aux Catalans. Sanche est proche de son cousin le duc de Vasconie (ou Gascogne) dont il revendique l'héritage dès 1022. Il offre la charge de vicomte de Labourd (Bayonne) à un parent et reçoit l'hommage du seigneur de Soule. À sa mort en 1035, Sanche III, maître de l'Espagne chrétienne, est appelé « el Mayor ».

LE MOYEN ÂGE (11e-14e S.)

Les vicissitudes du royaume de Pampelune

Le patrimoine de Sanche le Grand est partagé entre ses fils : Garcia hérite du royaume de Pampelune, Ramiro reçoit l'Aragon et Fernando, qui obtient le comté de Castille, devient, par mariage, roi de León. Mais les ambitions de Fernando poussent les frères à la guerre. **Garcia III** est tué en 1054; son fils Sanche tombe à son tour, victime d'un complot familial. Les cousins se partagent son royaume. Rioja, Álava, Biscaye et Guipúzcoa vont à la Castille. Le roi d'Aragon s'attribue le Centre, autour de Pampelune. Désormais, le destin des Navarrais est lié à celui des rois d'Aragon qui se lancent dans la Reconquista : Saragosse tombe en 1118, puis Tudela en 1119. Mais à la mort d'**Alfonso Ier** d'Aragon, les Navarrais reprennent leur indépendance

LES CAGOTS

Durant tout le Moyen Âge, on recense au Pays basque français une population marginale dont on sait encore aujourd'hui peu de choses, les cagots. Ils font l'objet de discriminations terribles : accès séparés à l'église et au cimetière, mariage interdit avec les autres citoyens, impossibilité d'exercer certains métiers ou toute charge publique, obligation de porter une marque distinctive…
Les historiens sont partagés sur les raisons de cet ostracisme, certains y voyant le signe d'un handicap ou de la lèpre, d'autres évoquant leurs origines arabes ou wisigothes.

et désignent leur nouveau roi : le comte Garcia, qui devient ainsi **Garcia IV le Restaurateur**.

Affirmation de la Navarre

Sanche VI, qui succède à Garcia IV en 1150, récupère temporairement l'Álava, le Guipúzcoa et la Biscaye. Mais ces territoires convoités ont maintenant leur personnalité propre. Le comté de Biscaye est favorable à la Castille. La seigneurie de Guipúzcoa suit peu à peu la voie biscayenne. Le comté d'Álava, terre stratégique, reste en bons termes avec Pampelune. Sanche VI développe les trois seigneuries, faisant de St-Sébastien et Vitoria de véritables noyaux urbains. Il est le premier monarque à abandonner le nom de « roi de Pampelune » pour prendre celui de **« roi de Navarre »** à partir de 1178. Il s'allie au roi d'Angleterre, devenu duc d'Aquitaine, se rapprochant ainsi des vicomtes de Labourd et de Soule qui sont sous domination anglaise.
Son fils, **Sanche VII**, dit « le Fort », perd définitivement Durango, le Guipúzcoa et l'Álava en 1200. Allié à la Castille lors de la croisade de 1212 contre les musulmans, il s'illustre toutefois à la bataille de **Las Navas de Tolosa**.
Des princes français en Navarre – Sanche VII s'éteint en 1234 sans héritier. C'est à son neveu, **Thibaud de Champagne**, que revient la couronne. Ce grand prince de France réorganise le royaume : le **fuero** de Navarre est mis par écrit et les *merindades* (circonscriptions), instituées. Son fils **Thibaud II** emmène les Navarrais en croisade à Tunis. En 1274, le trône passe à **Jeanne Ire**, épouse du roi de France Philippe le Bel, qui considère alors la Navarre comme l'annexe de son royaume. Refusant ce second rôle, les Navarrais se choisissent une nouvelle reine. En 1329, ils proclament Jeanne, la petite-fille de Philippe le Bel : avec son mari le comte d'Évreux, **Jeanne II** poursuit la modernisation du royaume.

Les autres provinces

Basse-Navarre, Labourd et Soule – Les territoires voisins de la Navarre connaissent des évolutions différentes : autour de St-Jean-Pied-de-Port, la future Basse-Navarre relève directement du royaume de Navarre. Elle s'est organisée en vallées.
En conflit permanent avec le duc d'Aquitaine, le vicomte de Soule perd sa seigneurie en 1307. En 1193, le vicomte de Labourd est chassé de Bayonne par les Anglais et le siège de l'administration est déplacé à Ustaritz. Au siècle suivant, c'est ce village qui accueille le Bilçar (assemblée régionale populaire).
Álava, Biscaye et Guipúzcoa – Malgré une résistance farouche, l'Álava est annexée, puis intégrée au royaume de Castille en 1332. Les comtes de Biscaye fondent Bilbao en 1300. La Biscaye est incorporée à la Castille en 1379. Les **rois de**

Castille doivent jurer de respecter les *fueros* sous l'**arbre de Guernica**. Le Guipúzcoa est une « Merindad Mayor » du royaume de Castille en 1335. La Junte (assemblée) se réunit pour la première fois en 1397.

LA CRISE DE LA FIN DU MOYEN ÂGE

Les conséquences de la guerre de Cent Ans

Charles II de Navarre qui est aussi comte d'Évreux, s'engage contre le roi de France lorsque débute la guerre de Cent Ans. Prétendant au trône de France, il devient un allié des Anglais. Labourdins et Souletins, vassaux du duc d'Aquitaine, se retrouvent aussi dans le camp anglo-navarrais. Il n'est pas rare de trouver dans les Grandes Compagnies (troupes de soldats pillards) des hommes surnommés « le Bascot ».

À partir de 1387, **Charles III de Navarre** inaugure quarante ans de paix pour son royaume : il se réconcilie avec le roi de France. À sa mort, son gendre, le roi d'Aragon, usurpe le pouvoir à Pampelune. Alors que la France reconquiert l'Aquitaine sur les Anglais (la Soule est prise en 1449, le Labourd en 1451), la Navarre sombre dans la guerre civile.

Fin du royaume de Navarre

Deux grandes familles navarraises, les **Gramont** et les **Beaumont**, se livrent une lutte acharnée, ruinant le royaume et entraînant dans leur sillage toute la noblesse navarraise. Les appétits français et castillan se réveillent : la Navarre, exsangue, est devenue une proie facile. En 1479, la couronne passe aux Foix-Béarn. Catherine de Foix-Béarn a épousé Jean d'Albret, héritier d'une riche famille d'Aquitaine. Jean et Catherine tentent de redresser leur royaume mais ils ne peuvent éviter le pire : en 1512, le roi Ferdinand d'Aragon envahit la Navarre. Les Albret s'enfuient.

Malgré une résistance parfois héroïque (bataille d'Amaiur en 1522), la Navarre perd définitivement son indépendance pour devenir une vice-royauté dans la Couronne de Castille. Seul subsiste le petit territoire du nord des Pyrénées dans lequel les Albret règnent toujours : c'est le royaume de **« basse » Navarre**, dont le centre administratif se trouve à St-Palais. **Jeanne III d'Albret** devient reine en 1555. Elle essaie d'implanter la Réforme protestante dans son royaume et ravive ainsi les démons de la guerre civile. Henri III, son fils, est un temps chef du Parti protestant.

En 1589, **Henri III de Navarre** devient Henri IV de France par le jeu des héritages dynastiques. L'indépendance de la Basse-Navarre est désormais en sursis.

L'ÉPOQUE MODERNE (1589-1789)

Le morcellement du royaume de Navarre

Avec le choix d'Henri IV de porter le titre de roi de France et de Navarre, le vieux royaume abattu au sud ne subsiste désormais que comme annexe du royaume de France. Il n'en conserve pas moins un statut à part, celui de royaume et non de province, distinction qu'il conservera jalousement jusqu'à la Révolution. Cette nuance étant acquise, le rattachement de la Basse-Navarre à la France est officialisé par l'**édit d'union**, signé par Louis XIII, en 1620.

Les rois de France deviennent automatiquement rois de Navarre. Enfin, en 1659, le **traité des Pyrénées** confirme le partage de la Navarre entre les royaumes de France et d'Espagne, fixant peu ou prou les limites actuelles entre les deux États. C'est à l'occasion du **mariage de Louis XIV** avec l'infante Marie-Thérèse d'Espagne, mariage hautement politique

puisqu'il scelle une alliance entre deux ennemis traditionnels, que ce traité est signé sur l'île des Faisans, en plein milieu de la Bidassoa, fleuve désormais frontière.

Sous le régime des fors

À partir du moment où la Basse-Navarre est intégrée au royaume de France, l'État central en pleine puissance sous Louis XIV impose son organisation administrative, ses impôts et ses lois. Mais, comme cela avait été le cas durant l'occupation anglaise, la société parvient à maintenir ses modes ancestraux d'organisation communautaire. Ainsi, durant cette période, les territoires basques et navarrais vivent sous le **régime des fors**, c'est-à-dire qu'ils bénéficient d'institutions spécifiques, d'un système politique original où la gestion des affaires est assurée par des assemblées de pays. Ces institutions donnent aux provinces des autonomies particulières, assurant aux petits propriétaires des droits qui n'existent pas dans d'autres pays, ou y sont le monopole de la noblesse ou de l'Église. Les droits de chasse et de port d'arme, par exemple, sont généralisés à toute la société.

Les assemblées populaires – Au-delà de particularismes sociaux forts, la population dispose également d'une organisation politique propre, qu'elle arrive à conserver sous différents règnes, même en plein absolutisme. Héritées des périodes antérieures, des institutions populaires

FUEROS OU FORS

À partir du 12e s., les rois d'Aragon et de Navarre, lancés dans la Reconquista, accordent des franchises et des libertés à ceux qui acceptent de s'installer aux franges de la chrétienté. Un accord mutuel est passé : le roi concède sa protection ainsi que de nombreux avantages (notamment fiscaux) en échange de quoi ces populations chrétiennes gardent les frontières et s'engagent à servir leur souverain. Peu à peu, ces franchises, appelées *fueros*, s'étendent à des bourgs marchands (appelés *francos*) et à des communautés plus vastes.

À partir de la fin du 13e s. en Navarre, et tout au long des 15e et 16e s., les *fueros* généraux sont rédigés dans chaque territoire : 1483 en Álava, 1491 en Guipúzcoa, 1514 en Labourd, 1520 en Soule et 1526 en Biscaye. C'est un véritable pacte qui s'établit entre le peuple et son monarque. C'est aussi la source de cette grande autonomie politico-administrative dont ont bénéficié les Basques et les Navarrais au cours de l'Histoire.

Guernica, Pablo Picasso.
Archivo Fotografico Museou Nacional Centro de Arte Reina Sofia, Madrid / ©Succession Picasso 2009

régissent la société. Ainsi, la vie publique est-elle régie de manière communautaire à plusieurs niveaux. Dans chaque **paroisse**, l'assemblée des maîtres de maison se réunit tous les dimanches sous le porche de l'église, et débat à égalité de voix de la vie du village. Dans la province de Labourd, nobles et clercs en sont même exclus !
Tous les ans, chaque paroisse élit un représentant pour siéger à l'assemblée de pays, appelée selon les provinces *biltzar* (Labourd), *silviet* (Soule), états (Navarre), *juntas* (provinces du sud). Cette assemblée débat de la loi régissant le pays de manière très autonome, puisque ni représentants du roi, ni noblesse, ni clergé ne sont admis. Les privilèges de l'assemblée varient selon les provinces mais ils peuvent être très étendus : levée et gestion de l'impôt (un forfait négocié avec le pouvoir lui est versé), privilèges judiciaires, militaires (propre police), autorité sur la coutume et ses modifications.
Ces institutions, relativement démocratiques pour l'époque, garantissent le respect des particularismes locaux à tous les niveaux, et même au niveau du droit. La législation française en matière de succession ou de mariage ne s'est véritablement imposée en Pays basque qu'à partir du milieu du 20e s. Au fur et à mesure que le pouvoir royal tente de mettre ces particularismes au pas, en particulier au 17e s., des révoltes s'ébauchent et se développent. C'est le cas de la **révolte de Matalas** (1661), en Soule, simple soulèvement antifiscal.

Des particularismes forts – Enfin, de part et d'autre de la frontière, le Pays basque se caractérise aussi par la permanence de traits culturels et religieux propres, que l'État ou l'Église ont tolérés jusqu'au 20e s. Alors que le concile de Trente réglemente de manière précise le rôle des prêtres, leur formation et la doctrine religieuse, la société basque conserve une foi mêlée de paganisme, rendue encore plus suspecte par l'omniprésence de la langue basque. Au fil des siècles, cela motive des tentatives de répression sans pitié. Ainsi, par exemple, en 1609, une campagne d'Inquisition est menée au Pays basque français par **Pierre de Lancre** pour éradiquer la « sorcellerie ». Le procès qui s'ensuit marque une réelle reprise en main par l'Église qui se solde par de nombreuses condamnations au bûcher. À la même époque, des procès similaires se tiennent à Logroño, du côté espagnol.

LA RÉVOLUTION FRANÇAISE

À la fin du 18e s., la révolution de 1789 entraîne la chute de la

monarchie française et la fin des particularismes basques.
Les députés de l'Assemblée nationale constituante votent l'abolition des privilèges le 4 août 1789. Mais cela ne suffit pas à calmer les révolutionnaires.
Leur principe est qu'aucune partie du territoire français ne doit connaître de régime de faveur ou de statut particulier. L'Assemblée constituante crée donc 83 départements pour remplacer les 34 anciennes provinces. Tout l'édifice politique de la société basque vole alors en éclats. Le Pays basque français est intégré au département des Basses-Pyrénées, futures Pyrénées-Atlantiques. « Ma province proteste » : c'est par ces mots que le député labourdin Dominique Joseph Garat fait part à l'Assemblée nationale nouvellement créée de son désaccord vis-à-vis de la création du département des Basses-Pyrénées. Le 8 février 1790, l'Assemblée nationale approuve la subdivision du département en 6 districts ainsi que la désignation de Pau comme chef-lieu.
Alors que la Révolution, puis l'Empire imposent un modèle politique et social à l'ensemble des régions françaises, balayant les derniers vestiges de l'organisation sociale et politique du Pays basque français, les institutions perdurent côté espagnol jusqu'au milieu du 19e s.
C'est par deux **guerres dites « carlistes »** que les *fueros* disparaissent, faisant les frais de querelles dynastiques madrilènes (sur les trois guerres carlistes, deux seulement ont touché le Pays basque et la Navarre). En effet, lorsque le roi Ferdinand VII meurt sans fils, sa succession est convoitée par deux camps opposés : celui, libéral, de sa fille Isabelle et celui, conservateur, de son frère Carlos. Ce dernier obtient le soutien des campagnes basques et de la Navarre en se posant comme farouche défenseur de la foi catholique et des *fueros*. Une première guerre éclate en 1833, qui aboutit à la défaite des partisans de Carlos (les « carlistes »). Les Basques voient leurs autonomies provinciales considérablement réduites lors de la convention de Vergara en 1839. Une seconde guerre éclate en 1873, qui voit à nouveau les troupes carlistes défaites. La loi du 21 juillet 1876 supprime cette fois totalement les fors, mais les Basques et les Navarrais obtiendront deux ans plus tard des avantages fiscaux (accords économiques).

LE 19e S., PÉRIODE CHARNIÈRE

La révolution industrielle

Entre-temps, le contexte européen a considérablement changé. Nous sommes désormais en plein 19e s., siècle de l'industrialisation.
Celle-ci profite à l'économie du Pays basque espagnol, où la construction navale et la production minière, en plein essor, dopent l'activité. Cela favorise le développement urbain, en particulier dans la région de Bilbao qui est propulsée au rang de grand centre industriel. Cet envol économique provoque une création massive d'emplois et l'arrivée de nombreux immigrants d'autres provinces espagnoles. La révolution industrielle s'accompagne également de progrès techniques, en particulier dans le domaine des transports. Cela va d'ailleurs faciliter la traversée de l'Atlantique, à une époque où se développe l'émigration.
Côté français, l'industrialisation est quasiment absente. La véritable nouveauté se trouve plutôt dans l'apparition et le développement du tourisme balnéaire, promu à Biarritz par l'impératrice Eugénie, épouse

de Napoléon III. Cette éclosion, qui se confirme tout au long du 20e s., va marquer l'ensemble du littoral de manière presque continue jusqu'à nos jours.

L'ÈRE DES NATIONALISMES

En France

C'est dans ce contexte que le Pays basque est confronté à l'autre grand phénomène marquant du 19e s., l'apparition des nationalismes. En France, la République est proclamée après la chute du Second Empire. Mais le nationalisme français reste un phénomène intellectuel, limité à la classe politique, car le peuple lui-même ne semble pas éprouver le sentiment d'appartenance nationale. La IIIe République attribue cette carence de l'identité nationale à la méconnaissance généralisée du français. Elle met en place deux principaux moyens pour y remédier : l'école et l'armée. Tandis que le nouveau système éducatif, gratuit et obligatoire, répand la langue française et diffuse une histoire et une géographie nationales aux enfants, le service militaire se charge de transformer les jeunes adultes en citoyens-soldats. Au lendemain des deux guerres mondiales, les Basques se sentent largement Français.

En Espagne

De l'autre côté des Pyrénées, les choses sont radicalement différentes, car l'Espagne n'a pas une tradition d'état-nation comme la France. Affaiblie par des problèmes sociaux liés à son industrialisation rapide, en Biscaye notamment, l'Espagne doit faire face au développement des régionalismes. En 1895, le Biscayen Sabino Arana Goiri fonde le **Parti nationaliste basque (PNV)**, et entraîne une partie de la population dans un nationalisme radical.

En 1923, une crise politique majeure contraint le roi Alphonse XIII à nommer **Primo de Rivera** « président du directoire militaire chargé du gouvernement », sorte de dictature qui va durer sept ans, de 1923 à 1930. Ce dernier remet en cause le statut particulier d'autonomie de la Catalogne. Il doit démissionner en 1930 ; sa chute entraîne l'exil du roi et la naissance de la IIe République, le 14 avril 1931. Deux mois plus tard, comme les Catalans, les Basques proposent un projet d'autonomie incluant les trois provinces basques et la Navarre. C'est le **statut d'Estella**, qui sera plusieurs fois renégocié avec la jeune République espagnole, jusqu'à ce qu'il soit finalement reconnu par celle-ci au lendemain du soulèvement militaire de Franco. Si les premières négociations prévoient un statut intégrant la Navarre, celle-ci reste finalement à part après un vote très tendu des maires de la province.

La guerre de 1936 – En juillet 1936, le **général Franco** entreprend de renverser le régime avec le soutien d'une partie de l'armée en Afrique du Nord et dans la péninsule même. La guerre civile éclate. La République a besoin du soutien des nationalistes basques et leur reconnaît un statut d'autonomie très étendu, donnant au gouvernement basque dirigé par **José Antonio Aguirre** les droits de frapper monnaie, de posséder des ambassades ou de lever une armée. En février 1937, l'offensive franquiste s'accentue sur le Pays basque.

Le 26 avril, Franco fait envoyer l'aviation de son allié Hitler, qui teste ses nouveaux bombardiers sur la ville de **Guernica**, symbole des anciennes institutions populaires biscayennes. Le premier bombardement de populations civiles de l'Histoire cause l'indignation internationale, mais l'armée basque capitule le 26 août à Santona. La guerre d'Espagne s'achève en 1939, mettant en place une dictature qui durera 40 ans.

L'apparition de l'ETA – La dictature s'attaque résolument au nationalisme basque, et le gouvernement basque est contraint à l'exil. Le président Aguirre meurt en 1960, laissant des cadres du PNV épuisés et impuissants.

C'est une nouvelle génération de militants qui opère la mutation du nationalisme basque durant les années 1960.

Voulant rompre avec les schémas traditionnels du nationalisme basque hérités de la fin du 19e s., une nouvelle mouvance apparaît, qui devient en 1959 **ETA** (*Euskadi Ta Askatasuna*, Pays basque et liberté). D'abord symbolique, l'action clandestine franchit un pas en 1968 avec l'assassinat du chef de la police de St-Sébastien, Melitón Manzanas.

Le Pays basque connaît alors plusieurs états de siège et des pics de tension, notamment le **procès de Burgos** en 1970. Pour servir d'exemple, le tribunal militaire y condamne six militants basques à mort. Mais une campagne de soutien se crée et prend une ampleur internationale, contraignant Franco à commuer leur peine en réclusion à perpétuité.

L'escalade terroriste d'ETA atteint un sommet avec le spectaculaire attentat contre le Premier ministre espagnol Carrero Blanco, dauphin probable du dictateur, le 20 décembre 1973. Lorsque Franco meurt le 20 novembre 1975, c'est la dictature qui s'achève.

Juan Carlos Ier, petit-fils d'Alphonse XIII et chef d'État intérimaire depuis quelques mois, est proclamé roi d'Espagne dès le 22 novembre. Il prend très vite le contre-pied de la politique de Franco et choisit la mise en place d'une **monarchie parlementaire** et donc d'élections libres.

Si rien ne change en France, d'importantes évolutions ont lieu côté espagnol, avec les statuts particuliers de l'**Euskadi** (Communauté autonome basque) et de la **Communauté forale de Navarre**.

Cela ne suffit pas pour une partie des Basques dont certains veulent aller jusqu'à l'indépendance, ou au moins l'autodétermination.

Pour en savoir plus sur l'histoire récente de la région, voir le chapitre « La région aujourd'hui » p. 42.

Quelques personnalités à travers les siècles

Cette présentation sommaire ne prétend pas à l'exhaustivité. Nous présentons ici quelques personnages qui ont eu une influence ou un rôle majeur dans le monde de la politique, des arts, des idées ou de la culture, bref, les hommes qui ont activement participé à la construction de la région telle que nous la connaissons aujourd'hui.

Hommes politiques et militaires

Sanche III le Grand – Roi de Pampelune entre 1003 et 1035, il est l'un des souverains occidentaux les plus puissants de son époque. Dominant la majorité des terres chrétiennes de la péninsule Ibérique, il ouvre les cols pyrénéens aux pèlerins de St-Jacques, permet la diffusion de la réforme monastique bénédictine ainsi que le développement de l'art roman dans ses possessions.

Juan Sebastián de Elkano – Marin du village guipúzcoan de Getaria, il est le second de Magellan lorsque celui-ci entreprend son voyage. C'est lui qui accomplit le premier

Las tres Manolas, Ignacio Zuloago.
Photo12

tour du monde en achevant l'expédition en 1522, après que le grand navigateur eut été tué.

Henri IV de France ou Henri III de Navarre – Roi de Navarre par sa mère Jeanne d'Albret et prince de France par son père Antoine de Bourbon, Henri est le plus proche cousin du dernier Valois. À la mort de ce dernier en 1589, il hérite du royaume de France, apportant avec lui son patrimoine du sud-ouest, notamment la Basse-Navarre.

Les frères Garat – Dominique et Dominique Joseph Garat, avocats, sont originaires d'Ustaritz. Ils sont délégués par la province de Labourd à l'Assemblée nationale nouvellement créée en 1789. Dans l'enthousiasme de la nuit du 4 août, ils votent l'abolition des privilèges, mais s'opposent à l'intégration des provinces basques au nouveau département des Basses-Pyrénées. Dominique Joseph continuera sa carrière politique : ministre de la Justice en 1792, de l'Intérieur en 1793, il sera sénateur sous l'Empire.

Maréchal Jean Isidore Harispe – Originaire de St-Étienne-de-Baïgorry, il s'engage dès la Convention (1793-1795) aux côtés des révolutionnaires. Organisateur d'un corps d'armée appelé Chasseurs basques, il participe aux guerres napoléoniennes et est nommé maréchal sous le Second Empire.

Sabino Arana Goiri – Né en 1865 à Abando, près de Bilbao, il est le fondateur en 1895 du Parti nationaliste basque, dont il est l'idéologue, formulant une pensée qui imprégnera le premier nationalisme basque. Son idéologie est religieuse, très conservatrice, voire xénophobe, et il réclame la restauration des anciens fors. Il crée le néologisme « Euskadi », patrie des Basques, ainsi que *l'ikurriña*, le drapeau basque, qui apparaît pour la première fois publiquement un 14 juillet ! Il meurt en 1903.

José Antonio Aguirre – Alors qu'il n'est qu'un avocat biscayen d'à peine plus de 30 ans, il devient successivement maire de Guetxo en 1931, puis député et enfin, en 1936, premier président d'Euskadi. Contraint à la fuite après la victoire franquiste, il dirige le gouvernement basque en exil jusqu'à sa mort en 1960.

Hommes d'Église… et de lettres

Ignace de Loyola – Ce noble guipúzcoan défend la cité conquise de Pampelune pour le roi de Castille lorsqu'un boulet navarrais le blesse gravement. Contraint à rester alité des mois entiers, il renie son passé militaire et fonde en 1537, avec son ami navarrais **François Xavier**, la Compagnie de Jésus (ou jésuites). Ignace se consacre à la consolidation de son ordre religieux à Rome tandis que François Xavier évangélise l'Asie (Inde et Japon). Saint Ignace devient le patron du Guipúzcoa et de la Biscaye, François Xavier celui de la Navarre.

Bernat Dechepare – Curé du village de St-Michel au 16ᵉ s., il est l'auteur du premier texte entièrement écrit en basque : *Contrapas*. Ce chant qui promet un bel avenir à l'euskara (langue basque) est aujourd'hui encore très populaire.

Bernard de Goyhenetche, dit Matalas – Curé du village souletin de Moncayolle, il prend en 1661 la tête d'une révolte antifiscale. Sa fin tragique (il est trahi, arrêté puis décapité) en a abusivement fait un mythe pour les nationalistes basques.

Louis Lucien Bonaparte – Petit-neveu de Napoléon Iᵉʳ, il fait partie du courant européen éclairé du 19ᵉ s. qui s'intéresse aux peuples primitifs de l'Europe, et notamment aux Basques. Il est l'un des piliers de ce que l'on appellera la « bascologie », ou études basques, et l'auteur notamment de la première carte des dialectes de la langue basque en 1863.

José Miguel de Barandiarán – Préhistorien, ethnologue et anthropologue guipúzcoan, prêtre de son état, il est l'auteur d'une œuvre scientifique colossale. Son attention principale est portée à l'approfondissement de l'étude des origines des Basques ainsi qu'au recueil des légendes et récits de la mythologie. Refondateur de la Société d'études basques Eusko Ikaskuntza, il n'en oublie pas moins son sacerdoce, enseignant l'histoire des religions au séminaire.

Jose Maria Iparraguirre – Considéré comme un véritable barde, poète et voyageur, au début du 19ᵉ s., c'est l'auteur de l'hymne basque, *Gernikako Arbola*, chant universaliste teinté d'idéologie carliste.

Miguel de Unamuno – Né à Bilbao en 1864, ce philosophe, mais aussi poète et écrivain, a compté parmi les hommes les plus influents dans la vie politique basque et espagnole au début du 20ᵉ s. Ses prises de position contre le pouvoir lui ont valu plusieurs destitutions de ses fonctions universitaires, et même un exil aux Canaries par Primo de Rivera. Socialiste, voire même marxiste et internationaliste à ses débuts, il fut un polémiste talentueux qui, face aux dures réalités sociales de l'époque, a évolué vers un certain pragmatisme avant sa mort en 1936.

Artistes

Eduardo Chillida – Sculpteur guipúzcoan du 20ᵉ s. Porte-drapeau d'une nouvelle génération d'artistes d'après-guerre, il travaille principalement le fer et réfléchit sur l'espace et ses modes d'occupation. Ses œuvres se retrouvent dans de nombreuses villes du monde (Barcelone, Milan, Dallas), l'installation la plus célèbre, **le Peigne des vents**, se trouvant à St-Sébastien.

Maurice Ravel – Né à Ciboure en 1875, dans une maison aisément reconnaissable à son style hollandais, Ravel est le compositeur du fameux *Boléro*, mais également de plusieurs autres pièces directement inspirées du Pays basque et de sa musique populaire. Il passa régulièrement ses vacances dans son port d'origine jusqu'en 1910.

3/ DÉCOUVRIR LE PAYS BASQUE ET LA NAVARRE

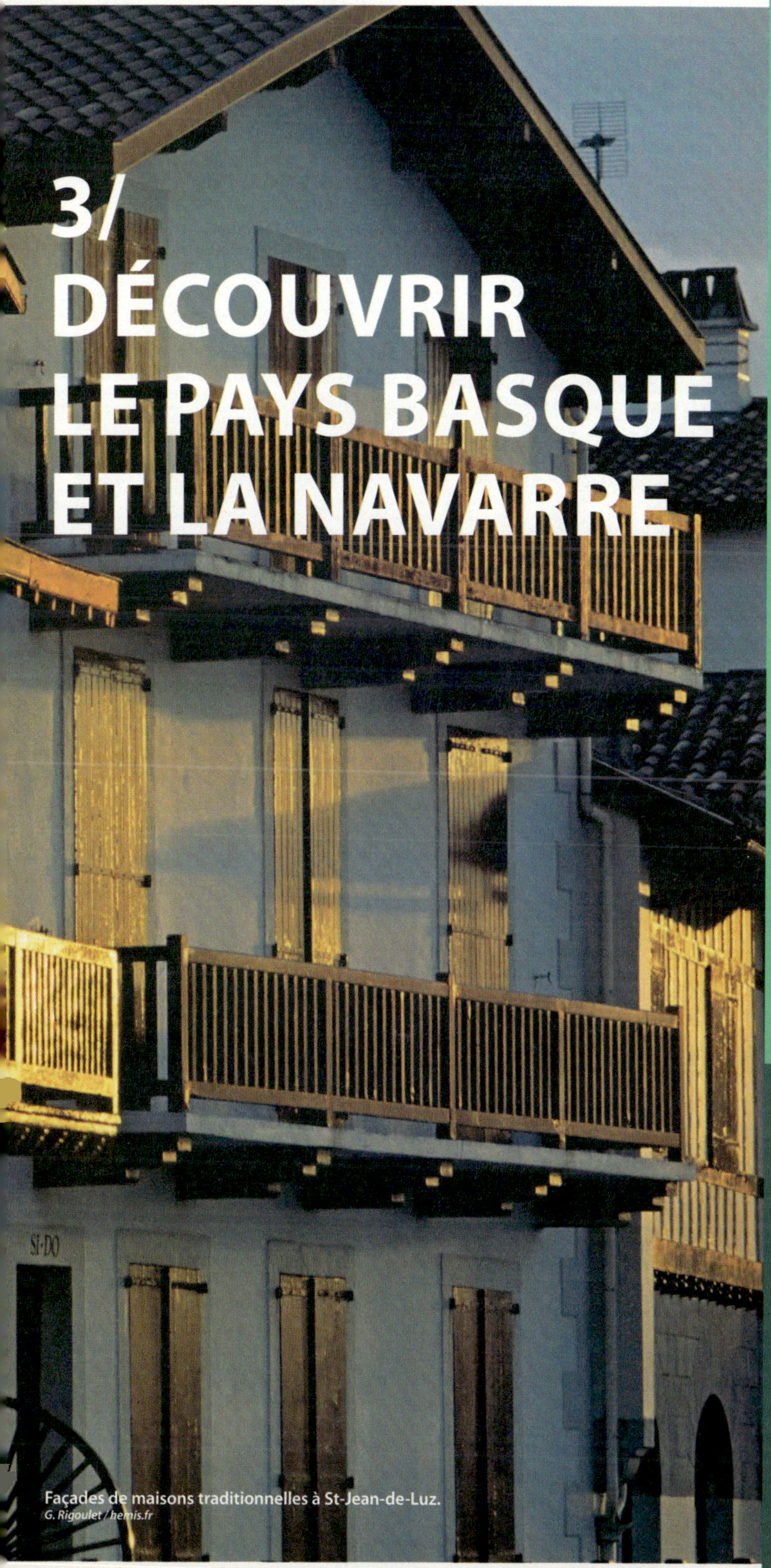

Façades de maisons traditionnelles à St-Jean-de-Luz.
G. Rigoulet / hemis.fr

La Côte basque et le Labourd 1

Carte générale C1 - Carte Michelin n° 524 ABC 14/15 –
Pyrénées-Atlantiques (64)

Foule de supporters pendant un match de rugby.

C. Pasquini / Office du tourisme de Bayonne

A
B
LA CÔTE BASQUE ET LE LABOURD
LA RHUNE ★★★ Vaut le voyage
Biarritz ★★ Mérite un détour
Hendaye ★ Intéressant
Guéthary À voir
Itinéraire conseillé avec ville de départ
0 3 km
1
2
3
GOLFE DE GASCOGNE
CÔTE BASQUE
Pointe St-Martin
Grande Plage
Rocher de la Vierge
Port-Vieux
Côte-des-Basques
Biarritz
D 911
D 810
Bidart
Guéthary
A 63
D 255
St-Jean-de-Luz
Corniche Basque
Socoa
Abbadie
Ciboure
D 912
D 913
Hendaye
Urtubie
Urrugne
PYRÉNÉES
D 918
Vallée de la Nivelle
St-Pée-sur-Nivelle
Behobie
IRÚN
A 8
Biriatou
D 4
Ascain
Maison d'Ortillopitz
Col de St-Ignace
169
D 3
Sare
Nivelle
Bidassoa
900
LA RHUNE
GUIPÚZCOA
NA 1310
N 121A
D 406
D 306
Ferme Etxola
NA 4410
Bera / Vera de Bidasoa
DONOSTIA SAN SEBASTIÁN / ST SÉBASTIEN
Zugarramurdi
NAVARRA
Col de Lizarrieta
441
Grotte de Sare
Cuevas de Bruja
NA 4400
ESPAGNE
PAMPLONA

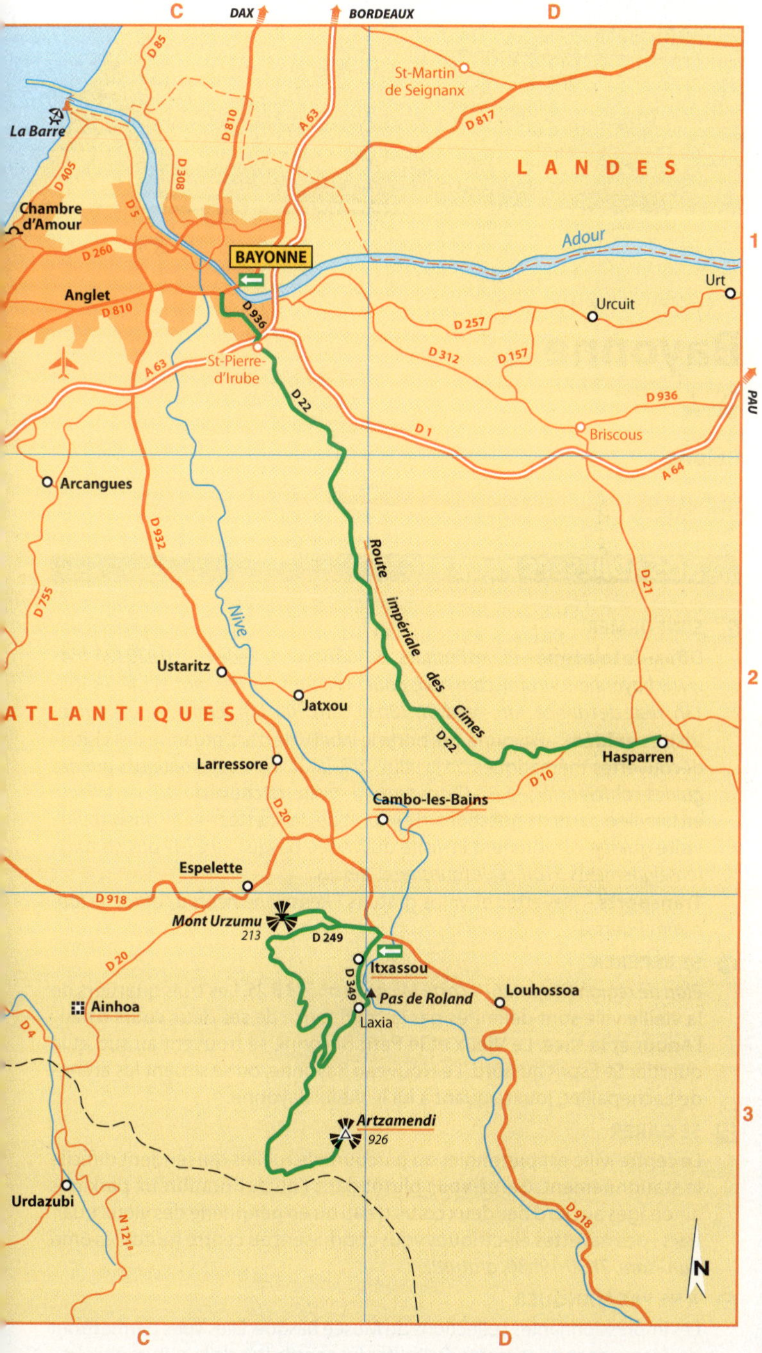
C
DAX
BORDEAUX
D
La Barre
D 85
D 810
A 63
St-Martin
de Seignanx
D 817
D 308
D 405
LANDES
Chambre
d'Amour
D 5
1
Adour
D 260
BAYONNE
Urt
Anglet
D 810
D 936
Urcuit
D 257
D 312
D 157
A 63
St-Pierre-
d'Irube
D 22
D 936
PAU
D 1
Briscous
A 64
Arcangues
D 932
Route impériale des Cimes
D 21
D 755
Nive
Ustaritz
2
Jatxou
ATLANTIQUES
D 22
Hasparren
Larressore
D 10
D 20
Cambo-les-Bains
Espelette
D 918
Mont Urzumu
213
D 249
D 20
Itxassou
D 349
Louhossoa
Pas de Roland
Ainhoa
Laxia
D 4
3
Artzamendi
926
Urdazubi
N 121a
D 918
N
C
D

Bayonne

★★

Baiona

44 406 Bayonnais - Pyrénées-Atlantiques (64)

NOS ADRESSES PAGE 136

S'INFORMER

Office de tourisme – *Pl. des Basques - 64108 Bayonne Cedex - ℘ 0 820 426 464 - www.bayonne-tourisme.com - juil.-août : lun.-sam. 9h-19h, dim. et j. fériés 10h-13h ; reste de l'année : lun.-vend. 9h-18h30, sam. 10h-18h, fermé dim. et j. fériés.*

Visites guidées – Bayonne, qui porte le label Ville d'art, organise des visites-découvertes thématiques de la ville - *juil.-août : visites thématiques par des guides-conférenciers - 5 € (-12 ans gratuit)* - visite-découverte du patrimoine en famille à partir de questions, de jeux et de devinettes - *4 € (-7 ans gratuit)* - visite guidée comprenant la visite du Musée basque - *9 € (-12 ans gratuit) - renseignements à l'office de tourisme ci-dessus.*

Transports – Navettes et vélos gratuits ! *Renseignements à l'office de tourisme ci-dessus.*

SE REPÉRER

Plan de région C1 (p. 126) – carte Michelin n° 573 B 25. Les trois quartiers de la vieille ville sont délimités par la confluence de ses deux cours d'eau : l'Adour et la Nive. Le Vieux et le Petit Bayonne se trouvent au sud et le quartier St-Esprit au nord. Le Nouveau Bayonne, où se situent les arènes de Lachepaillet, jouxte quant à lui le Vieux Bayonne.

SE GARER

Le centre-ville est piétonnier ou parcouru de ruelles qui rendent difficile le stationnement. Garez-vous plutôt dans l'un des nombreux parkings aménagés au bord des deux cours d'eau ou en périphérie des vieux quartiers : des navettes électriques vous conduisent au centre toutes les 6mn *(lun.-sam. 7h30-19h30, gratuit).*

À NE PAS MANQUER

Les impressionnantes collections du Musée basque. Elles vous permettront de découvrir et de comprendre toutes les spécificités de la culture basque.

Silhouette de Bayonne au coucher de soleil
Ph. Séguinard / Office du tourisme de Bayonne

ORGANISER SON TEMPS

Shopping dans le Vieux Bayonne le matin, visite du Musée basque ou du musée Bonnat l'après-midi, et petit verre bien mérité en soirée, dans l'un des nombreux cafés bordant la Nive ou les ruelles du Petit Bayonne.

AVEC LES ENFANTS

Le délicieux parcours de l'Atelier du chocolat et le Musée basque.

Bayonne, « la bonne rivière » c'est d'abord une ambiance… Celle des innombrables bars et bodegas du Petit Bayonne où, devant quelques « pintxos » arrosés de « sagardoa » (cidre), vous commencerez à apprécier la convivialité basque. Celle-ci culmine bien évidemment lors des célébrissimes fêtes de Bayonne qui se déroulent début août lorsque « garçons et filles gambillent pendant six jours de la Nive à l'Adour », comme le clame la chanson basque. Rien de tel pour se mettre en condition avant de partir à la découverte d'une cité historique dont les hautes maisons aux colombages sang de bœuf raviront aussi bien les amateurs d'art que ceux d'histoire, sans oublier les gourmands qui y découvriront le berceau du chocolat en France. Une découverte d'autant plus agréable que la cité a résolument adopté un système de « circulation douce » visant à réduire la place de l'automobile dans le centre historique…

Bon à savoir – Situé à l'angle formé par la Nive et l'Adour, **le Petit Bayonne** est le quartier jeune de la ville, le creuset de l'animation nocturne. Aux premières chaleurs, l'ambiance tourne irrésistiblement à la fête grâce aux bars et restaurants qui pullulent alentour. Entre la rue des Cordeliers, la rue Pannecau et celle des Tonneliers, on ne compte pas moins d'une trentaine d'établissements. Parmi eux, signalons la Txalupa (au n° 26 de la rue des Cordeliers) et le Killarney Pub (au n° 35).

Se promener

Pour visualiser l'itinéraire, reportez-vous au plan de la ville (p. 131) – comptez 2h30. Partez de la place de la Liberté, sur la rive gauche de la Nive, à hauteur de son confluent avec l'Adour.

Place de la Liberté AB1

Située au débouché du pont Mayou, qui traverse la Nive à l'entrée de la vieille ville, elle est bordée par l'hôtel de ville et le théâtre. Les armoiries et la devise

de la ville sont dessinées sur le pavage de marbre : *nunquam polluta*, « jamais souillée ».
Depuis la place, engagez-vous dans la rue du Port-Neuf.

LE SAVIEZ-VOUS ?
Certains ferronniers et armuriers de la ville se sont rendus tristement célèbres en inventant la **baïonnette**, utilisée par toute l'infanterie française à partir de 1703.

Rue du Port-Neuf A1-2

Le nom de cette charmante artère piétonne, bordée de maisons des 18e et 19e s., s'explique par le fait qu'elle occupe, comme beaucoup d'autres ruelles du quartier, l'emplacement d'un canal qui servait autrefois de port. Elle abrite sous ses arcades les meilleurs chocolatiers de la ville et mène à tout un lacis de petites rues commerçantes qui constituent le cœur du Vieux Bayonne. Notez la belle maison à colombages, à l'angle de la rue de la Monnaie et de la rue Orbe.
La rue de la Monnaie, dans le prolongement, conduit à la cathédrale.

★ Cathédrale Ste-Marie A2

Lun.-sam. 10h-11h45, 15h-17h45, dim. et j. fériés 15h-17h45 - possibilité de visite guidée de la cathédrale et de la tour : se renseigner à l'office de tourisme. Elle a été bâtie du 13e au 16e s., dans le style un peu sévère des églises du nord. Au 19e s., on ajouta la tour nord et les deux flèches. À l'intérieur, remarquez les vitraux Renaissance, en particulier la *Prière de la Chananéenne* qui date de 1531 *(2e chapelle à droite en entrant)*. Dans la 6e chapelle, une plaque commémorative de 1926 rappelle le miracle de Bayonne *(voir p. 135, siège de 1451)*. De l'axe central de la nef, on peut juger des belles proportions et de l'harmonie de l'édifice avec son élévation à trois niveaux. *Gagnez le déambulatoire.* Adoptant le parti architectural champenois, les voûtes en ogive rejoignent celles des cinq chapelles absidiales rayonnantes, décorées à la fin du 19e s. Ne manquez pas, dans le bras gauche du transept, le heurtoir ciselé (13e s.), appelé « anneau d'asile » ; on raconte que le criminel pourchassé qui y posait les doigts était en sécurité.

★ Cloître A2

Accès par la place Louis-Pasteur. ✆ 05 59 46 11 43 - ♿ - 9h-12h30, 14h-17h (18h mi-mai-mi-sept.) - fermé 1er janv., 1er Mai, 1er nov., 25 déc. - gratuit. Il n'en subsiste que trois côtés formant un bel ensemble gothique (14e s.), avec ses baies jumelées. De la galerie sud, vue sur la cathédrale.
Revenez au portail de la cathédrale et, par la rue des Gouverneurs, gagnez le Château-Vieux et les remparts.

Château-Vieux A1-2

Construit au 12e s., puis retouché par Vauban au 17e s., le Château-Vieux témoigne encore de l'architecture militaire médiévale. Il ne se visite pas (domaine militaire oblige), mais si la porte est ouverte, vous pourrez toujours apercevoir la cour intérieure.

Jardin botanique A1

En surplomb des remparts, le jardin botanique prend des accents japonais dans l'allée des Tarides *(près du monument aux morts)*, regroupant quelque 1 000 espèces de plantes. *✆ 05 59 46 60 93 - de mi-avr. à mi-oct. : mar.-sam. 9h30-12h, 14h-18h - fermé dim. et lun. - gratuit.*
Revenez au rempart Lachepaillet et engagez-vous dans la rue des Faures depuis la rue des Prébendés, afin de rejoindre la place Montaut.

Place Montaut A2

Cette place jouxte un quartier un peu endormi et pourtant typique du Vieux Bayonne, avec ses habitations anciennes (maison du 18e s. au no 51 de la rue des Faures, ou du 17e s. aux nos 14-16, 21 et 23 de la rue Douer). Les noms de ses rues (Faures, Douer pour « tonnelier », « Vieille Boucherie ») indiquent une activité artisanale ancienne, qui se maintient vaille que vaille.

Prenez la rue de Luc et la rue de la Poissonnerie pour rejoindre le pont Pannecau.

Autre époque, autres coutumes : les femmes infidèles ou de mauvaise vie étaient jetées du **pont Pannecau**, dans une cage en fer *(copie au Musée basque)*. Aujourd'hui, vous le traverserez paisiblement pour rejoindre le Petit

SE LOGER

- Arceaux (Hôtel des) 2
- Linague (Chambre d'hôte) 3
- M. et Mme Ladeuix (Chambre d'hôte) 5

SE RESTAURER

- Au Coeur des Hommes 1
- Bodega Chez Gilles 3
- Criée Bayonnaise (La) 5
- Grange (La) 9
- Oyster Bar 12
- Ttipia (Cidrerie) 15

INDEX DES RUES

Bayonne, qui, face au Grand Bayonne de tradition marchande, conserve son atmosphère populaire et une ambiance festive le soir, avec l'ouverture de ses petits bars « branchés ». Admirez au passage l'harmonie des façades 18e et 19e s. des maisons quai Galuperie (à gauche) et quai Chaho (à droite).
Par la rue Pannecau, ralliez la place Paul-Bert.

Place Paul-Bert B2

Deux édifices notables occupent cette place, dont le Château-Neuf. Élevé après la prise de Bayonne par les Français et remodelé au 19e s., il abrite aujourd'hui des administrations et une annexe du Musée basque *(prendre à gauche après l'entrée et passer sous le porche)*, toutefois son esplanade arrière est accessible et permet de découvrir un très beau point de vue sur l'Adour et la ville.
À deux pas de lui se dresse l'**église St-André**, édifiée de 1856 à 1862 dans un style néogothique. Tableaux de Léon Bonnat et Eugène Pascau à l'intérieur.
Dirigez-vous vers la rue du Trinquet, face à l'église.

Trinquet St-André B2

Ce trinquet des 17e et 18e s. témoigne de l'évolution du jeu de paume. On y joue encore, chaque jeudi, des parties de *pala*, et des parties à main nue *(voir p. 45)* y sont aussi organisées. Admirez la vieille charpente.
Rejoignez le Musée basque par la rue Pontrique et la rue Marengo.

★★★ Musée basque et de l'Histoire de Bayonne B2

Maison Dagourette, 37 quai des Corsaires - ✆ 05 59 59 08 98 - www.musee-basque.com - ♿ - juil.-août : 10h-18h30 (merc. 21h30) ; reste de l'année : tlj sf lun. et j. fériés 10h-18h30 - 5,50 € (- 18 ans gratuit) ; gratuit 1er dim. du mois (sf juil.-août) ; billet combiné avec le musée Bonnat 9 €.
Ce musée a investi en 1922 la belle **maison Dagourette**, construitre après 1622, qui illustre bien l'opulence des marchands bayonnais de l'époque.
Les collections d'origine, rassemblées par William Boissel dans le souci de conserver la tradition basque, ont été enrichies et sont présentées de façon dynamique avec une scénographie très actuelle. À l'entrée, l'exposition de **stèles discoïdales** est placée sous un puits de lumière moderne, percé à l'intersection des trois bâtiments qui composent le musée. Dans l'espace suivant, des images animées sont projetées sur un mur dans une **ambiance sonore** (mots, chants, bruits) signée Beñat Achiary. Des salles aux couleurs claires et acidulées accueillent ensuite les 15 sections thématiques qui visent à faire comprendre la société basque d'aujourd'hui avec les objets et les rites d'hier.
Au rez-de-chaussée : l'**agropastoralisme**, où les grosses charrues sont encadrées par des vitrines renseignant sur les bergers ou l'alimentation (insolites fours à chocolat et touchantes poupées de maïs). Avant de rejoindre le 1er étage, on fait une halte dans l'auditorium où sont projetés des films ethnographiques.
Au 1er étage, on pénètre dans une **maison basque**, avec son mobilier et sa vaisselle traditionnelle (repérer le *zuzulu* – banc à haut dossier qui protégeait des courants d'air, réservé aux maîtres de maison), puis on découvre l'artisanat (espadrilles de taille !) et le costume traditionnel. Les salles suivantes s'ouvrent sur l'activité maritime et fluviale (spectaculaire **plan-relief** de la ville en 1805), et le commerce.
Le 2e étage, consacré aux pratiques sociales et religieuses, débute par une présentation de la vie sociale, abordée à travers les jeux et sports (collection impressionnante de **pelotes**), la musique et les danses. La visite se poursuit avec la vie religieuse, ses processions et les rites qui entourent le deuil

Guirlandes décorant les rues de Bayonne pendant les fêtes de la ville.
C. Pasquini / Office du tourisme de Bayonne

(découvrez le rôle qu'y jouent les abeilles…), et s'achève par une partie dédiée à l'histoire et la redécouverte du Pays basque en s'intéressant notamment au **style néobasque** *(voir « Architecture urbaine » p. 72)*.

Les rues Marsan et Jacques-Laffitte vous mèneront ensuite au musée Bonnat.

★★ Musée Bonnat B1

5 r. Jacques-Laffitte - ✆ 05 59 59 08 52 - www.museebonnat.bayonne.fr - ♿ - juin-sept. : tlj sf mar. et j. fériés 10h30-18h30 ; oct.-mai : tlj sf mar. et j. fériés 10h30-12h30, 13h30-17h30 - 5,50 € (-18 ans gratuit), billet combiné avec le Musée basque 9 €.

Richement décoré dans un style éclectique, ce bâtiment a été spécifiquement conçu en 1897 par l'architecte Charles Planckaert pour recevoir les collections et les œuvres de l'artiste bayonnais **Léon Bonnat** (1833-1922) qui fit fortune en portraiturant la grande bourgeoisie de son temps. Grand esthète, il mit son argent au service de l'art. Ses collections (13e-19e s.), patiemment assemblées et enrichies depuis, font aujourd'hui les beaux jours du musée qui porte son nom.

Le musée est organisé de façon thématique mêlant ainsi écoles et périodes. Un système d'exposition par roulement permet d'autre part de mettre en valeur l'ensemble des réserves.

On retrouve ainsi avec certitude le grand tryptique *Bonnat et ses élèves basques et béarnais*, les dessins de **Paul Helleu**, un artiste de la Belle Époque qui sut charmer la haute société par l'élégance de ses portraits (il inspira à Proust le personnage d'Elstir et découvrit, selon Mallarmé, « une couleur inconnue entre le délice et le bleu ») ; les esquisses de **Rubens** et les sculptures en terre cuite de la collection Cailleux, tout comme les sujets religieux chrétiens, l'histoire du Christ, de la Vierge, des saints (le *Christ bénissant* et une *Sainte Vierge*, Toulouse vers 1330, ou encore une *Tête de Christ*, de l'école vénitienne, une *Vierge et l'Enfant à la grenade* de l'école de Botticelli).

En revanche, les **portraits** de Bonnat tournent. Les thèmes du nu, les allégories, les scènes de genre, les animaux et les études de figure réunissent, selon les saisons, Ingres, Degas, Delacroix, Flandrin, Géricault, Hoppner, Puvis de Chavannes, Rembrandt, Rubens, Tiepolo… Il en va de même avec la collec-

tion de **peinture espagnole** qui comprend des œuvres de Murillo, comme *San Salvador de Horta et l'inquisiteur d'Aragon*, de Goya avec *Portrait de don Francisco de Borja*, ou du Greco, auxquelles s'ajoutent des tableaux de l'école aragonaise *(Saint Martin)* et des scènes bibliques ou inspirées par la mythologie antique (*Le Serment des Horaces*, de l'école de David).
Le musée possède enfin une collection d'archéologie antique, des céramiques et de l'orfèvrerie provenant de la collection Petithory, ainsi que des dessins originaux de grands maîtres français et étrangers, exposés plus rarement.
Revenez place de la Liberté par les allées Boufflers (le long de l'Adour) et le pont Mayou.
Les plus courageux peuvent continuer la promenade en franchissant l'Adour par le pont St-Esprit qui conduit au quartier du même nom.

À voir aussi Plan de la ville

La Nive B2

Promenade incontournable pour tout Bayonnais qui se respecte, le bord de la Nive se rallie au niveau du ponton du club d'aviron (pont du Génie, AB2). Suivant le tracé d'une ancienne voie de halage, le chemin peut conduire les plus motivés jusqu'à **Ustaritz**, à environ 11 km de là : une bonne occasion de sortir de Bayonne et de découvrir notamment les paysages verdoyants de la plaine d'Ansot, objet d'un plan d'aménagement.

Quartier St-Esprit AB1

Annexé à Bayonne qu'en 1857 et déployé au pied de la citadelle *(ne se visite pas)*, il mêle toutes les époques architecturales, du 18e s. jusqu'à nos jours.
Sa **collégiale**, à l'origine romane du 11e s., concentre différents styles architecturaux. Le porche actuel date de 1891, les auvents côté gare ont été élevés en 1950 mais, à l'intérieur, le chœur est de style gothique flamboyant et l'on peut admirer un bois sculpté polychrome du 15e s. représentant la Fuite en Égypte.
Autre monument incontournable de cette rive : la **synagogue** néoclassique *(35 rue Maubec)*, construite en 1837, qui conserve sa vocation cultuelle. Sa présence rappelle que la communauté juive a été une composante sociale locale importante après l'arrivée de marchands juifs chassés de la péninsule Ibérique en 1492. Interdits de séjour dans la ville, ils s'installent à St-Esprit… où ils implantent bientôt les premières fabriques de chocolat…

★ L'Atelier du chocolat Hors plan

7 allée de Gibéléou. ZA Ste-Croix, dans le quartier St-Esprit. Fléchage depuis la place de la République. Suivez le bd d'Alsace-Lorraine, passez sous la voie ferrée et au rond-point, prenez à gauche puis tout de suite à droite. 05 59 55 70 23 - www.atelierduchocolat.fr - juil.-août : 9h30-18h30 ; juin.-sept. : lun.-sam. 9h30-12h30, 14h-18h ; - 5,60 € (avec dégustation, 4-12 ans 2,80 €).

Le chocolatier Andrieu a élaboré un parcours didactique allant des origines géographique et historique du chocolat jusqu'au produit fini, en passant par toutes les étapes de sa fabrication : composition, enrobage, moulage, tablage, décoration, emballage. Agréablement éclairé et très olfactif, le circuit alterne astucieusement panneaux explicatifs, découverte des ateliers, exposition de machines anciennes et film pédagogique afin d'illustrer au mieux cette filière gourmande. Des écrans-quizz et une dégustation clôturent la visite.

Les artisans chocolatiers ne travaillant pas l'après-midi (des vidéos montrent alors l'activité de chaque atelier), prévoyez de préférence une visite en matinée.

Longtemps anglaise et presque espagnole

DOT DE PRINCESSE

Au 12e s., Bayonne fait partie du duché quasiment indépendant d'Aliénor d'Aquitaine, épouse quelque peu volage du triste roi de France, Louis VII. Lorsqu'elle se remarie avec Henri II Plantagenêt (1152), héritier du trône d'Angleterre, la ville devient donc anglaise et le restera trois siècles. Durant la guerre de Cent Ans, flottes bayonnaise et anglaise courent bord à bord, le port regorge de marchandises et la ville est florissante.
Lorsque, le 20 août 1451, les troupes françaises cernent la ville, les habitants voient… une croix blanche dans le ciel. Un tel signe divin en faveur de la reddition anglaise ne peut qu'être de bon présage! L'avenir ne sera malheureusement pas à la hauteur de leurs espérances… L'intégration de Bayonne au domaine royal français, après 1451, ne va pas sans grincements de dents : non seulement il faut payer une indemnité de guerre, mais en plus, les rois de France empiètent plus largement sur les libertés locales que ne le faisaient les lointains souverains britanniques. C'est ainsi que les actes et lois ne doivent plus être rédigés en gascon, mais en français. Les Bayonnais en garderont du ressentiment. Fort heureusement pour la prospérité de la ville, Charles IX décidera de rendre vie au port ensablé (l'embouchure de l'Adour s'étant déplacée 30 km au nord) : un chenal direct vers la mer est ouvert en 1578.

COURSES LOINTAINES

Au 18e s., l'activité de Bayonne atteint son apogée. Les échanges avec l'Espagne, la Hollande, les Antilles, la pêche à la morue sur les bancs de Terre-Neuve et les chantiers de construction entretiennent une grande activité dans le port. Bayonne est déclarée port franc en 1784, ce qui triple son trafic. Les prises de guerre sont fabuleuses et les bourgeois arment maints bateaux corsaires. Les ministres de Louis XIV fixent par ordonnance le mode de partage du butin : un dixième à l'amiral de France, les deux tiers aux armateurs, le reliquat à l'équipage. Une somme est retenue pour les veuves, les orphelins et le rachat des prisonniers aux Barbaresques.

DÉCLIN ET RENOUVEAU

Après la Révolution et les guerres napoléoniennes (Bayonne est même investie par Wellington, lancé à la poursuite de l'armée d'Espagne, le 8 octobre 1813), la ville sombre dans une douce léthargie. Par chance, sous le Second Empire, l'attachement de l'impératrice Eugénie de Montijo à la Côte basque allait faire bénéficier la ville de quelques travaux, notamment l'aménagement d'une gare dans le quartier St-Esprit, dès lors rattaché officiellement à la ville : les premiers « touristes » font leur apparition. Il faut attendre 1899 pour que les remparts soient démantelés. La chose permet à Bayonne de « respirer » un peu avec l'aménagement de nouveaux quartiers (jusque-là, les Bayonnais n'avaient d'autre ressource que de surélever les maisons). Dès lors, malgré quelques aléas économiques, la cité se développe, entretient son patrimoine et se tourne avec dynamisme vers des activités de service où le tourisme se taille la part du lion.

BEC SALÉ OU BEC SUCRÉ ?

L'esprit du chocolat

Découvert par les *conquistadores*, le « xocoatl » des Aztèques n'aurait sans doute jamais conquis autant de gourmands (ce qui aurait été bien dommage !) si les Espagnols n'avaient eu l'idée de lui adjoindre du sucre, de la vanille et de la cannelle pour l'adapter au goût européen. Depuis 1585, les Sévillans détenaient le monopole de sa fabrication. C'est, logiquement, une Espagnole, la reine Anne d'Autriche, qui le fit connaître et apprécier en France. Les premiers chocolatiers de Bayonne, des Juifs espagnols et portugais, apparaissent au début du 17e s. dans le quartier du St-Esprit… mais, sous la pression des corporations, peu soucieuses de la concurrence, on leur interdit bientôt cette activité qui ne faisait pas partie des métiers leur étant autorisés. En 1854, on ne comptait pas moins de 31 fabricants de chocolats à Bayonne…

« Dans le cochon, tout est bon »

À l'instar de Grandgousier, Marguerite de Navarre était friande, dit-on, de ce jambon d'Ametza, « jambon de chêne », auquel les porcs basques, nourris de glands, donnèrent ses lettres de noblesse. L'un d'eux, malencontreusement noyé dans une source d'eau salée de Salies-de-Béarn, fut repêché par des bergers… qui trouvèrent la recette à leur goût.

Itinéraire conseillé

★ ROUTE IMPÉRIALE DES CIMES C1 D2

Pour visualiser cet itinéraire de 25 km, reportez-vous au plan de la région (voir p. 127) – comptez env. 1h30. Sortir de Bayonne par la D 936 ; la quitter aux dernières propriétés de St-Pierre-d'Irube pour la D 22, à droite.

Napoléon Ier fit aménager cette route sinueuse comme tronçon d'une liaison stratégique de Bayonne à St-Jean-Pied-de-Port par les hauteurs. La **vue★** se dégage sur la Côte basque et les sommets des Pyrénées proches de l'Océan ; la Rhune, les Trois Couronnes et le Jaizkibel qui, de cette distance, donne l'illusion d'une île escarpée.

Aux approches d'Hasparren *(voir « La Basse-Navarre et la Soule », p. 212)*, les Pyrénées basques s'étalent, plus en profondeur.

NOS ADRESSES À BAYONNE

HÉBERGEMENT

Attention, durant les fêtes de Bayonne, inutile de chercher un hébergement : tout est complet longtemps à l'avance.

PREMIER PRIX

Relais Linague – *Chemin Linague - 64990 Urcuit - ✆ 05 59 42 97 97 - www.relaislinague.com* - P - ⊄ - *4 ch. 56/64 €* ☕. Implantée au cœur d'un domaine de 12 ha où gambadent des chevaux, cette jolie ferme du 17e s. conserve pieusement ses vieilles pierres et poutres. Trois chambres marient tissus aux tons vifs ou pastel, meubles anciens chinés ici ou là, avec une literie de qualité.

Au rez-de-chaussé, Espelette, plus petite est également agréable. Table d'hôte souvent tournée vers l'Espagne.

Chambre d'hôte M. et Mme Ladeuix – *26 av. Salvador-Allende - 40220 Tarnos - ✆ 05 59 64 13 95 - www. enaquitaine.com - ♿ - 🅿 - 🚭 - 5 ch. 80 €* ☕. Voilà qui séduira les accros du silence. Un parc de chênes, châtaigniers, mimosas, bananiers et autres poiriers et érables, une vaste pelouse avec piscine, un enclos où paissent les brebis près des cages à lapins et des poules… Les chambres sont simples mais confortables. Un gîte pour quatre personnes.

BUDGET MOYEN

Hôtel des Arceaux – *26 r. Port-Neuf - ✆ 05 59 59 15 53 - www. hotel-arceaux.com - 11 ch. 60/70 € - ☕ 7 €.* Ce petit hôtel, situé dans une rue piétonne du centre-ville, constitue un point de départ idéal pour visiter le Vieux Bayonne et les rives de l'Adour. Choisissez de préférence les chambres rénovées, peintes chacune dans une couleur différente. L'accueil vraiment sympathique vous assure un séjour attrayant.

RESTAURATION

PREMIER PRIX

Oyster Bar - Café du Midi – *24 quai Augustin-Chaho - ✆ 05 59 59 31 35 - 10/25 € - fermé lun.* Pantxika vous reçoit dans ce bar-restaurant nouveau venu des quais de Bayonne, avec son grand sourire et son envie de vous faire plaisir. À la carte : huîtres Gillardeau, jambon ibérique, saumon fumé à St-Jean, assiette du cochon, salades, entrecôte, daurade et délicieux desserts, à déguster au bar, en salle ou en terrasse.

La Criée Bayonnaise – *14 quai Augustin-Chaho - ✆ 05 59 59 56 60 - 10/22 € (enf. 5 €) - lun.-sam. : midi et soir.* Deux ou trois tables en terrasse, une petite salle au décor simple. Ici l'accent a été mis sur l'accueil fort agréable. La qualité des produits, toujours frais, compose une superbe assiette de tapas, de succulents chipirons, des gambas goûteuses, de poissons du marché et de moules à toutes les sauces. Quelques viandes pour les inconditionnels.

BUDGET MOYEN

La Grange – *26 quai Galuperie - ✆ 05 59 46 17 84 - fermé dim. sf fêtes - ♿ - 19 €.* Le « plus » de ce restaurant est sa grande terrasse bordant la Nive. La salle à manger offre une ambiance résolument campagnarde, avec une fresque représentant une grange et une collection d'outils agricoles. On propose ici une cuisine simple et copieuse, riche de toutes les saveurs du terroir basque.

Au Cœur des Hommes – *64 quai des Corsaires - ✆ 05 59 59 51 17 - 12,50/35 € - fermé dim.* Vous entrez chez un artisan restaurateur. Dans ce joli décor chocolat-café crème, Jean-Pierre, son fils Jérôme et leur équipe vous invitent à redécouvrir, dans une ambiance décontractée, de vrais plats bistrot : pieds de porc, tartare ; des spécialités locales : chipirons, morue pil-pil et des desserts simples : crêpes au sucre, pain perdu, riz au lait. Le midi en semaine un beau menu du marché. Jolie terrasse en bord de Nive.

Bodega Chez Gilles – *23 quai de l'Amiral-Jauréguiberry - ✆ 05 59 25 40 13 - www. bodegachezgilles.com - 15/32 € - midi et soir.* Un endroit qui ne manque pas d'ambiance, un joli bar, une équipe sympa, des pierres apparentes et une belle terrasse confèrent à la bodega son caractère bayonnais. Dans l'assiette, de belles spécialités locales : anchois, *rabas*, jambon de Bayonne, *lomo*, *piquillos*, merlu, morue, côtes de bœuf et d'agneau.

POUR SE FAIRE PLAISIR

Cidrerie Ttipia – *27 r. des Cordeliers - ✆ 05 59 46 13 31 - http://ttipia.364.fr/ - 29 € (enf. 7 €) - été : soir seult ; reste de l'année : midi et soir sf dim. soir et lun. midi.* C'est un voyage au cœur des cidreries espagnoles, grands commensales, poutres et pierres apparentes, vieux objets et surtout tonneaux desquels coule à flots le *sagardoa* (cidre). C'est un lieu unique où l'on vient pour l'ambiance et la cuisine simple de qualité. Le menu traditionnel comprend : omelette à la morue, merlu à l'espagnole, côte de bœuf, fromage de brebis, noix et cidre à volonté que l'on se sert soi-même au tonneau. Plaisirs garantis.

Péniche Talaia – *Quai Pedros, devant la mairie de Bayonne - ✆ 05 59 44 08 84 - mar. midi-sam. soir - menu déj. 15 €, soir carte (plats : 16/18 €).* Vous pourrez déguster une cuisine traditionnelle du sud-ouest tout en profitant, le soir, de la superbe vue sur les monuments illuminés de la ville.

BOIRE UN VERRE

Salon de thé L. Raux – *7 r. Bernadou - ✆ 05 59 59 34 61 - patisserie.raux@wanadoo.fr - lun.-vend. 9h-19h30, sam. 8h-19h30, dim. 8h-13h ; 1er janv.-15 juin et 15 sept.-31 déc. : tlj sf dim. apr.-midi et lun. - fermé apr.-midi des j. fériés.* Pâtissier, chocolatier, traiteur et salon de thé sont réunis sous cette enseigne proche des halles. Vous aurez le choix entre sandwichs, tartes salées, viennoiseries, macarons, gâteaux basques et la spécialité maison, le Daudet (ganache chocolat noir et crème brûlée à l'orange parfumée au Cointreau).

EN SOIRÉE

Bars

Chai Ramina – *11 r. Poissonnerie - ✆ 05 59 59 33 01 - mar.-jeu. 9h30-20h, vend.-sam. jusqu'à 2h - fermé 1er-15 janv.* Ramina, un ancien champion de rugby, s'est reconverti depuis vingt-cinq ans en pilier de comptoir de son propre pub, un bar de vieux copains où des Bayonnais de souche chahutent comme des enfants. Si l'on y boit surtout du whisky, la faute en revient à une carte qui n'en propose pas moins de 300 !

La Luna Negra – *R. des Augustins - ✆ 05 59 25 78 05 - www.lunanegra.info - merc.-sam. - fermé août (sf fêtes de Bayonne déb. août) - 7/15 €.* L'art sous toutes ses facettes est à l'honneur dans ce café-théâtre dynamique qui propose chaque soir un divertissement : pièce de théâtre, spectacle de chansons, cabaret, one-man show, concert de jazz, de blues, de rock ou musique de chambre… Petite restauration sur place avec sélection de produits régionaux.

Théâtre

Théâtre de Bayonne - scène nationale – *Pl. de la Liberté - ✆ 05 59 59 07 27 - snbayonne@snbsa.fr - renseignements réservation : tlj sf dim. et lun. 10h-13h, 15h-18h. - fermé de mi-juil. à fin août et j. fériés -* de *7 à 30 € selon spectacles*. C'est la scène nationale de Bayonne et du Sud aquitain qui gère ce théâtre (580 places). On y donne toutes sortes de spectacles : théâtre, danse, musique, humour, représentations pour les enfants…

ACHATS

Marché – *05 59 59 21 81*. Autour des halles de type Baltard, construites sur le quai du Cdt.-Roquebert, un marché alimentaire a lieu du lun. au vend. 7h-13h (15h30-19h vend. et veilles de fêtes), sam. 6h-14h. D'autres marchés ont lieu au carreau des halles (bords de la Nive - mar., jeu. et sam.), pl. de la République (vend.), pl. des Gascons (quartier des Hauts de Ste-Croix - merc. et sam.) et au Polo Beyris (vend.). Marché à la brocante vend. (7h-14h), pl. Paul-Bert.

Les Halles – *Quai du Cdt-Roquebert - droits.de.place@bayonne.fr - tlj sf dim. 7h-13h ; vend. et veilles de fêtes 7h-13h, 15h30-19h - fermé j. fériés*. Ces halles de type Baltard bordent le cours de la Nive. Primeurs, boulangers pâtissiers et poissonniers y côtoient les charcutiers-traiteurs venus proposer leurs produits à base de porc noir basque. Quelques petits producteurs des environs s'installent aussi à l'extérieur du bâtiment le samedi matin.

Maison Montauzer – *17 r. de la Salie - 05 59 59 07 68 - www.montauzer.fr - tlj sf dim. 7h-12h30, 15h30-19h30, lun. 7h30-12h30 - fermé j. fériés*. Parmi les spécialités de cette charcuterie, boudin, tripes et jambon ibaïona proviennent de porcs élevés exclusivement au Pays basque et nourris aux céréales. Conformément à la tradition, ce jambon est séché de 15 à 18 mois à l'air vivifiant du pays et des quatre saisons dans un séchoir à Guiche.

Pierre-Ibaïalde – *41 r. des Cordeliers - 05 59 25 65 30 - pierre-ibaialde.com - été : tlj sf dim. 10h-13h30, 14h30-18h30 ; reste de l'année : tlj sf dim. 9h-12h30, 14h-18h - fermé j. fériés*. Après la visite de cette conserverie artisanale, vous saurez tout sur le jambon de Bayonne. Pierre Ibaïalde vous expliquera les étapes de la fabrication du jambon et vous fera déguster ses produits : jambon et foie gras.

Chocolat Cazenave – *19 r. du Port-Neuf - 05 59 59 03 16 - www.lantegiak.com - tlj sf dim.-lun. 9h-12h, 14h-19h ; vac. scol. : tlj sf dim. - fermé 3 sem. en oct. et j. fériés*. Au 17e s., Bayonne fut la première ville en France à fabriquer du chocolat. Les chocolatiers s'installèrent alors en grand nombre dans la rue du Port-Neuf. Il n'en reste aujourd'hui que deux : Cazenave (depuis 1854) et Daranatz (depuis 1930).

M. Leoncini – *37 r. Vieille-Boucherie - 05 59 59 18 20 - tlj sf dim. 16h-18h30, sam. 10h-12h.* . C'est l'un des derniers artisans à perpétuer la tradition du makhila qui est une canne basque en bois de néflier (sculpté à vif) renfermant une lame effilée. On l'utilise pour la marche et pour la défense.

SPORTS ET LOISIRS

Trinquet moderne – *60 av. Dubrocq - 05 59 59 76 49 - contact@acsport.fr - à partir de 9h - 24 €*. De nombreuses parties de main nue – l'une des 22 disciplines de la pelote basque notamment avec la *pala* – à laquelle les Français excellent lors des compétitions de niveau mondial, se déroulent entre les parois de verre de ce trinquet couvert.

Trinquet St-André – *2 r. du Jeu-de-Paume - 05 59 25 76 81 - www.brasserie-saint-andre.fr - 9h-22h - fermé 3-9 août*. Ce trinquet du 17e s. est l'un des plus vieux de France. Les Basques viennent y faire leur partie de pala avant de se retrouver au bar. Des compétitions de main nue ont lieu du premier jeudi d'octobre au dernier jeudi de juin. Les palettes en bois sont louées à l'heure.

Le Bayonne – *Allée Boufflers n° 126250 - ✆ 06 80 74 21 51 - Tte l'année sur RV : croisières de 2h ou à la journée. - 15 € : 2h.* Ce bateau-mouche de 84 places (dont 65 assises) vous emmène à la découverte de l'Adour et de ses affluents. Les croisières empruntent différents parcours. Elles durent deux heures ou une journée et sont toujours commentées. Parmi les escales sur les rives de l'Adour : Urcuit, Urt, Peyrehorade et La Bastide-Clairence.

Tennis - L'Aviron Bayonnais – *Av. André-Grimard - ✆ 05 59 63 33 13 - http://tennisavironbayonnais.oldiblog.com - avr.-août : 9h-13h, 16h-20h30, merc. et sam. 9h-18h ; sept.-mars : horaires variables - fermé j. fériés.* Le cadre dans lequel se situe ce club de tennis, les anciennes fortifications de Vauban, est suffisamment insolite pour ne pas manquer la visite, à défaut d'aller y jouer. Le club existe depuis 1922. Il est doté de 12 courts (10 en terre battue et 2 en *GreenSet*). Deux grands tournois sont organisés : l'un à Pâques et l'autre durant la 1re quinz. d'août.

Rugby – Depuis son premier titre de champion de France remporté en 1913, l'Aviron Bayonnais (célèbre pour sa mascotte Pottoka) se distingue par son jeu élégant, qualifié par les spécialistes de « manière bayonnaise ». Inutile de dire qu'avec le Biarritz Olympique les derbys sont hauts en couleurs ! *Billetterie en ligne sur le site du club : www.abrugby.fr.*

Arènes – Avenue des Arènes (accès par l'av. Mal Foch, à l'ouest du centre-ville). Inaugurées en 1893 et construites en style hispano-mauresque, ces arènes de 10 000 places accueillent corridas et *novilladas* pour les fêtes de Bayonne (1er w.-end d'août), autour du 15 août (feria de l'Assomption) et le 1er w.-end de septembre (feria de l'Atlantique). *Programme et réservations pour les corridas : www.corridas.bayonne.fr.*

AGENDA

Fêtes de Bayonne – Pendant cinq jours, début août, le cœur des Bayonnais bat au rythme des musiques traditionnelles basques lors des fêtes de Bayonne. Après les courses de vaches landaises à St-André, les corridas et le corso lumineux, on danse sur les grandes places au son des *txirula* (flûtes) et des *ttun-ttun* (tambours).

Foire au jambon de Bayonne – La foire réunit, depuis 1426, les fermiers basques à Pâques pour vendre leur production sur les quais de la Nive.

Journées du chocolat – *✆ 0 820 426 464.* Chaque printemps, durant deux jours, le chocolat est à l'honneur à Bayonne, la cité qui accueillit la première, il y a quatre siècles, les Juifs portugais « faiseurs de chocolat » chassés de leur pays par l'Inquisition.

Ressac sur la digue de la « barre de l'Adour ».
J.-P. Oger / MICHELIN

Anglet

Angelu

37 646 Angloys - Pyrénées-Atlantiques (64)

NOS ADRESSES PAGE 145

S'INFORMER

Office de tourisme – *1 av. de la Chambre-d'Amour - 64600 Anglet - ☎ 05 59 03 77 01 ou 05 59 03 55 91 - www.anglet-tourisme.com - juil.-août : lun.-sam. 9h-19h ; lun.-vend. 9h-12h30, 14h-18h, sam. 9h-12h30. - Av. des Dauphins - ☎ 05 59 03 93 43 - juil.-août 10h-19h ; avr.-juin et sept.-oct. : tlj sf sam. mat. 10h-12h30, 14h30-18h ; nov.-mars : merc. et sam. 14h-17h (tlj vac. scol. Noël et fév.)*

Aéroport Biarritz-Anglet-Bayonne – *7 espl. de l'Europe - 64600 Anglet - ☎ 05 59 43 83 83 - www.biarritz.aeroport.fr.*

SE REPÉRER

Plan de région C1 (p. 127) – carte Michelin n° 573 B 25. Anglet assure la jonction entre Bayonne, à l'est, et Biarritz au sud-ouest. Selon votre point de départ, vous y accéderez par l'avenue de Bayonne et la N 10, ou l'avenue de Biarritz et la D 910. Pour rejoindre les plages, visez les quartiers de la Chambre d'Amour, de Chiberta ou de La Barre. En suivant les panneaux Montbrun ou Chiberta, vous trouverez la forêt du Pignada. Quant à celle du Lazaret et au port de plaisance, vous les dénicherez au Blancpignon.

À NE PAS MANQUER

Les vagues de la plage des Cavaliers, pour leur rondeur et leur taille, particulièrement impressionnantes en automne.

ORGANISER SON TEMPS
Une petite promenade dans le quartier de la Chambre d'Amour permet un premier contact animé avec Anglet. Vous pouvez ensuite vous diriger vers les plages pour prendre un bon bain de mer ou choisir de découvrir la forêt du Pignada et ses sentiers. Les activités sportives ne manquent pas : natation, surf, golf, équitation, VTT ou marche.

AVEC LES ENFANTS
Le parcours aventure dans la forêt du Pignada.

Qu'est-ce qui fait le charme d'Anglet ? Son littoral, unique au pays basque, offre 4,5 km de plages de sable fin ! Mais aussi sa belle pinède, au plus grand bonheur des marcheurs. Venir à Anglet c'est comme prendre un grand bol d'air pur ! Avec ses deux principaux atouts, la petite station balnéaire fait figure de poumon vert pour la communauté d'agglomération de Biarritz-Anglet-Bayonne (BAB), d'où son surnom de « paradis vert ». Les sportifs, qu'ils soient golfeurs ou surfeurs, ne savent pas où donner de la tête, tandis que toutes sortes d'animations égaient ses rues ainsi que son bord de mer au printemps et en été. À vous les vagues, les balades sous les pins et les soirées festives !

Se promener

Le site d'Anglet présente les mêmes caractéristiques que les stations de la Côte d'Argent landaise du nord de l'Adour *(voir « Le Guide Vert Aquitaine »)* : un terrain plat, une côte basse bordée de dunes et un arrière-pays planté de pins.

LES PLAGES A1

Onze plages de sable fin, pour certaines de renommée internationale, se succèdent le long des 4,5 km du littoral angloys. Une **promenade** les longe, permettant de profiter tout à la fois de la côte et de la ville. Elle relie le quartier de la Chambre d'Amour à celui de La Barre (au nord).

Plages du VVF et du Club

La première de ces plages doit son nom à la présence d'un village-vacances, construit en 1970 selon les plans des architectes Hebrard, Gresy et Percillier. La silhouette et les détails du bâtiment principal évoquent un paquebot.

La seconde accueille le très réputé Anglet Surf Club. Ses locaux ont trouvé place dans l'ancien **établissement des bains**, bâtiment emblématique des années 1930, réhabilité en 2007 pour accueillir une salle des congrès. Entre les deux, la **grotte de la Chambre d'Amour** attire les romantiques de tous les horizons. En effet, selon la légende, Saubade et Laorens s'aimaient, mais leurs familles étaient rivales. Les deux jeunes gens avaient donc pris l'habitude de se retrouver en cachette dans la grotte. Mais suite à un orage, la marée monta plus vite que de coutume et les noya…

Plages des Sables d'Or et des Corsaires

Ces deux plages sont le terrain de prédilection des familles angloyses. En août, celle des Sables d'Or accueille le Quiksilver Air Show, ou Surf de nuit.

Plages de la Petite Madrague, de la Madrague, de l'Océan et des Dunes

Ces étendues de sable fin sont les plus tranquilles du littoral angloys en raison de l'environnement, plus sauvage, et de la proximité du golf de Chiberta,

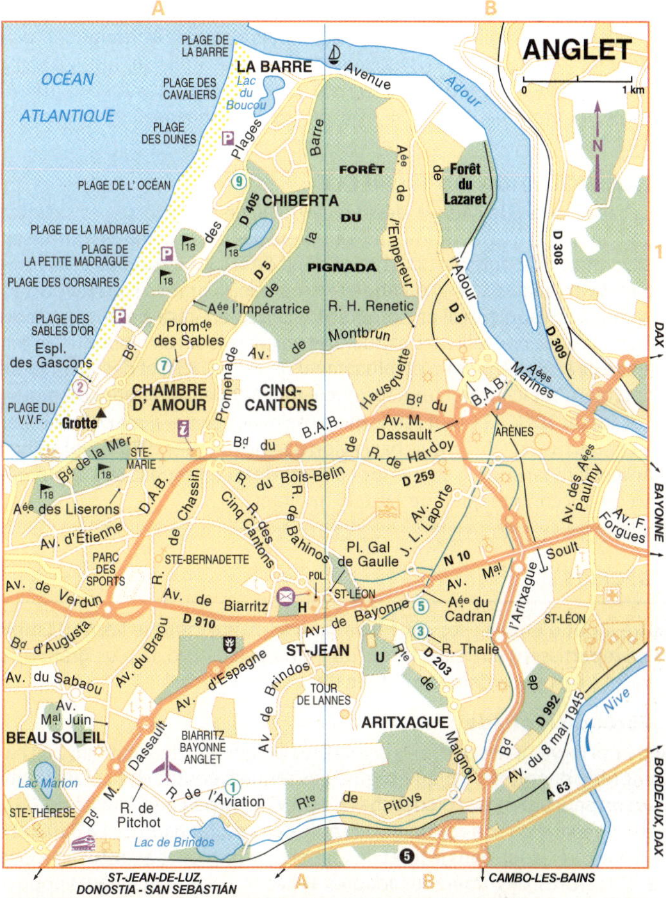

SE LOGER

Camping de Parme.............. 1

Chambre d'hôte La Musica.. 3

Hôtel Altica.......................... 5

Hôtel Azureva...................... 7

Hôtel Les Terrasses d'Atlanthal.... 9

SE RESTAURER

Les Sables d'Or................. 2

voulu par le duc de Windsor et conçu par Tom Simpson en 1927. Un blockhaus, vestige du mur de l'Atlantique érigé à partir de 1942, veille encore sur les flots.

Plage des Cavaliers

La plus réputée des onze plages d'Anglet accueille chaque année d'importantes compétitions internationales de surf.

Plage de La Barre

Située à l'embouchure de l'Adour, c'est la plage la plus septentrionale d'Anglet. Elle doit son nom à une vague mythique, cassée aujourd'hui par la digue construite dans les années 1970. Côté terre, deux lacs marquent l'emplacement de l'ancien hippodrome inauguré en 1870.

Le **parc écologique Izadia**, doté d'une Maison de l'environnement, permet de découvrir le fragile écosystème des zones humides littorales. *297 av. de l'Adour - ✆ 05 59 57 17 48 - www.izadia.fr - juil.-août : 10h-13h, 14h-17h30 ; hors vac. scol. : mar.-vend. 14h-17h30 ; w.-end, j. fériés et vac. scol. zone C : 10h-13h, 14h-17h30 - fermé lun. et 1er Mai - 4 € (6-16 ans 2 €, - 6 ans gratuit).*

LA RÉVOLUTION DU 19e SIÈCLE

La canalisation de l'Adour, décidée en 1578, ne bouleversa pas sa vocation nourricière (sous domination anglaise dès le 12e s., Anglet fournissait Bayonne en produits de bouche) en dépit de la submersion de terres arables. Ce n'est qu'au 19e s. qu'Anglet se réorganisa grâce à l'intérêt porté à la côte par Napoléon III et l'impératrice Eugénie. Grâce à eux, la forêt du Pignada et de nouvelles infrastructures voient le jour : un hippodrome, sur le site de La Barre, puis un établissement de bains (1884) et des villas qui se déploient sur le littoral pour former le quartier de la Chambre d'Amour.

L'essor du 20e s. – Le tout est de mieux en mieux desservi : par la route, par le chemin de fer (1877), puis par l'avion dans les années 1930. Aujourd'hui, Anglet fait partie avec Bayonne et Biarritz de la communauté d'agglomération qui compte quelque 110 000 habitants.

LES FORÊTS

Autre atout d'Anglet : ses 250 ha de pinède plantés sous le Second Empire. Ils se répartissent entre les forêts du Pignada (au nord, la plus grande), du Lazaret à l'est et de Chiberta le long de la côte.

★ Forêt du Pignada AB1

Son nom lui vient des pommes de pins, les « pignes ». Elle s'étale sur 220 ha et comprend des aires de pique-nique, des sentiers goudronnés et des sentes que l'on peut arpenter à pied, à cheval ou à VTT. Un parcours vitalité de 2,5 km a été aménagé en son centre et, à l'angle de la promenade de La Barre et de l'avenue de l'Adour, dans la forêt de Chiberta, le **parcours aventure** propose, dans les arbres, des itinéraires adaptés à chacun. Adultes et enfants pourront choisir, selon leur niveau, entre les promenades acrobatiques Castors, Crockett ou Indiana. *Territoires d'Aventures - ✆ 05 59 42 03 06 - http://evolution2paysbasque.free.fr - juil.-août : tte la journée ; avr.-juin et de déb. sept. à mi-nov. : w.-end et j. fériés apr.-midi - 10 € à 25 € selon les parcours.*

Forêt du Lazaret B1

L'allée de l'Empereur, l'avenue du Prince-Impérial… autant de dénominations qui rappellent que Napoléon III est à l'origine de la pinède d'Anglet. Aujourd'hui, cette partie de la forêt est circonscrite à 20 ha, mais reste toujours aussi agréable à parcourir.

NOS ADRESSES À ANGLET

HÉBERGEMENT

PREMIER PRIX

Hôtel Altica – *10 allée du Cadran - 05 59 52 11 22 - www.altica.fr - - P - 50 ch. 38/52 € - 4,90 €.* Cette construction récente qui borde la route nationale conviendra pour l'étape. Prix attractifs et chambres fonctionnelles : l'hôtel affiche souvent complet grâce à ces deux principaux atouts, aussi pensez à réserver.

Camping de Parme – *2 allée Etchecopar, quartier Brindos, près de l'aéroport - 05 59 23 03 00 - www.campingdeparme.com - de déb. avr. à déb. nov. - - réserv. conseillée - 197 empl. 20,80 €.* Reprise en 2002, cette affaire propose de beaux emplacements en terrasses ombragés et séparés par des haies parfaitement taillées. Les allées goudronnées sont agrémentées de fleurs. Elles desservent également un ensemble de chalets en bois de bon confort et des mobile homes souvent neufs. Restaurant près de la piscine.

POUR SE FAIRE PLAISIR

Chambre d'hôte La Musica – *4 r. Thalie - 06 13 67 16 87 - http://www.touradour.com/towns/anglet/lamusica - fermé janv. - P - - 3 ch. 65/70 € - rest. 25 €.* La propriétaire de cette charmante villa basque vous accueille comme si vous étiez des amis. Elle propose trois chambres pas très grandes mais totalement indépendantes. Celle baptisée « Garçonnière », en rez-de-jardin, est très tranquille. La plage, le golf et le centre-ville sont à deux pas.

Hôtel Azureva – *48 prom. des Sables - 05 59 58 04 70 - jm.bertereche@azureva-vacances.com - fermé 1er janv.-6 fév., 7-21 mars et 22 nov.-23 déc. - P - 135 ch. 70 € .* Ce centre de vacances propose désormais des nuitées en plus de ses locations à la semaine. Les chambres sont certes un peu exiguës et avant tout fonctionnelles, mais certaines offrent une jolie vue sur l'océan. Vous apprécierez les prix ultra-compétitifs et pourrez également profiter des nombreuses animations du lieu.

UNE FOLIE

Hôtel Les Terrasses d'Atlanthal – *153 bd des Plages - 05 59 52 58 58 - www.atlanthal.com - P - 48 ch. 204/238 € - rest. 17 €.* Un accueil souriant vous attend dans cet hôtel fonctionnel situé au bord de l'océan. Les chambres, équipées de balcons, se ressemblent toutes au niveau du décor; celles côté mer sont plus chères. Bon à savoir : l'hôtel, directement relié au centre Atlanthal (thalassothérapie et remise en forme), fournit les peignoirs.

RESTAURATION

Bon à savoir – Situé face à l'Océan, ce quartier d'Anglet joliment baptisé « **Chambre d'Amour** » est un lieu incontournable. Il concentre de nombreux points de restauration (brasseries, snacks, sandwicheries et un restaurant asiatique). L'endroit regroupe également les boutiques de surf (location, vente et réparation).

PREMIER PRIX

Les Sables d'Or – *7 esplanade des Gascons - 05 59 03 68 53 - fermé janv. et lundi de fév. à mars et de nov. à déc. - - formule déj. 10,50 € - 9,50/19 €.* Ce restaurant jouit déjà d'une solide réputation. Les fidèles ont même poussé le patron à ouvrir 7j/7. Côté décor : joli panorama sur l'océan. Côté cuisine : plats simples, produits de qualité et intéressantes formules proposées sur l'ardoise. Au n° 7, l'Indigo, offre en plus une ambiance plus feutrée.

ACHATS

Mandion – *3 av. de Bayonne - ✆ 05 59 63 86 16 - www.mandion.com - 8h-19h, vend. et sam. 8h-20h.* La belle vitrine de chez Mandion avec ses inscriptions « Glacier, pain bio au levain, pâtisserie » en gros caractère vaut le coup d'œil. Son décor fait de panières, coffrets et boîtes en tout genre met en valeur les spécialités : gâteaux basques, tourons et une longue liste de chocolats. Rayon traiteur très complet.

Fabrique de chisteras Gonzalez – *6 allée des Liserons - ✆ 05 59 03 85 04 - visite : 17h lun., merc. et vend. - fermé sam. apr.-midi, dim. et j. fériés. - 4 €.* Depuis 1887, la fabrique Gonzalez confectionne manuellement des chisteras, ces gouttières en osier prolongeant le gant protecteur. En une heure, vous apprendrez tout sur l'histoire et la fabrication de la pelote et du chistera.

SPORTS ET LOISIRS

Atlanthal – *153 bd des Plages - ✆ 05 59 52 75 75 - www.atlanthal.com - 9h-21h .* Ce lieu regroupe à la fois un centre de thalassothérapie et un espace de remise en forme (piscine, gym, musculation). Il dispense des soins classiques ou spécialisés (shiatsu, sophrologie…), préventifs ou curatifs. Il propose également de nombreux séjours à thème : minceur, antistress, antitabac ou future maman.

Le Club de la Glisse (École française de surf) – *Av. des Goëlands - Plage Marinella - ✆ 06 09 86 52 31 - leclubdelaglisse@hotmail.com.* Ce club labellisé par la Fédération française de surf est une des rares écoles ouvertes toute l'année. Installé sur la plage de Marinella, il dispense des cours aussi bien aux débutants qu'aux « glisseurs » confirmés qui souhaitent se perfectionner.

Yacht-Club Adour Atlantique d'Anglet – *118 av. de l'Adour - ✆ 05 59 63 60 31 - www.ycaa-voile.fr - fermé 25 déc.-1er janv. - 25 à 35 €.* Si vous voulez pêcher vous-même votre dorade, votre chinchard ou vos poissons de rocaille, sachez que ce club organise maintes sorties en mer. Les mardi, jeudi et samedi : initiation ou perfectionnement à la pêche sportive à moins de 5 km des côtes. Le mercredi : pêche hauturière au thon (départ avant 3h du matin). Initiation à la voile le week-end.

Golf de Chiberta – *104 bd des Plages - ✆ 05 59 52 51 10 - www.golfchiberta.com - fermé jeu. hors vac. scol.* Le golf de Chiberta s'étire le long du littoral. Adossé aux dunes, il bénéficie d'un bel environnement, à deux pas de la forêt d'Anglet et de l'océan. La partie la plus intéressante borde le lac de Chiberta dont les abords sont joliment fleuris d'hortensias. Le site abrite également un complexe hôtelier.

AGENDA

Quiksilver Air Show (Surf de nuit) – (14 août). Chaque année, démonstration de surf de nuit.

Des couleurs sur la Grande Plage de Biarritz.
Laplace / CDT64

témoignant de l'euphorie architecturale de la grande époque des « bains de mer », où se balader est un plaisir enchanteur.

Château Javalquinto D3

Square d'Ixelles. Haut lieu mondain depuis le Second Empire, Biarritz s'est couvert de villas et de résidences somptueuses, dont celle-ci, de style néogothique, dessinée par son propriétaire, le duc d'Osuna. Elle abrite aujourd'hui l'office de tourisme.

Avant de rejoindre la rue Pellot, passez par celle des Cent-Gardes, pour voir la **Tête de Régina**, du sculpteur espagnol Manolo Valdés.

Chapelle impériale A1

Rue Pellot. Édifiée au 19e s. à la demande de l'impératrice Eugénie et vouée à la célèbre Vierge mexicaine de Guadalupe, elle mêle styles roman-byzantin et hispano-mauresque *(mi-juil.-mi-sept. : lun.-sam. 15h-19h ; reste de l'année, se rens. au 05 59 22 37 10).*

Avenue de l'Impératrice A1

Église orthodoxe russe – *8 av. de l'Impératrice.* Construite en 1892, année de l'alliance entre la France et la Russie, elle accueillit des personnalités parmi les nombreux Russes qui venaient en vacances à Biarritz. De style byzantin, elle vaut surtout pour son intérieur : icônes provenant de St-Pétersbourg. *✆ 05 59 24 16 74 - juil.-août : sam. 15h-18h, dim. 15h30-18h30 ; reste de l'année : se renseigner auprès de l'église.*

Villa La Roche Ronde – De 1884, elle se reconnaît à son pur style néogothique avec ses toits crénelés et son échauguette en proue.

Pointe St-Martin A1

Son **phare**, à 73 m au-dessus du niveau de la mer, offre une belle **vue★** sur la ville et les Pyrénées basques. Vous ne regretterez pas d'avoir monté les 248 marches ! *✆ 05 59 22 37 00 - 9h-12h, 14h-17h - 2 €.*

Juste à côté, la **villa Etchepherdia** adopte le modèle des fermes basques.

Revenez vers le centre-ville par la plage et l'allée Winston-Churchill.

Vous verrez, dans le jardin de la Grande Plage, l'**Arbre-Main**, sculpture en bronze haute de 4,50 m réalisée par l'artiste polonaise Magdalena Abakanowicz. Au bout de la plage, après le casino, le boulevard du Gén.-de-Gaulle passe en contrebas de la place Bellevue, réaménagée par le designer **Jean-Michel Wilmotte**. Elle est ornée d'une sculpture géométrique de **Jorge Oteiza** : la **Ferme basque**.

Bon à savoir – Un musée, près de Pampelune, est consacré à ce sculpteur basque *(voir « La Navarre » p. 384).*

Continuez en direction du Rocher de la Vierge.

Plateau de l'Atalaye C3

Atalaya signifie « promontoire » en espagnol : ici s'élevait une tourelle d'où l'on guettait l'arrivée des baleines ; des feux y étaient allumés pour donner l'alerte aux pêcheurs. Vue sur le minuscule abri du **port des Pêcheurs**, coincé entre le rocher du Basta et le promontoire où se dressait une *atalaye*. En bas, le petit port est charmant avec ses maisons de pêcheurs aux vives couleurs.

★ Rocher de la Vierge C3

Napoléon III eut l'idée de faire creuser ce rocher, entouré d'écueils, et de le relier à la falaise par un pont de bois. Aujourd'hui, il est rattaché à la côte par une passerelle métallique sortie des ateliers d'Eiffel et qui, par gros temps, est inaccessible, les paquets de mer embarquant par-dessus la chaussée. Surmonté par une statue immaculée de la Vierge, le rocher est un peu le symbole de Biarritz.

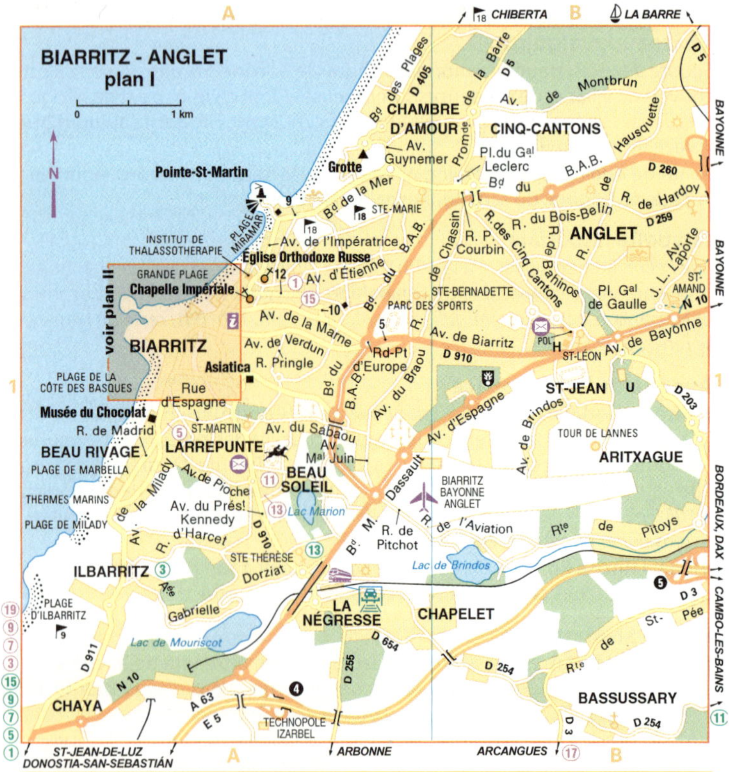

SE LOGER

- Hôtel Brikéténia 1
- Chambre d'hôte La Ferme de Biarritz 3
- Chambre d'hôte Irigoian 5
- Chambre d'hôte Itsas Mendi 7
- Chambre d'Hôte Mme Urtizberea-Arbieu 9
- Chambre d'hôte Maison Bereterraenea 11
- Chambre d'hôte Nere-Chocoa 13
- Camping Oyam 15

SE RESTAURER

- L'Atelier 1
- Chez Auguste 3
- Chez Benat 5
- Au Bois du Moulin 7
- La Parilla 9
- Philippe 11
- Les Rosiers 13
- La Table d'Aranda 15
- Le Trinquet 17
- Villa janénéa 19

INDEX DES RUES

★ Musée de la Mer C3

Esplanade du Rocher-de-la-Vierge - ✆ 05 59 22 75 40 - www.museedelamer.com - ♿ - juil.-août : 9h30-24h ; juin et sept. 9h30-19h ; janv.-mai et oct-déc. : 9h30-12h30, 14h-18h (vac. scol. 9h30-18h) - fermé 2e et 3e sem. de janv. et lun. (nov.-déc. hors vac. scol.) - 7,80 € (enf. 4-16 ans 5 €). Le musée s'agrandit mais reste ouvert pendant les travaux.

Ce musée né dans les années 1930 se devait alors de répondre non seulement à des critères de fonctionnalité mais aussi au raffinement esthétique recherché par la riche clientèle de la ville. D'où la subtile et fraîche décoration intérieure : mosaïques, fresques murales, fontaine. Son propos : présenter une approche diversifiée du biotope marin, des activités humaines qui y sont rattachées et, d'une façon générale, des liens privilégiés qui unissent Biarritz et l'Océan depuis des siècles.

En sous-sol, série d'**aquariums** présentant la faune particulièrement riche du golfe de Gascogne. Au niveau 1, la salle de Folin évoque le pionnier de l'océanographie dans le golfe et l'historique du musée de la Mer inauguré en 1935. La **galerie des Cétacés**, étayée par une présentation sur la pêche

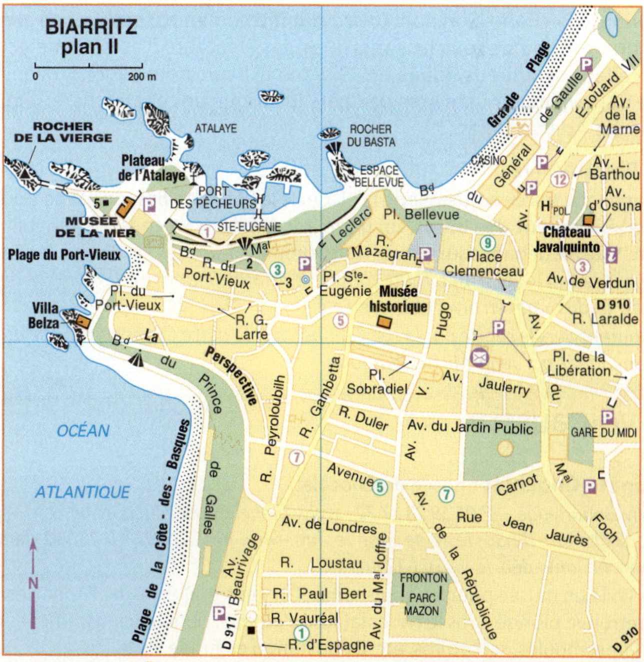

SE LOGER

Chambre d'hôte Villa Vauréal ...... ①
Hôtel Atalaye ...... ③
Hôtel Gardenia ...... ⑤
Hôtel Maïtagaria ...... ⑦
Le Petit Hôtel ...... ⑨

SE RESTAURER

Chez Albert ...... ①
Clos Basque ...... ③
Da Vinci ...... ⑤
Il Giardino ...... ⑦
Le Passage ...... ⑫

INDEX DES RUES

Atalaye (Pl.) 2
Goélands (Rue des) 3
Rocher de la Vierge (Espl. du) 5

à la baleine, expose des moulages ou des squelettes d'animaux échoués ou capturés sur la Côte basque (rorquals, orques, dauphins). Maquettes d'embarcations et instruments de navigation complètent la section consacrée aux techniques de pêche.

Au niveau 2, présentation subaquatique de phoques et squales.

Le ballet aquatique des phoques invite à monter jusqu'au dernier niveau, où l'on ne manquera pas le repas des phoques, sur la plage, en terrasse (10h30 et 17h). Juste à côté, la **galerie d'ornithologie** fait connaître l'ensemble des oiseaux de la côte et des Pyrénées, sédentaires comme migrateurs : un système inter-actif, dans une rotonde, permet d'entendre les chants et cris d'une quarantaine d'entre eux.

Mais la **terrasse** est également une belle occasion de profiter d'une splendide vue plongeante sur le rocher de la Vierge et d'un vaste panorama embrassant la côte depuis sa partie landaise jusqu'au cap Machichaco.

Villa Belza C3

Perchée sur un piton rocheux à la pointe de la Côte des Basques, cette villa de style éclectique, à qui une tourelle circulaire (un ajout ultérieur) donne sa silhouette caractéristique, a été bâtie en 1880 par l'architecte Alphonse Bertrand. Son nom (*belza* signifie noir en basque) et son allure en firent le lieu de tous les fantasmes des amateurs d'ésotérisme et de sorcellerie, avant que, louée en 1923 par le beau-frère d'Igor Stravinski, elle ne devienne sous le nom de Château basque un cabaret russe, réputé dans les Années folles.

La Perspective C4

Promenade tracée au-dessus de la plage de la Côte-des-Basques où se trouve l'**établissement des bains**, un bâtiment Art déco en cours de réhabilitation. **Vue★★** dégagée jusqu'aux trois sommets basques : la Rhune, les Trois Couronnes et le Jaizkibel. *Toute l'année, le littoral s'illumine de la tombée de la nuit à 1h du matin en hiver et à 3h en été.*

Retournez vers le centre par la rue Gambetta et la place Clemenceau, elle aussi réaménagée par Jean-Michel Wilmotte.

À voir aussi Plan de la ville I

Planète Chocolat (musée du Chocolat) A1

14 av. Beaurivage - ✆ 05 59 23 27 72 - www.planetemuseeduchocolat.com - ♿ - vac. scol. : 10h-18h30 ; reste de l'année : lun.-sam. 10h-12h30, 14h-18h30 - fermé 2 sem. fin janv.-déb. fév. - 6 € (-12 ans 4 €).

Voilà un musée pour les gourmands. On y entre, alléché par l'odeur, et on se retrouve plongé dans le chocolat jusqu'au cou : outils anciens, affiches de réclame, moules, sculptures, etc. Dégustation en fin de visite.

Asiatica - Musée d'Art oriental A1

1 r. Guy-Petit - ✆ 05 59 22 78 78 - www.museeasiatica.com - ♿ - vac. scol. : lun.-vend. 10h30-18h30, w.-end : 14h-19h, j. fériés : 14h-18h ; reste de l'année : lun.-vend. 14h-18h30, w.-end : 14h-19h, j. fériés : 14h-18h - possibilité de visite guidée sur demande (2 sem. av.) - 7 € (enf. 5 €).

Cette collection d'art asiatique axée sur la vie de Bouddha vous propose un voyage insolite, documenté et coloré dans les provinces de l'Inde *(sous-sol)*, en Chine, au Népal et au Tibet *(rez-de-chaussée)*.

À proximité Plan de microrégion

BIDART B1-2

Bidart se situe à 6 km au sud-ouest de Biarritz par la D 911.
R. Errétégia, résid. Gidalekua - 64210 Bidart - ✆ 05 59 54 93 85 - www.bidarttourisme.com - juil.-août : lun.-sam. 9h-19h, dim. et j. fériés 9h-12h ; reste de l'année : lun.-vend. 9h-12h30, 14h-17h. Cette petite commune côtière aurait pu se faire dévorer par sa célèbre voisine Biarritz, mais rien de tel n'est arrivé : Bidart a préservé son identité et son authenticité. Il suffit de s'attabler à l'une des terrasses de sa place centrale, face à l'église et à la mairie, pour s'en convaincre.
Station la plus haut postée de la Côte basque, Bidart est nichée au bord de la falaise. De la chapelle Ste-Madeleine, située sur la corniche *(accès par la rue de la Madeleine, au centre du village)*, le **panorama★** englobe le Jaizkibel (promontoire fermant la rade de Fontarabie), les Trois Couronnes et la Rhune.
La **place centrale**, avec sa trilogie église-mairie-fronton, est quelque peu encombrée par les terrasses de café. Des compétitions et parties de pelote très suivies ont lieu au fronton principal. L'**église** au clocher-porche est caractéristique du pays : beau plafond en bois et galeries superposées. Immense retable rutilant de couleurs, du 17e s.
La rue de la Grande-Plage et la promenade de la Mer, rampe en forte descente, mènent à la **plage du Centre**.

GUÉTHARY B2

74 r. du Comte-de-Swiecinski - 64210 Guéthary - ✆ 05 59 26 56 60 - www.guethary-france.com - été : lun.-sam. 9h-12h30, 14h-18h30 ; reste de l'année : lun.-vend. 9h-12h30, 14h-17h30, sam. 9h-12h30 - fermé dim. et j. fériés. Il propose un plan comprenant deux promenades qui permettent de découvrir le village.
La plus petite commune de la Côte basque ne s'en laisse pas conter et dispose d'atouts de poids pour contrebalancer l'attrait de ses voisines plus importantes : la tranquillité et les plages. Le « joyau de la Côte basque » préserve en effet son calme tout en accueillant l'année durant les surfeurs, attirés par ses spots réputés. La station se concentre entre la D 810 et la mer, descendant en pente plus ou moins douce vers les plages et son petit port.

Musée municipal Saraleguinea

Parc André-Narbaïts - 117 av. du Gén.-de-Gaulle - ✆ 05 59 54 86 37 - www.musee-de-guethary.fr - mai-oct. : tlj sf mar. et dim. et j. fériés 14h30-18h30 (juil.-août : 15h-19h) - 2 € (-15 ans gratuit). Belle maison de style néobasque (1900), édifiée pour un Basque ayant fait fortune en Amérique. Le musée présente les

DU PORT DE PÊCHE À LA STATION BALNÉAIRE

Les premières traces d'activités humaines à Guéthary remontent à l'époque romaine, avec la présence de saloirs attestée par une épitaphe du 1er s. Mais sa principale source de richesse a toujours été la mer. Jusqu'au 19e s., on y chassait notamment la baleine franche noire, qui évoluait dans le golfe de Gascogne. L'animal était ramené au port où on le dépeçait sur le plan très incliné, encore visible aujourd'hui. Les pêcheurs pistaient aussi les bancs de thons et de sardines, mais leur port ne bénéficiant pas de mouillage, l'activité a progressivement disparu au 20e s. Aujourd'hui, les villas de style labourdin ont remplacé le quartier des pêcheurs et les surfeurs ont investi ses eaux. Guéthary a réussi sa reconversion !

Des baleiniers aux surfeurs

LA SOUDAINE FORTUNE D'UN PORT BALEINIER

Au début du 19e s., Biarritz n'est qu'un pauvre port baleinier perdu dans la lande, quand les Bayonnais prennent l'habitude de venir s'y baigner. Le trajet se fait à dos d'âne ou de mulet… et la fille d'un grand d'Espagne, contrainte à l'exil pour ses sympathies françaises, y séjourne durant son enfance : la chose serait anecdotique si cette Eugenia de Guzmán, comtesse de Téba (1826-1920), alias Eugénie de Montijo, n'était devenue en 1853 impératrice des Français. **Eugénie** décide en 1854 **Napoléon III** à l'accompagner sur la Côte basque. L'empereur est séduit à son tour et fait construire la villa Eugénie (détruite par un incendie en 1903 et remplacée par l'Hôtel du Palais) qui devient la résidence estivale du couple impérial. Biarritz est alors lancée. Charme, luxe, casino (inauguré en 1856) attirent maintes têtes couronnées : peu de stations balnéaires offrent un livre d'or aussi riche que Biarritz qui entre même dans l'histoire de la diplomatie lorsque Bismarck vient en 1865 y rencontrer l'empereur. Attirés par le climat, des Anglais fortunés (on édifie à leur intention une église anglicane), puis les aristocrates russes y séjournent. Les palaces se multiplient tandis que les villas, rivalisant de luxe et d'originalité, surplombent la mer et témoignent de cet engouement de la « jet-set » pour la ville qui ne se démentira ni à la Belle Époque ni durant les Années Folles. On y joue au golf et au tennis (**Jean Borotra** (1898-1994) dit le « Basque bondissant », l'un des fameux « Mousquetaires » qui remportèrent six fois la coupe Davis entre 1927 et 1932, était biarrot), on assiste aux courses hippiques. Biarritz attire également les artistes. Sarah Bernhardt et Lucien Guitry s'y sont produits en leur temps, Rostand, Ravel, Stravinski, Loti, Cocteau ou Hemingway y ont séjourné, de même que Charlie Chaplin. Depuis les années 1980, les cinéastes l'ont choisie comme lieu de tournage, qu'il s'agisse d'André Téchiné pour son *Hôtel des Amériques* (1981) ou Éric Rohmer en 1986, pour *Le Rayon vert*. La station sert de décor pour certaines scènes de films tels que *Mes nuits sont plus belles que vos jours* (1989) de Andrzej Zulawski, *Quelqu'un de bien* (2002) de Patrick Timsit ou la comédie de Jean Dujardin, *Brice de Nice* (2005).

Bon à savoir – Les amateurs d'histoire locale pourront voir évoqués les fastes de jadis au **Musée historique de Biarritz** installé dans l'ancienne église anglicane de St Andrew's D3 – *R. Broquedis - ☎ 05 59 24 86 28 - mar.-sam. 10h-12h30, 14h-18h30 - 4 € (-10 ans gratuit).*

NOUVELLE VAGUE

En 1957, le scénariste américain Peter Viertel tourne dans la région *Le soleil se lève aussi*, sous la direction d'Henry King, d'après le roman d'Hemingway. Il se fait envoyer de Californie une curieuse planche qui nargue les rouleaux. La mode du surf allait bientôt déferler sur Biarritz comme une vague de fond…

Cinquante ans plus tard, ce sport a fait son apparition au baccalauréat, en Aquitaine, et la station porte désormais le surnom de « capitale européenne du surf ». Un titre qui lui va bien, surtout depuis qu'elle a lancé, à l'occasion du cinquantenaire, la construction de la **Cité du surf et de l'océan** *(ouverture prévue en 2011)*, sur le site d'Ilbarritz, en lisière de Bidart, ainsi que la reconstruction à l'identique de l'**Établissement des bains** Art déco, qui accueille (entre autres) depuis juin 2009 plusieurs écoles de surf.

Le surfeur et la vague.
E. Larribère / MICHELIN

œuvres du sculpteur d'origine polonaise **Georges Clément de Swiecinski** (1878-1958). Arrivé en France en 1902, ce chirurgien s'est installé en 1919 à Guéthary pour s'adonner à sa véritable vocation : la sculpture. La visite se poursuit dans le parc qui est parsemé de Laminak *(voir « La mythologie basque » p. 87 et 246)*, réalisés par le mosaïste local Michel Duboscq (son atelier se visite) ou le sculpteur Claude Viseux.

Église St-Nicolas

Au-delà de la D 810, sur la hauteur d'Elizaldia, l'**église** renferme un Christ en croix et une Pietà du 17e s., ainsi que le monument de Mgr **Pierre Mugabure** (1850-1910), enfant du pays parti comme missionnaire au Japon où il deviendra le premier archevêque de Tokyo.

ARCANGUES C2

8 km au sud-est par la D 254.

Ce village avec son église, son fronton et son auberge compose un décor à proprement parler pittoresque. À l'intérieur de l'église, à galeries sculptées, grand lustre Empire et bas-relief illustrant la décollation de saint Jean Baptiste, patron de la paroisse. Le cimetière paysager aux nombreuses stèles discoïdales offre un **panorama★** sur les Pyrénées basques. Voir, à l'extrême gauche de la première terrasse en descendant, la tombe (toujours abondamment fleurie) de Mariano Eusebio González Garcia, plus connu sous le nom de **Luis Mariano**, prince de l'opérette décédé le 14 juillet 1970.

Château d'Arcangues

✆ 05 59 43 04 88 - www.chateaudarcangues.com - 14 juil.-20 sept. : mar.-dim. 10h-12h, 14h-18h - fermé lun. - 6 € (-12 ans gratuit). Construit en 1900. Seules les salles du rez-de-chaussée se visitent. Elles révèlent d'intéressantes pièces de mobilier du 18e s., des tapisseries d'Aubusson et des Gobelins, une collection d'autographes (Paul Valéry, Malraux, Anna de Noailles, De Gaulle…), dont le plus ancien est une lettre patente de Louis XIII reconnaissant la validité du titre de marquis d'Arcangues. La chambre de Wellington conserve la même disposition qu'à l'époque où le duc y dormit (1813).

NOS ADRESSES À BIARRITZ

HÉBERGEMENT

Bon à savoir – À Biarritz, l'Hôtel du Palais, a succédé à la villa Eugénie, élégante villégiature offerte par Napoléon III à l'impératrice. Cet établissement, le plus luxueux de la ville, propose de superbes chambres et suites ainsi que deux restaurants. À défaut d'y séjourner, vous pouvez y prendre un verre *(voir rubrique « En soirée »).*
Il est possible désormais de **réserver en ligne** votre hébergement à Biarritz sur le site www.biarritz-reservation.com.

PREMIER PRIX

À Bidart

Camping Oyam – *chemin Oyhamburua - 1 km à l'E par rte d'Arbonne puis rte à dr. - ✆ 05 59 54 91 61 - www.camping-oyam.com - de déb. avr. à mi-sept. - ♿ - 🚭 - réserv. conseillée - 230 empl. 30,50 €.* Cette adresse propose de nombreuses possibilités d'hébergement : chalets de qualité, mobile homes, camping sous la tente et, depuis 2005, nuitées dans de confortables appartements avec terrasse ou balcon, au sein d'une résidence à l'architecture basque.

À Guéthary

Chambre d'hôte Mme Urtizberea-Arbieu – *46 r. Assombrenea - ✆ 05 59 26 54 12 - fermé 15 nov.-déb. fév. - P - 🚭 - 5 ch. 42/60 € ☕.* Dans le bourg mais à l'écart de l'agitation balnéaire, cette grosse maison au milieu d'un jardin abrite cinq chambres au 1er étage. Toutes sont identiques avec un confort modeste mais compensé par une tenue irréprochable.

BUDGET MOYEN

À Biarritz

Hôtel Atalaye – *6 r. des Goëlands - ✆ 05 59 24 06 76 - www.hotelatalaye.com - fermé 14 nov.-15 déc. - 24 ch. 47/74 € - ☕ 6 €.* Cette imposante villa 1900 a emprunté son nom au superbe plateau de l'Atalaye qui surplombe l'océan Atlantique. Chambres et salles de bains progressivement rénovées, que l'on choisira de préférence côté mer. Garage fermé (pour les deux roues et matériel de surf, golf, etc.). Parking (gratuit hors saison) à proximité.

Hôtel Gardenia – *19 av. Carnot - ✆ 05 59 24 10 46 - www.hotel-gardenia.com - fermé nov.-fév. - 19 ch. 50/78 € - ☕ 7 €.* Cet établissement central à la façade rose a le charme d'une maison particulière. Ses chambres, coquettement décorées, sont calmes et régulièrement rafraîchies. Sa réception et son salon viennent tout juste d'être refaits, avec borne Internet et connection wifi. Hôtel non-fumeurs. Prix doux vu la situation.

Chambre d'hôte La Ferme de Biarritz – *15 r. Harcet - ✆ 05 59 23 40 27 - www.fermedebiarritz.com - Fermé 6-17 déc. - P - 🚭 - 5 ch. 55/80 € - ☕ 8 €.* Près de la plage, ferme basque du 17e s. bien restaurée. Coquettes chambres (non-fumeurs) mansardées, aux meubles anciens. Petit-déjeuner dans le jardin ou devant la cheminée.

À Bidart

Chambre d'hôte Itsas Mendi – *Av. de Biarritz - ✆ 05 59 23 36 54 - http://itsas.mendi.free.fr - fermé 15 j. en déc. - P - 🚭 - 5 ch. 42/62 € - ☕ 7 €.* Cette belle maison basque, un peu proche de la route, se trouve à 500 mètres du golf et des plages. Ses chambres, toutes installées au premier étage, sont de faible ampleur; leur décoration reste sobre. L'été, vous prendrez votre petit-déjeuner sur la terrasse surplombant la piscine.

À Guéthary

Hôtel Brikéténia – *r. de l'Église - ✆ 05 59 26 51 34 - www.briketenia.com - 🅿 - 16 ch. 70/95 € - ☕ 10 € - rest. 33/78 €.* Deux belles maisons du 17e s. à l'architecture typique. Celle aux volets rouges abrite des chambres en partie dotées de mobilier ancien. Salon convivial. Confortable restaurant à l'atmosphère bourgeoise et cossue, dans la seconde maison, refaite à neuf. Cuisine actuelle.

À Ustaritz

Chambre d'hôte Maison Bereterraenea – *Quartier Arrauntz - 64480 Ustaritz - ✆ 05 59 93 05 13 - www.chambres-cote-basque.com - fermé nov.-avr. - 🅿 - 🚭 - 4 ch. 60/70 € ☕.* Tournée vers un verger de pommiers à cidre, (vente à emporter), cette maison basque du 17e s. domine la vallée de la Nive. Simple et bien rénovée avec ses murs blancs et ses pierres de montagne, elle a retrouvé sa noblesse d'antan. Chambres sobres avec poutres et portes anciennes.

POUR SE FAIRE PLAISIR

À Biarritz

Hôtel Maïtagaria – *34 av. Carnot - ✆ 05 59 24 26 65 - www.hotel-maitagaria.com - fermé 23 nov.-15 déc. - 15 ch. 60/90 € - ☕ 8,50 €.* Accueil sympathique en cette demeure de style régional qui a revu son aménagement. Le mobilier chiné des chambres est largement Art déco.

Chambre d'hôtes Nere-Chocoa – *28 r. Larreguy - ✆ 06 08 33 84 35 - www.nerechocoa.com - 🚭 - 5 ch. 75/115 € - ☕ 9 €.* Cette maison entourée de chênes a hébergé des hôtes illustres dont l'impératrice Eugénie. Vastes chambres soignées, collection de tableaux, salon convivial pour soirées musicales.

Chambre d'hôte Villa Vauréal – *114 r. Vauréal - ✆ 06 10 11 64 21 - www.villavaureal.com - fermé 3-31 janv. - 80/110 € - ☕ 8 €.* Confortable villa dans un grand jardin aux arbres magnifiques, à deux pas de la plage des Basques. Chambres personnalisées (nom et couleur d'un fruit). Confiture maison.

Le Petit Hôtel – *11 r. Gardères - ✆ 05 59 24 87 00 - www.petithotel-biarritz.com - fermé 3-24 nov. - 12 ch. 95/105 € - ☕ 12 €.* Coquet petit hôtel situé dans une rue tranquille non loin de la Grande Plage. Il abrite des chambres très bien insonorisées, décorées dans des tons bleus ou jaunes; toutes disposent d'un accès Internet.

UNE FOLIE

À Bidart

Chambre d'hôte Irigoian – *av. de Biarritz - ✆ 05 59 43 83 00 - www.irigoian.com - 🅿 - 5 ch. 95/125 € - ☕ 9 €.* Cette ancienne ferme du 17e s. se trouve à proximité de l'océan, en lisière d'un golf. Chambres du meilleur goût et spacieuses salles de bains.

RESTAURATION

Bon à savoir – L'office du tourisme de Guéthary voisine avec plusieurs petites adresses proposant des casse-croûte, assiettes et salades tout à fait honorables, souvent servis en terrasse.

PREMIER PRIX

À Biarritz

Il Giardino – *62 r. Gambetta – ✆ 05 59 22 16 41 - www.ilgiardino-biarritz.com - 10/20 € - fermé lun. ouv. : midi merc.-sam. ; soir mar.-dim.* Petit restaurant italien aux couleurs acidulées. Les plats sont authentiques, familiaux, généreux et à prix doux. Un *spinaci ripieni* (petites bouchées d'épinard et sauce menthe), suivi de pâtes maison, d'un risotto ou d'un *spiedini sfiziosi* (brochettes de veau farcies de raisins et pignons), accompagnés d'un bon vin sicilien. Un tiramisu et un ristretto plus tard, on repart comme on est entré, avec le sourire.

À Bidart

Au Bois du Moulin – *ZA Bassilour - 64210 Bidart - ✆ 05 59 41 94 01 - www.auboisdumoulin.com - fermé nov.-fév. - 10/25 €.* Scrutez le ciel pour savoir si ce petit restaurant pourra vous accueillir aujourd'hui : en effet, comme dans les guinguettes d'antan, les tables sont toutes dressées à l'extérieur, sous l'ombrage de grands arbres, d'une pergola et de quelques parasols. Carte très simple : salades, charcuterie et plat du jour.

Chez Auguste – *R. de l'Uhabia, D 810 - 64210 Bidart - ✆ 05 59 54 94 01 - fermé 15 nov.-15 déc. et lun. - ⊭ - 10/18 €.* Cette petite adresse presque de bord de plage est une perle rare : bon choix de plats, assiettes généreuses et prix plus que raisonnables. Aussi ne vous étonnez pas que la terrasse soit comble. Reste la salle à manger décorée simplement où vous passerez aussi un bon moment.

BUDGET MOYEN

À Biarritz

Da Vinci – *15 r. Gambetta - ✆ 05 59 22 50 88 - fermé lun., 1er janv.-6 fév., lun.-merc. hors sais. - 7,70 € déj. - 13/33 €.* Contrairement à ce que son nom pourrait laisser croire, c'est à un petit tour en Espagne que nous convie ce vrai bar à tapas/*pintxos* proche des halles, ouvert par les anciens animateurs du bar Jean. L'ambiance est populaire et très animée, et la salle dispose d'un original toit ouvrant. Au menu, spécialités basques et espagnoles avec tapas (succulentes), bien sûr.

La Table d'Aranda – *87 av. de la Marne - ✆ 05 59 22 16 04 - www.tabledaranda.fr - fermé 3-18 janv., lundi sauf le soir en juil.-août et dim. - formule déj. 15 € - 20 €.* Le bouche à oreille ne fait pas défaut à cette table au cadre rustique et basque, située dans les murs d'une ex-rôtisserie. Cuisine personnelle et inventive, aimant le sucré-salé.

Le PasSage – *30 av. Édouard-VII - ✆ 05 59 22 59 55 - www.restaurant-lepassage.com - 15/38 €.* Cette adresse récente réunit en un même lieu trois activités. La boutique est spécialisée dans les arts de la table. Le restaurant mitonne une copieuse cuisine traditionnelle et le salon de thé sert des brunchs le dimanche, tant en salle qu'en terrasse. En sus : des paniers « nomade » à réserver à l'avance pour déjeuner sur la plage juste en face. Une des adresses préférées des autochtones.

Le Clos Basque – *12 r. Louis-Barthou - ✆ 05 59 24 24 96 - leclosbasque@gmail.com - fermé 23 juin-3 juil., 27 oct.-17 nov., 23 fév.-12 mars, dim. soir sauf juil.-août et lundi - 24 €.* Pierres apparentes et azulejos donnent un air ibérique à la petite salle à manger où règne une ambiance conviviale. Terrasse d'été très courue. Spécialités régionales.

Chez Benat – *23 bis r. Harispe - ✆ 05 59 41 01 41 - 24 €.* Dans un décor simple mais chaleureux, vous dégusterez des huîtres et une cuisine à base de poissons *a la plancha*, sans oublier les fameux jambons espagnols. L'accueil en outre est des plus sympathiques, ce qui ne gâte rien !

À Bidart

La Parilla – *D 810, « Le Plateau de Bidart » - ✆ 05 59 54 78 94 - fermé lun. soir hors sais. - formule déj. 12,50 € - 15,50/30,50 €.* Voici une petite adresse parfaite pour qui veut prendre un repas rapide et de bonne qualité. Le décor, blanc et bois, est sympathique et les grillades (au feu de bois) sont préparées sous vos yeux, à même la salle. La semaine, possibilité d'une formule buffet pour les entrées et les desserts.

POUR SE FAIRE PLAISIR

À Biarritz

Chez Albert – *Allée Port-des-Pêcheurs - ✆ 05 59 24 43 84 - www.chezalbert.fr - fermé 22 nov.-16 déc., 4 janv.-10 fév. et merc. - 40 €.* Les produits de la mer sont à l'honneur dans cette adresse animée et décontractée d'où l'on aperçoit le petit port de pêche. Terrasse très prisée en été.

À Arcangues

Le Trinquet – *✆ 05 59 43 09 64 - 28,50 €.* C'est une copieuse cuisine traditionnelle qui est servie dans la salle de ce restaurant ouverte sur la *cancha* où se disputent les parties de pelote, souvent des défis organisés par le patron des lieux. Chants basques en sus pour accentuer la couleur locale.

À Guéthary

Villa Janénéa – *352 av. du Gén.-de-Gaulle - ✆ 05 59 26 50 69 - gaellethibon@aol.com - Fermé 23-29 juin, janv., merc. et jeudi sauf vacances scol. et j. fériés - ♿ - formule déj. 20 € - 35 €.* Sobre salle à manger de style contemporain, complétée d'une terrasse côté rue et côté jardin. Cuisine au goût du jour personnalisée.

UNE FOLIE

À Biarritz

Philippe – *30 av. du Lac- Marion - ✆ 05 59 23 13 12 - www.restaurant-biarritz.com - tls en août ; reste de l'année : tls merc.-dim. - fermé 2 sem. en mars, 2 sem. en nov., 1 sem. en juin - 50/75 €.* Cuisines ouvertes, four à bois pour préparer agneau et cochon de lait, plats inventifs, décor avant-gardiste : ce restaurant surprend et séduit. Dépôt-vente d'art contemporain.

L'Atelier – *18 r. de la Bergerie - ✆ 05 59 22 09 37 - www.latelierbiarritz.com - fermé 2 sem. en mars et en nov. 1 sem. en juin, dim. soir et lun. sf juil.-août - 45/70 €.* Cet atelier culinaire vous réserve la surprise de préparations actuelles relevées d'un trait de créativité ; bons vins. Côté décor, il mise sur lélégance d'un espace feutré.

Les Rosiers – *32 av. Beausoleil - ✆ 05 59 23 13 68 - www.restaurant-lesrosiers.fr - fermé merc. en été, lun.-mar. sf le soir de mi-juil. à mi-sept. - 40/60 €.* Accueillante maison tenue par un couple (dont la femme est la première MOF de l'histoire) qui réalise à 4 mains une cuisine « vérité » séduisante et raffinée. Entre autres spécialités : grosses crevettes croustillantes et tartare de tomate. Décor sobre et élégant.

BOIRE UN VERRE

À Biarritz

Betjeman and Barton – *23 av. de Verdun - ✆ 05 59 24 31 48 - tlj sf lun. mat. et dim. 10h-12h30, 15h-19h30.* On apprécie cette boutique pour la diversité des produits proposés : plus de 60 sortes de thés, des tisanes à foison, un large choix de théières, tasses et mugs provenant d'Angleterre, du Maroc, de Chine, du Japon, sans oublier les cakes et confitures typiquement « *british* » que vous pourrez déguster dans le salon de thé.

EN SOIRÉE

Bon à savoir – À Biarritz, le port des Pêcheurs accueille bars et brasseries, pour prendre un verre près des bateaux de pêche. Située plus à l'intérieur de la ville, la place **Georges-Clemenceau** est bordée de brasseries, piano et bodegas. Enfin, la **Grande Plage** est fréquentée aussi bien en journée qu'en soirée grâce à la proximité de la mer, du **café de la Grande Plage** (idéal pour prendre un verre après un bain de mer) et du casino.

Casino Barrière de Biarritz – *1 av. Édouard-VII - ✆ 05 59 22 77 77 - www.lucienbarriere.com.* Situé sur la Grande Plage, cet immense casino de style Art déco rénové vous ouvre ses portes tout au long de l'année. Vous y trouverez une salle de jeux de table, des machines à sous, trois restaurants, le Café de la Grande Plage et une discothèque « Le BL ».

Bar Impérial (Hôtel du Palais) – *1 av. de l'Impératrice - ✆ 05 59 41 64 00 - www.hotel-du-palais.com - 9h-0h - fermé fév.* La villa Eugénie fut témoin des amours de Napoléon III et de l'impératrice Eugénie. Depuis 1893, cet édifice est devenu le majestueux Hôtel du Palais, doté d'un bar de standing, l'Impérial. Face à l'océan, vous pourrez tremper vos lèvres dans une coupe de champagne tout en rêvant aux fastes d'antan. Pour parfaire le charme du lieu, un pianiste joue chaque soir entre 20h et 23h.

Arena Café – *Espl. du Port-Vieux - ✆ 05 59 24 88 98 - fermé lun.-mar. hors-sais.* Un café-restaurant « pieds dans l'eau » (superbe terrasse dominant la mer) devenu un incontournable des soirées biarrotes. Ambiance *hype* au bar.

Le Caveau – *4 r. Gambetta - ✆ 05 59 24 16 17 - 22h30-5h.* Bar-discothèque le plus branché de la région où vous croiserez de superbes créatures des deux sexes et les inévitables stars en vacances. Tout ce petit monde vient ici pour faire la fête autant que pour se montrer, bien évidemment.

Gare du Midi – *21 bis av. du Mar.-Foch - ✆ 05 59 22 37 10 - www.biarritz.fr - ouv. les soirs de spect. ; billetterie gérée par l'office de tourisme : 10h-18h* . C'est la principale salle de spectacle de la ville : elle possède 1 400 places. Toutes sortes de représentations y ont lieu : pièces de théâtre, concerts de variétés, ballets… La Gare du Midi abrite également les studios du Centre chorégraphique national ballet Biarritz.

Loggia Sarl – *11 r. Gardères - ✆ 05 59 24 14 85 - manneken-pis@wanadoo.fr.* Cette sympathique adresse propose un grand choix de bières et de cocktails. Petite restauration à toute heure (cuisine de brasserie, moules frites, choucroute…). Des événements sportifs sont fréquemment retransmis sur écran géant.

ACHATS

À Biarritz

Maison Pariès – *1 pl. Bellevue - ✆ 05 59 22 07 52 - www.paries.fr -sais. : 8h30-19h30; hors sais. : 8h30-12h30, 14h-19h30 - fermé 15 janv.-15 fév.* Fidèle à plus d'un siècle de tradition familiale, la maison Pariès élabore de nombreuses spécialités telles que le mouchous, sorte de macaron à base d'amandes fraîches, le kanouga, caramel tendre au chocolat, les célèbres gâteaux basques et les tourons. Le rayon chocolat n'est pas en reste avec une cinquantaine de variétés exquises.

Maison Arostéguy – *5 av. Victor-Hugo - ✆ 05 59 24 00 52 - www.arosteguy.com - tlj sf lun. mat. et dim. 9h30-13h, 15h-19h30 (ouv. dim. mat. Pâques et juil.-août) - fermé 25 déc..* Fondée en 1875, cette célèbre épicerie de Biarritz (anciennement « Épicerie du Progrès ») a conservé ses murs, ses étagères et sa façade d'époque. On y déniche de nombreuses spécialités et produits difficiles à trouver ailleurs : millésimes rares du Bordelais, armagnacs prestigieux, thés parfumés, épices et produits basques.

Chocolats Henriet – *Pl. Clemenceau - ✆ 05 59 24 24 15 - chocolat.henriet@wanadoo.fr - 9h-19h* . Fondée après la Seconde Guerre mondiale, la boutique Henriet est une référence en matière de chocolat et de spécialités gourmandes : calichous (caramel au beurre d'Échiré et à la crème fraîche), rochers de Biarritz (chocolat amer, écorces d'oranges, amandes).

Cazaux et fils – *10 r. Broquedis - ✆ 05 59 22 36 03 - tlj sf dim. 10h-12h30, 15h-19h, j. fériés sur demande préalable.* La Maison Cazaux se voue à l'artisanat d'art poterie-céramique depuis le 18e s. Jean-Marie Cazaux parle volontiers de son métier qu'il qualifie d'« austère » et de « solitaire ». Cette boutique se consacre également à la création personnalisée : les céramiques y sont réalisées à la demande, depuis l'extraction de la terre jusqu'à la vente du produit fini. Travail sur mesure, dessin fait à la main.

À Bidart

Moulin de Bassilour – *ZA de Bassilour - ✆ 05 59 41 94 49 - 8h-13h, 14h30-19h - fermé 2e et 3e sem. de janv. et d'oct.* Dans ce moulin en activité depuis 1741, on fabrique artisanalement des gâteaux basques fourrés à la crème ou à la cerise noire, mais également des sablés, des pains et des gâteaux de maïs à l'anis.

SPORTS & LOISIRS

À Biarritz

Biarritz Olympique – *Stade Aguilera - ✆ 05 59 01 64 64 - www.bo-pb.com - 9h-12h30, 13h45-20h - fermé 1er janv. 1er Mai et 25 déc.* Ce complexe regroupe le stade de rugby du Biarritz Olympique, trois fois vainqueur du Bouclier de Brennus depuis le début du siècle et qui tient toujours les premiers rôles dans le Top 14, des courts de tennis, une piste d'athlétisme, des salles de musculation, de fitness, de danse…

Euskal Jaï Fernand Pujol – *R. Cino-del-Duca - ✆ 05 59 23 91 09.* Cette école de pelote basque organise des compétitions de cesta punta de juin à septembre, presque chaque mercredi et samedi.

Plaza Berri (fronton mur à gauche) – *42 av. du Mar.-Foch - ✆ 05 59 22 15 72 - 8h-22h sf dim. - 20 € (4 pers. mini).* En juillet et août, des galas de pelote basque (main nue, *paleta* cuir et petit chistera) sont organisés chaque mardi et vendredi soir à partir de 21h (billetterie dès 20h30). En dehors des périodes de compétitions, vous pourrez vous essayer à la *pala* (raquette en bois).

Sobilo – *24 r. Peyroloubilh - ✆ 05 59 24 94 47 - - 9h-19h.* Location de VTT, rollers, scooters, motos et voiturettes pour égayer vos balades dans le Pays basque. Organisation de randonnées cyclistes et multiactivités.

Accor Thalassa Biarritz – *13 r. Louison-Bobet - ✆ 05 59 41 30 01 - www.accorthalassa.com - 8h30-13h, 14h30-18h30 - fermé 1er janv. et 25 déc. - Se renseigner auprès de la réservation centrale 05 59 41 30 01.* Emplacement idéal face à l'Océan pour ce centre de thalassothérapie composé de quatre pavillons. L'un des nombreux programmes de soins vous conviendra sûrement : remise en forme, jambes toniques, rééducation, « jeune maman », « masculin tonic », minceur, anti-stress, etc. Également, espace beauté dernier cri.

Thermes Marins – *80 r. de Madrid - ✆ 05 59 23 01 22 - www.thermesmarins-biarritz.com - avr.-oct. : lun.-vend. 8h30-12h30, 14h30-18h30, sam. 8h30-12h30, dim. 10h-12h, 16h-19h ; nov.-mars : lun.-vend. 9h-12h, 14h30-18h30, sam. 8h30-12h30, dim. 10h-12h, 16h-19h - fermé 1 sem. en janv..* Centre de thalassothérapie doté d'une piscine de détente et d'un Jacuzzi où vous pourrez bénéficier de nombreux soins : douche à fusion, douche sous-marine, bain aéro-marin, massages, application d'algues…

Lagoondy Surf Camp – *47 av. du Braou - ✆ 05 59 24 62 86 - www.lagoondy.com - école de surf : 10h-19h, inscription au Rip Curl Surf Shop - fermé janv. et lun. hors sais. - cours de surf 1h30 35 € - 3 cours 95 €, 5 cours 150 € - Stages avec hébergement : 480 à 610 €).* École de surf agréée par la Fédération française de surf.

Golf Le Phare – *2 av. Édith-Cavell - ✆ 05 59 03 71 80 - www.golfbiarritz.com - merc.-lun. : hte sais. 7h30-20h ; moyenne sais. 8h-19h30 ; basse sais. 8h-19h - fermé mar. sf vac. de Pâques, en été et vac. de Noël - 72 € - (- 18 ans 36 €).*

Piscine municipale – *Bd du Gén.-de-Gaulle - ✆ 05 59 22 52 52 - www.biarritz.fr - horaires variables selon calendrier scol. - fermé 1re sem. de janv., fin mai et 3 sem. en sept.* Située au bord de l'Océan, cette piscine jouit de bassins d'eau de mer chauffée, ainsi que de Jacuzzi, d'un hammam, et d'un sauna.

À Bidart

Bon à savoir – Bidart ne compte pas moins de six plages. Cependant, seules deux d'entre elles sont accessibles en voiture. Il s'agit des plages d'Ilbarritz et d'Ubahia. De nombreux restaurants et boutiques de loisirs longent cette dernière. On peut, entre autres, y louer un scooter des mers ou une planche à voile. Les amateurs de golf ont l'embarras du choix :

Golf d'Ilbarritz – *Av. du Château - ✆ 05 59 43 81 30 - www.golfilbarritz.com - hte sais. 8h-20h ; moyenne sais. 8h-19h30 ; basse sais. 8h-18h30 - fermé lun. hors sais. - 36 € green fee 9 trous - (- 18 ans 18 €.* Ce golf 9 trous bénéficie d'une superbe vue sur la mer et d'un concept original permettant de recréer autour d'un espace circulaire toutes les situations qu'un joueur pourrait rencontrer sur un parcours traditionnel. Stages, leçons individuelles, conseils et location de matériel.

Golf d'Arcangues – *✆ 05 59 43 10 56.*

École de surf Taïba – *Lot. 170 - résid. Zirlinga - ✆ 06 14 01 13 11 - www.surf-taiba.com - juil.-août : 9h-18h30 et dim. hors sais. - 28 €* - École de surf agréée par la Fédération française de surf.

À Guéthary

Bon à savoir – La grande plage de Parlementia, que se partagent Guéthary et Bidart, est sans aucun doute la plus agréable du coin. Surveillée en juillet et en août, sa côte est longée par un sympathique chemin piétonnier. Les plages de Cenitz et de Harotz Costa (sentier près du port) ne sont pas surveillées.

École de surf de Guéthary – *582 av. du Gén.-de-Gaulle - 64210 Guéthary - ✆ 06 08 68 88 54 - http://surf.guethary.free.fr - 15 juin-15 sept. : 9h-12h30, 15h-18h30 ; reste de l'année : sur RV - 40 € cours découverte 2 heures* - École de surf et de bodyboard depuis 1996. Cours et stages (dont le « surf camp » : stage avec hébergement) assurés par des moniteurs brevetés d'État. Également, location de matériel et vente d'accessoires.

AGENDA

Festival **Cinémas et cultures d'Amérique latine** – Sept.-oct.

Festival **le Temps d'Aimer la danse** – 1 sem. en sept *(20e éd. en 2010).*

St-Jean-de-Luz

★★

Donibane Lohitzun

13 579 Luziens - Pyrénées-Atlantiques (64)

NOS ADRESSES PAGE 172

S'INFORMER

Office de tourisme – *20 bd Victor-Hugo - 64500 St-Jean-de-Luz - 05 59 26 03 16 - www.saint-jean-de-luz.com - juil.-août : lun.-sam. 9h-19h30, dim. et j. fériés 10h-13h, 15h-19h ; reste de l'année : se renseigner auprès de l'office de tourisme - fermé dim. (nov.-vac. scol. de fév.), 1er janv., 1er Mai et 25 déc.*

Visite guidée – Cette visite permet de découvrir les principaux monuments et quartiers de la ville - *juil.-août : mar. et jeu. 10h ; reste de l'année : mar. 10h - s'adresser à l'office de tourisme.*

SE REPÉRER

Plan de région B2 (p. 126) – carte Michelin n° 573 B 24-25. La vie de St-Jean-de-Luz se concentre entre la Nivelle au sud-ouest et les plages au nord, c'est-à-dire entre le port et la mer.

SE GARER

Choisissez la place du Mar.-Foch, à deux pas de la place Louis-XIV et du port, pour laisser votre voiture. En été, des navettes gratuites vous emmène depuis les Parkings Relais, à l'entrée de la ville, jusqu'au centre-ville.

À NE PAS MANQUER

La splendide église St-Jean-Baptiste et son retable.

ORGANISER SON TEMPS

Visite du centre-ville le matin, avec son église, ses maisons basques et ses musées ; farniente sur la plage l'après-midi ; sentier botanique depuis la pointe de Ste-Barbe en fin de journée ; petit verre en terrasse sur le port le soir : voilà le planning idéal d'une journée à St-Jean-de-Luz.

AVEC LES ENFANTS

L'ascension de la Rhune en petit train, mais en évitant si possible les périodes trop chargées. La base de loisirs du lac de St-Pée-sur-Nivelle.

Cité d'armateurs fortunés, elle fut aussi celle de corsaires émérites presque aussi célèbres que leurs voisins malouins ! Face à l'Océan, la ville dotée d'une baie superbe était prédestinée à être gagnée par le tourbillon mondain né à Biarritz dans les années 1850. Les villas balnéaires poussèrent aux côtés des maisons basques aux bois peints, des grosses demeures d'armateurs et des palais du 17e s. Il se dégage aujourd'hui de cet heureux mélange de styles une exquise douceur de vivre que l'on savoure en farniente sur la grande plage ou en balades dans le petit port de pêche.

Le joli port de St-Jean-de-Luz, au loin la Rhune.
J.-P. Oger / MICHELIN

Se promener

★ LE PORT A2

Le temps des baleines est fini, mais le port reste important pour la sardine, le thon et l'anchois. C'est un vrai port de carte postale avec ses bateaux peints de couleurs très vives et ses pêcheurs œuvrant sur le quai auprès des filets amoncelés. Avec, en plus, une odeur de saumure et un délicieux concert cristallin joué par le ponton sur pilotis, qui roule avec la marée.

De l'autre côté du port se dressent l'église St-Vincent et les maisons de **Ciboure** *(voir « À proximité » p. 168).*

La majestueuse **maison de l'infante**, dite **Joanoenia** (A2), semble veiller sur les bateaux. Cette riche demeure en brique et pierre avec des galeries à l'italienne accueillit l'infante et la reine mère. Dans la grande salle 17e s., cheminée monumentale sculptée et peinte ainsi que des poutres décorées de peintures de l'école de Fontainebleau. *1 quai de l'Infante, ✆ 05 59 26 36 82 - juin-oct. et vac. de la Toussaint : tlj sf dim. mat. et lun. mat. 11h-12h30, 14h30-18h30 - commentaire audio (15mn) - 2,50 € (-18 ans gratuit).*

Rue Mazarin A2

Domaine des armateurs au 17e s., la langue de terre isolant la rade du port fut réduite des deux tiers par le raz de marée qui, en 1749, anéantit 200 maisons de la ville. Elle conserve quelques nobles demeures, comme la **maison St-Martin** (A2), au n° 13.

Sur la droite de la rue s'ouvre la place Louis-XIV.

★ Maison Louis XIV A2

✆ 05 59 26 27 58 - de déb. juin à mi-oct. : visites à 11h, 15h, 16h ; juil.-août : 10h30-12h, 14h30-18h30- fermé dim. mat., 14 juil. et 15 août - 5 € (+de 12 ans 3 €, -12 ans gratuit). Cette noble demeure fut construite pour l'armateur Lohobiague en 1643. À l'intérieur, le caractère « vieux basque » est donné surtout par l'**escalier** à volées droites, travail robuste de charpentier de marine : comme pour tous

les planchers anciens des pièces d'habitation, les lattes sont fixées par de gros clous apparents, qui interdisent le rabotage et le ponçage.

Du palier du 2e étage, une passerelle intérieure conduit aux appartements où la veuve de Lohobiague reçut Louis XIV en 1660. En passant dans la **galerie à arcades**, prenez le temps de savourer le panorama des Pyrénées basques. Dans la salle à manger aux lambris verts, table de marbre Directoire et cadeau de l'hôte royal à la maîtresse de maison : un service de trois pièces en vermeil décoré d'émaux niellés.

CENTRE-VILLE

Avec ses rues piétonnes (rue de la République, rue Gambetta, *dans le prolongement de la rue Mazarin*), il a beaucoup de caractère. Au nº 17 de la rue de la République se trouve la plus vieille maison de la ville ; en pierre de taille, elle contraste avec les maisons basques voisines.

SE LOGER

- Chambre d'hôte Arrayoa ... 1
- Hôtel Axafla-Baïta ... 2
- Camping Goyetchea ... 3
- Chambre d'hôte Iguski-Begui ... 4
- Chambre d'hôte Nun Obeki ... 5
- Chambre d'hôte Villa Argi-Eder ... 6
- Château d'Urtubie ... 7
- Hôtel Le Petit Trianon ... 9
- Hôtel Ohartzia ... 13
- Camping Zélaïa ... 15

SE RESTAURER

- Chez Théo ... 1
- Le Fronton ... 2
- La Kantxa ... 3
- Olatua ... 5
- Petit Grill Basque "Chez Maya" ... 7
- Piper Beltz ... 9
- Zoko Moko ... 14

★★ Église St-Jean-Baptiste A2

✆ 05 59 26 08 81 - mat. et apr.-midi.

Extérieurement, elle est d'une architecture très sobre, presque sévère avec ses hautes murailles percées de maigres ouvertures, sa tour massive sous laquelle se glisse un passage voûté. Un bel escalier à rampe en fer forgé donne accès aux galeries.

L'intérieur, somptueux, date pour l'essentiel de son agrandissement de 1649, effectué par l'architecte bayonnais Louis de Milhet. Trois étages de galeries de chêne (cinq au mur du fond) encadrent la nef unique que couvre une remarquable voûte en carène lambrissée. Le chœur très surélevé, clos par une belle grille de fer forgé, porte un **retable★** (vers 1670, restauré en 1987) resplendissant d'or. Entre les colonnes et les entablements qui l'ordonnent en trois registres, des niches abritent une foule de statues : saints populaires locaux, apôtres, saint Laurent et son gril. Remarquez en outre la chaire (17e s.) supportée par des sphinges (sphinx femelles) menaçantes ; dans l'embrasure de la porte murée, statue parée de **N.-D.-des-Douleurs** et, à côté, petite Vierge de rosaire en tenue de cérémonie.

LE MARIAGE DU ROI-SOLEIL

Prévu par le **traité des Pyrénées** *(voir « Hendaye » p. 182)*, le mariage de Louis XIV avec l'infante d'Espagne Marie-Thérèse a lieu à St-Jean-de-Luz. Accompagné de sa suite, le roi arrive le 8 mai 1660 et loge à la maison Lohabiague. Le 9 juin, entre les Suisses qui font la haie, le cortège royal s'ébranle en direction de l'église. Derrière deux compagnies de gentilshommes, le cardinal Mazarin, en costume somptueux, ouvre la marche, suivi par Louis XIV en habit noir orné de dentelles. À quelques pas derrière, Marie-Thérèse, en robe tissée d'argent et manteau de velours violet, la couronne d'or sur la tête, précède Monsieur, frère du roi, et l'imposante Anne d'Autriche. Toute la cour suit.

Le service, célébré par Mgr d'Olce, évêque de Bayonne, dure trois heures. La porte par laquelle sort le couple royal est murée après la cérémonie. Le cortège regagne la maison de l'infante. Puis les jeunes époux soupent à la maison Lohobiague en présence de la cour. Une étiquette rigoureuse les conduit jusqu'au lit nuptial dont la reine mère ferme les rideaux en donnant la bénédiction traditionnelle. Marie-Thérèse sera, pour Louis XIV, une épouse douce et digne. Quand elle mourra, le roi dira : « C'est le premier chagrin qu'elle me cause. »

À voir aussi Plan de la ville

Sentier du littoral Hors plan

St-Jean-de-Luz donne accès à deux portions du sentier du littoral *(voir « Organiser son voyage » p. 22)*, totalement différentes : vers Hendaye, la promenade dévoile les montagnes et surtout la **corniche basque★★** *(voir p. 168)*, mais elle longe la route, tandis que vers Bidart, elle traverse des espaces naturels, urbains ou semi-urbains. On part alors du jardin de la pointe de Ste-Barbe, au bout de la promenade des Rochers.

Écomusée de la Tradition basque B1

Au nord de St-Jean-de-Luz, par la D 810. ✆ 05 59 51 06 06 - www.jean-vier.com - visite audioguidée - juil.-août : 10h-18h30 ; avr.-juin et sept.-oct. : lun.-sam. : 10h-11h15, 14h30-17h30 - 6 € (-12 ans 2,50 €). Un parcours scénographique, tourné vers le passé, évoque les différents savoir-faire et activités traditionnels : fabrication de l'*izarra*, histoire du linge basque, pelote, danses, artisanats (bérets, espadrilles, gourdes), etc.

À proximité Plan de microrégion

Ciboure/Ziburu A2

27 quai Maurice-Ravel - 64500 Ciboure - ✆ 05 59 47 64 56 - juil.-août : lun.-vend. 9h-12h30, 15h-18h30, sam. 10h-12h30, 15h-18h30, dim. 10h-12h30 ; mai-juin et sept. : lun.-sam. 10h-12h30, 15h-18h ; janv.-avr. et oct.-déc. : lun.-vend. 10h-12h30, 15h-18h.

L'office de tourisme propose cinq visites guidées (6,50 €), dont trois tournées vers la mer et le port.

Petite sœur de St-Jean-de-Luz, la charmante Ciboure gravit une colline sur la rive sud du port.

La **rue Pocalette** mêle les maisons labourdines à pans de bois (maison de 1589 à encorbellement, au coin de la rue Agorette) et de hautes demeures de pierre plus nobles, comme le n° 12, au chevet de l'église.

Église St-Vincent – 16ᵉ s. Vous apercevez de loin son original clocher de charpente à deux étages. Elle est accessible latéralement par un beau parvis dallé, porteur d'une croix de pierre de 1760. L'intérieur abrite un joli retable aux tons bleus, ainsi qu'une triple galerie qui avance sur la nef.

L'office de tourisme occupe la **maison natale de Ravel**, compositeur du fameux *Boléro*, au n° 27 du quai portant son nom. En le longeant, vous arriverez à la capitainerie.

De l'autre côté du port se dresse la silhouette quelque peu négligée de l'ancien couvent des Récollets, construit en 1610. Des habitations ont investi son cloître, qui conserve une fontaine, offerte par Mazarin en 1660.

★★ **La corniche basque** – Du port, prenez à droite et montez au phare (rue du Phare), puis au sémaphore (rue du Sémaphore) : **vue★★** au sud-ouest sur la Côte basque, du cap du Figuier (cabo Higuer) en Espagne jusqu'à Biarritz. Au premier plan, les falaises plongent en oblique leurs roches feuilletées vigoureusement attaquées par les flots. Le site est particulièrement beau les jours de tempête.

Villa Leïhorra – *1 imp. Muskoa* - Construite en 1926-1929 par l'architecte **Joseph Hiriart**, cette villa est de style **Art déco**, tant dans son architecture que dans sa décoration intérieure. Elle fait l'objet d'importants travaux de réhabilitation.

Socoa A2 – *3 km à l'ouest, par la D 912. Laissez la voiture sur le port et poursuivez (45 min. à pied AR) vers la jetée.* L'entrée de la baie de St-Jean-de-Luz était défendue autrefois par le fort de Socoa, construit sous Henri IV et remanié par Vauban.

La tombe de l'auteur de *L'Atlantide*, **Pierre Benoit**, se trouve dans le cimetière de l'Untxin à Socoa.

La route sinueuse, bordée d'ajoncs, se rapproche des falaises de Socoa. Au gré des échappées s'ouvrent de jolies **vues★★** sur l'Océan qui vient battre les rochers.

★ Château d'Urtubie A2

3 km au sud-ouest par D 810. ✆ 05 59 54 31 15 - www.chateaudurtubie.net - avr.-oct. (et vac. de la Toussaint) : 10h30-12h30, 14h-18h30 (de mi-juil. à déb. août 10h30-18h30) - 6 € (-16 ans 3 €).

Du simple donjon construit par autorisation du roi Édouard III d'Angleterre en 1341, ce château est devenu au fil des âges une élégante demeure classique avec ses **toits à l'impériale** coiffant les deux tours qui, au 14e s., encadraient le pont-levis. Dans la tour centrale, remarquable **escalier à vis suspendu** datant du 16e s. Dans la chapelle édifiée au 17e s., au chœur redoré au 19e s., une salle de bains fut aménagée derrière la sacristie en 1830.

L'intérieur du château est décoré de grandes **tapisseries** de Bruxelles du 16e s. (grand salon), d'un ensemble de chaises et de fauteuils espagnols de l'époque Louis XIV (salle à manger) ainsi que de divers meubles et bibelots ayant appartenu depuis des générations aux châtelains d'Urtubie. Dans la **salle de chasse**, au rez-de-chaussée, plusieurs pièces (coffre, armoire) évoquent le mobilier basque traditionnel.

Le château (en partie reconverti en hôtel, *voir « Nos adresses », p. 173*) s'inscrit aujourd'hui au cœur d'un agréable parc à l'anglaise. L'**orangerie** abrite une exposition sur le cidre et son salon de thé est accessible aux visiteurs *(goûter + visite : 10 €)*

Urrugne/Urruña A2

5 km au sud-ouest par la D 810.

Maison Posta - Pl. René-Soubelet - 64122 Urrugne - ✆ 05 59 54 60 80 - www.urrugne.com - juil.-août : lun.-vend. 9h-19h, sam. 9h-12h30, 14h-19h, dim. 10h-13h ; juin et sept. : lun.-vend. 9h-12h30, 14h-18h, sam. 9h-12h30, dim. 10h-13h ; oct.-mai : lun.-jeu. 9h-12h30, 14h-18h (vend. 17h30).

L'**église St-Vincent**, de style Renaissance, garde à l'extérieur une allure militaire. Elle s'adosse à un clocher-porche du 16e s., qu'orne un cadran solaire affichant la devise *Vulnerant omnes, ultima necat* (« Toutes les heures blessent, la dernière tue »). Son vaisseau peu ajouré et joliment peint affiche une hauteur de 22 m, mise en valeur par des galeries en bois sculpté.

Notre-Dame-de-Socorri – *Sur la grand-place d'Urrugne, prendre le chemin en montée vers N.-D.-de-Socorri.* Joli **site★** de chapelle de pèlerinage, dans l'enclos d'un ancien cimetière. Vue sur un paysage mamelonné dominé par l'éperon de la Rhune et, à l'horizon, sur le Jaizkibel et les Trois Couronnes.

Itinéraire conseillé

LA RHUNE ET LA VALLÉE DE LA NIVELLE B2-3

Pour visualiser cet itinéraire de 13 km, reportez-vous au plan de la région (p. 126) – Comptez env. 2h. Depuis St-Jean-de-Luz, prenez la route en direction d'Espelette (D 918). Ascain est à 6 km.

★ Ascain/Azkaine B2

R. Ernest-Fourneau - 64310 Ascain - ✆ 05 59 54 00 84 - www.ascain-tourisme.fr - lun.-vend. 9h-12h30, 14h-17h30.

Construit au bord de la Nivelle, le bourg est aussi dominé par trois sommets : la Rhune, l'Esnaur et le Bizkarzun.

Le sommet de la Rhune à un jet de pierre, une place de village on ne peut plus basque, des maisons labourdines où le bleu, le vert ou le rouge tranchent sur les crépis blancs, et l'inévitable fronton de pelote où jouent les enfants : voilà Ascain en toutes saisons, un lieu propice à la flânerie !

N.-D.-de-l'Assomption – Un massif clocher-porche dresse sa silhouette au bord de la place. Il marque l'entrée de l'église, inaugurée par Louis XIII en 1626. Admirez les trois étages de galeries, la voûte peinte, les pierres funéraires en granit de la Rhune et le retable du 18e s. Dans le cimetière, ne manquez pas la stèle discoïdale de 1657.

Derrière l'église, les parkings marquent le départ de plusieurs chemins de randonnées : celui des Bergeries, celui de St-Ignace et celui des Sommets.

Pont romain – Cet ouvrage de 40 m a été édifié au 17e s. mais en suivant la méthode romaine, reconnaissable aux arches inégales et à la chaussée à deux pentes. Une pierre sculptée en tête de personnage, surnommée « César » (visible à marée basse), sert d'indicateur pour le niveau de l'eau.

Portua – Ancien port local ancré sur la Nivelle, au nord du bourg. Les canoës ont remplacé les gabares, autrefois chargées de pierres ou de produits manufacturés et agricoles.

Manoir Azkubea – Cette demeure du 16e s., située à 500 m du village sur la route des carrières, se reconnaît à son portique à boules et à son donjon. *Prenez la D 4, en direction de Sare.*

★ Maison Ortillopitz B2

05 59 85 91 92 - www.ortillopitz.com - visite guidée uniquement (1h) - de mi-juil. à mi-août : 10h45, 12h, 14h15, 15h30, 16h45, 18h ; reste de l'année : se rens. sur le site Internet - 7 € (-14 ans 3 €).

ENTRE TERRE ET MER

Proche de l'Océan, Ascain a fourni de nombreux marins aux flottilles régionales. Le village disposait d'un port sur la Nivelle et constituait un important centre de construction navale qui faisait venir le chanvre du Nord et le bois des Landes ou des Pyrénées. Mais son économie était également pastorale du fait de son implantation au pied des sommets pyrénéens. Les Azkaindars ont longtemps vécu de cette double richesse.

Une tradition d'accueil – La frontière espagnole étant toute proche, Ascain s'est trouvé lié aux Basques de Guipúzcoa aussi bien par le commerce que par l'histoire. Pour preuve l'accueil prodigué aux exilés ibériques lors des guerres carlistes du 19e s. et pendant la guerre civile de 1936-1939. À l'inverse, les sentiers de contrebande servirent de points de passage pour ceux qui fuyaient la France entre 1940 et 1945. Actuellement, c'est aux visiteurs curieux de découvrir une authentique communauté labourdine qu'Ascain offre l'hospitalité.

Façades de la ville de St-Jean-de-Luz.
Terre et Côte Basques

C'est une belle et grande ferme (600 m^2 sur trois étages) labourdine du 17e s. que fit construire un armateur, d'où le confort des lieux. Sa visite vous permettra d'entrer dans la vie quotidienne d'une famille basque. À noter : l'escalier droit en bois sur le modèle d'un bateau, la cuisine avec son four à pain, la belle charpente du grenier (qui nécessita 600 arbres !) ; à l'extérieur : le pressoir avec son impressionnante poutre maîtresse et le lavoir.
Ortillopitz possédait 18 ha de terres alentour qui assuraient une vie en autarcie. Vous découvrirez à votre gré le potager, le verger, les vignes, les parcelles de chanvre et de piments.
Continuez la D 4 en direction de Sare jusqu'au col de St-Ignace. Parkings gratuits.

★★★ La Rhune B3

Renseignez-vous au préalable sur la visibilité au sommet (s'il y a des nuages, vous ne verrez rien !). Prévoir un vêtement chaud. Pour vous rendre au sommet de La Rhune, 2 options :

Le petit train à crémaillère de la Rhune – *05 59 54 20 26 - www.rhune.com - juil.-août : ttes les 35mn entre 8h30 et 17h - de fin mars à déb. nov. : 10h et 15h - 14 € AR (-10 ans 8 € AR). Départ du col de St-Ignace.*

Sentier balisé en vert. 2h30 pour la montée, 2h pour la descente. Munissez-vous de bonnes chaussures.

La Rhune (en basque, *larrun* : « bon pâturage ») est la montagne-emblème du Pays basque français. De son sommet-frontière où trône un émetteur de télévision, le **panorama**★★★ porte jusqu'à l'Océan, la forêt des Landes, les Pyrénées basques et, au sud, la vallée de la Bidassoa. Un obélisque rappelle que l'impératrice Eugénie en fit l'ascension à dos de mulet en 1859.
En haute saison, la route qui y mène est littéralement prise d'assaut. Si vous partez assez tôt, peut-être pourrez-vous profiter tranquillement de la route qui s'élève au-dessus d'un gracieux vallon jusqu'au col de St-Ignace (alt. 169 m). Là, le petit chemin de fer à crémaillère de 1924 mène en 35mn au sommet. Son allure (8 km/h) laisse tout le loisir d'admirer les vautours fauves, les **pottoks** et les **manechs** (brebis locales à tête noire) qui paissent tranquillement.
Revenez sur Ascain et prenez la D 918, St-Pée se trouve à 8 km à l'est d'Ascain.

St-Pée-sur-Nivelle/Senpere B2

Pl. du Fronton - 64310 St-Pée-sur-Nivelle - 05 59 54 11 69 - juil.-août : lun.-sam. 9h30-12h30, 14h-19h, dim. et j. fériés 9h30-12h30 ; reste de l'année : lun.-vend. 9h30-12h30, 14h-18h, sam. 9h30-12h30, 14h-18h.

Il suffit de se promener dans les rues de St-Pée bordées de maisons traditionnelles aux volets peints pour se rappeler que l'on est bien en terre basque ! Les plus vieilles demeures entourent l'église, dressée en bordure de Nivelle.

Église des saints Pierre et Paul – Admirez la voûte en cul-de-four dont la forme rappelle au choix un soleil levant ou une coquille. Elle domine un très beau **retable** aux tons doré et bleu pâle du 17e s., réalisé en l'honneur de saint Pierre, patron de la paroisse. Le panneau de gauche montre la scène du reniement au chant du coq et celui de droite, sa libération d'une prison par un ange. Les portes du tabernacle mettent en scène saint Antoine de Padoue. Notez la nef plate et peinte en bleu, ainsi que la beauté des galeries.
Château – *En direction de Cambo.* Appartenant jadis aux seigneurs de St-Pée, l'une des plus puissantes familles de la région, il fut le théâtre de procès en sorcellerie menés par Pierre de Lancre. Incendié en 1793, il n'en reste qu'une massive tour carrée des 15e et 17e s., ainsi que des bâtiments du 18e s.

NOS ADRESSES À ST-JEAN-DE-LUZ

HÉBERGEMENT

PREMIER PRIX

À Ascain

Camping Zélaïa – *64310 Ascain - 2,5 km à l'O sur D 4 rte d'Urrugne (et du col d'Ibardin) - ✆ 05 59 54 02 36 - www.campingzelaia.com - ♿ - réserv. conseillée.* Le camping Zelaïa loue exclusivement des chalets en bois et des mobile homes, pouvant accueillir de 4 à 6 personnes. La propriété s'étend sur 2, 4 ha bien ombragés et très propres. Les deux confortables blocs-sanitaires sont quasiment neufs.

À St-Pée-sur-Nivelle

Camping Goyetchea – *quartier Ibarron - 64310 St-Pée-sur-Nivelle - 3,8 km à l'O de St-Pée-sur-Nivelle par D 918 et D 855, rte d'Ahetze à Ibarron - ✆ 05 59 54 19 59 - www.camping-goyetchea.com - de mi-juin à mi-sept. - ♿ - réserv. conseillée - 140 empl. 23,70 €.* Ce camping a été repris en 2002 par deux sœurs vraiment dynamiques. Les 140 emplacements répartis sur 3 ha sont très bien entretenus. La plupart des mobile homes viennent tout juste d'être achetés et les allées montrent de jolies fleurs. Ambiance calme et accueil souriant.

BUDGET MOYEN

À St-Jean-de-Luz

Hôtel Le Petit Trianon – *56 bd Victor-Hugo - ✆ 05 59 26 11 90 - www.hotel-lepetittrianon.com - fermé janv. - P - 26 ch. 55/80 € - ☕ 8 €.* Une adresse sans prétention, mais bien tenue. La plupart des chambres (1er et 2e étages) ont été rénovées, celles du 3e bénéficient de la climatisation. Deux suites familiales. En saison, vous prendrez votre petit-déjeuner dans la cour intérieure décorée d'une immense fresque basque.

Hôtel Ohartzia – *28 r. Garat - ✆ 05 59 26 00 06 - www.hotel-ohartzia.com - 17 ch. 60/90 € - ☕ 7 €.* Bien que située en plein centre-ville, cette demeure aux volets bleus, longuement restaurée, dégage un réel charme bucolique. Une partie des chambres donne sur le jardin orné de platanes, de bosquets et de fleurs. De l'autre côté de la rue, la brasserie et sa belle terrasse proposent des spécialités locales.

Chambre d'hôte Villa Argi-Eder – *av. Napoléon III - 3 km par D 810 et rte secondaire - ✆ 05 59 54 81 65 - www.chambresdhotes-argi-eder.com - 💳 - 4 ch. 55 € - ☕ 6 €.* Une adresse conviviale, à deux pas de la plage, loin de la foule. Vastes et paisibles, les chambres de plain-pied ouvrent sur des terrasses privées très agréables pour petit-déjeuner.

Chambre d'hôte Iguski-Begui – *8 chemin d'Atalaya - 64122 Socoa - ✆ 06 63 08 03 93 - 💳 - 4 ch. 65 € - ☕ 8 €.* Dans cette belle maison avec vue sur la Rhune et la baie de St-Jean-de-Luz, chaque chambre a sa personnalité. Si vous voulez voir le phare de Socoa, optez pour la Sémaphore.

À Ascain

Hôtel Axafla-Baïta – *Rte d'Olhette - 64310 Ascain - ✆ 05 59 54 00 30 - www.hotel-achafla-baita.com- fermé du 12 nov. à déb. déc. - ♿ - P - 11 ch. 57/62 €, demi-pension seult - rest. 17 €.* La famille Inda tient cet établissement depuis trois générations. En 2003, elle a décidé de tout refaire du sol au plafond. Résultat : onze chambres récentes ; certaines ont vue sur la montagne. À table, recettes basques servies, selon la saison, sur la belle terrasse ou devant la cheminée.

Chambre d'hôte Arrayoa – *64310 Ascain - ✆ 05 59 54 06 18 - www.arrayoa.com - 💳 - 42/55 € ☕.* Ferme d'élevage de brebis et canards située à l'écart du village. Calme, accueil charmant, grande salle commune dotée d'un coin cuisine et d'une bibliothèque, chambres au mobilier campagnard, fronton privé et prix raisonnables en font une adresse très courue. Vous pourrez repartir avec quelques conserves maison (confit ou foie gras).

POUR SE FAIRE PLAISIR

À St-Jean-de-Luz

Château d'Urtubie – *64122 Urrugne - ✆ 05 59 54 31 15 - www.chateaudurtubie.fr - avr.-oct. - P - 10 ch. 85/160 € - ☕ 11 €.* Sur la route de l'Espagne, château fort du 14e s. remanié au fil du temps. Aujourd'hui musée et hostellerie, il abrite des chambres de caractère garnies de meubles de style.

Chambre d'hôte Nun Obeki – *6 r. Élie-de-Sèze - ✆ 05 59 26 30 71 - www.nunobeki.com - P - 💳 - 5 ch. 75 € - ☕ 7 €.* Cette grande maison basque peut s'adapter à maintes demandes d'hébergement. Chambres simples, petit appartement ou villa : les possibilités de séparer ou regrouper les différentes pièces sont nombreuses. Autres atouts : le décor ultra « cosy », la proximité de la plage et du centre-ville, et surtout la quiétude du jardin.

RESTAURATION

PREMIER PRIX

À St-Jean-de-Luz

Piper Beltz – *22 r. Garat - ✆ 05 59 26 14 81 - 10/25 € - midi et soir sf mar. soir et mer.* Les jeunes propriétaires concoctent une cuisine variée, copieuse et inventive avec un seul mot d'ordre : vous faire plaisir. La jolie petite salle avec cuisine ouverte rend le lieu convivial. Régalez-vous de belles spécialités basques agrémentées d'épices et de plantes du monde entier telles que les *kokotxa* (joues) de merlu, pesto basilic-noisette et risotto au soja ou des salades généreuses le midi. Une adresse qui a rapidement séduit les Luziens. À noter : la terrasse pour les beaux jours.

La Kantxa – *16 av. André-Ithurralde - ✆ 05 59 26 91 58 - 12,50/32 € - enf. 6,50 € - 1er mars-31 déc., midi et soir - fermé dim.* Jean Bert et son équipe sympathique vous accueillent dans cette belle brasserie moderne, branchée et sportive située dans les murs du *jaï-alaï* de St-Jean-de-Luz. On y vient pour sa cuisine honnête, sa généreuse côte de bœuf, son merlu à l'espagnole et les parties de cesta punta retransmises sur grands écrans. À côté du bar, joueurs, chanteurs, parieurs participent à l'ambiance du lieu.

BUDGET MOYEN

À St-Jean-de-Luz

Chez Théo – *25 r. de l'Abbé-Onaindia - ✆ 05 59 26 81 30 - chez-theo@wanadoo.fr - fermé 1er Nov.-15 déc., janv., dim. soir et lun. hors vac. scol. - 18/27 €.* Une auberge dévolue au Pays basque espagnol : *azulejos*, affiches de ferias, murs de torchis, mobilier massif en bois, grand choix de tapas et plats plus solides concoctés avec passion et servis dans une ambiance conviviale.

Petit Grill Basque "Chez Maya" *– 2 r. St-Jacques - ✆ 05 59 26 80 76 - fermé 20 déc.-25 janv., jeu. midi, lun. midi et merc. - 22/30 €.* Incontournable, cette auberge authentiquement basque ! Fresques et assiettes de Louis Floutier, cuivres et amusant système de ventilation manuelle. Cuisine régionale immuable.

À St-Pée-sur-Nivelle

Le Fronton – *quartier Ibarron - 64310 St-Pée-sur-Nivelle rte de St-Jean-de-Luz - ✆ 05 59 54 10 12 - jeanbaptiste.daguerre@wanadoo.fr - fermé 10 fév.-20 mars, le midi en août, dim. soir et lun.-jeu. - 37/43 €.* Ici, la cuisine rime avec tradition : produits du marché et nombreux poissons frais vous mettront en appétit. Décor confortable et compassé, façon jardin d'hiver ; terrasse.

POUR SE FAIRE PLAISIR

À St-Jean-de-Luz

Zoko Moko – *6 r. Mazarin – ✆ 05 59 08 01 23 - www.zoko-moko.com- 18/50 € - midi et soir sf juil.-août soir - fermé lun.* Si l'on vient dans le « Coin Tranquille » de Charles Olascuaga, en couple ou entre amis, c'est pour se délecter d'une cuisine basque gastronomique et raffinée, s'accorder des heures de plaisir dans cette maison du XVIIIe où les pierres apparentes et la cheminée contrastent avec le mobilier design mais confortable. L'équipe dynamique et discrète saura vous conseiller de jolis vins à prix doux pour accompagner tartare de thon de ligne et sa fine ratatouille glacée, carré d'agneau, filet de pigeon poêlé ou pêche rôtie au miel et glace verveine.

Olatua – *30 bd Thiers - ✆ 05 59 51 05 22 - www.olatua.fr - formule déj. 14 € - 35 €.* Institution locale revisitant le répertoire culinaire basque dans un cadre frais et coloré. Intérieur aux tons jaune et bleu ; terrasse d'été protégée et jardinet couvert.

BOIRE UN VERRE

À St-Jean-de-Luz

Salon de thé L'Acanthe – *31 r. Garat - ✆ 05 59 26 85 59 - www.lacanthe.com - juil.-août : 9h-22h ; hors sais. : tlj sf lun. 9h-19h - fermé 15-30 janv. et lun. hors sais.* Voici une adresse toute simple et surtout très pratique, à 50 m de la plage. Vous pourrez y prendre un petit-déjeuner (entre 9h et 12h), une collation à toute heure (salades, quiches, plats du moment), un thé (grand choix de thés en feuilles, cafés, chocolat et desserts) ou goûter au superbe jambon exposé dans la salle.

À St-Pée-sur-Nivelle

Maison Pereuil – *Chemin Karrika - 64310 St-Pée-sur-Nivelle - ☎ 05 59 54 10 05 - 8h-13h, 15h-19h30 - fermé merc. sf juil.-août.* Petite boutique avec une porte d'entrée en fer forgé où l'on trouve des gâteaux basques. Maison créée en 1876.

EN SOIRÉE

Bon à savoir – Autour de la **place Louis-XIV** s'étalent les terrasses de nombreux bars, brasseries et autres restaurants. Lieu de rendez-vous de nombreux Luziens et Luziennes, cette place vit en été au rythme des manifestations et concerts qui y sont organisés.

Le Brouillarta – *48 prom. Jacques-Thibaud - ☎ 05 59 51 29 51 - été : 9h-3h ; hors sais. : tlj sf lun. 9h-2h, dim. 9h-18h - fermé janv.* Grâce à sa vue imprenable sur l'Océan et la digue centenaire de l'Artha, cet établissement est idéalement situé pour voir s'approcher la masse noire et inquiétante du *brouillarta*, cette tempête qui survient subitement en mer. Décor marine, peintures d'artistes locaux.

Le Duke – *Pl. Maurice-Ravel - ☎ 05 59 51 12 96 - été : jusqu'à 3h ; hors sais. : 8h-2h.* Ce bar d'ambiance est tenu par Michel Chardié, un ancien champion de surf qui a baptisé ce bar du nom de son idole, le Duke, une star hawaïenne du surf qui se jouait des vagues dans les années 1950. Musique et clientèle branchées.

SAS Casino de St-Jean-de-Luz – *Pl. Maurice-Ravel - ☎ 05 59 51 58 58 - http://joa-groupe.com - 10h-2h, w.-end 10h-3h.* Ce casino est doté d'une salle de jeux traditionnels, d'un espace pour machines à sous et d'un restaurant. Animations musicales tous les samedis au restaurant.

ACHATS

À St-Jean-de-Luz

Place des Halles – *Le matin et l'apr.-midi en sais. ; le matin hors sais.* Ces halles de type Baltard fraîchement rénovées réunissent des « indépendants » de la région venus vendre leur production. Pas de grands étals donc, mais une multitude de petits producteurs qui misent sur la proximité et la qualité : charcutiers, fromagers, épiciers, boulangers-pâtissiers et une dizaine de poissonniers.

Les macarons Adam –*6 pl. Louis-XIV - ☎ 05 59 26 03 54 - www.macarons-adam.com - de mi-juin à fin sept. : 8h-20h (de mi-juillet à la 3e sem. d'août 8h-23h sf lun.-mar.) ; reste de l'année : 8h-12h30, 14h-19h30, dim. 8h-13h, 14h-19h30 - fermé de déb. janv. à mi-fév. et 3 sem. en nov.* La famille Telleria-Adam tient cette pâtisserie depuis le 17e s., soit 12 générations. C'est dire si elle en a vu défiler des gourmands. Les macarons Adam auraient même été servis lors du mariage de Louis XIV avec l'infante Marie-Thérèse en 1660. Gâteaux basques, tourons et chocolats mettent également l'eau à la bouche.

Maison Thurin – *32 r. Gambetta - ☎ 05 59 26 05 07 - maisonthurin@wanadoo.fr - juil.-août : lun.-dim. midi 8h30-12h30, 15h30-19h ; reste de l'année : mar.-sam. 8h30-12h30, 15h30-19h - fermé dim. et lun. hors sais..* Cette boutique de poche renferme des produits du terroir dénichés de part et d'autre de la frontière franco-espagnole : excellent jambon de Bayonne, goûteux fromages de brebis, piments d'Espelette bien rouges, bon foie gras et magnifiques pièces de volaille sur commande. Mini-cave de vins basques.

Maison Pariès – *9 r. Gambetta - ✆ 05 59 26 01 46 - www.paries.fr - 8h30-13h, 14h30-19h30 ; été : jusqu'à 23h.* Créé en 1910 par Robert Pariès, maître chocolatier, l'établissement figure parmi les « références gourmandes » de la ville. Le mouchou basque (macaron à base d'amandes) est très apprécié, mais « la » spécialité maison reste le caramel tendre kanouga. Près de 50 sortes de chocolats aux saveurs exotiques (piment, café, vanille, etc.) rappellent également que c'est par l'intermédiaire du Pays basque que le cacao est arrivé en Europe au 17e s.

Bipia – *Rte d'Halsou - 64480 Larressore - ✆ 05 59 93 21 86 - www.bipia.com - tlj sf w.-end 9h-12h, 14h-18h - fermé apr.-midi 24, 31 déc. et j. fériés.* Le piment d'Espelette, acheté aux petits producteurs locaux puis transformé artisanalement, est la spécialité de la maison : vous le trouverez présenté sous forme de poudre, en gelée, en purée, en sauce (basquaise, ketchupade, bayonnaise), en moutarde ou dans du vinaigre de cidre. Exposition sur son histoire et dégustation.

Maison Charles Larre – *Pl. Louis-XIV - ✆ 05 59 26 02 13 - www.maisoncharleslarre.com - juil.-août : 9h-20h ; reste de l'année : 9h30-12h30, 14h30-19h30 - fermé 1er janv. et 25 déc.* Cette adresse incontournable crée de la toile basque depuis 1925. Vous y trouverez le tissu aux motifs rayés traditionnel vendu au mètre, mais aussi la toile épaisse d'origine baptisée la mante à bœuf, du linge d'office, des nappes et une ligne bébé renouvelée chaque année.

À Ascain

Cidrerie artisanale Txopinondo – *Rte de St-Jean-de-Luz - 64310 Ascain - ✆ 05 59 54 62 34 - www.txopinondo.com - fermé 5-21 janv..* Monsieur Lagadec, seul artisan cidrier du Pays basque côté français, fabrique de goûteuses spécialités : *sagardoa* (boisson fermentée à base de pomme), *muztioa* (jus), *dultzea* (pâte de fruits accompagnant le fromage de brebis) et *patxaka* (liqueur anisée aux pommes sauvages). Visitez aussi son petit musée-atelier du goût.

À St-Pée-sur-Nivelle

La ferme Machalenea – *64310 St-Pée-sur-Nivelle - ✆ 05 59 54 16 37 - 9h-21h.* Dans cette ferme familiale typique, les hommes cultivent la terre et élèvent les bêtes pendant que les femmes assurent la fabrication du fromage : de brebis, de Noël à fin mai, et de vache (lait cru et pâte cuite) toute l'année. Vente sur place et sur les principaux marchés de la région (St-Jean-de-Luz, Espelette, Biarritz, etc.).

SPORTS ET LOISIRS

À St-Jean-de-Luz

Fun Bike 64 – *Gare SNCF - ✆ 05 59 26 75 76 /06 27 26 83 01 - sur réserv. : 10h-19h* . Traduction de l'enseigne pour les non-anglophones : cette boutique loue VTT, vélos, scooters et motos pour découvrir la région en toute liberté.

Hélianthal – *Pl. Maurice-Ravel - ✆ 05 59 51 51 51 - www.helianthal.fr - 9h-13h, 14h15-19h45 - fermé* *de fin nov. à mi-déc. - 18 € - accès fin de journée au Spa Bio Marin, sauna, hammam, Espace Forme.* Week-end découverte thalasso (vend.-dim. ou sam.-lun.) comprenant l'hébergement et 3 soins quotidiens durant 2 jours. Parcours bio-marin, plusieurs forfaits au choix : semaine bien-être et santé, dos, jeune maman, jambes toniques, antistress, cap minceur… il y en a pour tous les maux !

Jaï-Alaï – *Av. André-Ithurralde - ✆ 05 59 51 65 36 - www.cestapunta.com - tlj sf w.-end 9h-12h30, 14h-19h - fermé oct.-mars - 12 € - (- 12 ans 6 €).* La cesta punta est le sport emblématique du Pays basque : elle se joue sur un fronton espagnol couvert (*jaï alaï*) à trois murs (devant, derrière, à gauche). De fin juin à fin août, des matchs professionnels de cesta punta ont lieu à cette adresse le mardi et le vendredi.

Trinquet Maïtena – *42 r. du Midi - ✆ 05 59 26 05 13 - 9h-22h.* Même si les Basques pratiquent volontiers d'autres sports comme le squash, le tennis ou le golf, ils en reviennent tous à la *pala*, qu'ils pratiquent dans un trinquet (petite salle couverte). Après une partie, c'est à cette adresse qu'ils se retrouvent pour se rafraîchir et pour chanter.

Luzaz gazte – *1 av. André-Ithurralde - ✆ 05 59 26 13 93 - http://perso.wanadoo.fr/luzazgazte/ - juil.-sept. : lun., jeu. 20h30-23h - 8 € pour les ateliers de pratique (- 12 ans 5 €).* . De juillet à septembre, vous pourrez assister à des parties de chistera le lundi et de grand chistera le jeudi (à 21h15) souvent accompagnées de chants et de danses. Ouvert à tous en dehors des compétitions, le fronton est souvent occupé par des ateliers de pratique encadrés pour enfants et adultes.

Le Spot – *16 r. Gambetta - ✆ 05 59 26 07 93 - le-spot64@wanadoo.fr - juil.-août : lun.-sam. 9h30-20h ; reste de l'année : lun.-sam. 10h-12h30, 14h30-19h30 - fermé lun. mat.* Cette boutique de sport organise des cours de surf et de *bodyboard*. Deux autres boutiques situées dans la même rue proposent les mêmes services : il s'agit de Bakea (au n° 37) et du H2O (au n° 72).

Aquabalade – *✆ 06 62 58 09 97 www.aquabalade.com - juil.-août : 10h-18h ; reste de l'année sur RV - 10 € en canoës de 3 personnes adultes ou 2 ad + 2 enf. - autres tarifs en canoës mono ou biplaces.* Balades entre Ascain et St-Jean-de-Luz à bord de canoës insubmersibles de 1 à 4 places. Dépaysement, silence, découverte de la faune et de la flore font le charme de cette balade sur la Nivelle.

École de voile internationale – *Parking de Socoa - 64500 Ciboure - ✆ 05 59 47 06 32 - contact@guyonnet-nautic.com - 9h-19h - fermé oct.-mars - 160 € stage de voile (-10 ans 120 €).* Cette école propose des stages de voile, ski nautique, bouée tractée ou *wake board* et la location de bateaux à moteur ou à voile et de planches à voile.

Sports Mer – *7 bd Thiers - Digue aux Chevaux - ✆ 05 59 26 96 94 ou 06 80 64 39 11 - www.sportsmer.com - juil.-août : 10h-20h - fermé j. fériés sf été - à partir de 20 €.* Parachute ascensionnel en solo ou en tandem, bouée tractée et scooter des mers : poussée d'adrénaline assurée ! On accueille ici enfants et adultes et on organise des randonnées en pleine mer en jet-ski qui, si elles ne nécessitent pas de permis, sont tout de même encadrées par un moniteur diplômé…

Yacht-Club Basque – *Parking dériveurs Socoa - 64500 Ciboure - ✆ 05 59 47 18 31 - www.ycbasque.org - juil.-août : 9h-19h30 ; hors sais. : 9h-17h - fermé de déb. nov. à fin janv. - 40 à 230 €.* Ce club ouvert toute l'année organise des stages de voile durant les vacances scolaires à bord de 420, de Hobie Cat 16 et de planche à voile. Les enfants pourront se former sur le traditionnel Optimist ou à bord d'un petit catamaran nommé Colibri. Bon vent !

Association sportive de la Nivelle – *Pl. William-Sharp - 64500 Ciboure - ✆ 05 59 47 18 99 - www.golfnivelle.com - été : 7h-20h30 ; hors sais. : tlj sf jeu. 8h-19h* . Si, en France, l'engouement pour le golf demeure un phénomène récent, ce sport a toujours compté parmi les plus populaires au Pays basque. Le lieu ne verse donc guère dans le snobisme. Outre un golf de 18 trous, cette association possède 3 tennis et 2 squashs.

Golf de Chantaco – *Rte d'Ascain - ✆ 05 59 26 14 22 ou 26 19 22 - www.golfdechantaco.com - sais. : 8h-19h ; hors sais. : 8h30-18h - de 48 à 66 €.* Parcours renommé de 18 trous dont les 9 premiers sont tracés en forêt.

À St-Pée-sur-Nivelle

Le Lac – *Base de loisirs - 64310 St-Pée-sur-Nivelle - ✆ 05 59 54 18 48.*
Ce lac de 12 ha, que l'on nomme ici « la petite mer intérieure », est alimenté par quatre sources. Il regroupe maints activités et services : plage surveillée, pédalos, canoës, toboggan aquatique, jeux pour les enfants, tennis, minigolf, pêche, parcours de santé, aires de pique-nique et divers points de restauration.

Cocktail Aventure – *Résidence Laminak - 64310 St-Pée-sur-Nivelle - ✆ 05 59 54 18 69 - www.cocktail-aventure.com - juil.-août : tlj sf dim. 10h-13h, 15h-19h (bureau) ; base eaux vives : 9h15-18h - fermé oct.-nov.* Cet organisme, spécialisé dans les loisirs de plein air, dispose de plusieurs antennes dans le Pays basque. Le bureau d'accueil de St-Pée en est un. Parmi les activités proposées : le kayak, l'hydrospeed, la randonnée, le canyoning, les descentes en rafting… À savoir : la plupart des parcours partent de Bidarray.

AGENDA

Fête de la St-Jean – (w.-end de la St-Jean). Grand-messe, concerts, chistera, force basque, feux de la St-Jean, bal, *toro de fuego*, etc. ✆ 05 59 26 03 16 - www.saint-jean-de-luz.com.

Fête du thon – (1er sam. de juil.). Défilé, animations et jeux, dégustations de thon-piperade, *bandas* et bals. ✆ 05 59 26 03 16.

Internationaux professionnels de cesta punta – (Juin-août). ✆ 05 59 26 03 16 - www.saint-jean-de-luz.com.

Musique en Côte basque – (Fin août-déb. sept.). ✆ 05 59 26 03 16 - www.saint-jean-de-luz.com.

Hendaye

★

Hendaia

14 041 Hendayais - Pyrénées-Atlantiques (64)

NOS ADRESSES PAGE 183

S'INFORMER

Office de tourisme – *67 bd de la Mer - 64700 Hendaye - ✆ 05 59 20 00 34 - juil.-août : lun.-sam. 9h-19h30, dim. et j. fériés 10h-13h ; juin et sept. 9h30-12h30, 14h-18h30, dim. 10h-12h ; reste de l'année : se rens. auprès de l'office de tourisme - fermé 1er janv., 1er Mai, 8 Mai, 1er nov., 11 Nov. et 25 déc.*

Visites guidées – L'office de tourisme propose deux visites guidées : l'une autour du bourg historique, et l'autre sur le côté plage. *4 € (famille 10 €) - chasse au trésor 7 €.*

Train – *✆ 0 800 872 872 - www.ter-sncf.com/aquitaine.* Le forfait Passbask, utilisable tlj en juil.-août (le reste de l'année le w.-end), permet de voyager librement entre Bayonne et San Sebastián. *En vente dans toutes les gares SNCF d'Aquitaine et celles d'Euskotren.*

Navette maritime – Une navette maritime relie le port d'Hendaye à Fontarabie (Hondarribia) en 5mn - *dép. ttes les 15mn - 1,60 €.*

Aéroports – Voir Bayonne-Anglet-Biarritz (à 25mn) et St-Sébastien-Fontarabie (à 10mn).

SE REPÉRER

Plan de région A2 (p. 126) – carte Michelin n° 573 B 24. Sur la rive droite de la Bidassoa qui vient se jeter dans l'Océan, Hendaye est formée de trois quartiers : Hendaye-Gare, Hendaye-Ville et Hendaye-Plage.

SE GARER

Près des plages.

À NE PAS MANQUER

Le château d'Antoine Abbadie.

AVEC LES ENFANTS

La longue plage en pente douce et le centre nautique restent des valeurs sûres pour les jeunes.

Posée entre mer et montagne, Hendaye n'est séparée de l'Espagne que par la Bidassoa : autant dire que les soirées, partagées entre la station française et ses voisines Irún et Fontarabie sont animées et que le *txikiteo* (tournée des bars à *pintxos*) s'y poursuit jusqu'à des heures avancées… Rien de tel pour se remettre d'une journée consacrée à la baignade, à la planche à voile ou au surf sur l'immense plage de cette cité balnéaire abondamment fleurie ponctuée par la silhouette emblématique des Deux-Jumeaux.

Se promener

Hendaye-Plage
Si une chose ne manque pas à Hendaye-Plage, c'est bien le vert dans les jardins ou sur les avenues : magnolias, palmiers, tamaris, eucalyptus, mimosas et lauriers foisonnent. Dans l'ancien casino de style mauresque, vous flânez entre boutiques, cafés et restaurants. Il est le point de départ du GR 10 traversant les Pyrénées d'ouest en est.

Au nord-est de la plage, vous pouvez voir les rochers des Deux-Jumeaux, au large de la pointe de Ste-Anne ; à l'opposé, le **cap du Figuier★** (Cabo Higuer), déjà en Espagne, marque l'embouchure de la Bidassoa. Une piste cyclable relie la plage au centre-ville par la baie de Chingoudy.

Baie de Chingoudy
L'estuaire de la Bidassoa forme à marée haute un lac tranquille : la baie de Chingoudy, où l'on peut pratiquer toutes sortes d'activités nautiques. Port de plaisance avec navettes pour le petit port de pêche espagnol de **Fontarabie★ (Hondarribia/ Fuenterrabía)** – *(voir p. 274)*.

ILLUSTRES HENDAYAIS

L'écrivain **Pierre Loti** est mort à Hendaye le 10 juin 1923, dans une modeste maison basque *(r. des Pêcheurs)*. La station est aussi la ville natale de **Bixente Lizarazu**, un des joueurs de l'équipe de France de football qui a remporté la Coupe du monde en 1998. En 2009, la jeune hendayaise **Pauline Ado** est devenue championne du monde junior de surf.

Église St-Vincent
Grande église de type basque. La présentation actuelle – fragments de retable détachés de leur meuble, statues en bois polychrome – permet de détailler chaque œuvre. À droite, un baptistère a été installé dans une niche à fronton du 17e s. ; un bénitier roman décoré de la croix basque sert de cuve. La première galerie des tribunes supporte un petit orgue dont le buffet doré est décoré d'une Annonciation. Remarquez dans la chapelle du St-Sacrement, un grand **crucifix★**, œuvre sereine du 13e s.

Sentier du littoral
Voir St-Jean-de-Luz p. 167 et p. 22. Sur 25 km, parcourez le sentier en découvrant la faune et la flore *(location d'audioguide à l'office de tourisme - 3 €/j.)*.

Chemin de la Baie
Du port de plaisance à l'île de la Conférence, cette promenade de 15 km autour de la Baie de Txingudi offre une belle vue sur les villes d'Irún et Fontarabie.

Coucher de soleil sur les Deux-Jumeaux.
Terre et Côte Basques

À proximité Plan de microrégion

Domaine d'Abbadia A2

Sortez d'Hendaye par la D 912 en direction de St-Jean-de-Luz (par la corniche). Tournez à gauche en suivant le fléchage « Domaine d'Abbadia ». Chiens, VTT et cueillette sont interdits. ✆ 05 59 20 37 20 - www.abbadia.fr - plusieurs formules de visites commentées sont proposées de mi-juin à mi-septembre, voir sur le site. Prévoir des jumelles pour observer les oiseaux. À la pointe Ste-Anne, le domaine d'Abbadia est un site naturel protégé aux caractéristiques de la Côte basque : prairies couvertes de landes à ajoncs et à bruyères s'arrêtant en falaises abruptes sur la mer. Vous pouvez voir les rochers des Deux-Jumeaux et, à l'aide de jumelles, observer les oiseaux migrateurs, tels le pluvier argenté, le busard cendré, l'outarde canepetière et le milan royal.

★★ Château d'Antoine Abbadie A2

Suivez la D 912 que l'on quitte à gauche pour entrer dans le parc du château. ✆ 05 59 20 04 51 - www.academie-sciences.fr/Abbadia.htm - juin-sept. : lun.-vend. 12h30-14h, w.-end. 14h-18h (visites guidées et visites libres) ; oct.-mai : mar.-sam. 14h-17h (visites guidées uniquement) - fermé j. fériés, de mi-déc. à fin janv. - visite guidée 6,60 €, libre 5,50 € (enf. 3,30 € ou 2,70 €).

Étonnant bâtiment néogothique, ce château fut la demeure de l'explorateur et astronome **Antoine Abbadie** (1810-1897). Ce savant, après dix ans passés à cartographier l'Éthiopie, choisit la pointe Ste-Anne pour faire bâtir un châ-

UNE VILLE-FRONTIÈRE

De par sa situation stratégique en bord de fleuve, Hendaye a toujours fait office de frontière et en a subi les inconvénients. Jusqu'au 18e s., la cité se trouve en effet régulièrement en conflit avec ses voisines Irún et Fontarabie, notamment à propos des droits de pêche sur le fleuve et le golfe. Cela lui vaut même d'être détruite en 1793.

La prospérité ne revient qu'à partir de 1864, avec l'arrivée du chemin de fer. Hendaye voit alors se construire le château d'Abbadie (1864), le casino de style mauresque (1884), un golf et l'hôtel Eskualduna (1911), ainsi que de nombreuses villas d'inspiration basque témoignant de son attrait balnéaire. Mais son atout économique est avant tout lié au train, puisque la ville devient un nœud ferroviaire incontournable entre l'Espagne et la France (notamment en raison de la différence d'écartement des rails entre les deux pays, ce qui nécessitait des arrêts).

teau digne de ses rêves africains, mais servant son goût pour le Moyen Âge et pour la science. Pour ce faire, il fit appel à **Viollet-le-Duc** et à son élève Edmond Duthoit. Le mélange ne manque pas de piquant : tours crénelées à la médiévale et toits en poivrière dominent le parc planté d'essences et de plantes exotiques. Dans toutes les pièces – peintes, ornées de fresques, tendues de cuir de buffle… –, on peut lire des vers, des devises en anglais, en basque et en amharique (langue éthiopienne). Dans le grand **salon★**, peint en bleu foncé, brillent les monogrammes d'Antoine et de son épouse Virginie. Une façon de s'élever au rang d'étoile… L'observatoire conserve une lunette méridienne, utilisée par des prêtres astronomes jusqu'en 1975 ; elle servait principalement à déterminer le positionnement des étoiles dans le ciel.

Biriatou/Biriatu A2

5 km au sud-est. Quittez Hendaye par la route de Béhobie.

Une placette à fronton avec son auberge attenante, quelques marches et une église, voilà une image de carte postale. Du village, la vue s'étend sur les montagnes boisées, la rivière-frontière en contrebas et l'Espagne de l'autre côté. Jadis, l'activité de ce lieu était en grande partie consacrée à la contrebande et d'anciennes traditions se perpétuent encore. Le **jeu de l'oie** en est un exemple : des jeunes gens à cheval doivent trancher le cou d'un de ces malheureux volatiles, rite initiatique nécessaire pour devenir un homme.

LIEU D'ÉCHANGES

Le 7 novembre 1659, **Mazarin** et son homologue espagnol, **Luis de Haro**, signent à Hendaye le **traité des Pyrénées**, mettant officiellement fin à la guerre de Trente Ans. Symboliquement, la cérémonie se déroule sur l'île des Faisans posée au milieu de la Bidassoa entre Hendaye et Fontarabie. Grâce au traité, le royaume de France s'empare du Roussillon, du Vallespir, du Conflent, du Capcir, de la Cerdagne, de l'Artois ainsi que de quelques places fortes de Flandres et de Lorraine. De plus, une frontière est délimitée entre les deux territoires. Clause annexe : le jeune roi de France, **Louis XIV** épousera l'infante d'Espagne, Marie-Thérèse l'année suivante à St-Jean de Luz… et s'engage à renoncer à ce que ses héritiers briguent le trône espagnol. La dot de Marie-Thérèse ne sera jamais versée, permettant à Louis XIV de revendiquer, plus tard, la couronne d'Espagne, ravivant, de ce fait, les guerres entre les deux peuples…

NOS ADRESSES À HENDAYE

HÉBERGEMENT

PREMIER PRIX

Camping Dorrondeguy – *r. de la Glacière - 5 km au NE par D 912 et D 658 à dr., rte de la Glaciére - ✆ 05 59 20 26 16 - www.camping-dorrondeguy.com - de déb. avr. à fin sept. - ♿ - réserv. conseillée - 120 empl. 25 €.* Le propriétaire de ce camping très agréable a repris l'affaire fondée par sa grand-mère en 1950. Il propose des emplacements bien ombragés et séparés par des haies, des mobile homes tout neufs et un charmant petit village de cinq chalets. Parmi les activités : un fronton de pelote basque.

Camping Ametza – *bd de l'Empereur - ✆ 05 59 20 07 05 - ametza@neuf.fr - de déb. juin à fin sept. - ♿ - réserv. conseillée - 300 empl. 29,50 €.* Le camping Ametza reste une valeur classique et sûre. Parmi ses principaux atouts : l'accueil souriant, le cadre boisé et ombragé, le bon entretien des lieux, le bar-snack-épicerie et la piscine. Si vous ne voulez pas dormir sous la tente, optez pour les mobile homes ou les chalets.

BUDGET MOYEN

Hôtel Valencia – *29 bd de la Plage - ✆ 05 59 20 01 62 - www.hotelvalencia.fr - fermé 15 déc.-31 janv. - ♿ - P - 21 ch. 50/82 € - ☕ 7 €.* Seule la route sépare cet hôtel de la grande plage d'Hendaye. La salle des petits-déjeuners, située au 1er étage, et quatre chambres bénéficient de la vue sur l'Océan et les côtes espagnoles. Décor et mobilier sobrement fonctionnels. Bar et salon de thé au rez-de-chaussée. Hébergements possibles dans des studios et appartements très bien aménagés.

Les Jardins de Bakéa – *r. Herri Alde - 64700 Biriatou - ✆ 05 59 20 02 01 - www.bakea.fr - fermé 15 nov.-3 déc. et 17 janv.-4 fév. - ♿ - P - 25 ch. 57/125 € - ☕ 10 € - rest. formule déj. 28 € - 47/67 €.* Cette maison régionale du début du 20e s. a fait en partie peau neuve et propose huit chambres « prestige », dont quatre mansardées, et dix-sept traditionnelles avec mobilier basque. Nouveau restaurant (poutres apparentes) et agréable terrasse d'été sous les platanes.

POUR SE FAIRE PLAISIR

Villa Goxoa – *Av. des Magnolias- ✆ 05 59 20 32 43 - www.villa-goxoa.com - 7 ch. 68/118 € - ☕ 12 €.* Une villa traditionnelle abrite cet hôtel de charme qui a ouvert ses portes à l'été 2009.

Hôtel Uhainak – *3 bd de la Mer - ✆ 05 59 20 33 63 - www.hotel-uhainak.com - fermé de fin nov. à janv. - ♿ - P - 14 ch. 72/80 € - ☕ 6 €.* Seule la route qui longe le bord de mer sépare cet hôtel de la grande plage d'Hendaye. Les chambres et les salles de bains possèdent de beaux volumes. Celles du premier étage ont un balcon (à choisir de préférence côté Océan) et sont meublées dans le style basque. Accueil simple et convivial.

UNE FOLIE

Hôtel Serge Blanco Ibaia – *bd de la Mer - ✆ 05 59 51 35 35 - www.hotelibaia.com - fermé en déc. - ♿ - 90 ch. 132/342 € - ☕ 14 €.* À la tête de cet hôtel et de son centre de thalassothérapie, bâtis entre plage et marina, le célèbre rugbyman. Chambres de style contemporain, spacieuses et entièrement rénovées.. Trois formules de restauration au choix : diététique, gastronomique et grill en été.

RESTAURATION

PREMIER PRIX

La Cidrerie – *D 810 - 64700 Biriatou - ✆ 05 59 20 66 25 - fermé 2 sem. fin oct., 2 sem. fin déc.-déb. janv., 1 sem. en juin, dim. soir et mar. soir sf juil.-août et lundi -* 🅿 *- 12/23,50 €.* À La Cidrerie, vous boirez bien sûr le cidre de la propriété, que vous accompagnerez d'une copieuse côte de bœuf ou d'une daurade grillés, spécialités de la maison. Le décor est simple – murs blancs, bois et petites fenêtres – et le service sans chichi.

Restaurant du Casino – *121 bd de la Mer - ✆ 05 59 48 02 48 - casino.hendaye@club-internet.fr - 14/25 €.* Ce restaurant a des airs de brasserie cossue : banquettes confortables, nappes colorées, terrasse face à la plage et service efficace. Sa carte propose des produits très frais et bien mitonnés. À goûter en priorité : le poisson grillé *a la plancha*, la selle d'agneau en croûte de sauge et les frites maison.

BUDGET MOYEN

Marco Polo – *2 bd de la Mer - ✆ 05 59 20 64 82 - polom@wanadoo.fr - fermé 7 janv.-7 fév., le soir de nov. à mars sf w.-end et vac. d'hiver - ♿ - formule déj. 13 € - 23/33 €.* L'on pourrait se croire en croisière sur un bateau dans ce restaurant avec ses boiseries claires, ses rampes et objets en cuivre. Et par ses larges baies vitrées, la baie d'Hendaye, l'estuaire de la Bidassoa, la mer et… l'Espagne. Dans l'assiette, les poissons tiennent la vedette.

POUR SE FAIRE PLAISIR

Enbata – *76 av. des Mimosas - ✆ 05 59 48 88 88 - www.hotelibaia.com - fermé 4-26 déc. - formule déj. 20 € - 28/35 €.* L'hôtel d'Ibaia abrite plusieurs formules de restauration, dont l'Enbata. On dresse ses tables sur les terrasses de l'établissement – côté marina et côté piscine –, ainsi que dans des salles modulables. Le décor est contemporain et la cuisine, au goût du jour, emprunte son vocabulaire aux saveurs du terroir.

EN SOIRÉE

Bon à savoir – Les noctambules français prolongent souvent leurs sorties festives à **Irún**, de l'autre côté de la frontière. La vie nocturne s'y concentre autour de la place San Juan et la rue Karrika Nagusia. Là, des dizaines de bars à tapas ouvrent jusqu'à des heures indues.

Casino de Sokoburu – *121 bd de la Mer - ✆ 05 59 48 02 48 - www.casino-hendaye.com - 10h-4h.* Ce casino situé face à la plage et à proximité du centre de thalassothérapie vous permet de tenter fortune aux machines à sous tous les jours dès 10h du matin… Black-jack et roulette fonctionnent en soirée. Pub, restaurant et animations.

SPORTS ET LOISIRS

Complexe hôtelier et thalassothérapie – *125 bd de la Mer - ✆ 05 59 51 35 35 - hôtel : 24h/24h ; thalasso : 9h-18h - fermé 3 sem. en déc.* Week-end initiation thalasso comprenant une nuit en pension complète, 3 soins d'hydrothérapie (sam.) et accès libre à l'espace de remise en forme (dim.)

L'Hendayais II – *Port de Plaisance de Sokoburu - ✆ 05 59 47 87 68 - fermé nov.-fév.* La découverte de la Côte basque à bord de *L'Hendayais II* montre tour à tour les falaises de schiste, la petite baie de Loya au pied du château d'Abbadie et les contreforts des

Pyrénées. Les sorties durent de 45 minutes à deux heures. Si vous le souhaitez, vous pouvez aussi participer à une pêche en mer.
Bidassoa Surf Club – *1 rte de la Corniche - ✆ 05 59 48 32 80 - www.hendayebidassoasurfclub.com/.* École de surf labellisée par la Fédération française de surf.
Centre nautique – *64 av. des Mimosas - ✆ 05 59 48 06 07 - www.hendaye.com - été : 18h30 ; reste de l'année : tlj sf w.-end 9h-12h, 14h-18h* . Pratique de la voile et de la planche à voile. Location de kayak.
Memphis Jet – *14 r. Barrandeguy - ✆ 06 21 06 40 28 - www.memphis-jet.com - rando de 90 € à 350 € par jet-ski. - (-17 ans à partir de 15 € pour les engins tractés).*
Découvrir la Côte basque en jet-ski, sans permis, est désormais possible grâce à cette société spécialisée dans la randonnée en mer. En compagnie d'un moniteur, vous longerez les côtes d'Hendaye, St-Jean-de-Luz, St-Sébastien et Biarritz. Sensations inoubliables en perspective.
Onaka – *12, av. des Mimosas - ✆ 05 59 20 85 88 - www.onaka.fr.* Cette école de surf est un lieu incontournable pour qui veut pratiquer une activité sportive à Hendaye. Au programme : apprentissage et location de surf, randonnées à vélo ou à VTT (pour adultes et enfants), baptême de plongée, sorties en raft ou en kayak, skate et journée « Découverte de la pelote basque ».
Yakanoë – *Plage de Sokoburu - ✆ 05 59 39 35 36 - www.yakanoe.com.* Découverte du littoral et des rivières basques en pirogue hawaïenne ou en kayak de mer. Initiation ou stages plus sportifs.

AGENDA

Fêtes de la Bixintxo – (22 janv.).
Festival de cinéma Filmar dédié à l'environnement – (Mai).
Fête du Chipiron – (13 juil.).

Sare

★

Sara

2 271 Sarois - Pyrénées-Atlantiques (64)

NOS ADRESSES PAGE 188

S'INFORMER
Office de tourisme – *Herriko etxea - 64310 Sare - ✆ 05 59 54 20 14 - www.sare.fr - juil.août : lun.-vend. 9h30-12h30,14h-18h30, sam. 9h30-12h30, dim. 10h-12h30 ; avr.-oct. : lun.-vend. 9h30-12h30,14h-18h, sam. 9h30-12h30 (sf oct.) ; nov.-mars : lun.-vend. 9h30-12h30, 13h30-17h30.*

SE REPÉRER
Plan de région B3 (p. 126) – carte Michelin n° 573 C 25. À 3 km de la frontière espagnole et à 14 km au sud-est de St-Jean-de-Luz via Ascain, par la D 918 puis la D 4.

SE GARER
Parking devant la mairie ou à l'entrée de la ville.

À NE PAS MANQUER
La maison Ortillopitz.

AVEC LES ENFANTS
La grotte, le musée du Gâteau basque pour les plus gourmands, et la ferme Etxola pour ceux qui aiment les animaux.

C'est « l'un des plus beaux villages de France » et le label n'est pas usurpé ! Posé au pied de la Rhune, Sare, haut lieu de la préhistoire, a soigneusement préservé toute son authenticité basque avec son grand fronton, ses rues ombragées et sa belle église aux galeries de bois. Connue pour ses festivités, l'attachement des habitants à leurs traditions et pour sa gastronomie, Sare est aussi l'une des cités les plus vivantes du Pays basque.

Se promener

Église St-Martin

Elle abrite trois étages de galeries et de riches retables. La chaire peinte surplombant l'assemblée est du 18e s. Remarquez à gauche de la nef la plaque en l'honneur de **Pedro Axular**, auteur de *Guero*, un classique de la littérature basque paru en 1643.
À l'extérieur, notez les fenêtres découpées dans l'épaisseur du mur, ainsi que l'escalier donnant accès aux galeries.

Musée du Gâteau basque

Maison Haranea, quartier Lehenbiscay - ✆ 05 59 54 22 09 - www.legateaubasque.com - du 1er avr. au 8 Mai et du 8 juil. à fin août : visites lun.-vend. à 11h, 15h, 16h30 - mai-juin et sept. : lun.-vend. 11h, 15h ; oct. : mar.-vend. 11h - 6 € (enf. 5 €).

La *sukalde* (cuisine), garnie de meubles et objets d'époque, vaut déjà le détour et la suite vous réserve bien des surprises… Vous aurez le choix entre deux visites : dans la « visite classique », le chef pâtissier vous donnera quelques conseils avisés en réalisant devant vous ce gâteau traditionnel *(45mn - 6 €)*. La « visite plus » *(seult pour les groupes à partir de 8 pers. - 1h20 - 12 €)* permet de préparer vous-même le dessert et de l'emporter à la fin du cours. Pour les sportifs et les gourmands, un goûter est proposé par le musée.

RAMUNTCHO

Écrit en 1897, ce roman de **Pierre Loti** qui (il faut bien le reconnaître) date quelque peu, est censé se dérouler à Sare, décrite sous le nom d'Etchézar. Il présente un Pays basque de pacotille où si l'on n'est contrebandier, c'est que l'on joue à la pelote…

À proximité Plan de microrégion

Ferme Etxola B3

3 km au sud-ouest par la D 306. Peu après l'intersection menant à la grotte de Sare, sur la gauche. Rte des grottes de Sare et col de Lizarrieta - www.parc-animalier-etxola.com - ✆ 06 15 06 89 51 - juil.-août 10h-19h ; avr.-juin 10h-18h ; sept.-oct : 10h-17h ; reste de l'année : se renseigner - 5 € (-12 ans 4 €).

Les clapiers à lapins côtoient les enclos à poules, les cages des calopsytes (perruches) jouxtent celles des dindons et des poules huppées, et les pigeons frisés de Hongrie avoisinent les sabelpoots (poules naines). Quant au cochon vietnamien, il dort non loin du parc à chèvres tandis que le mouton de Valachie partage son pré avec celui de Jacob. Bref, c'est une véritable arche de Noé que vous découvrirez, sans doute tout aussi rustique que l'originale.

Possibilité d'acheter du pain à l'entrée pour les animaux.

Lezea (Grottes de Sare) B3

✆ 05 59 54 21 88 - http://lezea.sare.fr - juil.-août : 10h-19h ; avr.-juin et sept. : 10h-18h (oct. 17h) ; fév.-mars 14h-17h ; nov.-déc. : 14h-17h - fermé janv. - 6,50 € (-14 ans 3,50 €).

Partie d'un vaste réseau de galeries creusées dans du calcaire dur, une des cinq grottes préhistoriques de Sare, **Lezea** (« grotte » en basque) est ouverte à la visite : le travail de corrosion et d'abrasion a fait apparaître toutes sortes de cavités karstiques. Les outils de silex (grattoirs, haches, pointes de sagaie, etc.) et débris d'os découverts témoignent d'une occupation humaine, dont la phase la plus dense a été située au périgordien supérieur (20 000 av. J.-C.). Passé le vaste porche, on suit un parcours de 900 m mis en valeur par des éclairages et un montage audiovisuel sur fond de *txalaparta* (instrument à percussions qui évoque le son d'un galop) : cette ambiance sonore contribue au projet d'ensemble qui est de retracer l'histoire du peuplement basque. La visite s'achève sur la découverte d'un **musée** évoquant notamment les travaux de l'ethnologue basque José Miguel de Barandiarán (1889-1991) et d'un **parc mégalithique** attenant à la grotte présentant des reconstitutions de dolmens et de cromlechs.

2h AR. Le sentier des Contrebandiers mène aux grottes de Zugarramurdi en Navarre *(voir « Ainhoa » ci-contre)*.

Col de Lizarrieta B3

9 km au sud-ouest par la D 406, sur la frontière espagnole, vers d'Etxalar.
Alt. 441 m. Très animé à l'époque de la chasse à la palombe (postes de guet et de tir le long du chemin de crête).

★★★ La Rhune B3

3 km au nord-est sur la route d'Ascain (D 4) jusqu'au col de St-Ignace.
Voir p. 171.

L'« ENFER DES PALOMBES »

C'est ainsi que les connaisseurs appellent Sare. Mais leur enfer s'étend en fait à tout le Sud-Ouest, où la chasse au pigeon ramier prend des allures de sport national. Elle a lieu en automne, quand les palombes venues des pays nordiques descendent vers des horizons plus cléments. Les volatiles font halte dans les forêts landaises ou pyrénéennes, vivant là leur dernière heure. Depuis les palombières (tours-cabanes placées sur les lieux de passage des oiseaux), on les rabat en effet à grand renfort d'appeaux et de fausses palombes vers les filets tendus ou, usage de plus en plus fréquent, vers les canons des fusils.

NOS ADRESSES À SARE

HÉBERGEMENT

BUDGET MOYEN

Hôtel Lastiry – *Place du Village - ☏ 05 59 54 20 07 - www.hotel-lastiry.com - fermé déc.-mars - 11 ch. 60/110 € - ☕ 11 €.* Cette demeure historique du 18e s., avec poutres et pierres apparentes, abrite 11 chambres de charme, spacieuses, calmes, disposant d'une belle vue sur les montagnes environnantes. Vous pourrez aussi goûter à la cuisine gastronomique élaborée à partir de produits régionaux.

RESTAURATION

POUR SE FAIRE PLAISIR

Maison Olhabidea – *☏ 05 59 54 21 85 - www.olhabidea.com - fermé déc.-fév. - 35 €.* Au bord de la rivière, dans cette ferme posée au milieu de la montagne, vous dégusterez le menu surprise de Guillaume, concocté avec les produits de saison du potager comme le risotto aux cèpes et fois gras à l'automne ou la meringue au mascarpone et fraises gariguette l'été. Service en terrasse aux beaux jours.

ACHAT

Boutique du musée du Gâteau basque de Sare – *Voir les coordonnées p. 186.* Après la visite du musée, les réalisations culinaires de la journée sont proposées à la vente, ainsi que des produits maison.

Vue sur le pittoresque village d'Ainhoa.
Office du tourisme d'Ainhoa

Ainhoa

★

648 Ainhoars - Pyrénées-Atlantiques (64)

NOS ADRESSES PAGE 191

S'INFORMER

Maison du patrimoine – *64250 Ainhoa - ✆ 05 59 29 93 99, www.ainhoa.fr - juil.-août : lun.-sam. 10h30-12h30, 14h-18h ; avr.-juin et sept.-oct. : horaires variables, consulter l'office de tourisme - fermé dim. et j. fériés.*

SE REPÉRER

Plan de région C3 (p. 127) – Carte Michelin nº 573 C 25. 8 km au sud-ouest de Cambo-les-Bains, dans le Labourd. La petite D 20 mène au centre de ce village-rue.

À NE PAS MANQUER

Le site de la grotte des Sorcières, à Zugarramurdi.

ORGANISER SON TEMPS

Le village constituant un point départ de randonnées ou d'excursions vers la vallée du Baztan, on pourra le visiter avant de partir en promenade ou en fin d'après-midi, lorsque la lumière le rase et l'enflamme.

AVEC LES ENFANTS

Découvrez les nombreuses grottes des environs.

Il suffit de parcourir les rues d'Ainhoa pour reconnaître qu'il s'agit d'une ancienne bastide comme en témoigne son plan rationnel. Mais c'est aussi et surtout LE village basque par excellence. Tout y est : maisons rouge et blanche, fronton de pelote qui fait presque corps avec l'église, cimetière hérissé de stèles discoïdales. Au coucher du soleil, la montagne elle-même prend une teinte « rouge basque ». Charme assuré !

Se promener

★ Rue principale

Cette ancienne bastide est un véritable lotissement ! Une haie de maisons des 17e et 18e s. aux toits débordants, aux façades de guingois sous la chaux datant de la dernière St-Jean, aux volets et aux colombages colorés, aux poutres ornées de frises et d'inscriptions : on ne sait laquelle choisir ! Les vastes *lorios* (porches) des maisons conservent des anneaux d'attache pour les mules, souvenirs du temps où Ainhoa était, outre une halte pour les pèlerins, un relais pour les marchands transitant par la frontière espagnole.

Église – Précédée d'un clocher-porche, elle est dédiée à N.-D.-de-l'Assomption. Son agencement et sa décoration sont typiquement basques : boiseries dorées du chœur (17e s.), nef à double galerie et plafond à caissons.

N.-D.-d'Aranzazu (N.-D.-de-l'Aubépine)

Prenez la rue à gauche de la mairie et suivez le balisage du GR. Comptez 2h AR. Pèlerinage lun. de Pentecôte avec messe en basque à 10h30 - ✆ 05 59 29 92 60.

Sur le tracé du GR 10, ce chemin vous mène à la chapelle, construite sur les lieux où la Vierge serait apparue dans un buisson d'aubépine. Ce lieu de pèlerinage est l'occasion d'une belle promenade. En haut, vue sur Ainhoa et panorama sur la rade de St-Jean-de-Luz et Socoa. Plus loin apparaissent les premiers villages espagnols au pied des hautes montagnes navarraises.

À proximité Plan de microrégion

Zugarramurdi B3

7 km au sud-ouest par la D 20, puis la NA 4 401 après la frontière.

Difficile d'imaginer, en parcourant ce charmant village, que son nom est associé depuis des siècles à la sorcellerie. Pourtant… en 1610, plus de 300 personnes y furent arrêtées par l'Inquisition et une quarantaine condamnées pour avoir organisé des messes noires dans la grotte. Un petit **musée des Sorcières** (Museo de las Brujas) retrace ces événements – *✆ 948 599 004 - de mi-juil. à mi-sept. : mar. 16h-19h30, mer.-dim. 11h-19h30 ; de déb. avr. à mi-juil. : merc.-vend. 11h-18h30, w.-end et j. fériés 11h-19h ; reste de l'année : merc.-vend. 11h-18h - 4 €.*

★ Cueva de las Brujas (Akelarrenlezea/Grotte des Sorcières) B3 – *Panneau directionnel sur la place de l'église. ✆ 948 599 305 - 10h30-20h - 3,50 €.*

Un parcours balisé mène au canyon creusé par le ruisseau de l'Enfer, lieu de réunion des sorcières. Tout autour, plusieurs sentiers empruntent d'anciens chemins de contrebande. Une très belle vue sur le village et ses alentours attend les plus motivés depuis le mirador aménagé en haut de la colline.

Urdazubi/Urdax C3

5,5 km au sud-ouest par la D 20 puis, en Espagne, par la N 121B et la NA 4 402.

De petits canaux et une rivière sillonnent ce village dont le nom signifie « eau et pont ». Il conserve quelques maisons anciennes, signalé par la massive silhouette de l'église San Salvador, dernier vestige d'un monastère prémontré, autrefois hôpital pour les pèlerins en route vers Compostelle.

Cuevas (grottes) de Urdazubi o Gruta de Ikaburu C3 – *Tournez à droite avant d'arriver au village. Prenez à nouveau à droite à l'embranchement et comptez 500 m ✆ 948 599 241 - visite guidée mars-déc. 11h-18h, se renseigner pour les horaires des visites - fermé lun. (sf mars-oct.), 1er janv. et 25 déc. - 4,50 € (enf. 2,50 €).*

Patiemment sculptée par l'Urtxurme (« ruisseau humble ») dans lequel évoluent toujours truites et anguilles, cette grotte déploie de fascinants tableaux de silex, de marbre, de colonnes de calcite (dont la crèche) et de racines d'arbres prises dans des gangues de calcaire.

NOS ADRESSES À AINHOA

HÉBERGEMENT

POUR SE FAIRE PLAISIR

La Maison Oppoca – *Au bourg - ✆ 05 59 29 90 72 - www.oppoca.com - fermé 10 janv.-4 fév. et 22 nov.-16 déc. - P - 10 ch. 75/120 € - ☕ 9 € - rest. 27/65 €.* Les murs de cette demeure basque datent de 1663. Ils accueillent des chambres confortables où règne une ambiance d'autrefois. Dès l'arrivée des beaux jours, le jardin offre un cadre parfait pour les petits-déjeuners. Au restaurant, cuisine gastronomique.

RESTAURATION

BUDGET MOYEN

Hôtel-Restaurant Etchartenea – *Dancharia - ✆ 05 59 29 90 26 - fermé merc. - P - 18 €.* Une halte originale que ce restaurant situé à même la frontière. La terrasse, sous les arbres et au bord de l'eau, est fort sympathique mais attention, si vous empruntez le petit pont enjambant le ruisseau, vous vous retrouverez en Espagne ! Cuisine familiale.

ACHATS

Pierre Oteiza – *R. Principale - ✆ 05 59 29 30 43 - www.pierreoteiza.com - 10h-19h - fermé janv., 25 déc. et lun. sf juil.-août.* Fabrication artisanale de succulents jambons de porc pie noir de la vallée des Aldudes et de plats cuisinés basques.

Pains d'épice d'Ainhoa – *Grande-Rue - ✆ 05 59 29 34 17 - www.pain-epice.net - 10h-19h, sf juil.-août 9h-20h - fermé janv. et de déb. nov. à mi-déc.* Seul un chevalet portant la mention « Pains d'épice d'Ainhoa » indique l'existence de ce fabriquant. À peine entré, on est enivré par l'odeur du miel à laquelle se mêlent, selon la saison, sept autres parfums : pain d'épice nature, bergamote, pruneaux/Armagnac, gingembre confit toute l'année, chocolat et orange à Noël et figue en été.

AGENDA

Fête des sorcières (21 juin).

Espelette

★

Ezpeleta

1 936 Espelettars - Pyrénées-Atlantiques (64)

NOS ADRESSES PAGE 194

S'INFORMER

Office de tourisme – *Au château des barons d'Ezpeleta, 145 rte Karrika-Nagusia - 64250 Espelette - ✆ 05 59 93 95 02 - www.espelette.fr - juil.-août : lun.-sam. 9h-12h30, 14h-18h30, sam. 9h30-12h30 ; reste de l'année : lun.-vend. 9h-12h30, 14h-18h (juin et sept. : sam. 9h30-12h30) - fermé dim. et j. fériés.*

Randonnées au clair de lune – *Le mar., 19h-23h. Inscription à l'office de tourisme.* Promenades en soirée en montagne avec un accompagnateur pour découvrir le pastoralisme, la contrebande, la Côte basque de nuit…

SE REPÉRER

Plan de région C2 (p. 127) – carte Michelin n° 573 B 25. À 6,5 km à l'ouest de Cambo-les-Bains.

SE GARER

Se garer en haut du village et le parcourir à pied.

ORGANISER SON TEMPS

Espelette est un village où il fait bon flâner, notamment pendant les jours de marché (voir encadré pratique).

Espelette fait partie de ces lieux dont le nom fait frétiller les papilles des gourmets : c'est bien entendu le piment qui lui vaut cette réputation quasi universelle, et les images des guirlandes rouge foncé des piments mis à sécher en automne sur les façades ont fait le tour du monde. Cela mis à part, vous ne regretterez pas une flânerie dans les rues tortueuses et pentues, bordées de maisons on ne peut plus basques de ce charmant village plein de vie…

Piments d'Espelette séchant au soleil.
Office du tourisme d'Espelette

Se promener

Village du piment, Espelette est aussi celui du pottok (prononcez *pottiok*). Ce petit cheval docile, trapu et pansu, habitué à une vie demi-sauvage sur les versants inhabités des montagnes, était jadis utilisé comme auxiliaire dans les mines. Il s'est aujourd'hui reconverti dans le tourisme puisqu'il accompagne les randonneurs dans leurs excursions en qualité de porteur de bagages (mais attention : on ne monte jamais un pottok !).
La balade dans le village vaut à elle seule le détour, mais consacrez une attention particulière à l'église du 17e s. et à l'ancien château.

Église

En bas d'Espelette. Fortifiée et dotée d'un massif clocher-porche depuis 1627, elle présente les galeries traditionnelles des églises basques. Dans la chapelle des Ezpeleta, beau retable du 16e s. À voir également, les stèles discoïdales des 17e et 18e s. dans le cimetière attenant.

Château des barons d'Ezpeleta

Mairie et office de tourisme sont installés dans ce château, élevé au 11e s., mais plusieurs fois détruit et reconstruit. **Exposition** permanente sur le « piment dans le monde ». *✆ 05 59 93 95 02 - ♿ - mat. et apr.-midi, sam. mat. - fermé dim. et j. fériés - gratuit.*

LE PIMENT

Introduit au Pays basque en provenance d'Amérique via l'Espagne au 17e s., le piment devient très vite le condiment favori de ses habitants : séché au soleil avant d'être réduit en poudre, on le mit d'abord dans le chocolat et il remplaça le poivre dans la cuisine locale (poulet basquaise, *tripotxa* – boudins de veau –, *axoa* – émincé de veau –, etc.). Mais, outre le terroir, tout est dans les semis : certains se fient à la Lune, pour d'autres, c'est le jour de la St-Joseph qu'il faut pratiquer cette délicate opération…
Le piment d'Espelette a gagné ses lettres de noblesse en décrochant l'AOC en 1999 (cette appellation concerne également une dizaine de villages environnants). Cette reconnaissance a relancé son exploitation, le nombre de producteurs passant d'une trentaine en 1997 à une cinquantaine en 2000. Cette épice est devenue la plante à tout faire des Espelettars : en bain de pieds, ce fruit soigne même les grippes et les bronchites ! *Pour plus d'informations : www.pimentdespelette.com.*

DEUX HOMMES D'ÉGLISE QUI ONT FAIT PARLER D'EUX

Espelette a donné le jour à deux ecclésiastiques à la personnalité sortant de l'ordinaire. Le premier se nommait **Armand David** (1826-1900) et fut surnommé le « Livingstone français » pour avoir réalisé des explorations en Chine entre 1866 et 1874. Naturaliste tout autant que missionnaire, collaborateur du Museum, il est le premier occidental à rencontrer en 1869 un panda géant… charmant animal qui fut longtemps appelé **« l'ours du père David ».**

Tout aussi peu conventionnel, le second est le cardinal **Roger Etchegaray**, né en 1922, proche collaborateur du pape Jean-Paul II.

NOS ADRESSES À ESPELETTE

HÉBERGEMENT

BUDGET MOYEN

Hôtel Euzkadi – *285 Karrika-Nagusia - ✆ 05 59 93 91 88 - www.hotel-restaurant-euzkadi.com - fermé mar. hors sais. et lun. - ♿ - P - 27 ch. 64/75 € - ☕ 8 € - rest. 18/34 €.* On ne peut rater cette adresse typiquement basque tant le rouge de sa façade se voit de loin. Chambres entièrement rénovées dans le bâtiment principal, climatisées, d'un réel confort. Piscine et tennis. Vous dégusterez une cuisine régionale dans un cadre rustique agrémenté de guirlandes de piments d'Espelette.

RESTAURATION

PREMIER PRIX

Pottoka – *Pl. du Jeu-de-Paume - ✆ 05 59 93 90 92 - francoiseaguerre953@orange.fr - fermé 15 j. en fév. et lun. hors sais. - 14/28 €.* Des magnifiques piments d'Espelette décorent ce restaurant typiquement basque. La cuisine accorde une large place aux produits du terroir. Goûtez donc l'*axoa* (épaule de veau haché assaisonnée du piment local), le gâteau basque ou le gratin de fraises. C'est un régal. L'été, la terrasse couverte est recommandée.

ACHATS

Marché – Mercredi matin (et samedi matin en juillet et août).

Maison Bipertegia – *Pl. du Jeu-de-Paume - ✆ 05 59 93 83 76 - tlj sf dim. mat. 10h-13h, 14h-19h.* Cette maison organise des dégustations de piment d'Espelette. Sitôt en bouche, qu'il soit en poudre, séché, en purée ou en gelée, son goût se diffuse en même temps qu'une douce chaleur. À découvrir aussi : le *gotoxi*, une sauce à grillades, l'huile d'olive pimentée et la piperade maison.

Ttipia – *Pl. du Marché - ✆ 05 59 93 97 82 - www.ttipia.fr - 10h-18h30 ; été : 9h-19h - fermé en janv.* Le village d'Espelette est bien connu des gastronomes pour son fameux piment. Cette boutique propose évidemment la spécialité locale, mais aussi une belle sélection d'autres savoureux produits régionaux : foies gras, conserves de canard, vin d'Irouléguy, confitures de cerise noire, fromages, jambons, etc.

Vous y trouverez également du linge basque.
Ferme Kukulu – *Rte d'Itxassou - ✆ 05 59 93 92 20 - www.fromage-basque-kukulu.com.* Le fromage de brebis fabriqué par les bergers de la ferme Kukulu a déjà obtenu maintes récompenses. La grande qualité du lait et de l'affinage (de 4 à 16 mois selon les goûts) y est bien sûr pour beaucoup. La maison vend également des spécialités basques et le *mamia* (caillé de brebis).

AGENDA

La Foire au pottok – (dernier mar. et merc. de janv. sur le fronton). Ambiance de foire agricole très authentique. *✆ 05 59 93 95 02.*
La Fête du piment d'Espelette – (dernier dim. d'oct.). Au programme : bénédiction du piment, défilé des confréries et nomination des Chevaliers du piment d'Espelette. *✆ 05 59 93 95 02.*

Cambo-les-Bains

★

Kanbo

5 671 Camboars (Kanboars) - Pyrénées-Atlantiques (64)

NOS ADRESSES PAGE 199

S'INFORMER
Office de tourisme – *Av. de la Mairie - 64250 Cambo-les-Bains - ✆ 05 59 29 70 25 - www.cambolesbains.com - juil.-août. : lun.-sam. 9h-18h30, dim. et j. fériés 9h-12h30 ; sept. : lun.-sam. 9h-12h30, 14h-18h30, dim. 9h-12h30 ; mars-juin et oct. : lun.-sam. 9h-12h30, 14h-18h ; nov.-fév. : lun.-sam. 9h-12h30, 14h-17h30.*

SE REPÉRER
Plan de région D 2 (p. 127) – carte Michelin nº 573 B 25. À 30 km à l'est de St-Jean-de-Luz par la D 918. Le Haut-Cambo, quartier administratif, commerçant et résidentiel, groupe ses propriétés et ses hôtels sur le rebord d'un plateau qui domine la Nive ; le Bas-Cambo, vieux village basque, est situé près de la rivière. En amont se trouve le quartier thermal (direction Hasparren).

À NE PAS MANQUER
La villa Arnaga.

ORGANISER SON TEMPS
Une fois la maison d'Edmond Rostand et l'église visitées, Cambo peut servir de point de départ pour rayonner à la journée ou la demi-journée sur l'intérieur du Pays basque.

AVEC LES ENFANTS
Contemplez les petits pensionnaires de la forêt des Lapins à Louhossoa, visitez la maison Labourdine à Ustaritz.

Dans un superbe cadre naturel, Cambo-les-Bains, connue pour ses vertus curatives et la douceur de son climat, dévoile le charme un peu nostalgique des stations thermales du début du 20e s. Mais si de prestigieuses ombres du passé (Sarah Bernhardt, Anna de Noailles, Isaac Albéniz...) la hantent encore, c'est bien sûr à Edmond Rostand que l'on pense tout d'abord, tant l'auteur de Cyrano est lié à la cité où il a choisi de s'installer.

Se promener

Thermes

Dans un parc planté de palmiers, l'établissement thermal est un petit bijou de style néoclassique (1927) paré de mosaïques Art déco et de ferronneries. Les deux sources thermales sourdrent aux abords du parc.

Église St-Laurent

Une magnifique galerie sculptée et un retable baroque en bois doré du 17e s., niché dans un chœur chaudement coloré, caractérisent cette église dominant la Nive.

★★ Villa Arnaga

(voir « ABC d'architecture » p. 77)

✆ 05 59 29 83 92 ou 94 94 - www.arnaga.com - juil.-août : 10h-19h ; avr.-juin et sept. : 10h-12h30, 14h30-19h ; 1re quinz. d'oct. : 10h-12h30, 14h30-19h, 2e quinz. d'oct. 14h30-18h ; mars : w.-end 14h30-18h - fermé nov.-fév.- 6,20 € (12-18 ans 3,20 €).

« Toi qui viens partager notre lumière blonde… n'entre qu'avec ton cœur, n'apporte rien du monde », écrit Edmond Rostand sur le seuil de sa villa d'Arnaga. « Je ne mesure que les beaux jours », lui répond un cadran solaire, de l'autre côté de la maison. Lumineuse, elle l'est en effet, cette belle demeure. Clarté et chaleur des lambris boisés, fraîcheur des peintures décoratives et des frises de carreaux, raffinement des faux marbres et des trompe-l'œil, éclat des vitraux de couleur… Nombreux documents aussi sur la famille Rostand et la carrière du dramaturge : dessins originaux des costumes de *Chantecler*, épées d'académicien d'Edmond et de Jean Rostand, lettres de Léon Blum, Jules Renard, Cocteau… On y voit même le César obtenu par Gérard Depardieu pour *Cyrano de Bergerac*. Conçue par Rostand lui-même grâce aux droits de son *Cyrano*, l'immense villa de style basque-labourdin s'élève sur un promontoire aménagé en jardins à la française. La perspective vers les montagnes d'Itxassou s'achève sur un pavillon à pergola évoquant la gloriette du château de Schönbrunn à Vienne.

UN DRAMATURGE ET UN « PELOTARI »

Venu à Cambo soigner une pleurésie à l'automne 1900, **Edmond Rostand** tombe sous le charme et décide de s'y installer à demeure. Son œuvre théâtrale *Chantecler*, née de ses promenades à travers la campagne basque, et la villa Arnaga suffiront, jusqu'en 1910, à matérialiser ses rêves. Peut-être a-t-il eu l'occasion de vibrer aux exploits de **Joseph Apesteguy** (1881-1950) ? Surnommé « Chiquito de Cambo », ce célèbre *pelotari* mit à l'honneur le jeu de pelote basque dit « au grand chistera ». Il était très en vogue, à l'époque, de venir y assister… d'autant que l'on risquait d'y croiser Édouard VII, roi d'Angleterre.

À proximité Plan de microrégion

Larressore/Larresoro C2
3,5 km au nord-ouest par la D 932 en direction de Bayonne, puis, au rond-point, la D 650 à gauche. À côté du fronton, l'atelier **Ainciart-Bergara**★, fondé avant la Révolution, est animé par des artisans de cette même famille qui, selon des méthodes d'antan, fabriquent des **makhilas**. Il s'agit de cannes en bois de néflier, finement ouvragées, symboles de liberté pour le peuple basque. C'est à la fois un bâton de marche et une arme de défense (une pointe d'acier acéré est dissimulée dans le manche). Que son pommeau soit d'or, d'argent ou de maillechort, le « makhila cuir » est gainé dans sa partie supérieure de cuir tressé ; le « makhila d'honneur », quant à lui, a un manche de métal. Tressage du cuir, coloration naturelle des bois et montage des pièces restent des secrets de famille bien gardés. En face de l'**atelier**, ne manquez pas l'espace d'exposition, la **Maison du makhila**, avec un documentaire sur les étapes de la fabrication (30mn). *✆ 05 59 93 03 05 - www.makhila.com - ♿ - tlj sf dim. et j. fériés 9h-12h, 14h-18h - fermé fin août (se renseigner) - atelier gratuit, Maison du makhila : 3 €.*

Jatxou/Jatsu C2
6 km au nord-ouest par la D 932 dir. Bayonne, puis, au rond-point, la D 650 à droite.
Église St-Sébastien – Construite au 13e s., cette église a été agrandie en 1782 et son porche comprend une salle capitulaire où se réunissait l'assemblée paroissiale. À l'intérieur, admirez le beau plafond de bois peint, au centre duquel se détachent la mitre papale et les évangélistes. Le retable du 18e s. est dédié à saint Sébastien.

Ustaritz/Ustaritze C2
6,5 km au nord-ouest par la D 932 en direction de Bayonne.
Après que Richard Cœur de Lion décida de séparer Bayonne du Labourd à la fin du 12e s., le village resta capitale de la province jusqu'en 1790. À partir de 1451, il accueillit le **biltzar**, une assemblée locale qui avait pour charge d'administrer les biens collectifs, de répartir les impôts et de gérer les rapports entre communautés.
Quelques belles maisons traditionnelles à colombages avec leurs volets rouges ou verts subsistent dans le centre du bourg. Si vous flânez dans les alentours immédiats, vous verrez également certaines des villas construites à la fin du 19e s. par les « Américains », ces Basques revenus des Amériques après y avoir fait fortune.
La Maison labourdine (Elizalderena) – *Quartier Arrauntz - www.lamaisonlabourdine.com - ✆ 05 59 70 35 41 ou 06 62 07 35 41 - juil.-sept. : 11h-13h, 14h-18h ; avr.-juin et oct. : tlj sf lun. 14h-18h - possibilité de visite guidée mat. sur demande préalable - 5 € (-18 ans 3 €).*
Cette ancienne auberge (17e s.) restaurée rassemble objets et documents évoquant les campagnes labourdines d'autrefois. Un coin école, une épicerie (début 19e s.) et une bergerie ont été reconstitués. Dégustation et vente de produits régionaux à la boutique.

★ **Itxassou**/Itasu D3
À 4 km au sud de Cambo-les-Bains par la D 918 et la D 932, ou à 6 km au sud-est d'Espelette par la D 249.
Itxassou baigne dans une lumière douce où ciel et pentes verdoyantes se mêlent pour donner un paysage immuable et mystérieux. Profitez…

Les hameaux du village sont dispersés parmi des centaines de cerisiers *(Fête des cerises, voir « Agenda » p. 201)*. Le quartier de la Place, qui comprend le fronton et la mairie, est en surplomb, tandis que celui de l'Église s'est développé près de la Nive, dans un bassin verdoyant entouré d'une couronne de monts.

★ **Église St-Fructueux** – Très bel édifice du 17e s., doté de trois étages de galeries, d'une chaire aux beaux réchampis (ornement ressortant du fond) dorés et d'un **retable**★★ en bois doré sculpté à la mode espagnole du 18e s. Tous ces éléments, ainsi que les confessionnaux et les bancs du fond, sont classés. Notez la statue de la Vierge, polychrome et dorée (17e s.), à gauche dans la nef, et les stèles discoïdales et tabulaires le long de l'église, à l'extérieur.

La forêt des Lapins – *Fléchage en forme de lapin, au niveau de l'entreprise de carrosserie (à droite sur la D 918 dir. Louhossoa, avant le pont routier). ☏ 05 59 93 30 09 - www.laforetdeslapins.com - de mi-juin à fin sept. : 10h15-18h ; de déb. oct. à mi-juin : 14h-17h - 6,10 € (5-10 ans 3,90 €).*

Point de sophistication ici, mais beaucoup de soins apportés aux 60 variétés de lapins et 30 races de cochons d'Inde qui peuplent les clapiers et les cages accrochés à flanc de colline. Ravissement assuré pour les enfants, les portées ayant lieu toute l'année. Les plus grands profiteront de l'agréable panorama sur les collines environnantes.

Louhossoa/Luhuso D3

4 km au sud-est d'Ixtassou par la D 918.

Fondé en 1684, ce village labourdin conserve un remarquable **retable** polychrome dans l'église de **N.-D.-de-l'Assomption** (17e s.). Admirez ses couleurs et la belle statue en bois polychrome représentant la Vierge portée par les anges. Des scènes de la Passion encadrent le tabernacle et des panneaux sculptés représentent les quatre évangélistes dans le chœur. Ce dernier déploie une jolie décoration de lierre et de tiercerons.

Itinéraire conseillé

LA ROUTE DES MONTS C2

Pour visualiser cet itinéraire de 20 km, reportez-vous au plan de la région (p. 127) – comptez env. 2h. Depuis l'église d'Itxassou, descendez vers la Nive en passant à côté de l'hôtel du Chêne. Parvenu sur la route principale, prenez à droite et suivez le panneau « Pas de Roland ». La D 349 mène au site.

Pas de Roland D3

Faites un arrêt sur l'élargissement peu après une petite croix sur le parapet, pour regarder en contrebas. Juste en dessous de la route, le rocher percé fut, selon la légende, ouvert par Roland poursuivi par les Vascons : un coup de sa fameuse épée, Durandal, suffit à ouvrir la brèche dans la pierre. Évitez les marches, assez dangereuses, et faites le petit détour par le sentier.

Poursuivez jusqu'à Laxia. Là, ne franchissez pas la rivière et tournez à droite pour monter jusqu'à Artzamendi. La route, très étroite, à fortes rampes et virages serrés *(comptez 40mn de montée)*, traverse une forêt aux arbres et aux pierres couverts de mousse et de fougères. Prenez votre mal en patience si vous vous trouvez derrière un troupeau montant à l'estive. Le paysage récompensera largement votre attente !

★ Artzamendi C3

Des abords de la station de télécommunications, le **panorama★** s'étend au nord sur la basse vallée de la Nive, le bassin de la Nivelle et ses hauts pâturages, et, au-delà de la frontière, sur les hauteurs de la vallée de la Bidassoa.

Redescendez vers Laxia, et à l'intersection qui précède le lieu-dit Fagola, tournez à gauche en direction d'Itxassou.

Mont Urzumu C3

De la table d'orientation, près d'une statue de la Vierge, panorama sur les Pyrénées basques et sur la côte, de la pointe Ste-Barbe à Bayonne.

Revenez à Itxassou par la même route.

NOS ADRESSES À CAMBO-LES-BAINS

HÉBERGEMENT

PREMIER PRIX

À Cambo-les-Bains

Le Trinquet – *r. Trinquet - ✆ 05 59 29 73 38 - fermé 2 nov.-8 déc. et mardi sauf du 1er juil. au 14 sept. - 13 ch. 29/48 € - ☕ 6,50 €.* Cette grande maison a pris le nom d'une variante de la pelote basque. Les chambres, simples et bien entretenues, sont aménagées au-dessus d'un café. Ambiance familiale.

Hôtel Chez Tante Ursule – *Quartier Bas-Cambo 2 km au N de Cambo - ✆ 05 59 29 78 23 - chez.tante.ursule@wanadoo.fr - fermé 15-28 fév. et mar. - 38/50 € - ☕ 6,50 €.* Ce petit hôtel est idéalement situé en bordure du fronton de Bas-Cambo, vous assisterez peut-être à une partie de pelote. Chambres rustiques ou décor plus actuel à l'annexe. Cuisine régionale servie dans une pimpante salle à manger à l'âme basque.

À Itxassou

Camping Hiriberria – *1 km au NO par D 918, rte de Cambo-les-Bains et chemin à dr. - ✆ 05 59 29 98 09 - www.hiriberria.com - ♿ - réserv. conseillée - 228 empl. 21 €.* Arbres, haies parfaitement taillées et fleurs délimitent agréablement les emplacements de ce camping. Côté location : mobile homes avec terrasse en bois couverte et superbes chalets blanc et rouge. Le plus : le bloc-sanitaires avec chauffage et climatisation.

BUDGET MOYEN

À Cambo-les-Bains

Hôtel Ursula – *quartier Bas-Cambo 2 km au N - ✆ 05 59 29 88 88 - www.hotel-ursula.fr - fermé 20 déc.-10 janv. - ♿ - P - 15 ch. 51/56 € - ☕ 10 €.* Ce petit hôtel familial et convivial, situé dans le pittoresque quartier du Bas-Cambo, met à votre disposition de grandes chambres personnalisées et bien tenues.

À Itxassou

Chambre d'hôte Soubeleta – *64250 Itxassou - 05 59 29 22 34 - www.gite64.com/chambre-soubeleta - P - 5 ch. 58/60 €* . Sur les hauteurs, imposante demeure du 17e s. dont la tourelle et la façade agrémentée d'un bel encadrement en granit sculpté sont restées intactes. Deux chambres volumineuses sont nanties de meubles de famille et possèdent une cheminée en marbre. Les deux autres sont plus petites mais toutes bénéficient d'une bonne tenue.

POUR SE FAIRE PLAISIR

Chambre d'hôte Domaine Xixtaberri – *05 59 29 22 66 - www.xixtaberri.com - ♿ - P - 5 ch. 80/106 € - 8,50 €*. La route est escarpée jusqu'à cette maison mais vous serez récompensé par la vue sur les Pyrénées et la Côte basque. Spécialités régionales à déguster sous la tonnelle ou dans la coquette salle à manger. Cueillette en métayage (myrtilles et cerises) et vente de produits du domaine. Chambres de charme personnalisées.

Chambre d'hôte Domaine de Silencenia – *64250 Louhossoa - 05 59 93 35 60 - www.domaine-silencenia.com - P - - 5 ch. 90 € - rest. 35 € bc*. Une douce quiétude règne en cette maison de maître du 18e s. où tout est synonyme d'un véritable art de vivre. Chaque chambre raconte une des passions du propriétaire : rugby, pêche au gros, vin et bonne chère… La cuisine exalte les produits du terroir et s'accompagne de bons crus sélectionnés par Philippe.

À Itxassou

Chambre d'hôte Legordia Borda – *rte de l'Artzamendi - 05 59 29 87 83 - www.legordia.fr - - 3 ch. 100/130 € - 7 € - rest. 18 €*. Hors du commun que ces trois cabanes perchées dans les arbres à côté de l'ancienne bergerie. Elles abritent les chambres d'hôte, un peu exiguës mais confortables, idéal pour un retour au calme, en pleine forêt. Petits-déjeuners et repas livrés dans un panier tissé à l'aide d'une corde.

RESTAURATION

BUDGET MOYEN

À Cambo-les-Bains

Auberge « Chez Tante Ursule » – *fronton du Bas-Cambo 2 km au N - 05 59 29 78 23 - www.tante-ursule.fr - fermé 15-28 fév. et mardi - P - 16/35 € - 7 ch. 45 € - 8 €*. Cet établissement situé près du fronton de pelote du Bas-Cambo abrite une pimpante salle à manger agrémentée d'un joli vaisselier. Cuisine à l'âme basque. Chambres rustiques soignées (mobilier ancien).

Le Pavillon Bleu – *Thermes de Cambo - 05 59 29 38 38 - fermé mi-déc à mi-fév. et dim. - ♿ - P - 21 €*. Belle architecture, décor intérieur en boiseries claires, terrasse tournée sur un jardin planté de palmiers, accueil agréable, service efficace, cuisine associant recettes d'aujourd'hui et produits du terroir : ce restaurant a tout pour séduire.

Venta Burkaitz – *64250 Itxassou - 05 59 29 82 55 - fermé de déb. janv. à fin mars sf w. end - ♿ - P - - 22 €*. Sur le versant espagnol, *venta* composée de deux salles : la plus authentique conserve son traditionnel comptoir où l'on peut prendre l'apéritif ou acheter alcools et conserves ; la seconde, en véranda, offre une jolie vue sur la vallée. Copieuse cuisine locale.

POUR SE FAIRE PLAISIR

À Cambo-les-Bains

Le Bellevue – *r. des Terrasses - ✆ 05 59 93 75 75 - www.hotel-bellevue64.fr - fermé 8 janv.-12 fév. - P - formule déj. 13 € - 20/40 € - 6 appt et 1 studio 70/110 € - ☕ 7 €.* Tableaux modernes sur murs immaculés et mobilier actuel créent le décor soigné de ce restaurant qui sert une cuisine dans l'air du temps. L'autre charme de cette maison du 19e s., bien rénové : ses suites familiales d'esprit contemporain.

ACHATS

À Itxassou

Jenofa – *✆ 05 59 29 33 20 - tlj sf dim. et merc. mat. 9h-12h30, 13h30-19h30 (hiver : 18h)*. La renommée de cette belle maison blanche décorée d'une corde de piment dépasse largement les frontières d'Itxassou. Jenofa, la propriétaire, fabrique ici une inégalable confiture de cerise noire, qu'elle vend dans sa petite boutique ou sur les marchés locaux. Autre spécialité : le piment d'Espelette AOC vendu en poudre, en purée, en gelée ou en corde.

SPORTS ET LOISIRS

Établissement thermal – *Av. des Thermes - ✆ 0 820 003 535 - www.chainethermale.fr - 8h-17h (sf sam. 8h-12h) - fermé 12 déc.-2 mars et dim. - 49 € forfait Aqua Découverte : une demi-journée de 4 soins*. Cet établissement thermal construit dans les années 1930 a bénéficié d'une cure de jouvence qui n'a pas dénaturé son joli cadre d'esprit Art déco. Forfaits à la demi-journée ou séjours thématiques de plusieurs jours : « détente et vitalité », « spécial souffle », « objectif minceur »… Institut de beauté sur place.

AGENDA

Fête des cerises d'Itxassou – (1er dim. de juin). Kermesse, messe, partie de pelote, repas, vente de cerises, etc. La cerise noire d'Itxassou sert à préparer la fameuse confiture dont on fourre souvent les gâteaux basques ou que l'on mange avec le fromage de brebis.

La Basse-Navarre et la Soule 2

Carte générale D2 - Carte Michelin n° 573 B 26 – Pyrénées-Atlantiques (64)

La vallée verdoyante de Larceveau.

Club photo Begi Rada / Office de tourisme de Basse Navarre

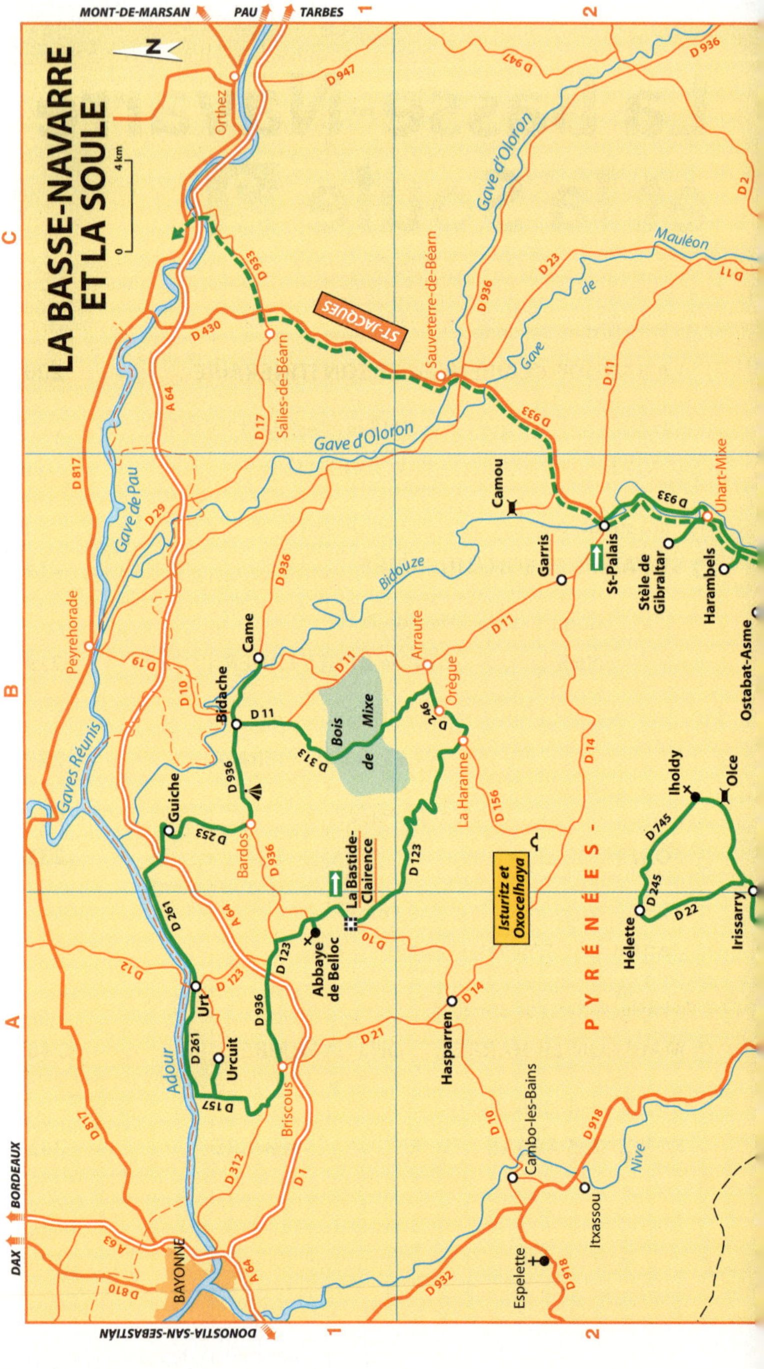
LA BASSE-NAVARRE ET LA SOULE
0
4 km
N
MONT-DE-MARSAN
PAU
TARBES
DAX
BORDEAUX
DONOSTIA-SAN-SEBASTIÁN
ST-JACQUES
Isturitz et Oxocelhaya
PYRÉNÉES-
Orthez
Salies-de-Béarn
Sauveterre-de-Béarn
Mauléon
Gave d'Oloron
Gave de Pau
Gaves Réunis
Adour
Bidouze
Nive
Peyrehorade
Came
Bidache
Bois de Mixe
Arraute
Orègue
La Haranne
Camou
Garris
St-Palais
Uhart-Mixe
Stèle de Gibraltar
Harambels
Ostabat-Asme
Iholdy
Olce
Hélette
Irissarry
Guiche
Bardos
La Bastide-Clairence
Abbaye de Belloc
Urt
Urcuit
Briscous
Hasparren
Cambo-les-Bains
Itxassou
Espelette
BAYONNE
A 63
A 64
D 810
D 817
D 312
D 1
D 932
D 918
D 10
D 21
D 14
D 12
D 123
D 261
D 157
D 936
D 253
D 313
D 11
D 246
D 156
D 19
D 29
D 430
D 17
D 933
D 947
D 23
D 745
D 245
D 22
D 2

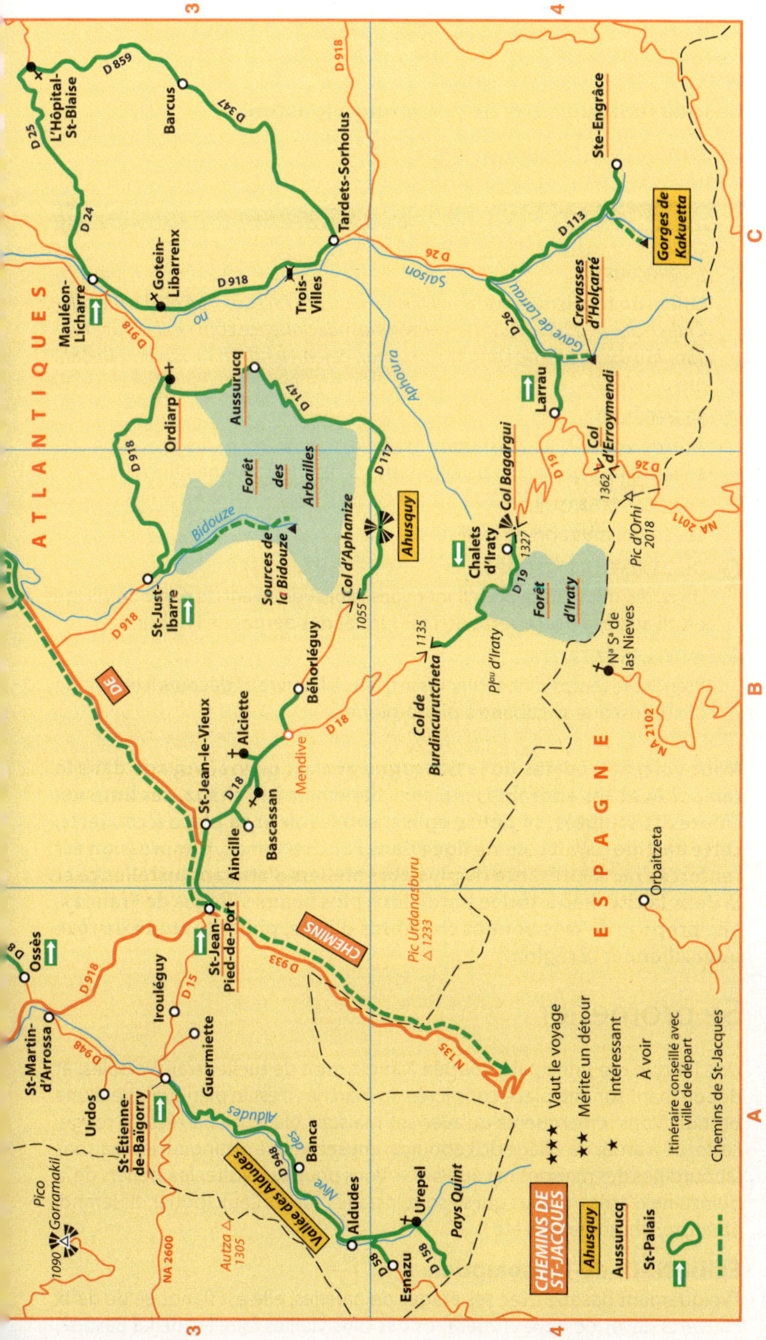

ATLANTIQUES
ESPAGNE
L'Hôpital-St-Blaise
Barcus
Tardets-Sorholus
Mauléon-Licharre
Gotein-Libarrenx
Trois-Villes
Ordiarp
Aussurucq
Forêt des Arbailles
Sources de la Bidouze
Bidouze
Col d'Aphanize
1055
Ahusquy
Aphoura
Saison
Ste-Engrâce
Gorges de Kakuetta
Crevasses d'Holçarté
Gave de Larrau
Larrau
Col d'Erroymendi
1362
Col Bagargui
Chalets d'Iraty
1327
Forêt d'Iraty
Plau d'Iraty
Pic d'Orhi 2018
Nª Sª de las Nieves
Col de Burdincurutcheta
1135
St-Just-Ibarre
St-Jean-le-Vieux
Alciette
Béhorléguy
Mendive
Bascassan
Aincille
St-Jean-Pied-de-Port
Pic Urdanasburu 1233
Orbaitzeta
Ossès
St-Martin-d'Arrossa
Irouléguy
Guermiette
Urdos
St-Étienne-de-Baïgorry
Banca
Aldudes
Vallée des Aldudes
Nive des Aldudes
Urepel
Esnazu
Pays Quint
Pico Gorramakil 1090
Autza 1305
DE
CHEMINS
D 918
D 25
D 859
D 347
D 24
D 147
D 117
D 26
D 113
D 19
D 18
D 933
D 15
D 948
D 8
D 58
D 158
N 135
NA 2011
NA 2102
NA 2600
A
B
C
3
4
CHEMINS DE ST-JACQUES
★★★ Vaut le voyage
★★ Mérite un détour
★ Intéressant
À voir
Itinéraire conseillé avec ville de départ
Chemins de St-Jacques
Ahusquy
Aussurucq
St-Palais

La Bastide-Clairence

★

Bastida (basque)/La Bastida Clarenza (gascon)

990 Bastidots - Pyrénées-Atlantiques (64)

NOS ADRESSES PAGE 209

S'INFORMER

Office de tourisme – *Maison Darrieux, pl. des Arceaux - 64240 La Bastide-Clairence - ✆ 05 50 29 65 05 - www.labastideclairence.com - juil.-août : 10h-13h, 15h-19h ; reste de l'année : lun.-mar. et jeu.-vend. 9h30-12h30, 14h-18h, merc. 10h-12h.*

SE REPÉRER

Plan de région A1 (p. 204) – carte Michelin n° 573 B 26. Le village occupe une colline à une quinzaine de kilomètres à l'est de Bayonne par l'A 64.

À NE PAS MANQUER

Les stèles sous abri de l'église.

ORGANISER SON TEMPS

Un après-midi suffira pour flâner dans la bastide, avant de partir de village en village à la découverte du Labourd et des berges de l'Adour.

AVEC LES ENFANTS

Prendre le temps d'observer les artisans à l'œuvre et découvrir le bois de Mixe ainsi que sa cabane à pique-nique.

Nous voici aux portes de la Gascogne et c'est un vrai voyage dans le temps ! Avec ses adorables maisons blanchies à la chaux, ses linteaux colorés et sculptés, sa petite église, son lavoir et sa place à couverts, cette bastide paraît comme figée dans l'ancien temps. L'impression est renforcée par la présence de plusieurs ateliers d'artisans installés çà et là dans la cité. Répertoriée parmi les « plus beaux villages de France », elle propose de très bonnes chambres d'hôte, point de chute de rêve pour sillonner la région.

Se promener

Une longue rue principale, coupée à angle droit de ruelles transversales, et débouchant sur une place consacrée au marché : c'est le plan typique d'une bastide. Vous remarquerez qu'avec ses maisons blanches barrées de rouge, cette rue a un air de village du Labourd. Amusez-vous à distinguer les maisons labourdines des maisons navarraises... Vous pourrez y visiter les ateliers de la quinzaine d'artisans d'art qui se sont installés sur les lieux (potier, tisserand, ébéniste, photographe, etc.).

Église N.-D.-de-l'Assomption

Typiquement basque avec ses étages de galeries, elle est flanquée de deux couverts pavés de dalles funéraires des plus vieilles familles de La Bastide, que l'on appelle ici le « cimetière préau ».

Place à couvert de La Bastide-Clairence.
M. Sanchez / MICHELIN

TERRE D'ACCUEIL

Cette bastide fut fondée en 1312 dans la vallée de la Joyeuse par Louis Ier, roi de Navarre et futur roi de France sous le nom de **Louis X le Hutin**. Son but était d'assurer à la région un débouché sur la mer. Attirée par les privilèges de ce nouveau village, une population composite s'y implanta : Basques, Gascons, mais aussi pèlerins de St-Jacques-de-Compostelle, que l'on appelait les « francos ». Chacun reçoit un bout de terrain *(plaza)* sur lequel il doit implanter sa maison et son jardin, le *cazalot*. Le 17e s. voit également l'arrivée d'une colonie juive, fuyant l'Espagne et le Portugal. Aujourd'hui encore, on parle aussi bien français que basque ou gascon à La Bastide-Clairence. Cela tient à son histoire et au brassage de sa population. Il semblerait toutefois que l'on emploie, *intra-muros*, plus souvent le gascon que le basque.

Itinéraire conseillé

DE LA BIDOUZE À L'ADOUR : UNE ENCLAVE GASCONNE EN TERRE BASQUE A1 B1-2

Pour visualiser cet itinéraire de 84 km, reportez-vous au plan de la région (p. 204) – comptez environ 1h30. Quittez La Bastide-Clairence par la D 123 en direction de St-Palais. À La Haranne, prenez à gauche la D 246 vers Orègue, puis la première à gauche (D 313) en direction de Bidache et roulez tout droit pendant environ 10mn. Parking aménagé en bordure de route, à gauche.

Bois de Mixe B1

Cette petite forêt couvre 800 ha et permet de découvrir, en plus des essences endémiques (noisetiers, chênes, hêtres), des arbres importés tels que le chêne rouge d'Amérique ou le tulipier de Virginie. Un **sentier★** aménagé

pour toute la famille et jalonné de panneaux permet de les repérer et de traverser la Patarena, sur des plots ou des ponts suspendus *(1h - départ à droite de la cabane à pique-nique).*
Poursuivez la D 313 et prenez la D 11, à gauche, en direction de Bidache.

Bidache/Bidàishen/Bidaxun B1
Les seigneurs de Gramont établis là depuis le 14e s. tirèrent parti de la situation féodale de leurs terres à la limite de la Navarre, du Béarn et du royaume de France pour s'ériger en princes souverains de Bidache, indépendance qui dura jusqu'à la Révolution. Le bourg est encore navarrais par l'aspect de son unique rue aux maisons claires et percées de portes cintrées.
Antoine III, seigneur de Gramont et maréchal de France (le De Guiche brocardé par Cyrano chez Rostand), reçut Mazarin à l'époque de la paix des Pyrénées et se rendit en Espagne afin de demander la main de l'infante Marie-Thérèse pour Louis XIV.
Quittez Bidache par la D 936 vers Came, à 3 km.

Came/Càmer/Akamarre B1
Traversé par la Bidouze dont les berges sont aménagées en promenades, Came se consacre, depuis le 19e s., à la confection artisanale de **chaises**, utilisant des bois comme le hêtre, le merisier, le chêne, le noyer et, pour le paillage, le jonc des marais de l'Adour. Plusieurs ateliers sont encore installés dans le village.
Reprenez la D 936 en direction de Bayonne.
Après Bidache, la route monte parmi les premières collines basques. En vue de Bardos, faites halte sur un terre-plein. À gauche, **vue★★** sur les Pyrénées jusqu'au pic d'Anie, premier sommet (alt. 2 504 m) de la haute chaîne.
Dans Bardos, prenez la direction de Guiche par la D 253.

Guiche/Guíshen/Gixune B1
Le parvis de l'église de St-Jean-Baptiste offre un joli panorama sur les méandres de la Bidouze et le paysage moutonnant caractéristique de ce coin du Labourd.
Au-dessus de l'entrée du cimetière, une amusante construction sur piles dite « **maison du Fauconnier** » (ancienne mairie). À l'intérieur de l'église, des vitraux modernes aux couleurs vives égayent la nef menant au retable des 17e et 18e s.
Plus bas, à Guiche-Bourgade, se dressent les ruines du **château de Gramont** avec son donjon carré. L'édifice appartient à l'illustre famille depuis 1534, après avoir fait partie du système défensif anglais pendant la guerre de Cent Ans. Il domine le minuscule port de Guiche, à la confluence de l'Adour.
Suivez la Bidouze pour longer ensuite l'Adour sur la D 261.
La route passe à côté de vergers de kiwis, reconnaissables à leur culture en treilles.

Urt/Ahurti A1
Village typiquement basque avec son église blanche, au sobre intérieur rehaussé de galeries et d'orgues. On peut marcher le long de l'Adour en suivant la petite route asphaltée qui part de son port.
Rejoignez Urcuit par la D 261, puis la D 257.

Urcuit/Urketa A1
Comme sa voisine **Urt**, cette petite ville s'est mise à l'ambiance basque, avec sa charmante **église** à galerie extérieure. Stèles discoïdales dans le cimetière attenant.

LA BASTIDE-CLAIRENCE

Ralliez Briscous, puis prenez la D 936 et la D 123 en direction de La Bastide-Clairence.

Abbaye de Belloc A1

0,5 km au nord-ouest par la D 111. Monastère fondé en 1875 dans une ancienne métairie du nom de Bel-Locq par trois missionnaires diocésains d'Hasparren, dont Jean-Léon Bastres (1832-1904). Florissante à la fin du 19e s., sa communauté fut obligée de quitter les lieux une première fois en 1880, puis au moment de la séparation de l'Église et de l'État en 1905. Elle trouva alors refuge dans le Guipúzcoa, à Lazkao *(voir p. 283)*, avant de revenir définitivement en 1926. Son église inspirée de l'art brut a été élevée après Vatican II.

Rejoignez La Bastide-Clairence par la D 123.

NOS ADRESSES À LA BASTIDE-CLAIRENCE

HÉBERGEMENT

PREMIER PRIX

Camping Les Collines Iduki – *Au bourg - 64240 La Bastide-Clairence -Au bourg - ✆ 05 59 70 20 81 - www.iduki.net -* ♿. Ce petit village de 37 chalets et maisonnettes à l'architecture basque se trouve à deux pas du bourg. Adossé à une colline, il possède de beaux espaces ombragés, des fleurs et des bosquets. La décoration intérieure des habitations est également très soignée. Les plus : la piscine et le restaurant gastronomique.

Hôtel Odile – *Au bourg - 64520 Bardos - ✆ 05 59 56 82 65 - fermé 1 sem. fin août, 1 sem. vac. de Toussaint et vac. de Noël - ♿ - 7 ch. 40/51 € - ☕ 6 € - rest. formule déj. 12 € - 18/27 €.* Nombre d'habitués se régalent des petits plats basques mitonnés par Odile. Sa cuisine est simple, servie sans chichi et surtout à des prix très intéressants. Si vous le pouvez, attablez-vous dans la petite salle à manger du fond, plus calme. L'été, la terrasse plaît aussi. Pour dormir : chambres rénovées et propres.

BUDGET MOYEN

Chambre d'hôte La Croisade – *rte de St-Palais - 64240 La Bastide-Clairence - ✆ 05 59 29 68 22 - www.la-croisade.com - P - ⊠ - 57/60 € ☕ - rest. 23 €.* Les pèlerins de St-Jacques-de-Compostelle faisaient jadis halte dans cette imposante maison basque. Les chambres sont d'un goût exquis : meubles patinés, douceur des coloris… Le salon, avec ses murs cirés, ses tapis et sa grande cheminée, donne envie de rester. Table d'hôte deux à trois fois par semaine.

POUR SE FAIRE PLAISIR

Chambre d'hôte Maison Maxana – *R. Notre-Dame - 64240 La Bastide-Clairence - ✆ 05 59 70 10 10 - www.maison-maxana.com - ♿ - ⊠ -*

5 ch. 100/120 € ☕ - rest. 35 € bc.
Rêveries, Romances, Voyages… Les noms des chambres de cette maison basque donnent le ton : mariage réussi de meubles anciens et d'éléments africains, asiatiques ou contemporains. Plats régionaux et recettes d'ailleurs servis à la table d'hôte (sur réservation).

SPORTS ET LOISIRS

Domaine du Lac de Sames – *Base de loisirs - 64520 Sames - ✆ 05 59 56 46 43 - http://domainedulac.tectobois.com - juil.-août 11h-19h ; juin et sept. : w.-end.*
Un bel endroit que cette base de loisirs aménagée autour d'un lac de 18 ha. Sa plage de sable est agrémentée de palmiers, cascades et bassins (baignade surveillée). Les activités ne manquent pas : toboggans aquatiques, pédalos, barques, minigolf, tennis et pêche. Pour les petites faims : bar, glacier et restaurant.

Grottes d'Isturitz et d'Oxocelhaya

★★

Pyrénées-Atlantiques (64)

NOS ADRESSES PAGE 213

S'INFORMER

Office du tourisme d'Hasparren – *2 pl. St-Jean - 64240 Hasparren - 05 59 29 62 02 - lun.-vend. 9h-12h, 14h-18h, sam. 9h-12h.*

SE REPÉRER

Plan de région B2 (p. 205) – carte Michelin n° 573 B 26. Les grottes se trouvent à 14 km à l'est d'Hasparren et à 21 km à l'ouest de St-Palais. Accès par le village de St-Martin-d'Arberoue.

SE GARER

Se garer dans le parking aménagé à l'orée du site (aire de pique-nique).

ORGANISER SON TEMPS

Entre la visite des grottes et celle d'Hasparren, comptez une demi-journée.

Littéralement « le champ du loup » et « le lieu de la fontaine », ces grottes constituent l'un des plus riches sites préhistoriques d'Europe. De véritables cathédrales de calcaire aux colonnes monumentales et aux draperies majestueuses. Qui est à l'origine de ces merveilles ? Des artisans que l'on nomme l'eau, le calcaire... et le temps. Ces grottes plurent tout d'abord à l'homme de Neandertal venu s'y installer puis au Cro-Magnon, laissant tour à tour derrière eux de vrais trésors. C'est donc un étonnant voyage au centre de la Terre, au cœur de la colline de Gaztelu, qui vous attend.

Se promener

LES GROTTES

05 59 29 64 72 - www.grottes-isturitz.com - visite guidée (45mn) juil.-août : 10h-13h, 14h-18h ; juin et sept. : 11h, 12h, et 14h-17h ; mars-mai et oct.-nov. : 14h-17h, dim., j. fériés et vac. scol. visite suppl. 11h - 8,30 € (-14 ans 3,50 €). Visite limitée à 900 pers/j. en juil.-août. - température constante à 14 °C à l'intérieur des grottes (petite laine indispensable) ! En saison (juil.-août), la Bodega propose une petite restauration sur une agréable terrasse ouvrant sur les vallons.

Les grottes, superposées, correspondent à deux niveaux, abandonnés, du cours souterrain de l'Arberoue (qui coule à présent au troisième niveau). Elles constituent une même visite.

Grotte d'Isturitz

Vous pénétrez dans la montagne par cette grotte qui présente surtout un intérêt scientifique. Sur un **pilier** ont été gravés trois rennes superposés épousant le relief de la pierre, ainsi qu'un cheval. Les fouilles ont mis au jour des objets quotidiens mais aussi des objets d'art, notamment des baguettes demi-rondes sculptées et des gravures, dont vous pourrez admirer les copies dans l'espace musée des grottes.

Grotte d'Oxocelhaya/Otsozelaia
Quinze mètres plus bas se trouvent des salles décorées de **concrétions** dont les formes étranges et variées sollicitent l'imagination : stalactites, stalagmites, colonnes, draperies translucides, cascade pétrifiée scintillante.
En outre, deux reproductions illustrent la trentaine de **dessins** (contours au charbon de bois, raclage ou tracé au doigt sur argile) découverts sur les parois qui ne sont pas montrés au public par mesure de préservation.

PASSIONNANTES DÉCOUVERTES
En 1895, les ouvriers qui travaillent dans l'exploitation de phosphate de la **grotte d'Isturitz** trouvent des pierres taillées. En les examinant, le pionnier de la préhistoire, Édouard Piette, pressent l'importance de cette mise au jour. Une première campagne de fouilles (1912-1922) révèle une série de couches stratigraphiques. Elle est suivie d'une seconde qui atteste de 80 000 ans de présence humaine.
Les collections exceptionnelles d'objets sont exposées au musée de St-Germain-en-Laye et une série aurignacienne a rejoint le Musée national des Eyzies *(voir* Le Guide Vert Périgord*)*.
En 1929, la **grotte d'Oxocelhaya** est découverte par hasard. Devant la magnificence des lieux, le propriétaire des grottes, André Darricau, décide de l'ouvrir au public, faisant percer en 1953 un tunnel entre les deux grottes. Les représentations pariétales seront ensuite découvertes au fil des ans.
Une troisième grotte, **Erberua**, est découverte en 1973, mais elle reste encore aujourd'hui fermée au public.
Depuis 1999, une nouvelle campagne de fouilles est menée afin de mieux cerner l'évolution culturelle des premiers Homo sapiens.
Depuis les premières découvertes, la volonté du propriétaire (prolongée par ses descendants qui ont pris la relève) est de faire partager ces richesses qui renseignent sur l'histoire de l'homme. Le **musée** didactique en est la preuve, tandis que, depuis 2007, un **espace culturel** permet à des artistes (musiciens, conteurs, plasticiens ou danseurs) de réaliser des performances *in situ*. Ceci s'accompagne d'un engagement fort de la famille Darricau en faveur d'un tourisme responsable, respectueux tant de l'environnement que des cultures humaines présentes ou passées.

À proximité Plan de microrégion

Hasparren/Hazparne A2
10 km au nord-ouest par la D 251, puis la D 10.
La « cité des chênes » est un village labourdin autrefois dédié à la tannerie. **Francis Jammes** (1868-1938) s'y installa en 1921 et vécut jusqu'à sa mort dans la maison Eyhartzea. Poète célèbre admiré de Gide, Claudel, Rilke ou Kafka mais néanmoins père de neuf enfants et sans le sou, il parcourt le Béarn et le Pays basque à la recherche d'un toit qu'il finit par trouver à Hasparren, avec l'aide d'un père bénédictin *(fermé pour travaux - ✆ 05 59 29 60 22)*.

Chapelle du Sacré-Cœur – Édifice de 1933 construit pour la Maison des frères missionnaires. À l'intérieur, grande fresque murale dans la nef et Christ Pantocrator néobyzantin en mosaïque dans le chœur.

NOS ADRESSES À HASPARREN

HÉBERGEMENT ET RESTAURATION

PREMIER PRIX

Gîte d'étape ferme d'Urkodéa – *Quartier Zelaï - 64240 Hasparren - ✆ 05 59 29 15 76 - www.ferme-urkodea.com - ♿ - P - 🚭 - 8 ch. 32 € - ☕ 8 €.* Cette ferme labourdine, réhabilitée en gîte, est un centre de randonnées équestres. Elle organise des sorties à cheval à travers la lande d'Hasparren et la vallée de la Joyeuse. Elle propose aussi des chambres à plusieurs lits remarquables par leur propreté et leur calme.

BUDGET MOYEN

Hôtel Les Tilleuls –*64240 Hasparren - ✆ 05 59 29 62 20 - hotel.lestilleuls@wanadoo.fr - fermé 2-9 nov., 20 fév.-8 mars, dim. soir et sam. du 26 sept. au 4 juil. sf j. fériés - 25 ch. 55/60 € - ☕ 7 € - rest. 15/30 €.* La maison qu'habita l'écrivain Francis Jammes est à deux pas de cette construction de style basque disposant de chambres bien rénovées. Sympathique salle de restaurant rustique où l'on vous proposera de goûter aux recettes régionales.

St-Palais

Donapaleu

1 874 Saint-Palaisins – Pyrénées-Atlantiques (64)

NOS ADRESSES PAGE 218

S'INFORMER

Office de tourisme – *14 pl. Charles-de-Gaulle - 64120 St-Palais - ✆ 05 59 65 71 78 - www.tourisme-saintpalais.com - de mi-juil. à fin août : lun.-sam. 9h30-19h, dim. et j. fériés 10h-12h30 ; reste de l'année : tlj sf dim. et j. fériés 9h30-12h30, 14h-18h30 (sam. 18h) - fermé j. fériés sf 1er et 8 Mai, 14 Juil. et 15 août.*

SE REPÉRER

Plan de région B2 (p. 204) – carte Michelin n° 573 C 26. En lisière de Soule, cette cité de Basse-Navarre se rallie par la D 933 depuis St-Jean-Pied-de-Port (31 km au sud-ouest) ou par la D 11 depuis Bidache (23 km au nord-ouest) qui se trouve à 33 km à l'est de Bayonne par la D 1.

ORGANISER SON TEMPS

Prévoyez une demi-journée pour découvrir St-Palais et ses environs.

AVEC LES ENFANTS

La visite du château de Camou.

Vous voici dans un haut lieu du pèlerinage de Compostelle, l'ancienne capitale du royaume de Basse-Navarre. Sur cette terre paisiblement vallonnée, cette bastide du 13e s. vibre toute l'année au rythme de ses traditions : galas de pelote, festival de force basque, courses en sac... sans oublier sa vocation commerciale qui fait d'elle un gros centre agricole de la région. Il s'y tient, tous les vendredis matin sur la place du Foirail, un important marché qu'il serait dommage de rater.

UNE ANCIENNE CAPITALE

Le nom de St-Palais viendrait du culte d'un jeune Navarrais, Pelayo (Pélage) martyrisé à Cordoue en 925. Fondée au 13e s., comme ville neuve, la cité a été, à partir de 1512 (et jusqu'en 1620 lorsque Louis XIII intègre le royaume de Navarre à la France), capitale de la Basse-Navarre après que la partie espagnole du royaume eut été rattachée à la Castille. Elle a battu monnaie de 1351 à 1672. Vers elle convergeaient les pèlerins de St-Jacques en provenance du Puy, de Paris, de Tours et de Vézelay. C'est pourquoi la ville s'est développée autour de sa rue principale d'alors, autrefois bordée de remparts et fermée par les péages : l'actuelle rue du Palais-de-Justice.

Se promener

Départ devant la mairie, rue Gambetta. Partez à gauche vers l'église et prenez la première venelle qui s'ouvre à gauche.

Rue de la Monnaie

Adorable ruelle bordée de murs où serpente la glycine. Face aux volets blancs et à la façade d'ardoise de la maison du fond, le temps s'arrête.
Tournez à gauche dans la rue du Palais-de-Justice.

Palais de Justice

Après avoir servi de siège aux États de Navarre aux 16e et 17e s. ainsi que d'église réformée sous Jeanne d'Albret et Henri IV, l'ancienne église St-Paul est devenue édifice civil sous la Révolution.

Maison des Têtes

Face au tribunal. Ancienne maison noble Derdoy-Oyhenart (16e s.), elle se reconnaît aux cinq médaillons sculptés qui ornent sa façade. Ils caricaturent entre autres les rois de Navarre : Henri II, sa fille Jeanne d'Albret et le fils de celle-ci, le futur Henri IV de France. Ceux du diable et de la femme au bandeau ont été rajoutés au 17e s.
Plus loin dans la rue, remarquez cette maison en renfoncement, à gauche, dont le linteau affiche la date de 1660. Il s'agit de l'ancienne prison. Elle abrita la sénéchaussée de Navarre entre 1639 et 1790. *Revenez sur la rue Gambetta et dirigez-vous vers l'église.*

Église

Édifice néogothique du 19e s. au tympan Art nouveau. À l'intérieur, bel orgue de Cavaillé-Coll.
La rue Gambetta vous ramène à la mairie.

Musée de Basse-Navarre et des Chemins de St-Jacques

Accès par l'office de tourisme. Actuellement fermé pour inventaire et restructuration. Divisé en quatre parties, il expose de façon claire l'histoire de

Épreuve de force basque.
Office du tourisme de Saint-Palais

St-Palais et des villes neuves de Navarre ainsi que leur importance sur la route de St-Jacques-de-Compostelle. Il explique également l'art lapidaire basque (linteaux et stèles discoïdales). La visite s'achève sur l'outillage et la cuisine basque, espace de vie traditionnel.

À proximité Plan de microrégion

★ Garris B2

3 km au nord-ouest par la D 11. Fondée sur la voie romaine de Bordeaux à Astorga, cette très ancienne petite cité est antérieure à St-Palais. Elle a forgé sa réputation au Moyen Âge grâce à ses foires, mais a toujours été moins importante que sa voisine sauf pendant les cinq années durant lesquelles elle a organisé les états généraux de Basse-Navarre (18e s.). Demeurent aujourd'hui de sa prospérité la tradition de ses foires aux bestiaux et surtout un village au charme indéniable.

Arpenter la rue principale de cet adorable village admirablement entretenu revient à faire une promenade dans le temps. Ce n'est qu'une succession de maisons traditionnelles des 17e et 18e s. ! Certaines sont à pans de bois, d'autres en briques ou à encorbellement, la plupart donnant sur des bas-côtés pavés de galets. Les plus anciennes se trouvent à l'opposé de l'église. Remarquez les chevrons en têtes sculptées qui décorent la façade de la maison Sehabla (1641).

Château de Camou B2

5 km au nord par la D 29. ✆ 05 59 65 84 03 - juil.-août : apr.-midi - 3 €.
Sur une motte médiévale du 11e s., cette maison forte classée du 16e s. présente par le biais de petites mises en scène réalisées avec des outils, les travaux et les jeux agricoles d'autrefois. À l'étage, le guide explique, démonstration à l'appui, le mécanisme des inventions de Léonard de Vinci et de Francesco di Giorgio.

Le renouveau des chemins de St-Jacques

UN NOUVEL ENGOUEMENT

Au 21e s., les nouveaux pèlerins de Compostelle prennent la route pour toutes sortes de raisons : démarche mystique, besoin de faire le point, simple désir de randonnée. Leurs motivations pour ce voyage sont diverses, mais toutes constituent une expérience personnelle forte. Ce n'est pas un hasard si depuis 1998, les tronçons français figurent au Patrimoine mondial de l'humanité et que le Comité régional de tourisme d'Aquitaine estime le nombre de personnes ayant marché sur ces chemins en 2003 entre 32 000 et 37 000 personnes. Autre signe qui ne trompe pas : de nouveaux gîtes ouvrent chaque année le long du chemin français, rendant vie à des villages navarrais autrefois désertés.

PÈLERINAGE PRATIQUE

Pensez à voyager léger. Limitez votre bagage au strict nécessaire : affaires de toilette, pharmacie, habillement adapté à la saison, poncho imperméable, chaussettes, chaussures de marche, gamelle et gobelet, duvet, carte internationale de téléphone. Soyez prévoyant et renseignez-vous auprès de votre assurance. Demandez aussi la carte européenne d'assurance maladie pour d'éventuels frais médicaux en Espagne. Outre sa carte d'identité (s'il est ressortissant de l'espace Schengen), le vrai pèlerin doit aussi se munir d'un carnet appelé créanciale lorsqu'elle est délivrée par l'évêché (le sien ou celui de départ), ou credencial lorsqu'elle est émise par une association laïque. Cette carte fait office de passeport (sauf pour la frontière !), chaque étape du chemin étant tamponnée par une instance civile ou religieuse. Elle permet parfois d'avoir des réductions sur l'entrée de certains musées ou monuments, mais elle est surtout indispensable, côté espagnol, pour accéder aux gîtes. Enfin, c'est sur sa présentation que sera délivrée la **compostela** à St-Jacques.

ITINÉRAIRES CÔTÉ FRANÇAIS

Autrefois, un réseau très complet d'**hospices** géré par des **donats** facilitait le voyage et assurait l'hébergement et le bien-être spirituel des pèlerins. Plutôt laïcs (même s'ils avaient prononcé des vœux) et dirigés par un prieur, les donats assuraient la logistique du pèlerinage auprès des marcheurs, en faisant fonctionner les hôpitaux, sortes de chambres d'hôte qui assuraient aux marcheurs le gîte et le couvert.

Actuellement, il s'agit de gîtes d'étape. Moins nombreux, ils jalonnent les itinéraires qui convergent en Basse-Navarre, à Ostabat, avant d'atteindre St-Jean-Pied-de-Port. Aujourd'hui encore, les pèlerins gagnent Roncevaux par la route des hauteurs. Auparavant, chacun portait une croix de feuillage pour la planter près de la « Croix de Charles », au col d'Ibañeta. Certains le font toujours. Mais la cloche de l'ermitage voisin ne sonne plus par temps de brouillard ni la nuit afin de rallier les égarés…

Voir aussi les chapitres « Organiser son voyage » (p. 23), « St-Jean-Pied-de-Port » (p. 229) et pour la partie espagnole, dans le chapitre « Navarre » (p. 411).

Itinéraire conseillé

★★★ SUR LES CHEMINS DE COMPOSTELLE A4 C1

Pour visualiser cet itinéraire de 16 km, reportez-vous au plan de la région (p. 204) – comptez environ 1h30. Quitter St-Palais par la D 933 en direction de St-Jean-Pied-de-Port.

Stèle de Gibraltar B2

À l'entrée d'Uhart-Mixe, prenez à droite la D 302 qui marque un angle aigu. Laissez la voiture à un carrefour de chemins pour prendre le premier à droite. À flanc du mont St-Sauveur, ce monument (1964), surmonté d'une stèle discoïdale, marque le point de convergence de trois des principaux chemins de Compostelle.

La stèle se trouve sur une petite boucle de randonnée dont le départ se prend à Uhart-Mixe, après le « château » qui longe la rivière, au-delà du petit pont de l'église, à gauche *(10 km - 3h30).*

Revenez à Uhart-Mixe et suivez la D 933, puis à droite une petite voie.

Harambels/Haranbeltz B2

Jadis, une communauté de donats assurait dans ce hameau l'hébergement des pèlerins. Leurs descendants se chargent aujourd'hui de l'entretien de la **chapelle St-Nicolas★**, qui abrite des fresques sur bois et un retable du 17e s. *(travaux jusque courant 2010 - 05 59 65 71 78 - 11h-13h).*

Retournez sur la D 933 et prenez la direction d'Ostabat.

Ostabat-Asme B2

Autrefois importante étape sur la route de St-Jacques, le village ne conserve aujourd'hui de ses auberges et de ses deux hôpitaux que le souvenir.

Un sentier de randonnée part de l'église, descend la rue principale (escalier à droite de la maison) et tourne ensuite à gauche, hors du village. Il mène à la chapelle d'Harambels à travers la forêt communale *(6 km - 1h AR - le chemin peut se révéler boueux après la pluie).*

NOS ADRESSES À SAINT-PALAIS

HÉBERGEMENT

BUDGET MOYEN

Hôtel de la Paix – *33 r. du Jeu-de-Paume - ✆ 05 59 65 73 15 - fermé 1er-11 juil., 26 déc.-25 janv., dim. soir et sam. sf du 11 juil. au 31 août - 47/49 € - ☕ 6 € - rest. 11,50/25 €.* Cette jolie façade ornée de briques rouges et de loggias en bois est située sur la place du marché. Les chambres, parfois dotées de balcons, bénéficient toutes d'une cure de jouvence réussie. Salle à manger rustique prolongée d'une terrasse ombragée. Cuisine traditionnelle.

Chambre d'hôte La Maison d'Arthezenea – *42 r. du Palais-de-Justice - ✆ 05 59 65 85 96 - www.gites64.com/maison-darthezenea - avr.-déc. - ⊄ - 4 ch. 73 € ☕ - rest. 25 € bc.* Dans un joli jardin, demeure en pierre où l'on se sent comme chez soi. Les chambres, aux meubles anciens ou de style, se distinguent par leur couleur et leur nom.. À la table d'hôte, belles spécialités (foie gras maison, ris d'agneau et palombe flambée en saison).

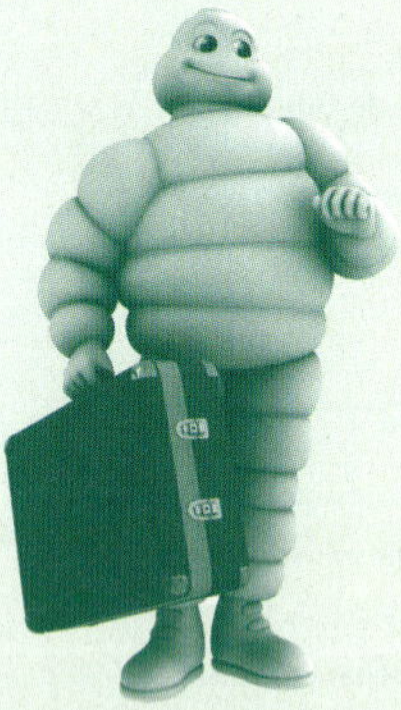

RESTAURATION

BUDGET MOYEN

Le Trinquet – *31 r. du Jeu-de-Paume - ✆ 05 59 65 73 13 - www.le-trinquet-saint-palais.com - fermé 13 avr.-4 mai et 18 sept.-6 oct., vend. soir en juin, dim. soir et lun.- formule déj. 12 € - 21/42 € - 9 ch. 57/67 € - ☕ 7 €.* Sur la place centrale, cette maison qui sort d'une cure de jouvence est dotée d'un authentique trinquet (salle de pelote basque) de 1891. Carte régionale servie dans un décor actuel. Chambres refaites au goût du jour.

ACHATS

Ona Tiss – *23 r. de la Bidouze - ✆ 05 59 65 71 84 - onatiss@wanadoo.fr - lun.-jeu. 9h-12h, 14h-17h, vend.-sam. en sais.* Attention, vous pénétrez ici dans le dernier atelier de tissage traditionnel et artisanal du Pays basque. Créé en 1948, il fabriquait à l'origine la toile des espadrilles. La visite, gratuite, raconte l'histoire du linge basque. On y apprend que chaque rayure représente une des sept provinces de l'Euskadi.

AGENDA

Festival de la force basque – (3e dim. d'août) - *✆ 05 59 65 95 77.*

St-Étienne-de-Baïgorry

★

Baigorri

1 602 Baigorriars – Pyrénées-Atlantiques (64)

NOS ADRESSES PAGE 224

S'INFORMER
Office de tourisme – *Elizondonea, pl. de l'Église - 64430 St-Étienne-de-Baïgorry - ✆ 05 59 37 47 28 - www.pyrénees.basques.com (site commun avec St-Jean-Pied-de-Port) - juil.-août. : mat. et apr.-midi ; reste de l'année : tlj sauf sam. mat. et apr.-midi - fermé dim. et j. fériés.*

SE REPÉRER
Plan de région A3 (p. 204) – carte Michelin nº 573 C 25. À 11 km à l'ouest de St-Jean-Pied-de-Port par la D 15.

À NE PAS MANQUER
La belle église St-Jean-Baptiste et son retable.

AVEC LES ENFANTS
La vallée des Aldudes : fermes piscicoles, balades avec âne. Le parcours aventure de St-Martin-d'Arrossa.

C'est un lieu où il fait bon vivre, ne serait-ce que pour ses célèbres vins d'Irouléguy dont il partage la vedette avec Ispoure ! Des maisons typiquement basques, une belle place ombragée de platanes, un vieux pont romain, tous les ingrédients du pittoresque sont réunis dans ce village paisible. Avec en plus, l'originalité de ses quartiers répartis de part et d'autre de la Nive des Aldudes. Autrefois secoués par des rivalités, ils perpétuent ensemble aujourd'hui traditions et particularismes d'une terre montagnarde, posée entre France et Espagne.

UN PEU D'HISTOIRE
Le bourg et son territoire ont été rattachés à Pampelune et à la Navarre jusqu'au couronnement d'Henri IV, après lequel ils tombèrent dans l'escarcelle du royaume de France. Cela n'a pas empêché la famille d'Etxauz de régner en maître sur le village et la vallée des Aldudes pendant des siècles. Certains de ses membres se distinguèrent par de prestigieuses carrières, comme Bertrand d'Etxauz qui fut nommé évêque de Bayonne en 1599 et conseilla Louis XIII.

SITUATION
La commune de St-Étienne-de-Baïgorry compte 17 quartiers dispersés le long de la vallée. Les plus notables sont celui de Mitchelene, en amont du pont romain sur la rive gauche, autrefois quartier des cagots *(voir p. 112)* ; le quartier Urdos-Bastide, vers Bayonne ; et enfin Guermiette, vers St-Jean-Pied-de-Port.

Se promener

★ Église

Reconstruite au 18e s. sur une base romane, elle est intéressante pour ses galeries, son chœur surélevé dont les trois autels sont ornés de retables de bois doré, son orgue (contemporain) de style baroque et son arc triomphal peint. Notez, à droite de l'entrée principale, la porte des cagots avec le bénitier qui leur était réservé.

Passez sur l'autre rive. Sur la rive gauche se dresse l'ancien **château d'Etchauz/Etxauz** *(hébergement, voir « Nos adresses » p. 225)* au corps de logis rectangulaire flanqué d'échauguettes et de tours. Après la Révolution, il passa à la famille Harispe, puis fut racheté par la famille d'Abbadie d'Arrast. *✆ 05 59 37 48 58 - 10h-12h, 14h-17h30.*

Pont romain

Il date en fait de 1661 mais porte ce nom en raison de son arche unique, inspirée de l'architecture romaine. Notez l'empreinte des charrois dans les galets qui recouvrent son tablier. Très beau point de vue sur le château.

À proximité Plan de microrégion

Guermiette/Germieta A3

En direction de St-Jean-Pied-de-Port. Après le restaurant L'Étape Gourmande, prenez à la fourche la direction de Germieta. Fermes à l'abandon et maisons habitées se partagent ce hameau plein de charme où subsistent quelques demeures du 17e s. Elles se repèrent à leur linteau, souvent daté et parfois sculpté. Celui de la **chapelle** affiche 1668. Vous la dénicherez en prenant à droite du vieux lavoir.

Irouléguy A3

5 km à l'est par la D 15. Petit village typiquement basque avec des fermes et des maisons crépies de blanc aux volets rouges. Connu pour ses vins, classés AOC depuis 1970 *(voir p. 54)*, il n'est cependant pas noyé dans les **vignes** (environ 200 ha) qui s'étagent plutôt à flanc de colline. Un panneau devant l'église indique des itinéraires de randonnée (entre 30mn et 6h de marche).

Urdos A3

En direction de Bayonne. Après Eyrehalde, prenez la première à gauche après avoir dépassé de quelques centaines de mètres un hameau doté d'un restaurant. Le hameau situé au pied d'Iparla comprend une petite chapelle du 17e s. dotée d'une voûte en trois plans, d'une double galerie et d'un retable de style classique. À deux pas se dresse la massive demeure des Ahaxe, autrefois propriété des seigneurs d'Urdos et aujourd'hui chambre d'hôte.

St-Martin-d'Arrossa/Arrosa A3

8 km au nord-est par la D 948. Cet ancien quartier d'Ossès conserve quelques belles fermes anciennes et une église dont l'autel est en bois doré.

Parcours aventure – *Comptez 2h15 depuis l'initiation au sol jusqu'à la fin du parcours dans les arbres. Les accompagnateurs fournissent l'équipement et les casques. Capacité d'accueil jusqu'à 50 personnes. Mieux vaut réserver. ✆ 05 59 49 17 64 - adultes 19 €.* Une trentaine d'ateliers, depuis la tyrolienne jusqu'au pont de singe, ponctuent ce parcours aménagé dans les arbres bordant la Nive des Aldudes.

Possibilités de randonnées à partir du village. L'une part en direction du mont Jarra (812 m) depuis la voie de chemin de fer qui franchit la Nive, à l'entrée du village. L'autre part de l'église (à droite) et, après 1,5 km, fait le tour du mont Larla (700 m).

Ossès/Ortzaize A3

1,5 km plus loin sur la route de Cambo-les-Bains (D 918). Devenu tristement célèbre le 1er novembre 2004, jour où l'ourse *Cannelle* y a été tuée lors d'une battue aux sangliers, ce village est posté au rebord du bassin dessiné par le confluent de la Nive des Aldudes et de la Grande Nive.

À quelques tours de roue des sommets pyrénéens, ce village éclaté en différents quartiers sert de porte d'entrée aux collines verdoyantes de Basse-Navarre. Vous y découvrirez des maisons nobles à l'architecture très typique et des paysages de prairies baignés d'une lumière éthérée.

Ossès se partage en sept différents quartiers *(voir les principaux ci-après).* La plupart des maisons anciennes témoignent d'une double influence : labourdine par la présence de pans de bois et basse-navarraise pour les murs latéraux en avancée, les auvents et les parements de pierre. Vous pourrez voir de très belles demeures nobles telles que l'imposante et opulente **maison Harizmendi**, reconnaissable à ses pans de bois et ses fenêtres à meneaux.

Église St-Julien – 16e s. Son clocher orné d'une superposition de pierres blanches et rosées comporte sept côtés (sans doute en référence au nombre de quartiers de la vallée). Elle abrite un retable baroque du 17e s. et un bel escalier à vis. Notez son portail, baroque lui aussi, construit en 1668 à la demande de l'évêque d'Olce, qui présida la cérémonie de mariage de Louis XIV.

Sur la **place** bordée de vieilles maisons à l'architecture navarro-labourdine, un puits jouxte un petit bâtiment longé par une espèce de balustrade : cette dernière signale la présence d'une ancienne balance à peser les animaux ou les chargements.

Vers Irissarry – *Prenez la route à gauche de l'église.* Il faut dépasser les maisons anciennes qui entourent l'église (1673, 1783), se diriger vers la sortie du village pour voir la **maison Sastriarena**, autrefois résidence secondaire des évêques de Bayonne. Admirez sa façade en encorbellement et ses colombages ouvragés (1628 indique la date de réfection de la maison). Mgr d'Olce, évêque de Bayonne qui bénit le mariage de Louis XIV et de l'infante d'Espagne, Marie-Thérèse, le 9 juin 1660 *(voir « St-Jean-de-Luz » p. 167)*, y aurait fini ses jours.

Quartier de Gahardou – *En direction de Cambo.* Vous verrez en bord de route quelques belles demeures traditionnelles dont les linteaux affichent souvent les noms et les dates de construction, qui remontent pour la plupart aux 17e et 18e s. Ne manquez pas la **maison Apalatzia**, de 1635, au croisement des deux départementales.

Quartier d'Eyharce – Voyez la **maison Arrosagaray** du 16e s., repérable à ses fenêtres à meneaux, et la **maison Arrossa** (linteau de 1613).

Village d'artisans – *Sur la D 918, en direction de St-Jean-Pied-de-Port.*

Un potier, un ferronnier, un sandalier, un ébéniste, des producteurs de pays qui proposent directement le fruit de leur travail : fromages, miel, mais aussi foie gras… Ce regroupement d'artisans a pris possession de la D 918, afin d'offrir le plus large panel possible du savoir-faire basque. Certains ont aménagé leur espace de façon à laisser voir leur atelier (poterie, sandalier, conserves de foie gras…) : n'hésitez pas à pousser les portes.

Itinéraires conseillés

AUTOUR D'OSSÈS A2-3 B2

Pour visualiser cet itinéraire de 35 km, reportez-vous au plan de la région (p. 204) – comptez 1h. Quittez Ossès par la D 8.

Irissary/Irisarri AB2

Le village a conservé la **commanderie** des chevaliers de St-Jean-de-Jérusalem édifiée au 12e s. et reconstruite pour l'ordre de Malte au 17e s. Cet ordre assurait la sécurité et l'hébergement des pèlerins en route pour Compostelle, mais le bâtiment lui-même ne constitua jamais une étape du pèlerinage. Il représentait plutôt le siège de la puissance seigneuriale et fut saisi à ce titre sous la Révolution. Restauré, il accueille aujourd'hui **Ospitalea**, un centre d'exposition et d'éducation au patrimoine (*✆ 05 59 37 97 20 - www.ospitalea.cg64.fr - lun.-sam. 10h-12h30, 13h30-17h - gratuit*. Remarquez les bretèches qui s'accrochent aux angles du bâtiment. Il s'agit d'éléments défensifs.

Église – Le plafond à berceau avec effet de caissons modernes abrite un orgue classique et un retable baroque représentant le baptême du Christ.

Poursuivez en direction d'Iholdy.

La D 8 se déploie dans un paysage de douces collines dont le vert est parfois ponctué de bosquets, plus sombres.

Château d'Olce B2

Sur la droite de la route. ✆ 05 59 37 51 07 - visite guidée de déb.-avr. à mi-sept. : 14h-18h sf mer. - 6 € (-16 ans 3 €).

Cette demeure mérite une visite autant pour Mgr d'Olce qui la fit rebâtir en 1664 sur un château de famille (14e s.) que pour ses actuels propriétaires qui ont sauvé de la ruine un bâtiment longtemps laissé à l'abandon ; vous pourrez apprécier le beau travail de restauration des plafonds à la française et surtout de récupération des stucs en relief (en vogue sous Louis XIV). À commencer par la chapelle avec son retable cannelé et le blason d'Olce qui orne le plafond. Puis l'escalier monumental, à vide central (15 m de haut), avec sa coupole baroque. Dans chaque pièce, une cheminée au décor plus ou moins chargé. L'ensemble est meublé 17e-18e s.

Iholdy/Iholdi B2

500 m plus loin. L'église, avec sa grande galerie extérieure en bois et le fronton accolé forment un bel ensemble.

Quitter Iholdy par la D 745, en direction d'Hélette (à 7,5 km).

Hélette/Heleta A2

Agour - Musée basque du Pastoralisme et du Fromage – *Sur la D 119, en direction de Louhossoa. ✆ 05 59 37 63 86 - www.agour.com - juil.-août : lun.-vend. 9h-11h, 14h-17h ; reste de l'année, deux visites à 10h30 et 15h30 - 5 €.* Quel meilleur moyen de mettre en valeur ses produits que d'organiser un musée pour en expliquer la fabrication ? C'est ce qu'a fait cette fromagerie sur son site de production. La voix du berger Joanes explique la tradition basque du pastoralisme, projection et reconstitution d'une *etxe* et d'une bergerie. La visite s'achève par un film sur les procédés actuels de fabrication, et une dégustation, accompagnée au choix d'un verre d'Irouléguy ou de cidre. On peut voir les salles d'affinage à travers les vitres.

Prenez la direction d'Herautiz où la D 22 sur la gauche vous ramène à Irissary d'où vous pouvez rejoindre Ossès par la D 8.

Les vignobles d'Irouléguy.
CDT64

★★ VALLÉE DES ALDUDES A3-4

Pour visualiser cet itinéraire de 26 km, reportez-vous au plan de la région (p. 204) – comptez 1h30. Sortir de St-Étienne-de-Baïgorry par la D 948 en direction de Banca.

Banca/Banka A3

Le village qui s'étage à flanc de montagne s'est développé au 18e s. grâce à la fonderie située sur la rive gauche de la rivière, à l'entrée du village (aujourd'hui en ruines).

La **ferme aquacole** de Banca occupe le site d'un ancien moulin du 19e s.

Aldudes/Aldude A3

Grand centre de la chasse à la palombe. Sur la placette, église à la belle voûte de bois en berceau et aux galeries originales. Une grille fixée au sol précède l'auvent pour empêcher les animaux d'accéder à l'édifice. À voir, dans le cimetière, les stèles basques du 19e s., entreposées contre le mur.

★ **Randonnée du col de Lepeder** – *4 km - 2h - balisage jaune - départ avant la station-service (dir. Urepel), l'escalier en retrait sur la gauche.* Une sente pierreuse et pentue marque le début de cette promenade qui dévoile de beaux **panoramas** sur la vallée verdoyante et la frontière espagnole, plus découpée. La fin du circuit passe devant des élevages de cochons pie noir.

En prenant la première à droite en sortant du village, vous arriverez à **Esnazu**, dont la petite église renferme un retable en bois doré du 17e s. provenant de l'ancienne église de Larressore.

Possibilité de faire le tour du bourg et de ses fermes en suivant le balisage jaune qui commence à gauche de l'église. Après environ 20mn de

marche, parvenu au bout du chemin de terre, tournez à droite, quoi qu'en dise le marquage. Jolies vues sur les hauteurs des Aldudes. *2 km - 40mn.*
Revenez sur vos pas et reprenez la D 948.

Urepel/Urepele A4
À l'entrée du village, une stèle commémore un enfant du pays, Fernando Aire Etxart, dit **Xalbador** (1920-1976), berger et agriculteur qui fut un *bertsolari* réputé *(voir p. 42)*. Église intéressante avec une voûte de bois et une coupole.
★ **Randonnée Elizamendi** – Depuis l'église, partez en direction de Bordaluzea. La route longe la rivière canalisée. Au premier hameau, un sentier, très raide, part sur la gauche. Prenez-le : l'effort est récompensé par une belle vue sur la vallée suivante, moutonnante et verdoyante. Le **panorama★★** se dévoile pleinement depuis la petite éminence qui se dresse à gauche. Le sentier descend ensuite dans un vallon boisé, traversé par un torrent, avant de remonter vers une route goudronnée qui ramène à l'église d'Urepel. *2 km - 1h30 - balisage jaune.*
Prenez la D 158 (6 km AR) qui s'amorce à hauteur de l'église d'Urepel.

Pays Quint/Quinto Real/Kintao A4
Autrefois indivis entre les vallées française et espagnole, ce territoire présente, depuis le traité de Bayonne signé en 1856, la particularité d'être reconnu à l'Espagne mais donné en bail perpétuel aux habitants de la vallée des Aldudes, les Quintoars (au nombre de sept familles), qui jouissent des pâturages en territoire espagnol et ont le statut de ressortissants français à l'étranger.

NOS ADRESSES À ST-ÉTIENNE-DE-BAÏGORRY

HÉBERGEMENT

PREMIER PRIX

Chambre d'hôte La Maison Inda – *Quai Occos - ✆ 05 59 37 43 16 - fermé Noël - P - ⌧ - 3 ch. 45/48 € ☕ - rest. 13 €.* Voici une vraie chambre d'hôte, comme on les aime. La ferme est toujours en activité. On peut y visiter le potager, l'étable où voisinent vaches et volailles et bien sûr dormir dans l'une des chambres meublées d'ancien. À table, les repas 100% maison utilisent les succulents produits du terroir.

BUDGET MOYEN

À St-Étienne-de-Baïgorry
Chambre d'hôte Jauregia – *Hameau d'Urdos - ✆ 05 59 37 49 72 - www.jauregia.fr - P - ⌧ - 3 ch. 55 € ☕.* Cette imposante demeure du 16e s., jadis halte sur le chemin de Compostelle et ancienne propriété de Jeanne d'Albret, est aussi une ferme laitière. Ses vastes chambres, où se mêlent meubles anciens et modernes, sont desservies par un magistral escalier en chêne. Le patron, guide, organise des randonnées.

À Ossès

Hôtel-Restaurant Mendi-Alde – *Pl. de l'Église - 64780 Ossès - ✆ 05 59 37 71 78 - www.hotelmendialde.com - fermé 1er déc.-15 janv. - ♿ - P - 12/33 € - 15 ch. 52/69 € - ☕ 7 €.* Ce bel hôtel typique – le seul du village – vous réserve un accueil sympathique. Les chambres offrent un calme olympien et la cuisine regorge de saveurs. Goûtez donc la piperade et le gâteau basque… ce n'est pas pour rien si tout le monde connaît l'adresse dans la région.

UNE FOLIE

Château d'Etchauz – *✆ 05 59 37 48 58 - etxauz@wanadoo.fr - P - 149/169 €.* Ce petit château, magnifiquement restauré, vaut le coup d'œil. La salle d'armes et l'extraordinaire charpente du 16e s. de la salle de réception se visitent. Les chambres, immenses et nanties de meubles d'époque, possèdent parfois un salon. Une petite folie !

RESTAURATION

Bon à savoir – La place de la mairie accueille quelques commerces, une boulangerie-pâtisserie et le Bar du Fronton. Ce dernier est l'endroit idéal pour une pause revigorante autour de ses belles salades et omelettes, à base de produits frais. Lorsque le temps le permet, vous vous régalez sur la terrasse ombragée d'énormes platanes.

BUDGET MOYEN

Le Manechenea – *Quartier Urdos - ✆ 05 59 37 41 68 - fermé déc.-janv. - P - 18/31 €.* Ce petit restaurant, protégé par les crêtes d'Iparla, et sa terrasse, ombragée de platanes et surplombant un ruisseau, offrent un cadre bucolique à souhait. Sa cuisine du terroir, à prix tout doux, ravira les papilles les plus difficiles.

ACHATS

Laurent Petricorena – *Rte de St-Jean-Pied-de-Port - ✆ 05 59 37 41 36 - www.petricorena.com - tlj sf dim. 8h30-12h30, 13h30-18h30 - fermé janv.* Ce magasin fabrique maintes spécialités gastronomiques locales. On trouve d'un côté les produits traditionnels à base de canard ou de brebis, de l'autre les créations maison : sauce sakari (huile, vinaigre, piment et aromates), confiture de piments doux, apéritif et liqueur pimentés.

GAEC Tambourin - Maison Enautenea – *Enautenea - ✆ 05 59 37 40 64 - tambourin3@wanadoo.fr - 9h-13h, 14h-20h.* M. et Mme Tambourin, avec leur fils Michel, entretiennent l'exploitation familiale fondée en 1718. Dans leur laboratoire, et grâce à leur élevage de brebis manex tête rousse, ils fabriquent leur propre fromage fermier, onctueux et affiné comme il se doit : l'AOC Ossau-Iraty. Le sésame de la maison ? Dites « ardi gasna », autrement dit « fromage de brebis », et les portes s'ouvriront…

Domaine Ameztia – *À Germieta - ✆ 05 59 37 93 68 - ametzia@wanadoo.fr - tlj sf dim. 10h30-12h30, 16h-19h.* Héritier de la vigne parentale plantée dans les années 1960, Jean-Louis Costera a commercialisé sa première cuvée en 2001. Ses 3 ha donnent des vins rouges et rosés puissants. Le Domaine Ameztia 2002 plaît à ceux qui aiment les vins toniques. Le rosé de la Réserve du Domaine égaiera vos repas d'été.

Pierre Oteiza – *Rte d'Urepel - 64430 Les Aldudes - ✆ 05 59 37 56 11 - www.pierreoteiza.com - 9h30-19h - fermé 1er janv., 25 déc., et dim. en hiver.* C'est ici que sont élevés en liberté les porcs pie noir du Pays basque avec lesquels sont fabriquées les fameuses charcuteries. Un sentier de découverte permet de découvrir librement les élevages de la vallée des Aldudes (possibilité de faire la promenade en compagnie d'un âne). Une dégustation clôt la visite.

Cave d'Irouléguy – *Rte de St-Jean-Pied-de-Port - ✆ 05 59 37 41 33 - www.cave-irouleguy.com - 9h-12h, 14h-18h - fermé dim. et j. fériés de déb. oct. à fin avril.* La réputation de cette cave qui, depuis une cinquantaine d'années, vinifie et commercialise l'essentiel des vins d'AOC Irouléguy blancs, rouges et rosés n'est plus à faire. Elle propose de nombreuses cuvées de qualité.

La ferme aquacole de Banca – *Rte des Aldudes - 64430 Banca - ✆ 05 59 37 45 97 - tlj sf dim. 10h-12h, 15h-18h - fermé j. fériés - visite libre ou guidée (45mn) sur RV : 2 € (enf. 1,50 €).* La truite de Banca, issue d'une pisciculture pyrénéenne réputée, est élevée au plus proche de la nature. Évoluant dans une eau de qualité exceptionnelle, elle bénéficie d'une nourriture saine et ne reçoit aucun antibiotique. Elle se vend fraîche ou préparée (filets fumés, terrines).

SPORTS ET LOISIRS

Escap'Ânes – *Au bourg - 64220 Irouléguy - ✆ 06 86 81 87 23 - http://escapanes.skyblog.com - 8h-18h30, sur réserv. - 20 € forfait famille sur demande en demi-journée - (enf. 15 €).* Depuis 18 ans, Charlotte et la Compagnie aux longues Z'Oreilles emmènent petits et grands à la découverte de l'environnement rural et montagnard du Pays basque. Vous partirez à pied, à dos d'âne, seul, en groupe, en famille, libre,

accompagné d'un guide, pour deux heures, une journée, un stage… À vous de voir.

Jean-Luc Durgueil – *Le bourg - 64430 Banca - ✆ 05 59 37 49 00 ou 06 - jean-luc.durgueil@wanadoo.fr - 23 € - (-16 ans 18 €).* Cet accompagnateur en montagne organise des balades pédestres nocturnes dans les Aldudes.

Ur Bizia Rafting – *Erramondeguya - 64780 Bidarray - ✆ 05 59 37 72 37 - www.ur-bizia.com - 9h-18h30 - 27 € 1h30 de descente en eau vive de la Nive au choix : rafting - canoraft - hydrospeed - kayak (-12 ans 14 € : descente en rafting accompagné d'un parent).* Sports d'eaux vives et d'aventure, toute l'année.

Ferme équestre Les Collines – *Chemin derrière l'église - 64780 Ossès - ✆ 05 59 37 75 08 - www.fermelescollines.com - sur réserv.* Si vous avez plus de 10 ans, la ferme équestre Les Collines vous propose de belles randonnées à cheval à travers le Pays basque. Les promenades durent deux heures, une demi-journée ou une journée. Possibilité également de partir en excursion de 3 à 7 jours.

St-Jean-Pied-de-Port

★

Donibane-Garazi

1 513 Saint-Jeannais - Pyrénées-Atlantiques (64)

NOS ADRESSES PAGE 231

S'INFORMER

Office de tourisme – *14 pl. Charles-de-Gaulle - 64220 St-Jean-Pied-de-Port - ✆ 05 59 37 03 57 - www.pyrenees-basques.com (site commun avec St-Étienne-de-Baïgorry) - juil.-août : tte la journée ; reste de l'année : mat. et apr.-midi - fermé dim. et j. fériés (sf juil.-août).*

Visite guidée de la ville – S'adresser à l'office de tourisme - découverte de la citadelle, des monuments et des rues de la vieille ville - *juil.-août - 4,50 € (-12 ans 1,50 €)*

Le train touristique – *✆ 05 59 37 00 92 - fermé du 1er nov. à Paques - 5 € (-12 ans 2,50 €, -7 ans gratuit).* Le petit train touristique de St-Jean-Pied-de-Port est un bon moyen de découvrir tour à tour la maison dite « Mansart », la Nive, les murailles, le pont romain, les rues anciennes, la citadelle… Un départ a lieu toutes les heures face à l'hôtel de ville.

SE REPÉRER

Plan de région A3 (p. 204) – carte Michelin n° 524 C 26. St-Jean-Pied-de-Port se trouve à 34 km au sud-est de Cambo, soit à 53 km de Bayonne et 61 km de St-Jean-de-Luz. Elle se situe également à 31 km au sud-ouest de St-Palais et à 8 km de la frontière espagnole.

SE GARER

Laisser la voiture près de la porte de France ; suivre les remparts et prendre l'escalier pour gagner la porte St-Jacques par laquelle les pèlerins pénétraient dans la ville.

À NE PAS MANQUER

La vieille ville, les chapelles d'Alciette et Bascassan.

ORGANISER SON TEMPS

La découverte de la ville en elle-même ne prend qu'une demi-journée, mais les possibilités d'excursions aux alentours sont quasiment illimitées.

Dans un superbe cadre de montagnes, posée comme son nom l'indique au pied du port de Roncevaux, voici la dernière étape française des pèlerins de Compostelle. Modelée par une histoire militaire agitée dont témoignent ses remparts et sa citadelle, l'ancienne capitale de Basse-Navarre est aujourd'hui une cité aussi agréable que tranquille. Les maisons de grès rose se dorent paresseusement au soleil et seules viennent les envahir, aux beaux jours, des armées pacifiques de touristes… et, toujours, de pèlerins.

Se promener

★ SUR LES PAS DES JACQUETS

Accès par la porte St-Jacques.

Porte St-Jacques

Inscrite au Patrimoine de l'Unesco, cette porte du rempart médiéval était celle par laquelle les pèlerins entraient dans la ville. Elle était alors dotée d'un péage…

Rue de la Citadelle

Dans le prolongement. En descente vers la Nive, elle est très fréquentée tant par les touristes que par les pèlerins ; elle est bordée de maisons des 16ᵉ (remarquez au nº 32 la maison Arcanzola de 1510) et 17ᵉ s. avec de beaux portails arrondis et linteaux droits sculptés. Au nº 41, la « **prison des Évêques** » (sans doute un ancien entrepôt où au grand jamais nul évêque ne fut emprisonné) abrite une exposition évoquant les chemins de St-Jacques au Moyen Âge. *41 r. de la Citadelle - ✆ 05 59 37 00 92 - juil.-août : 10h30-19h ; 23 mars-30 juin et sept.-oct. : tlj sf mar. 11h-12h30, 14h30-18h30 - 3 € (-10 ans gratuit).*

Rue de l'Église

Elle mène à la porte de Navarre. Vous y verrez l'**ancien hôpital** transformé en librairie et la **maison Jassu**, qui fut celle des ancêtres paternels de saint François Xavier (1506-1552).

Église N.-D.-du-Bout-du-Pont

Gothique, elle présente de beaux piliers de grès rouge (18ᵉ s.). Sa fondation remonterait à Sanche le Fort, victorieux des Maures à Las Navas de Tolosa (1212).

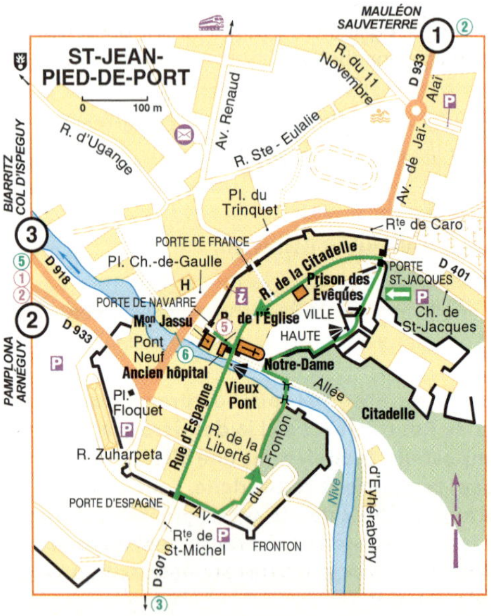

SE LOGER

Chambre d'hôte Ferme Etxeberria .... ②
Chambre d'hôte Maison Donamaria .... ③
Europ' Camping .... ⑤
Hôtel Central .... ⑥

SE RESTAURER

Auberge Lafitte .... ①
Cidrerie Aldakurria .... ②
Paxkal Oillarburu .... ⑤

Passez sous la **porte Notre-Dame** ouverte sous le clocher.
Franchissez la Nive.

Vieux Pont

Belle vue sur l'église et les vieilles maisons au bord de l'eau. Le chemin qui remonte la Nive, sur la rive droite, mène au pont d'Eyheraberry *(10mn AR)*.

Rue d'Espagne

Elle monte vers la porte d'Espagne par où les pèlerins quittaient la ville en direction de Roncevaux : elle est restée commerçante, fidèle au temps où les **jacquets** l'empruntaient.
Prenez à gauche l'avenue du Fronton. Retraversez la Nive et prenez les escaliers derrière l'église pour monter à la citadelle.

Citadelle

Bâtie en 1627, puis consolidée par Vauban. Du bastion formant un belvédère face à l'entrée du fort, vous pouvez voir tout le bassin de St-Jean et ses agréables villages (table d'orientation).

SUR LE CHEMIN DE ST-JACQUES

Au Moyen Âge, St-Jean-Pied-de-Port, dernière étape avant l'Espagne, est un grand centre de regroupement de jacquets venus de tous les coins d'Europe. Dès qu'un cortège est signalé, la ville est en émoi : les cloches sonnent, les prêtres récitent des prières ; les enfants escortent les pèlerins vêtus du manteau gris, le bourdon à la main ; les habitants, sur le pas de leur porte, tendent des provisions. Le cortège s'éloigne en chantant des répons. Ceux qui sont trop las font halte rue de la Citadelle où le monastère de Roncevaux leur a ménagé un abri.

UNE CITÉ DISPUTÉE

Ville neuve créée au 12e s. au confluent des trois Nive (la Nive d'Arnéguy, de Béhorléguy et le Laurhibar), St-Jean entre dans l'histoire en 1512 lorsque Ferdinand le Catholique, roi de Castille et d'Aragon, chasse le roi de Navarre, Jean d'Albret, au-delà des Pyrénées. Poursuivant leur avantage, les troupes espagnoles s'emparent de la ville en août 1512. Dès lors la place-forte sera l'objet de sièges perpétuels, Navarrais et Espagnols s'y succédant jusqu'en 1530. À cette date, Charles Quint, devenu roi de Castille et de León, l'estimant trop difficile à défendre, l'abandonne aux Albret, reconnaissant du même coup l'indépendance de la Basse-Navarre.

Itinéraire conseillé

VERS IRATY B3

Pour visualiser cet itinéraire de 25 km, reportez-vous au plan de la région (p. 204) – comptez 1h30. Quittez St-Jean-Pied-de-Port par la D 933 en direction de St-Palais puis obliquez à droite sur la D 18.

St-Jean-le-Vieux/Donazaharre

Jusqu'à la fondation de St-Jean-Pied-de-Port qui entraîna son déclin, ce fut le principal centre urbain de la région et une halte importante pour les pèlerins qui y trouvaient six églises ou chapelles. Aux alentours du village ont été

retrouvées des traces de l'occupation romaine : le site d'un oppidum près de la rivière, dont les résultats des fouilles sont exposés au petit **Musée archéologique**. *Faites 50 m dans le village en venant de St-Jean et tournez à droite.* *✆ 05 59 37 91 08 - de mi-juin à mi-sept. : lun.-jeu. apr.-midi - 2 € (-14 ans 1 €).*
Quittez le village par la D 18 en direction de Mendive. Après 1,5 km, tournez à droite et prenez la D 118.

Aincille/Ahintzila

L'église, d'extérieur sobre, conserve un chœur de style baroque (18e s.) ainsi qu'une jolie Vierge ancienne du 14e s.
Revenez sur la D 18 et, après environ 2 km, prenez à droite vers Bascassan.

Bascassan/Bazkazane

La petite **église St-André**, romane, en haut du hameau, présente des fresques naïves qui ont été récemment restaurées. Plafond étoilé, retable du 16e ou 17e s. et baptistère peint : ses thèmes se retrouvent dans sa chapelle jumelle à Alciette.
Revenez sur la D 18 et roulez en direction de Mendive. Dépassez l'intersection menant à gauche sur Ahaxe, et prenez la suivante sur la gauche (ne manquez pas le panneau !).

Alciette/Alzieta

Demandez la clé de la chapelle à la ferme Bidart, dans le hameau en contrebas. Pour y accéder : au carrefour central du hameau, prenez la voie de droite qui fait une courbe.
Église St-Sauveur – Cette chapelle de campagne recèle de surprenantes **fresques★** touchantes de naïveté et peintes à même le bois, qui demanderaient à leur tour une restauration. Notez le baptistère caché derrière des panneaux de bois dont les vantaux du haut représentent le baptême du Christ.
Retournez sur la D 18 et roulez vers Mendive. Dans le village, prenez à gauche de l'église pour suivre la D 117.

Béhorléguy/Behorlegi

Pittoresque petit village accroché à flanc de colline, gardé par son église qu'entoure le cimetière (alignement de croix basques).
Vous pouvez poursuivre au-delà de Mendive : en continuant le long de la D 18, vous gagnerez la forêt d'Iraty (voir p. 233). En empruntant la D 417 à gauche, vous pourrez partir à la découverte de la forêt des Arbailles (voir p. 245).

NOS ADRESSES À ST-JEAN-PIED-DE-PORT

HÉBERGEMENT

PREMIER PRIX

Camping Europ'Camping – *Quartier l'Ascarat - 64220 Ascarat - 2 km au NO par D 918 rte de Bayonne et chemin à gauche, à Ascarat - ☎ 05 59 37 12 78 - www.europ-camping.com - de mi-avr. à fin sept. - ♿ - réserv. conseillée - 110 empl. 27 €.* Exemplaire est le mot qui qualifie le mieux ce camping : allées agrémentées de massifs de fleurs, emplacements bien ombragés pour les tentes, confortables locations en dur et entretien sans faille des sanitaires. En sus : snack au bord de la piscine.

BUDGET MOYEN

Chambre d'hôte Ferme Etxeberria – *Domaine Mourguy - 64220 Ispoure - ☎ 05 59 37 06 23 - www.domainemourguy.com - fermé déc.-janv. - P - 4 ch. 54 €.* Dormez dans l'ancienne grange de cette ferme face à la campagne, à deux pas de St-Jean-Pied-de-Port. Chambres sobres, pas très grandes mais avec une mezzanine, idéale pour les enfants. Belle véranda pour un petit-déjeuner face aux vignobles d'Irouléguy. Balades en famille inoubliables à dos d'âne. Visite du chai, dégustation et vente du vin de la propriété.

Hôtel Central – *pl. Ch.-de-Gaulle - ☎ 05 59 37 00 22 - 11 mars-30 nov. et fermé mardi de mars à juin - 12 ch. 62/77 € - 9 € - rest. 21/46 €.* Enseigne-vérité pour cet hôtel situé à deux pas de la citadelle. Escalier bicentenaire en bois ciré desservant de grandes chambres ancrées dans la tradition. Plats régionaux servis dans la salle à manger-véranda ou sur la mini-terrasse au bord de la Nive.

Chambre d'hôte Maison Donamaria – *1 chemin d'Olhonce - ☎ 05 59 37 02 32 - http://www.donamaria.fr/ - fermé oct.-avr. - - 5 ch. 64 €.* Le temps semble s'être arrêté dans cette grande demeure du 18e s. Ses chambres, véritablement coquettes, ouvrent leurs fenêtres sur la Nive, la petite cascade, le pont romain et le parc boisé. Le petit-déjeuner se prend sur la terrasse en surplomb de la rivière ou dans le salon près de la cheminée. Du pur bonheur !

RESTAURATION

PREMIER PRIX

Paxkal Oillarburu – *8 r. de l'Église - ☎ 05 59 37 06 44 - fermé 1 sem. en janv. et mar. sf juil.-août - réserv. conseillée - 14/23 €.* Posé contre les remparts, ce restaurant joue le répertoire régional : garbure, ris d'agneau au chorizo et poivrons, truitelles d'Iraty au beurre aillé, anguilles en persillade et bien d'autres spécialités du terroir tout au long de l'année.

BUDGET MOYEN

Auberge Lafitte – *Au Bourg - 64430 Urepel - ☎ 05 59 37 58 58 - fermé 20 nov.-15 mars - 18 €.* Cette auberge sans prétention dotée d'une terrasse bordant la source Itarri-Aundi et réputée pour ses préparations de truites, conjugue avec brio simplicité, convivialité et goûteuse cuisine « de grand-mère ». Dans l'assiette, produits frais locaux accommodés sans façon (truitelles meunières, cuisse de canard confite…).

Cidrerie Aldakurria – *64220 Lasse - ☎ 05 59 37 13 13 - www.cidrerie-aldakurria.com - fermé 15 déc.-20 janv., dim. soir et lun. sf juil.-août - ♿ - P - 20 bc/30 € - 5 ch. 45/50 € - 6 €.* À la mode espagnole, cette cidrerie propose omelette de morue, côte de bœuf ou gigot d'agneau *a la plancha* avec cidre à volonté. Le cadre est rustique dans cette maison au milieu des champs : poutres et murs crépis, grandes tables et bancs de bois. Chambres confortables (avec terrasse).

ACHATS

Étienne Brana – *3bis av. du Jaï-Alaï - ✆ 05 59 37 00 44 - www.brana.fr - tlj sf w.-end 8h30-12h, 14h-18h - fermé 2e quinz. de janv. - visite 7 €.* Au fil de la visite des chais, l'étendue de la gamme d'eaux-de-vie produites par ce domaine au charme indéniable se dévoile : connus et réputés sur tout le territoire français, le marc d'Irouléguy, l'eau-de-vie de poires williams et le txapa à base de vin blanc, cerises et épices n'ont plus besoin de faire leurs preuves.

Poterie navarraise – *36 r. d'Espagne - ✆ 05 59 37 34 46 - tlj sf dim. hors sais. 9h-19h - fermé 1 sem. en fév. et 5 déc.-2 janv.* Sitôt franchi le seuil, des rayonnages remplis d'objets, plats et autres ustensiles en terre cuite s'offrent à votre regard. L'atelier de poterie se trouve dans l'arrière-boutique. Olivier Carriquiry y façonne devant le public et cuit à 1 300 °C. ses pièces selon les gestes transmis par son père.

SPORTS ET LOISIRS

Syndicat Mendi Gaiak - bureau des accompagnateurs du Pays basque – *Errobi Baztera - 64780 St-Martin-d'Arrossa - ✆ 05 59 49 17 64 - www.mendi-gaiak.fr - juil.-août : 10h-18h ; tte l'année pour les groupes (minimum 12 pers.) sur RV - tarif à définir selon l'activité choisie : (15 à 55 €) - (-16 ans : tarif à définir selon l'activité choisie.* Organisation et accompagnement, par des guides diplômés, de randonnées pédestres, escalade, canyoning, activités sportives de montagne, VTT…

Cycles Garazi – *32 av. du Jaï-Alaï - ✆ 05 59 37 21 79 - motocyclesgarazi@wanadoo.fr - 9h-19h* . Cette enseigne loue des vélos, des VTT, des motos de 125 cm^3. Elle propose également une pléiade d'itinéraires en forêt d'Iraty. Parmi les sorties les plus intéressantes : l'excursion à vélo, accompagnée d'un guide, sur une partie du chemin de St-Jacques-de-Compostelle.

Balade en raquettes dans la forêt d'Iraty.
Les Chalets d'Iraty

Forêt d'Iraty

★

Bosque del Irati

Pyrénées-Atlantiques (64) et Navarre

NOS ADRESSES PAGE 236

S'INFORMER

Office de tourisme et centre d'interprétation de la nature (Centro de Interpretación de la Naturaleza) **à Ochagavía** – *Ctra Izalzu s/n - 31680 Ochagavía - ✆ 948 890 641 - de mi-juin à mi-sept. : lun.-sam. 10h-14h, 16h-20h, dim. 10h-14h ; reste de l'année : vend.-sam. 10h-14h, 16h-19h, dim.-jeu. 10h-14h www.ochagavia.com.*

SE REPÉRER

Plan de région B4 (p. 204) – carte Michelin n° 573 C-D 26. On atteint le nord de la forêt d'Iraty par la D 18 en provenance de St-Jean-Pied-de-Port (32 km à l'ouest). Côté espagnol, le massif forestier se rejoint par la NA 140 qui relie les trois vallées à l'est de Roncevaux. On parvient alors à la forêt depuis Orbaiceta ou, plus à l'est, depuis Ochagavía.

SE GARER

Versant français, laissez votre voiture aux chalets d'Iraty ou un peu plus haut que le chalet de Cize, à proximité de l'embranchement avec la D 301 sur le parking herbeux à gauche de la route. Pour le massif sud, garez-vous à la Fábrica de Orbaiceta pour rejoindre le GR 11. Depuis Ochagavía, montez jusqu'à N. S. de las Nieves et vous retrouverez le GR 11. Mais vous pouvez déjà partir à pied de la ville.

ORGANISER SON TEMPS
Les randonnées dans le massif s'échelonnent de une à plusieurs heures, avec des degrés de difficulté différents. Le choix est donc très large.

À cheval sur la frontière, la hêtraie d'Iraty constitue l'un des plus vastes massifs de feuillus d'Europe. Dès le 18e s., elle fournissait des mâts de navire aux marines de France et d'Espagne. Tendez l'oreille, vous entendrez peut-être le souffle des grandes batailles navales. La forêt est traversée par deux sentiers pédestres, les GR 10 et 11 qui enchanteront les amoureux de nature.

UN POUMON VERT TRANSFRONTALIER

La plus grande hêtraie d'Europe couvre 17 195 ha de plateaux, de montagnes et de vallées comme celles d'Aezkoa et de Salazar, en Navarre. Ses sommets pointent en moyenne à 1 300-1 400 m, mais le plus haut, le **pic d'Orhy**, qui est aussi le plus oriental, culmine sur la frontière à quelque 2 021 m.

La forêt et le massif tirent leur nom de l'Irati, une rivière qui naît de la convergence des torrents Urtxuria et Urbeltza, au niveau de N. S. de las Nieves. De là, elle file se jeter dans le lac d'Irabia pour ensuite couler vers Orbaiceta/Orbaitzeta, puis vers le sud. À la même latitude que Pampelune, elle bifurque vers le sud-est en direction de Sangüesa, pour rencontrer l'Aragón.

Deux zones sont particulièrement préservées : la **Reserva Integral de Lizardoia**, au nord du lac d'Irabia, et la **Reserva Natural de Mendilatz**, au nord-ouest du même lac, vaste hêtraie-sapinière occupant un plateau karstique.

Ces zones sont plantées de hêtres, de sapins, de houx ou de sorbiers, et constituent un habitat naturel idéal pour une foule d'animaux sauvages : oiseaux (roitelet triple-bandeau, rouge-gorge, pic noir et pic à dos blanc), petits mammifères (musaraigne, rat musqué, loir), petits carnassiers (chat sauvage, putois, belette, marte, renard, blaireau) ou seigneurs des forêts (cerf, sanglier, chevreuil).

Au cours des siècles, les hommes ont trouvé matière à exploiter le massif. Charbonniers, forestiers, forgerons, mineurs et bergers ont occupé ses pentes jusqu'au 20e s. Aujourd'hui, Iraty est surtout parcouru par les troupeaux et les randonneurs.

Se promener

LE NORD DU MASSIF

Chalets d'Iraty B4

Le petit village de loisirs des Chalets d'Iraty fut construit dans les années 1960 au cœur de la forêt d'Iraty. Entre 1 200 et 1 500 m d'altitude, les 45 km de pistes de ski de fond et les nombreux sentiers pédestres offrent une vue unique sur la montagne.

Plusieurs sentiers de randonnée partent du village mais deux pénètrent plus avant dans la forêt : celui de la **crête d'Orgambideska**, qui amène à une altitude de 1 420 m *(1h, facile)* et, dans son prolongement, celui du **pic d'Orhy** *(5h AR, relativement difficile, à n'entreprendre que bien équipé et par beau temps)* qui rejoint le sommet *(départ sur le chemin asphalté face à la réception)*. Les randonnées les plus faciles commencent quant à elles derrière le chalet d'accueil, en descendant vers le centre hippique.

★ Col Bagargui B4

Sur la D 19 entre le chalet et Larrau. **Vue★** à l'est sur les montagnes de haute Soule et les hautes Pyrénées d'Aspe et d'Ossau. Proche sur la droite, la masse du pic d'Orhy où convergent les transhumances, plus loin, les sommets calcaires du massif du Pic-d'Anie derrière lesquels se profile le pic du Midi d'Ossau. Sous les couverts de la forêt s'échelonnent les différents centres du village touristique d'Iraty.

Col de Burdincurutcheta B4

À 9 km à l'ouest des Chalets d'Iraty, sur la route de St-Jean-Pied-de-Port, par la D 19 puis la D18. Faites halte 1 km en contrebas au nord du col, à l'endroit où la route se rapproche d'une crête rocailleuse.

Vue sur les contreforts, tout lacérés, du massif-frontière, séparés par des vallons ; au loin s'épanouit le bassin de St-Jean-Pied-de-Port, centre du pays de Cize. Non loin de là, le **plateau d'Iraty** sert d'estive aux chevaux et têtes de bétail.

LE VERSANT NAVARRAIS

Orbaiceta/Orbaitzeta

Voir Roncevaux p. 396.

Ochagavía/Otsagabia

Voir Roncevaux p. 401.

NOS ADRESSES À LA FORÊT D'IRATY

HÉBERGEMENT

BUDGET MOYEN

Camping d'Iraty – *64560 Larrau - 13 km à l'O par D 19, rte d'Iraty - ✆ 05 59 28 51 29 - 70 empl. - empl. 2,60 € par nuit (+2, 60 € par ad. et 1,80 € par enf.).* Les amateurs d'espace, de grand air et de calme trouveront leur bonheur en louant un de ces chalets disséminés dans la forêt d'Iraty. Certains se trouvent tout près de l'accueil, du restaurant et de l'épicerie. D'autres sont totalement isolés. Les jours de neige, une chenillette est même nécessaire pour les rejoindre.

RESTAURATION

PREMIER PRIX

Restaurant d'Iraty – *Au col de Bagargui sur D 19 - 64560 Larrau - ✆ 05 59 28 55 86 - fermé 1 sem. en mars, 3 sem. en nov., lun. soir et mardi sf vac. scol. - formule déj. 15 € - 19 €.* Ce restaurant jouit d'une situation exceptionnelle à 1 327 mètres d'altitude et en pleine forêt. L'hiver, les tables sont dressées autour de la cheminée centrale. L'été, la terrasse vous accueille pour profiter pleinement de la magnifique vue sur les Pyrénées. Dans l'assiette (fort bien garnie), goûteux plats régionaux.

BUDGET MOYEN

Le Chalet Pedro – *Dans la forêt d'Iraty - 64220 Mendive - ✆ 05 59 28 55 98 - www.iraty.chaletpedro.com - 10 avr.-11 Nov., vac. scol. et dim. en hiver et fermé merc. en avr.-juin et déb. sept.à déb. oct. - ♿ - 🅿 - 🚭 - 24/30 €.* À deux pas de la frontière espagnole, ce charmant chalet est niché dans un petit vallon au milieu de la forêt. Décor simple style bistrot familial avec ses tables en chêne. Au menu : truites de la rivière (en saison), anguilles, côte de bœuf au *piquillos*, etc. Location d'appartements dans la maison d'en face.

SPORTS ET LOISIRS

Ski de fond - Iraty – *Au col de Bagargui - 64560 Larrau - ✆ 05 59 28 51 29 - www.chalets-pays-basque.com - 8h-12h, 13h30-19h - 6 € (-16 ans 3 €).* La station de ski de fond de Larrau offre l'hiver quelque 40 kilomètres de pistes damées. Elle loue tout le matériel de ski et des raquettes à la demi-journée, à la journée ou à la semaine. Ceux qui sont déjà équipés se procurent ici les forfaits (à la journée ou à la semaine). L'école de sports de montagne est ouverte pendant les vacances scolaires.

Larrau

Larraine

209 habitants - Pyrénées-Atlantiques (64)

NOS ADRESSES PAGE 239

SE REPÉRER
Plan de région C4 (p. 204) – carte Michelin n° 573 C 27. On rallie Larrau via St-Jean-Pied-de-Port (43 km à l'ouest, par la D 18 puis la D 19) ou bien par Mauléon-Licharre (31 km au nord en suivant la D 918 puis la D 26).

SE GARER
Près du fronton couvert.

À NE PAS MANQUER
Les gorges de Kakuetta.

Ancienne étape de la route de Compostelle, Larrau a tout du village typique de la Haute-Soule : des toits pentus en ardoise, des maisons regroupées autour de l'église et un paysage grandiose. Niché au pied du pic d'Orhi, et face aux falaises noires du massif de Mendibelza, c'est un excellent point de départ pour de belles randonnées, notamment pour découvrir les gorges d'Holçarté.

Se promener

Église

Minuterie derrière l'harmonium. Retouchée en 1655, elle conserve une abside romane où est exposée une belle **Vierge à l'Enfant** en bois polychrome. La tribune occupe presque toute la nef. Du temps des pèlerins de Compostelle, l'église a fait office de prieuré puis d'hôpital.

Demandez le dépliant des randonnées à l'office de tourisme.
On peut marcher sur les traces des pèlerins en suivant le chemin qui monte à l'ermitage St-Joseph, à 1 300 m *(départ derrière le fronton. Comptez env. 2h).*

À proximité Plan de microrégion

★ Col d'Erroymendi B4

(Alt. 1 362 m). Vaste **panorama★** de montagne, illustrant la vocation pastorale et forestière du haut pays de Soule. Quelques pas vers l'est vous feront découvrir les vallées du haut Saison et, à l'horizon, le massif rocheux du Pic-d'Anie.

Itinéraire conseillé

LA ROUTE DES GORGES C4

Pour visualiser cet itinéraire de 37 km, reportez-vous au plan de la région (p. 204) – comptez 2h. Quittez Larrau en direction de Mauléon.

★ Crevasses d'Holçarté

1h30 à pied AR par le GR 10 qui s'amorce aussitôt après le café et le pont de Laugibar. Le site a été exploré en 1908 par le spéléologue **Edouard-Alfred Martel**. Après une montée rude, vous apercevez l'entrée des « crevasses », gorges taillées dans le calcaire sur près de 200 m de hauteur. Le sentier passe au-dessus de la gorge affluente d'Olhadubi, qu'il franchit sur une passerelle lancée, en 1920, à 171 m de hauteur !

Poursuivez vers Mauléon.

La route suit le **gave** (torrent des Pyrénées) de Larrau, encaissé et verdoyant.

À l'intersection avec la D 113, tournez à droite et roulez vers Ste-Engrâce. Ce village est dispersé en divers hameaux. Continuez vers Ste-Engrâce-Bourg.

La D 113 monte en surplomb des gorges, inondées par un barrage.

★★ Gorges de Kakuetta

Parking aménagé le long de la D 113, route de Ste-Engrâce. Passerelles aménagées sur les 2 km du parcours (à reprendre au retour). 05 59 28 73 44 (bar La Cascade qui délivre les billets) ou 05 59 28 60 83 (mairie) - de mi-mars à mi-nov. : de 8h à la tombée de la nuit - 4,50 € (enf. 3,50 €).

Taillées à pic dans le calcaire, ces gorges sont très belles. L'entrée du « Grand Étroit » est le passage le plus grandiose : ce splendide canyon verdoyant, large de 3 à 10 m et profond de plus de 200 m, mène à une cascade haute de 20 m formée par une résurgence. On franchit le torrent sur des passerelles. Ce superbe parcours s'achève par une grotte ornée de stalactites et de stalagmites géantes.

Reprenez votre voiture en direction de Ste-Engrâce.

Des niches, sur le côté de la route, permettent d'admirer les gorges.

★ Ste-Engrâce/Santa Grazi

Ce village de bergers est entouré de montagnes boisées. Son église romane, une ancienne abbatiale du 11e s., dresse son toit asymétrique dans le **site★** pastoral de la combe supérieure de l'Uhaïtxa ; elle jalonnait autrefois un itinéraire vers St-Jacques. Le chœur montre des **chapiteaux★** richement ornés. À gauche : scènes de bateleurs ; au centre : scènes de chasse et une Résurrection ; à droite : Salomon et la reine de Saba.

Devant l'église, un panneau marque le point de départ d'une randonnée pour les gorges Ujarre. Larges et grandioses avec leur profil en auge, elles ont la réputation d'être plus belles que celles de Kakuetta, mais ne sont pas aménagées.

NOS ADRESSES À LARRAU

HÉBERGEMENT

BUDGET MOYEN

Camping Les Chalets de Soule – *Quartier Cazenave - 64470 Montory - 15 km au SE par D 26, rte de Tardets et D 918 rte d'Oloron-Ste-Marie - ℘ 05 59 28 53 28 - www.leschaletsdesoule.com.* Niché dans un domaine particulièrement verdoyant, ce parc résidentiel comprend 15 mobile homes ultra-confortables et bien isolés grâce à des haies d'arbustes. Chaque logement possède sa terrasse, son salon de jardin et son barbecue. L'intérieur est également bien équipé : micro-ondes et télévision sur demande.

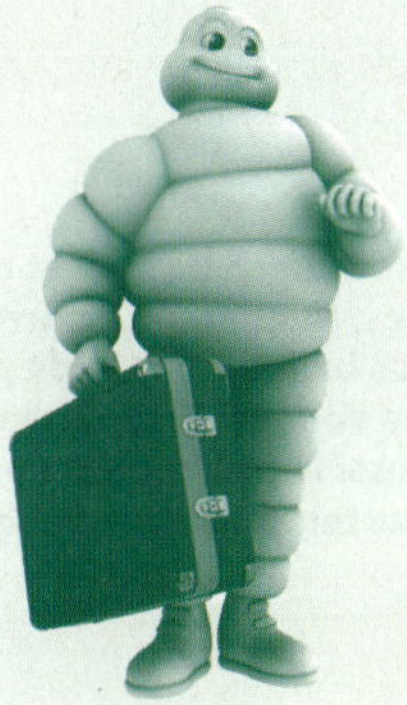

Hôtel-Restaurant des Touristes – *Au bourg - 64560 Licq-Athérey - ℘ 05 59 28 61 01 - www.hotel-des-touristes.fr - fermé de déb. nov. à déb. mars - P - 12 ch. 45/60 € - ☕ 8 € - rest. formule déj. 10 € - 15/35 €.* Le plus ancien hôtel de la Soule, tenu par la même famille depuis cinq générations, propose des chambres meublées à l'ancienne. Celles côté jardin disposent d'une terrasse privative. À table, copieuse cuisine régionale. Pour le shopping, boutique de produits du terroir attenante à l'hôtel.

ACHATS

Ferme Elixabe – *Rte d'Iraty - ℘ 05 59 28 58 23 - m.bengochea@wanadoo.fr - fermé dim. apr.-midi du 1er oct. au 15 mars .* Cette ferme isolée mérite le détour. Plantée sur un piton, elle offre une vue impressionnante sur les Pyrénées. Elle produit par ailleurs un excellent fromage de brebis d'AOC Ossau-Iraty. Ce dernier est mis à la vente à partir du 15 mars et jusqu'à rupture du stock (en général fin septembre).

Mauléon-Licharre

Maule-Letxarre

3 255 Mauléonnais – Pyrénées-Atlantiques (64)

NOS ADRESSES PAGE 243

S'INFORMER

Office de tourisme – *10 r. J.-B.-Heugas - 64130 Mauléon - ✆ 05 59 28 02 37 - www.valledesoule.com - juil.-août : lun.-sam. 9h-13h, 14h-19h, dim. 10h-12h30 ; reste de l'année : lun.-sam. 9h-12h30, 14h-18h.*

Visites guidées – Des visites guidées de la ville et du château sont proposées par l'office de tourisme le mardi en juil.-août.

SE REPÉRER

Plan de région C3 (p. 204) – carte Michelin n° 573 C 27. À 24 km au sud-est de St-Palais. Le quartier de Licharre, siège des États de Soule, s'étend sur la rive gauche autour de la place des Allées, bordée par quelques édifices dont le château d'Andurain. La ville neuve se blottit vers l'aval tandis que le château fort domine toujours la rive droite.

SE GARER

Sur la place de la mairie.

À NE PAS MANQUER

L'adorable église de L'Hôpital-St-Blaise.

Au pied d'une colline où s'élèvent les ruines d'un château fort coule le Saison. Joli nom pour un gave. Sur ses rives, Mauléon-Licharre est la capitale de la plus petite des sept provinces basques : le rude pays de Soule. C'est dans cette bastide du 13e s. que vous trouverez chaussure à votre pied, l'ancienne place forte étant aussi la patrie de l'espadrille. Vous savez alors ce que vous pourrez remporter dans vos bagages…

Se promener

Château d'Andurain

✆ 05 59 28 04 18 - visite guidée de déb. juil. à mi-sept. : tlj sf jeu. 11h, 15h, 16h15, et 17h, dim. 15h, 16h15 et 17h - 5 € (enf. 2,30 €).

Cet édifice à décor Renaissance fut construit vers 1600 par un membre d'une illustre famille souletine, Arnaud Ier de Maytie, évêque d'Oloron. Belles cheminées sculptées, mobilier 17e-18e s. et exposition d'in-folio restaurés des 16e et 17e s. Les combles sont couverts de bardeaux de châtaignier avec une belle charpente de chêne.

Château fort de Mauléon

Montée un peu raide à pied. Possibilité d'accès pour les voitures uniquement. ✆ 05 59 28 02 37 - de mi-juin à fin sept. et vac. de Printemps : 11h-13h30, 15h-19h ; de déb. mai à mi-juin : w.-end et j. fériés 11h-13h30 - 2,50 € (-7 ans gratuit).

Élevé au 12e s. sur une colline surplombant la vallée du Saison, il aurait dû être démoli au 17e s. sur ordre royal. Dans la cour restent le puits et les bases de murs de bâtiments, mais on peut également voir le cachot et une salle de réserve. Sur le chemin de ronde, trois canons datant de 1685.

Les espadrilles de Mauléon.
CDT64

Le document de la visite décrit la bastide que vous pourrez aller voir ensuite (escaliers sur la droite en descendant du château).

Itinéraire conseillé

LA BASSE-SOULE C3

Pour visualiser cet itinéraire de 50 km, reportez-vous au plan de la région (p. 204) – comptez 1h30. Quittez Mauléon par la D 24, puis la D 25.

L'Hôpital-St-Blaise/Ospitalepea

Ce minuscule village du pays de Soule se distingue par son **église★★** du 12e s., classée Monument historique depuis 1888 et aujourd'hui inscrite au Patrimoine mondial de l'Unesco. *05 59 66 11 12 ou 19 20 - visite audioguidée - 10h-19h - tarif : à l'appréciation des visiteurs. Un spectacle son et lumière (15mn, minimum : 20 pers., 4 €) vous guide tel un pèlerin dans l'église.*

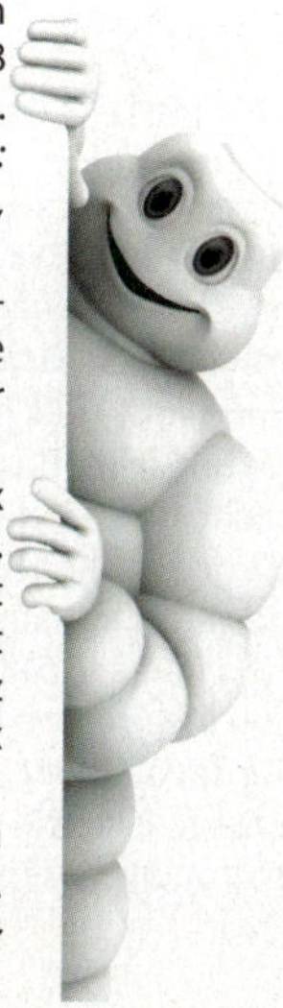

Construite par les chanoines augustins de l'abbaye Ste-Christine du Somport, elle est l'ultime vestige de l'ensemble édifié à l'époque pour accueillir les pèlerins en route pour Compostelle.

De construction romane très ramassée, c'est un précieux témoin de l'art hispano-mauresque au nord des Pyrénées. Les quatre corps de son plan en croix grecque contrebutent la tour centrale. La croisée est couverte d'une **coupole** à huit pans bandés de nervures en étoile *(voir plan p. 74)*. Admirez les bagues sculptées de façon naïve. Les grilles de pierre aux fenêtres sont d'inspiration espagnole.

Prenez le temps, en sortant de l'église, de flâner dans les rues du village. Vous verrez quelques belles demeures des 17e et 18e s. *Sortez du village en direction d'Oloron-Ste-Marie et prenez à droite la D 859.*

Une histoire tumultueuse

Mauléon, c'est le « mauvais lion ». Une façon affectueuse de rappeler la fonction défensive de la cité, ses résistances et ses coups de sang ? À l'origine, Mauléon est une bastide fondée en 1280 et dominée par son château fort, et c'est autour des murs de ce dernier que la capitale de la Soule vécut ses heures les plus mouvementées. La place forte résista en effet pendant cinquante ans avant de se rendre aux Anglais en 1307. Ces derniers y installèrent une capitainerie jusqu'à ce qu'ils la cèdent à la maison de Foix en 1449. C'est après que se focalisa sur Mauléon le mécontentement des croquants. En 1662, écrasés par les charges fiscales qu'impliquaient entre autres la démolition et la reconstruction de l'édifice, ces derniers suivirent Bernard de Goyhenetche, dit **Matalas**, curé de Moncayolles, et refusèrent de payer leur dû. Ils furent écrasés par les troupes royales et seigneuriales, et leur meneur décapité à Licharre. Licharre était à l'époque une commune indépendante. Elle ne devint que récemment un quartier industriel de Mauléon, celui où sont concentrées les fabriques d'espadrilles. La mairie y est installée, dans l'ancien **hôtel de Montréal** (17e s.) qui servait de résidence au gouverneur de la Soule.

LA CAPITALE DE L'ESPADRILLE

Espartina en basque, cette chaussure de toile à la semelle de chanvre a été utilisée dès le 18e s. Elle fait vivre Mauléon depuis cent-cinquante ans. D'abord fabriquée à domicile par les paysans en appoint de leurs travaux agricoles, elle est produite à échelle industrielle à la fin du 19e s. lorsque les premières usines ouvrent leurs portes vers 1880. On appelait *hirondelles* les jeunes Espagnoles qui venaient travailler dans ces usines pour la saison, de mai à septembre. Aujourd'hui, 70 % de la production française sort des manufactures mauléonnaises, qui ont du mal à résister à la concurrence internationale.

CÉLÉBRITÉS LOCALES

Pierre Bordaçarré (1908-1979), natif quant à lui de Trois-Ville, adopta le nom de plume d'**Etxahun Iruri**. Poète et musicien autodidacte, il a laissé une centaine de chansons. Un monument à son effigie se dresse devant le fronton de sa ville natale.

Enfin, qui l'eût cru ? Les **mousquetaires** d'Alexandre Dumas ne sont pas qu'une invention. Certains d'entre eux étaient originaires, ou ne fût-ce qu'attachés à la Soule ou à la frontière entre le Pays basque et le Béarn. Ainsi, M. de Tréville était-il en réalité Arnaud Jean du Peyrer, comte de Trois-Villes, nommé capitaine-lieutenant des mousquetaires en 1625. Isaac de Porthau, né à Pau en 1617 et devenu mousquetaire en 1643 après avoir été garde du roi, inspira Porthos. Il avait une résidence à Lanne (sur la D 918 à l'est de Tardets). Quant à Aramis, c'est Henri d'Aramits, écuyer et abbé laïque d'Aramits (à 2 km de Lanne), entré chez les mousquetaires la même année que son acolyte. C'est le cousin de Tréville, capitaine des mousquetaires.

Barcus/Barkoxe
L'intérieur de son **église** surprend par la richesse de sa décoration baroque et de son agencement : galeries de bois, murs peints et retable baroque doré figurant l'Ascension.
La D 347 qui vous mène à Tardets passe à travers les collines couvertes d'un patchwork de bocages dont les vaches n'ont cure, préférant paître en bord de route.

Tardets/Atharratz
Office de tourisme – *Pl. Centrale - 64470 Tardets - ✆ 05 59 28 51 28 - juil.-août : lun.-sam. et j. fériés 9h-13h, 14h-19h, dim. 10h-12h30. ; reste de l'année : lun.-sam. 9h-12h30, 14h-18h - fermé dim. et j. fériés (sf juil.-août), www.valleedesoule.com.*
Ancienne bastide pourvue d'une place centrale entourée de maisons à arcades du 17e s. Le village sert de point de départ pour différentes randonnées ou excursions *(se renseigner à l'office de tourisme).*
Reprenez la route en direction de Mauléon.

Trois-Villes/Iruri
Le nom, plus que le château construit par Mansart entre 1660 et 1663, rappelle la carrière militaire et le personnage littéraire de M. de Tréville. La demeure affiche deux avant-corps et des fenêtres à meneaux. Elle profite également de jardins à la française.
Continuez vers Mauléon.

Gotein-Libarrenx/Gotaine Irabarne
Arrêtez-vous pour admirer le **clocher-mur** à trois pointes de cette église du 16e s. Elle est typique de ce que l'on appelait auparavant les clochers trinitaires, formés d'un solide mur de pierre percé d'alvéoles pour les cloches et surmonté de trois frontons triangulaires, comme les clochers-calvaires *(voir p. 69).*
À l'intérieur, remarquez le beau retable en bois doré du 18e s., une jolie Vierge et un bénitier Louis XIII.
Le circuit s'achève à Mauléon.

NOS ADRESSES À MAULÉON-LICHARRE

HÉBERGEMENT

BUDGET MOYEN

À Mauléon-Licharre

Hostellerie du Château – *R. de la Navarre - ✆ 05 59 28 19 06 - fermé 3 sem. en fév. - P - 47/49 € - ☕ 6,50 € - rest. 12 €.* Cette immense bâtisse est un vrai labyrinthe. Reprise en 2002, elle a été progressivement restaurée et les chambres ont été rénovées. Situées côté jardin, elles respirent le calme. À table, goûteuse cuisine régionale et un menu très attractif à midi.

À L'Hôpital-St-Blaise

Le petit village de L'Hôpital-St-Blaise abrite deux hôtels-restaurants situés côte à côte, face à l'église romane : l'Hôtel des Touristes et l'Auberge du Lausset. Leur confort et leurs prix sont quasi similaires.

RESTAURATION

PREMIER PRIX

Hôtel-Restaurant Bidegain – *13 r. de Navarre - ✆ 05 59 28 16 05 - bidegain-hotel@wanadoo.fr - fermé dim. soir sf en sais. et lun. midi - 11,50/33 €.* En pénétrant

dans cet ancien relais de poste, attendez-vous à changer d'époque. Le décor possède un charme suranné : tapisseries avec médaillons, boiseries, moulures, odeur de cire d'abeille et cheminée dans la plus petite des deux salles à manger.
L'été, la terrasse ombragée est particulièrement agréable.

ACHATS

Espadrille – *Pl. Centrale - ✆ 05 59 28 28 48 - www.espadrilles-mauleon.fr - été : 9h-13h, 14h-19h, dim. 10h-12h30 ; tlj sf dim. et j. fériés : hors sais. 9h-12h30, 14h-18h ; - fermé j. fériés hors sais.* Visite sur vidéo (30mn) de l'atelier situé dans la zone artisanale de Mauléon (prendre la rue de Navarre, puis à gauche au rond-point).

SPORTS ET LOISIRS

Cycles Poppe – *1 cité St-Jean - ✆ 05 59 28 13 62 - tlj sf dim. et lun. - fermé 2 sem. en août.* Si vous souhaitez découvrir Mauléon à bicyclette, adressez-vous à ce magasin de cycles. Il loue des vélos et VTT à l'heure, à la demi-journée ou à la journée.

Rafting Eaux Vives – *Le Pont - 64190 Navarrenx - ✆ 05 59 66 04 05 - rafting-eaux-vives.com - 9h-18h, uniquement sur réserv. - 32 € formule découverte 10 km (-15 ans 25 €).*
Descente du gave d'Oloron, entre Navarrenx et Sauveterre-de-Béarn (20 km), dans un raft pneumatique ou, pour des sensations plus fortes, à bord d'un mini-raft de 2 ou 3 personnes. Si vous optez pour la sortie d'une journée complète, vous profiterez d'une pause-repas (grillades) sur une plage sauvage.

AGENDA

Fête de l'espadrille (15 août).

Forêt des Arbailles

★

Arballa

Pyrénées-Atlantiques (64)

NOS ADRESSES PAGE 248

S'INFORMER

Office du tourisme de Tardets – *Pl. Centrale - 64470 Tardets - 05 59 28 51 28 - juil.-août : mat. et apr.-midi, dim. et j. fériés mat. ; reste de l'année : mat. et apr.-midi - fermé dim. et j. fériés (sf juil.-août).*

SE REPÉRER

Plan de région B3 C3 (p. 204) – carte Michelin nº 573 C 26-27. Au sud de la route reliant St-Jean-Pied-de-Port à Mauléon-Licharre, la forêt s'étend sur les hautes surfaces (1 265 m au pic de Béhorléguy) d'un bastion calcaire bien détaché entre les sillons du Saison, du Laurhibar et de la Bidouze, à l'est de St-Jean-Pied-de-Port. À cette hêtraie, criblée de gouffres, succède, au sud, une zone pastorale s'achevant à pic face à la frontière.

À NE PAS MANQUER

Le panorama depuis Ahusquy.

ORGANISER SON TEMPS – On peut au choix faire le tour du massif forestier en moins d'une journée, ou bien entreprendre une randonnée d'une ou plusieurs heures.

Aucune route ne pénètre au cœur de ce massif que l'on découvre uniquement par les pistes pastorales. Mais qui s'en plaindrait ? C'est le meilleur moyen de capter la lumière mystérieuse de ses hêtraies, les effluves de mousse et de champignons et le son du vent malmenant les branches ou caressant l'herbe des clairières. C'est aussi la seule façon de rencontrer les Laminak, du moins s'ils le veulent bien…

Itinéraire conseillé B3-4 C3

Pour visualiser cet itinéraire de 36 km, reportez-vous au plan de la région (p. 204) – comptez env. 2h.

St-Just-Ibarre/Donaitxi-Ibarre B3

Ce village bas-navarrais posté en lisière de Soule compte sept quartiers, symbolisés par les sept bassins de la fontaine moderne dressée à côté de la mairie.

Un haut lieu de la mythologie basque

DES PAYSAGES VARIÉS

Les 4 535 ha des Arbailles s'étendent sur un grand massif calcaire parsemé d'énormes dolines (dépressions circulaires tapissées d'argile), de crevasses inattendues et de gouffres où l'eau circule, discrète. Cette diversité de reliefs explique la grande variété de paysages : hêtraies, pâturages, reliefs doux et crêtes ravinées.
Le secteur compte aussi de nombreuses grottes et autres abris rocheux qui servaient déjà de protection aux hommes préhistoriques avant d'être utilisés comme bergeries ou caches de contrebande. De tout temps, l'homme a su tirer parti de ce milieu naturel qui offrait eau, bois de hêtre, gibier et champignons (cèpes ou girolles).

LE ROYAUME DES LAMINAK

Sans doute impressionné par le brouillard fréquent qui confère aux lieux une atmosphère d'étrangeté, l'homme a également fait du massif le lieu de toutes les légendes. Selon la tradition, on y croiserait des **Laminak**, ces petits êtres malicieux au talent de bâtisseurs reconnu, qui habitent les grottes et les sources. Mais si les dames Laminak sont inoffensives et se contentent de peigner leurs longs cheveux à proximité des sources, il n'en va pas de même de leurs époux qui ont la regrettable habitude de s'attaquer à la vertu des innocentes bergères et sont capables de se transformer en araignée ou en serpent…

LES SEIGNEURS DE LA FORÊT

On dit aussi qu'on y croise parfois un **Basajaun** (ou **Baxajaun**, le terme signifiant seigneur des forêts), sorte de *yeti* local. Ce géant qui atteindrait une taille de 3 m et porterait une chevelure rouge lui descendant jusqu'aux genoux a de quoi impressionner ! Ce n'est pourtant pas un mauvais bougre puisqu'il protège les troupeaux en criant lorsque les loups s'en approchent. Il a aussi transmis aux hommes l'agriculture. Si d'aventure vous en rencontrez un, posez-lui une devinette : il a la réputation d'avoir l'esprit si lent que vous aurez tout le temps de vous enfuir pendant qu'il réfléchit à la solution ! Peut-être mettrez-vous la main sur ses richesses qu'il dissimule dans une des cavités de la forêt…

FATALE GOINFRERIE

Non loin de la source d'Ahusquy vivait un redoutable serpent à sept têtes du nom d'**Herensuge**. Il habitait la grotte d'Azalegi et se nourrissait des bergers et des troupeaux qui passaient à proximité de son antre. Lassé de voir régner la terreur sur les estives, le fils du comte Zaro imagina une ruse pour se débarrasser du monstre. Il emplit la peau d'une vache de poudre et d'allumettes, et l'incorpora à un troupeau destiné au festin de l'immonde bête. Celle-ci, comme à son habitude, aspira le tout et prit feu tout en s'envolant vers Itxasgorrieta, la mer rouge du couchant. Cet être maléfique aurait occupé d'autres lieux mythiques, comme le gouffre d'Aralar en Navarre.

Maison de saint Michel Garicoïts – *Depuis l'église, descendez vers la rivière en passant derrière la mairie. Franchissez le pont. À la fourche, prenez à droite, puis à gauche sur la départementale. Au hameau, suivez à droite la direction « Ibarre ». À l'entrée du village, un panneau à droite indique la maison. Entrée gratuite. Pas de parking.*

Les herbes folles envahissent le chemin menant à la maison natale de **saint Michel Garicoïts (1797-1875)**, parfois appelé le « dernier saint du Pays basque » et fondateur des pères de Bétharram *(sanctuaire décrit dans le Guide Vert Aquitaine)*. La confiance est ici totale puisque la clé se trouve sur la porte ! Un autel est aménagé au centre de la pièce principale, sur laquelle donnent différentes portes de bois *(pour les ouvrir, passez le doigt dans l'orifice et soulevez le loquet)* : celle du débarras, celle de la chapelle et celle de la cuisine, avec son âtre, sa pierre à évier, sa table et son vaisselier. La visite donne une très bonne idée de l'architecture intérieure d'une humble ferme d'époque.

Sources de la Bidouze B3

À la sortie de St-Just en direction du col d'Osquich et de Mauléon, prenez le premier embranchement qui descend vers la vallée et la rivière. Suivez les panneaux. Le départ, bien fléché, se fait à la hauteur du parking. 9 km - 3h AR - 350 m de dénivelé.

Après avoir longé quelques prairies, le sentier s'enfonce dans les sous-bois et grimpe alors jusqu'à la grotte d'où jaillit la rivière dans un paysage bucolique. Prenez garde de bien suivre le balisage, car l'endroit peut se révéler escarpé.*Balisage jaune.*

Revenez à St-Just jusqu'à la D 918 et prendre, à droite, la direction de Mauléon. Après 9 km, prenez à droite la D 348 en direction d'Ordiarp et d'Aussurucq.

★ Ordiarp/Urdiñarbe C3

Charmant village traversé par une rafraîchissante rivière où caquettent les canards. Le cours d'eau est bordé d'un seul côté par les traditionnelles maisons souletines aux toits d'ardoise. Un pont romain l'enjambe.

★ **Église** – 12e s. Cette jolie église romane en surplomb de l'Arangorena arbore un original **clocher-mur** au clocheton carré. Elle est le seul vestige du relais hospitalier et de la commanderie des Augustins de Roncevaux, qui étaient installés dans ce village-étape du pèlerinage de Compostelle.

Centre d'évocation du patrimoine souletin – *05 59 28 07 63 - juil.-août : lun.-vend. 10h-12h30, 14h-18h30 - fermé w.-end - hors saison, sur demande - 3 € (-10 ans gratuit).* Culture basque, mythologie, art roman et témoignages de pèlerins de Compostelle se mêlent dans cet espace d'exposition. Il propose des visites guidées *(1h30)* du village par un conteur du pays *(lun.-vend. 17h, en saison).*

★ Aussurucq/Altzürükü C3

Pittoresque village composé de fermes anciennes, du château de Ruthie (tours du 15e s.) et d'une église entourée de son cimetière. Notez le clocher-calvaire, typique de la Soule.

Suivez la D 147 vers Ahusquy.

★★ Ahusquy B4

De ce lieu de rassemblement de bergers, établi dans un site panoramique, subsiste une auberge (rénovée). En montant par la piste, sur 1 km, vous pouvez aller vous rafraîchir à l'excellente source d'Ahusquy (derrière un abreuvoir nettement visible sur la pente) qui, jusqu'à la Deuxième Guerre mondiale, justifiait des cures très courues (affections des reins et de la vessie).

Une randonnée d'une demi-journée permet de rejoindre le plateau d'Elzarreko depuis la fontaine - *10 km - env. 5h30 AR - 420 m de dénivelé - balisage jaune.*
Continuez sur la D 117.

Col d'Aphanize B3

Dans les pacages autour du col évoluent librement les chevaux. Les pâturages servent de lieux d'estive pour de nombreux troupeaux. À un kilomètre à l'est du col, la **vue★★** devient immense, embrassant le pic des Escaliers, immédiatement au sud, le pic de Ger, à l'horizon au sud-est, en passant par le pic d'Orhy, le pic d'Anie et le massif de Sesques (entre Aspe et Ossau).

NOS ADRESSES À LA FORÊT DES ARBAILLES

HÉBERGEMENT

PREMIER PRIX

Chambre d'hôte Ibaremborde – *À Ibaremborde - 64470 Etchebar - 05 59 28 59 48 - perso.orange.fr/blanchet.artiere/ - P - 4 ch. 41/46 €* . Cette ferme typiquement basque plaît à ceux qui recherchent les grands espaces, la nature et le calme absolu. Les chambres, aménagées dans l'ancienne grange, sont meublées en sapin blanc. La suite, indépendante, possède une mezzanine qui plaira aux enfants. Pour la détente, yoga et randonnées à dos d'âne.

BUDGET MOYEN

Chambre d'hôte Maison Elixondoa – *64120 Pagolle - 05 59 65 65 34 - www.elixondoa.com - fermé 15 nov.-15 fév. - P - 4 ch. 52 €* . Dans un petit village basque, cette ferme du 17e s. bien restaurée sera parfaite pour méditer au calme en pleine nature. Campagne et collines pour décor extérieur, vieilles poutres, pierre apparente et couleurs gaies à l'intérieur : un charme pastoral rare. Petite cuisine à disposition des hôtes près de la piscine.

Chambre d'hôte Biscayburu – *64470 Sauguis-St-Étienne - 05 59 28 73 19 - www.chambres-hotes-pays-basque.com - fermé vac. de Noël - P - 4 ch. 50/55 €* . Cette ancienne ferme restaurée dont le nom signifie « la maison en haut de la colline » offre un magnifique panorama sur la vallée et les Pyrénées. Ses chambres, décorées avec goût, bénéficient d'une grande tranquillité. Le matin, l'odeur du petit-déjeuner, préparé par le patron, ex-boulanger, aide au réveil.

RESTAURATION

PREMIER PRIX

Hôtel-Restaurant Eppherre – *64130 Aussurucq - 05 59 28 00 02 - fermé fév. et lun. hors sais. - P - 12,50/28 € - 8 ch. - 40 € - 6 €.* Cette petite auberge qui se trouve au centre du village propose une cuisine traditionnelle très copieuse, toujours élaborée avec des produits du terroir. La terrasse ombragée est bienvenue en été. Chambres simples et calmes.

BUDGET MOYEN

L'Auberge d'Ahusquy – *Col de Burdin sur D 117 - 64130 Ahusquy - 05 59 28 57 27 - fermé 11 Nov.-15 juin - 20/28 €.* Seul le son des cloches suspendues au cou des vaches pourra éventuellement perturber votre repas. C'est dire si cette auberge isolée, nichée à plus de 1 000 m d'altitude, au col de Burdin, est tranquille. Vous y dégusterez une cuisine familiale, tout en profitant de la vue imprenable sur les Pyrénées.

SPORTS & LOISIRS

Randonnées – La forêt des Arbailles demeure un massif volontairement très préservé, c'est pourquoi la plupart des randonnées balisées ne font que l'effleurer, comme celles des sources de la Bidouze ou d'Ahusquy. Son cœur profond n'est accessible qu'aux randonneurs accompagnés d'un guide. L'office du tourisme de Tardets *(voir p. 243)* vous en fournira une liste. Lui-même organise, en collaboration avec certains guides, des sorties estivales dans le massif. N'hésitez pas à prendre contact avec lui.

St-Sébastien et la province de Guipúzcoa 3

Carte générale C2 - Carte Michelin n° 573 C 23-24 – Guipúzcoa

Les pintxos, une institution dans la région.
San Sebastian Turismo

ST-SÉBASTIEN ET LA PROVINCE DE GUIPÚZCOA
0
10 km
A
B
1
2
3
OCÉAN ATLANTIQUE
GOLFO DE
Côte de
Lekeitio
Saturrarán
Ondarroa
Mutriku
Deba
Getaria
Zarautz
Zumaia
Itziar
VIZCAYA
Markina-Xemein
Bolibar
Zestoa
Parque
Aia
Aia
Lasao
Azpeitia
Azkoitia
S. Ignacio de Loiola
Errezil
Beizama
Santutxo
GUIPÚZCOA
Elorrio
Bergara
Sta María la Antigua
Elorregi
Zumarraga
Ordizia
Beasain
Ormaiztegi
Lazkao
Oñati
Embalse de Urkulu
Zerain
Idiazabal
Ataun
Segura
Zegama
Arantzazu
Embalse de Ullíbarri
ÁLAVA
Embalse de Urdalur
BILBAO
VITORIA-GASTEIZ
VITORIA-GASTEIZ
VITORIA-GASTEIZ, PAMPLONA
BI 2238
GI 638
N 634
GI 631
BI 2636
A 8
BI 633
AP 1
R. Deba
GI 2634
N 634
A 8
GI 631
GI 627
R. Urola
GI 2635
GI 2632
N 636
GI 3720
GI 632
GI 2635
NI
GI 2630
GI 2630
AP 1
GI 627
GI 3591
NI
GI 2120
GI 2637
A 1

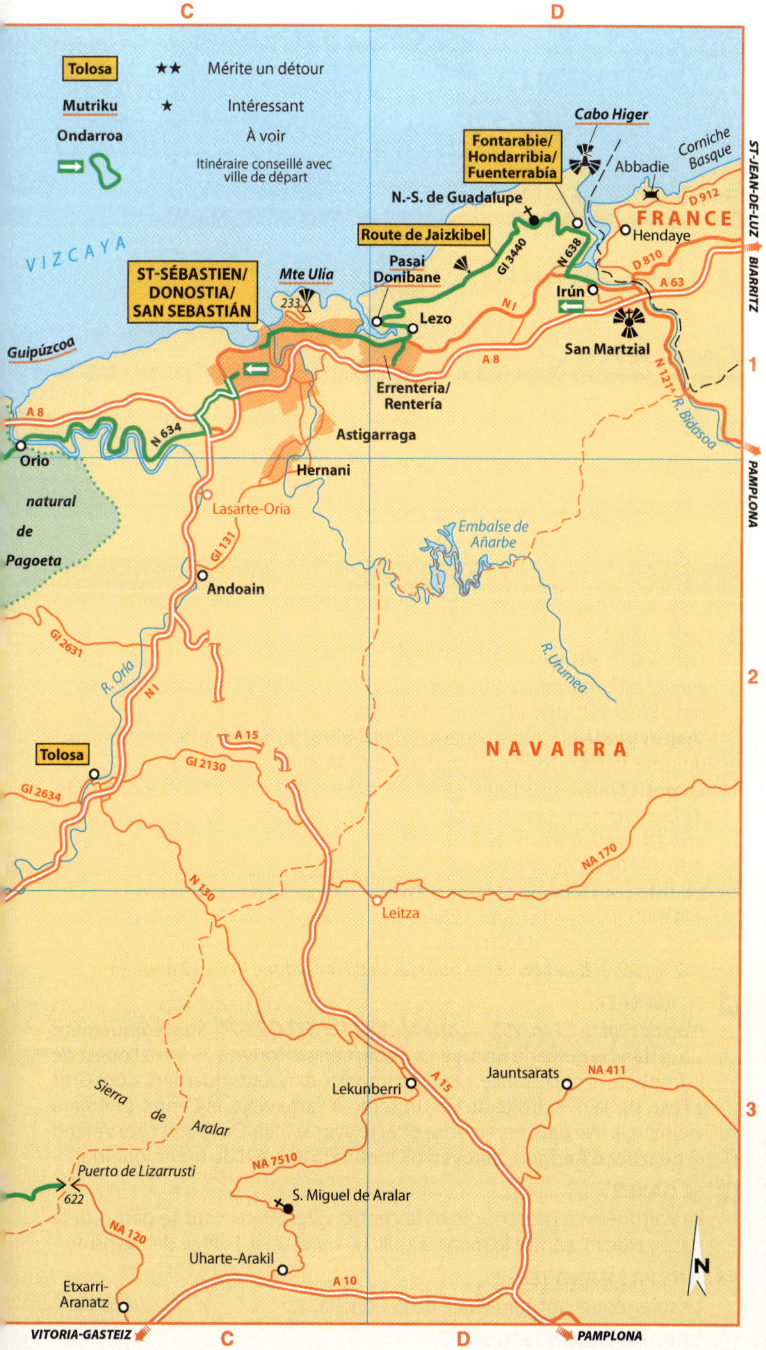
C
D
Tolosa
★★
Mérite un détour
Mutriku
★
Intéressant
Ondarroa
À voir
Itinéraire conseillé avec ville de départ
Cabo Higer
Fontarabie/
Hondarribia/
Fuenterrabía
Abbadie
Corniche Basque
ST-JEAN-DE-LUZ
N.-S. de Guadalupe
D 912
FRANCE
Route de Jaizkibel
Hendaye
BIARRITZ
VIZCAYA
Pasai
Donibane
GI 3440
N 638
D 810
ST-SÉBASTIEN/
DONOSTIA/
SAN SEBASTIÁN
Mte Ulía
233
Irún
A 63
Lezo
N I
San Martzial
Guipúzcoa
A 8
1
Errenteria/
Rentería
N 121A
R. Bidasoa
A 8
N 634
Astigarraga
Orio
Hernani
PAMPLONA
natural
de
Pagoeta
Lasarte-Oria
Embalse de
Añarbe
GI 131
Andoain
GI 2631
R. Urumea
2
R. Oria
N I
A 15
NAVARRA
Tolosa
GI 2130
GI 2634
NA 170
N 130
Leitza
Jauntsarats
NA 411
A 15
Lekunberri
Sierra
de
Aralar
3
NA 7510
Puerto de Lizarrusti
622
S. Miguel de Aralar
NA 120
N
Uharte-Arakil
A 10
Etxarri-
Aranatz
VITORIA-GASTEIZ
C
D
PAMPLONA

St-Sébastien

★★

Donostia/San Sebastián

184 248 Donostiarras - Guipúzcoa

NOS ADRESSES PAGES 263

S'INFORMER

Office de tourisme – *Bd, 8 - 20003 San Sebastián - ✆ 943 481 166 - www.sansebastianturismo.com - juin-sept. : lun.-jeu. 9h-13h30, 15h30-19h, vend.-sam. 9h30-19h, dim. et j. fériés : 10h-14h.*

Visites guidées : *Visites pédestres : juil.-août : 11h-16h ; reste de l'année : sam.-dim. et j. fériés : 11h - 6 € (-12 ans gratuit). Alternatives de visites :*

Le petit train « txu-txu » – – *✆ 943 422 973 - www.txu-txu.com - dép. de la plage de la Concha - juil.-sept., Sem. sainte, sem. de Pâques et ponts : 11h-21h ; reste de l'année : 11h-14h, 15h-19h - fermé 1er et 20 janv., 25 déc. - 4,50 € (-10 ans 2,50 €).*

Le bus touristique Donosti Tour – *Il propose deux itinéraires - ✆ 696 429 847 - juil.-sept. et Sem. sainte : tte la journée ; reste de l'année : tlj sf mar. mat. et apr.-midi - dép. ttes les h en face du théâtre Victoria Eugenia - 12 € (-12 ans 6 €) ; billet combiné pour les deux itinéraires 14 € (-12 ans 8 €).*

SE REPÉRER

Plan de région C1 (p. 252) – carte Michelin n° 573 C 23-24. Stratégiquement situé dans le golfe de Biscaye, St-Sébastien se trouve à 25 km à l'ouest de la frontière avec la France. La ville comporte différents quartiers, dont Gros à l'est, sur la rive droite du río Urumea, la Parte vieja, el Centro et Amara viejo sur la rive gauche, en prise directe avec la baie. De l'autre côté s'étend le quartier d'Antiguo, mitoyen d'Ondarreta au pied du mont Igueldo.

SE GARER

La voiture est à proscrire dans le centre-ville. Mieux vaut se garer sur le paseo Nuevo, contre le mont Urgull, ou du côté de l'office de tourisme.

À NE PAS MANQUER

Le soleil couchant sur la baie de la Concha.

ORGANISER SON TEMPS

Plage et farniente la journée, tapas et fête le soir !

Reflets dorés sur la Concha.
San Sebastian Turismo

AVEC LES ENFANTS
L'aquarium, le musée de la Science Miramón, le petit parc d'attractions au sommet du mont Igueldo.

Une baie★★★ en forme de coquille, la « Concha », qui lui a valu le doux surnom de « perle du Cantabrique », des plages de sable à la courbure parfaite, des immeubles cossus de la Belle Epoque, d'agréables promenades et des jardins : rien ne manque à St-Sébastien (« Sanse », comme l'appellent affectueusement les Espagnols) pour passer un séjour idyllique. Pas même la gastronomie puisque la réputation de ses « pintxos » et de ses grands chefs a dépassé les frontières. L'art de vivre est ici porté à son zénith : profitez-en !

Se promener

★ CASCO VIEJO (La vieille ville)

Pour visualiser l'itinéraire 1, reportez-vous au plan de la ville (p. 258) – comptez 2h sans monter sur le mont Urgull, 3h en comptant son ascension.
La vieille cité a été reconstruite après l'incendie de 1813. Bien que les bâtiments datent du siècle dernier, ses rues étroites contrastent avec les avenues de la ville moderne.
Partez du Boulevard et prenez la calle San Juan qui longe la halle couverte en direction du mont Urgull.

Plaza de Zuloaga B1
Logée en contrebas du mont Urgull, cette vaste place séduit par le contraste de ses architectures, les immeubles des 19e et 20e s. ainsi que la devanture moderne des cafés faisant face au très hiératique **Museo San Telmo**, autrefois couvent de dominicains.

Museo San Telmo B1
Plaza Zuloaga, 1 - ✆ 943 481 580 - www.museosantelmo.com - fermé pour travaux jusqu'en 2010. Cet ancien monastère, fondé au 16e s., a été transformé en musée. Sous les voûtes du cloître Renaissance est disposée une collection de stèles funéraires basques en pierre sculptée, de tradition ibérique, datant pour la plupart du 15e au 17e s. La galerie supérieure du cloître est consacrée à la section ethnographique (intéressante reconstitution d'un intérieur basque). Elle donne sur les salles de peinture (un Ribera, un Greco, des peintres

du 19e s.). L'ancienne chapelle a été décorée par **Josep María Sert** de peintures en camaïeu illustrant avec vigueur divers épisodes historiques du Pays basque.

Engagez-vous dans la calle 31 de Agosto et tournez presque tout de suite à gauche.

Iglesia San Vincente B1

16e s. Il s'agit de l'édifice le plus ancien de la ville. De style gothique, il abrite un remarquable **retable★** baroque de Bengoechea et Iriarte.

Descendez la calle Narica et tournez dans la troisième rue à droite.

Plaza de la Constitución B1

Entourée de maisons à hautes arcades, elle fut jadis utilisée comme arènes. Les numéros que portent encore les balcons rappellent qu'ils servaient alors de tribunes.

Traversez la place droit devant vous et engagez-vous sous le passage qui débouche sur la calle San Jerónimo. Tournez à droite et prenez la première à gauche, la calle Puerto Inigo. Elle croise la calle Mayor qui aboutit à droite à l'église de Sta María.

Basilica Sta María del Coro B1

✆ 943 423 124 - 8h-14h, 17h-20h.

On est frappé par l'exubérance de son **portail★** (fin 18e s.). La sobriété de l'architecture intérieure rend plus saisissante encore la profusion des autels baroques.

Derrière l'église, un chemin grimpe au mont Urgull.

Monte (mont) Urgull B1

Un jardin public couvre cette colline, couronnée par la statue du **Sagrado Corazón** haute de 30 m. Sur son flanc nord se trouve le **cimetière des Anglais**, établi en hommage aux troupes britanniques pour leur participation aux guerres d'indépendance et de Succession du 19e s.

Paseo Nuevo B1 – Cette large promenade en corniche autour du mont Urgull offre de belles vues sur la mer Cantabrique et la baie. Elle débouche sur le port, trapu et coloré, où se côtoient bateaux de pêche et voiliers.

Puerto (port) B1

Le port est séparé de la vieille ville par des restes de remparts. De petites maisons de pêcheurs aux façades carrelées de rouge ou de blanc bordent son quai, où l'on peut encore voir des femmes raccommoder les filets. Le soir, les bateaux y déchargent la pêche du jour devant les badauds.

Notez la vieille maison surplombée par la statue du Christ : il s'agit de la première école de pêche créée par la Société océanographique de Giz (1912).

POINTS DE VUE

Le **mont Igueldo★★★** – *Accès par funiculaire - ✆ 943 213 525 - www.monteigueldo.es - août : 10h-22h ; reste de l'année, se rens. sur le site Internet - fermé merc. en basse saison, 2e et 3e sem. de janv. - 2,50 € AR (-7 ans 1,80 €).* Le sommet est occupé par un parc d'attractions et un hôtel. Splendide panorama sur la mer, la rade avec l'île de Sta Clara et St-Sébastien dans son cirque de montagnes. Le soir, la ville illuminée offre un beau spectacle.

Le **mont Urgull★★** est occupé par un parc municipal et par le fort de Sta Cruz de la Mota. Du sommet, beau panorama sur la Concha et sur les monuments de la vieille ville.

PLAISIRS TERRESTRES ET SPIRITUELS
La vocation balnéaire de St-Sébastien s'éveilla à partir de 1865 lorsque Marie-Christine, reine régente d'Espagne et veuve d'Alphonse XII, la choisit comme lieu de villégiature : tout le beau monde madrilène vient dès lors y passer les mois d'été. De cette époque, la ville a notamment conservé le palais Miramar, construit à la demande de la reine.

DES AMATEURS DE BONNE CHÈRE
Réputée pour sa gastronomie, San Sebastián ne réunit pas moins de trois chefs triplement étoilés : Juan María Arzak, Pedro Subijana et Martín Berasategui. Bien caractéristique de ce goût des Donostiarras pour la bonne cuisine, une trentaine d'associations réunissent des amis et amateurs de bonne chère. Les associés, uniquement des hommes, se confectionnent d'excellents repas qu'ils arrosent de cidre ou de *txacoli*, un vin basque. Parmi les spécialités du lieu, évoquons les poissons (dorades, merlus, sardines) et les fameux *chipirones* (calmars).

UN ROMANCIER POPULAIRE
C'est à St-Sébastien qu'a vu le jour **Pío Baroja** (1872-1956) considéré comme le plus grand romancier de l'Espagne du début du 20e s. et dont l'influence fut considérable chez ses jeunes confrères de l'après-guerre. Inspiré par la forme du roman populaire, il a laissé une œuvre importante, évoquant sa terre natale dans une trilogie basque d'où se détache *Zalacain l'aventurier* (1909).

Le quai mène au **Museo Naval** et aboutit à l'**aquarium★**.
Longez le port vers la ville et dirigez-vous vers la plage.

★ Aquarium San Sebastián B1

Pl. Carlos Blasco de Imaz, s/n - ✆ 943 440 099 - www.aquariumss.com - ♿ - 10h-19h (de Pâques à juin 20h, juil.-août 21h) - fermé 1er janv. et 25 déc. - 12 € (4-12 ans 6 €).

Le palais de la Mer abrite un Musée océanographique et un aquarium. Le musée présente une collection de maquettes intéressante mais qui reste ordinaire. Mais vous serez surpris par l'aquarium, réputé pour être l'un des plus beaux d'Europe. Un bassin tactile, où l'on peut toucher les espèces inoffensives, deux bassins des microcosmes, où des caméras permettent d'observer la vie marine la plus infinitésimale, et, surtout, l'**Océanorium★**, un bassin traversé par un grand tunnel de 360 m qui nous immerge dans la surprenante diversité de l'Océan, sont quelques-unes des installations qui assurent son succès.

Museo Naval (Untzi Museoa/Musée maritime) B1

Paseo del Muelle - ✆ 943 430 051 - http://um.gipuzkoakultura.net - ♿ - juil.-août et Sem. sainte 10h-22h ; avr.-juin et sept : lun.-vend. 10h-19h, w.-end et j. fériés 10h-21h ; oct.-mars : lun.-vend. 10h-19h, w.-end et j. fériés 10h-20h - possibilité de visite guidée sur demande (2 sem. av.) - fermé lun., 1er et 20 janv., 25 déc. - 1,20 € (-10 ans gratuit).

Il est installé dans un édifice du 18e s. qui abritait autrefois la Bourse du commerce. Le rez-de-chaussée montre les matériaux et les outils traditionnels de la construction navale, tandis que le premier étage abrite des maquettes et des instruments de navigation. Sa visite permet d'apprécier l'importance de la mer dans l'histoire du Pays basque.

Ayuntamiento (Hôtel de ville) B1

Ce bâtiment, inauguré en 1897, était à l'origine un casino. Fermé en 1927 suite à l'interdiction des salles de jeux par le dictateur Primo de Rivera, il servit d'hôpital de convalescence pendant la guerre civile, et ce n'est qu'en 1947 que St-Sébastien en fit son hôtel de ville.

Terminez votre promenade sur le Boulevard, ou bien prolongez ces instants de flânerie sur le front de mer.

PARTE MODERNA (Quartier moderne)

Pour visualiser l'itinéraire 2 *reportez-vous au plan de la ville (ci-dessous).* Surnommée le *barrio romántico* (quartier romantique), cette partie de la ville s'est développée à partir de la fin du 19e s., d'où l'influence prononcée de l'Art nouveau, appelé ici « modernisme ». C'est le quartier du shopping et des avenues résidentielles.

Départ du Boulevard.

SE LOGER

- Anoeta ... ①
- Avenida ... ③
- Niza ... ⑤
- Parma ... ⑦
- Pensíon Aida ... ⑨
- Pensión Donostiarra ... ⑪

SE RESTAURER

- Astelehena ... ①
- Bodegón Alejandro ... ③
- Borda Berri ... ⑤
- Ganbara ... ⑦
- La Muralla ... ⑨
- La Perla ... ⑪
- Restaurante Chomin ... ⑬
- Restaurante Kursaal ... ⑮
- Sidreria Donostiarra ... ⑰
- Txondorra ... ⑲
- Zeruko ... ㉒

LA TAMBORRADA

N'espérez pas fermer l'œil si vous vous trouvez à St-Sébastien le 20 janvier, jour de la Tamborrada ! Ce jour-là, aux douze coups de minuit, une centaine de groupes déguisés et munis de tambours se donne rendez-vous sur la Plaza de la Constitución avant de parcourir la ville sans discontinuer jusqu'à… minuit (24 heures plus tard !). Les habitants se mettent à l'unisson en frappant sur des tambours de fortune. Bref, un vacarme ahurissant, probable vestige de l'ancien carnaval.

Boulevard B1

Trait d'union entre le vieux centre et la partie moderne de St-Sébastien, il occupe l'emplacement des anciens remparts et est en grande partie réservé aux piétons. Son **kiosque** à musique est typique de la Belle Époque.

La calle Loiola mène directement à la cathédrale.

Catedral del Buen Pastor B1

Sa tour culmine à 75 m de hauteur et sert de point de repère à presque toute la ville. Tout comme l'édifice, elle a été érigée en 1897 dans un style néogothique. Grande sobriété à l'intérieur. Notez les gigantesques coquillages à l'entrée en guise de bénitiers, dignes de *Vingt Mille Lieues sous les mers*.

Passez sur la calle Urbieta (parallèle droite par rapport à la cathédrale) et descendez-la jusqu'à la plaza Centenario, bordée par un jardin public.

En vous retournant, vous aurez une belle perspective sur le mont Urgull.

Calle Prim B1

Première à gauche, à angle aigu avec la calle Urbieta.

Cette artère rassemble tout ce que l'architecture de la Belle Époque et de la première moitié du 20e s. a pu produire. Bow-windows et vitraux ornent certaines façades. L'œil repère sur d'autres des détails cubistes ou Art nouveau (ornements du n° 28, poignée de porte du n° 23). Il faut s'y promener le nez en l'air.

Tournez à droite à la calle Valentín Olano.

Puente María Cristina B1

Inauguré en 1905, le pont doit son nom à la reine Marie-Christine qui « lança » St-Sébastien. Ses obélisques portent l'écu de la ville et symbolisent la Paix et le Progrès.

Paseo de Francía B1

Promenade longeant le fleuve jusqu'au pont Sta Catalina. Ornée d'une pelouse, plantée d'arbres et de palmiers, elle tire son nom des anciens hôtels particuliers « à la française » qui la bordent.

Traversez la plaza de Euskadi, devant le puente Sta Catalina, et engagez-vous dans le paseo Colón, puis la calle Peña y Goñi à gauche, pour rejoindre la plage.

Kursaal B1

Symbole du renouveau architectural de la ville, cet édifice moderne composé de deux cubes en verre surveille la plage de la Zurriola et l'embouchure du río Urumea. Signé **Rafael Moneo**, il accueille des congrès et des manifestations culturelles.

★ **Playa de la Zurriola** B1 – *À l'embouchure du río Urumea, au-delà du Kursaal et le long du quartier Gros.* La plage préférée des surfeurs. Elle est aussi plus conviviale et plus « intime » que celles de la baie *(voir ci-après)*, car moins étendue. Sa promenade est bordée d'immeubles 19e s. ou plus modernes.

Traversez le fleuve pour revenir sur le Boulevard.

PARCS ET PLAGES DE LA CONCHA

★★ **Paseo de la Concha** B1
Si vous souhaitez faire tout le front de mer d'un mont à l'autre, comptez 45mn, voire 1h en flânant. Commençant à l'hôtel de ville, cette promenade, mondialement réputée pour la vue qu'elle offre sur la baie, se déploie jusqu'au parc de Miramar.

Parque de Miramar A1 – Ancienne résidence d'été de la famille royale, il s'élève entre la plage de la Concha et celle d'Ondarreta. Ses jardins ont été dessinés par le jardinier franco-espagnol **Pierre Ducasse** (1836-1892) et la demeure de style anglais, par l'architecte Selden Wornum. Celle-ci accueille des expositions et un centre de musique, d'où les gammes et les vocalises qui s'en échappent parfois ! Son esplanade offre un splendide **panorama**★★★ sur la baie et l'îlot de Sta Clara.

Iglesia de San Sebastián A1 – *Derrière le parc, sur la plaza Alfonso III accolée à Ondarreta.* Cette église mérite le coup d'œil pour son intérieur très contemporain et la fresque moderne fermant la nef (à gauche, un homme tire ses chaînes ; à droite, saint Sébastien subit son martyre).

Barrio de la Virgen de Aranzazu A1 – *En bordure d'Ondarreta. Accès par la plaza Alfonso III et la calle Matia. 3e à gauche.* Maisons de pêcheurs crépies à pans de bois, cachées par des immeubles plus modernes.

Plages de la baie

★★ **Playa de la Concha** B1 – Elle s'étend sur 1 350 m de l'hôtel de ville jusqu'au parc Miramar. Cette magnifique étendue de sable fin, qui s'enflamme au soleil couchant, présente une courbe parfaite. Elle est très appréciée des amateurs de bains de mer et de soleil.

★★ **Playa de Ondarreta** A1 – Dans le prolongement de la précédente *(au-delà du parc)*, elle s'étend jusqu'au pied du mont Igueldo. Seul un rocher la sépare de sa voisine car, pour le sable comme pour l'ensoleillement, cette aristocratique plage reliée au quartier d'Ondarreta n'a rien à envier à sa rivale !

Au pied du mont Igueldo se trouve le *Peine de los Vientos*, œuvre du sculpteur **Eduardo Chillida**.

À voir aussi Plan de la ville

★ **Museum Cemento Rezola** (Musée du Ciment Rezola) B2
Accès par le bus 25 depuis le Boulevard. ✆ 943 364 192 - www.museumcemento.rezola.net - juil.-août : lun.-vend. 10h-14h, 17h-19h, sam. 10h-14h, fermé dim. ; reste de l'année : tlj sf lun. 10h-14h - gratuit - visites guidées sur demande préalable (min. 6 pers.)

Installé sur le site de l'ancienne école des enfants du personnel d'une cimenterie, il présente ce matériau sous un angle original grâce à un film-documentaire très bien conçu sur son histoire et des panneaux didactiques très clairs sur sa préparation, les conditions de travail des ouvriers de la cimenterie et l'exemple de la famille Rezola. Son but est de montrer au visiteur tout ce que le ciment (et le béton) a permis de faire, en architecture notamment, les innovations qui ont été nécessaires pour cela, et les incidences qu'elles ont eues sur notre vie et la structure de nos sociétés.

Miramón Kutxaespacio de la Ciencia (Musée de la Science) B2
Accès par le bus 28, direct depuis le centre-ville (comptez 20mn). Comptez 1h30 à 2h de visite. Mikeletegi, 43 - ✆ 943 012 478 - www.miramon.org - mar.-vend. 10h-19h (20h juil.-août), w.-end 11h-19h (20h juil.-août) - fermé lun. - 7 € (-18 ans 5,50 €).

Les principaux monuments de la province sont représentés en maquette et précèdent le bâtiment qui abrite un planétarium *(mar.-vend. : séances à 18h, 18h30 ; w.-end et j. fériés : séances à 12h, 13h, 15h30, 16h15, 17h, 18h - 3,50 €)* et les salles d'exposition.
Dans chaque salle est abordé un thème différent (la lumière, l'énergie, les sens, les effets mécaniques...). Des expériences et démonstrations sont proposées pour illustrer chaque phénomène. Les enfants apprécieront la visite de ce lieu, sponsorisé par la Kutxa, caisse d'épargne locale, qui se révèle didactique et amusante.

★★ **Parque de Aiete** B2
Difficilement accessible à pied, sauf si vous aimez les kilomètres et la grimpette. Mieux vaut prendre la voiture ou les bus 19, 23, 31.
Déployé sur une colline au cœur d'un quartier résidentiel, ce magnifique parc est sans doute le plus attrayant de St-Sébastien. Conçu, lui aussi, par Pierre Ducasse, il entoure le palais néoclassique construit en 1878 pour les ducs de Bailén et qui devint, en 1941, la résidence d'été de Franco. Il ne s'ouvrit au public qu'en 1977... et sa rénovation fait actuellement l'objet de controverses.
Havre de verdure et de paix, il allie bois et bosquets à des parties plantées de cèdres de l'Atlas, de ginkgos bilobas, de platanes, de séquoias et de parterres de fleurs. Aires de jeux et bancs pour les lecteurs ou les rêveurs sont aussi au rendez-vous.

À proximité Plan de microrégion

★ **Monte Ulía** C1
7 km à l'est, suivre la N 1 en direction d'Irún.
Avant d'atteindre le sommet de la montée et de redescendre vers St-Sébastien, prendre la première route à droite. Après plusieurs lacets au cours desquels les vues se développent sur la ville et son site, on atteint le sommet d'où un chemin à droite conduit, à travers un beau parc, au restaurant du mont Ulía.

Astigarraga C1
10 km au sud, en direction d'Hernani.
Maison du Cidre basque (Sagardoetxea) – *Centre-ville, à flanc de colline, repérable par le tonneau posé sur la rue. ✆ 943 550 575 - www.sagardoetxea.com - mai-sept. : mar.-sam. 11h-13h30, 16h-19h30 ; oct.-avr. : mar.-vend. 15h-19h30, sam. 11h-13h30, 16h-19h30, dim. 11h-13h30 - 3,50 € (-10 ans gratuit).* Le Pays basque compte 53 variétés de pommes. Pour le cidre, ou *sagardoa* dont Astigarraga est la capitale basque, il en faut 80 % d'acides et 20 % de douces. Vous apprendrez tout sur l'élaboration de cette boisson très appréciée dans la région en arpentant le verger, où l'on greffe les pommiers, et l'allée du musée où sont expliquées toutes les étapes de fabrication au travers de schémas, de vidéos et d'objets. N'hésitez pas à demander un guide : votre visite n'en sera que plus vivante ! Dégustation à la fin.

★ Museo Chillida-Leku à Hernani C1-2

6 km au sud. De la N 1, prenez à Rekalde la GI 2132 en direction d'Hernani puis suivez la bifurcation indiquée. Barrio Jáuregui, 66 (Hernani) - ✆ 943 336 006 - www.museochillidaleku.com - ♿ - juil.-août : lun.-sam. 10h30-20h, dim. 10h30-15h ; reste de l'année : tlj sf mar. 10h30-15h ; fermé 1er janv. et 25 déc. - 8,50 € (-12 ans gratuit).

Ce musée a permis à **Eduardo Chillida** (St-Sébastien, 1924-2002), l'un des maîtres de la sculpture contemporaine, de concrétiser son rêve : un espace en plein air exposant ses œuvres sculptées, que les visiteurs découvriraient tout en se promenant. Le résultat : 40 imposantes sculptures émergeant sur un domaine de 12 ha et illustrant parfaitement la communion de l'art et de la nature. La ferme de Zabalaga (16e s.) a été minutieusement remaniée pour exposer les petites sculptures et les dessins.

FAMEUSE BATAILLE...

... que celle d'Hernani qui se déroule à Paris, opposant classiques et modernes. Cette pièce de Victor Hugo, sa première, publiée en 1830, n'a jamais eu la ville d'Hernani pour décor. Celle-ci a pourtant donné le nom du poète à une de ses rues.

Andoain C2

15 km au sud par la N 1 en direction de Tolosa.

Destination de promenade idéale pour découvrir un peu l'intérieur des terres l'espace d'un après-midi. Vous pouvez toujours jeter un œil à l'**église**, dont le retable baroque occupe tout le chœur, mais c'est surtout la voie aménagée dans la vallée du Leitzaran qui sera le but de votre excursion.

Depuis la place de l'église et l'hôtel de ville, prendre la rue en pente qui arrive en perpendiculaire sur l'esplanade. À la 2e intersection, tourner à droite. Le chemin commence au bout d'un parking. Le suivre jusqu'au bout.

On suit la vallée à flanc de colline, le chemin s'éloignant progressivement de la ville et de ses faubourgs pour laisser place à un environnement champêtre. Le panorama que l'on découvre est celui d'un paysage de montagne. Quelques éléments de « parcours-forme » ponctuent la route que se partagent promeneurs et cyclistes. Passé les deux tunnels, la voie débouche sur une route goudronnée et un panneau indiquant différents GR.

NOS ADRESSES À ST-SÉBASTIEN

HÉBERGEMENT

PREMIER PRIX

Pensión Donostiarra – *C/ San Martín, 6 - ✆ 943 426 167 - www.pensiondonostiarra. com - 16 ch. 58/83 € -* ☕. Située en plein centre-ville, très proche de la Catedral Nueva, cette pension classique récemment rénovée occupe le 1er étage d'un bâtiment du 19e s. Les chambres, avec parquet et mobilier simple, sont confortables. Salles de bains modernes.

BUDGET MOYEN

Pensión Aida – *C/ Iztueta, 9-1° - ✆ 943 327 800 - www. pensionesconencanto.com - 9 ch. 79 € - ☕ 3 €.* Vous serez surpris par le confort de cette pension, située à quelques pas du centre historique et du Kursaal. Les chambres, dont 7 avec balcon, sont en général assez charmantes et bien équipées. Service Internet gratuit.

Hôtel Parma – *Salamanca pasealekua, 10 - ✆ 943 428 893 - http:// hotelparma.com - 27 ch. 74/130 € - ☕ 6,60 €.* Situé au bord de l'Urumea, en face du centre de congrès Kursaal, cet hôtel familial propose des chambres standard confortables.

Hôtel Anoeta – *Anoeta pasealekua, 30 - ✆ 943 451 499 - www.hotelanoeta.com - 26 ch. 87/110 € - ☕ 6 €.* Cet hôtel familial bien entretenu offre des chambres fonctionnelles, dotées de salles de bains modernes. La salle à manger, aux cloisons amovibles, est décorée dans un style classique soigné proposant un menu à midi et des plats à la carte le soir.

POUR SE FAIRE PLAISIR

Hôtel Avenida – *Igeldo pasealekua 55 - ✆ 943 212 022 - www.hotelavenida.net - fermé 1er mars-9 déc. - P - 47 ch. 102/141 € -* ☕. Sur les hauteurs, cet hôtel, bien géré, offre des chambres bien tenues et progressivement rénovées.

Hôtel Niza – *C/ Zubieta, 56 - ✆ 943 426 663 - www.hotelniza. com - 41 ch. 113/133 € - ☕ 10 €.* Son entretien parfait et sa décoration agréable créent un cadre non dénué d'un certain charme. Chambres aux tons clairs et au mobilier classique; salles de bains rénovées.

RESTAURATION

Bon à savoir – St-Sébastien offre le meilleur de la cuisine basque. Ici, la tradition des **tapas** ou des **pintxos** (appellation locale de ces amuse-gueule parfois très élaborés) a été élevée au rang de festin gourmand. C'est pourquoi, le soir venu, les bars du vieux quartier ne désemplissent pas. Habitués et touristes s'y régalent de canapés aux anchois, d'assiettes de jambon ibérique, de *chipirones* (calamars), de tortillas ou de *patatas bravas*… Du côté des restaurants, la qualité des menus et des produits est également à la hauteur : pêche du jour, légumes guipúzcoans, fromage de brebis ou **kaiku** (fromage caillé). L'essentiel des adresses se concentre dans le quartier historique, mais vous en trouverez également dans le barrio romántico et celui de Gros. La cité s'anime tous les soirs à l'heure de l'apéritif. La population locale, et de nombreux Français, passant la frontière le temps d'un repas, envahissent les bars et les petits restaurants qui pullulent autour de la plaza de la Constitución et le long du port, pour y déguster tapas, coquillages, crustacés ou *chipirones* ; c'est dans les rues Portu, Muñoz et Fermín Calbetón que l'art des tapas atteint les sommets les plus vertigineux !

PREMIER PRIX

Ganbara – *San-Jerónimo, 21 - ✆ 943 422 575 - ganbarajatetxea@telefonica.net - fermé 2e quinz. de juin, 2e quinz. de nov., dim. soir et lun. - 12 €.* Situé derrière la plaza de la Constitución, ce bar à tapas est très recherché pour ses délicieux *pintxos*. Au ss-sol, restaurant.

BUDGET MOYEN

Sidreria Donostiarra – *C/ Embeltran, 5 - ✆ 943 420 421 - www.sidreriadonostiarra.net - 14/32 € - fermé dim. soir et lun.* C'est un lieu incontournable du vieux St-Sébastien où se mélangent locaux, basques de toutes provinces et touristes de tous pays et on y vient pour une unique raison, se délecter du menu « sidreria » et boire du cidre au *txotx*. Au menu : omelette à la morue, morue à la donostiarra, *txuleta* de bœuf, fromage, pâte de coing et noix, cidre à volonté ou vin maison. À noter, la viande est excellente !

POUR SE FAIRE PLAISIR

La Perla – *Kontxa pasealekua - ✆ 943 462 484 - comercial@la-perla.net - fermé dim. soir, lun. et mar. soir sf mars-oct. - 29/40 €.* Magnifique emplacement face à la plage de la Concha. Belle verrière avec vue sur la mer. Salle avec différents paliers et mobilier design.

Restaurante Chomin – *Avenida Infanta Beatriz, 16 - ✆ 943 317 312 - www.restaurantechomin.net - 25/60 €, menu dégustation 41 € - fermé dim. soir et lun. et 15 j. en déc.* À quelques enjambées du funiculaire d'Igeldo, du Peine de los Vientos et de la plage, ce classique de la gastronomie donostiarre, situé dans une belle demeure bourgeoise, a été repris récemment par Xabi, un jeune chef basque passionné. La cuisine basque raffinée et généreuse, le superbe patio, les larges tables espacées, attirent politiques, chefs d'entreprises, vedettes de la télé, familles et touristes de passage qui se mélangent aisément grâce au savoir-faire de Javier. Le remarquable menu dégustation inclut 4 plats, une farandole de desserts, café, eau et un excellent vin de la Rioja. Une adresse pour faire plaisir et se faire plaisir.

Bodegón Alejandro – *Fermín Calbetón, 4 - ✆ 943 427 158 - bodegonalejandro@martinberasategui.com - fermé 24 déc.-9 janv., dim. soir, mar. soir et lun. - 31 €.* Cet accueillant restaurant appartient à Martín Berasategui, cuisinier réputé pour sa créativité. L'établissement, très central, permet de découvrir sa cuisine à des prix attractifs. Le menu quotidien est unique, mais les plats sont variés.

La Muralla – *Embeltrán 3 - ✆ 943 43 35 08 - lamuralla@euskalnet.net - fermé 1re quinz. de juin, fêtes de Noël, merc. soir et dim. - 33/44 €.* Le jeune patron gère avec fierté son affaire. Derrière la discrète façade, on découvre une petite salle au cadre soigné et contemporain.

Kursaal – *Zurriola pasealekula 1 - ✆ 943 003 162 - www.restaurantekursaal.com - fermé à Noël, dim. soir, lun. et mar. 64 €* Situé dans le Palais des Congrès, au bord de la *ría,* il offre une salle à manger avec une verrière dans un cadre moderne. La carte, très attrayante, est due au savoir-faire de Martín Berasategui. Spécialité de morue aux coques, sauce vin blanc *(cocochas de bacalao con berberechos descascarillados al txakolí).*

EN SOIRÉE

Bars à pintxos

Si vous souhaitez découvrir l'extraordinaire variété et qualité des *pintxos*, du vieux St-Sébastien, voilà 4 bars innovants qui permettent un intéressant *txikiteo*, qui est l'art de passer d'un bar à l'autre en consommant des *pintxos* autour d'un ou plusieurs *txiki* (petit verre de vin rouge).

Txondorra – *Fermín Calbetón, 7 - ✆ 943 420 782 - 7/15 €.* À tester : croquette de poireaux et fromage avec une sauce aux figues *(Katafi crujiente de puerro).*

Borda Berri – *Fermín Calbetón, 12 - ✆ 943 430 342 - 7/15 €.* À essayer : manchon de canard laqué, accompagné d'une sauce mangue, miel et soja et saupoudré de persil *(manchon lacado con mango).*

Zeruko – *Pescaderia, 10 - ✆ 943 423 451 - 7/15 €.* À essayer : foie gras mi-cuit entre deux galettes d'oignons caramélisées *(galleta de micuit).*

Astelehena – *Plaza de la Constitución - ✆ 943 425 245 - 7/15 €.* À tester : foie gras poêlé et vinaigre balsamique caramélisé *(foie à la plancha).*

ACHATS

Saski-Naski – *Boulevard, 24 - ✆ 943 422 891 - saskinaski@telefonica.net - juil.-août : 10h-20h30 ; reste de l'année : tlj sf dim. 10h-13h30, 16h-20h.* Le lieu ressemble à une caverne d'Ali Baba. On y trouve le meilleur de l'artisanat régional dont des produits originaux comme le *makhila*, bâton de marche richement décoré et l'*argizaiola*, sorte de bougie réservée aux veillées.

AGENDA

Arènes – (2e sem. d'août). Couvertes et inaugurées en 1998, les arènes ultra-modernes d'Illumbe proposent une semaine complète de corridas lors de la Semana Grande - *rens. et réserv. sur www.illumbe.es).*

Festival du film sous-marin – (Avr.). *✆ 943 481 166.*

Festival de jazz – (Fin juil.). *✆ 943 481 900 - www.jazzaldia.com.*

Semana Grande – (2e sem. d'août*). ✆ 943 481 166.*

Euskal Jaiak ou Fêtes basques – (1re quinz . de sept.).

Festival international du cinéma de San Sebastian – (Fin sept.) *au Kursaal.*

Festival du film fantastique – (Oct.-nov.). *✆ 943 481 157/197.*

Côte de Guipúzcoa

★

Costa de Guipúzcoa/Guipuzkoa

NOS ADRESSES PAGE 272

S'INFORMER

Office du tourisme d'Irún – *Complejo comercial, barrio (quartier) de Behobia - 20305 Irún - ✆ 943 622 627 - www.irun.org ou www.hondarribia.org - mat. - fermé w.-end et j. fériés.*

Pour les autres offices de tourisme, voir aux localités décrites.

SE REPÉRER

Plan de région A1 D1 (p. 252) – carte Michelin n° 573 C 24-23-22. L'itinéraire croise et recroise l'A 8, depuis Irún, à la frontière française, jusqu'à Mutriku, à 46 km à l'ouest de St-Sébastien.

À NE PAS MANQUER

La corniche basque d'Hondarribia à Pasai.

ORGANISER SON TEMPS

Un long week-end peut suffire pour parcourir l'intégralité de cette côte, étape à St-Sébastien comprise.

AVEC LES ENFANTS

L'ensemble archéologique de Sta María la Real, le museo romano à Oiasso.

Porte d'entrée de l'Espagne pour les voyageurs transfrontaliers, la côte guipúzcoane doit en partie sa notoriété à la ville de St-Sébastien. Moins préservée et sauvage que la côte de Biscaye, elle n'en demeure pas moins attirante pour ces petits ports authentiques qui restent très attachés à la pêche, ses plages de sable fin et ses grosses villas parsemées le long du littoral. Entre mer et colline, vous découvrirez un pays à l'identité bien marquée. Attention, la langue basque y est très vivace !

Se promener

IRUN/IRÚN D1

Au premier abord, la ville-frontière d'Irún, cité natale de **Luis Mariano**, ne déborde pas de charme. Il faut dire qu'elle a subi de nombreuses destructions, tant durant les guerres carlistes qu'au cours de la guerre civile. Ses rues réservent cependant quelques surprises agréables.

Nuestra Señora del Juncal (N.-D. del Juncal/Andra Mari del Juncal)
Bel exemple d'église gothique basque du 16e s. Notez l'extérieur austère et massif, à l'exception du portail baroque. L'intérieur abrite un orgue Cavaillé-Coll et une statue gothique de la Vierge (la plus ancienne de la province) qui a donné son nom à l'église.

Les falaises de Zumaia.
San Sebastian Turismo

Plaza de San Juan Harria

Bordée de vieilles demeures et de l'hôtel de ville baroque (18e s.), elle arbore une colonne datant de 1564, symbolisant l'indépendance de la ville (l'histoire dit qu'elle commémorerait la résistance à l'invasion française).

Oiasso - Museo Romano

Eskoleta, 1. À deux pas de la plaza de San Juan Harria, à l'opposé de l'hôtel de ville. ✆ 943 639 353 - www.oiasso.com - juin-sept. et Sem. sainte : 10h-14h, 16h-20h ; oct.-mai : 10h-14h, 16h-19h - fermé lun. - 4,30 € (6-16 ans 3,20 €) ; billet combiné avec celui de l'ermitage Sta Elena 7,80 €.

Entrepôt, puis école, ce vaste bâtiment rénové abrite aujourd'hui un musée consacré aux origines d'Irún. Des panneaux et quelques vestiges archéologiques replacent l'antique **Oiasso** dans le contexte romain et autochtone, avant d'aborder sa vie et son activité. Au premier étage, un film en 3D fait la joie des enfants qui peuvent se déplacer, par exemple, dans les thermes romains. Le deuxième étage s'attache à l'urbanisme et au port, plaque tournante du commerce impérial, à travers un film et les découvertes archéologiques faites à Irún.

Ermitage Sta Elena – *En lisière du centre-ville, à proximité du río Estebenea, après le petit pont de pierre sur la droite en direction de l'ermitage San Martial et de la France. Billet combiné avec celui du musée Oiasso 7,80 €.* Des fouilles entreprises dans cet ermitage (le bâtiment actuel date du 14e s.) ont permis de mettre au jour les vestiges d'une nécropole romaine. Ceux-ci sont présentés à l'intérieur même de l'ermitage.

Face au pont, remarquez la fontaine Sta Elena, de style baroque.

Parque ecológico de Plaiaundi

Entre la voie ferrée et l'aéroport. Visez la gare, passez au-dessus des voies de chemin de fer, poursuivez tout droit jusqu'au rond-point et suivez le fléchage. ✆ 943 619 389 - www.irun.org.turismo/plaiaundi ou www.euskadi.net/txingudi - ♿ - printemps-été : mar.-dim. 10h-13h, 16h-18h30 ; automne-hiver : mar.-dim. 10h-13h, 15h30-18h - fermé lun., 24, 25 et 31 déc., 1er et 6 janv. - gratuit.

Déployé sur la baie de Txingudi, Fontarabie et Irún, cette réserve de 23,4 ha protège une zone de marécages riche en faune et en flore (jusqu'à 212 espèces d'oiseaux y nichent en période de migration). De la zone d'activités qui en avait pris possession demeure un stade, encadré par des étangs où s'ébattent aigrettes, martins-pêcheurs et canards. Leurs rives sont jalonnées d'observatoires : pensez à vos jumelles! Un sentier en fait le tour, ponctué de panneaux et de belles vues sur la baie… comme sur la piste de l'aéroport située sur la rive opposée de la Bidassoa. Le centre d'interprétation présente toute la biodiversité et l'histoire du site. Il prête également des jumelles contre une pièce d'identité.

OIASSO/EASO

À la recherche de leurs racines, les habitants de St-Sébastien se sont longtemps enorgueillis d'être les héritiers de l'antique Oiasso, d'où le nom d'Easo dont ils ont un temps baptisé leur ville. On sait aujourd'hui qu'il n'en est rien et que c'est bien sur le site d'Irún que se dressait la cité romaine. Mais les légendes ont la vie dure et l'abréviation internationale de l'aéroport de St-Sébastien demeure EAS… il est vrai qu'il est implanté à Fontarabie, à quelques lieues de la cité antique.

Itinéraires conseillés

ROUTE DE LA CORNICHE C1 D1

Pour visualiser cet itinéraire de 43 km, reportez-vous au plan de la région (p. 252) – comptez env. 1h15. Quittez Irún par la N 638.

★★ **Fontarabie** (Hondarribia/ Fuenterrabía)
(voir p. 274).
Sortez du bourg par la GI 3440.

Route de Jaizkibel D1

Le **parcours★★** sur cette route est magnifique surtout au coucher du soleil. À 5 km, la **vue★**, depuis la chapelle de Nuestra Señora de Guadalupe, dévoile l'embouchure de la **Bidassoa** et la Côte basque française. La route s'élève ensuite dans les pins et les ajoncs, dominant la mer. À l'Hostal du Jaizkibel, situé à proximité du sommet qui domine à 584 m, un belvédère offre une très belle **vue★★** *(table d'orientation).*

La descente sur Pasai Donibane découvre des **aperçus★** magnifiques sur la côte déchiquetée, les monts Cantabriques et les monts Ulía, ainsi que sur Urgull et Igueldo, qui surplombent St-Sébastien.

★ **Pasaje de San Juan**/Pasai Donibane D1

Casa de Victor Hugo - Donibane, 63 - 20110 Pasai Donibane - ✆ 943 341 556 - www.oarsoaldea-turismo.net - 11h-14h, 16h-18h - fermé 1er et 6 janv., 25 déc.

Outre le point d'information touristique, la maison de Victor Hugo abrite un **musée** avec exposition et espace multimédia consacré à l'auteur. Pour plus de renseignements, contactez le musée au numéro ci-dessus.

Entourant à l'embouchure de l'Oyarzun/Oiartzun une baie remarquablement abritée puisqu'elle ne communique avec l'Océan que par un étroit goulet,

Pasaia comprend trois agglomérations de part et d'autre de l'estuaire : **Pasai Antxo** (port de commerce), **Pasai Donibane★**, au charme intact, et **Pasai San Pedro** (ports de pêche). Naguère réputés pour leurs nombreux morutiers, les ports de pêche de Pasaia traversent une crise profonde et se limitent aujourd'hui à des activités côtières.

Pour accéder à Pasai Donibane, laisser la voiture à l'entrée du village ou prendre, à San Pedro, la vedette qui traverse la ría.

L'arrivée en vedette ménage une **vue** pittoresque sur les hautes façades aux balcons de bois peints de couleurs vives. Que de célébrités connaissent l'unique rue du village : un certain Francisco Rabaneda, plus connu sous le nom de **Paco Rabanne** y naquit en 1934. La voie se faufile entre les maisons et sous leurs voûtes, dévoilant au passage : l'église St-Jean-Baptiste (17e s.), de petits embarcadères charmants ainsi que la maison où Victor Hugo passa quelques jours en 1843 et celle où La Fayette logea en 1787 avant d'embarquer pour l'Amérique. On peut longer la rade jusqu'à l'Océan par le chemin du Phare *(45mn)*.

Ne manquez pas, dans l'une des premières petites venelles filant vers l'eau, le **Centre de recherche et de construction d'embarcations traditionnelles Ontziola**, qui perpétue les techniques de construction navale du Pays basque. Il recrée les bateaux les plus usités aux 18e et 19e s. Il faut compter au moins un an, beaucoup de chênes des Landes et plusieurs apprentis (certains viennent du Japon) pour en reconstituer ne fût-ce qu'un. Un espace d'exposition est aménagé dans le hangar de construction. Le centre assure aussi des visites guidées du chantier et de la baie.

Lezo D1

Village où corsaires et constructeurs navals se partageaient la vedette. Sa basilique Sto Cristo du 16e s. abrite l'une des rares représentations en Europe d'un **Christ imberbe** (13e s.), avec celles de l'ermitage d'Azitain à **Eibar** et de Cracovie (Pologne). Impressionnante de sobriété et de jeunesse, la statue n'en est que plus émouvante.

Errenteria/Rentería D1

Classé « ensemble monumental », le centre médiéval de la cité comprend une dizaine de rues et de ruelles alignant quelques manoirs des 16e, 17e et 18e s. Seul le blason les distingue des autres maisons anciennes, plus communes. Voyez l'hôtel de ville du 17e s., Nuestra Señora de la Asunción qui conserve un retable néoclassique du 18e s. et un autre, l'« autel des âmes », de la fin du 15e s., ainsi que l'ermitage de Sta María Magdalena, un peu excentré.

★★ St-Sébastien/San Sebastián/Donostia C1

(voir p. 254).

ROUTE DES PLAGES A1 B1-2 C1

Pour visualiser cet itinéraire de 58 km, reportez-vous au plan de la région (p. 252) – comptez 1h. Quittez St-Sébastien par l'A 8 vers Bilbao. Au niveau de la sortie 10, prenez la direction de Pampelune et Vitoria et sortez presque immédiatement à Txikierdi. Prenez ensuite la direction d'Usurbil et suivez la N 634.

Orio A1

Herriko Enparantza, 1 - 20810 Orio - 943 830 904 - www.oriora.com - juin-sept. et Sem. sainte : lun.-sam. 10h-14h, 16h-20h, dim. 10h-14h ; mai et oct. : sam. mat. et apr.-midi, dim. mat. - fermé le reste de l'année.

Iglesia San Nicolás de Bari – *À l'orée du quartier médiéval ou Goiko Kale.* Cette église reconstruite à la Renaissance conserve tout de même des allures de forteresse, rappelant l'époque où elle servait de tour de guet.
La rue principale, *kale Nagusia*, qui la longe est bordée de maisons anciennes des 15e, 16e ou 17e s., souvent blasonnées.

Parque natural de Aia Pagoeta B2

☏ 943 835 281 - www.aiapagoeta.com - ♿ - août-sept. : tlj sf lun. mat. et apr.-midi, w.-end et j. fériés mat. ; reste de l'année : w.-end et j. fériés mat. - gratuit.

Frontalier avec la Navarre, ce parc correspond au massif d'Aiako et couvre une superficie de 6 145 ha où les zones de pâturages alternent avec les hêtraies ou les chênaies. Il culmine avec Las Peñas de Aia à 833 m d'altitude. Sur la route de Zarautz, n'hésitez pas à faire un détour par la GI 2631 qui monte à **Aia**. Ombragée, la route ménage de beaux points de vue sur la côte et passe devant le jardin botanique d'**Iturraran**, lequel abrite aires de pique-nique, parcours fléché et surtout la Maison du **parc de Aia Pagoeta**. Vous y trouverez toutes les informations nécessaires pour effectuer quelques randonnées.
Redescendez sur la N 634.

Zarautz B1

i Nafarroa, 3 - 20800 Zarautz - ☏ 943 830 990 - www.turismozarautz.com - juin-sept. : lun.-sam. 9h-20h30, dim. et j. fériés 10h-14h ; reste de l'année : se rens. auprès de l'office de tourisme - fermé dim. (sf de mai à sept.), 24 déc.-1er janv., 6 janv., 9 sept.

Cette station balnéaire, célèbre depuis que la reine Isabelle II en fit, au 19e s., sa villégiature, est aménagée dans un site agréable où les collines voisinent avec une immense **plage**. Le quartier ancien a conservé deux beaux **palais** : dans la calle Mayor, la **tour Luzea**, avec d'élégantes fenêtres, et, dominant la plage, celui du marquis de Narros (16e s.), aux angles agrémentés d'échauguettes. À côté, à l'écart de l'église de Sta María, s'élève le clocher.
Ensemble archéologique et monumental de Sta María la Real – *☏ 943 835 281 - www.menosca.com - mar.-sam. 11h-14h, 15h30-18h30, dim. et j. fériés 15h30-18h30 - 1,20 €.*
Il comprend la tour-clocher et l'église mitoyenne du 15e s., dans lesquelles ont été mis au jour des sépultures (visibles) et des gisements remontant pour certains à l'âge du fer. La tour présente, en visite libre, l'histoire de la Côte basque et de Zarautz. La visite de l'église se fait à heures fixes avec un guide.
Photomuseum – *San Ignacio 11 - ☏ 943 130 906 - www.photomuseum.es - mar.-dim. 10h-14h, 17h-20h - fermé 1er janv., Vend. saint, 26 juin, 31 juil., 9 sept., 25 déc. - 6 € (- 18 ans 3 €).* Espace consacré à l'art de la photo (paysages, portraits, surréalisme…) et à l'histoire de ses techniques, depuis la lithographie jusqu'au numérique avec appareils et clichés à l'appui, en passant par ses applications scientifiques en médecine, botanique, etc.
Après Zarautz, la route, taillée en **corniche★★** au bord de l'Océan jusqu'à Zumaia, devient très pittoresque. On arrive bientôt en vue du rocher *(el Ratón*, « la souris », ou île San Antón) de Getaria.

Avant d'accéder à ce pittoresque port, faites un détour par l'intérieur des terres sur la route d'Azpeitia (GI 2633).

Getaria/Guetaría B1

Parque Aldamar, 2 - 20808 Getaria - ✆ 943 140 957 - www. getaria.net - de Pâques à mi-sept. et Sem. sainte : mat. et apr.-midi, dim. mat. - fermé lun.

Près du « ratón », péninsule à laquelle le relie une digue, Getaria est un petit port de pêche réputé pour ses *chipirones* (calmars) et ses poissons grillés. On n'y part plus pour la pêche à la baleine, ni pour les Indes comme **Juan Sebastián de Elcano**, natif du lieu ; celui-ci ramena des Philippines, où Magellan avait été assassiné, l'unique bateau survivant de l'expédition, concluant ainsi le premier tour du monde (1522). Une rue étroite mène à l'**église de San Salvador** (13e-15e s.) dont le chœur s'appuie sur un arc où passe une ruelle (crypte). À l'intérieur, belle galerie de style flamboyant.

Il est prévu qu'un nouveau musée honore un autre enfant du pays, le grand couturier **Cristóbal Balenciaga** (1895-1972)… mais les travaux sont pour l'heure abandonnés et l'affaire fait grand bruit outre-Pyrénées.

Zumaia B1

Kantauri plaza, 13 - 20750 Zumaia - ✆ 943 143 396 - www.zumaiaturismoa.com - de mi-juin à mi-sept. : 10h-14h, 16h-20h ; de mi-mai à mi-juin : mar. 16h-19h, jeu.-sam. 10h-14h, 16h-19h, dim. 10h-14h - fermé 1er janv. et 25 déc.

À l'embouchure de l'Urola, Zumaia possède deux plages.

La première, **Itzurun**, est cernée par les falaises. On y accède, depuis le pied de l'**église de San Pedro** (15e s.) à l'impressionnante nef unique (grand retable de Juan de Anchieta, 16e s.), par un passage bordé de très hauts murs. La meilleure vue sur ses **falaises** plissées s'obtient depuis le sanctuaire de San Telmo *(depuis le pied de San Pedro, par la rue San Telmo, prenez la 2e à gauche et suivez-la jusqu'au bout).*

La deuxième plage, **Santiago**, se trouve à l'entrée de la localité. C'est à proximité de celle-ci que vécut le peintre **Ignacio Zuloaga** (1870-1945). Sa maison a été convertie en **musée**, où sont exposées ses œuvres, aux couleurs ardentes, aux tracés vigoureux, illustrant des thèmes réalistes et populaires, mais aussi sa collection personnelle (tableaux du Greco, de Goya, de Zurbarán, de Luis Morales, ainsi que des sculptures de Rodin). *Santiago Etxea - ✆ 943 862 341 - www.ignaciozuloaga.com - avr.-sept. : merc.-dim. 16h-20h - fermé lun., mar. et oct.-mars - 6 €.*

Après Zumaia, faites un détour à l'intérieur des terres par la GI 631 jusqu'à Zestoa.

Zestoa/Cestona B2

Cette petite station thermale dut sa renommée au 19e s. à l'infant Francisco de Paula Antonio, frère de Ferdinand VII. Très fréquenté jusqu'à la guerre civile, l'établissement de bains de la ville est encore en activité aujourd'hui.

Revenez sur vos pas jusqu'à la N 634 et prenez à gauche pour atteindre Itziar.

Itziar/Icíar B1

Le sanctuaire-forteresse Nuestra Señora renferme, dans un retable en bois, une souriante Vierge romane du 12e s. habillée d'un manteau somptueux.

Deba/Deva B1

À l'embouchure du Deba, on découvre ce petit port de pêche. L'**église de Sta María la Real** cache, sous le porche de sa façade fortifiée, un beau **portail gothique**★ dont la statuaire montre beaucoup de naturel. Son cloître, d'inspiration arabe, présente des arcades composites.

À Deba, prenez la GI 638.
Sur le trajet en **corniche★** de Deba à Lekeitio, du promontoire qui ferme l'estuaire du Deba, **vue★** splendide sur la côte.

★ **Mutriku**/Motrico A1
Pl. Txurruka/Churruca s/n - 20830 Mutriku - ✆ 943 603 378 - www.mutriku.net - juil-août et Sem. sainte : 10h-14h, 16h-18h ; reste de l'année : mar.-sam. 11h-13h, 16h-18h, dim. et j. fériés 10h-14h - fermé 1er et 6 janv., 24, 25 et 31 déc.
Mutriku s'honore de posséder l'une des plages les plus enchanteresses de la Côte basque, la **plage de Santurraran**.
Son centre ne manque pas d'attrait non plus, entre ses maisons blasonnées et ses ruelles mystérieuses. Voyez notamment le palais Arrietakua (18e s.) à l'avant-toit joliment sculpté ou le palais Zabiel aux colonnes torsadées. Vous apercevrez aussi le magnifique blason du palais Olazarra-Mizquia (17e s.).
Poursuivez jusqu'à Ondárroa *(voir p. 316).*

NOS ADRESSES SUR LA CÔTE DE GUIPÚZCOA

HÉBERGEMENT

POUR SE FAIRE PLAISIR

À Zarautz

Hôtel Zarauz – *Nafarroa, 26 - ✆ 943 830 200 - www.hotelzarauz.com - fermé 22 déc.-7 janv. - P - 75 ch. 79/105 € - ☕ 7,25 € - rest. 10,80 €.* Hôtel confortable et bien équipé. Chambres classiques, un peu vieillottes, mais compensées par des parties communes avenantes.

Hôtel Roca Mollarri – *Zumalakarregi, 11 - ✆ 943 890 767 - www.hotel-rocamollarri.com - P - fermé 18 déc.-7 janv. - 12 ch. 79/106 € ☕.* Bel établissement dont une partie est consacrée à l'hôtel et l'autre à des habitations privées. Ses salles communes sont en harmonie avec des chambres chaleureuses et accueillantes.

À Zumaia

Hôtel Zelai – *Playa de Itzurun - ✆ 943 865 100 - www.talasozelai.com - 28 ch. 85/140 € - ☕ 10 € - rest. 15 €.* Dans cet hôtel, qui abrite un centre de thalassothérapie, les chambres fonctionnelles sont lumineuses et la moitié d'entre elles bénéficient de belles vues.

UNE FOLIE

À Zarautz

Karlos Arguiñano – *Mendilauta, 13 - ✆ 943 130 000 - www.hotelka.com - fermé janv., fêtes de Noël, dim. soir, mar. soir en hiver et merc. - 31/60 € - 12 ch. 120/190 € - ☕ 10 €.* Dans cet ancien petit palais en pierre, connu sous le nom de villa Aiala, le propriétaire a su recréer un environnement très accueillant avec deux salles soignées et des chambres chaleureuses.

SPORTS & LOISIRS

À Zarautz

Alitan-Sub – *Aritzbatalde, 2 - ✆ 943 132 647 - www.alitan-sub.com.* Pêche sous-marine ou sportive, plongée, cours d'apnée, conférences sur l'océan, promenades en mer : si vous souhaitez faire du tourisme actif, ce club nautique, fondé en 1989, répondra à vos attentes grâce à ses multiples activités pour débutants et confirmés.

À Mutriku

Buceo Euskadi – *Iriagirre, 4 - ✆ 943 195 088 ou 617 333 003 - www.buceoeuskadi.com.* Si vous n'avez jamais essayé la plongée, contactez le centre Buceo Euskadi. Il propose aux débutants un programme baptisé « À la découverte de la plongée » très bien pensé. Les confirmés peuvent quant à eux parcourir les fonds marins de l'Euskadi grâce aux nombreuses sorties en mer (tous niveaux).

Mutriku Arraun Taldea – *Kaia z/g apartatua, 88 - ✆ 605 751 127.* Mutriku a la chance de posséder l'une des plus belles plages de la Côte basque. Ses baies rocheuses sont également le prétexte à de sympathiques balades en kayak. La société Mutriku Arraun Taldea en loue plusieurs, individuel, ou 2 places. Point de départ : le port de Mutriku.

À Deba

Itxas Jai – *✆ 943 192 858 ou 678 517 257 - www.itxasjai.com.* La principale occupation de ce centre de plongée (ouvert toute l'année) consiste en l'organisation de baptêmes et sorties en bateau. Il loue et vend également tout le matériel nécessaire à ces différentes activités nautiques.

À St-Sebastien

Begi-Bistan – *Puio, 2-2B - ✆ 657 794 677 - www.begi-bistan. com.* Cet organisme de loisirs offre une gamme variée de services, en collaboration avec les offices de tourisme locaux. Parmi les propositions les plus intéressantes : visite culturelle de Zumaia, Getaria et Orio, trekking côtier, sorties naturalistes et activités nautiques (kayak, bateau, plongée…).

Fontarabie

★★

Fuenterrabía/Hondarribia

184 248 Hondarribitarrak ou Fuentebirrenses - Guipúzcoa

NOS ADRESSES PAGE 277

S'INFORMER

Office de tourisme – *C/ Javier Ugarte, 6 - 20286 Hondarribia - ✆ 943 645 458 - www.bidasoaturismo.com - juil.-sept. : lun.-vend. 10h-19h30, sam.-dim. 10h-14h, 16h-20h ; reste de l'année : lun.-vend. 9h30-13h30, 16h-18h30, sam.-dim. et j. fériés 10h-14h - fermé 1er et 7 janv., 8 sept., 24, 25 et 31 déc.*

Hondarribia Tours – *✆ 943 645 435*. Cet organisme propose des visites guidées de Fontarabie et St-Sébastien, ainsi que des promenades sur la baie de Txingudi, etc. *Se renseigner pour tarifs.*

Excursions Jolaski – Visite guidée de Fontarabie et promenades en bateau - *Paseo Butrón - ✆ 639 617 898 - www.jolaski.com.*

Visite en bateau – Visite en bateau de Fontarabie à Hendaye - *1,50 €.*

SE REPÉRER

Plan de région D1 (p. 252) – carte Michelin n° 573 B 24. Fontarabie occupe une position stratégique sur l'embouchure de la ría de la Bidassoa, face au port français d'Hendaye. Son vieux quartier s'accroche à une colline tandis que la marina, quartier animé de pêcheurs, fait face à la mer.

SE GARER

Au pied de ses remparts.

À NE PAS MANQUER

Le vaste panorama depuis l'ermitage de San Marcial.

ORGANISER SON TEMPS

Flânez dans la vieille ville jusqu'à l'heure des tapas dans le quartier des pêcheurs !

AVEC LES ENFANTS

Une promenade en bateau.

Séparée d'Hendaye par l'estuaire de la Bidassoa, Fontarabie a choisi l'un des plus beaux paysages côtiers du Guipúzcoa pour s'établir. Le charme de cette station balnéaire ne se limite pas à ses plages. Elle a conservé un vieux quartier fortifié aux ruelles tortueuses qui s'appréhende le nez en l'air, pour ne manquer aucun détail architectural de ses vieilles maisons. Son port, quant à lui, n'a rien perdu de son authenticité et nombreux sont les autochtones ou les Français venus « tapear » dans ses nombreuses tavernes.

Barques se reflétant dans le port de Fontarabie.
J.-P. Oger / MICHELIN

Se promener

CIUDAD VIEJA (Vieille ville)

Entre les effluves de lessive et les trilles mélodieuses des oiseaux en cage, les ruelles escarpées de la vieille ville ne manquent pas de pittoresque, tandis que la marina déborde d'une activité plus festive avec ses boutiques et ses cafés.

Sur la butte dominant la Bidassoa, l'ancienne place forte est encore entourée de remparts. Percée dans ces murailles qui datent du 15e s., la **puerta de Sta María** est surmontée des armes de la ville et de deux anges vénérant N.-D. de Guadalupe.

★ Calle Mayor

Étroite rue très pittoresque, bordée de maisons anciennes aux balcons de fer forgé et corniches en bois sculpté. Voyez plutôt : les galeries des nos 26, 24, 22 ; les blasons de la casa Consistorial au n° 28 ; les poutres travaillées du palais Zuloaga au n° 8, et la très belle porte ouvragée de la maison de Casadevante au n° 5, là où fut négociée la trêve du siège de 1638.

Iglesia Sta María

Gothique, remaniée au 17e s. (tour baroque), l'église de Sta María est un édifice imposant étayé à l'abside par d'épais contreforts. C'est là que le 3 juin 1660, six jours avant la cérémonie solennelle à St-Jean-de-Luz, don Luis de Haro, ministre espagnol, épousa par procuration, au nom de Louis XIV, l'infante Marie-Thérèse *(voir à St-Jean-de-Luz et Hendaye, p. 167 et 182)*.

DES VIKINGS BASQUES ?

Au cours d'un de leurs raids, des Vikings se seraient installés du côté de Fontarabie et s'y seraient reproduits… C'est du moins ce que veut une légende locale qui explique ainsi le nombre anormalement élevé de blondes et de blonds dans la ville… dont les habitants ont pour sobriquet : *los Vikingos*.

Château

Le château de Charles Quint fut construit au 10e s. par le roi de Navarre Sanche II Abarca (vers 935-994). Charles Quint le fit restaurer au 16e s. Aménagé en *parador* (hôtel de luxe), il donne sur la place d'armes, qui offre une belle vue sur la mer.

FRONTALIÈRE ET PORTUAIRE

Du fait de sa situation stratégique en bord d'estuaire, Fontarabie n'a eu d'autre choix que de se fortifier très rapidement pour protéger sa position. Les plus anciennes traces de fortifications remontent ainsi au 7e s. Les remparts actuels datent quant à eux du règne des Rois Catholiques (fin 15e s.), et ils se révélèrent par la suite fort utiles pour résister aux assauts d'ennemis désireux de posséder ce port florissant qui commerçait avec les Flandres et l'Europe entière.

BATAILLE MÉMORABLE EN 1638

Pendant la guerre de Trente Ans, la ville subit l'assaut des troupes françaises de Condé deux mois durant. Elle ne dut son salut qu'à l'intercession de N.-D. de Guadalupe : ses défenseurs tentèrent une sortie et parvinrent à chasser l'armée française. En souvenir de cet épisode et pour honorer la Vierge, Fontarabie organise chaque année une *alarde* (sorte de parade militaire) le 8 septembre *(voir « Nos Adresses » ci-contre)*.

MARINA

Le quartier des pêcheurs et la nouvelle ville qui s'étage derrière lui se déploient le long de la ría.

Calle San Pedro

Bordée de maisons de pêcheurs aux balcons et aux volets de bois rouges, verts ou bleus, cette rue dégage une atmosphère de gaieté communicative. C'est ici comme dans les rues adjacentes que se concentrent tavernes et bars à tapas.

Trois rues la séparent du front de mer, caractérisées par des immeubles de taille modeste, dont les boutiques ont parfois deux entrées, une sur l'avant, l'autre sur l'arrière.

Front de ría

Sans charme particulier en raison des immeubles en béton qui le ponctuent, il se déroule jusqu'au port de plaisance en longeant à un moment une sorte de jetée dont les pierres sont couvertes de croquettes pour chats (ces animaux y viennent en nombre).

Plage – Depuis la plage, on voit les bateaux de pêche sortir du port. Les jeunes viennent y décortiquer des *pipas* (graines de tournesol) et les retraités y promener leur chien.

Marina – Belle **vue**, à travers une forêt de mâts, sur la vieille ville et le clocher de Sta María. À voir en fin de journée avec la chaîne des Pyrénées en toile de fond.

À proximité Plan de microrégion

Santuario Nuestra Señora de Guadalupe D1

4 km à l'ouest par la GI 3440, en direction de Pasai Donibane par le Jaizkibel. Laissez votre voiture au parking de l'église.

Cette chapelle, que jouxte l'enceinte d'un ancien fort, est le centre de convergence d'un vaste réseau de randonnées, allant du cap Higuer *(voir ci-après)* au mont Jaizkibel *(voir « la Côte de Guipúzcoa »)*. La promenade menant à ce dernier commence par une pente très inclinée et emprunte ensuite les crêtes, révélant d'époustouflantes **vues★★** sur le littoral et la mer *(4 km - balisage blanc-rouge)*.

Cabo Higuer (Cap du Figuier) D1

4 km au nord. Quittez Fontarabie par le port et la plage. Prenez la route de gauche.

En montant parmi les villas vers le cap, la route offre une belle **vue**a sur la plage, la ville et la jetée. De l'extrémité du cap, on distingue la côte française et Hendaye.

Ermita San Marcial/San Martzial D1

9 km au sud-est. Sortez de Fontarabie vers Béhobie et prenez la première route à droite après l'usine Palmera. Au premier carrefour, tournez à gauche.

Une route étroite conduit au sommet boisé (225 m). De la terrasse près de l'ermitage, **panorama★★** qui s'étend de St-Sébastien à la plage d'Hendaye au loin et, plus près, de Fontarabie, Irún à l'île des Faisans, qui a été le cadre de différents faits historiques – parmi lesquels la signature du traité des Pyrénées en 1659, stipulant le mariage de Louis XIV avec l'infante Marie-Thérèse *(voir « Hendaye », p. 182)*.

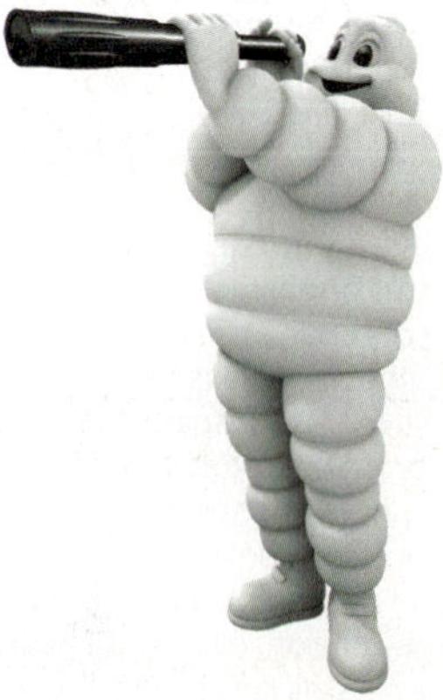

NOS ADRESSES À FONTARABIE

HÉBERGEMENT

BUDGET MOYEN

Chambre d'hôte Maidanea – *Barrio de Arkoll - Santiago Auzoa - ☏ 943 640 855 - - 5 ch. 47/55 € - 5 €.* Le couple de propriétaires a insufflé son propre style à cette maison de campagne, avec un salon-bibliothèque, une salle de petit-déjeuner et des chambres modernes.

POUR SE FAIRE PLAISIR

Hôtel Obispo – *Pl. del Obispo, 1 - ☏ 943 645 400 - www.hotelobispo.com - 16 ch. 84/140 € -* . Cet hôtel de charme est installé dans un palais des 14e-15e s. dans la partie haute de la vieille ville. Les chambres sont toutes différentes et combinent avec bonheur le bois des poutres, la pierre dans quelques-uns de ses murs, le mobilier et les tissus pour créer une ambiance très accueillante.

RESTAURATION

PREMIER PRIX

Gran Sol – *San-Pedro, 65 - ✆ 943 642 701 - fermé 2 sem. en janv., 1 sem. en juin, 1 sem. en sept. et lun. - 8 €.* Ce restaurant néorustique de tradition a été repris par le fils du propriétaire. Vous pourrez y déguster au comptoir de délicieuses brochettes très bien préparées.

POUR SE FAIRE PLAISIR

Restaurante Kaialde – *Itsasargi, 8 - ✆ 943 644 622 ou 619 960 770 - www.restaurantekaialde.net - 20/40 € - fermé dim. soir et lun. - été ouv. tlj.* Oscar González, chef et propriétaire de ce très joli restaurant, propose une superbe aventure gastronomique. Médaillé d'argent des 2 derniers Championnats du monde de *pintxos*, il a su transposer son insatiable créativité dans ce lieu très original qui abrite également son « bar à desserts et cocktails », unique au Pays basque. Jeu des saveurs et respect des matières premières sont son *modus vivendi*. Menus de saison où les poissons de ligne et le gibier sont à l'honneur. À la carte : cochon de lait rôti, *boletus* du Baztan et épinards croustillants, ravioli de carpaccio de st-Jacques farci au saumon fumé, calamars à l'encre. Au grill : côte de bœuf, filet de cerf, loup de mer, mérou.

UNE FOLIE

Ramón Roteta – *Irún, 1 - ✆ 943 641 693 - www.roteta.com - fermé fév., dim. soir et mar. - 58 €.* Belle villa du début du 20e s., à l'intérieur plein de charme. D'un classicisme raffiné et d'une ambiance élégante, ses salles sont soigneusement aménagées.

Alameda – *Minasoroeta, 1 - ✆ 943 642 789 - www.restalameda.com - fermé 11-17 juin, 8-14 oct., 24 déc.-6 janv., dim. soir, mar. soir et lun. - 62 €.* Restaurant familial bien dirigé, dont la cuisine a su s'adapter aux temps modernes. Il comprend une terrasse et deux salles de restaurant bien aménagées.

AGENDA

Fête de la Kutxa (25 juil.).
Alardes d'armes (8 sept.).

Tolosa

★★

17 894 Tolosarrak ou Tolosanos - Guipúzcoa

NOS ADRESSES PAGE 285

S'INFORMER
Office de tourisme – *Sta María Plaza, 1 - 20400 Tolosa - ☎ 943 697 413 - www.tolosaldea.net - juin-sept. : lun.-sam. 9h-12h, 14h-19h, dim. 14h-19h.*

SE REPÉRER
Plan de région C2 (p. 252) – carte Michelin n° 573 C 23. Étape incontournable sur la route reliant St-Sébastien à l'intérieur des terres (Vitoria ou Pampelune), Tolosa est accessible depuis la côte par la N 1 (26 km).

SE GARER
Le vieux centre étant piétonnier, mieux vaut vous délester de votre voiture dès que vous le pouvez.

À NE PAS MANQUER
Le marché couvert du samedi le long de la rivière.

ORGANISER SON TEMPS
Tolosa constitue un point de rayonnement idéal pour découvrir la vallée de l'Oria. Passez-y une matinée avant de partir en excursion.

Réputée pour être un bastion du séparatisme basque, Tolosa est aussi une ancienne ville industrielle de pâte à papier. Son riche centre historique abrite demeures anciennes, palais, églises ainsi qu'un moulin récemment restauré. Vous prendrez en particulier plaisir à arpenter ses marchés colorés et animés. Ne manquez pas de goûter les haricots qui font sa célébrité !

Se promener

★★ CASCO VIEJO (Vieille ville)

Le quartier historique est délimité au sud par la Triangulo Plaza, à l'est par le río Oria et à l'ouest par la calle Pablo Gorosabel, un ancien bras de la rivière. Il demeure le cœur de la cité, là où commerces et marchés entretiennent une animation quotidienne.
Départ depuis la Triangulo Plaza.

Triangulo Plaza
Elle est reconnaissable à son plan et surtout à l'œuvre du sculpteur Jorge Oteiza, *Atauts*, qui précède la porte de Castille donnant accès au quartier historique.
Prenez tout droit la calle Solana.

Halles
Érigées au 19e s., elles bordent un alignement de façades colorées ainsi que la rivière voisine. Le marché aux produits locaux s'y tient tous les samedis.
Au bout de la calle Solana, tournez à gauche.

Plaza Zarra

Le drapeau basque flotte au balcon de l'*ayuntamiento* (hôtel de ville) aux briques roses (17e s.), qui partage la place avec de vieilles demeures baroques et blasonnées. Face à elles s'étale la vitrine du chocolatier Xaxu, qui organise les visites au **musée de la Confiserie** (Museo de la Confitería, *dans la rue voisine de Letxuga. ✆ 943 697 413 - www.gorrotxategi.com - mat. et apr.-midi sur rendez-vous préalable - 1,50 €).*

Prenez la rue qui part sur la droite de la mairie pour aboutir à Sta María Plaza.

Iglesia Sta María

17e s. D'extérieur baroque (1761), l'édifice déploie à l'intérieur une architecture gothique basque.

En sortant de l'église, prenez la rue de gauche qui mène à la rivière.

Bords d'Oria

Le palacio Idiakez du 17e s. donne la réplique à la façade mi-ancienne, mi-moderne du palacio Aramburu (17e s.), reconverti en centre d'expositions.

Contournez l'église en longeant la rivière et rejoignez Sta María Plaza par la place Jesusen Bihotza. Engagez-vous ensuite dans la calle Agintari, au fond à droite.

Calle Agintari

Représentative des rues de la vieille ville, cette artère est bordée de façades anciennes dont la plus significative est celle du **palacio Atodo** (16e s.) au n° 33, que vous repérerez à son blason et son double avant-toit.

Parvenu sur Felipe Gorriti Plaza, tournez immédiatement à gauche.

Calle Nagusia

Réplique de la précédente, elle vous amènera à passer devant la torre Andia (15e s.) puis la Berdura Plaza.

★ Berdura Plaza

Une petite halle couverte d'une verrière occupe le centre de la place entourée de maisons à arcades. C'est ici que se tient chaque samedi le marché aux fleurs.

Traversez-la et prenez à gauche dans la calle Korreo. Elle vous ramènera à votre point de départ.

Pour prolonger la promenade, n'hésitez pas à flâner dans les autres rues parallèles à la calle Korreo. Le samedi matin, un marché se tient sur Arostegieta ou encore sur la place néoclassique Euskal Herria.

À proximité Plan de microrégion

★ Ordizia B3

14 km au sud par la N 1.

ℹ Centro d'Elikatuz - Casa Barrenetxe, Sta María, 24 (le point touristique est situé au rdc du Centre de l'alimentation) - 20240 Ordizia - ✆ 943 882 290 - www.delikatuz.com - lun.-vend. 10h-13h, 16h-18h, w.-end. et j. fériés 11h-14h, 16h-19h - fermé 1er et 6 janv., 25 déc.

Porte de la *comarca* (région) de Goierri, Ordizia comporte un agréable quartier historique en surplomb de la gare. il compte plusieurs demeures notables telles que le palais Barrena du 17e s., le palais Zabala reconnaissable à son balcon ouvert sur une double fenêtre en arcs, ou encore le palais Abaria à l'angle de la plaza Mayor, dont la halle fut inaugurée en 1925. Cette dernière accueille l'un des plus grands marchés du Guipúzcoa.

Centro de la Alimentación y de la Gastronomía d'Elikatuz (Centre de l'alimentation et de la gastronomie d'Elikatuz) – *Juste à côté du palais Barrena. ✆ 943 882 290 - www.delikatuz.com - lun.-vend. 10h-13h, 16h-19h, w.-end 11h-14h, 16h-19h - 3 € (- 12 ans 2 €).* Chacun des trois niveaux de ce musée moderne aborde un angle différent de la culture culinaire locale : le premier présente les villages de la *comarca* ; le deuxième, l'histoire de l'alimentation et l'art de bien doser ses repas (amusant plateau-repas à composer soi-même) ; quant au troisième, il recense les spécialités régionales.

Beasain/Beasáin B3

18 km au sud-ouest par la N 1.

Cette importante cité industrielle ne séduit pas au premier abord… Mais en prenant la direction de Zumarraga dans le centre-ville, vous passerez à proximité de ce qui subsiste du hameau médiéval entouré d'immeubles modernes. Il s'agit, dans le *barrio* (quartier) de Igartza, de quelques **maisons anciennes** (13e-15e s.), dont certaines à pans de bois, qui se répartissent de part et d'autre de la rivière enjambée par un vieux pont. Souvent abandonnées, elles sont parfois hélas assez dégradées, même si les lieux sont en train d'être remis en valeur.

À droite de la route seront fléchés deux sanctuaires : celui de N. S. de Loinaz, sorte de petite chapelle campée à côté d'une maison et, plus loin, la basilique de San Martín.

UNE POSITION STRATÉGIQUE

Fondée en 1256 par Alphonse X de Castille, dit « le Sage », et baptisée en hommage à Toulouse, Tolosa fut dès l'origine contrainte de se fortifier du fait de sa situation sur le couloir de passage entre la côte et la Navarre qu'est la vallée de l'Oria. Mais l'avantage qu'elle en tirait compensait les agressions et les invasions puisqu'elle prélevait un droit de péage qui fit sa richesse.

INDUSTRIES

En partie détruite par les Français en 1794, la ville retrouva une certaine prospérité avec l'industrialisation. La première usine de papier ouvrit en effet ses portes en 1842 et la ville prit le surnom de « cité papetière ». Cette industrie a aujourd'hui presque disparu, ce qui ne signifie pas que toutes ont périclité, car la ville a su se diversifier, avec notamment la création du polygone d'Apattaerreka. Il perdure une activité traditionnelle, dont la popularité ne se dément pas : la fabrication de **bérets**. On continue à dire que ce sont les meilleurs du pays.

Itinéraires conseillés

LE GOIERRI OUEST B3

Pour visualiser cet itinéraire de 27 km, reportez-vous au plan de la région (p. 252) – comptez 2h. Quittez Beasain par la N 1 en direction d'Altsasu/Alsasua et Vitoria, et sortez à l'échangeur 416 pour suivre la GI 637 en direction d'Idiazabal.

Goitur - Industrial Pab. 18, 20240 Ordizia - 943 161 823 - www.goierri.org.

Idiazabal

Le nom évoque un célèbre fromage de brebis, mais il correspond d'abord à un petit village tranquille, parsemé de quelques maisons des 13e et 14e s. Sur ses hauteurs se trouve le sanctuaire de **Sta María de Gurutzeta★** *(fléché à partir de l'église)*. Accolé à une maison *(demandez la clé)*, il séduit par son charme rustique (la charpente est en bois brut, les fenêtres sont fermées par des volets), sa Vierge du 13e s. et son retable du 16e s. Il offre le prétexte de découvrir les pâturages puisque fermes traditionnelles et prés se succèdent dans la montée.

Suivez la GI 2637 pour rejoindre Segura.

Segura

Charmant bourg perché qui conserve de ses anciens remparts deux portes ouvertes vers les monts alentour. Ses rues sont pavées et bordées de demeures autrefois prospères. La plus intéressante est celle des Guevara, identifiable à ses blasons et ses gargouilles. Elle se situe sur la calle Mayor *(Nagusia Kalea)* à quelques pas de la jolie église fortifiée N. S. de la Asunción (portail Renaissance). Voyez également le palais Lardizabal (17e s.), reconverti en mairie.

Poursuivez sur la GI 2637.

Zegama

Bâtiments modernes et anciens se partagent le village, au cœur duquel se dressent la mairie à arcades et l'église au portail Renaissance.

Revenez sur vos pas et, après environ 3,5 km, prenez à gauche la GI 3520.

LE PATRIARCHE DE LA CULTURE BASQUE

Entré au séminaire de Vitoria en 1906, le jeune **José Miguel de Barandiarán** se passionne pour la culture mégalithique après avoir découvert des dolmens près de sa ville natale. Voyageant en Allemagne en 1913, il suit à Leipzig un enseignement sur la psychologie des peuples, ce qui l'incite à entreprendre à la Sorbonne des études d'ethnologie, d'anthropologie et de paléontologie. Ordonné prêtre à son retour en Espagne, il enseigne à Vitoria et Salamanque, multiplie les recherches et les publications scientifiques et crée la Société d'études basques. Mais survient la guerre civile : contraint de s'expatrier, il se fixe à **Sare** où il poursuit ses travaux avant d'être assigné à résidence en Normandie. De retour en Espagne en 1953, il poursuit son activité inlassable… au point de mettre la dernière main à un atlas ethnographique alors qu'il avait atteint l'âge canonique de cent ans. Le musée des **Grottes de Sare** *(voir p. 187)* lui est aujourd'hui dédié en attendant l'ouverture dans son village natal du **Museo de la Mitología Vasca**.

Zerain

Ce hameau isolé dans la montagne conserve quelques maisons typiques comme le palais Jauregui, caractéristique de l'architecture rurale basque. Il se dresse non loin de la place de l'église (13e s., refaite au 18e s.).
Musée – *✆ 943 801 505 - www.zerain.com - lun.-vend. 10h30- 13h30, 15h30-18h30, w.-end : 11h-14h, 16h-19h - 2 €.* Une vidéo de 14mn présente la démarche des habitants qui ont voulu préserver leur patrimoine et sauvegarder leurs traditions. Le résultat est visible au grenier où panneaux et objets expliquent le travail du bois, de l'élevage, de l'agriculture, du fromage, de la chasse, etc.
Reprenez la GI 637, dépassez Segura et prenez sur votre gauche la GI 3571 menant à Mutiloa puis Ormaiztegi.

Ormaiztegi

Musée Zumalacárregui – *✆ 943 889 900 - mar.-vend. 10h-13h, 15h-19h, w.-end 11h-14h, 16h-19h - gratuit.* Installé dans une maison traditionnelle du 18e s. où Tomás de Zumalacárregui vécut quelques années, ce musée retrace l'histoire du Pays basque au moment des guerres carlistes et du mouvement libéral qui s'est développé dans les provinces au 19e s. Une vidéo de 10mn en castillan, des reproductions de gravures et des objets personnels du général ponctuent la visite d'un lieu qui honore un héros mal connu (en France du moins) de la cause carliste.
Revenez à Beasain en suivant la GI 632 puis la N 1.

À LA GUERRE COMME À LA GUERRE

Né à Ormaiztegi, **Tomás de Zumalacárregui** (1780-1835) participe à la guerre d'indépendance de 1808-1814 contre les troupes napoléoniennes. Mais c'est à la mort de Ferdinand VII (1833) qu'il entre dans l'histoire en embrassant la cause de l'infant Don Carlos, frère du roi défunt. Alors en garnison à Pampelune, il se soulève contre les partisans d'Isabelle II et Don Carlos le nomme rapidement général en chef de son armée. Employant la tactique de la guérilla, et n'hésitant pas à user d'une certaine cruauté envers ses prisonniers qu'il fait volontiers fusiller, Zumalacárregui remporte quelques succès, mais il est grièvement blessé alors qu'il inspectait les défenses de Bilbao qu'il s'apprêtait à assiéger. Mal soigné, il meurt quelques semaines plus tard.

VERS LE PARC NATUREL D'ARALAR B3

Pour visualiser cet itinéraire de 15 km, reportez-vous au plan de la région (p. 252) – comptez 1h. Au départ de Besain, franchissez la N 1 pour rejoindre Lazkao.

Lazkao

Mieux préservé que Beasain, ce bourg rassemble quelques beaux monuments *(aucun ne se visite)* autour de l'église San Miguel (16e s.). Au plus près d'elle, le **palacio del Infantado** est entouré d'un beau jardin. Admirez sa façade et son entrée, organisée en trois parties. Face à l'église, notez le blason du couvent des bernardines.
Suivez la GI 120.

Ataun

Le village s'étire en fond de vallée et s'éparpille le long de l'Agauntza en divers quartiers. À l'entrée de celui de San Gregorio, arrêtez-vous à la **maison Sara** (Sare). Contre son mur et devant elle sont disposées des œuvres d'art moderne en métal oxydé qui reprennent la forme des stèles discoïdales traditionnelles, avec des formes découpées à l'intérieur. Elles sont signées Jon Iturrarte Artola et ont été réalisées en 1990 pour le centenaire de l'anthropologue **Joxemiel (José Miguel) de Barandiarán** (1889-1991), natif du village. Un musée consacré à son œuvre et à la mythologie basque est en cours d'aménagement.

Poursuivez la GI 2120 jusqu'au col de Lizarrusti.

Centro de Interpretación del Parque de Aralar – *www.turismoataun.net - 9h-13h, 15h-18h - ✆ 953 180 285 - fermé pour travaux.* Il occupe une salle dans l'auberge du col de Lizarrusti. La flore et la faune y sont présentées, ainsi qu'une maquette du parc où passe la ligne de partage des eaux du Pays basque. Vous pourrez vous y procurer des cartes de randonnées.

Comptez 2h AR pour aller au **lac d'Urtegia**.

NOS ADRESSES À TOLOSA

HÉBERGEMENT

POUR SE FAIRE PLAISIR

Hôtel Oria – *Oria, 2 - ✆ 943 654 688 - www.hoteloria.com - 45 ch. 72/78 € - ☕ 8 € - rest. 15 €.* Les chambres sont réparties dans deux bâtiments, l'un de construction moderne et l'autre datant du début du 20e s., qui ressemble à un chalet. Fonctionnel et confortable. Vaste restaurant, type rôtisserie, meublé de longues tables et décoré de tonneaux de cidre.

RESTAURATION

PREMIER PRIX

Botarri – *Oria, 2 (Bajo) - ✆ 943 654 921 - 13,50/30 €.* Ce restaurant se trouve dans les murs de l'hôtel Oria mais sa gestion est totalement indépendante. Son décor intérieur, où domine le bois, rappelle celui d'une cidrerie traditionnelle. En cuisine, le chef utilise les produits de saison et élabore des menus équilibrés très bien présentés.

POUR SE FAIRE PLAISIR

Fronton – *San Francisco, 4 - ✆ 943 652 941 - www.fronton.com - fermé fêtes de Noël, dim. soir et lun. - 27/38 €.* Cet établissement occupe un édifice de 1930 de style rationaliste, avec accès direct à un fronton. Bar à *pintxos* (tapas basques) au rez-de-chaussée ; restaurant Art déco à l'étage.

Hernialde – *Martín José Iraola, 10 - ✆ 943 675 654 - fermé 3 sem. en août, 10 j. en déc., mar. soir et merc. - 29/37 €.* Établissement familial doté d'un petit bar et d'une salle claire au sol en parquet. Cuisine savoureuse aux accents basques et élaborée à base de produits naturels.

FAIRE UNE PAUSE

Pastelería Eceiza – *Pablo Gorosabel, 34 - ✆ 943 655 161 - pastecei2A@euskalnet.net - 8h-20h30.* Ne quittez pas Tolosa sans avoir visité la délicieuse Pastelería Eceiza et goûté ses exquis *tejas y cigarillos* (tuiles aux amandes et cigarettes russes). La boutique, qui existe depuis 1924, vend également de savoureux tourons, truffes et tartes artisanales. Sur place, vous pourrez déguster un café.

ACHATS

Marché – Chaque samedi matin.

Artzai-Gazta (Queso de Pastor) – *Kale Nagusia, 37 - Idiazabal - ✆ 943 187 129 - www.artzai-gazta.net.* La coopérative Artzai-Gazta regroupe 120 fromagers du Pays basque espagnol et de Navarre. Plus connue sous le nom de Casa del pastor (maison du berger), elle est à la fois un centre d'information sur la fabrication du fromage de brebis Idiazabal et un lieu de vente. Profitez-en pour en acheter car il n'est pas toujours facile d'en trouver en France…

Boinas Elosegui – *Avda Iruña Etorbidea (av. de Pamplona), 10 - Tolosa - ✆ 943 670 566 - www.boinaselosegui.com.* Cette illustre maison fabrique depuis 1853 les fameuses **boinas (bérets)** qui coiffent traditionnellement les bergers basques…

AGENDA

Carnaval de Tolosa – (6 jours en février).

Festival de marionnettes – (Nov.-déc.).

Azpeitia

14 157 Azpeitiarra – Guipúzcoa

NOS ADRESSES PAGE 290

S'INFORMER
Pas d'office de tourisme mais un site précieux pour les hispanophones : *www.azpeitia.es.*

SE REPÉRER
Plan de région B2 (p. 252) – carte Michelin n° 573 C 23. Au sud-ouest de St-Sébastien, Azpeitia se situe en dehors des grands axes routiers. On y accède par la N 1 au sud, via Tolosa puis la GI 2634 à droite, ou bien par la côte en prenant à la hauteur de Zumaia la GI 631.

SE GARER
Au sanctuaire de St-Ignace-de-Loyola ou bien dans le centre-ville, près du couvent des mères franciscaines.

ORGANISER SON TEMPS
Azpeitia et ses environs peuvent faire l'objet d'une journée d'excursion depuis la côte, avec par exemple la découverte de la ville et de ses musées en matinée, et celle des vallées avoisinantes l'après-midi.

AVEC LES ENFANTS
Le passionnant musée du Chemin de fer.

Haut lieu de la métallurgie, la petite ville d'Azpeitia, dressée en bordure de fleuve, n'en a pas moins conservé une certaine tranquillité dont son vieux centre est l'illustration. Les visiteurs sont presque les seuls à en rompre la quiétude, attirés, selon leurs goûts, par l'excellent musée du Chemin de fer ou vers le centre didactique fort bien fait consacré à l'écologie... N'oublions pas pour autant tous ceux qui ont choisi de marcher sur les traces du plus fameux des enfants du pays, saint Ignace de Loyola, à qui est dédié un sanctuaire monumental.

Se promener

Agréable petite ville de province dont le centre a conservé un certain charme.

Partez du kiosque à musique qui fait face à la halle dressée sur la rivière.

Hôtel de ville

Bâtiment à arcades construit en 1711, reconnaissable à son cadran, fixé sous le toit, et à son blason d'angle. Ce dernier représente une crémaillère encadrée de deux loups.

Plaza Txikia

Remarquez à gauche la façade mudéjar (art chrétien influencé par l'art musulman, *voir p. 67*) de la casa Altuna, tout en motifs géométriques obtenus par un effet de renfoncement de certaines briques.

Engagez-vous dans la rue Eliz.

La gare désaffectée d'Azpeitia reconvertie en musée du Chemin de fer.
J.-E. Sceau / MICHELIN

Iglesia San Sebastián de Soreasu

Sa façade d'inspiration néoclassique du 18e s. tranche avec les traditionnels styles gothique et baroque des églises basques. Si vous arrivez à l'heure de la messe, glissez-vous à l'intérieur pour voir les fonts baptismaux où fut baptisé saint Ignace.

Face à l'église se dresse une façade de style mudéjar, il s'agit de la **casa Antxieta** (1507).

Revenez Plaza Txikia par la rue Santiago, à gauche de l'église. Elle passe devant l'ancien lavoir municipal datant de 1842. Une fois sur la place, prenez la rue Enparan.

Calle Enparan

Elle délimite le vieux centre, avec la rue Eliz, et conserve quelques façades intéressantes, comme celle de la maison Basozabal, la plus ancienne demeure du village.

Traversez la rivière.

Palacio de Enparan

Cette construction date de 1320, mais a été modifiée par la suite en 1535 et 1750. Son style massif témoigne de sa fonction défensive. Face à elle, le couvent des mères franciscaines affiche la même architecture.

Revenez à votre point de départ par le Foru Ibilbidea qui longe le cours d'eau.

RELIGION ET MÉTALLURGIE

L'existence d'Azpeitia est attestée dès le 14e s. grâce à un acte officiel datant de 1310, mais sa fondation même remonterait au 11e s.

Si la construction du sanctuaire de St-Ignace, au 17e s., apporta une certaine notoriété au bourg, ce dernier dut surtout sa prospérité à la métallurgie dont il devint l'un des principaux centres régionaux.

Aujourd'hui, Azpeitia met plutôt en valeur son patrimoine historique et rural, toujours facteur de dynamisme pour la commune.

★ **San Ignacio de Loyola**/Loiola *(voir ci-après)*

À proximité Plan de microrégion

★ Museo Vasco del Ferrocarril à Lasao
(Musée basque du Chemin de fer) B2

5 km sur la route de Zumaia. ✆ 943 150 677 - www.euskotren.es - ♿ - pour les horaires, se renseigner sur le site Internet - fermé lun., 22 déc.- 7 janv. - 2,50 €. Circulation d'un train à vapeur entre Azpeitia et le musée : avr.-oct. : sam. 12h30 et 18h30, dim. et j. fériés à 12h30 (5 km, 35mn AR - 5 € incluant la visite du musée).

Voilà une reconversion plutôt réussie : au lieu de conserver sa gare désaffectée, Azpeitia l'a reconvertie en musée du Chemin de fer, utilisant pour cela tous les bâtiments libérés, depuis le hall de gare jusqu'aux ateliers d'entretien et aux hangars. On peut pour une fois traverser toutes les voies sans risques, et découvrir des espaces jusque-là réservés aux cheminots.

Incontournable, le hangar aux locomotives : petit coup de cœur pour les wagons « salon » en bois de Ashbury (1895) et le monstre rutilant qu'est la Robert Stephenson de 1887. Un tram fait un trajet de quelques mètres sur les rails, pour le plus grand plaisir des tout-petits.

Le reste des bâtiments abrite les machines d'entretien, un musée des Uniformes, des distributeurs de billets. Même les guides sont en uniforme des chemins de fer pour vous expliquer la mécanique !

★ Santuario San Ignacio de Loyola/Loiola B2

3 km à l'ouest par la GI 631 en direction d'Azkoitia. ✆ 943 025 000 - mat. et apr.-midi, dim. et j. fériés mat.

Le massif d'Izarraitz entoure d'un écrin de verdure cette petite ville dressée en bordure du fleuve Urola. Rien ne trouble sa tranquillité, hormis les visiteurs venus contempler le monumental sanctuaire dédié à l'enfant du pays : saint Ignace de Loyola.

Près d'Azpeitia, à côté de l'ancien manoir de la famille de saint Ignace, les jésuites construisirent à la fin du 17e s., sur les plans de l'architecte romain Carlo Fontana, un **sanctuaire**, devenu un important lieu de pèlerinage. De grandes solennités s'y déroulent le 31 juillet, jour de la St-Ignace.

★★ **Basílica** – On doit ce splendide exemple d'architecture baroque aux plans de Fontana, retouchés par Martin de Zaldua. Son inauguration eut lieu en 1738. Ne manquez pas d'étudier de près le **maître-autel★**, churrigueresque (ce style, interprétation espagnole du baroque, a pris le nom de la célèbre fratrie d'artistes et d'architectes, réputée pour la profusion de ses torsades et de son ornementation), dessiné par Ignacio de Ibero. La richesse de sa marqueterie de pierre ne laisse pas d'impressionner le visiteur, quels que soient ses goûts. Une statue en argent de saint Ignace trône en son centre depuis 1758. Circulaire, elle est surmontée d'une vaste coupole (65 m de haut) construite par **Joaquín de Churriguera** (1674-1724).

Palacio de saint Ignace *(merc.-dim. 10h-13h, 15h-19h - 2 €)* – Accolée à la basilique et enchâssée dans les bâtiments du sanctuaire, la demeure de saint Ignace (1491-1556) présente le cadre dans lequel il naquit et se convertit.

Au premier niveau, on aperçoit les meurtrières de la tour du 15e s. La plupart des pièces ont été transformées en chapelles et surchargées de décorations. On voit ainsi la chambre où Ignace naquit, celle où il passa sa convalescence et où il se convertit. La visite se prolonge par un diorama sur la vie du saint et des panneaux sur la Compagnie de Jésus, qu'il fonda en 1534.

Museo de Medio Ambiente (Musée de l'Environnement) – *Depuis le sanctuaire de St Ignace de Loyola, franchissez la rivière et longez-la en direction d'Azpeitia. Loiola-Auzoa, 1 - ✆ 943 812 448 - www.ingurugiroetxea.org - ♿ - lun.-vend. 10h-13h, 15h-17h30, w.-end 10h-13h30 (sam. 15h30-17h30) - fermé j. fériés - gratuit.*

Autrefois musée des Enfants, ce centre d'interprétation sur l'environnement a ouvert ses portes en 1998 dans l'ancienne casa Egibar. Quatre salles sur deux niveaux replacent la Terre dans son contexte écologique, abordant les questions du changement climatique, de la gestion des ressources naturelles (l'eau, notamment), les problèmes de la sauvegarde de la biodiversité, les sources de pollution et les solutions possibles comme la notion de développement durable, à travers des panneaux explicatifs et des maquettes.

Azkoitia/Azcoitia B2

4,5 km à l'ouest par la GI 631.

Tranquille bourgade dont le quartier ancien borde la rivière, à l'instar de la massive casa Idiakaz Ederra et de la torre Idiaquez qui encadrent le parvis de l'église **Sta María la Real (16ᵉ s.)**. Celle-ci s'enorgueillit d'accueillir l'un des derniers orgues construits en 1898 par la firme Cavaillé-Coll. Vous pourrez l'admirer uniquement pendant les offices.

La rue principale relie l'hôtel de ville au vieux centre, où l'on peut encore admirer d'anciennes maisons fortifiées.

La **promenade** plantée menant à San Ignacio de Loyola offre une vue magnifique sur le sanctuaire jésuite, dont le dôme contraste avec la rectitude des bâtiments.

UN SOLDAT DE DIEU

Íñigo de Oñaz y Loyola, alias **Ignace de Loyola** naît au château de Loyola en 1491, dans une famille d'ancienne, mais petite, noblesse. En 1521, devenu officier, il est blessé au siège de Pampelune. Pour occuper ses huit mois de convalescence, il s'adonne à la lecture d'ouvrages pieux et c'est alors un « soldat de Dieu » qui se relève et qui quitte, en 1522, le manoir familial : il part en pèlerinage pour Arantzazu, puis Montserrat et enfin se retire dans une grotte à Manresa en Catalogne où il écrit les *Exercices spirituels*. Il arrive à Paris en 1528. Au collège Ste-Barbe, il regroupe autour de lui le Savoyard Favre ainsi que deux compatriotes, Diego Laínez et le Navarrais Francisco de Javier, aujourd'hui connu sous le nom de François Xavier *(voir chapitre « Navarre », p. 407-408)*. En 1534, à Montmartre, tous jurent de se consacrer au prosélytisme et de rester unis. En 1537, ils sont ordonnés prêtres. Ignace a 46 ans. À Rome, il est reçu par le pape qui approuve les statuts de la Compagnie de Jésus en 1540. Il mourra en 1556.

Saint Ignace a été canonisé en 1622 en même temps que saint François Xavier, saint Philippe Neri, sainte Thérèse d'Avila et saint Isidore le Laboureur.

Itinéraire conseillé

AU CENTRE DU GUIPÚZCOA B2

Pour visualiser cet itinéraire de 36 km, reportez-vous au plan de la région (p. 252) – comptez environ 1h. Quittez Azpeitia par la GI 2635, puis la GI 3720.
La route à flanc de montagne révèle un paysage de bois et de prairies. Quelques fermes la bordent, signalées par la présence d'oies, de poules ou d'ânes sur la voie.

Beizama

Accroché à la pente, ce petit village qui s'enorgueillit d'être au centre géographique de la province, se concentre autour de sa mairie (17e s.) et de son église Renaissance (16e-17e s.). Joli point de vue sur la vallée depuis le parvis.
Poursuivez jusqu'à Santutxo et prenez à gauche la vallée d'Errezil par la GI 2634.

Errezil/Régil

L'**église St-Martin** (13e-16e s.), qui abrite un joli retable en bois doré, domine les toits de ce village posté au pied du mont Ernio (1 072 m). Ce dernier marque le centre géographique de la région.
La route continue jusqu'à Azpeitia dans un paysage de collines verdoyantes et de crêtes austères.

NOS ADRESSES À AZPEITIA

HÉBERGEMENT

POUR SE FAIRE PLAISIR

Balneario de Cestona – *Zestoa - ✆ 943 147 140 - www.relaistermal.com - P - 130 ch. 90/120 € ☕ - rest. 21 €.* Ce grand hôtel thermal profite d'un environnement boisé de toute beauté. Bâti en 1895, il jouit d'une belle renommée grâce aux nombreux soins thérapeutiques dispensés sur place. Ses chambres, vastes et confortables, sont bien entretenues. Au restaurant, deux ambiances totalement différentes : mauresque ou classique.

RESTAURATION

POUR SE FAIRE PLAISIR

Kiruri – *Loiola Hiribidea, 24 - ✆ 943 815 608 - kiruri@wanadoo.es - fermé 20 déc.-7 janv. et lun. soir - 30/50 €.* Cet établissement est tenu par la même famille depuis trois générations. Bien que destiné surtout à l'accueil de groupes et de réceptions, son accueillant restaurant porte une attention soignée aux clients de passage. Plats à la carte uniquement.

AGENDA

Fiestas de San Ignacio – (Autour du 1er août). Deux ou trois corridas aux arènes - *✆ 943 157 200.*

Oñati

★

Oñate

10 816 Oñatiarra – Guipúzcoa

NOS ADRESSES PAGE 295

S'INFORMER

Office de tourisme – *C/San Juan, 14 - 20560 Oñati - ✆ 943 783 453 - www.oinati.org - avr.-sept. : lun.-vend. 10h-14h, 15h30-19h30, sam. 10h-14h, 16h-18h30, dim. 10h-14h ; oct.-mars : lun.-vend. 10h-13h et 16h-19h, w.-end 11h-14h - fermé 1er et 6 janv., 25 déc.*

Visites guidées – *4 parcours possibles, certains incluant la visite de monuments 12-24 € (2-4 €/pers. à partir d'un groupe de 6 pers.). Se renseigner et s'inscrire à l'office de tourisme.*

SE REPÉRER

Plan de région A3 (p. 252) – carte Michelin n° 573 C 22. Oñati se trouve au cœur d'une belle vallée, à 71 km à l'est de Bilbao, à 45 km au nord-est de Vitoria-Gasteiz et à 74 km au sud-ouest de St-Sébastien.

SE GARER

Dans le centre-ville, à proximité de l'hôtel de ville.

À NE PAS MANQUER

Le remarquable bâtiment de l'université du St-Esprit.

Au creux d'une agreste vallée, Oñati, la « Tolède basque », pour reprendre l'expression du peintre Ignacio Zuloaga, semble assoupie entre ses palais, ses couvents et son ancienne université, ménageant au visiteur une paisible halte avant de partir à la découverte des sanctuaires et des petites cités alentour. L'église moderne d'Arantzazu mérite en effet le détour, tout comme l'antique église de Santa María la Antigua à Zumarraga.

Se promener

Partez de l'office de tourisme qui fait face au Deba et à l'université du St-Esprit. Palais baroques et églises jalonnent la découverte du centre historique d'Oñati.

★ **Universidad Sancti Spiritus** (Université du St-Esprit)

✆ 943 783 453 - visite guidée sur demande préalable - lun.-jeu. 9h-17h, vend. 9h-14h (avr.-sept. : w.-end 10h-14h) - 12 €/visite (1-5 pers.), 2 €/pers. (+ de 6 pers.).

Elle fut créée en 1545 par un prélat natif d'Oñati, l'évêque Rodrigo Mercado de Zuazola, et demeura en activité jusqu'en 1901. Elle est actuellement occupée par les services administratifs de la province de Guipúzcoa et l'Institut international de sociologie juridique. Unique université du Pays basque lors de sa fondation, elle eut un grand prestige culturel. Surmonté de pinacles, son **portail**★ de style plateresque, œuvre du Français Pierre Picart (artiste très

actif dans la Rioja et en Navarre), est chargé de statues, parmi lesquelles on reconnaît, en haut, l'évêque fondateur, à droite, saint Grégoire et, à gauche, saint Jérôme. La même décoration exubérante se retrouve aux angles des tours. Dans le même style, le patio est d'une grande élégance.
Dirigez-vous à droite du bâtiment vers l'église.

Iglesia San Miguel

✆ 943 783 453 - visite guidée sur demande à l'office de tourisme à 12h et 17h.
Cette église d'origine gothique a été transformée à l'époque baroque. Dans le collatéral gauche, une chapelle Renaissance, gardée par de belles grilles, renferme un intéressant retable de bois doré et le tombeau en marbre, parfois attribué à Diego de Siloé, du fondateur de l'université. Avec sa galerie ajourée, ses arcs en accolade, ses niches à statues et la couleur dorée de ses pierres, l'extérieur du cloître se rattache au style plateresque isabélin. Détail inattendu : la rivière traverse son cloître !
Face à elle, de l'autre côté de la rue, se dresse la **casa Hernani** du 16e s. Elle accueillit provisoirement l'université pendant les travaux de construction.
Contournez l'église. Vous arriverez face à la mairie.

Ayuntamiento (Hôtel de ville)

Dominant la plaza de los Fueros, c'est un bel édifice baroque construit au 18e s. par l'architecte Martín de Carrera. Sur la place ont lieu, le jour de la Fête-Dieu (Corpus Christi), d'étranges danses et des processions dont la tradition remonte au 15e s.
À sa gauche se déploie la plaza Sta Marina, bordée par trois grands palais du 18e s. : les maisons Madinabeitia, Antia et Baruenua.
Prenez la rue qui part à gauche de la mairie.

Iglesia San Martín

Cet édifice du 15e s. porte une armature en bois et abrite un retable central de Pierre Picart.
La calle Patrue fait l'intersection avec Kalebarria par laquelle vous êtes arrivé. Remontez-la sur votre gauche jusqu'à la plaza Sta Marina.

Plaza Sta Marina

Ce petit espace vert est entouré du monastère de Bidaurreta, fondé en 1510 par Juan López de Lazarraga (haut dignitaire des Rois Catholiques), de la casa Otadui Jausoro, reconnaissable à son balcon en coin (fin 16e s.-début 17e s.), et de la tour Zubiaur.

À proximité Plan de microrégion

★★ Arantzazu A3

9 km au sud par la GI 3591.
Le **parcours★** suit en corniche les gorges du río Arantzazu. Le sanctuaire est perché à 800 m d'altitude dans un **site★** élevé, au-delà du mont Aizkorri, l'un des points culminants de la province (1 549 m).
Sanctuaire – *Garez-vous sur le vaste parking aménagé à cet effet devant l'église.*
✆ 943 796 463 - possibilité de visite guidée de déb. juin à mi-oct. : 10h30, 11h30, 12h30, 16h et 17h ; reste de l'année : se renseigner - 2 €.
Cet impressionnant **édifice★** moderne a pris la place d'un sanctuaire qui existait depuis le 15e s. C'est en 1950 que la décision fut prise de l'élever. Résultat : deux tours et un immense campanile en pierre calcaire taillée en pointes de

UNE CITÉ PRIVILÉGIÉE

Le bourg s'est développé à la source du Deba, au pied de monts dont le plus élevé, l'Aizkorri, culmine à 1 549 m. Les archives attestent l'existence de la cité à partir du 14e s. D'abord seigneurie, il fut élevé au rang de comté et vécut sous l'égide de puissantes familles telles que les Vela, puis les Guevara de l'Álava.

Il essaya de se rebeller contre leur autorité et demanda en 1540 son rattachement au Guipúzcoa. Le procès dura plus d'un siècle et le village le perdit en 1653. Ce n'est qu'en 1845, avec la suppression des droits seigneuriaux, qu'il put réaliser son souhait et devenir guipúzcoan.

Pendant la première guerre carliste, il servit à deux reprises de quartier général à don Carlos, et c'est la prise de la ville par le général Espartero qui obligea les carlistes à signer la convention de Vergara (aujourd'hui Bergara) mettant fin à la guerre. Quant à Espartero, il y gagna le titre de duc de Vergara.

« LA COLÈRE DE DIEU » ...

C'est près d'Oñati qu'a vu le jour le redoutable **Lope de Aguirre** (vers 1510-1561). Arrivé au Pérou en 1544, cet hidalgo réputé pour sa violence (et surnommé « el Loco » – le Fou – par ses contemporains), s'enrôle en 1559 dans l'expédition de découverte du mythique El Dorado après avoir pris part aux guerres civiles entre Espagnols. Mais bientôt, il prend la tête d'une mutinerie, assassine Ursúa et entre en rébellion contre le roi Philippe II : il envisage en effet de fonder un royaume indépendant… Chemin faisant, il se débarrasse, sous des prétextes divers, de la plupart de ses compagnons et parvient à rallier au prix de mille épreuves la côte du Venezuela où il succombe à son tour assassiné par l'un de ses derniers partisans. Cet extraordinaire destin lui a valu de devenir le personnage central de nombre de romans, tant en Espagne qu'en Amérique latine… mais c'est sous les traits de **Klaus Kinski** qu'il passe à la postérité grâce au film réalisé par **Werner Herzog**, *Aguirre ou la Colère de Dieu*.

diamant dressent leur silhouette dans un site à la fois verdoyant et minéral (selon l'horizon que l'on regarde).

On y accède par un escalier pavé en pente douce, qui conduit aux portes conçues par Eduardo Chillida, creusées dans la terre. Elles sont dominées par une frise comportant 14 silhouettes (les apôtres ?) signée Jorge Oteiza. Notez la façade en pointes de diamant : elles symbolisent les épines du buisson dans lequel la Vierge apparut au berger en 1468. *Arantzazu* signifie d'ailleurs « aubépine » en basque.

À l'intérieur, le regard est irrémédiablement attiré par le puits de lumière qui tombe sur le gigantesque **retable★** de Lucio Muñoz. Ce dernier a travaillé le bois jusqu'à lui donner une apparence de rocher, si bien que sa fresque ressemble à une falaise, tourmentée à sa base et plus lisse au fur et à mesure que le regard monte à la lumière. Au centre, une niche abrite la statue de la Vierge, trouvée en 1468.

Notez la forme originale des **vitraux★** à dominante bleue dessinés par Xabier Alvarez de Eulate.

Le hameau sert de point de départ pour des randonnées dans la sierra de Alona-Aizkorri. Pour les pâturages d'Urbia, comptez 1h. Pour aller au-delà vers le sommet d'Aketegi (1 549 m), ajoutez 3h *(plaquette au centre d'information d'Arantzazu)*.

Itinéraire conseillé AB2

Pour visualiser cet itinéraire de 47 km, reportez-vous au plan de la région (p. 252) – comptez env. 2h. Quittez Oñati en direction de Zumarraga par la GI 2630. À Zumarraga, suivez les panneaux « Sta María la Antigua ».

★★ Sta María la Antigua à Zumarraga B2

L'extérieur massif de cet ermitage du 15e s. ne laisse pas soupçonner le côté aérien et chaleureux de sa nef unique. Celle-ci est en effet dominée par une galerie et une magnifique **charpente★★** de bois dont tous les éléments sont visibles. Admirez le soin du détail dans les sculptures des poutres et de la galerie. L'ensemble constitue un exemple éclatant d'architecture religieuse populaire.

Prenez le temps de profiter du paysage (à l'exception de la vue sur Zumarraga l'industrielle). Une aire de pique-nique a été ménagée à l'arrière du sanctuaire, au point de départ de sentiers de randonnée.

Reprenez la route en direction de Bergara par la GI 632.

Bergara/Vergara A2

Garez-vous sur le parking, face à la Sta Marina, car le centre est piétonnier.

Office de tourisme – *Casa Consistorial, Plaza San Martín Agirre, 20570 Bergara - 943 779 100 - www.bergara.net - lun.-sam. 10h30-14h, 16h30-19h30, dim. et j. fériés 11h-14h.*

Visites guidées : *l'office du tourisme de Bergara propose des visites guidées en français ou en anglais.*

Cette agréable bourgade a su conserver un centre historique cohérent, en dépit de son développement industriel du 19e s.

Sta Marina – Cette église haute et massive (16e-17e s.) est parfaitement représentative du gothique basque, si l'on excepte le clocher baroque. Elle renferme un impressionnant **retable★** baroque en bois sculpté, réalisé entre 1739 et 1742 par Martín de Irazusta.

Plaza de San Martin Agirre – Elle constitue le centre du quartier historique et du bourg en général, puisque les arcades de la mairie (édifice du 17e s. arborant les écus : de la province à gauche, d'Espagne au centre et de la ville à droite) donnent dessus. Le séminaire royal et la casa Jauregui la bordent aussi.

Real Seminario de Bergara – Faisant face à l'hôtel de ville, cet édifice rappelle que Bergara accueillit à la fin du 18e s. un centre d'enseignement et de recherche scientifique comptant parmi les plus importants d'Europe.

Casa Jauregui – Sa **façade★** présente sur presque toute sa largeur, au niveau du premier étage, un bas-relief délicatement sculpté, qui daterait du 16e s. Il mêle végétaux, personnages royaux ou galants (troubadour avec sa dame), et animaux fantastiques.

San Pedro de Ariznoa – Cette église dresse son clocher Renaissance derrière la mairie.

Barren Kalea – Partant de la place San Martin Agirre, c'est l'une des trois artères délimitant le vieux centre. À l'intersection avec la rue Arrese, à gauche, remarquez l'originale **fenêtre en angle**, décorée d'un blason et d'un balcon. En la suivant jusqu'au bout, vous parviendrez à la place **Egino Mallea** sur laquelle donne le palais du même nom, belle bâtisse de 1585.

Revenez à Oñati par la GI 632, puis, après Elorregi, la GI 2630.

NOS ADRESSES À OÑATI

HÉBERGEMENT

BUDGET MOYEN

Hôtel Mauleon – *Nafarroa Kalea, 16 - Legazpi - ☏ 943 730 870 - www.hotelmauleon.com - P - 9 ch. 52 € - ☕ 3,80 € - rest. 7,80/35 €.* Ce magnifique édifice du début du 20e s. a rouvert ses portes en 2001 après plusieurs mois de travaux. Il propose aujourd'hui des chambres personnalisées, parfois dotées de meubles anciens. Le restaurant, décoré dans le style des années 1920, sert des plats au goût du jour et des pâtisseries maison.

Hôtel Ormazabal – *Barrenkale, 11 - Bergara - ☏ 943 763 650 - ormazabalreservas@infonegocio.com - 14 ch. 54 € - ☕ 4 €.* Le calme d'antan dans cette maison du 18e s. Salle pour le petit-déjeuner décorée avec des objets anciens, accueillant salon commun et chambres chaleureuses avec mobilier d'époque.

RESTAURATION

POUR SE FAIRE PLAISIR

Etxe Aundi – *Torre Auzo, 9 - Oñati - ☏ 943 781 956 - www.etxeaundi.com - fermé août et 22 déc.-1er janv. - 39 € - 12 ch. 55 € - ☕ 5 €.* Ancienne maison familiale à l'ambiance accueillante où est servie une cuisine aux racines locales. L'établissement est complété par une salle de réception plus simple et des chambres confortables.

Zumelaga – *San Antonio, 5 - Bergara - ☏943 762 021 - restaurantezumelaga@zumelaga.com - fermé août et dim. - 30/50 €.* Des touches de style rustique médiéval sont visibles dans tous les recoins. Le cadre est agrémenté par une série d'arcs de pierre, et l'on y propose une carte bien pensée.

AGENDA

Corpus Christi y Trinidad – (6 juin). Fête médiévale comprenant la procession de la confrérie du St-Sacrement, les danses et la musique traditionnelles.

Bilbao et la Biscaye 4

Carte générale C2 - Carte Michelin n° 573 C 21 – Biscaye

C
OCÉAN ATLANTIQUE
GOLFO DE VIZCAYA
Biscaye
Laida
Bermeo
Laga
Cabo Ogoño
Elantxobe
Mundaka
Sukarrieta
Ogeia
Ea
Lekeitio
Ispaster
PARQUE NATURAL DE URDAIBAI
BI 2235
Santimamiñe
Bosque de Oma
Gernika-Lumo
BI 3242
Elejalde
BI 3438
Ondarroa
Mutriku
GI 638
BI 633
R. Oka
Balcón de Bizkaia
Munitibar
Markina-Xemein
Itziar
Zugaztieta
Aiuria
BI 3231
Bolibar
Cenarruza
1
DONOSTIA-SAN SEBASTIÁN
A 8
N 634
Eibar
R. Deba
Durango
PARQUE NATURAL DE URKIOLA
N 636
Elorrio
GI 627
Bergara
2
Puerto de Urkiola
Anboto 1331
GI 632
PAMPLONA
R. Indusi
BI 623
GI 3554
GI 2630
N 240
Otxandio
Oñati
AP 1
GI 627
A 623
GUIPÚZCOA
VITORIA-GASTEIZ
C

Bilbao

★★

Bilbo

353 340 Bilbaínos ou Bilbotarra – Biscaye/Vizcaya/Bizkaia

NOS ADRESSES PAGE 312

S'INFORMER

Office de tourisme – *Plaza Ensanche, 11 - 48009 Bilbao - ✆ 944 795 760 - www.bilbao.net/bilbaoturismo - lun.-vend. 9h-14h, 16h-19h30 - fermé w.-end et j. fériés.*

Visites guidées – *Sans réservation, départ de l'office de tourisme - vieille ville : w.-end 10h ; Ensanche : w.-end 12h - durée : 1h30 - 4,50 €. Bus touristique : billets valables 48h à prendre auprès du chauffeur.*

SE REPÉRER

Plan de région B1 (p. 296) – carte Michelin n° 573 C 21. La capitale de la Biscaye est située à 102 km à l'ouest de St-Sébastien, de part et d'autre de la ría de Bilbao, l'embouchure du Nervión. Sa rive droite concentre les quartiers historiques (Casco Viejo) et étudiant, la gauche, l'ancien quartier des affaires et le nouveau Bilbao. Ceinte par de nombreuses collines, la ville se fait surnommer « el Botxo » (le Trou).

SE GARER

Se garer en ville se révèle une véritable gageure. Les temps de stationnement sont limités, les zones tarifaires variables et les policiers très vigilants…

À NE PAS MANQUER

L'extraordinaire musée Guggenheim.

ORGANISER SON TEMPS

Suivez le Nervión au soleil couchant.

AVEC LES ENFANTS

Prenez le funiculaire d'Artxanda pour voir Bilbao de haut, visitez le Guggenheim et le Musée maritime.

Reflet du musée Guggenheim dans la ría de Bilbao.
Office espagnol du tourisme

Prononcez aujourd'hui le nom de Bilbao, on vous répondra : « Guggenheim ! » L'extraordinaire bâtiment imaginé par Frank O. Gehry est devenu le symbole d'une ville qui est parvenue en quelques années à changer complètement son image et à faire oublier son passé de cité industrielle sans charme où les friches révélaient, il y a peu encore, une crise qui paraissait sans issue. Il faut dire que les Bilbaínos n'ont pas lésiné sur les moyens pour réussir la prodigieuse métamorphose de leur ville : les plus grands architectes contemporains semblent s'y être donné rendez-vous. Ce Bilbao *new-look* sait aussi mettre en valeur les vestiges de son passé, que ce soit dans la cité médiévale ou dans l'Ensanche où les immeubles Art nouveau et éclectiques témoignent de l'euphorie d'une bourgeoisie plus que prospère à l'ère industrielle. Ajoutez-y un musée des Beaux-Arts qui fait partie des plus riches du pays, un passionnant musée maritime et vous comprendrez comment Bilbao a réussi l'exploit, inconcevable naguère, de dépasser St-Sébastien en termes de fréquentation touristique !

Bon à savoir – Le funiculaire d'Artxanda E1, inauguré en 1915, permet d'atteindre le sommet de cette colline qui domine la ville depuis la rive droite. Vous pourrez y accéder depuis le musée Guggenheim en suivant le Nervión, avant de le franchir sur la passerelle Zubi-Zuri (« le pont blanc ») dessinée par Santiago Calatrava). Panorama imprenable assuré sur le Nervión, le Guggenheim et toute l'étendue de Bilbao ! *Plaza del Funicular, calle Castaños sur la rive droite de la Ría, parallèle au paseo Campo de Volantín - ✆ 944 454 966 - www.bilbao.net - lun.-vend. 7h15-22h, sam. 7h15-23h, dim. et j. fériés : 7h15-23h (ttes les 15mn) - 0,84 € (-12 ans 0,36 €).*

Découvrir

★★★ Museo Guggenheim Bilbao D1

Abandoibarra, 2 - ✆ 944 359 080 - ♿ - www.guggenheim-bilbao.es - 10h-20h - fermé lun. (sf juil.-août), 1er janv. et 25 déc. - 13 € (-12 ans gratuit). Le programme d'expositions est disponible sur le site Internet.

Cette nouvelle étoile architecturale, financée par le gouvernement basque, s'ajoute à la constellation de musées gérée par la Fondation Solomon R. Guggenheim, qui comprend les deux sièges new-yorkais (le bâtiment emblématique de Frank Lloyd Wright et celui de Soho) et la collection Peggy Guggenheim de Venise.

L'édifice – L'architecte canadien Frank O. Gehry (prix Pritzker d'architecture en 1989) a imaginé dans la zone industrielle au bord du Nervión une colossale sculpture de titane, en calcaire jaune et en verre, mariée au pont de la Salve. Il est parvenu à revaloriser l'environnement immédiat et à intégrer l'édifice dans le paysage, en faisant s'entremêler bassins, estuaire et mur de verre du grand atrium, et en incorporant le pont à la tour-sculpture qui se dresse à l'extrémité de la grande salle.

Principal matériau choisi, le titane recouvre le musée d'écailles où jouent toutes les nuances de la lumière. L'imposante silhouette, composée d'un enchevêtrement de courbes, dégage un extraordinaire dynamisme qui surprend et séduit.

Si l'architecture extérieure est originale, l'intérieur n'en est pas moins fascinant, avec ces courbes qui s'affrontent, se superposent et s'enlacent. Le regard se porte sur les murs, les plafonds, les passerelles, les volumes, tous différents et sans cesse surprenants. Le musée compte 19 galeries distribuées sur trois niveaux autour du monumental atrium central, haut de plus de 50 m. La plus grande galerie, longue de 130 m, se glisse sous le pont jusqu'à la tour-sculpture.

La collection de la Fondation Solomon R. Guggenheim – Fondée dans les années 1930 et consacrée à l'art du 20ᵉ s., elle est l'une des plus riches au monde et comprend des œuvres significatives de tous les mouvements, depuis les grands maîtres de l'avant-garde classique aux représentants des tendances les plus récentes en passant par l'expressionnisme abstrait, le pop art, l'art conceptuel et le minimalisme. Elle inclut également des toiles d'artistes espagnols. Le fonds est présenté par roulement entre les différents musées Guggenheim qui organisent aussi de grandes expositions temporaires d'œuvres étrangères à la fondation.

Se promener

★ CASCO VIEJO (LA VIEILLE VILLE)

Pour visualiser l'Itinéraire 1 *tracé en vert, reportez-vous au plan de la ville (ci-contre) - comptez 1h30, sans les visites. Départ depuis le pont del Arenal.*

El Arenal E2

Cette vaste esplanade qui sert aujourd'hui de promenade aux touristes et aux autochtones doit son nom à la zone sableuse qu'elle a remplacée et qui s'étendait jadis jusqu'à la place Unamuno. Un élégant kiosque, en son centre, accueille chaque dimanche l'ensemble musical municipal.

Teatro Arriaga – Du nom du compositeur Juan Crisóstomo de Arriaga (1806-1826). Il fut construit en 1890 par Joaquín Rucoba dans un style résolument néobaroque, et restauré après les inondations de 1983.

San Nicolás de Bari – Église baroque (1756) dédiée au saint patron des navigateurs. Elle se reconnaît à son dôme octogonal, précédé par deux tours-clochers. À l'intérieur, les statues du maître-autel baroque (18ᵉ s.), représentant saint Nicolas, flanqué de saint Laurent et de saint Vincent, ont été réalisées par Juan Pascual de Mena.

Banco de Bilbao – Face à l'église, ce bâtiment opulent, signé par le Français Lavalle et inauguré en 1868, sert actuellement de centre de conférence et d'exposition.

Prenez la calle de Los Fueros et contournez la plaza Nueva par la gauche afin de rejoindre la plaza Unamuno.

301

BILBAO

SE LOGER		SE RESTAURER	
Artetxe ①	Plaza San Pedro ⑤	Colmado Ibérico ①	Goizeko Kabi ⑤
Bilbao Jardines ②	Sirimiri ⑥	Gatz ③	Rogelio ⑦
Iturrienca Ostatua ③	Vista Alegre ⑦		

Plaza de Don Miguel de Unamuno E3

Le buste de cet écrivain (1864-1936), dont la maison natale se trouve dans la calle Ronda toute proche, trône sur une colonne corinthienne au centre de la place.

Museo Vasco E3 – *Pl. Miguel de Unamuno, 4 - ✆ 944 155 423 - www.euskal-museoa.org - ♿ - mar.-sam. 11h-17h, dim. 11h-14h - fermé lun. et j. fériés - 3 € (-10 ans gratuit).* Le Musée basque est installé dans l'ancien collège San Andrés. Sa vaste collection ethnographique permet de découvrir les activités basques traditionnelles : pêche, tissage du lin, artisanat, forgeage.

Admirez la remarquable croix de procession en bois polychrome (16e s.), dans la vitrine consacrée aux croyances et à la religion des marins. Elle provient de l'île d'Izaro, dans la ría de Guernica, et appartenait à une communauté franciscaine, dispersée au 17e s. Au centre du cloître classique se dresse la mystérieuse *Idole* de Mikeldi.

Au dernier étage, l'accent est mis sur une immense maquette en relief de la Biscaye. Au même niveau, vous pourrez admirer des armoires à archives datant de 1761.

Derrière le musée s'élève l'église des Santos Juanes (17e s.).

Museo de Pasos E3 – *Iturribide, 3 - ✆ 944 150 433 - mar.-vend. 11h30-13h30, 17h-19h30, w.-end 11h-14h (sam. 17h-20h) - fermé lun. et j. fériés - 2 €.* Il serait dommage de ne pas pousser jusqu'à cette vieille demeure jouxtant la plaza Unamuno. Elle abrite en effet, dans un cadre soigné, les *pasos* (scènes sculptées représentant la Passion) qui sont portés en procession à l'occasion de la Semaine sainte. Ornements et patrimoine des confréries sont aussi exposés.

Les plus courageux prendront les escaliers de Mallona qui mènent à la **basilique de Begoña** et le **parque Etxebarria**, poumon vert de la capitale biscayenne.

Depuis la plaza Unamuno, gagnez la plaza Nueva par la calle Sombrería.

Plaza Nueva E3

Entourée de portiques néoclassiques et de 64 arcades élevées au 19e s., elle accueille chaque dimanche un marché aux livres et aux oiseaux.

Quittez la place par la calle Correo et suivez-la en direction des Siete Calles et de la cathédrale.

Catedral de Santiago E3

Érigé en cathédrale en 1950, l'édifice gothique date pour sa partie la plus ancienne du 14e s. Les chapelles et le cloître furent construits au siècle suivant dans un style flamboyant, tandis que le grand portail Renaissance était élevé au 17e s.

Engagez-vous dans la calle Sota, qui touche au chevet de la cathédrale pour aboutir calle Ronda qui conduit, par la droite, au Nervión et à San Antón.

Iglesia San Antón E3

15e s. Son plan et sa silhouette gothiques sont complétés par une façade Renaissance et une tour baroque. Elle fut édifiée à la place d'une tour défensive. L'intérieur abrite un retable plateresque (Renaissance espagnole) de Guiot de Beaugrant.

Mercado de la Ribera E3

Accolé à l'église, le marché de la Ribera occupe l'emplacement de l'ancienne plaza Vieja. Construit en 1929, il compte 11 500 m² répartis sur trois niveaux, chacun dédié à un type de produit : poissons, viandes ou fruits et légumes. Sa surface en fait le marché couvert le plus important d'Espagne.

Les métamorphoses d'une cité

UNE VILLE ET UN PORT

C'est au pied d'une colline portant le sanctuaire de Begoña sur la rive droite du Nervión, que **Diego López de Haro**, seigneur de Biscaye, fonda Bilbao le 15 juin 1300. Surnommée *las Siete Calles* (les Sept Rues) en raison de son plan, la cité alors entourée de murailles se serre autour de la future cathédrale de Santiago. Dès sa fondation, Bilbao se lance dans le commerce maritime, qu'elle développe sous l'autorité du consulat instauré au 16e s. (et qui ne sera dissout qu'en 1829). Elle noue des relations avec l'Europe du Nord (France et Flandres, puis Angleterre), mais doit lutter au 17e s. pour son indépendance territoriale et décisionnelle. Au 18e s., sa population atteint les 10 000 habitants.

LA RÉVOLUTION INDUSTRIELLE

C'est la révolution industrielle qui assura à la cité son essor économique après les guerres carlistes. Elle a pris de l'ampleur avec l'exploitation des mines de fer des montagnes environnantes. Les bateaux emportaient ce minerai vers l'Angleterre et revenaient chargés de houille, ce qui a permis de mettre en place une importante industrie sidérurgique. Cet essor s'accompagne du développement, de l'autre côté du pont de El Arenal, du quartier moderne El Ensanche, conçu à partir de 1876 sur un plan géométrique. Industriels, banquiers et armateurs y édifient des immeubles cossus répondant aux tendances architecturales alors en vogue : éclectisme ou Art nouveau.

LA RÍA ET LE GRAND BILBAO

La ría est un immense port fluvial, le premier d'Espagne pour le trafic de marchandises. Depuis 1945, ce que l'on nomme « le Grand Bilbao » réunit les communes qui la bordent jusqu'à l'Océan, de Bilbao à Getxo. Les industries se concentrent sur la rive gauche à Baracaldo, Sestao, Portugalete, d'où part le pont transbordeur construit en 1893, et à Somorrostro (raffinerie de pétrole). Santurtzi, port de pêche, est connu pour ses sardines. Sur l'autre rive, la ville d'Algorta, plus aérée, présente un caractère plutôt résidentiel, tandis que Deusto est célèbre pour son université.

L'ART DE RÉPONDRE À LA CRISE

Les années 1970-1980 entraînent un important déclin. Les usines ferment. Bilbao tente alors une reconversion inattendue : le musée Guggenheim en est le premier fleuron. À la suite de Frank O. Gehry, les architectes du monde entier exercent leur talent dans la capitale de la Biscaye : l'Argentin Cesar Pelli édifie une tour, l'Anglais sir Norman Foster dessine le métro (dont les stations ont reçu le surnom affectueux de « fosteritos »), l'Espagnol Santiago Calatrava conçoit une passerelle et le nouveau terminal de l'aéroport, le Français Philippe Starck rénove un vaste entrepôt pour en faire un centre de loisirs, Soriano et Palacios créent le palacio Euskalduna. Les friches industrielles sont réhabilitées, les espaces verts se multiplient tandis que l'économie évolue vers la haute technologie et les services.

Nantis de leurs provisions de bouche, les amateurs d'art sacré peuvent alors remonter le Nervión en passant devant le pont de San Antón, où l'on prélevait autrefois le péage, pour rejoindre la plaza de la Encarnación.

Museo Diocesano de Arte Sacro E3

Plaza de la Encarnación, 9B - ✆ 944 320 125 - ♿ - mar.-sam. 10h30-13h30,16h-19h, dim. et j.fériés 10h30-13h30 - fermé lun., 1er janv. et 25 déc. - 2 € (-18 ans 1 €). L'intéressant Musée diocésain qu'accueille l'ancien couvent de l'Incarnation (16e s.) est remarquable pour sa collection d'orfèvrerie (admirez le calice en argent doré du 18e s. exposé dans un étui de 20 cm de haut) et pour son ensemble de Vierges à l'Enfant en bois du 12e au 15e s. Parmi toutes ces statues, une se distingue par le sujet inattendu qu'elle aborde : sainte Anne et la Vierge enfant représentées en train de coudre. Le musée présente également des œuvres d'art religieux contemporain, comme le Christ Pantocrator en bronze de Vicente Larrea réalisé en 1973.

Revenez au marché puis regagnez le quartier ancien par la calle Tendería. Sur la plaza de Santiago, prenez sur la gauche et marchez jusqu'à l'intersection des calles Sta María et Pelota.

Palacio de John o Edificio de la Bolsa (Palais de John dit aussi Bâtiment de la Bourse) E3

Pelota 10 - été : lun.-vend. 8h30-14h ; reste de l'année : lun.-vend. 9h-21h30, sam. 10h-13h. Aujourd'hui transformée en centre culturel, cette demeure baroque (18e s.) tire son premier nom d'un émigrant est-européen, Leandro Yohn. Son second lui vient de l'enseigne d'une entreprise de ferronnerie et de quincaillerie qui occupa un temps ses murs. Bref, jamais on n'y échangea la moindre valeur… Notez l'image de la Vierge de Begoña ornant la façade.

Sur la droite, la calle del Perro mène à la **fontaine** du même nom construite, paraît-il, avec les pierres de l'ancien rempart.

Parvenu à l'intersection avec la calle Bidebarrieta, tournez à gauche.

Biblioteca Bidebarrieta E3

De style éclectique, ce bâtiment accueille aujourd'hui la bibliothèque municipale. Notez dans son hall la phrase interdisant l'entrée aux carlistes (façon de rappeler que Bilbao ne tomba jamais entre leurs mains !).

Poussez jusqu'au bout de la rue pour retrouver le théâtre Arriaga et El Arenal.

★ EL ENSANCHE (L'EXTENSION)

Pour visualiser l'itinéraire 2 dans la nouvelle ville tracé en vert, reportez-vous au plan (p. 301) - comptez 2h30. Départ de la plaza Moyúa.

Plaza Moyúa D2

Cette belle place, reconnaissable à son terre-plein fleuri, porte le nom d'un des anciens maires de Bilbao. On la surnomme également la place elliptique du fait de sa forme. De cette place on peut apercevoir les monts Artxanda et le Pagasarri qui dominent la ville.

Palacio Chávarri – Dessinée par l'un des maîtres bruxellois de l'Art nouveau, **Paul Hankar** (1859-1901), cette demeure de style éclectique porte le nom de l'industriel pour lequel elle fut construite en 1894.

Hôtel Carlton – À défaut de séjourner dans l'hôtel mythique de la ville, jetez un œil à la superbe verrière qui coiffe le hall.

Prenez la rue qui fait face au Carlton, Alameda de Recalde, et tournez à gauche à la première intersection, dans la rue Colón de Larreátegui.

Casa Montero – Parfois appelée « casa Gaudí » en raison de sa ressemblance avec certains immeubles conçus par le génial architecte catalan, cette maison fut réalisée en 1904 dans le style moderniste (appellation espagnole de l'Art nouveau) par un architecte très actif à Bilbao, **Luis Aladrén**. Vous ne manquerez pas d'admirer la richesse décorative des balcons.

Continuez sur la calle Colón de Larreátegui jusqu'à la prochaine intersection et prenez ensuite la calle Elcano en direction du Nervión. Admirez au passage la vue sur le musée Guggenheim dans la perspective de la calle Iparraguirre.

★ Museo de Bellas Artes D2

Pl. del Museo, 2 - ✆ 944 396 060 - www.museobilbao.com - ♿ - mar.-sam. 10h-20h, dim. 10h-14h - possibilité de visite guidée sur demande préalable dim. 12h - fermé lun., 1er et 6 janv., 25 déc. - 5,50 € (-12 ans gratuit), 9,50 € visite guidée, gratuit merc.

Ses deux bâtiments, l'un construit en 1945 et l'autre dans les années 1960, désormais reliés par une nouvelle structure sont situés à l'orée du parc Doña Casilda de Iturrizar. Ils abritent une des principales collections d'œuvres d'art d'Espagne.

Au fil des salles et d'un accrochage qui, bien que chronologique, peut parfois paraître déconcertant, c'est une promenade à travers l'art du 12e s. à nos jours qui est proposée au visiteur. Parmi les points forts de la collection (qui compte nombre de maîtres espagnols, mais aussi flamands et hollandais, sans oublier bien sûr les artistes basques), vous ne manquerez pas d'admirer un Christ en Croix (école catalane du 12e s.), des œuvres de José de Ribera *(Saint Sébastien)*, du Greco *(Annonciation)* ou de Zurbarán *(Vierge à l'Enfant)*, *Les Usuriers* de Quentin Metsys ou *La Sainte Famille* de Gossaert. Un portrait superbe d'acuité de Goya ouvre la voie aux artistes de la seconde moitié du 19e s : Ignacio Zuloaga, Darío de Regoyos, Francisco Iturrino ou l'impressionniste Joaquín Sorolla, et surtout Gauguin représenté par *Les Lavandières d'Arles*. L'art contemporain est particulièrement bien représenté avec des œuvres d'artistes espagnols (Solana, Vázquez Díaz, Sunyer, Gargallo, María Blanchard, Luis Fernández, Jorge Oteiza, Chillida, Tàpies, Miquel Barcelò) et également d'étrangers (Delaunay, Léger, Kokoschka, Bacon, etc.).

Bref, une remarquable collection que l'engouement actuel pour le musée Guggenheim ne doit en aucun cas occulter !

Parque Doña Casilda de Iturrizar D2

Ce parc dessiné entre 1912 et 1920 doit son nom à la veuve d'un banquier, connue pour sa générosité et ses bonnes œuvres. Ombragé et odorant, il ménage d'agréables surprises comme cette pergola, où sont organisés des événements culturels en été, ou encore la fontaine cybernétique agrémentée d'un son et lumière.

Palacio Euskalduna de Congresos y de la Música D2

À l'extrémité ouest du parc, au-delà de l'avenue. Avda Abandoibarra, 4 - ✆ 944 035 000 - www.euskalduna.net - visite guidée du bâtiment sur demande - 2 €.

Dessiné par les architectes Federico Soriano et Dolores Palacios, et inauguré en 1999, ce bâtiment de verre, de béton et de métal est l'un des fleurons architecturaux du nouveau Bilbao. L'une de ses façades, tapissée de fer rouillé, évoque les constructions navales qui occupaient autrefois le site.

L'édifice peut servir de point de départ pour une promenade le long du Nervión en remontant en direction du Guggenheim.

Descendez l'avenue Abandoibarra jusqu'au rond-point (plaza Sagrado Corazón) et prenez vers le puente (pont) Euskalduna.

★★ Museo marítimo Ría de Bilbao D2

Muelle Ramón de la Sota, 1 - ✆ 902 131 000 - www.museomaritimobilbao.org - tlj sf lun. 10h-20h - 5 €.

Ses 7 000 m² abordent de façon didactique et parfois ludique ce que fut l'activité maritime, commerciale et industrielle du port de Bilbao, sans oublier celle de ses chantiers navals (le musée donne d'ailleurs sur les digues des anciens chantiers navals - *astilleros* en espagnol - Euskalduna.

Le rez-de-chaussée se concentre sur le développement de la ría ; une salle est consacrée à Evaristo de Churruca (1841-1917), ingénieur qui aménagea l'estuaire au 19e s. Prenez le temps de contempler les chaloupes de sauvetage, le mur lumineux dédié aux activités humaines et, surtout, l'**épave d'Urbieta★** (15e s.) mise au jour en 1998 dans l'estuaire de Guernica. Des panneaux expliquent sa restauration.

Le second niveau présente Bilbao sous son aspect port de commerce, port industriel et chantier naval. Le marché de San Antón est ainsi reconstitué, tout comme la salle du Consulat qui régentait l'activité marchande. Une grande carte murale interactive permet de suivre les routes commerciales de différentes époques. D'autres espaces traitent de l'industrialisation de la ville, de la cartographie, et de la navigation à voile (documentaires, photos et maquettes à l'appui). La visite intérieure s'achève par la construction navale moderne, illustrée par un film, de belles maquettes et des rouleaux de plans.

Quelques bateaux en cale sèche sont ouverts à la visite, à l'extérieur du musée : le voilier *Euskadi Europ 93 BBK*, un bateau de sauvetage de 1980, un bateau de pêche en bois de 1958 *(Nuevo Antxustegui)*...

Revenez au rond-point et longez le parc par la calle José Anselmo Clavé, avant de gagner sa parallèle, la Gran Vía Don Diego López de Haro, pour marcher en direction de la plaza Moyúa.

Casas de Sota D2

Passé la calle Máximo Aguirre, jetez un œil (sur le trottoir de droite) à cet impressionnant ensemble d'immeubles, identifiables à leur avant-toit très basque et à leur style éclectique. Datant de 1919, ils furent dessinés par Manuel María de Smith.

Tournez à droite à l'intersection suivante, pour vous engager dans la calle Iparraguirre.

Plaza de Bizkaia D2

Elle est bordée par le bâtiment de la Alhóndiga (1909) ainsi que par des immeubles Art déco *(à l'intersection des calles Iparraguirre et Licenciado Poza, en débouchant sur la place).*

AlhóndigaBilbao – Construits en 1909 par Ricardo Bastida dans un style éclectique, ces anciens entrepôts municipaux font l'objet d'une réhabilitation conduite par le designer français Philippe Starck : il s'agit d'aménager au cœur de la ville un immense espace voué à la culture et aux loisirs, qui devrait ouvrir ses portes courant 2010.

Traversez la place en diagonale pour prendre la Alameda Urquijo. Parvenu à l'Instituto Media (à gauche) et au bâtiment en brique de la poste (à droite), tournez à droite dans la calle Bertendona.

Teatro Campos Eliseos (Théâtre des Champs-Élysées) D3

Appelé aussi « la bonbonnière de la rue Bertendona », ce théâtre, réalisé en 1902, arbore une belle façade Art nouveau aux détails de mosaïque.

Rejoignez la Alameda Urquijo par la calle Lutxana.

Vous aboutirez devant l'église néogothique du **Sacré-Cœur** (Iglesia del Sagrado Corazón), de 1891.

Les balcons en fer forgé de la vieille ville.
A. Forterre / MICHELIN

Gagnez la Gran Vía Don Diego López de Haro et prenez-la en direction du pont d'El Arenal, à droite.

Plaza Circular E2

Une colonne surmontée d'une statue en hommage à Don Diego López de Haro, fondateur de la ville, trône en son centre. Dans ses abords immédiats se trouvent quelques bâtiments parmi les plus importants de El Ensanche.

Estación (gare) de Abando-Indalecio Prieto – *Calle Hurtado de Amézaga.* Un grand vitrail de 301 pièces illustrant les différentes activités économiques de la Biscaye égaie depuis 1948 le hall de cette gare qui devrait accueillir dans un avenir plus ou moins proche l'AVE (TGV) reliant les trois capitales du Pays basque espagnol.

Bolsa de Valores (Bourse) – *Calle Olavarri, entre la gare de Abando et celle de Santander, près du Nervión - 10h30-17h.* Bâtiment inauguré en 1905 pour abriter la bourse de valeurs. Ses sous-sols servirent de prison pendant la guerre civile.

Estación (gare) de Santander – *Le long du Nervión.* Œuvre de Severino de Achúcarro (1898), elle témoigne des constructions de la Belle Époque qui incorporaient le fer dans leurs structures.

Edificio de la Bilbaina – *Juste avant le pont d'El Arenal, sur la droite, contre la gare de Santander.* Cet immeuble d'angle édifié en 1913 d'après les plans d'Emiliano Amann y Amann dans un style inspiré de la Sécession viennoise abrite un club privé très sélect, organisé sur le modèle anglais.

Depuis la plaza Circular prenez la calle de Buenos Aires, puis retrouvez la calle Colón de Larreátegui, deuxième à gauche.

Plaza de los Jardines Albia E2

Ornée de la statue de l'écrivain biscayen Antonio de Trueba (1819-1889) auteur de contes populaires et de récits évoquant le monde paysan, elle est bordée du palais de justice, de l'église de **San Vicente Mártir** (16e s.) où repose l'homme de lettres, et du fameux **café Iruña** à la décoration néomudéjare.

Rejoignez la Gran Vía Don Diego López de Haro.

Au n° 10 se dresse la façade néoclassique du **Banco de España** (1923), qui fait concurrence aux colonnes corinthiennes et au dieu Mercure du **Banco de Bilbao** (1922) tout proche.
Revenez à la plaza Moyúa.

À voir aussi Plan de la ville

Museo Taurino D3

Plaza de Toros de Vista Alegre, Martín Agüero, 1 - ✆ 944 448 698 - www.toros-bilbao.com - tlj sf w.-end et j. fériés 10h30-13h, 16h-18h - 1,20 €. La tauromachie est une chose très sérieuse à Bilbao. Ici, on ne plaisante pas avec la présentation des taureaux et la série des « corridas générales » qui s'y donnent lors de la Semana Grande. Elles constituent, avec les ferias de Séville et de Madrid, l'un des trois rendez-vous majeurs de la saison espagnole. Installé dans les dépendances des arènes, ce musée retrace, à l'aide d'affiches et de documents, l'histoire de la tauromachie à Bilbao, et plus généralement en Biscaye, ainsi que les grands maîtres qui s'y sont distingués.

Basilica de Begoña E3

On peut s'y rendre en voiture par la route de San Sebastián (avenida de Zumalacárregui), ou alors prendre l'ascenseur dans la calle Esperanza Ascao. Du sommet, vue panoramique intéressante de Bilbao. À la sortie du parc de Mallona, suivez la rue principale, à droite, qui mène directement au sanctuaire. ✆ 944 127 091 - se renseigner pour les horaires.
La statue de Notre-Dame (Andra Mari) de Begoña, patronne de la Biscaye, est conservée dans un *camarín* (niche) en argent, au-dessus du maître-autel de l'église érigée, pour l'essentiel, au 16e s.

À proximité Plan de microrégion

Getxo B1

16 km au nord-ouest le long de l'estuaire. Une fois à proximité ou sur place, repérez-vous aux noms des quartiers (voir ci-après). Attention : la circulation en fin de journée ressemble à celle du périphérique parisien aux heures de pointe.
i Playa de Ereaga s/n - 48992 Getxo - ✆ 944 910 800 - www.getxo.net - de mi-juin à mi-sept. : 10h-20h ; reste de l'année : lun.-vend. 9h30-14h30, 16h-19h, w.-end et j. fériés 10h30-14h30, 16h-20h.
Six quartiers composent cette commune accolée à Bilbao, sur la rive droite de l'estuaire du Nervión. De son embouchure en direction de l'est et de Gorliz, vous traverserez ou longerez Sta Ana, las Arenas, Romo, Neguri, Algorta et Andra Mari.
Les plages – Trois d'entre elles sont presque en ville : celle de las Arenas, à deux pas de l'embouchure, celle de Ereaga, plus vaste et déjà agréablement isolée du bâti, et Arrigunaga, entre le vieux port et Andra Mari. Les autres se trouvent toutes au-delà d'Andra Mari, dans un environnement plus sauvage.
Vieux port – Autrefois très actif, il attire aujourd'hui les amateurs de *poteo* (tournée des bars à tapas) qui s'assoient à l'occasion sur ses marches pour contempler les avions en approche dans le soleil couchant.
Paseo (Promenade) – *Se garer au-delà du vieux port ou au parking de la plage de Ereaga. 2h AR.* Ce front de mer, où la foule passe et repasse à l'heure de la balade du soir, donne tout son sens au mot « promenade », en particulier en fin de journée, lorsqu'un flot élégant de promeneurs l'envahit.

Il commence (ou se termine) au vieux port, passe devant la plage d'Ereaga où se trouve l'office de tourisme, puis emprunte le boulevard Arriluze bordé par la casa (maison) de Náufragos (naufragés), avec sa tour-phare (1920), que surplombent des habitations modernes et trois villégiatures de la Belle Époque : le palais Arriluze, le caserio Aizgoyen et le palacio Lezama Legizamón (1902).

Tournant ensuite à angle droit, il longe encore l'eau et des maisons au genre un peu hétéroclite, dont la casa Cisco (1909-1911) de style nordique signée Manuel María Smith, le palacio Kai-Alde (1925) du même architecte et le palacio Itxas Begi (1927) aux influences basque et anglaise. Il aboutit enfin à la **plage de las Arenas** et au **monument Churruca**, symbolisant le combat entre la mer et la terre. Réalisé en 1939, il a été érigé en hommage à l'ingénieur qui avait travaillé à l'aménagement du port extérieur.

De là, on peut admirer le pont-transbordeur et le dôme de **N. S. de las Mercedes** (1947), qui abrite l'orgue le plus imposant du Pays basque.

Puente Colgante/Bizkaia (pont transbordeur) – *✆ 944 801 012 - www.puente-colgante.com - pour les horaires, se renseigner sur leur site Internet - AS 0,30 €/pers.* Il s'agit du pont transborteur le plus ancien au monde. Contemporain de la tour Eiffel, œuvre d'Alberto de Palacio réalisée en collaboration avec Ferdinand Arnodin, il fut inauguré en 1893 et a transporté depuis plus de 650 millions de personnes jusqu'à Portugalete, sur la rive opposée. Il est inscrit au Patrimoine de l'Humanité depuis 2006.

Enjambant le Nervión, l'ouvrage fait à juste titre figure de porte d'entrée de la Biscaye dans l'imaginaire collectif.

Une **passerelle panoramique** piétonne de 160 m de long *(accessible par ascenseur)* permet de contempler tout l'estuaire d'une hauteur de 50 m.

Aquarium – *Puerto deportivo de Getxo. ✆ 944 914 661 - www.abraaquarium.com - mar.-dim. 10h30-14h, 16h30-20h - fermé lun. sf été, j. fériés et vac. scol. - 3 € (-14 ans 2 €).* Espace dédié à la vie marine (végétation, invertébrés et poissons) dans les eaux atlantiques et tropicales.

El Pobal A1

30 km. Quittez Bilbao en suivant la direction de Balmaseda et Santander pour rejoindre l'A 8. Roulez en direction de Santander. Prenez la sortie Muskiz, La Arena, Playa, Hondartza. Traversez Muskiz et prenez la direction de Santelices, puis de Rojadillo. Quelques kilomètres après Santelices, sur la gauche, se trouvera un parking en bord de route (vous devrez faire demi-tour à une petite rocade aménagée une centaine de mètres plus loin).

Ferrería de El Pobal/El Pobaleko Burdinola (Forge d'El Pobal) – *✆ 629 271 516 - www.bizkaia.net/elpobal - de mi-avr. à mi-oct. : tlj sf lun. 10h-14h, 16h-19h, dim. et j. fériés 10h-14h ; reste de l'année : tlj sf lun. 10h-14h - fermé 1er et 6 janv., 25 déc. - 3 € (-12 ans gratuit).* Un vallon verdoyant où coule une rivière, un sentier menant à des maisons de pierre et des salles où dansent les rayons du soleil : voilà le site plutôt poétique de l'ancienne forge de Pobal, construite au 16e s. par la puissante famille des Salazar.

Fermée en 1965, elle a rouvert ses portes en 2004 après quatorze ans de travaux, qui ont permis de restaurer le corps de logis, le four à pain, le moulin et l'atelier. Tous ces bâtiments illustrent l'état des lieux à la fin du 19e s. Le barrage, le canal et le tunnel hydraulique datent, quant à eux, du 18e s. La forge produisait socs de charrue, armes, lames, etc. Les stocks de charbon et les outils y sont toujours prêts à l'emploi pour les démonstrations. Si vous les manquez, guides et brochures éclaireront quand même votre visite.

Gallarta A1

20 km. Quittez Bilbao en suivant la direction de Balmaseda et Santander pour rejoindre l'A 8. Roulez en direction de Santander. Sortez à Gallarta, puis suivez la signalisation. Parvenu au village (au stop, prenez à droite), traversez-le. Le musée se trouve presque à sa sortie, dans la descente en virage qui mène à son pôle industriel (dir. Olluerta).

Museo de la Minería del País Vasco (Meatzaritzaren Museoa) – *B° Campodiego, N 3. ✆ 946 363 682 - www.museominero.net - mat. et apr.-midi, dim.-mar. mat. - 2,50 € (-18 ans 1,50 €).*

Il est établi dans les anciens abattoirs du bourg de Gallarta, attaché à l'ancienne mine à ciel ouvert de Bodovalle (fermée en 1993). Ce musée illustre et explique par des photos, une myriade d'objets et des panneaux, les transformations techniques, environnementales et humaines que l'exploitation minière a opérées dans les communes qui en vivaient en Biscaye. L'activité employait dans la région jusqu'à 13 000 personnes par an.

Excursion

Orduña B2

(Voir « Vitoria et la province d'Álava » p. 348).

Itinéraire conseillé

VERS LE PARC NATUREL DE GORBEIA, LA VALLÉE D'OROZCO B2

Pour visualiser cet itinéraire de 59 km, reportez-vous au plan de région (p. 296) – comptez 1h30. Quittez Bilbao par l'AP 68 en direction de Vitoria/Miranda de Ebro, l'abandonner après 13 km à la sortie 3 (Artea/Orozko) et poursuivre sur la BI 2522.

Orozco/Orozko

Joli petit village connu pour ses haricots secs, où les maisons de pierre bien entretenues ont un petit air montagnard. Le vieux centre a conservé quelques demeures blasonnées ainsi que son hôtel de ville du 18e s.

Museo – *Face à la mairie. ✆ 946 339 823/ 934 - www.orozkoudala.com - ♿ - mai-sept. : jeu.-vend., dim. et j. fériés 10h-14h, sam. 10h-14h, 17h-19h - gratuit.* Maquettes, panneaux, reconstitutions et supports audiovisuels retracent sur trois niveaux la vie d'autrefois dans la vallée d'Orozko. Habitat, métiers (forge, travaux agricoles, pastoralisme), alimentation, productions, environnement : tous les aspects sont abordés.

Engagez-vous sur la BI 3513.

La route jusqu'à Ibarra et au-delà dévoile de beaux points de vue sur la verdoyante **sierra de Gorbeia/Gorbea**.

Après Gallartu, prenez la direction d'Areatza.

Villaro/Areatza

Classé Monument historique, ce village fondé en 1338 cultive le charme de ses ruelles pavées, bordées de maisons de pierre remontant parfois au Moyen Âge. Certaines affichent un style plus récent mais non moins historique, comme le **palacio Gortazar** de style baroque (16e s.), reconnaissable aux vestiges de fresque ornant sa façade de briques. Il se trouve sur la place de la *casa consistorial* (mairie), tout comme la **Maison du parc de Gorbeia** où vous pourrez vous documenter sur ce vaste parc naturel de 20000 ha, à cheval sur la Biscaye et l'Álava, et riche de plus de 167 espèces animales vertébrées. *946 739 279 - ♿ - mat. et apr.-midi - fermé 1er et 6 janv., 24 août, 25 et 31 déc. - gratuit.*

Iglesia San Bartolomé – Construite entre la fin du 15e s. et le début du 16e s., cette église présente une façade d'inspiration classique aux statues disproportionnées.

Face à elle, au niveau du panneau du parc, part une randonnée vers la sierra *(renseignez-vous à la Maison du parc).*

Dirigez-vous vers Artea.

Artea

Le village comprend deux musées.

Museo Historico del Nacionalismo Vasco – *À l'entrée du village en venant d'Orozko. Meñaka Jauregia - Herriko Plaza, 39 - 48142 Artea Arratia - 946 317 286/399 - www.abertzaletasunarenmuseoa.org - mar.-sam. 11h-14h, 16h-19h, dim. et j. fériés 11h-14h - fermé lun., 1er janv. et 25 déc. - gratuit.* Il porte aussi le nom de Sabino Arana, pionnier de l'indépendance basque au 19e s. On y découvre au travers d'archives, de photos et d'objets, les différentes étapes de l'autonomie basque.

Ecomuseo de Artea – *À 100 m derrière l'église et la mairie (première à gauche après la mairie en venant de l'église). Herriko Plaza, 1 - 48142 Artea - 946 317 086 - www.euskalbaserria.com - tte la journée, w.-end et j. fériés mat. et apr.-midi - fermé vend., 23 déc.-23 janv. - 3 €.* Une série de reconstitutions retracent l'habitat et la vie traditionnelle des Basques, depuis la préhistoire jusqu'au 19e s. Passez très vite sur les premiers millénaires pour privilégier les métiers d'autrefois.

★ **Iglesia de San Miguel** – *Avant l'entrée du village, sur la droite (intersection quasiment en angle aigu) en allant vers Bilbao.* De forme allongée, cette jolie église champêtre présente une belle façade de bois et des galeries extérieures sous auvent pavées de galets.

Revenez à Bilbao par la N 240.

NOS ADRESSES À BILBAO

TRANSPORTS

Transports en commun
Renseignements au ☏ 944 254 025.
Métro – *la carte Creditrans à 5, 10 ou 15 €, donne accès au tramway, métro, funiculaire jusqu'à expiration du crédit de la carte. Billet simple 1,25 € (1 zone) ; 1,40 € (2 zones) ; billet AR 2,50 € (1 zone), 2,80 € (2 zones) ; billet 1 j. 3 € (1, 2 ou 3 zones). Billet Creditrans : c'est un billet à tarif réduit pour le métro de Bilbao, le Bilbobus, le Biskaia bus, l'ascenseur de la Salve, le funiculaire d'Artxanda, le pont suspendu et le tramway de Bilbao. Le billet peut être rechargé avec 5 €, 10 € ou 15 € et il est valide jusqu'au 31 déc.*
Bus – *☏ 902 543 210 - billet occasionnel 1,15 €, billet Creditrans 0,53 € - tramway : billet ordinaire 1,10 € ; billet Creditrans 0,60 €.*
Aéroport – *48180 Loiu - ☏ 902 404 704.*

HÉBERGEMENT

PREMIER PRIX

Hôtel Plaza San Pedro – *Luzarra, 7 - ☏ 944 763 126 - www.hotelplazasanpedro.com - 19 ch. 48/55 € - ☕ 3 €.* Cet établissement familial est situé dans le quartier universitaire de Deusto. Les chambres sont agréables pour leur catégorie. La plupart comprennent une salle de bains de type cabine de douche.

BUDGET MOYEN

Hôtel Vista Alegre – *Pablo Picasso, 13 - ☏ 944 431 450 - www.hotelvistaalegre.com - 35 ch. 56/120 € - ☕ 5,50 €.* Cet établissement propose des chambres fonctionnelles au mobilier standard. Mais vous apprécierez l'accueil familial qui fidélise les clients.

Hôtel Iturrienea Ostatua – *Sta María Kalea, 14 - ☏ 944 161 500 - www.iturrieneaostatua.com - 21 ch. 60 € - ☕ 8 €.* Hôtel de charme situé en plein quartier historique, dans une vieille maison à la façade bleue rénovée. Il est décoré avec goût d'une profusion d'antiquités et d'œuvres d'artistes locaux. Les chambres ne sont pas très grandes, mais agréables, et dotées de parquets.

Hôtel Bilbao Jardines – *Jardines, 9 - ☏ 944 794 210 - www.hotelbilbaojardines.com - P - 32 ch. 60/90 € - ☕ 4,50 €.* À peine ouvert, cet hôtel fait déjà parler de lui grâce à la qualité de son accueil. Les chambres, parquetées et fonctionnelles, possèdent de grandes fenêtres. Les plus tranquilles ouvrent sur le patio et on aperçoit la bibliothèque de Bilbao. Petit-déjeuner continental.

Hôtel Artetxe – *Ctra Enékuri-Artxanda, 7 - ☏ 944 747 780 - www.hotelartetxe.com - P - fermé 20-30 déc. - 12 ch. 65/77 € - ☕ 6 €.* Ancienne maison de campagne construite en pierre, occupant un emplacement magnifique avec la ville comme toile de fond. Les chambres sont décorées de meubles de chêne ; la plupart des salles de bains sont équipées de douches.

Hôtel Sirimiri – *Pl. de la Encarnación, 3 - ☏ 944 330 759 - www.hotelsirimiri.es - P - 28 ch. 75/100 € - ☕ 10 €.* Situé dans la vieille ville, près du musée d'Art sacré, cet hôtel (dont le nom rappelle le crachin tenace qui exaspère parfois les visiteurs de la ville) dispose d'installations modernes et fonctionnelles. Les chambres de belle ampleur comprennent des salles de bains spacieuses, bien équipées.

RESTAURATION

PREMIER PRIX

Colmado Ibérico – *Alameda de Urquijo, 20 - ✆ 944 436 001 - www.colmadoiberico.com - fermé dim. - 10 €.* Grand espace au comptoir bien garni en brochettes et plats rapides. Il comporte une salle de restaurant où l'on sert une carte spécialisée dans les produits ibériques.

Gatz – *Sta María, 10 - ✆ 944 154 861 - www.bargatz.com - fermé 2e quinz. de sept. - - 10 €.* Situé dans le centre de la vieille ville, c'est le rendez-vous incontournable des amoureux de « cuisine en miniature ». L'endroit a été primé à plusieurs reprises pour la qualité et la créativité de ses *pintxos*.

POUR SE FAIRE PLAISIR

Rogelio – *Ctra de Basurto a Castrejana, 7 - ✆ 944 273 021 - fermé 22 juil.-1er sept. et dim. - 35 €.* Établissement réputé dans la région pour ses plats simples, élaborés à partir de produits de qualité. Bar à l'allure rustique, et salle de même style à l'étage.

Goizeko Kabi – *Particular Estraunza, 4 - ✆ 944 421 129 - gkabi.bi@telefonica.net - fermé 1re quinz. d'août et dim. - 54/62 €.* Située près du musée des Beaux-Arts, cette véritable institution gastronomique du Pays basque propose une cuisine de haut niveau, bien équilibrée entre tradition et innovation. Sa réputation ? La qualité de ses poissons.

BOIRE UN VERRE

Café Boulevard – *Arenal, 3 - ✆ 944 153 128.* Il s'agit du plus vieux café de Bilbao, inauguré en 1871 par la famille Pérez Yarza. Vous y trouverez des cafés, des tisanes, des *churros* et quelques menus à prix intéressants, mais il est surtout connu pour la beauté de son cadre (hauts plafonds, stucs, motifs dorés, marbres, miroirs…) et les rencontres poétiques qui y ont lieu.

Café Iruña – *Jardines de Albia - ✆ 944 237 021 - www.cafesdebilbao.net.* Situé sur une place agréable, ce café fondé en 1903 est devenu l'un des classiques de Bilbao. Sa décoration est surprenante (plafonds et éléments d'inspiration mudéjare). Idéal pour prendre un verre le soir.

Cotton Club – *Gregorio de la Reilla, 25 - ✆ 944 104 951 - cottonclub@cottonclubbilbao.com - tlj sf dim. 16h30-3h (vend.-sam. 5h).* Ce lieu branché plaît à une clientèle trentenaire. On peut y boire un verre tout en écoutant des chanteurs de la scène espagnole ou des musiques diverses jouées par des groupes. Le décor affiche une multitude de photos de cinéma et d'autographes laissés par des personnalités lors de leur passage. Un bel endroit !

Victor Montes – *Plaza Nueva, 8 - ✆ 944 157 067 - www.victormontesbilbao.com.* Surtout connue pour son bar à tapas, cette institution locale vous accueille dans un sympathique décor à base de bouteilles de vin. Ses *pintxos* (tapas basques dont le nom signifie « aliment piqué sur un cure-dent ») ravissent le palais. Parmi les spécialités : les canapés de saumon, le jambon bellota…

ACHATS

Alacena de Victor Montes – *Plaza Nueva, 12 - ✆ 944 154 385.* Ce lieu propice aux plaisirs gourmands vend des spécialités du Pays basque et une belle sélection de produits ibériques tels que jambons, foie gras, charcuteries diverses, fromages, anchois, douceurs… La cave répertorie quelque 700 références de vins espagnols et étrangers.

Sombreros Gorostiaga – *Victor, 9 (Casco Viejo) - ✆ 944 161 276.* Établissement créé en 1857 par la famille Gorostiaga. Vous pourrez y admirer et acheter les *boinas* basques, ainsi qu'une belle collection de chapeaux de fabrication artisanale. N'hésitez pas à bavarder avec le propriétaire qui vous renseignera sur les plus belles pages de l'histoire du chapeau et des couvre-chefs basques.

AGENDA

Festival du cinéma fantastique – (1re quinz. de mai).

Festival international de théâtre de rue – (1re quinz. juil.).

Semana Grande/Aste Nagusia – (3e semaine d'août).

Festival de théâtre et de danse contemporaine – (Oct.-nov.) - *www.badbilbao.com.*

Festival international de marionnettes – (Nov.).

Concours international de chant – (Nov. les années paires) - *✆ 944 246 533 - www.concursocantobilbao.com.*

Zinebi, Festival international de cinéma documentaire et de courts-métrages – (Fin nov.).

Côte de Biscaye

★

Costa de Vizcaya/Bizkaia

NOS ADRESSES PAGE 321

S'INFORMER

Office du tourisme d'Ondarroa – *C/ Erribera, 9 - 48700 Ondarroa - ☎ 946 831 951 - www.ondarroa.net ou www.learjai.com - de mi-juin à mi-sept. : 10h-14h, 16h-20h ; reste de l'année : lun.-sam. 10h30-13h, 16h-19h, dim et j. fériés 10h30-14h30 - fermé 1er janv. et 25 déc.*

Autres offices de tourisme : voir aux noms des localités.

SE REPÉRER

Plan de région BC1 (p. 296) – carte Michelin n° 573 B 21-22. La côte relie Ondarroa, à 51 km à l'ouest de St-Sébastien, à l'estuaire du Barbadun, à 25 km à l'ouest de Bilbao. La ría de Guernica en marque approximativement le milieu.

À NE PAS MANQUER

L'ermitage de Gatzelugatxe sur son éperon rocheux battu par la mer.

ORGANISER SON TEMPS

Découvrir l'intégralité de la côte peut faire l'objet d'un long week-end itinérant.

AVEC LES ENFANTS

Visitez le baleinier de Bermeo.

Dans le prolongement de la Côte de Guipúzcoa, la Côte de Biscaye est idéale pour prendre un bol d'air pur. Ici, les plages et les ports s'enchaînent sur fond de collines verdoyantes. Plus sauvage que sa voisine, et mieux préservée des industries et de l'urbanisation excessive, elle a su ménager de véritables petits coins de paradis comme la réserve d'Urdaibai. Parcourir ce littoral, c'est aussi découvrir des villes chargées d'histoire et de symboles comme Guernica ou Bilbao. En clair, la côte comblera tout à la fois les amateurs de grands espaces, les sportifs, les amoureux de farniente et les assoiffés de culture.

Bon à savoir – Les passionnés d'activités nautiques se régalent en Biscaye dont le littoral offre un grand choix de sorties en mer (bateau, surf, plongée, canoë-kayak, pêche au thon, voile...) par le biais du programme « Côte basque Toutes voiles dehors ». À Sopelana, vous pourrez vous envoler en parapente ou en deltaplane.

Les plages – La Côte de Biscaye possède de nombreuses plages. Les plus importantes se trouvent entre Abra et Billano. Elles se nomment **Areeta**, **Ereaga**, **Arrigunaga**... Celles dépendant de Sopelana sont sauvages ; celles de **Gorliz**, qui partage avec Plentzia la magnifique baie verte, forment un ensemble unique. Enfin, la plage de Bakio est le rendez-vous des surfeurs.

Se promener

Ondárroa/Ondarroa C1

L'agglomération s'allonge entre la colline et la boucle du río Artibay, sur une langue de terre où sa curieuse église surélevée ressemble à une figure de proue. Cernées par le fleuve, les hautes maisons, où pavoise le linge qui sèche, composent un **tableau** pittoresque.

Son histoire officielle débute en 1327, lorsqu'elle reçut les privilèges entérinant l'occupation du site. Presque abandonnée après l'incendie qui la ravagea en 1463, elle poursuivit néanmoins ses activités au travers de la pêche à la baleine, du commerce et de ses chantiers navals. Aujourd'hui, la ville possède encore des conserveries et des usines de salaison de poisson.

L'actuel cœur historique est relativement circonscrit du fait d'un autre incendie, provoqué en 1794 par les troupes françaises.

Iglesia de Sta María – Fin 15e s. L'église affiche un style gothique tardif, à la décoration extérieure soignée (plinthes à thèmes floral et animal, rosaces et gargouilles). Notez l'alignement de 12 figures, les **kortxelekomamus**, évoquant les personnages d'une cour médiévale : le roi, le fifre, un musicien, le pèlerin, la pèlerine, des arbalétriers, une nourrice, la reine, un moine, un courtisan, un chevalier.

Cofradía de pescadores (Confrérie des pêcheurs) – L'office de tourisme occupe aujourd'hui cette demeure de pierre identifiable à son clocheton. Elle appartenait autrefois à la puissante confrérie des pêcheurs fondée au 14e s., dont le rôle principal consistait à appliquer la réglementation et assurer la vente de la pêche.

La Antigua – Ancienne paroisse d'Ondárroa, cette église du 15e s. perchée sur l'une des collines de la ville associe styles gothique (d'origine), néoclassique et baroque.

LA FAÇADE ATLANTIQUE DE LA BISCAYE

C'est 150 km de côtes découpées en falaises abruptes et vertes, en estuaires paisibles et en plages immenses de sable fin. La variété des sites y est presque infinie, réservant au visiteur des paysages souvent sauvages et sans cesse renouvelés. La **réserve naturelle d'Urdaibai**, sur la ría de Gernica, en est le meilleur exemple, mais l'on se sent tout aussi proche de la nature lorsque l'on observe le ressac depuis le sanctuaire de Gaztelugatxe ou que l'on admire l'étendue de la baie de Gorliz.

Les hommes ne sont bien sûr pas absents de ces magnifiques paysages, mais hormis dans la ría de Bilbao, fortement urbanisée, ils s'y intègrent parfaitement. En suivant la côte, vous découvrirez donc plutôt des petits ports sympathiques, comme ceux d'Elantxobe ou de Mundaka, que des grandes stations aux longues barres comme Bakio. Mais même ceux-là ont su conserver un quartier historique ou un port encore actif.

La pêche est en effet un élément essentiel de l'économie et de la culture locales. Que ce soit à Lekeitio, Ea, Elantxobe, Mundaka ou Bermeo, il n'est pas rare de voir les filets en train d'être remaillés à même le quai, ou les gens se presser le soir au retour des bateaux pour profiter de la pêche du jour. Inutile de dire que les poissons que l'on déguste dans les bars à tapas et les restaurants de ces pittoresques ports sont des plus frais !

Le port de Lekeitio et son quartier des pêcheurs.
J.-E. Sceau / MICHELIN

Itinéraires conseillés

D'ONDÁRROA À LA RÍA DE GUERNICA C1

Pour visualiser cet itinéraire de 51 km, reportez-vous au plan de la région (p. 296) – comptez environ 1h. Quittez Ondárroa par la BI 3438, qui offre de superbes dégagements sur la côte.

Lekeitio/Lequeitio

C/ Independentziaren Enparantza, s/n - 48280 Lekeitio - 946 844 017 - www.lekeitio.com - 15 juin-15 sept. : 10h-14h, 16h-20h ; reste de l'année : lun.-sam. 10h30-13h30, 16h-19h, dim. et j. fériés 10h30-14h30 - fermé merc. (sf 15 juin-15 sept.), 1er janv. et 25 déc.

Outre sa superbe plage, Lekeitio comprend un vieux centre où rien ne manque. Arpentez donc les quelques rues de l'ancien quartier des artisans *(on y accède par la Berriotxoa Kalea depuis la mairie)*, à la recherche du **palacio Uriarte** ou de la tour Turpin. Vous pourrez aussi prendre Espeleta Kalea pour découvrir le **quartier des pêcheurs**★ et rejoindre le port et ses quelques terrasses de cafés. Dans l'après-midi, les femmes reprisent parfois leurs filets.

Iglesia de Sta María – 15e s. L'église, de style gothique tardif, se trouve quasiment sur le port : impossible de la manquer ! Si vous avez la chance d'y entrer, vous pourrez admirer son magnifique **retable** gothico-flamand de 1512, l'un des plus grands d'Espagne avec ceux de Tolède et de Séville.

La route s'enfonce ensuite à l'intérieur des terres.

Ispaster/Ispáster

Cette bourgade conserve quelques bâtiments anciens, comme sa jolie église du 15e s., de style Renaissance, et le palais baroque Arana (1700), reconnaissable à ses deux corps de logis en forme de tour.

Playa de Ogeia – *À la sortie du village, juste avant le cimetière, prenez la route à droite. Elle traverse la forêt qui surplombe la plage.* Insoupçonnable, cette plage se déploie dans une baie au sable ocre et aux rochers affleurant.

Ea

Ce charmant port miniature est enclavé dans le fond d'une calanque. Ses maisons anciennes suivent les berges de la rivière, enjambée par de petits ponts de pierre.

Départ à gauche de l'église Nuestra Señora de Jesus, à l'entrée du bourg, avant la rivière ; suivez le balisage blanc-jaune ; comptez 1h20 – Agréable randonnée, très ombragée. Seul le début se révèle un peu sportif avec deux fortes pentes. La promenade se poursuit à travers bois et prairies. Attention, parvenu aux deux maisons donnant sur la route principale, prenez la voie de garage de la seconde : elle donne accès à la forêt. Revenu sur la route, suivez-la à gauche jusqu'aux maisons, où vous reprendrez le sentier. Il débouche sur la côte et le sanctuaire de Talako Ama, dévoilant une **vue★** magnifique sur la mer.

Jusqu'à Elantxobe, la route paraît flotter entre terre et mer, réservant de magnifiques points de vue sur le bleu des flots et le vert des collines.

★ **Elantxobe**/Elanchove

Obligation de garer sa voiture à l'entrée du village, en hauteur.

Village tranquille à l'écart des grands axes routiers. Les marins ont profité de l'ébauche naturelle d'une baie pour y construire leur port de pêche et y suspendre leurs maisons à l'abrupt cap Ogoño (300 m). Préparez-vous à descendre et à monter des marches !

Cabo Ogoño (cap) – *1h AR ; départ depuis le cimetière, accessible à pied par une forte pente, ou en voiture par le hameau qui précède Elantxobe, un panneau avec le symbole d'un appareil photo signalant le cap. Attention, ne prenez pas la voie qui longe le mur du cimetière, très pentue, mais la route qui dessert les quelques maisons à flanc de collines. Le sentier commence après la dernière, à gauche.* Petits mollets s'abstenir ! Cette promenade demande en effet un effort constant, récompensé néanmoins par de très belles vues sur le littoral, notamment une magnifique échappée sur la plage de Laga et sur la côte vers Ea ! Le cap, quant à lui, disparaît sous la végétation.

Reprenez la voiture et poursuivez en direction de Laida.

Plage de Laga – Tournant le dos à Elantxobe, elle déploie 575 m de sable rose jusqu'au pied du cap Ogoño.

Plage de Laida – Elle se situe à l'embouchure de la ría de Guernica et jouit d'un cadre incroyable, avec le contraste entre la couleur limpide de l'eau et le vert tendre de la campagne.

En remontant vers Guernica, on découvre sa **ría★** aux calmes horizons, l'île d'Izaro, la tache blanche de Pedernales/Sukarrieta sur l'autre rive et l'île de Chacharramendi.

Guernica/Gernika-Lumo

Voir ce nom p. 322.

DE GUERNICA À ALGORTA BC1

Pour visualiser cet itinéraire de 60 km, reportez-vous au plan de la région (p. 296) – comptez environ 1h30. Quittez Guernica/Gernika-Lumo par la BI 2235 en direction de Mundaka. Au-delà de la réserve naturelle d'Urdaibai (voir Guernica, p. 324), poursuivez vers Mundaka.

Mundaka/Mundaca C1

C/ Kepa Deuna, s/n - 48360 Mundaka - 946 177 201 - www.mundaka.org - mar.-sam. 10h30-13h30, 16h-19h, dim. et j. fériés 11h-14h - fermé lun., 1er janv., 25 et 31 déc.

Toute la vie de Mundaka se concentre autour de son petit port naturel, bordé de maisons traditionnelles de pêcheurs. Son principal atout réside néanmoins dans ses superbes plages de sable fin et, pour les surfeurs, dans sa vague, réputée pour être l'une des plus longues au monde.

D'un ermitage à l'autre *(1h AR)* – Deux ermitages côtiers encadrent Mundaka. La promenade passe par le port et l'église, offrant de très belles vues sur les plages et la côte.

Bermeo C1

C/ Lamera, s/n - 48370 Bermeo - 946 179 154 - www.bermeokoudala.net - du 1er juil. à mi-sept. : lun.-sam. 10h-20h, dim. et j. fériés 10h-14h, 16h-20h ; reste de l'année : lun.-sam. 10h-14h, 16h-19h - fermé 1er et 6 janv., 9 et 16 sept., 25 déc.

Balades en barque – *677 256 092 ou 666 791 021 - www.hegaluze.com - 21 juin-21 sept. - promenade en barque à Urdaibai (1h) 12 € (enf. 7 €).*

Ce port important est spécialisé dans la pêche côtière. Dominant le vieux port (Puerto Menor), le quartier des pêcheurs se tasse sur le promontoire de l'Atalaya. Quelques murailles ainsi que la torre Ercilla, maison-tour à la sévère façade de granit (14e s.), témoignent de l'origine ancienne de l'agglomération. Les rois et seigneurs venaient autrefois jurer les privilèges de Biscaye dans l'église gothique de **Sta Eufemia** (15e s.).

Museo del pescador (Musée du Pêcheur) – *Torre Ercilla - 946 881 171 - mar.-sam. 10h-14h, 16h-19h, dim. 10h-14h15 - fermé lun. et j. fériés - 3 € (- de 26 ans 1,50 €, - de 12 ans gratuit).* Si la muséographie date un peu, le contenu n'en aborde pas moins tous les aspects de la vie des pêcheurs, depuis les techniques jusqu'à la religion, les fêtes, la construction navale, la confrérie, la vente du poisson.

Convento San Francisco – Situé à l'opposé du port et du parc Lamera, il s'agit du couvent le plus ancien de Biscaye (1357). On en aperçoit le cloître à travers une épaisse grille.

★ **Baleinier Aita Guria** – *946 179 121 – www. aitaguria.bermeo.org - mar.-sam. : 10h-14h, 16h-19h, dim. 11h-14h - billets en vente à l'office de tourisme - 5 € (4-14 ans, 3 €).*

Cette reconstitution d'un baleinier du 17e s. transporte le visiteur au temps des grandes campagnes de pêche de Bermeo. Ses trois mâts et le roulis suffisent à mettre dans l'ambiance ! Une voix off présente la cabine du capitaine, les cuisines et la cale, permettant de bien comprendre les conditions de vie à bord.

Suivre la route de la côte et, après 3 km, tourner à droite.

Faro (phare) de Machichaco/Matxitxako B1

En s'écartant du phare vers la gauche, on bénéficie d'une jolie vue sur la côte très découpée à l'ouest. La route en corniche offre de belles vues sur la mer.

★★ San Juan de Gaztelugatxe/Gastelukatxeko Doniene B1

Nombre de stationnements réduits. Parking au belvédère, dans la descente, et quelques places supplémentaires devant le pont qui mène à la presqu'île.

Un **belvédère★** domine la presqu'île de **San Juan de Gaztelugatxe**, creusée d'arches où la mer vient écumer. Un sentier d'environ 200 marches monte à l'ermitage, attesté depuis le 11e s. Chaque année, pour la St-Jean, a lieu un pèlerinage.

Après Bakio, prenez à droite la BI 3152.

Le parcours en **corniche★**, de Bakio à Armintza, est très dégagé. D'un second belvédère, **vue★** intéressante sur la côte, Bakio, la vallée cultivée et l'arrière-pays boisé.

Armintza/Arminza B1
Unique havre, bien modeste, sur une partie de côte inhospitalière très abrupte.
Rejoignez la BI 3151 en direction de Lemoiz et suivez-la jusqu'à Gorliz.

Gorliz B1
Séduisante plage, logée dans une baie aux proportions harmonieuses et située à l'embouchure du río Butrón. Au nord se trouve un site de dunes pétrifiées vieilles de 6000 ans. En poursuivant, vous atteindrez un sentier qui longe la côte. Un autre mène au phare.

Plencia/Plentzia (anciennement Plasentia de Butrón) B1
Accolé à la plage de Gorliz, ce centre ostréicole, jadis port de pêche et de commerce, s'est converti au tourisme grâce à ses plages.
Musée municipal Plasentia de Butrón – *℘ 946 773 725 - www.museoplentzia.org - merc.-jeu. et dim. 11h-14h, vend.-sam. 11h-14h, 17h-20h - gratuit.* Installé dans l'ancien hôtel de ville (16e s.), ce petit musée retrace l'histoire maritime de Plentzia à travers des maquettes, des objets, des peintures et des archives.
La BI 2122 conduit à Getxo, puis Bilbao.

NOS ADRESSES SUR LA CÔTE DE BISCAYE

HÉBERGEMENT

À Lekeitio

PREMIER PRIX

Hôtel Emperatriz Zita – *Avda Sta Elena - ✆ 946 842 655 - ezita@aisiahoteles.com - - P - 42 ch. 25/55 € - .* Hôtel situé en bord de mer occupant les murs de la villa qui accueillit, entre 1922 et 1931, la dernière impératrice de l'Empire austro-hongrois, Zita. Chambres vastes, confortables et bien décorées. Centre de thalasso.

À Murueta

PREMIER PRIX

Hôtel Ibaigune – *Barrio Larrabe, 48 - ✆ 946 257 282 - www.ibaigune.com - P - 20 ch. 42/53 € - - rest. 9,80/30 €.* L'architecture de cet hôtel implanté en pleine campagne s'inspire des constructions traditionnelles basques. Les chambres, parquetées, sont bien équipées. Si possible, demandez celles du dernier étage d'où vous pourrez admirer l'estuaire et la réserve d'Urdaibai. Au restaurant : service impeccable.

RESTAURATION

À Bermeo

PREMIER PRIX

Asador Pelotari – *Bizkaiko Jaurerria, 25 - ✆ 946 881 553 - info@asadorpelotari. com - fermé 15-30 nov. - 8/40 €.* Ouvert en 2005, ce restaurant fait déjà l'unanimité aussi bien auprès des touristes que des locaux. Son décor est particulièrement soigné : photos dédicacées de joueurs de pelote basque et vitraux colorés créant une plaisante lumière. Sa riche carte de poissons et de viandes cuits au bois de chêne vert plaît beaucoup.

BUDGET MOYEN

Beitxi – *Eskoikiz, 6 - ✆ 946 880 006 ou 946 885 372 - beitxijdatea@euskalnet.net - 10 € déj. - 23/48 €.* Ce restaurant, organisé sur deux étages, connaît un franc succès. Les produits utilisés en cuisine sont de belle qualité, le service attentif plaît à la clientèle et les petits plats basques régalent le palais. Le vin est inclus dans le menu.

À Ondarroa

POUR SE FAIRE PLAISIR

Erretegi Joxe Manuel – *Arana tar Sabin, 23 - ✆ 946 830 104 - 40/50 €.* Ce délicieux restaurant se dresse face au fleuve, à deux pas du quartier historique. Sa spécialité : les poissons et les viandes de Cantabrie, cuisinés sur le grill. Les produits sont ultra-frais ; le chef possède même son propre vivier de fruits de mer. Carte écrite en plusieurs langues.

SPORTS & LOISIRS

Hipika Eskola Maruri – *B° Ergoien, 57 - Maruri-Jatabe - ✆ 655 707 478 - beduino@mixmail.com.* Le centre hippique de Maruri dispense des cours pour tous les niveaux en équitation. Il organise également de simples promenades à cheval.

Zugarramurdi Bidaiak – *Behea, 15 (Nasa Kalea) - Ondarroa - ✆ 946 134 259 ou 659 581 389 - junetorri@euskalnet.net.* Pour apprendre à manier la voile, contactez cet organisme installé sur le port d'Ondarroa. Si vous préférez vous laisser guider, embarquez à bord du *Txo*, un voilier de 13 m bien équipé.

Guernica

Gernika-Lumo

16 255 Gernikar et Lumotar – Biscaye

NOS ADRESSES PAGE 326

S'INFORMER

Office de tourisme – *C/Artekalea, 8 - 48300 Gernika-Lumo - ℘ 946 255 892 - www.gernika-lumo.net - juil.-août : 10h-19h ; reste de l'année : lun.-sam. 10h-14h, 16h-19h, dim. et j. fériés 10h-14h - fermé 1er et 6 janv., 24, 25 et 31 déc.*

Les itinéraires proposés dans la ville sont balisés au sol par des carreaux de céramique de différentes couleurs.

Visite des maisons rescapées des bombardements – *À l'office de tourisme, s'il y a assez de participants (min. 10 pers.) - mar.-merc. 10h30-11h - 2,20 €.*

Train touristique – Euskotren - *℘ 902 543 210 - 1,20 €.* Le train touristique relie Guernica, Mundaka et Bermeo en passant par Bilbao.

SE REPÉRER

Plan de région C1 (p. 296) – carte Michelin n° 573 C 21. On trouvera Guernica au fond de l'estuaire du même nom, à 34 km à l'est de Bilbao.

SE GARER

En lisière de ville, le long de la rivière, ou bien en centre-ville. Attention à respecter les horaires de stationnement, car la police veille !

À NE PAS MANQUER

Le musée de la Paix.

ORGANISER SON TEMPS

Une journée peut-être consacrée aux douloureux souvenirs de la guerre civile, sans délaisser pour autant les beautés naturelles de la ría.

AVEC LES ENFANTS

Le musée de la Paix et le parc d'Urdaibai.

Un musée sur la paix, un centre-ville à la fois paisible et animé, et une réserve naturelle riche en biodiversité : relevée de ses cendres, Guernica semble dédiée à la paix et à l'harmonie. Un équilibre difficile à trouver face au développement économique et urbain, mais qu'elle gère pour l'instant avec brio.

Se promener

Le centre-ville de Guernica se concentre autour du musée de la Paix, ouvert sur une place à arcades derrière laquelle se dressent les quelques maisons rescapées du bombardement de 1937.

Jouxtant cet ensemble, le parc des Peuples d'Europe accueille des œuvres de Chillida et de Moore, exposées dans le jardin attenant au palais Udetxea *(accès par une passerelle)* qui accueille le siège de la réserve d'Urdaibai et un espace d'informations sur sa biosphère et sa faune. De l'autre côté du parc des Peuples, derrière le parlement, se trouve le couvent des clarisses.

★★ **Museo de la Paz** (Musée de la Paix)
Foru Plaza, 1 - ✆ 946 270 213 - www.museodelapaz.org - ♿ - juil.-août : mar.-sam. 10h-20h, dim. 10h-15h ; reste de l'année : mar.-sam. ; 10h-14h, 16h-19h, dim. 10h-14h - fermé lun. - 4 € (-12 ans gratuit).
La visite, très émouvante, se divise en trois espaces : le premier tente de cerner la notion de paix au travers de citations de personnalités célèbres (Martin Luther King, Gandhi, Chateaubriand, etc.) ; le deuxième revient sur l'histoire tragique de Guernica (admirable mise en condition dans une pièce d'habitation reconstituée) ; et le troisième aborde la question de la paix aujourd'hui (conflit basque, politique pénitentiaire, tortures, etc.).

Casa de Juntas (Parlement)
C/Allende Salazar Z/G - ✆ 946 251 138 - www.jjggbizkaia.net - été : 10h-14h, 16h-19h (sf jours d'assemblée) ; hiver : 10h-14h et 16h-18h - gratuit.
Toujours debout en dépit des bombardements de la guerre civile, ce bâtiment de 1826 abrite le parlement de Biscaye.
Salle du Vitrail – Ainsi nommée pour le gigantesque vitrail posé en 1985 au plafond. Sa bordure présente les monuments les plus significatifs de chacune des villes de Biscaye. Des panneaux et des objets présentent et illustrent l'histoire de la province et de ses représentants.
Salle du Parlement ou Sta María la Antigua – Jusqu'au début du 19e s., les Biscayens se réunissaient autour du chêne et ils prêtaient serment dans un sanctuaire : Sta María la Antigua. Devenu trop petit, ce dernier a été remplacé en 1826 par l'actuelle salle qui occupe le centre du Parlement. Notez la disposition en ellipse, tout à fait adaptée pour des célébrations religieuses. Des portraits de différents seigneurs de Biscaye et des tableaux évoquant les serments des *fueros* ornent ses murs.
Arból (arbre) de Guernica – Le chêne actuel, planté en 1860, se dresse face à la tribune. Son prédécesseur, dont il ne reste que le tronc, est protégé par un petit temple construit en 1929, un peu à l'écart.

Palacio Alegría – Museo Euskal Herria
C/Allende Salazar, 5 - ✆ 946 255 451 - www.bizkaia.net/euskalherriamuseoa - ♿ - mar.-sam. 10h-14h, 16h-19h, dim. 11h-15h - fermé lun. - 3 € (-26 ans 1,50 €).
Belle demeure épargnée par le bombardement de 1937. Le musée s'attache à expliquer l'histoire de la maison, puis celle de l'habitat basque (maquette à l'appui) et de la navigation. À l'étage, vous découvrirez les personnalités qui ont contribué à redonner un souffle à la culture basque au 19e s.

Du côté de la Ría
Possibilité de garer sa voiture au parking du stade.
Cette promenade qui longe l'estuaire de Guernica débute au pont menant au centre-ville. Joggeurs, cyclistes et maîtres avec leurs chiens se partagent ce chemin qui devient de plus en plus sauvage au fur et à mesure que Guernica s'éloigne et que se rapproche Urdaibai.

À proximité Plan de microrégion

Cuevas (grottes) de Santimamiñe C1
6 km au nord-est par la BI 2238 en direction de Lekeitio. Après 2,5 km, prenez à droite la BI 4244. ✆ 944 067 700 - en travaux.
En 1917, on découvrit dans ces grottes de superbes peintures et gravures rupestres de l'époque magdalénienne. Dans un souci de préservation, les salles ornées de peintures sont aujourd'hui fermées au public.

Bosque (forêt) de Oma C1

8 km au nord-est par la BI 2238 en direction de Lekeitio. Après 2,5 km, prenez à droite la BI 4244.

Comptez 45mn depuis le parking des grottes. Le chemin monte, bordé d'épineux puis de pins, et redescend sur 300 m pour mener au bois peint.

Des formes géométriques capricieuses, des silhouettes humaines qui se cachent derrière les troncs et d'immenses taches de couleur témoignent de l'union entre l'art et la nature qu'a voulu inscrire en ce lieu boisé le peintre Agustín Ibarrola (né en 1930).

Parque natural (réserve naturelle) de Urdaibai C1

Sur la rive gauche de l'estuaire en direction de Mundaka. ✆ 946 257 125 - ♿ - juin-août : tte la journée ; reste de l'année : w.-end et j. fériés tte la journée - fermé 25 déc. - gratuit.

Déclarée Réserve de la biosphère par l'Unesco en 1984, elle couvre 220 km², soit près de 10 % de la Biscaye. Elle s'étale sur les deux versants de l'estuaire, englobant aussi bien la côte sableuse que les zones marécageuses et les forêts de résineux et de chênes verts. Vingt-cinq milieux végétaux différents ont été répertoriés entre les forêts, les maquis et les landes, les rochers, l'eau douce et salée et les sables côtiers. Cette diversité n'est pas pour déplaire aux oiseaux migrateurs ni aux mammifères, ni même aux poissons et aux amphibiens qui vivent sur ce territoire.

Observatoire des oiseaux – *Dir. Mundaka, par la BI 2235. À Altamira, repérez sur la droite un panneau, tout de suite après le petit pont, indiquant la réserve d'Urdaibai. La route mène à la gare ferroviaire. Garez-vous et traversez la voie, en faisant bien attention. Au bosquet, vous trouverez un panneau explicatif. Suivez le sentier à gauche.* On accède à l'observatoire *(15mn)* par une vaste étendue herbeuse et parfois marécageuse, qui mord sur la ría prise entre les collines. On a ainsi l'impression d'être au cœur de l'estuaire où s'ébattent spatules, hérons, aigrettes, etc.

Plages – Signalées par les panneaux « Hondartza », à droite de la BI 2235, elles sont finalement peu nombreuses. À **Sukarrieta**, la plage officielle, toute petite, se trouve face au jardin botanique, planté sur son rocher. Les gens du cru préfèrent descendre à même le sable de la ría et se baigner dans les mares à marée basse.

DOUBLE SYMBOLE

Un centre de pouvoir – Depuis le Moyen Âge, les représentants biscayens se réunissent à Guernica, au pied du chêne tutélaire. Ils y recevaient le serment des seigneurs de Biscaye qui promettaient de respecter les *fueros* (privilèges locaux). Les rois d'Espagne se plièrent jusqu'en 1876 à la coutume… qui fut rétablie en 1936 par José Antonio Aguirre puis supprimée une seconde fois sous Franco. Adaptés et restaurés en 1979 à la fin du règne du dictateur, ils régissent à nouveau l'ensemble du Pays basque espagnol. Quant à l'arbre millénaire, ses restes sont abrités sous un petit temple derrière la Casa de Juntas.

La ville martyre – Aujourd'hui au musée Reina Sofía de Madrid, la célèbre toile de Picasso *Guernica* a immortalisé le drame dont a été victime cette petite ville pendant la guerre civile : le 26 avril 1937, jour de marché, une escadrille allemande a soudain bombardé la localité, faisant quelques centaines de morts. Le drame a d'autant plus marqué les esprits qu'il s'agissait du premier raid aérien massif sur des populations civiles de l'histoire…

Itinéraire conseillé

DE GUERNICA À MARQUINA-JEMÉIN C1

Pour visualiser cet itinéraire de 80 km, reportez-vous au plan de la région (p. 296) – comptez environ 2h. Quittez Guernica par la BI 635 au sud, en direction de l'A 8. À Zugaztieta, prenez à gauche la BI 3231. Traversez Aiuria, puis Urrutxua, et continuez vers Munitibar.

★ Balcón de Bizkaia/Vizcaya

Ce belvédère tourné vers les paysages montagneux dévoile, au-delà du faîte des arbres, une mosaïque de prés et de forêts.

Continuez jusqu'à Munitibar, puis tournez à droite vers Bolibar sur la BI 2224.

La route en descente vers Bolibar révèle par intermittence de très belles échappées sur le monastère de Cenarruza, isolé sur sa colline.

Juste avant Bolibar, prenez à droite en direction de Ziortza.

★ Monasterio de Cenarruza/Ziortza

Sonnez à la boutique pour que le moine convers vienne vous ouvrir.

Charmant monastère (14e s.) regroupé autour de la collégiale. L'attrait du site tient autant à son environnement champêtre qu'à la sobriété de son architecture. L'histoire raconte que, durant la messe de l'Assomption célébrée à Sta Lucia de Garay en l'an 968, un aigle survola l'assemblée des fidèles pour s'emparer d'un crâne dépassant des sépultures de l'église. Depuis, les armoiries de Cenarruza représentent la scène. Vous pourrez en voir une représentation sur le mur extérieur de la porte est.

Collégiale – Jetez un œil à son petit cloître avant d'entrer dans l'église, d'une simplicité émouvante. Son seul luxe se concentre dans le petit retable polychrome de l'autel qui abrite le tombeau de l'abbé Irusta (1485-1563). En sortant, notez les sculptures réalisées sur les poutres de l'auvent, et tournez-vous vers la porte pour ne pas manquer les figures naïves qui la surmontent.

Revenez à Bolibar.

Bolibar/Bolívar

L'église forteresse Santo Tómas, fondée au 10e s. et reconstruite aux 17e et 18e s., paraît occuper le village d'où serait originaire **Simón Bolívar**. Un musée, installé dans une maison traditionnelle située derrière l'église, lui est consacré.

Museo Bolívar – *Errementarikua Baserria, Beko kale, 4 - ✆ 946 164 114 - www.simonbolivarmuseoa.com - juil.-août : mar.-dim. 10h-13h, 17h-19h, w.-end et j.fériés 12h-14h ; reste de l'année : mar.-vend. 10h-13h , w.-end et j.fériés 12h-14h - fermé lun. - gratuit.* Le premier étage évoque l'histoire du village médiéval, et le deuxième présente la vie et la carrière de ce chef du mouvement indépendantiste latino-américain au travers de panneaux et de documents d'archives.

Quitter Bolibar en direction de Markina-Xemein par la BI 633.

Marquina-Jeméin/Markina-Xemein

Mentionnée pour la première fois dans les textes en 1355, cette commune jouait un rôle défensif sur la frontière avec le Guipúzcoa.

Chapelle de San Miguel de Arretxinaga – Chapelle excentrée dans le quartier d'Arretxinaga. À l'intérieur, trois gigantesques rochers se soutiennent mutuellement, faisant comme une grotte à la statue de saint Michel (16e s.).

Iglesia del Cármen (Église des Carmélites) – *Dans le village, en direction de Durango.* 18e s. Elle abrite trois magnifiques retables en bois doré.

Kalea Guen – Cette rue conserve encore deux maisons-tours aux n°s 5 et 7. Voyez à proximité l'hôtel de ville (16e s.) aux colonnes baroques de grès rose.

Place principale – Bel espace dégagé, sur lequel donne l'église et des maisons anciennes, comme le palais baroque Solartekua, repérable à ses blasons.

Revenez à Guernica par la BI 3448 jusqu'à Aulesti, à l'ouest, puis la BI 3242.

NOS ADRESSES À GUERNICA

HÉBERGEMENT

PREMIER PRIX

Pension Akelarre – *Barrenkale, 5 - ✆ 946 270 197 ou 656 762 217 - akelarre@hotelakelarre.com - 17 ch. 37/51 € - ☕ 4,50 €.* Les chambres personnalisées de cette coquette pension allient avec bonheur l'esthétique au confort. Le salon, aménagé au dernier étage, offre un accès gratuit à Internet. Terrasse avec solarium et vue panoramique sur les toits.

BUDGET MOYEN

Hôtel Gernika – *Carlos Gangoiti, 17 - ✆ 946 250 350 - h_gernika@hotel-gernika.com - P - fermé 22 déc.-8 janv. - 40 ch. 76 € - ☕ 6 €.* Établissement familial disposant d'un bar élégant et d'agréables parties communes. Les chambres les plus modernes possèdent la climatisation et des salles de bains en marbre.

RESTAURATION

PREMIER PRIX

Gernika – *Industria, 12 - ✆ 946 250 778 - 9,50/18 €.* D'entrée, cette petite adresse inspire la sympathie. Le décor – murs en pierre, tables bien dressées et belle collection d'horloges anciennes – est chaleureux. Les spécialités basques sont savoureuses. La musique d'ambiance et l'accueil souriant rendent le lieu agréable.

POUR SE FAIRE PLAISIR

Zallo Barri – *Juan Kaltzada, 79 - ✆ 946 251 800 - restaurante@zallobarri.com - ouv. seult déj. sf jeu., vend. et sam. - 33/43 €.* Établissement moderne de style minimaliste. Bien aménagé, il propose une cuisine moderne intéressante.

AGENDA

Dimanche de carnaval – (Fév.-mars) - *Markina-Xemein - ✆ 946 167 454.*

Fêtes patronales de Gernika-Lumo – (14-18 août) - Andra Mari et San Roque.

Fête de San Miguel – (29 sept.) - *Markina-Xemein.*

Grand marché (dernier lundi d'oct.).

Façade rococo de l'hôtel de ville de Durango.
S. Sauvignier / MICHELIN

Durango

★

27 861 Durangarra – Biscaye

NOS ADRESSES PAGE 330

S'INFORMER
Office de tourisme – *Askatasun Etorbidea, 2 - 48200 Durango - ✆ 946 033 938 - www.durango-udala.net - horaires : se renseigner.*

SE REPÉRER
Plan de région C2 (p. 296) – carte Michelin n° 573 C 22. Implantée sur l'axe St-Sébastien-Bilbao (A 8), Durango n'est qu'à 30 km à l'est de la capitale biscayenne.

SE GARER
Le centre étant piétonnier, mieux vaut chercher à vous garer du côté de la gare, qui n'est pas loin du cœur historique.

À NE PAS MANQUER
Le porche de la basilique Sta María.

ORGANISER SON TEMPS
Visiter la ville le matin et s'échapper pour une randonnée dans le parc d'Urkiola l'après-midi.

AVEC LES ENFANTS
Les itinéraires pédagogiques partant de la Maison du parc d'Urkiola.

Ne vous fiez pas aux abords plutôt modernes de cette cité industrielle, bâtie au bord d'une rivière et entourée de montagnes. Ils ne révèlent en rien le charme du quartier historique ramassé autour de la magnifique

basilique et de son porche où bruissent toujours les conversations. La visite ne s'arrête pas là. Poussez jusqu'aux hectares protégés du parc d'Urkiola et aux palais d'Elorrio tout proches. Vous ne serez pas déçus…

Se promener

Franchissez la Mañaria à la calle Andra Mari.

★★ Basilica Sta María de Uribarri

Cette église du 14e s. renferme un superbe **retable★** Renaissance en bois doré du 16e s. dédié à la Vierge (scènes de l'Annonciation, de la Nativité, de l'Assomption, etc.), mais elle mérite surtout le détour pour la magnifique **charpente★★** de son porche, dont la hauteur et les volumes impressionnent. Il sert de lieu de rencontre et de marché à la population.

En poursuivant la calle Andra Mari par le chevet, vous atteignez Kurutziaga.

★ Cruz de Kurutziaga

Dressée devant l'église des pères jésuites, cette croix originale évoque un calvaire breton, car elle est sculptée sur ses deux faces (paradis, Adam et Ève, les 12 apôtres). Elle fut dressée comme croix expiatoire en réparation de l'hérésie menée par le franciscain fray Alonso de Mella et propagée à partir de 1442. On ne sait pas grand-chose faute de documents si ce n'est que ce « religieux » critiquait l'église et prônait une société où tout serait partagé, les biens matériels comme les femmes… Ce « hippie » avant l'heure parvint à rallier à ses théories subversives nombre d'habitants de la ville dont une centaine fut brûlée en 1444, sous prétexte de sorcellerie, sur les lieux où avait été élevée la croix.

Revenez sur vos pas et prenez la calle Kalebarria à gauche.

Plaza Balbino

Jolies maisons basques, l'une traditionnelle, avec briques et pans de bois, et l'autre à colonnades.

Iglesia Sta Ana

L'église se dresse sur une **place★** du même nom, au sol pavé de galets et décoré d'une croix tracée à l'aide de pierres. Un petit arc de pierre, aussi baptisé Sta Ana et construit en 1566, complète le tableau. C'est l'unique vestige des anciennes portes de la ville. Il a été retouché en 1744 avec l'adjonction d'éléments classiques.

Prenez la calle Arte.

Ayuntamiento (Hôtel de ville)

Vous ne pourrez pas manquer ce bâtiment, car il arbore en façade une fresque rococo (refaite après la guerre civile selon le dessin d'origine réalisé en 1722 par un peintre originaire de Bilbao, Ignacio de Zumárraga).

Revenez à la calle Andra Mari par la calle Arte, ou sa parallèle à gauche, Barenkalea.

LA FONDATION

Le toponyme « Durango » daterait du haut Moyen Âge. Pour certains, il dériverait du vocable Urazango, pour d'autres, il viendrait du nom Padurango ou d'un toponyme romain, Duranicus. Jusqu'à la fin du 11ᵉ s., le village dépend de Pampelune et de la Navarre puis, après 1095, passe à la Biscaye avant de devenir castillan à la fin du 12ᵉ s. Ce n'est qu'à cette période que le village reçoit ses lettres de fondation.

TROUBLES

Après avoir été dévastée par la peste en 1517 et 1597, une inondation destructrice (1544) et un incendie ravageur (1554), la ville doit supporter le coût des guerres castillanes contre la France au 17ᵉ s., puis l'occupation napoléonienne au siècle suivant. Pendant les guerres carlistes, elle soutient les libéraux. Fortement industrialisée par la suite, elle est le théâtre de batailles et de bombardements lors de la guerre civile, notamment en mars-avril 1937, pour avoir choisi de demeurer fidèle au camp républicain.

À proximité Plan de microrégion

Parque natural de Urkiola C2

11 km au sud par la BI 623 en direction de Vitoria.

Maison du parc naturel d'Urkiola Toki Alai – *Puerto de Urkiola - 946 814 155 - www.urkiola.net - - tte la journée, w.-end mat. et apr.-midi - fermé 1er et 6 janv., 13 juin, 25 déc. - gratuit.* Cartes de randonnées et informations sur la biodiversité et la géologie du parc y sont disponibles.

Itinéraires pédagogiques de 1h au départ de la maison et aboutissant au sanctuaire de San Antonio.

Fondé en 1989, le parc couvre près de 6 000 ha du massif montagneux karstique du même nom qui est à cheval entre la Biscaye et l'Álava. Il présente des paysages de prairies et de falaises austères où nichent des vautours fauves. Les forêts (un tiers de la superficie) sont en plein développement grâce à des plantations de pins et de mélèzes qui viennent s'ajouter aux chênaies, hêtraies et pinèdes d'origine.

Église de San Antonio – *Au col d'Urkiola.* Construite sur un sanctuaire du 7ᵉ s., l'église présente une façade murée, ornée simplement d'une porte et d'un vitrail en hauteur. Les restes d'un cloître lui servent de parvis. À l'intérieur, l'absence de chœur donne une allure très contemporaine à l'ensemble.

Beaux **points de vue** sur le parc d'Urkiola depuis le belvédère aménagé dans les bois (*suivez le chemin de croix, sur la gauche*).

Comptez une demi-journée de marche AR depuis le sanctuaire pour atteindre le mont **Anboto** qui culmine à 1331 m... mais attention, c'est sur l'un de ses versants que se trouve la grotte où réside la « Dama de Anboto », la déesse de la nature qui détient le secret de la foudre et se nourrit des mensonges proférés par ses visiteurs.

Otxandio/Ochandiano C2

18 km au sud par la BI 623. Après Andaparaluzeta, faites quelques centaines de mètres et prenez à gauche la BI 3451.

Ce petit village ne manque pas de caractère, avec ses ruelles étroites et sa place qui regroupe, comme il se doit, l'hôtel de ville (1742) et ses arcades, le fronton de pelote, le préau où se réfugier en cas de pluie, et l'église de Sta Marina du 16e s. dont le **portail★**, très simple, révèle l'existence d'un sanctuaire antérieur.

★ Elorrio C2

12 km au sud-ouest par la BI 632 en direction d'Arrasate. Après Apatamonasterio, continuez sur 3 km, puis prenez à gauche en direction d'Elorrio.

Ce village fondé en 1356 concentre un nombre impressionnant de **palais** des 17e et 18e s. sur seulement quelques rues, héritage des fortunes accumulées par les échanges avec le Nouveau Monde. La plus blasonnée est celle de Berriochoa (Berriotxoa), mais vous verrez aussi de belles façades dans les rues San Pio X, Gernikako, Erreka ou Urarka, pour ne citer qu'elles.

Ne manquez pas de faire un arrêt sur la charmante place de l'Arbre de Guernica (Plaza Gernikako Arbola), dominée par la basilique de la Purísima Concepción (15e s.). Elle conserve les reliques du saint patron de la Biscaye, saint Valentín de Berriochoa (1827-1861), missionnaire dominicain qui mourut martyr au Vietnam. Il était né dans le palais d'Arriola.

NOS ADRESSES À DURANGO

HÉBERGEMENT ET RESTAURATION

BUDGET MOYEN

Hôtel Kurutziaga – *Kurutziaga, 52 - ✆ 946 200 864 - kurutziaga@teleline.es - P - fermé 24-31 déc. - 18 ch. 71,20/89 € - ☕ 8 € - rest. 17,53 €.* La réception et la partie commune sont petites, mais les chambres sont bien équipées. Les salles de bains des chambres individuelles ne comportent qu'une cabine de douche. Un pavillon extérieur, à la décoration originale mariant le fer et le verre, a été aménagé pour les banquets.

AGENDA

Romería à Urkiola – (13 juin).

Fête patronale de San Fausto – (13 oct.). Les jours qui précèdent et qui suivent cette date sont synonymes de festivités dans toute la ville.

Foire du livre et du disque basque –(1re quinz. de déc.) - ✆ 946 033 938.

Balmaseda

Valmaseda

7 174 Balmasedar – Biscaye

NOS ADRESSES PAGE 335

S'INFORMER

Office de tourisme – *C/Martín Mendía, 2 - 48800 Balmaseda - ℘ 946 801 356 - www.balmaseda.net ou www.enkartur.net - lun.-vend. 9h-14h, 16h-19h, w.-end et j. fériés 10h-14h.*

SE REPÉRER

Plan de région A2 (p. 296) – carte Michelin n° 573 C 20.

30 km à l'ouest de Bilbao. Le vieux Balmaseda s'étend sur quatre rues parallèles le long du río Cadagua, encadré à l'ouest par l'office de tourisme, et à l'est par l'hôtel de ville et l'église San Severino.

SE GARER

Les parkings se concentrent principalement à l'est de la ville, de part et d'autre de la rivière. Celui qui se situe derrière la mairie est le plus central.

À NE PAS MANQUER

L'intérieur de l'office de tourisme, situé dans l'ancienne église Sta Clara.

ORGANISER SON TEMPS

Une matinée suffit pour arpenter les rues du vieux Balmaseda. L'après-midi pourra être consacrée à la vallée de Karrantza, avec un détour par le musée des Encartaciones.

AVEC LES ENFANTS

Rendez visite aux animaux et aux dinosaures du parc Karpin Abentura et découvrez la grotte Pozalagua.

Tradition et inventivité, telle pourrait être la devise de la capitale des Encartaciones. Balmaseda a en effet su préserver ses coutumes, comme celle de la « Passion vivante », et mettre en valeur son patrimoine, en n'hésitant pas à reconvertir ses monuments en musée ou en centre culturel. Résultat : un cœur historique où l'on a plaisir à flâner, et un point de départ idéal pour rayonner dans la région.

Se promener

Balmaseda déploie tout son charme en fin de matinée ou en fin de journée, lorsque l'animation des rues atteint son apogée.

Casa Consistorial (Hôtel de ville) – La forêt d'arcades qui caractérise le rez-de-chaussée de la **mairie** du 18e s. n'est pas sans rappeler celle de la mosquée de Cordoue, d'où son surnom de « Mezquita ». Les piliers ne sont cependant pas aussi anciens et datent pour la plupart du début du 20e s.

Devant le bâtiment se déploie la vaste place San Severino.

San Severino – Jouxtant l'hôtel de ville, cette église gothique du début du 15e s. embaume l'encaustique. On peut y admirer un certain nombre d'ajouts ultérieurs comme la chapelle centrale, commandée en 1545 par Juan de Urrutia.

Des sculptures maniéristes ornent son retable, attribué aux frères Beaugrant. Notez également les bas-reliefs de style Art nouveau dans la nef de droite. De son côté, l'extérieur affiche un style baroque avec un clocher du 18e s., décoré d'un double balcon ornemental.

Engagez-vous dans la calle Correria aboutissant à la plaza de los Fueros.

Palacio Urrutia – Maison du 17e s. reconnaissable à son portail encadré de colonnes néoclassiques.

Prenez la calle El Cubo, puis le campo de las Monjas.

Conjunto (Ensemble) Monumental Sta Clara – Occupé jusqu'en 1985 par des clarisses, ce couvent datant de 1675 abrite aujourd'hui un hôtel, et son **église★**, l'office de tourisme. L'étape en ce lieu reconverti est indispensable, ne fût-ce que pour admirer le magnifique orgue rococo de 1770 et les superbes retables baroques des 17e et 18e s.!

Revenez vers le vieux centre en longeant la rivière Cadagua.

Puente Viejo – Ce pont médiéval, autrefois point de passage obligé sur la route de Castille, aurait été édifié au début du 13e s. Postérieure, sa tour est devenue le symbole de Balmaseda. Elle faisait partie de l'enceinte fortifiée de la ville et en constituait l'une des principales entrées. En raison de son arche centrale surélevée qui rendait le charriage difficile, ce pont fortifié fut supplanté au 17e s. par un autre, construit plus en aval.

Peu après le pont, tournez à gauche vers la place St-Jean.

Plaza San Juan – Sur cette place très centrale se dressent deux églises. La plus moderne (début du 20e s.) a été transformée en centre culturel, le Klaret Antzokia, inauguré en 2005. La seconde, anciennement San Juan Bautista del Moral, fondée au 15e s., a été reconvertie en musée.

Museo de la Historia de Balmaseda (musée de l'Histoire de la ville) – *✆ 657 795 806 - ♿ - de mi-juin à mi-sept. : mar.-vend. 10h30-13h30, 17h-19h30, sam. 10h-13h30, 17h-20h, dim. et j. fériés 10h-14h ; oct.-mai : mar.-sam. 10h-13h, 16h30-19h, dim. et j. fériés 10h30-14h30 - fermé lun. - 1 €.* La nef de l'ancienne église réunit une série d'objets et de panneaux explicatifs illustrant l'histoire de Balmaseda, son patrimoine et ses traditions, parmi lesquelles la célèbre Passion vivante du Christ. D'autres sont consacrés aux personnalités de la ville, comme l'homme politique et historien local Martín de los Heros e Hita (1786-1859) ou les peintres Roberto Rodet (1915-1989) et María Francisca Dapena (1924-1995). La galerie supérieure présente quelques objets du 19e s., permettant de recomposer une sorte d'intérieur bourgeois typique de l'époque.

Suivez la rue Martín Mendia pour passer devant le palais Horcasitas.

Palacio Horcasitas – La sobre façade de ce palais construit à la fin du 17e s. ou au début du 18e s. arbore le blason de la famille Horcasitas. Celle donnant sur la ruelle voisine offre un bel exemple de style néoclassique.

La rue Martín Mendia vous ramènera à la place St-Séverin.

LA SEMAINE SAINTE

Le Jeudi et le Vendredi saint, la reconstitution de la Passion du Christ draine à Balmaseda des milliers de personnes. La tradition remonterait au 15e s. et à une épidémie de peste. Sa mise en scène a sans cesse évolué, passant d'une simple procession à la reconstitution de la Passion, laquelle comprend aujourd'hui neuf tableaux vivants. Les spectateurs assistent donc à la Cène, à la prière du mont des Oliviers, à l'arrestation de Jésus, à sa confrontation avec le grand prêtre, puis Ponce Pilate, à son chemin de croix et à sa crucifixion, joués et mis en scène par les habitants.

UNE POSITION STRATÉGIQUE
Balmaseda s'enorgueillit de compter parmi les cités fondatrices de Biscaye, voire la première puisque ses actes remontent à 1190. Elle se développa entre les collines et la rivière, à l'endroit le plus facile à fortifier. L'emplacement était aussi idéalement choisi d'un point de vue commercial, puisqu'il se trouvait sur la route menant en Castille. La ville n'eut qu'à réutiliser l'ancienne voie romaine pour assurer sa prospérité. Marchands, aubergistes et artisans développèrent leurs activités. Mais au 18e s., cette source de richesse se tarit, suite à l'ouverture d'une nouvelle voie de communication, qui passait par Orduña. Au 19e s., Balmaseda dut aussi faire face aux différentes guerres (napoléoniennes, carlistes). Mais à la fin du siècle, le chemin de fer relança son activité. Aujourd'hui, c'est sur son patrimoine et ses services que s'appuie la capitale des Encartaciones.

À voir aussi

Museo de la Boina La Encartada (Musée du Béret et de l'Industrie textile basque)
Sortie côté Burgos, Bº El Peñueco, 11 - 48800 Balmaseda - ✆ 946 800 778 - www.laencartadamuseoa.com - de la Sem. sainte à oct. : mar.-vend. 10h-14h, 16h-19h, sam. 10h30-19h, dim. et j. fériés 11h-15h ; reste de l'année : mar.-vend. 10h-14h, sam. 10h30-19h, dim. et j. fériés 11h-15h - 5 € (enf. 3 €). Ancienne usine de bérets fondée en 1892. Son architecture et ses machines sont encore en état.

À proximité Plan de microrégion

LAS ENCARTACIONES (ENKAITERRIAK) A2

Cette appellation désigne le territoire occidental de la Biscaye, délimité par la Cantabrie, la Castille et le Nervión. C'est une région au relief accidenté, dont les vallées et les villages, encore tournés vers une économie pastorale et agricole, ont conservé toute leur authenticité.

Güeñes A2

10 km à l'est par la BI 636 en direction de Bilbao. Après environ 7 km, tournez à gauche et traversez Aranguren pour rejoindre Güeñes par la BI 3631.

Iglesia Sta María – Intéressante église gothique du 16e s. au mobilier et à la décoration recherchés. Son **portail★** comprend de belles portes en bois clouté ainsi qu'une ornementation marquant la transition entre les styles gothique et Renaissance.

Avellaneda A2

7 km au nord par la BI 630, puis la BI 2701 à Otxaran.

Museo de las Encartaciones – *Le musée se trouve sur la route de Muskiz, dans la montagne. ✆ 946 504 488 - ♿ - mar.-sam. 10h-14h, 16h-18h, dim. et j. fériés 10h-14h - fermé lun., 1er et 6 janv., 25 déc. - gratuit.* Un bâtiment moderne, précédé de piliers bleus, marque l'entrée de ce musée qui occupe l'ancienne demeure fortifiée (15e s.) où se réunissaient jusqu'au 19e s. les représentants des villages de la région. Les différentes salles abordent chacune un thème ou une période historique, reconstituant la géographie et l'histoire de la région.

Ainsi, la pièce d'exposition évoquant la romanisation présente-t-elle la coupe d'une voie romaine ; celle du haut Moyen Âge, la reproduction de tympans. Les tours défensives du bas Moyen Âge illustrent, quant à elles, les guerres d'influence que se livraient les seigneurs de l'époque. La démarche didactique est bien illustrée grâce à des maquettes, des costumes, des outils, des photos, des sculptures et de nombreux panneaux explicatifs.

Itinéraire conseillé

LA VALLÉE DE KARRANTZA/KARRANTZA HARANA/ VALLE DE CARRANZA A1-2

Pour visualiser cet itinéraire de 80 km, reportez-vous au plan de la région (p. 296) – comptez environ une journée. Quittez Balmaseda en direction de Castro-Urdiales, puis restez sur la BI 630 (direction Santander).

Iglesia Nuestra Señora del Buen Suceso A1-2

L'église rendant hommage à la sainte patronne de la vallée présente une silhouette trapue, aux murs épais. Un beau jour de l'an 1670, la Vierge Marie apparut à María Rozas, une sage jeune fille du village de Campillos. Elle lui demanda de prévenir le curé et les habitants afin qu'ils élèvent une église pour sa statue, trouvée le 18 septembre. Les fidèles s'exécutèrent et le temple fut dressé à l'endroit de l'apparition. Depuis l'auvent et la porte principale, la **vue** est imprenable sur le magnifique retable baroque du 18e s. qui tapisse le fond de la nef, derrière l'autel. Ses trois panneaux encadrent la statue de Notre-Dame du Buen Suceso (67 cm) en bois polychrome du 17e s.

De petites **arènes** s'appuient contre l'édifice. Elles accueillent les corridas organisées le 18 septembre, à l'occasion de la fête de la sainte patronne (ce jour-là, une messe est célébrée chaque heure). Vous pourrez pique-niquer à proximité, des tables en bois étant dressées à cet effet près de l'église. Non loin de là, le **monument à la Vierge**, réalisé par le sculpteur Joaquín Lucarini Macazaga (1905-1969) en 1953, veille sur la vallée du haut de ses 14 m.

Reprenez la BI 630 en direction de Santander. Après El Cajello, tournez à droite en direction de Paúles.

Biañez A1-2

Église St-André – Mitoyenne du cimetière, cette église des 14e et 15e s. occupe une petite éminence à l'entrée du village. L'un de ses murs intérieurs est entièrement recouvert de fresques mises au jour lors de la restauration d'un retable. Les peintures s'organisent en trois panneaux verticaux représentant de gauche à droite : la Passion, le martyr de saint André et la Cène.

Traversez le village et prenez la direction de Paúles.

Karpin Abentura/El Carpín A1

944 479 206 ou 946 107 066 - www.karpinabentura.com - ♿ - du 1er juil. à mi-sept. : w.-end et vac. scol. 11h-19h - 8 € (-16 ans 5 €).

Propriété d'été de l'ingénieur Urbano Peña y Chávarri au début du 20e s., ce parc de 20 ha a par la suite servi de jardin d'enfants, de caserne et d'hôpital pendant la guerre civile. Depuis 1996, il accueille une cinquantaine d'espèces protégées parmi lesquelles des chouettes, des kangourous, des sangliers, des loups et des panthères noires. La plupart des animaux sont nés en captivité, les autres étant là en convalescence. Après avoir passé un moment avec eux, vous pourrez vous amuser à découvrir la faune préhistorique en parcourant

un chemin inspiré de *Jurassic Park*. Bruitages, mannequins et explications se déclenchent automatiquement à votre passage. Attention au Tyrex !
Revenez sur la BI 630 et prenez à droite. Traversez Molinar. Juste avant Ríoseco, tournez à droite et montez jusqu'à Ranero. La grotte se trouve au-delà du village, au bout d'une route menant à une carrière et longeant la montagne sur la droite.

Cueva Pozalagua (Grotte Pozalagua) A1
649 811 673 - www.karrantza.com - ♿ - visite guidée tte la journée - fermé lun. (sf férié), Sem. sainte, se renseigner pour les autres jours de fermeture - 5 € (enf. 2,10 €).

Cette grotte a été découverte en 1957 par des ouvriers qui travaillaient à la carrière voisine. Comme eux, vous découvrirez d'amples salles, hautes parfois de 30 à 50 m, ornées de gigantesques stalactites colorées et de gours, successions de petits barrages de carbonate.

La grotte contient aussi quelques orgues, mais sa véritable spécificité tient dans ses **stalactites excentriques★**, ainsi appelées en raison de leur orientation défiant toutes les lois de la gravité. Elles se forment en effet en voile autour d'une goutte d'eau et peuvent ainsi être horizontales ou courbes. Particulièrement nombreuses à Pozalagua, elles tapissent une partie de la voûte, la transformant en une sorte de prairie fossilisée.
Revenez à Balmaseda par la BI 630.

NOS ADRESSES À BALMASEDA

HÉBERGEMENT ET RESTAURATION

BUDGET MOYEN

Hôtel San Roque – *Campo de www.sanroquehotel.es - P 21 ch. 55/70 € - ☕ 6 € - rest. 12,50 €.* Ce bel hôtel se trouve dans l'enceinte même du couvent de Ste-Clara construit au 17e s. Ses chambres, où dominent la pierre et le bois, possèdent beaucoup de charme. Avec sa pyramide en verre et son abondante végétation, le fabuleux patio suscitera à coup sûr votre admiration.

AGENDA

Marché médiéval – (Quelques jours en avr. ou mai). Toute la communauté participe à cette reconstitution d'un Balmaseda médiéval, où échoppes et étals de marchands, d'artisans et négociants envahissent les rues de la vieille cité.

Semaine sainte – *Semana Sta,* représentation vivante de la Passion du Christ.

Vitoria et la province d'Álava 5

Carte générale C2 - Carte Michelin n° 573 D 21-22 – Álava

Vue sur le parc naturel de Valderejo.

D. Rivas / Alavavision

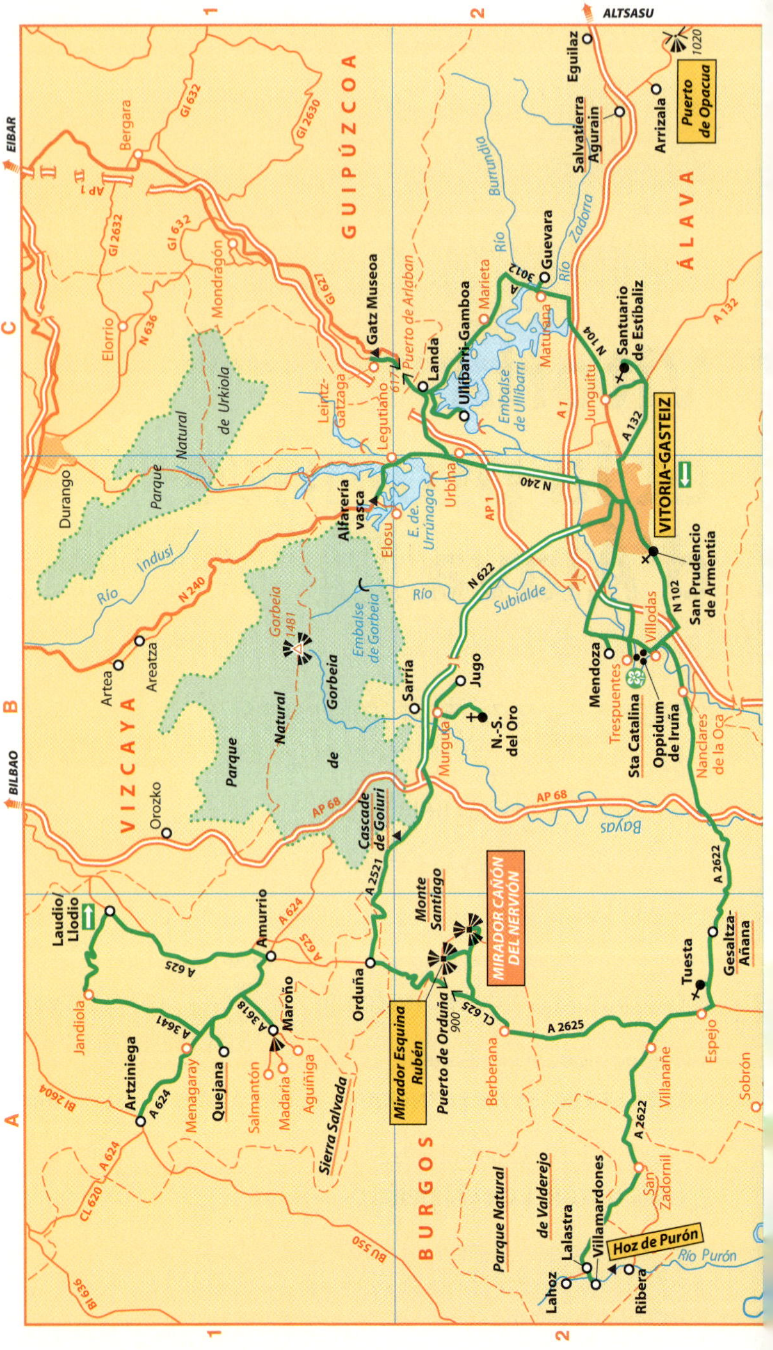
VIZCAYA
GUIPÚZCOA
ÁLAVA
BURGOS
VITORIA-GASTEIZ
EIBAR
BILBAO
ALTSASU
Durango
Bergara
Elorrio
Mondragón
Parque Natural de Urkiola
Parque Natural de Gorbeia
Gorbeia 1481
Artea
Areatza
Orozko
Río Indusi
Embalse de Gorbeia
Alfarería vasca
Elosu
E. de Urrúnaga
Urbina
Legutiano
Leintz-Gatzaga
Gatz Museoa
Landa
Puerto de Arlaban 617
Ullibarri-Gamboa
Embalse de Ullibarri
Marieta
Maturana
Guevara
Río Burrundia
Río Zadorra
Salvatierra Agurain
Eguilaz
Arrizala
Puerto de Opacua
1020
Santuario de Estíbaliz
Junguitu
San Prudencio de Armentia
Mendoza
Trespuentes
Villodas
Sta Catalina
Oppidum de Iruña
Nanclares de la Oca
Río Subialde
Sarria
Jugo
Murguía
N.-S. del Oro
Cascade de Goiuri
Laudio/Llodio
Amurrio
Jandiola
Artziniega
Menagaray
Quejana
Maroño
Salmantón
Madaria
Aguiñiga
Sierra Salvada
Orduña
Monte Santiago
MIRADOR CAÑÓN DEL NERVIÓN
Mirador Esquina Rubén
Puerto de Orduña 900
Berberana
Tuesta
Gesaltza-Añana
Espejo
Villanañe
Sobrón
Parque Natural de Valderejo
Lalastra
Lahoz
Villamardones
San Zadornil
Hoz de Purón
Río Purón
Ribera
Bayas
AP 1
GI 632
GI 2630
GI 2632
GI 627
N 636
N 240
N 622
AP 68
A 624
A 625
A 3641
A 3618
A 2521
A 2622
A 2625
CL 625
A 1
N 104
A 132
N 102
3012
BI 2604
CL 620
BU 550
BI 636
A
B
C
1
2

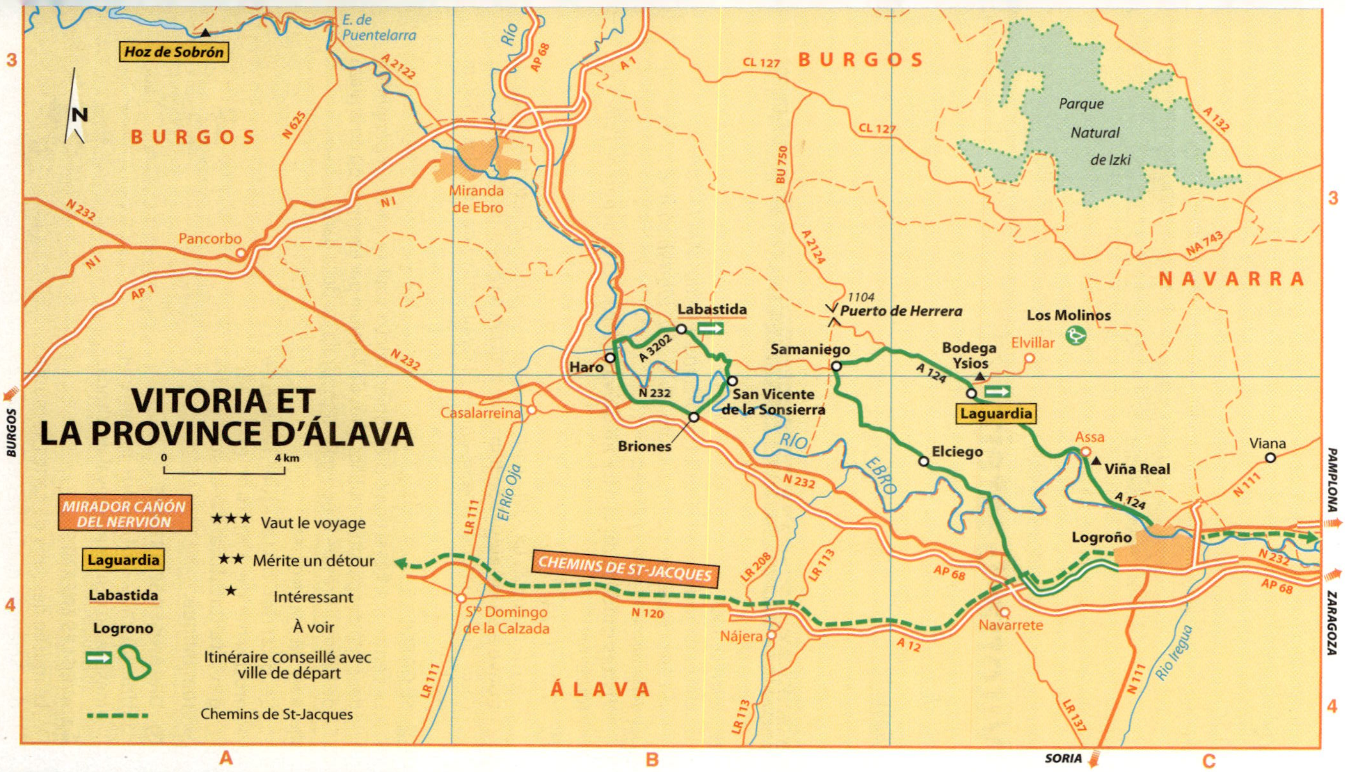
VITORIA ET
LA PROVINCE D'ÁLAVA
0
4 km
MIRADOR CAÑÓN DEL NERVIÓN
★★★ Vaut le voyage
Laguardia
★★ Mérite un détour
Labastida
★ Intéressant
Logrono
À voir
Itinéraire conseillé avec ville de départ
Chemins de St-Jacques
Hoz de Sobrón
E. de Puentelarra
BURGOS
NAVARRA
ÁLAVA
Miranda de Ebro
Pancorbo
Casalarreina
Haro
Labastida
Briones
San Vicente de la Sonsierra
Samaniego
1104
Puerto de Herrera
Los Molinos
Bodega Ysios
Elvillar
Laguardia
Elciego
Assa
Viña Real
Viana
Logroño
Navarrete
Nájera
Sto Domingo de la Calzada
Parque Natural de Izki
CHEMINS DE ST-JACQUES
Río
RÍO EBRO
El Río Oja
Río Iregua
A 2122
AP 68
A 1
N 625
N I
N 232
AP 1
CL 127
BU 750
A 2124
A 3202
A 124
A 132
NA 743
N 111
LR 111
LR 208
LR 113
LR 137
N 120
A 12
BURGOS
PAMPLONA
ZARAGOZA
SORIA
A
B
C
3
4

Vitoria-Gasteiz

★★

Gasteiz

232 477 Vitorianos ou Gazteiztarra – Álava

NOS ADRESSES PAGE 352

S'INFORMER

Office de tourisme – *Pl. del General Loma, 1 - 01005 Vitoria-Gasteiz - ☎ 945 161 598 - www.vitoria-gasteiz.org - lun.-sam. 10h-19h, dim. et j. fériés 11h-14h - fermé 1er janv. et 25 déc.*

Visites guidées du centre médiéval – *21h30 - 5 € - départ de l'office de tourisme.*

SE REPÉRER

Plan de région B2 (p. 338) – carte Michelin n° 573 D 21-22. Vitoria-Gasteiz se trouve à 64 km au sud de Bilbao et à 93 km à l'ouest de Pampelune, au cœur de la *Llanada Alavesa*, ample plateau cultivé de céréales à 500 m d'altitude.

SE GARER

Le centre médiéval étant piétonnier, mieux vaut se garer en périphérie dans l'un des parkings publics (près de l'Artium par exemple ou de la plaza de Fueros), près de la nouvelle cathédrale ou de la gare.

À NE PAS MANQUER

Le quartier historique, le musée moderne de l'Artium et le jardin Sta Catalina avec son cadre romantique.

ORGANISER SON TEMPS

Une journée suffit pour prendre la mesure du centre médiéval de Vitoria.

AVEC LES ENFANTS

Le musée des Jeux de cartes, le musée des Sciences naturelles et les salines d'Añana.

La Plaza de España, de style néoclassique.
Oficina Municipal de Turismo de Vitoria-Gasteiz

Capitale de la plus vaste des provinces basques et siège du gouvernement de la Communauté autonome basque (Euskadi), Vitoria-Gasteiz n'est pas aussi connue que ses grandes voisines San Sebastian et Bilbao. Pourtant, la ville bâtie sur une colline à 525 m d'altitude, possède de beaux atouts : une vraie vie culturelle avec ses nombreux musées et ses vieux quartiers, une ambiance agréable et animée grâce à ses nombreux bars à « pintxos », ses petites places et ses espaces verts. À ne pas manquer, la saison des festivals, dès l'arrivée du printemps.

Se promener

★★ LA VIEILLE VILLE

Pour visualiser l'itinéraire dans la vieille ville, tracé en vert, reportez-vous au plan de la ville (p. 343) - comptez 1h30.
Partez de l'office de tourisme et gagnez la Nouvelle Cathédrale.

Museo Diocesano de Arte Sacro A2

Catedral de María Inmaculada - ✆ 945 150 631 - www.catedralvitoria.com - ♿ - 11h-14h, 17h-20h - possibilité de visite guidée sur demande préalable - fermé lun., 1er janv. - gratuit.

Installé dans la nef contournant l'abside de la Nouvelle Cathédrale, ce musée expose des œuvres appartenant aux diocèses de Vitoria et Álava. Outre les œuvres romanes avec lesquelles débute la visite, remarquer les belles images gothiques ainsi que les intéressantes œuvres flamandes de Van der Goes *(Descente de croix)* et de Ambrosius Benson *(Crucifixion)*. Plus loin, arrêtez-vous devant la belle collection de pièces d'orfèvrerie.

Gagnez la vieille ville par la calle Prado.

La vieille ville est formée de plusieurs rues curvilignes qui entourent la cathédrale et portent les noms des anciens métiers. Les vieilles maisons nobles à blason y abondent.

Plaza de España ou plaza Nueva B2

Aménagée à partir de 1791, elle a été conçue par l'architecte Justo Antonio de Olaguíbel (1752-1810) et devait à l'origine être plus vaste que les *plazas mayores* de Madrid et de Salamanque. Si l'ambition du départ n'a pas été véritablement respectée, cette place en forme de carré parfait présente une noble ordonnance néoclassique.

Un passage permet d'accéder directement à la plaza de la Virgen Blanca, trait d'union entre les quartiers ancien et moderne.

Plaza de la Virgen Blanca B2

Dominée par l'église San Miguel, elle est l'image la plus caractéristique du centre névralgique de Vitoria.

Le lieu honore la **Virgen Blanca** qui occupe une place à part dans le cœur des habitants, et ce depuis la fondation de la ville par Sanche VI le Sage. Cette dévotion s'est développée au fil des siècles, avec notamment la création de la confrérie de N. S. de la Virgen Blanca, devenue officiellement la sainte patronne de la ville au 19e s., avant d'être couronnée « reine de la cité » en 1954. Le 4 août a lieu en son honneur le défilé des *faroles*.

Ses façades, éclairées de *miradores* (vérandas vitrées), encerclent un lourd monument à la victoire du 21 juin 1813, jour où Wellington mit en déroute les troupes napoléoniennes. D'anciens édifices des 18e et 19e s. abritent de très agréables cafés (Café Marañón, Café Vitoria). Notez que les rues les plus animées sont celles situées à gauche de la place, avec leurs boutiques et leurs commerces pleins de charme.

Montez jusqu'à l'église de San Miguel.

Iglesia de San Miguel B2

À l'extérieur du porche, une niche de jaspe abrite la statue polychrome, de style gothique tardif, de la Vierge blanche, patronne de la ville. On entre dans l'église par un portail de la fin du 14e s., dont le tympan retrace des épisodes de la vie de saint Michel. À l'intérieur, on remarquera surtout le retable du maître-autel, dû à Gregorio Fernández (17e s.), et, à sa droite, un arc plateresque (orné d'éléments baroques).

★★ Plaza del Machete B2

Une niche au chevet de l'église de San Miguel abritait autrefois le *machete*, coutelas sur lequel le procureur général jurait de défendre les libertés de la ville. C'est de ce couteau que cette calme et vaste place tire son nom. On aperçoit, derrière, le clocher de San Vincente (1871).

Los Arquillos (B2) – Enfilade d'arcades reliant la ville haute à la ville basse, à l'extrémité droite de la place.

Villa Suso – 16e s. Belle demeure construite sur l'ancienne muraille. Aujourd'hui reconvertie en palais des congrès.

Quittez la place par l'escalier contigu au palais.

Vous passerez à proximité de l'église de **San Vincente** de style gothique (15e s.).

Par la cuesta de San Vicente, rejoignez la calle Cuchillería que vous remonterez par la gauche.

Notez au n° 24 la **casa del Cordón** (16e s.) qui accueille une salle d'expositions temporaires.

À l'intersection avec le cantón de San Francisco de Javier, prenez à droite et marchez jusqu'à l'Artium.

★ Artium (Museo vasco de Arte contemporáneo) B1

C/ Francia, 24 - ✆ 945 209 000 - www.artium.org - ♿ -mar.-dim. 11h-20h - fermé lun. (sf j. fériés), 1er janv. et 25 déc. - tarif : à l'estimation des visiteurs (minimum : 0,01 €). Cet important centre d'art contemporain, inauguré en 2002, a pour vocation de faire connaître et de rendre plus accessible l'art actuel au travers d'expositions permanentes et temporaires. Un système d'exposition rotative bisannuelle permet de voir une sélection significative de sa magnifique **collection★**. Son fonds est constitué de plus de 1 800 œuvres d'artistes espagnols des années 1920-1930 jusqu'à aujourd'hui.

Des noms aussi évocateurs que Picasso, Miró, Gargallo, Tàpies, Canogar, Palazuelo, Oteiza, Chillida… mais aussi Barceló, Iglesias, Urzay, Badiola, Sicilia, Broto, etc., complètent ce panorama de l'art contemporain espagnol.

En sortant de l'Artium, prenez à droite la calle de Francia et remontez-la jusqu'à la prochaine intersection en croix. Là, prenez à gauche la calle de San Ildefonso, prolongée par la calle de Sta Ana.

À l'intersection de la calle Cuchillería se dresse le **palais Arrieta-Maeztu**, reconnaissable à sa tour d'angle et à son portail simple encadré par un *alfiz* (corniche qui enclot les bords extérieurs d'une arche). L'intérieur, qui abrite un singulier musée consacré aux cartes à jouer, nous offre aussi une belle cour Renaissance.

★ **Museo Fournier de Naipes de Álava** (Musée des Cartes à jouer) B1

C/ Cuchillería, 54 - ♿ - mar.-vend. 10h-14h, 16h-18h30, sam. 10h-14h, dim. et j. fériés 11h-14h - possibilité de visite guidée sur demande préalable - fermé lun. (sf fériés), 1er janv., Vend. saint - gratuit. Fermé pour travaux de rénovation.

VITORIA-GASTEIZ

SE LOGER
- Casa del Patrón .... ①
- Dato .... ②
- Haritz Ondo .... ③
- Palacio de Elorriaga .... ⑤

SE RESTAURER
- Arkupe .... ①
- Arlobi .... ②
- El Rincón de Luis Mari .... ③
- Gure Ametsa .... ④
- Gurea .... ⑥
- Sidrería Casa Areso .... ⑨

INDEX DES RUES
- Fray Zacarías Martínez 2
- Machete (Pl. del) 3
- Virgen Blanca (Pl. de la) 5

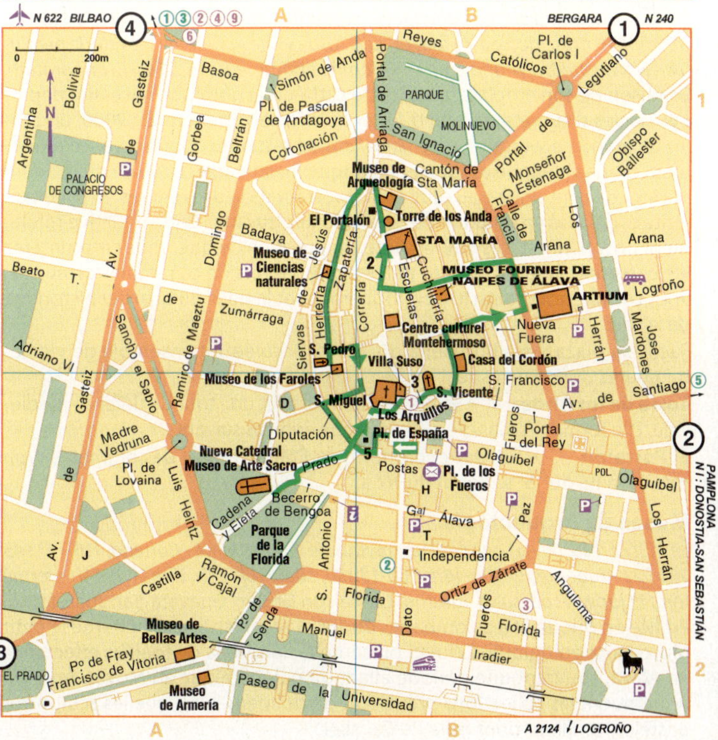

Fondée en 1868 à Vitoria par Heraclio Fournier (descendant d'un imprimeur parisien dont la famille s'est fixée en Espagne au 18e s.), la célèbre fabrique de cartes à jouer, bien que désormais dépendante d'une *holding* américaine, est toujours en activité. Soucieux de préserver ce patrimoine, le petit-fils du créateur, Félix Alfaro Fournier, a réuni une incomparable collection, acquise par la *diputación foral* (l'équivalent de notre Conseil général) de l'Álava en 1986. La collection actuelle compte 20 000 jeux de cartes, allant du 14e s. à nos jours et provenant du monde entier. Ils couvrent une grande variété de thèmes (concernant l'histoire, la géographie, l'art, les caricatures, les coutumes, etc.) et utilisent les supports d'impression les plus divers (papier, parchemin, feuilles d'arbre, tissu, métal, etc.).

Reprenez la calle Sta Ana, qui débouche sur la calle Fray Zacarías Martínez.

Calle Fray Zacarías Martínez B1

Vieilles demeures à colombages et anciens palais caractérisent cette jolie rue. La calle Sta Ana vous a justement amené devant le portail Renaissance du palais des Escoriaza-Esquivel, construit sur un pan de l'ancienne muraille. Avec un peu de chance, si ce dernier est ouvert, vous pourrez jeter un œil au joli patio couvert.

Suivez la rue sur votre droite en direction de l'ancienne cathédrale.

Catedral Sta María B1

La construction de cette église fortifiée débuta à la fin du 13e s. et ne fut réellement achevée qu'au 14e s. Initialement partie intégrante de l'enceinte défensive, elle fait aujourd'hui l'objet d'un important processus de réhabilitation.

★★ **Visite du chantier de restauration de la cathédrale** (B1) – *1h30. Visites en français, anglais, castillan, italien, euskera et allemand - ☎ 954 255 135 - en travaux, en principe jusqu'à juin ou juil. 2010 - visite guidée sur demande préalable - www.catedralvitoria.com - 5 € (familles nombreuses 2,50 €, -12 ans gratuit).* En raison de son emplacement, cette cathédrale gothique nécessite depuis des siècles d'être étayée afin d'éviter qu'elle ne s'effondre. En 2000, un projet de grande envergure a été lancé afin de restaurer et préserver ce monument d'une valeur historique et artistique inestimable. La visite du chantier permet de contempler au plus près la restauration des œuvres (le circuit de visite est réalisé en fonction de l'avancée des travaux). Cette initiative totalement novatrice est très intéressante. Équipé d'un casque, vous emprunterez les passerelles métalliques et percerez les secrets de ce temple-forteresse ; vous comprendrez ainsi le développement et le tracé du quartier historique de la ville.

Face à la plaza de la Burullería qui lui est accolée, un ensemble de vieilles demeures donne un aspect moyenâgeux à la rue.

Torre de los Anda (B1) – Sa partie inférieure fut une tour de défense médiévale. Elle forme un triangle avec les deux édifices suivants.

El Portalón (B1) – *De l'autre côté de la rue*. Établissement de commerce typique de la fin du 15e s.-début du 16e s.

Museo de Arqueología B1

Le musée reste ouvert pendant les travaux de rénovation. C/ Correría, 116 - ☎ 945 181 922 - mar.-vend. 10h-14h, 16h-18h30, sam. 10h-14h, dim. 11h-14h - fermé lun., 1er janv., Vend. saint - gratuit. La maison Godeo-Guevara-San Juan est un édifice en brique et à colombages du 16e s., reconstruit, qui héberge le petit Musée archéologique. Celui-ci présente les produits de fouilles effectuées en Álava, couvrant une période allant du paléolithique au Moyen Âge. On remarquera les collections provenant de dolmens, ainsi que les sculptures et stèles romaines dont celle du Cavalier.

Histoire de la ville

PLUSIEURS FONDATIONS

Simple oppidum construit sur une colline en surplomb de la voie romaine reliant Bordeaux à Astorga, Vitoria aurait été fondée, selon la légende, en 581 par le roi wisigoth Léovigild. Si l'on s'en tient à l'histoire, on attribuera sa fondation au roi de Navarre Sanche VI le Sage en 1181 qui fait construire des fortifications pour se protéger des Castillans, et donne le nom de Nueva Victoria à la nouvelle cité, tandis que sur une colline voisine subsiste un hameau du nom de Gasteiz. Mais, assiégée en 1199 par le roi de Castille Alphonse VIII, Vitoria est prise et rattachée au royaume castillan dès l'année suivante, ce qui ne l'empêche pas de recevoir des *fueros* (privilèges) de ses nouveaux souverains.

PROSPÉRITÉ COMMERCIALE

De par sa position stratégique entre les sierras et la Rioja, et bénéficiant de l'ancien tracé de la voie romaine, Vitoria a pu développer une importante activité économique : artisanale bien entendu, comme en témoignent aujourd'hui encore certains noms de rues (Zapatería pour la cordonnerie, Cuchillería pour la coutellerie, etc.), mais aussi commerciale puisque le vin de la Rioja, le blé de la plaine et le fer des montagnes convergeaient vers elle avant de gagner la Castille.

LA FIN DES AMBITIONS ESPAGNOLES DE NAPOLÉON

En 1813, Joseph Bonaparte est contraint de quitter précipitamment Madrid. Mais ses troupes sont attaquées à Vitoria le 21 juin par une armée anglo-espagnole commandée par le duc de Wellington et battues à plate couture. Napoléon est contraint de restituer la Couronne d'Espagne à Ferdinand VII et de renoncer définitivement à mettre la main sur l'Espagne. À Vienne, on commanda même une symphonie à Beethoven pour immortaliser l'événement… Plus tard, lors des guerres carlistes, si la ville s'est attachée à conserver une certaine neutralité, cela ne l'a pas empêchée d'être occupée par les rebelles. La cité traverse donc tout au long du siècle une longue période de léthargie.

Rejoignez la calle Herrería depuis la plaza de la Burullería en empruntant le cantón del Seminario Viejo.
Au passage, observez au nº 35 de la calle Herrería la noble façade baroque du **palais du marquis de Alameda**(1731).

Museo de Ciencias Naturales A1

C/ Siervas de Jesús, 24 - ✆ 945 181 924 - mat. et apr.-midi, w.-end mat. - fermé lun. (sf j. fériés) - gratuit.
Le musée des Sciences naturelles a investi la torre de Doña Otxanda. Une salle entière dédiée à l'ambre occupe le rez-de-chaussée (écrans interactifs, jeux de lumière, crâne de Tyrannosaurus rex). Le 1er étage réunit, quant à lui, une vaste collection de fossiles, tandis que le dernier niveau, à la présentation un peu datée, se concentre sur les écosytèmes d'Álava.

Iglesia de San Pedro A1

Cette église du 14e s. présente une intéressante façade gothique.
En haut des escaliers qui lui font face, vous apercevez la façade du **centre culturel Montehermoso** B1, qui occupe un palais Renaissance (1524).
Prenez les escaliers.
Dans la première ruelle à droite se trouve le **Museo de los Faroles** (A1), repérable à sa très haute porte (nécessaire pour laisser passer les éléments du rosaire).
C/ Zapatería, 35 - ✆ 945 277 077 - se renseigner pour les horaires - 1 €.
La confrérie de N. S. de la Virgen Blanca prend soin des *faroles*, ces éléments en vitraux qui symbolisent les mystères du rosaire (joyeux, douloureux et glorieux), les Ave, les Pater et les Gloria. Tous sont portés en procession la nuit du 4 août, selon une tradition qui remonte à 1897.
Revenez aux escaliers et prenez la ruelle suivante, toujours sur votre droite. Poussez jusqu'à la plaza de la Virgen Blanca en marchant tout droit ou en prenant à droite le cantón de San Roque pour retrouver la calle Herrería.

À voir aussi Plan de la ville

Museo de Armería A2

Pº Fray Francisco de Vitoria, 3 - ✆ 945 181 925 - mar.-vend. 10h-14h, 16h-18h30, sam. 10h30-14h, dim. et j. fériés 11h-14h - fermé lun., 1er janv., Vend. saint - gratuit.
Agréablement présentée dans un bâtiment moderne, la collection, témoignant de la tradition militaire basque, présente l'évolution des armes de la hache préhistorique au pistolet du début du 20e s. On y remarquera des armures (15e-17e s.), d'autres, japonaises, du 17e s. notamment, et une maquette reconstituant la bataille de Vitoria qui, en 1813, scella le sort des ambitions espagnoles de Napoléon.

Museo de Bellas Artes A2

PºFray Francisco de Vitoria, 8 - ✆ 945 181 918 - ♿ - mar.-vend. 10h-14h, 16h-18h30, sam. 10h-14h, dim. et j. fériés 11h-14h- fermé lun., 1er janv. et Vend. saint - gratuit. Le palais de Agustí, construction néo-Renaissance élevée au début du 20e s., abrite une collection d'art espagnol des 18e et 19e s. ainsi qu'un éventail très complet de la peinture basque (Iturrino, Regoyos, Zuloaga). Un étage est consacré au peintre local **Fernando de Amárica** (1866-1956), paysagiste qui fut un disciple du maître espagnol de l'impressionnisme, Sorolla. La visite permet d'apprécier les changements intervenus à cette période où la peinture académique et classique s'est tournée davantage vers le romantisme ou le réalisme.

Itinéraires conseillés

UNE EXCURSION NATURE A1-2 B2

Pour visualiser cet itinéraire de 38 km jusqu'à Tuesta, reportez-vous au plan de la région (p. 338) – comptez une demi-journée.
Quittez Vitoria par la N 622 en direction de Bilbao, puis la A 1 vers Madrid. Sortie 345.

★ Jardín Botánico Sta Catalina à Trespuentes/Tresponde B2

Accès depuis Trespuentes (fléchage) jusqu'à une sorte de carrière de pierre. Ne vous laissez pas impressionner et suivez encore les panneaux. Montez en voiture jusqu'à un portail que vous ouvrirez, puis un parking. De là, comptez 15mn à pied (ça grimpe !) pour accéder à l'entrée réelle du jardin. Visite env. 1h ✆ 680 470 146 - www.cuadrilladeanana.es/santacatalina - juil.-août : tlj sf lun. 11h-20h ; reste de l'année : mar.-vend. 10h-14h, w.-end et j. fériés 10h-18h - 3 € (-10 ans gratuit).
Ce jardin enchanteur qui a ouvert ses portes en 2002 a été réalisé autour des ruines du monastère de Sta Catalina. Les sentiers aménagés serpentent autour et dans les vestiges, réservant de belles échappées sur le plateau de Vitoria-Gasteiz. Les essences sont toutes marquées et exhalent leurs senteurs, surtout le matin ou en fin de journée. La meilleure saison pour en profiter étant la fin du printemps, vers mai ou juin.
Revenez sur l'A 3302 pour rallier Villodas, puis Nanclares de la Oca, qui permet de rejoindre l'A 2622, direction Subijana-Morillas. Le bourg et l'autoroute dépassés, poursuivez jusqu'à Gesaltza-Añana.

★ Salinas de Gesaltza-Añana A2

La réputation de ce village classé provient de ses salines à ciel ouvert, dont la présence est attestée depuis le 10e s. La légende veut que ce soit une vache en quête de sel qui fit jaillir la Muera. En réalité, l'eau de la rivière se charge en sel au fur et à mesure de son écoulement jusqu'à la vallée d'Añana, où elle était distribuée vers les « fermes » par des canaux. Cette richesse a permis au village médiéval de multiplier les privilèges de la part des rois de Castille, qui touchaient leur part des bénéfices. Dans l'église, un tableau flamand représente l'Annonciation, remarquez la finesse des traits.
Visites guidées – *✆ 945 351 111 - www.vallesalado.net - 11h-14h, 16h-19h - 4 € (-12 ans gratuit).* La zone d'exploitation se présente comme une succession de petites plates-formes en escaliers, montées sur pilotis (un ensemble de 5 à 25 parcelles était appelé « ferme »). Le sel en provenance de la rivière Muera y séchait à partir d'avril. Aujourd'hui, le site est en cours de restauration. La visite permet d'en comprendre l'histoire et l'évolution, de façon empirique.
Reprenez l'A 2622.

Tuesta A2

Le principal intérêt de ce petit hameau réside dans son église, N. S. de la Asunción, édifiée au 13e s. dans un style roman tardif. Fermée dans la journée, elle présente un magnifique **portail★★**, merveilleusement conservé. Admirez les détails de ses **voussures★** richement sculptées. Anges, personnages aux différentes attitudes, animaux plus ou moins fantastiques (oiseaux, griffons), végétaux et scènes de vie rendent vivants ces arcs, reposant sur des piliers aux **chapiteaux★** non moins travaillés. Remarquez le baiser échangé, sur le deuxième pilier en partant du vantail de gauche. Au-dessus de l'archivolte, six statues entourent celle de la Vierge à l'Enfant. À gauche, vous reconnaîtrez les trois figures des Rois mages.

Vous pouvez rentrer sur Vitoria ou bien poursuivre en direction du parc de Valderejo. Dans ce cas, prenez la direction d'Espejo, traversez le village et poursuivez plein nord sur l'A 625 jusqu'aux indications fléchées à gauche pour le parc de Valderejo et Lalastra. Pour y accéder, vous passerez par Villanañe, Villanueva de Valdegovía, San Millán de San Zadornil, San Zadornil et Arroyo de San Zadornil.

★ Parc de Valderejo A2 *(Voir p. 369)*

Refaites la route en sens inverse jusqu'à Villanañe. Après le village, prenez plein nord sur l'A 625, direction Orduña.

★ Monte Santiago A2

Avant le col d'Orduña, passez la clôture sur votre droite et prenez le chemin de terre caillouteux pour atteindre le centre d'interprétation. La route qui y mène est à peine carrossable, jonchée de nids-de-poule qui aident à respecter la vitesse imposée de 30 km/h. www.patrimonionatural.org - 10h-14h, 16h-18h.

Classé Monumento Natural depuis 1996, cet espace situé aux confins de la province de Burgos réserve au promeneur de magnifiques points de vue, dont le **saut du Nervión** *(voir ci-après)* n'est pas le moindre. La plupart des dix randonnées balisées partent de la **fontaine St-Jacques** (fuente Santiago), une source à côté de laquelle se dresse le centre d'interprétation, construit sur les ruines d'un ancien monastère. Vous y découvrirez l'histoire et l'écosystème de la zone, qui abrite 20 espèces de mammifères différentes, parmi lesquelles le chat sauvage, la fouine, la martre et le blaireau, et le triple d'oiseaux (vautours, choucas, aigles). Tous profitent de la lande, des chênaies, des hêtraies et des pinèdes restaurées de cette zone protégée.

★★★ **Mirador cañón del Nervión** (belvédère du saut du Nervión) – *Sentier 42, à quelques centaines de mètres du centre d'interprétation.*

Il faut traverser un bois avant d'atteindre le plateau dans lequel s'encaisse une rivière : le Nervión. En suivant son lit, on aboutit au vertigineux **canyon de Delika**★ dans lequel se précipitent ses eaux (lorsqu'il n'est pas à sec) depuis une hauteur de 270 m. Depuis la plate-forme aménagée en point de vue, le regard plonge au fond de ce paysage minéral qui file vers la vallée entre des parois de plus en plus incurvées.

Le plateau battu par les vents, où les rochers le disputent aux broussailles et aux arbres, constitue également un belvédère naturel d'où l'on peut contempler la plaine à perte de vue : un **panorama**★★ sur la sierra de Salvada à couper le souffle. Attention : aucune barrière de protection n'a été fixée à l'extrémité des falaises.

Le sentier 45 longe les falaises et mène au belvédère d'**Esquina Rubén**★★ qui dévoile une vue grandiose sur la vallée d'Arrastaria. Vous rentrerez au parking par le sentier 41, agréablement ombragé *(30mn)*.

Puerto de Orduña (col d'Orduña) A1

Le col d'Orduña culmine à 900 m et dévoile des paysages d'une austère beauté.

La **route** qui mène à Orduña révèle des **points de vue**★ magnifiques. Au-delà des champs se dressent la silhouette de la sierra Salvada et l'extrémité du canyon du Nervión.

Orduña/Urduña A1

Office de tourisme – *Foru Plaza (Plaza de los Fueros), 3 - ✆ 945 384 384 - www.urduna.com - Sem. sainte à fin sept. : 9h30-14h, 16h-19h ; reste de l'année : mar.-jeu. et dim., j. fériés 9h30-14h, vend.-sam. 9h30-14h, 16h-19h30.*

Les fortifications de cette ville biscayenne ont en partie disparu, souvent dissimulées derrière des édifices plus récents. Orduña dispose tout de même d'une belle place centrale : la **plaza de los Fueros**, entourée des plus anciennes maisons du village (17e et 18e s.). Les bâtiments les plus remarquables sont le **collège des Jésuites**, construit en 1694 et jouxtant l'église de la Sagrada Familia (18e s.), ainsi que la **Maison de la douane** de 1782, reconnaissable à ses arcades. Elle porte l'écusson de l'Espagne. Deux autres églises dressent leur clocher dans le bourg : Sta María de la Asunción (16e s.) et Nuestra Señora de la Antigua du 18e s.

★ **Cascade de Goiuri**/Gujuli B2

12 km à l'est par l'A 2521. Dans le hameau du même nom, repérez sur votre gauche les containers d'ordures ménagères, ils marquent une intersection où vous tournerez. Roulez jusqu'à l'église.

Ce n'est sans doute pas un hasard si seul un panneau de bois, accroché au pied de l'église, indique la direction de la cascade. Son accès, au-delà de la voie de chemin de fer, et ses abords ne sont pas sécurisés et peuvent être dangereux : évitez de vous y rendre avec des enfants.

Le spectacle vaut surtout en période humide : une belle **chute** d'eau plongeant dans un ravin profond. Faites très attention, car aucune protection n'a été installée, et la tentation est grande de prendre des risques pour mieux jouir du spectacle. En été, inutile de vous déplacer, car le plus souvent, la rivière est à sec…

HISTOIRE ET JARDIN B2

Pour visualiser cet itinéraire de 35 km, reportez-vous au plan de la région (p. 338) – comptez 2h30. Quittez Vitoria par la N 622 en direction de Bilbao, puis la N 1 vers Madrid. Sortez à la sortie 348.

Mendoza B2

Au cœur du village, le **château** est une forteresse à meurtrières, dépourvue de créneaux, mais entourée de quatre tours. Belle vue sur la plaine. Cette ancienne résidence du duc de l'Infantado abrite aujourd'hui le **Museo de Heráldica Alavesa** qui présente une collection de blasons de familles nobles de la région. *945 181 918 - de déb. mai à mi-oct. : 11h-15h, 16h-20h, sam. 11h-15h, dim. et j. fériés 10h-14h ; reste de l'année : 11h-15h, dim. et j. fériés 10h-14h - gratuit.*

Revenez sur l'A 3302 et prenez à droite pour rejoindre Trespuentes.

★ Jardín Botánico Sta Catalina

Voir itinéraire p. 347.

Revenez sur l'A 3302 pour rallier Villodas.

Oppidum d'Iruña

Le chemin d'accès en voiture se trouve juste à l'entrée de Villodas, à droite. Autre possibilité : venir à pied depuis Trespuentes. 945 403 044 - www.veleia.com - mat. et apr.-midi, w.-end et j. fériés apr.-midi - possibilité de visite guidée sur demande préalable (avr.-nov.) - fermé lun., 1er janv. et 25 déc. - gratuit ; 3 € visite guidée. Vestiges de murailles des 3e et 4e s. d'une ville romaine tardive. Les fouilles menées entre 1949 et 1954 ont révélé une agglomération qui couvrait 11 ha mais seuls cinq contours de maisons, présentés par des panneaux, ont été mis au jour.

Restez sur l'A 3302 jusqu'à ce qu'elle rejoigne, en passant sous la N 1, la N 102 qui traverse Armentia pour aboutir à Vitoria.

Basílica de San Prudencio de Armentia
Cet édifice du 13e s. se caractérise par un chevet roman, et un intérieur à la nef et aux arcs déjà gothiques. Son auvent conserve deux superbes **tympans et deux bas-reliefs★** du 11e s.
Rentrez à Vitoria en suivant le fléchage.

ENTRE LACS ET PLAINE B1 C1-2

Pour visualiser cet itinéraire de 80 km, reportez-vous au plan de la région (p. 338) – comptez une demi-journée. Quittez Vitoria par la N 240 en direction de Durango.
La route contourne le lac d'Urrúnaga tout en offrant de belles vues sur ses berges.

Alfarería Vasca (atelier de poterie basque) B1
Dépassé le panneau Elosu, l'atelier de poterie sera sur votre gauche, repérable à sa jarre géante. ✆ 945 455 145 - www.euskalzeramika.com - mat. et apr.-midi, sam. matin - fermé dim. et j. fériés - gratuit. Passionnée et accueillante, la maîtresse des lieux vous fera les honneurs de son atelier. Elle vous montrera l'ancien four tricentenaire (1711), classé Monument historique, où l'on cuisait autrefois les récipients traditionnels. Elle vous commentera aussi, si vous le souhaitez, les objets exposés dans le petit musée à l'étage (les céramiques bleues du 16e s., les vertes du 18e s., etc.) : une bonne occasion pour le visiteur de comprendre l'histoire et les coutumes de la province. Ventes possibles *(voir « nos adresses p.353).*
Revenez sur vos pas et, après Legutiano, à la hauteur d'Urbina, passez sur l'A 627 en direction de Mondragón afin de rallier, après le col d'Arlában, le village de Leintz-Gatzaga.

Gatz Museoa (musée du Sel) C1
Dépassez le village de Leintz-Gatzaga et suivez le panneau. ✆ 943 714 792 - visite guidée seulement, se renseigner. Mieux vaut prévenir de son passage.
Vous verrez sur la rive opposée du torrent un charmant ensemble de petites bâtisses où les femmes extrayaient autrefois le sel. Elles présentent aujourd'hui les anciens mécanismes d'extraction du sel, dont un moulin hydraulique, ainsi que des maquettes et des panneaux explicatifs.
Repartez sur la GI 627 en direction de Vitoria.

Landa C2
De ce hameau en bordure du **lac Ullíbarri** partent divers itinéraires dont une ancienne voie de chemin de fer reconvertie en voie verte.
Longez donc la berge en direction d'**Ullíbarri** pour découvrir ce village ancré au bord des eaux, dont l'église domine le lac. De petits bateaux tanguent au rythme du vent à deux pas de la petite base nautique et offrent une vision de carte postale au soleil couchant. Une terrasse de café permet d'apprécier pleinement cette vision…
Revenez à Landa et suivez la berge en direction de Marieta. Après le village et Larrinzar, roulez jusqu'à l'intersection avec l'A 3012 et tournez à droite pour rejoindre Maturana. Là, vous suivrez les panneaux « Guevara ».

Guevara C2
Les ruines d'un château se dressent un peu en dehors du village, derrière un rideau d'arbres *(prendre à droite derrière l'église et aller jusqu'aux dernières maisons).*

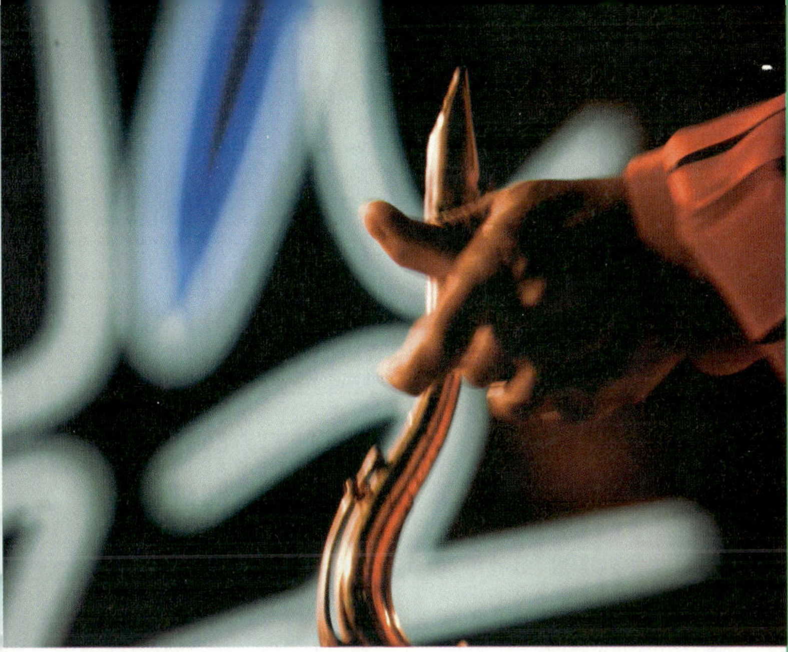

En juillet, vivez le Festival de jazz de Vitoria.
J. Izarra / www.jazzvitoria.com

1h d'ascension. En suivant le chemin de pierres qui s'élève à sa gauche, vous accéderez à la ruine qui domine Guevara du haut de son piton rocheux. Au cours de l'ascension, le chemin devient sentier, puis sente, et offre de beaux panoramas sur le lac Ullíbarri et la plaine en contrebas.

Retournez à Maturana et prenez la direction de Vitoria en franchissant la N 1 et en ralliant la N 104. À Junguitu, prenez à gauche la direction de Zerio et d'Aragandoña. Parvenu à ce dernier village, suivez la direction Estíbaliz.

Santuario de Estíbaliz C2

945 293 088 - ♿ - tte la journée. Ce sanctuaire est chez les Álavais, depuis le 10ᵉ s., un lieu de pèlerinage très populaire à la Vierge d'Estíbaliz, dont la statue préside les assemblées législatives et judiciaires de la province. La communauté compte encore une petite dizaine de moines.

Iglesia – L'église romane conserve une Vierge du 12ᵉ s. Admirez ses **chapiteaux★** d'abord sobres puis ornés de feuillages et de personnages expressifs. Notez aussi les motifs arabisants. Le portail extérieur, avec ses ornementations géométriques, mérite également votre attention. Sur la façade sud, joli clocher à peigne.

Crypte – Construite en 1995 selon une disposition en cercle avec une ouverture sur la verdure, elle n'est ouverte qu'aux heures d'office.

Revenez à Vitoria par l'A 132.

NOS ADRESSES À VITORIA-GASTEIZ

HÉBERGEMENT

PREMIER PRIX

Hôtel Dato – *Dato, 28 - ✆ 945 14 72 30 - www.hoteldato.com - 14 ch. 44/50 €.* Hôtel central très bien entretenu et confortable. Décoration parfois un peu trop chargée.

BUDGET MOYEN

À Vitoria

Hôtel Haritz Ondo – *Elosu - ✆ 945 455 270 - www.hotelharitzondo.com - fermé lun. - P - 14 ch. 66/72 € - ☕ 6 € - rest. 18 €.* Situé dans une maison de campagne calme entièrement restaurée ; ambiance accueillante et décor rustique. Mobilier des chambres ancien et salles de bains modernes. Le restaurant vitré offre un beau panorama sur le parc naturel de Gorbeia.

À Murguía

Hôtel Casa del Patrón – *San Martín, 2 - Murguía - ✆ 945 462 528 - www.casadelpatron.com - 14 ch. 51/55 € - ☕ 4,50 € - rest. 15 €.* Derrière une avenante façade, l'intérieur accueillant rappelle celui d'une maison d'antan. Chambres douillettes, parfois mansardées, avec salles de bains en marbre. Restaurant au 1er étage et bar à tapas très prisé.

POUR SE FAIRE PLAISIR

À Vitoria

Hôtel Palacio de Elorriaga – *Elorriaga, 15 - 1,5 km de Vitoria par l'av. de Santiago et la N 104, dir. de San Sebastián - ✆ 945 263 616 - www.hotelpalacioelorriaga.com - P - 21 ch. 105 € ☕ - rest. 26/38 €.* Cette ancienne gentilhommière frappe par la beauté de son mobilier ancien et de ses poutres qui se marient parfaitement avec un confort tout contemporain. Restaurant rustique au cadre intime.

RESTAURATION

PREMIER PRIX

À Vitoria

El Rincón de Luis Mari – *Rioja, 14 - ✆ 945 250 127 - fermé mars et sept. - 7,50 €.* Établissement central à caractère familial impeccablement entretenu. Comptoir riche en brochettes et en *raciones*. Ambiance agréable et décontractée.

À Murguía

Sidrería Casa Areso – *Domingo de Sautu, 35 - Murguía - ✆ 945 430 220 - 10/22 €.* Ici, on se sent tout de suite bien. Le décor montagnard – bois, pierre et grande cheminée – est chaleureux. Dans l'assiette : plats traditionnels, spécialités locales et desserts maison.

BUDGET MOYEN

À Vitoria

Gurea – *Pl. de la Constitución, 10 - ✆ 945 245 933 - fermé Sem. sainte, 3 sem. en août, lun. soir et mar. - 21/32 €.* Sa façade, aux détails en bois, présente la carte. Salle de restaurant de style néorustique très soigné.

POUR SE FAIRE PLAISIR

À Vitoria

Arkupe – *Mateo Moraza, 13 - Vitoria-Gastiez - ✆ 945 230 080 - www.arkupe.es - 32/43 €.* Situé derrière l'hôtel de ville, il offre une cuisine basque traditionnelle composée de bonnes viandes et de poissons. Le bâtiment du 18e s. est classé Monument historique. Décoration de pierre et de bois.

Gure Ametsa – *Diseminados, 3 - Leintz-Gatzaga - ✆ 943 714 952 - fermé 6 août-2 sept. et lun. - 35 €.* Établissement familial situé non loin d'un col.

Il se compose d'un bar et de deux salles de restaurant, dont la plus accueillante dispose d'une cheminée.

À Sarria

Arlobi – *Elizalde, 21 - Sarria - ✆ 945 430 212 - fermé dim. soir, mar. soir et seult déj. lun.-jeu. sf juil.-août - 32/38 €.* Alors que certaines de ses salles affichent des tendances modernes, une salle de restaurant de style rustique reprend le caractère typique de cette maison en pierre. Bar avec cheminée.

ACHATS

Museo de Alfarería Vasca – *Ollerías, 9 - Elosu - ✆ 945 455 145 - www.euskalzeramika.com.* Cet ancien atelier de poterie (1711) abrite le musée de la Poterie basque. La visite présente l'histoire du lieu (four tricentenaire), explique les caractéristiques de la céramique basque et montre la fabrication des pièces. Magasin sur place.

SPORTS & LOISIRS

Picadero de Gopegui – *Carretera de Manurga s/n - Gopegui - ✆ 945 464 031 ou 630 386 105.* Ce centre hippique possède de belles installations. Séances d'initiation au cheval et au poney ainsi que des cours d'équitation de différents niveaux. Randonnées équestres à travers le magnifique parc naturel du Gorbeia/Gorbea.

Hípica Eribe – *Eribe - ✆ 945 464 215 - www.hipicaeribe.es.* En saison, le centre organise des randonnées à cheval à travers le beau parc naturel du Gorbeia. Sur place : restauration en plein air, type grill, et tables pour pique-niquer.

AGENDA

Fêtes de San Prudencio – (27-28 avr.)

Festival international de folklore – (Mai).

Festival de cinéma européen – (1re quinz. de mai).

Festival image et son – (Mai-juin) - Projections, spectacles et ateliers.

Festival de jeux dans la rue – (Fin juin-déb. juil.)

Festival de jazz – (3e sem. de juil.) - *✆ 945 141 919 - www.jazzvitoria.com - Paseo de la Florida, 3-2º D.* Né en 1977, le Festival de jazz de Vitoria-Gasteiz est aujourd'hui le plus important d'Espagne et fait partie de l'IJFO (International Jazz Festivals Organization). Il accueille chaque année, à la mi-juillet, les grands noms de la scène musicale internationale de jazz.

La nuit de los Faroles – (4 août).

Fêtes de la Vierge blanche – (4-9 août). Processions, festivités diverses et corridas dans les arènes futuristes à couverture mobile *(vente des billets : Espacio Ciudad, c/ San Prudencio, 30 - le jour de la corrida au guichet des arènes - ou sur www.taquillatoros.com).*

Festival international de théâtre – (Fin sept.-nov.)

À Añana

Pâques – Le jour de Pâques, les sauniers descendent en procession pour la traditionnelle « Quema de Judas ».

Fête du sel – (Juil.)

À Orduña

Fêtes d'Otxomaio – (w.-end autour du 8 Mai) - ✆ 945 384 384.

Laudio

LLodio

18 276 Laudiotiarra – Álava

NOS ADRESSES PAGE 356

S'INFORMER

Office du tourisme de la vallée de l'Ayala et du haut Nervión – *Parque de Lamuza, 11 - 01400 Laudio - ✆ 944 034 930 - www.aiaratur.org - juil.-sept. : 9h-14h, 16h-19h ; reste de l'année : mar.-vend. 9h-14h, 16h-18h30, sam. 10h-14h, 16h-18h, dim. et j. fériés 10h-14h.*

SE REPÉRER

Plan de région A1 (p. 338) – carte Michelin n° 573 C 21. Porte septentrionale de l'Álava, Laudio ne se trouve pourtant qu'à 20 km au sud de Bilbao. On la rejoint par l'A 68 reliant la capitale économique de la Biscaye à celle de la Rioja, Logroño.

SE GARER

Près de la mairie et du parc botanique de Lamuza.

À NE PAS MANQUER

Le panorama sur la sierra Salvada depuis Maroño.

À première vue, Laudio, la deuxième ville de l'Álava en nombre d'habitants, n'est guère plus qu'un bourg industriel allongé au fond d'une étroite vallée parcourue par le Nervión. Mais, malgré son charme très discret, la ville a su entretenir ses traditions agricoles et se découvre une vocation touristique grâce à ses fêtes et son musée de la Gastronomie. C'est aujourd'hui un excellent point de départ pour la découverte d'une région qui vit encore au rythme des saisons.

Se promener

La ville aligne des constructions modernes le long d'une rue principale très passante.

Iglesia San Pedro

Cachée de la rue principale par un bâtiment moderne bâti en fer à cheval, l'église San Pedro n'est pas directement visible. Il faut pénétrer dans ce demi-cercle où siègent mairie et commissariat de police pour découvrir sa silhouette, caractérisée par un auvent latéral construit au 19e s. à partir d'une structure de métal.

Museo Vasco de Gastronomía

Passez derrière l'église San Pedro et franchissez la rivière. Puis longez-la sur votre droite. C/Maestro Elorza 11 - ✆ 944 034 940 - www.museovascodegastronomia.com - vend.-sam. 17h30-20h30, dim. et j. fériés 11h-14h - possibilité de visite guidée - gratuit.

Aménagé dans une maison traditionnelle du début du 19e s. doublée d'un petit jardin, ce musée passe en revue tout ce qui touche à la table basque, depuis les meubles jusqu'aux ustensiles et contenants. Confréries et spécialités locales sont aussi présentées.

Itinéraire conseillé

LA VALLÉE D'ALAYA A1

Pour visualiser cet itinéraire de 56 km, reportez-vous au plan de la région (p. 338) – compter 2h30. Quittez Laudio vers le sud pour rejoindre l'A 625.

Amurrio

Ce n'est qu'en 1919 qu'Amurrio reçoit le titre de ville, mais le bourg a déjà plusieurs siècles d'existence puisque, au 15e s., il passe sous le contrôle des confréries d'Álava.

Iglesia Sta María – Son portail date du 12e s., mais le reste de l'édifice a été retouché voire reconstruit au 16e s. Si vous avez la chance d'y entrer, vous aurez l'occasion d'admirer un beau retable du 17e s. en trois parties (celui du centre est doré).

Noyau historique – Il rassemble quelques maisons anciennes en relativement mauvais état disposées autour de l'église. Parmi elles, vous reconnaîtrez le palacio-torre Urrutia (16e s.) à ses clés d'arc du rez-de-chaussée, ses deux blasons et ses angles de façade en colonnes.

En sortie d'Amurrio, prenez la direction Artziniega puis, après 2 km, tournez à gauche vers Izoria, que vous traverserez en suivant la direction de Madaria et de Salmantón. Après 2,5 km, dépassez le barrage et faites attention à ne pas manquer sur la droite, en angle aigu, l'intersection pour Maroño.

Maroño

Garez-vous devant le petit ermitage et admirez la retenue d'eau avec le panorama de la sierra Salvada en arrière-plan. La **vue★★** est magnifique !

Vous pouvez explorer les petites routes qui s'enfoncent vers Madaria, Salmantón ou Aguíñiga. Sans regret ni hésitation, car les **paysages★★** sont splendides, verdoyants et vallonnés, au pied de montagnes imposantes qui forment un cirque.

Rejoignez l'A 624 et prenez à gauche. Après Respaldiza, prenez à gauche vers Quejana.

★ Quejana/Kexaa

Cet ensemble médiéval impressionnant dresse sa massive silhouette dans la vallée d'Ayala qui a donné son nom aux seigneurs commanditaires des différents bâtiments. La place forte en elle-même (tour crénelée, tours carrées d'angle) date de 1300 et le couvent des dominicaines du 18e s. *(ne se visitent pas).*

Mais les bâtiments les plus remarquables sont la **chapelle de la Virgen del Cabello** *(accès par le patio de 1735)*, qui conserve les gisants en albâtre de Pedro López de Ayala et de son épouse ainsi que la reproduction d'un retable de 1396 (l'original est aujourd'hui à… Chicago), et l'**église de San Juan Bautista**. Celle-ci a été construite à la fin du 15e s., puis décorée d'un superbe retable du 17e s. en bois doré, très bien préservé grâce à la stabilité thermique de l'édifice *(on ne peut a priori pas visiter les églises, mais demandez toujours au gardien du musée).*

Museo – *℘ 945 399 264 - lun.-vend. 11h-14h, sam. 11h-14h, 16h-18h, dim. 12h-14h - gratuit.* En castillan. Deux salles présentent une rétrospective sur panneaux expliquant l'histoire du monastère, du bâtiment militaire et de la famille des Ayala. Exposition d'objets sacerdotaux dans la salle du fond, telle cette belle coupe en argent doré du 15e s.

Quittez Quejana en direction de Menagaray et reprenez votre route pour Artziniega.

Artziniega/Arceniega

Village autrefois fortifié dont s'enorgueillit la vallée. Les remparts ne sont plus et les maisons de pierre souvent blasonnées qui bordent ses trois rues parallèles, selon le plan habituel des cités médiévales basques, remontent pour certaines à la Renaissance, tout comme l'église N. S. de la Asunción, reconnaissable à son fronton triangulaire. Notez toutefois que les demeures les plus importantes datent du 18e s., comme le palais baroque des Aranguren-Amezola, situé dans la « rue du milieu » *(Artekale)*.

Museo etnográfico – *C/Arteko Aldapa, 12 - 01474 Artziniega - ✆ 945 396 210 - www.artziniegamuseoa.org - ♿ - visite guidée uniquement mar.-sam. 11h-14h, 16h30-19h30, dim. et j. fériés 11h-14h - fermé lun., 1er janv. et 25 déc. - 4 € (-12 ans 2 €).* 1 700 m² d'exposition pour comprendre les modes de vie traditionnels des habitants de la vallée. À l'extérieur, un amphithéâtre propose régulièrement des représentations culturelles.

Retournez sur vos pas. Peu après Menagaray, tournez à gauche sur l'A 3641 pour suivre la rivière Izalde jusqu'à Jandiola. Là, vous prendrez à droite la route menant à Laudio.

NOS ADRESSES À LAUDIO

HÉBERGEMENT

BUDGET MOYEN

Hôtel Los Arcos de Quejana – *Route de Beotegi, s/n - Quejana/Kexaa - ✆ 945 399 320 - www.arcosdequejana.com - P - 16 ch. 80 € - ☕ - rest. 17,95 €.* Dans un pittoresque paysage, ancien palais où s'illustre toute la noblesse et la sobriété du Moyen Âge. Il dispose d'une annexe de construction récente qui abrite des chambres soignées mais peu spacieuses.

Hôtel Torre de Artziniega – *Cuesta de Luciano, 3 - Artziniega/Arceniega - ✆ 945 396 500 - hoteltorre@hotmail.com - 8 ch. 63/75 € - ☕ 6,50 € - rest. 13,50 €.* La prestance d'une ancienne tour médiévale transformée en hôtel. De majestueux murs de pierre abritent des chambres agréables au plancher de bois et aux salles de bains modernes. Son restaurant associe l'héritage historique et le confort des temps modernes.

RESTAURATION

POUR SE FAIRE PLAISIR

Axpe Goikoa – *Bº Iturrioz, 11 - Dima - ✆ 946 317 215 - www.axpegoikoa.com - fermé 15-31 août et lun. - 30/42 €.* Maison de campagne basque de construction récente nichée en pleine nature. Intérieur campagnard garni de planchers, de grosses poutres et de piliers en bois. Cuisine traditionnelle et bourgeoise.

Palacio de Anuncibai – *Bº Anuncibai - Laudio/LLodio - ✆ 946 726 188 - www.palacioanuncibai.com - fermé Sem. sainte et 7-27 août - 34/47 €.* Installé dans un hôtel particulier moderne, entouré de jardins, il possède un bar et plusieurs salles classiques, celle du dernier étage étant réservée au service du menu.

Salvatierra

★

Agurain

4 628 Salvaterranos (esp.) ou Aguraindarra (basque) – Álava

NOS ADRESSES PAGE 359

S'INFORMER
Site de la municipalité : www.agurain.com.

SE REPÉRER
Plan de région C2 (p. 338) – carte Michelin n° 573 D22. Cette petite ville se trouve sur le tracé de la N 1, à 26 km à l'est de Vitoria.

SE GARER
Au pied des remparts, dans le centre-ville moderne.

À NE PAS MANQUER
La petite porte de la casa de Diezmos, calle Carnicerías.

ORGANISER SON TEMPS
Comptez une bonne heure de flânerie dans la vieille ville.

Trois longues rues bordées de maisons blasonnées, aboutissant aux deux extrémités à des églises fortifiées : c'est ainsi que se présente cette petite cité pleine de charme, classée depuis 1975. Cette ancienne étape du chemin de St-Jacques a su conserver une atmosphère intemporelle, qui ne manque pas de séduire les visiteurs sensibles au calme et à l'histoire médiévale.

Se promener

On entre dans le vieux centre-ville par la rue Portal del Rey, dont le nom évoque une porte détruite en 1841.

Plaza San Juan

Principale place de la vieille ville, elle accueille depuis le 13e s. le marché qui se tient aujourd'hui tous les mardis. L'église St-Jean-Baptiste occupe sa face nord tandis que des maisons déploient leurs **arcades★** côté ouest.

Iglesia de San Juan Bautista – Construite de la fin du 15e au début du 16e s. en style gothique, elle présente un portique et un campanile baroques. Notez le chemin de ronde qui court le long de son mur. À l'intérieur, le retable, en partie réalisé par Mateo de Zabala, date de 1646.

Dirigez-vous vers les arcades qui font face à l'église et engagez-vous dans la rue Zapatari, à droite.

Calle Zapatari

Elle aligne quelques-uns des bâtiments les plus anciens de la ville, dont l'église St-Martin du 13e s., incorporée dans l'hôtel de ville des 17e et 18e s. situé après les maisons à arcades, sur la gauche.

Plus loin au n° 30, face à un carré de petits arbres aux branches tordues, se dresse la casa de los Bustamante édifiée en 1564. Un magnifique **blason**, encadré par des satyres et surmonté d'un heaume et d'un oiseau, orne sa façade.
La rue aboutit à une sorte d'esplanade verdoyante occupée par l'**église Sta María,** dont la silhouette marque l'extrémité nord de la vieille cité.

Iglesia Sta María

Même si son aspect austère ne le laisserait guère supposer, cette église fortifiée du 16e s. abrite un chœur plateresque (nombreux éléments baroques) et un retable Renaissance réalisé par un sculpteur de la ville, Pedro Lope de Larrea (16e s.), achevé par Francisco Foronda après 1623.
Engagez-vous dans l'axe central de la vieille ville.

Calle Mayor

Principale artère de Salvatierra, elle concentre un grand nombre de maisons blasonnées, à commencer par la **casa Azkarraga (17e-18e s.)**, au n° 79, dont la façade arbore deux écussons ainsi qu'un joli balcon d'angle.
Après la plaza Sta María, remarquez les trois blasons du n° 46. Ne manquez pas non plus **l'écu** très ouvragé du n° 42. Il est protégé par deux lions. Dans les volutes du bas apparaissent deux petits personnages aux couvre-chefs emplumés.
À sa suite, le **blason** du n° 40 (16e s.) déploie lui aussi une certaine magnificence de par sa taille. Remarquer le travail floral effectué au niveau du heaume et les deux guerriers qui le cernent.
Les nos 30 et 28 ne formaient au 17e s. qu'une seule et même demeure. Notez les balcons et l'écusson (19e s.). Au n° 23, la *casa cural* (presbytère), repérable à sa porte-fenêtre d'angle et à sa petite annexe tournée vers le jardin, date du 18e s. Presque à la fin de la rue, les balcons du n° 8 présentent des dessous joliment sculptés.
De retour sur la plaza San Juan prenez, à gauche, la plaza Sta Clara, pour vous engager dans la calle Carnicerías.

Calle Carnicerías

Étroite et bordée de maisons construites en grosses pierres, cette artère débute par le massif couvent des mères clarisses au n° 2, suivi par la **chapelle St-Pierre**, indécelable au premier coup d'œil.

ENTRE CASTILLE ET NAVARRE

Des documents écrits en 1024 attestent de l'existence du village d'« Hagurahin », rebaptisé Salvatierra, en 1256, par le roi de Castille, Alphonse X le Sage. Entré dans la sphère d'influence de Charles II le Mauvais, roi de Navarre, en 1368, il est à nouveau rattaché à la Castille à partir de 1371 et donné en fief aux Ayala.

ÉPREUVES

Au cours de l'année 1564, la cité est ravagée par la peste et détruite la même année par un incendie. La vieille ville actuelle est donc postérieure à cette date, ce qui n'ôte rien à son charme ! Quant à ses remparts, après avoir tenu bon face aux guerres provinciales et au temps, ils ne résistèrent pas aux guerres carlistes du 19e s. et furent partiellement détruits à cette période.

Mais le détail le plus original de cette rue reste la minuscule **porte** précédant de peu, sur la gauche, la galerie habitée. Une tour encadrée d'épis marque son fronton, indiquant qu'ici se récoltait la dîme, d'où son nom de *casa de Diezmos*.

Revenez à la plaza San Juan en passant par la porte nord-est de la ville, le portal de la Madura, et en longeant les remparts.

À proximité Plan de microrégion

Arrizala C2

4 km au sud-est par l'A 2128, puis l'A 3110.

Après l'église se dresse un mégalithe, le **dolmen de Sorginetxe,** entouré de quelques petits arbres malingres.

★★ Puerto (Col) de Opacua C2

9 km au sud-est par l'A 2128.

Une belle route boisée franchit ce col sauvage d'où part une piste plus ou moins goudronnée qui s'enfonce à travers les bois et la lande. Vaches et chevaux portant clarines y paissent librement.

Eguilaz/Egilatz C2

6 km à l'est par l'A 3100 jusqu'à la sortie 385.

Dans le village, suivre le panneau « Aizkomendi ». Ce beau spécimen de dolmen, trouvé en 1831, serait le premier du genre à avoir été découvert dans le Pays basque.

NOS ADRESSES À SALVATIERRA

HÉBERGEMENT

UNE FOLIE

Hôtel Parador de Argómaniz – *Argómaniz - ✆ 945 293 200 - www.parador.es - P - 53 ch. 115/125 € - ☕ 13 € - rest. 28 €.* Palais de la Renaissance dont la façade conserve encore le blason de famille. Si les parties communes affichent la sobriété d'autrefois, les chambres ont, quant à elles, un goût contemporain. Salle à manger au plafond de bois, aux murs blanchis à la chaux, dont la décoration inclut des détails anciens.

RESTAURATION

BUDGET MOYEN

Jose Mari – *Mayor, 69 - Salvatierra/Agurain - ✆ 945 300 042 - 11/35 € - 10 ch. 30/50 €.* Cette adresse ne paye pas de mine, pourtant elle connaît un grand succès grâce aux deux spécialités culinaires du chef, à savoir le poisson et le gibier. Pour dormir, vous trouverez ici des chambres de style rustique, avec poutres, pierres apparentes et têtes de lit en fer forgé.

Laguardia

★★

Biasteri ou Guardia

1 506 Guardienses ou Guardiar – Álava

NOS ADRESSES PAGE 364

S'INFORMER
Office de tourisme – *Palacio Samaniego, pl. San Juan - 01300 Laguardia - ✆ 945 600 845 - www.laguardia-alava.com - lun.-vend. 10h-14h, 16h-19h, sam. 10h-14h, 17h-19h et dim. 10h45-14h - fermé 1er et 6 janv., 24 et 29 juin, 25 déc.*

SE REPÉRER
Plan de région C4 (p. 338) – carte Michelin n° 573 E 22. Comptez 47 km depuis Vitoria-Gasteiz en prenant l'A 2124 qui descend au sud, ou 21 km depuis Labastida, qui se trouve à l'ouest.

SE GARER
Au parking aménagé devant les remparts.

À NE PAS MANQUER
La visite de l'église de Sta María de los Reyes.

AVEC LES ENFANTS
Les oiseaux de Los Molinos.

Dressée sur un promontoire adossé à la chaîne de Cantabrie et tourné vers le bassin fertile de l'Èbre, la capitale de la Rioja n'a pas à rougir de ses richesses. La ville est célèbre pour ses vins rouges que vous pourrez déguster dans les caves ou bodegas des environs. La bourgade médiévale mérite également le détour pour ses remparts, ses belles maisons de pierre et pour le magnifique portail de l'église Sta María.

Se promener

Puerta de Carnicerías

Du 15e s., elle représente l'entrée principale du village.
Prenez à droite la calle Sta Engracia.

Calle Sta Engracia

La ruelle est bordée de vieilles maisons, dont certaines sont blasonnées. Celle du n° 19 porte même deux blasons, ainsi que de beaux balcons en fer forgé. Arrêtez-vous aussi devant le n° 16 pour admirer son blason et le travail des poutres du toit.
Au bout de la rue, tournez à gauche vers Sta María de los Reyes.

★ Iglesia de Sta María de los Reyes

✆ 945 600 845 - ♿ - visite guidée sur demande à l'office de tourisme - 2 €.
Cette église, édifiée à partir du 12e s., présente différents styles architecturaux : roman pour certains piliers, gothique pour les voûtes et Renaissance pour le

Bodega Ysios par Santiago Calatrava, évoquant la courbe des monts Cantabriques.
A. Forterre / MICHELIN / ©Santiago Calatrava/Adagp, Paris 2010

chœur, ce qui ne la distingue pas de beaucoup d'églises régionales. Même ses intéressants retables dorés du 17e s. n'expliquent pas son renom.

Son originalité lui vient en fait de son splendide **portail polychrome★★★**, véritable joyau de l'art gothique. Sculpté au 12e s., il doit son exceptionnel état de conservation à la construction d'un portique au 17e s., qui l'a protégé des intempéries. D'où l'éclat de sa décoration polychrome, refaite au moment de ces travaux (cela explique par exemple les motifs plutôt Renaissance de la robe portée par la Vierge). Elle n'a pas été retouchée depuis ! Outre ses couleurs soutenues, ce portail affiche une grande richesse sculpturale. Le tympan retrace l'histoire de la Vierge avec, de gauche à droite et par « palier » : l'Annonciation, la visite à Élisabeth, l'Adoration des Mages, la Dormition de la Vierge (le Christ porte l'âme de la Vierge dans ses bras), puis la Vierge en gloire. Les voussures se parent d'anges musiciens et de personnages de l'Ancien et du Nouveau Testament. Enfin, les statues des apôtres, à commencer par Pierre à gauche, et Paul à droite, encadrent les vantaux.

Au passage, essayez de définir combien de chevaux accompagnent les Mages. Au premier coup d'œil on n'en distingue qu'un seul, mais si l'on compte le nombre de pattes et de rênes, on s'aperçoit alors que chacun des mages a bien son destrier !

Notez, à droite du portail, dans l'angle, deux petites statues polychromes : il s'agit des Rois Catholiques, que le nom de l'église honore.

Prenez face à l'église la calle Mayor.

Calle Mayor

Flânez-y le nez en l'air pour étudier les façades, et remarquer que celles du nº 4 ou du nº 13 sont en briques rouges, simples et archaïques, alors que celle du nº 18 (du 17e s.) affiche un blason et des poutres sculptées sous le toit. De la même façon, vous noterez qu'en plus de son écusson, les pans de bois du nº 25 sont travaillés. Vous vous intéresserez aussi aux balcons des nos 34 et 36, et vous vous direz que le nº 54, avec son blason, son balcon et ses fenêtres en avancée, est décidément représentatif des maisons de la rue…

Au cours de votre promenade, vous passerez devant l'église de San Juan, qui fait face à l'office de tourisme. Elle a été agrandie au 18e s. Prenez le temps d'admirer son portail et l'expressive Descente de croix.
Au bout de la calle Mayor, tournez à droite deux fois pour vous engager dans la calle Paganos.

Calle Paganos

Plus tranquille que la calle Mayor, elle aligne des maisons moins cossues mais au charme tout aussi présent grâce aux chapelets de piments encadrant les fenêtres, ou à ses portes de bois s'ouvrant à mi-hauteur.
Elle débouche sur une esplanade qui borde Sta María de los Reyes.
Là, postez-vous face à la tour abbatiale du 13e s. afin de contempler la finesse de son **portail en fer forgé★**.

HISTOIRE DE LA VILLE

Son nom, tout comme ses remparts, lui vient de sa position stratégique sur la frontière navarro-castillane. Fondé en 1164 par Sanche VI le Sage, le village est fortifié au 13e s. avant d'être rattaché à l'Álava sur décision des Rois Catholiques, en 1486. Les guerres carlistes du 19e s. entament ses murailles sans défigurer toutefois le bourg, qui a conservé tout son charme médiéval.

LA RIOJA ALAVESA

Le bourg doit sa prospérité au vin, celui de la Rioja Alavesa que l'on compare volontiers aux vins de Bordeaux. La relation s'explique par l'implantation dans la région, à la fin du 19e s., de vignerons bordelais ruinés par l'épidémie de phylloxera. Le précieux liquide est élaboré à partir de *tempranillo*, un cépage que l'on taille ici en buisson.

À proximité Plan de microrégion

Los Molinos C3

À la sortie de Laguardia, au carrefour, tournez en direction d'Elvillar et suivez les panneaux de La Hoya. Dépassez le site romain, laissez sur votre gauche la bodega Ysios et roulez vers les contreforts de la sierra. Ne manquez pas le carrefour où un petit panneau indique à droite Los Molinos.

Parc ornithologique – *☎ 659 972 539 - www.parquelosmolinos.com - temporairement fermé au public - 5 € (-14 ans 2,50 €)*

Vous serez accueilli par deux chiens patauds et un petit perroquet déplumé appelé Oscar. Il n'est pas exclu que ce dernier vous fasse un brin de conduite, car il adore être en bonne compagnie. Cela dit, vous n'aurez pas besoin de lui pour arpenter les 13 ha de la propriété, parsemée de cages où s'ébattent toucans, émeus, perruches, tétras, ibis, spatules, cigognes, etc. Mis à part la calopsite qui siffle la « cucarracha », ça crie, ça piaille, ça glougloute et ça émet des sons de tambour de partout. Les odeurs sont à l'avenant, sans toutefois gâcher la visite. Allergiques s'abstenir !

Itinéraire conseillé

ARCHITECTURE CONTEMPORAINE ET VINS B3 C3-4

Pour visualiser cet itinéraire de 65 km, reportez-vous au plan de la région (p. 338) – comptez environ 1h20.
Quitter Laguardia en direction d'Elvillar et suivez les panneaux de La Hoya. Tout de suite après les hangars et les entrepôts, prenez la route de gauche.

Bodega Ysios C3-4

Parking sur le côté de la bodega. ✆ 902 333 315 - lun.-vend. 9h30-13h, 15h-19h - 5 €.
Réalisé par l'architecte valencien Santiago Calatrava pour le groupe Bodegas y Bebidas, le bâtiment évoque une vague qui reprendrait la courbe des monts Cantabriques tout proches. Son profil fait songer aux marquises, ces auvents de verre qui ornent les immeubles de la Belle Époque, ou bien à ces coiffes que les précieuses portaient à la fin du 18e s. et qui leur faisaient comme une visière. À l'intérieur, cuves et bouteilles sont entreposées en arc de cercle face à l'entrée. Aucun mur n'est fermé de manière à laisser l'air circuler. La salle de dégustation, à l'étage, se caractérise par une hauteur de plafond incroyable et un double aperçu sur les fûts et sur l'extérieur.
Revenez vers Laguardia et prenez la direction de Logroño.
Après une dizaine de kilomètres, vous apercevrez, au faîte d'une colline sur la droite, la forme discoïdale de la bodega **Viña Real**, propriété de la Compañía Vinícola del Norte de España (CVNE). Dessinée par l'architecte français Philippe Mazières, elle allie le cèdre rouge du Canada au béton et à l'acier. *✆ 945 625 210 - www.cvne.com - sur réserv.*

Logroño C4

La capitale de la Rioja, fièrement accrochée aux rives de l'Èbre, compte plusieurs bodegas, aux proches alentours, dont les bodegas **Ontañón**, qui ont conçu un original parcours où l'art invite à découvrir le vin. Les peintures et sculptures de Miguel Ángel Sáinz (1955-2002) deviennent ainsi prétextes à explications œnologiques. *À l'est de Logroño, par l'av. de la Paz, dir. Varea, le bâtiment se trouve sur la gauche, avant une station-service. ✆ 941 234 200 - www.ontanon.es - sur réserv. - 6 €.*
Si vous souhaitez explorer la capitale de la Rioja, reportez-vous au Guide Vert Espagne Atlantique.
Quittez Logroño vers l'ouest, dir. Haro sur la N 232, et tournez à droite à Fuenmayor.

Elciego C4

Autre village viticole ne comptant pas moins de 14 bodegas réputées pour leurs crus. Voyez sa jolie **plaza Mayor**, plantée de petits arbres et bordée d'une mairie du 18e s. dont le blason arbore l'aigle bicéphale.
À l'entrée se dresse la silhouette de l'hôtel-centre de vinothérapie **Marqués de Riscal** dessiné par Frank O. Gehry, architecte du musée Guggenheim de Bilbao *(voir p. 299)*. On reconnaît ses courbes de métal, de différentes couleurs, pour figurer la bouteille (rouge pour le liquide, argent pour la capsule et or pour le filet).
Engagez-vous sur l'A 3214 en direction de Samaniego.

Samaniego B3

Les bodegas **Baigorri**, dessinées par Iñaki Aspiazu Iza, trônent à l'entrée du village, avec leur terrasse en espalier à flanc de colline et leur hall d'accueil tout en verre.

945 60 94 20 - www.bodegasbaigorri.com - réserv. visites mar.-sam. 11h-18h.

Revenir à Laguardia par l'A124.

NOS ADRESSES À LAGUARDIA

HÉBERGEMENT

BUDGET MOYEN

Antigua Bodega de Don Cosme Palacio – *Ctra de Elciego - 945 621 195 - antiguabodega@cosmepalacio.com - P - fermé 24 déc.-24 janv. - 13 ch. 76/82 € - 8,25 € - rest. 29,80 €.* Ancienne cave en pierre réhabilitée, qui propose des chambres spacieuses de style néorustique, portant chacune le nom d'une variété de raisin. Agréable salle à manger.

Hôtel Palacio de Samaniego – *Constitución 12 - Samaniego - 945 609 151 - www.palaciosamaniego.com - fermé 1er-15 janv. - 12 ch. 64/88 € - 7 € - rest. 40 €.* La simplicité d'une ancienne noblesse est encore visible dans cet établissement, au demeurant sympathique, dont l'intérieur abrite des chambres chaleureuses et confortables, à la décoration exquise. Le restaurant est divisé en trois salles dont le décor austère n'altère en rien l'atmosphère accueillante.

RESTAURATION

BUDGET MOYEN

Héctor Oribe – *Gasteiz, 8 - Páganos - 945 600 715 - fermé 1er-15 juil., 20 déc.-10 janv., dim. soir et lun. - 24/33 €.* Adresse disposant d'un comptoir à l'entrée et d'une salle fonctionnelle où quelques petits paravents séparent l'espace « à la carte » de celui proposant un menu unique.

POUR SE FAIRE PLAISIR

Marixa – *Sancho Abarca, 8 - 945 600 165 - restaurantemarisa.com - 37 € - 22 ch. 70/100 €* . Restaurant familial très réputé dans le secteur. De la salle à manger, vous pourrez admirer la vue et goûter à une cuisine traditionnelle. L'établissement possède également quelques chambres très correctes, mais simples.

Posada Mayor de Migueloa – *Mayor de Migueloa, 20 - 945 621 175 - www.mayordemigueloa.com - 47/53 € - 8 ch. 80/93 € - 9 €.* La noblesse d'antan survit dans ce palais du 17e s., accueillant, soigneusement aménagé et dont la cave est remarquable. Des chambres de style rustique sont proposées en complément.

ACHATS

Vinoteca – *Plaza Mayor, 1 - 945 621 213.* Vous trouverez ici une belle sélection de produits régionaux. Outre un bon choix de vins de la Rioja et maints objets liés au monde vinicole (tire-bouchon, décanteur…), vous pourrez repartir avec quelques souvenirs gastronomiques typiques. Parmi les plus prisés : les piments, les asperges et les spécialités sucrées.

AGENDA

Cachimorro – (24 juin). Fête de la St-Jean.

Labastida

★

Bastida

1 503 Bastidar – Álava

NOS ADRESSES PAGE 368

S'INFORMER

Office de tourisme – *Palacio Salazar, pl. de la Paz, s/n - 01330 Labastida - ✆ 945 331 015 - www.labastida-bastida.org - mar.-vend. 10h-13h, 17h-19h (16h30-18h30 en hiver), sam. 11h-13h30 (13h en hiver), dim. 11h-13h - fermé lun., 1er et 6 janv., 25 déc.*

Visites guidées – *Visite du centre historique et des églises N. S. de la Asunción et Sto Christo, mar.-sam. 11h, dim. 12h30 sur réserv. à l'office de tourisme - 4 €.*

SE REPÉRER

Plan de région B3 (p. 338) – carte Michelin no 573 E21 – À 44 km au sud de Vitoria-Gasteiz. La ville et ses bodegas s'articulent autour de la colline sur laquelle trône l'ermitage de Sto-Christo.

SE GARER

Au bas du village, vers l'avenue de la Diputación.

À NE PAS MANQUER

Le point de vue depuis l'esplanade de l'ermitage.

ORGANISER SON TEMPS

Visite du village en matinée et quelques bodegas l'après-midi…

De par sa position stratégique face à la Castille, cette ville-frontière, juchée sur son piton rocheux et écrasée de soleil, a dû longtemps faire face aux assauts des Maures et des ennemis environnants. Maintenant que les temps ont changé, la ville a choisi de tirer profit de ses atouts. Son cadre a de quoi faire des envieux : d'un côté le mont Toloño qui la protège des vents du nord et de l'autre, la plaine de l'Èbre couverte de vignes. En effet, la ville se consacre, elle aussi, à l'activité viticole, comme en témoigne le nombre de bodegas. Elle tend d'ailleurs à obtenir le titre de capitale du vignoble de la Rioja alavesa.

Se promener

Le village s'échelonne en espaliers, depuis l'ermitage Sto Cristo en hauteur, jusqu'aux nombreuses bodegas près de la route principale.

Arco de Larrazuria

Cet arc de style Renaissance se dresse à l'ouest de la cité et constitue sa porte d'entrée naturelle. Il ouvre sur la calle Mayor.

Engagez-vous dans la calle Mayor.

Calle Mayor

Axe principal de la vieille ville, elle est bordée de cavistes et de vieilles maisons des 16e et 17e s., dont la plus représentative se trouve au **n° 9**. Si sa porte massive est ouverte, n'hésitez pas à jeter un œil pour admirer le **sol** en galets de rivière de l'entrée, les candélabres en fer forgé et les poutres en bois apparentes.

Continuez jusqu'à la place de la Paix.

Plaza de la Paz

Elle marque le centre du village. Tous les monuments importants la cernent, à commencer par l'**hôtel de ville**, installé dans une maison du 18e s. de style baroque située en retrait de la calle Mayor, sur la droite. Notez le travail de ferronnerie de ses balcons.

Sur la même placette s'élève une autre maison noble : le palais Salazar, actuelle Maison de la culture.

N. S. de la Asunción

La construction de cette église aux styles Renaissance et baroque s'est échelonnée entre le 16e et le 18e s., se terminant par l'édification de la sacristie octogonale. Admirez son portail Renaissance monumental et, si vous y passez à l'heure de la messe, glissez-vous à l'intérieur pour contempler la richesse de son retable baroque, ainsi que son bel orgue du 17e s.

Quittez la place de la Paix pour vous engager dans la calle Frontín, qui prolonge la calle Mayor.

★ Calle Frontín

On ne compte plus les maisons blasonnées qui jalonnent cette vieille rue.

Parvenu au bout, prenez n'importe quelle rue sur votre gauche, qui grimpe vers le barrio *(quartier) La Mota.*

★ La Mota

Ce quartier ancien s'accroche à la colline et domine N. S. de la Asunción. Petites maisons aux pierres délavées par le temps, belles portes cloutées et ruelles étroites dégagent un authentique charme. Elles mènent doucement à l'ermitage qui trône au sommet.

Ermita Santo Cristo

Vous vous trouvez devant le plus ancien monument de la ville : le temple-forteresse du St-Christ. Édifié au 12e s., il mêle les styles roman (portail, début de la nef) et gothique (chœur) derrière des murs massifs.

Depuis son parvis, le **panorama** se déploie à perte de vue sur la plaine de la Rioja et sur Haro (à droite dans le lointain).

UNE BELLE RECONVERSION

Ancienne place forte autrefois disputée par la Navarre et la Castille, Labastida intègre définitivement l'Álava au 16e s. Elle connaît alors une période de prospérité expliquant le nombre de belles maisons et de blasons des 17e et 18e s. qui caractérise sa vieille ville (la plus blasonnée de la Rioja !). Sa population atteint même à cette époque le chiffre de 3 000 habitants. Sa position frontalière n'étant plus source de richesse ou d'insécurité, elle s'est progressivement tournée vers l'agriculture, surtout la vigne, jusqu'à devenir aujourd'hui un bourg viticole incontournable de la Rioja.

Au chevet du sanctuaire a été aménagée une sorte de pelouse plantée de quelques arbres, qui ombragent des bancs tournés vers le paysage. Idéal pour se reposer tout en contemplant la vue.

Arco de Toloño

Jouxtant l'ermitage, ce petit arc marque l'ancienne entrée du village. Une petite niche dédiée à la Vierge Marie le surmonte.
Redescendez dans le centre par la rue de droite. Elle passe devant une vieille maison qui abrite une des bodegas de la ville : la bodega Fernando Gómez.

Itinéraire conseillé

VERS LES MUSÉES DU VIN DE LA RIOJA B3-4

Pour visualiser cet itinéraire de 20 km, reportez-vous au plan de la région (p. 338) – comptez environ 1h. Partez en direction de Laguardia par l'A 132 puis la LR 132 et bifurquez à droite après 5 km.

San Vicente de la Sonsierra B3-4

Ce village viticole aux ruelles accablées de soleil conserve les ruines d'un ancien château depuis lequel on jouit d'un très beau **panorama★** sur la région.
Au pied du village, en direction de Briones, un **vieux pont★** franchit l'Èbre (circulation interdite).
Traversez le fleuve.

Briones B4

Des ruelles pavées bordées de vieilles demeures de pierre, un hôtel de ville installé dans un ancien palais du 18e s., l'ermitage Sto Cristo de los Remedios (18e s.) au dôme octogonal et l'église **Sta María de la Asunción★** (16e s.) aux riches retables rococo : tout participe au charme de ce village qui vit au rythme de la vigne.
Fondation Dinastía Vivanco – *Au pied de Briones, dir. Logroño sur la N 232. ☏ 902 320 001 - www.dinastiavivanco.com - juil.-sept. : mar.-dim. 10h-20h ; reste de l'année : mar.-jeu et dim. 10h-18h, vend.-sam. 10h-20h - réservation conseillée le w.-end - 7,50 € (-12 ans gratuit).* Cette énorme bodega consacre 9 000 m² à un passionnant **musée du vin★** qui promène le visiteur à travers les âges et les étapes d'élaboration du vin, depuis les origines du breuvage, sa diffusion géographique, socioculturelle, son élaboration, son vieillissement, jusqu'à sa distribution. Reproductions, photos, films, reconstitutions et mécanismes (pressoirs du 18e s.) ponctuent le parcours. Une salle entière aborde le vin à travers l'**art religieux ou profane** (cratères grecs, œuvres de Picasso…). Une autre expose une collection de plus de 3 000 tire-bouchons. Dégustation à la fin.
Prenez la N 232 pour aller à Haro.

Haro B3

La capitale de la haute Rioja, fameuse pour la qualité de ses crus, abrite un **Centro de interpretación del Vino de la Rioja** qui, sur deux étages, présente tout le processus d'élaboration, depuis la culture du cépage jusqu'au conditionnement. Il évoque aussi la question des labels, du contrôle de la qualité et des organismes en charge de cette surveillance. *C/ Bretón de los Herreros, 4 - ☏ 941 305 719 - www.vinodelarioja.org - mar.-vend. 10h-14h30, 15h-19h, sam. et j. fériés 10h-19h, dim. 10h-14h - 3 € (-16 ans 2 €).*
Revenez à Labastida par l'A 3202.

NOS ADRESSES À LABASTIDA

RESTAURATION

PREMIER PRIX

El Bodegón – *C/Frontín, 31 - ✆ 945 331 027 ou 629 829 775 - 10/12,50 €.* Presque tous les clients de ce petit restaurant choisissent comme plat principal les côtelettes. Cuites au feu de sarment de vigne, elles sont divines ! La maison propose également d'autres plats bien mitonnés, à déguster dans un décor rustique composé de murs en pierre, poutres apparentes et photographies anciennes.

ACHATS

Vinoteca Landa – *Florida, 8 - ✆ 945 331 009 - vinotecalanda@hotmail.com - 10h-14h, 16h-20h.* Cette boutique expose une belle sélection de produits du terroir. La spécialité de la maison reste la vente de vins de Labastida, mais vous trouverez aussi des crus de propriétaires récoltants vendus en vrac, des olives et des articles spécifiques à la région. Avant d'acheter, vous avez bien sûr le droit de goûter.

Petit matin dans le parc naturel de Valderejo.
D. Rivas / Alavavision

Parc naturel de Valderejo

★

Álava

NOS ADRESSES PAGE 371

S'INFORMER

Centre d'informations et d'interprétation du parc – Lalastra - *945 353 146 - - été : 10h-19h ; hiver : lun.-vend. 9h-15h, w.-end et j. fériés 10h-18h - fermé lun., 1er janv., 25 et 31 déc. - gratuit.*

SE REPÉRER

Plan de région A2 (p. 338) – carte Michelin n° 573 D 20. Le parc se situe à l'extrémité ouest de l'Álava, à 56 km de Vitoria par la N 1, l'A 2622, puis la BU V 5532.

À NE PAS MANQUER

Le défilé du Sobrón et l'arrivée sur le village de San Zadornil depuis San Millán (la route franchit une sorte de barrière naturelle qui ressemble à une porte gardée par des géants de pierre).

ORGANISER SON TEMPS

Le hameau de Lalastra, porte d'entrée du parc, tout comme les autres villages y menant, dispose de structures d'agrotourisme qui permettent d'envisager de rester plusieurs jours dans les parages pour arpenter la vallée. En repartant, un détour par le défilé du Sobrón s'impose, de même que par Gesaltza-Añana, pour voir les salines *(voir p. 347)*.

On touche ici aux confins de la province d'Álava, avec tout ce qu'elle offre de sauvage et d'agreste. Petits villages aux églises bien conservées, sites sauvages préservés sillonnés de sentiers de randonnée, il ne vous reste plus qu'à bien vous chausser et à partir à l'aventure…

UN ÉDEN PRÉSERVÉ

Doyen des parcs naturels d'Álava, celui de Valderejo, créé en 1992, s'étend sur quelque 3 500 ha, qui attirent les amateurs de nature sauvage par leur grande variété d'essences et de faune. La forêt couvre plus de la moitié de la superficie avec des pins sylvestres, des chênes verts ou des chênes rouvres, ainsi que des hêtraies. Les sommets (dont le plus élevé, le mont Lerón, culmine à 1 235 m) concentrent pierre et rochers, tandis que les fonds de vallée sont consacrés à l'économie agropastorale (prés et champs).

Dans cet environnement varié et protégé, les **espèces menacées** trouvent un espace à leur mesure.

L'une des grandes communautés de **vautours fauves** du Pays basque règne ainsi sur les cieux, qu'elle partage avec l'aigle royal, le faucon pèlerin, les choucas, le vautour percnoptère, le monticole de roche, etc. Bois et sous-bois abritent amphibies (salamandre, grenouille vermeille, tritons), mammifères (chevreuil, sanglier, chat sauvage, fouine) et oiseaux (roitelet, faucon abeille) qui raviront les zoologues et ornithologues amateurs. Quant au papillon Apollon ou à la vipère aspic, nul doute qu'ils trouveront aussi leurs fans.

Se promener de village en village

Le parc a balisé 9 randonnées (de difficultés très variables) et quelques sentiers permettant de passer de l'une à l'autre. Les plus belles partent à proximité du centre d'interprétation, n'hésitez donc pas à en pousser la porte pour acheter une carte (1,50 €).

La municipalité de Valderejo est constituée de quatre villages, dont deux sont aujourd'hui inhabités.

Lalastra A2

Ce village représente en quelque sorte la porte d'entrée du parc. Ne vous fiez pas à son premier abord, un peu négligé. Il suffit de dépasser les premières habitations pour découvrir un adorable village, où rien ne manque, depuis l'église du 11e s. jusqu'à l'ancien four à pain et le lavoir.

Vous trouverez toutes les informations concernant la faune, la flore et l'environnement humain du parc au **centre d'interprétation**, qui vous fournira également cartes et conseils pour partir en randonnée.

Lahoz A2

On y accède par Lalastra, mais sans voiture puisque les non-riverains parquent les leurs à l'entrée de Lalastra.

Villamardones et Ribera A2

Ces deux villages ont été abandonnés mais constituent d'agréables buts de randonnée. On peut atteindre Ribera par le défilé de Purón ou par le hameau de Villafría de San Zadornil (comptez 4 km à pied, car la route n'est pas carrossable).

★★ Hoz de Purón (défilé) A2

3h30 AR. Rivière la plus importante du parc, le Purón prend sa source au nord de Lahoz et se resserre au sud-ouest en un défilé ponctué de grottes lorsqu'il franchit le barrage des falaises qui clôturent Valderejo. On passe ainsi de la douceur des pâturages à la forêt de conifères et de feuillus, avant de découvrir dans les gorges une végétation plus méditerranéenne. La promenade passe au pied de **Ribera** dont seule subsiste l'église, en ruines. Elle conserve encore des **fresques** gothiques, inattendues!

★ San Lorenzo A2

1h30 AR. Cet oratoire dédié au saint patron de la vallée offre depuis sa falaise une **vue★** dégagée sur l'ensemble du parc et de ses prairies où paissent moutons et chevaux. En continuant sur le plateau, vers l'ouest, et en redescendant un peu (sentiers balisés), on parvient à l'abreuvoir **El Cubo**, à proximité duquel se trouve un observatoire ornithologique *(derrière le bosquet)*, tourné vers les falaises où évoluent les vautours.

À proximité Plan de microrégion

★★ Hoz de Sobrón (défilé) A3

24 km au sud-est de Lalastra par la BU V 5532, puis la BU V 5530 à droite qui devient l'A 2622. Après Villanañe, prendre l'A 625 en direction de Bergüenda. Une fois dépassé le village, le défilé du Sobrón se déploie à droite, le long de l'A 2122, en direction de Tobalinilla et San Martín de Don.

Le nom de ces gorges vient du hameau de Sobrón, posté en hauteur au dessus de la route. On y accède par une route très sinueuse qui révèle de superbes points de vue sur le défilé et les monts alentour. L'accès au village est barré d'un portail qu'il faut ouvrir manuellement. En contrebas, le défilé de l'Èbre, long d'une vingtaine de kilomètres, déploie à fleur d'eau une nature rocailleuse et boisée. La partie la plus belle commence après le barrage, en direction de Tobalinilla, avec quelques goulets d'étranglement et une route qui donne l'impression de frôler le fleuve.

NOS ADRESSES AUTOUR DU PARC DE VALDEREJO

HÉBERGEMENT

Bon à savoir – En consultant le site **www.nekatur.net** de l'Association pour le tourisme rural en Pays basque *(Nekazalturismoa Elkartea)*, vous pourrez choisir et réserver en ligne votre logement dans le parc de Valderejo (entre autres), qu'il s'agisse de maisons paysannes ou de tourisme à la ferme. Site en diverses langues dont le français. Pour la région de Valderejo, sélectionnez la contrée des « Valles Alaveses ».

PREMIER PRIX

Hôtel Agroturismo Valderejo Etxea – *Real, 2 - Lalastra - ✆ 945 353 085 ou 635 707 308 - fermé sept. et 25 déc. - 20 € - 6 ch. 45 € - ☕ 3,50 €.* Difficile de trouver adresse plus tranquille que ce lieu planté en plein cœur du parc naturel de Valderejo. Les chambres, associant poutres apparentes, armoires en bois et maints autres détails de décoration, sont d'une propreté exemplaire. Au restaurant, cuisine familiale, servie l'hiver devant la cheminée.

La Navarre 6

Carte générale C2 - Carte Michelin n° 573 D 25 – Navarre

Mozos avec foulard rouge et drapeau pendant les Sanfermines de Pampelune.

B. Svensson / Agefotostock

OLORON-STE-MARIE
A 64
HUESCA
BIARRITZ
BILBAO
VITORIA-GASTEIZ
FRANCE
NAVARRA
GUIPÚZCOA
ÁLAVA
ST-JACQUES
LA RHUNE
St-Palais
Harambels
Ostabat-Asme
St-Jean-le-Vieux
St-Jean-Pied-de-Port
Ahusquy
Orreaga/Roncesvalles
Orbaitzeta
N.-S. de Muskilda
Ochagavía
Ustárroz
Isaba
Garde
Valle del Roncal
Roncal
Burgui
Escároz
Uscarrés
Valle de Salazar
Izal
Navascués
Hoz de Arbayún
Leyre
Usún
Lumbier
Valle de Aezkoa
Aribe
Embalse de Itoiz
Río Irati
Tabar
Hoz de Lumbier
Monreal
Artaiz
Alzuza
Puerto de Ibañeta
Urepel
Ainhoa
Dantxarinea
Urdazubi/Urdax
Puerto de Otxondo
Pico Gorramakil
Amaiur
Erratzu
Gorostapalo
Valle del Baztan
Elizondo
Sare
Zugarramurdi
Etxalar
P.-N. Señorío de Bertiz
Valle del Bidassoa
Irún
San Martzial
Bera/Vera de Bidasoa
Lesaka
Igantzi
Arantza
Sunbilla
Doneztebe/Santesteban
Oronoz-Mugairi
Ostiz
Gerendiain
Lizaso
Chênaie d'Orgi
Jauntsarats
PAMPELUNE/PAMPLONA
Río Arga
Sta María de Eunate
Sta María de Armotegui
Obanos
Puente-la-Reina
Cirauqui
Estella
El Plazaola
Lekunberri
Uharte-Arakil
San Miguel de Aralar
Puerto de Lizarraga
Etxarri-Aranatz
Iranzu
Irache
Villamayor de Monjardín
Puerto de Urbasa
Sierra de Aralar
ST-SÉBASTIEN/DONOSTIA/SAN SEBASTIÁN
Tolosa
Ordizia
Azpeitia
S. Ignatio de Loiola
Sta Maria la Antigua
Salvatierra Agurain
Done Bikendi Harana
Antoñana
San Roman de Campezo
Corres

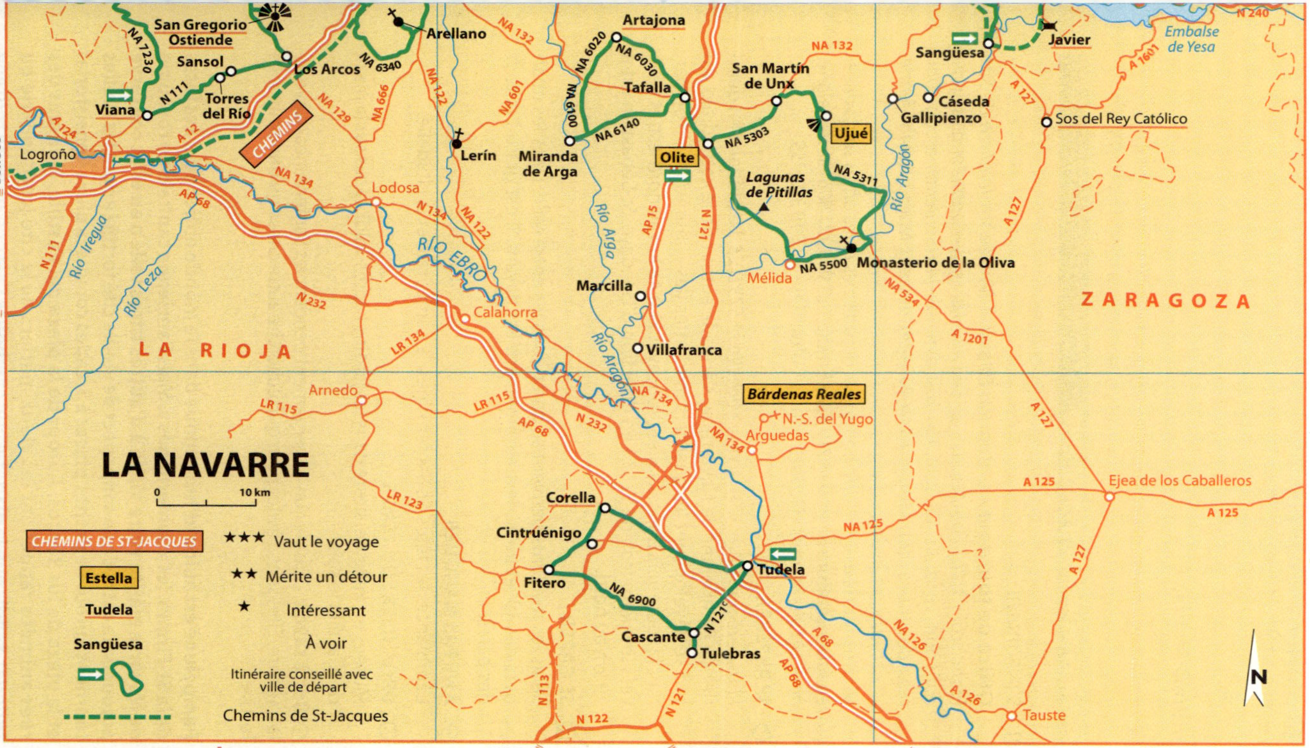
LA NAVARRE
0
10 km
CHEMINS DE ST-JACQUES
Estella
Tudela
Sangüesa
★★★ Vaut le voyage
★★ Mérite un détour
★ Intéressant
À voir
Itinéraire conseillé avec ville de départ
Chemins de St-Jacques
LA RIOJA
ZARAGOZA
San Gregorio Ostiende
Sansol
Torres del Río
Viana
Los Arcos
Arellano
Logroño
Lerín
Miranda de Arga
Artajona
Tafalla
Olite
San Martín de Unx
Ujué
Lagunas de Pitillas
Mélida
Monasterio de la Oliva
Marcilla
Villafranca
Lodosa
Calahorra
Arnedo
Bárdenas Reales
N.-S. del Yugo
Arguedas
Corella
Cintruénigo
Fitero
Cascante
Tulebras
Tudela
Sangüesa
Javier
Cáseda
Gallipienzo
Sos del Rey Católico
Embalse de Yesa
Ejea de los Caballeros
Tauste
CHEMINS
Río Ebro
Río Arga
Río Aragón
Río Iregua
Río Leza
BURGOS
SORIA
ZARAGOZA
A
B
C
3
4
N

Pampelune

★★

Iruña/Pamplona

197 275 Pamploneses ou Iruintarra – Navarre

NOS ADRESSES PAGE 386

S'INFORMER

Office de tourisme – *C/Hilarión Eslava, 1 (entrée sur la plaza de San Francisco) - 31001 Pampelune - ☏ 848 420 420 - www.pamplona.es - juil.-août : lun.-vend. 9h-20h, sam. 10h-20h, dim. 10h-14h (Sanfermines : 8h-20h) ; reste de l'année : lun.-sam. 10h-14h, 16h-19h, dim. et j. fériés 10h-14h - fermé, 1er et 6 janv., et 25 déc.*

Visites guidées – *Il y a de nombreux organismes et les offres sont variées en saison.* Cultura 5 - *☏ 948 210 827* - Erreka - *☏ 948 221 506 - se renseigner pour circuits et tarifs* - Novotur Guías Culturales - *☏ 948 383 755.*

SE REPÉRER

Plan de région B2 (p. 374) – carte Michelin n° 573 D 25. Le plus ancien quartier de Pampelune, la Navarrería, s'articule autour de la cathédrale. Au sud se développent les quartiers modernes (les *« ensanches »*) d'où partent la route vers Roncesvalles (Roncevaux), à 48 km au nord-est, et celle vers le *puerto* (col) de Velate en direction d'Hendaye. St-Sébastien est à 79 km au nord.

SE GARER

Seuls les résidents peuvent se garer dans le centre-ville. Dans les quartiers des 19e et 20e s., le stationnement est payant. Il est gratuit autour des parcs.

À NE PAS MANQUER

L'ambiance des fêtes de Sanfermines, la cathédrale et la citadelle.

ORGANISER SON TEMPS

Musées en matinée, sieste dans les jardins l'après-midi, tapas sur la plaza del Castillo le soir.

Bon à savoir – Trouver un hébergement pendant les Sanfermines relève de la gageure. Elles sont à éviter pour qui recherche autre chose qu'une ambiance festive…

Pampelune est aujourd'hui connue dans le monde entier pour ses fêtes de la St-Firmin, les « Sanfermines ». Mais l'ancienne capitale du royaume de Navarre mérite votre visite à d'autres titres : elle a en effet conservé autour de la cathédrale son aspect de vieille cité fortifiée dont les ruelles tournent autour de petites places à arcades comme la plaza Consistorial et la plaza de los Burgos. Autour de la plaza del Castillo, les noms des rues animées rappellent les vieux métiers de la cité (cordonnerie ou tuilerie), tandis que le planétarium symbolise l'essor d'une cité tournée vers l'avenir.

La plaza del Castillo, lieu de rendez-vous et point de ralliement des grandes fêtes.
A. Perkaz / Servicio de Marketing Turístico Gobierno de Navarra

Se promener

LE VIEUX PAMPELUNE

Pour visualiser l'itinéraire autour de la plaza del Castillo, tracé en vert, reportez-vous au plan de la ville (p. 379) - comptez 2h30 (sans les visites).

★ Plaza del Castillo B1

De par sa taille, cette grande place sert de point de ralliement aux autochtones, qu'il s'agisse de faire la fête ou de s'y retrouver. Autrefois place d'armes du vieux château, elle assure maintenant la jonction entre le quartier historique et le premier « *ensanche* » (nouveau quartier).

Des immeubles à arcades du 18e s. la bordent sur trois côtés, le quatrième s'ouvrant sur la grande avenida Carlos III qui débute avec le palais du Gouvernement de Navarre. À l'opposé de cet immense bâtiment du 19e s. s'étale l'enseigne Belle Époque du légendaire café Iruña, l'un des plus anciens d'Espagne, idéal pour prendre un verre le soir.

Dos au palais du Gouvernement de Navarre, dirigez-vous à droite vers la Bajada de Javier qui part de la place. Elle aboutit à la calle Dormitalería que vous prenez à droite. Au bout de cette rue, prenez à gauche jusqu'aux remparts.

★ Ronda del Obispo Barbazán

(Chemin de ronde de l'évêque Barbazan) B1

Ce chemin de ronde jalonné de petites guérites offre de beaux points de vue sur la boucle de l'Arga et le quartier de la Magdalena par lequel arrivent les pèlerins. Il donne aussi l'occasion de voir l'arrière de la cathédrale et les fortifications en contrebas des murailles. La *ronda* aboutit au **baluarte del Redín**, un petit bastion de 1540 aménagé en un agréable jardin, depuis lequel on aperçoit, en contrebas et sur la gauche, la porte fortifiée de Zumalacárregui (ou de Francia) et une partie des murailles. La vue est dégagée sur le méandre du río Arga et le mont San Cristóbal.

Côté ville, au pied des remparts, se dresse la façade du **palacio Arzobispal** du 18e s., au double portail baroque, puis de la cathédrale.
Notez que vous pouvez éventuellement poursuivre le chemin de ronde jusqu'à la porte de Francia, après lequel vous rejoindrez l'itinéraire au niveau de l'ancien palais royal (Palacio Real). Mais il serait dommage de sacrifier la cathédrale et son musée.

★★ Catedral Sta María B1

C/Dormitalería 3-5 - ✆ 948 222 990 - www.gpcnavarra.com - ♿ - 16 juil.-16 sept. : lun.-vend. 10h-19h, sam. 10h-14h ; reste de l'année : lun.-vend. 10h-14h, 16h-19h, sam. 10h-14h - 4,25 € (-12 ans 2,50 €).
De l'église romane primitive subsistent quelques chapiteaux des portails et du cloître, exposés au musée de Navarre. On reconstruit aux 14e et 15e s. une cathédrale gothique et, à la fin du 18e s., Ventura Rodríguez réédifie la façade principale dans les styles baroque et néoclassique alors à la mode. La nef ne compte que deux étages : grandes arcades et fenêtres. La sobriété des nervures, les grandes surfaces de mur nu lui donnent l'aspect dépouillé du gothique navarrais. Devant la grille ouvragée qui ferme le sanctuaire se dresse le **tombeau★** en albâtre, commandé en 1416 par le roi Charles III le Noble, fondateur de la cathédrale, pour lui-même et son épouse. Le sculpteur tournaisien Janin Lomme, instruit de l'art funéraire bourguignon, a su personnaliser les visages des gisants et varier les attitudes et les costumes des pleurants.
Admirez également les **stalles★** Renaissance du chœur, réalisées entre 1531 et 1541, et le retable hispano-flamand (fin 15e s.) exposé dans une chapelle du déambulatoire à droite.
Claustro★★ – 14e et 15e s. D'élégantes baies gothiques parfois surmontées de gâbles donnent à ce cloître une grande légèreté. Les tombeaux sculptés et les portes des différentes dépendances sont intéressants. La **Dormition de la Vierge** figurant au tympan de la porte d'accès au cloître est d'une expression presque baroque.
Dans l'aile est, la chapelle Barbazane (de Barbazán, l'évêque qui y a fait ériger son tombeau) présente une belle voûte en étoile du 14e s. Du côté sud, la porte de la « Sala Preciosa » est une pièce maîtresse de la sculpture de la même époque : le tympan et le linteau, consacrés à la vie de la Vierge, sont sculptés avec beaucoup de finesse ; de part et d'autre de la porte se répondent les deux statues d'une fort belle Annonciation.
★ Museo Diocesano – Il est installé dans l'ancien réfectoire et la cuisine attenante qui datent de 1330. Dans le réfectoire, grande pièce voûtée de croisées d'ogives, la chaire du lecteur est ornée d'une charmante chasse à la licorne. La cuisine carrée comporte une cheminée dans chaque angle et une lanterne centrale haute de 24 m. Le musée expose de nombreux objets de culte précieux dont le reliquaire du St-Sépulcre (13e s.) offert par saint Louis, des Vierges de bois polychrome et des Christ provenant de toute la région.
Prenez ensuite à droite la calle Navarrería jusqu'au bout. Tournez à droite puis à gauche. Vous aboutirez à une sorte de terre-plein. Contournez-le et grimpez jusqu'au sommet.

Palacio Real/Archivo (archives) general de Navarra AB1

Au sommet de la petite éminence, jouxtant l'ancien couvent des adoratrices, trône l'ancien palais royal, demeure des vice-rois, puis des gouverneurs militaires de Navarre. Le bâtiment du 12e s., construit sous le règne de Sanche VI, a été restauré par Rafael Moneo ; il accueille les archives de la province et allie, dans un mélange réussi, vieilles pierres et aménagements modernes, où le verre domine.

Devant son entrée se dresse la **basilique de San Fermín de Aldapa** (18e s.) à l'intérieur baroque.

De l'esplanade, très belle **vue** sur le musée de Navarre et le quartier San Cernín dont on aperçoit le clocher de l'église.

Redescendez la butte et prenez la calle del Mercado.

Museo Sarasate A1

C/ del Mercado, 11 - ✆ 948 420 189 - mar.-sam. 11h-14h, 18h-21h, dim. 11h-14h - fermé lun. - gratuit.

Installé dans le bâtiment des archives municipales, autrefois séminaire St-Jean (sa façade baroque du 18e s. présente dans une niche la statue de saint Jean Baptiste), il se résume à une salle où sont exposés les objets personnels, les récompenses, les décorations, les partitions et les photos du violoniste et compositeur Pablo de Sarasate (1844-1908).

Allez jusqu'à l'extrémité de la rue.

SE LOGER

- Hôtel Albret ... 1
- Hôtel Buhardilla Gambara ... 3
- Hôtel Europa ... 5
- Hôtel Yoldi ... 7
- Hôtel Leyre ... 9
- Hôtel Maisonnave ... 11

SE RESTAURER

- Baserri ... 1
- Casa Manolo ... 3
- Gaucho ... 5
- La Casona ... 7
- La Chistera ... 9
- Letyana ... 11
- Martintxone ... 13
- Museo ... 15
- Rodero ... 17

À droite, au bout de la Cuesta de Sto Domingo s'élèvent le portail du **Museo de Navarra★** et celui de l'église de **Sto Domingo** (façade du 18e s.) qui servit de sanctuaire aux dominicains, puis d'université de 1630 à 1771. Retable et orgue du 17e s. Sur votre gauche se trouve le marché couvert.

★ Museo de Navarra A1

Cuesta de Santo Domingo, 47 - ☎ 848 426 492 - www.cfnavarra.es/cultura/museo/index.html - ♿ - mar.-sam. 9h30-14h, 17h-19h, dim. et j. fériés 11h-14h - fermé lun. - possibilité de visite guidée sur demande préalable - 2 € (-18 ans gratuit).

Élevé à l'emplacement de l'hôpital de Nuestra Señora de la Misericordia (16e s.), il en a conservé la façade Renaissance et la chapelle qui abrite l'exposition d'art sacré. Parmi les chefs-d'œuvre exposés dans ce musée moderne, citons le **coffret★** hispano-arabe en ivoire sculpté à Cordoue (début du 11e s.) et provenant de San Salvador de Leyre *(voir p. 403)*. L'époque romaine est représentée par des vestiges lapidaires (sous-sol et 1er étage) : stèles funéraires, inscriptions et pavements de **mosaïques★** de villas des 2e et 4e s., aux motifs noir et blanc essentiellement géométriques.

L'art roman est en vedette avec les **chapiteaux★** de l'ancienne cathédrale de Pampelune (12e s.) : l'artiste inconnu qui sculpta les trois scènes bibliques des chapiteaux – Passion, Résurrection et histoire de Job – se montre aussi minutieux dans les détails que puissant dans la composition et génial dans l'invention.

Le musée compte aussi une importante collection de **peintures murales★** collectées dans toute la province : Artaiz (13e s.), Artajona et Pampelune (13e-14e s.), Gallipienzo (14e-15e s.), Olleta (15e s.). Les genres sont variés, mais on retrouve le trait légèrement appuyé, l'accumulation des personnages, le déhanchement prononcé, hérités de la miniature française et illustrés par Juan Oliver qui décora en 1330 le réfectoire de la cathédrale.

La peinture Renaissance est présente aussi avec la reconstitution de l'intérieur du palais d'Oriz, décoré de panneaux peints en grisaille (16e s.) relatant l'histoire d'Adam et Ève et les guerres de Charles Quint. Toute une partie du 3e étage est consacrée à la peinture des 17e et 18e s. Une salle expose les œuvres de Luis Paret et de Francisco de Goya *(Portrait du marquis de San Adrián)*. Le musée abrite également une vaste exposition de tableaux de peintres de Navarre des 19e et 20e s.

Tournez à gauche jusqu'à la plaza Consistorial.

Ayuntamiento (Hôtel de ville) A1

Remarquable **façade★** baroque de la fin du 17e s. (reconstruite) avec ses statues, balustrades et frontons.

Dirigez-vous vers l'église de San Saturnino que vous aurez aperçue sur votre droite.

Iglesia de San Saturnino ou de San Cernín A1

En plein cœur du quartier ancien de San Cernín aux rues étroites, cet édifice fortifié composite mêle le roman de ses tours de brique et le gothique de son porche et de ses voûtes (13e s.) à de nombreux ajouts postérieurs.

À l'intérieur, l'édifice présente deux nefs en perpendiculaire : l'une gothique et l'autre de style classique. Le sol de la première se compose de grandes planches de bois cirées et numérotées. Elle occupe l'emplacement de l'ancien cloître et est dédiée à la Virgen del Camino, l'une des patronnes de la ville, aux côtés de saint Cernín.

Calle Mayor A1

Cette rue présente quelques belles façades dont les plus notables sont : au n° 3, le palais de los Redín y Cruzat (17e s.), aujourd'hui conservatoire de musique ; plus loin, au n° 65, celle du palais del Conde de Ezpeleta, du 18e s., est identifiable à sa façade baroque ornée de statues.

La rue débouche sur l'avenida Taconera. L'église de San Lorenzo fait l'angle à gauche.

Iglesia de San Lorenzo A1

Cette église du 19e s. abrite la statue de saint Firmin (celle qui est promenée dans la ville à l'occasion des fêtes), exposée dans la chapelle de droite.

Traversez l'avenue pour rejoindre le parc de la Taconera.

Parque de la Taconera A1

Ce parc, le plus ancien de Pampelune, a été conçu comme un jardin à la française avec ses allées rectilignes. Il est bordé de fossés dans lesquels s'ébattent cerfs, daims, chèvres, coqs, cygnes, tortues et poissons rouges.

Dirigez-vous vers la citadelle. Contournez-la pour entrer par l'arrière.

Ciudadela (Citadelle) A2

Le plan des fossés et des murailles encore debout permet de prendre la mesure de cet ouvrage, construit entre 1571 et 1645 selon le modèle de la forteresse d'Anvers, devenu depuis l'un des poumons verts de la capitale navarraise. Ses fossés aménagés en promenade se couvrent au printemps de boutons d'or et de coquelicots. En son centre, la citadelle conserve encore sa poudrière et la salle d'armes, transformée en lieu d'exposition. Sur ses pelouses sont présentées des œuvres contemporaines.

Engagez-vous dans la calle Chinchilla qui fait face à l'entrée de la citadelle. Au bout, prenez à droite pour atteindre le paseo de Sarasate.

Paseo de Sarasate A1

Iglesia de San Nicolás – Construite sur un ancien sanctuaire roman, cette église gothique consacrée en 1231 présente une façade très retouchée. Elle détient de très belles **orgues★★** baroques de 1769, les plus belles de Pampelune avec celles de Sto Domingo.

Le paseo aboutit au palais de Navarra, à côté duquel se dresse le monument aux Fors *(voir p. 383)*. Vous voilà de retour à la plaza del Castillo.

À voir aussi Plan de la ville

Museo de Educación ambiental San Pedro A1

C/Errotazar - ✆ 948 149 804 - mar.-sam. 10h-13h et 16h-18h, dim. et j. fériés 10h-13h - gratuit.

Installé dans le cloître du monastère San Pedro (18e s.), cet espace a pour but de sensibiliser le public à l'environnement, panneaux, chiffres et schémas à l'appui. Soleil, ressources naturelles, biodiversité, territoire, consommation, transports et bruit en composent les étapes. Bornes interactives. Tests sonores.

Planetario A2

Accès depuis la plaza de Juan XXIII par l'avenida de Bayona puis dans le prolongement, l'avenida Barañáin. C/ Sancho Ramírez, s/n - ✆ 948 262 628 - www.pamplonetario.org - lun. 16h-19h30, mar.-vend. 9h30-13h30, 16h-19h30, sam. 11h-13h30, 17h-20h30 - fermé juil., lun. mat., dim. et j. fériés - 4 € (enf. 3 €).

Les Sanfermines

DE L'AUTOMNE À L'ÉTÉ

C'est le 25 septembre que le commun des mortels honore saint Firmin, ce Navarrais converti au christianisme par saint Sernin et devenu évêque d'Amiens. Depuis 1591, les Pamplonais préfèrent fêter leur saint en juillet, afin d'éviter les pluies de l'automne. Corridas et processions marquent l'événement comme partout ailleurs en Espagne, mais ce sont surtout les fameux *encierros* matinaux qui font l'originalité des festivités de la ville.

« DON ERNESTO »

Ce qui était une feria locale a acquis une renommée universelle en grande partie grâce à **Ernest Hemingway**. L'écrivain américain s'y rendit pour la première fois en 1923 et en fit le cadre de son roman *Le Soleil se lève aussi* où il évoque bien des lieux toujours en activité aujourd'hui. Visiteur assidu jusqu'à la guerre civile, il y revint par la suite en 1953 et 1959. Six ans après sa mort, un buste de l'écrivain a été inauguré devant les arènes, arborant fièrement au cou le foulard rouge des jeunes gens, les *mozos*.

NEUF JOURS DE FÊTE

« Uno de enero, dos de febrero [1er janvier, 2 février]
Tres de marzo, cuatro de abril [3 mars, 4 avril]
Cinco de mayo, seis de junio [5 mai, 6 juin]
Siete de julio, San Fermín ! » [7 juillet, saint Firmin !] »
Le 6 juillet, à midi, un énorme pétard, le « chupinazo » (133 décibels !) est mis à feu du balcon de la mairie, devant une foule considérable (attention aux bousculades) : c'est le moment de nouer son foulard rouge autour du cou. La liesse s'empare alors de la ville, qui voit doubler le nombre de ses habitants. Dès lors, c'est parti pour neuf jours de festivités. Procession, *comparsa* (défilé de *gigantes* et *cabezudos*, géants et grosses têtes), animations diverses et bien sûr corrida quotidienne, le tout accompagné de force libations, composent l'essentiel du menu accompagné par la cacophonie des orchestres des quinze peñas (groupes de dizaines ou centaines de jeunes réunis par affinités politique ou géographique comme l'appartenance à un même quartier). Mais le 14 au soir, tout rentre dans l'ordre : reste à entonner le « pobre de mí » (pauvre de moi) qui marque le retour à la vie quotidienne… jusqu'à l'année suivante.

L'ENCIERRO

La manifestation la plus spectaculaire reste l'**encierro** qui a lieu tous les matins à 8 heures quand retentit le bruit d'un pétard allumé au clocher de San Cernín. Encadrés de boeufs dressés (les *cabestros)*, les taureaux qui combattront l'après-midi quittent leur enclos et se rendent aux arènes en empruntant la Cuesta de Santo Domingo puis la calle Estafeta, soit un trajet de 825 m, parcouru en 3 minutes. Les *mozos*, vêtus de blanc avec béret, foulard et ceinture rouges et tenant un journal roulé pour dévier les coups de corne, courent devant les taureaux. Toute l'Espagne suit avec passion ce spectacle plein d'émotion, retransmis en direct par la télévision.

La capitale de la Navarre

PAMPELUNE, DES ORIGINES À L'APOGÉE

C'est sur le site d'un village vascon, Iruña (la ville), que le général romain Pompée fonda, en 75 avant J.-C, la cité de Pompaleao. Au 8e s., les Maures occupent la ville ; ils en sont chassés avec l'aide des troupes de Charlemagne qui profite de la faiblesse de leurs alliés pour démanteler les remparts. Pour se venger, les Navarrais contribuent à l'écrasement de l'arrière-garde des armées impériales au col de Roncevaux *(voir à ce nom)*.

Au 10e s., Pampelune devient la capitale de la Navarre, appelée alors « royaume de Pamplona ». La cité est alors gouvernée par ses évêques. Mais sa vie sera troublée tout au long du Moyen Âge, par des luttes entre les habitants du vieux quartier – la Navarrería – et les francs-bourgeois des faubourgs de San Cernín, peuplés par des immigrants de la région de Toulouse, et de San Nicolás, créé à l'arrivée d'une autre vague d'immigration.

Chacun terré derrière ses propres murailles, les trois bourgs s'ignorent superbement quand ils n'entrent pas en conflit ouvert : les Navarrais sont partisans du rapprochement avec la Castille, tandis que les francs-bourgeois préfèrent une dynastie française. Ces luttes se terminent en 1423 avec le privilège de l'Union promulgué par Charles III le Noble. Les trois municipalités se fondent alors en une seule. Conquise et incorporée au royaume castillan en 1513, elle devient le poste avancé de la Couronne espagnole face aux éventuelles incursions françaises. En 1571, sous le règne de Philippe II, débute la construction de la citadelle.

L'essor survient au cours du 18e s. La ville qui connaît une progression économique et démographique importante se dote alors de nombreux bâtiments monumentaux comme le palais épiscopal (1732), la Casa Consistorial (hôtel de ville, 1752) et la cathédrale, qui sera non seulement achevée (16e s.), mais agrémentée d'une façade néoclassique en 1783.

TEMPS TROUBLÉS

Au 19e s., Pampelune subit le passage des troupes françaises, puis, pendant les guerres de Succession, les sièges organisés par les partisans de la reine Isabelle II comme par les carlistes, elle-même soutenant la cause de Don Carlos, garant des *fueros* et des congrégations.

Soucieuse de ses intérêts et de ses privilèges, elle s'oppose à la réforme fiscale envisagée par le gouvernement de Madrid. Ses habitants manifestèrent massivement en 1893 contre l'abolition de leur régime fiscal, leur mouvement de protestation étant connu sous le nom de « Gamazada », du nom du ministre Germán Gamazo, auteur du projet de réforme qui ne fut jamais appliqué. Un monument a été érigé en 1903 pour commémorer ces manifestations : **le monument aux Fors.**

Toujours dans ce même souci de préserver au mieux ses acquis, la capitale navarraise soutient Franco pendant la guerre civile, et se démarque à nouveau des autres provinces basques lorsque, en 1979, elle refuse de se joindre à la Communauté autonome basque (Euskadi). Elle obtient un statut d'autonomie, conserve une administration issue directement des privilèges médiévaux, et peut ainsi se prévaloir d'une identité bien marquée.

Dans le parc Yamaguchi, dessiné selon le modèle japonais, le planétarium, coiffé d'une coupole de 20 m de diamètre, dresse sa silhouette cylindrique, inspirée paraît-il par les panthéons de la vallée des Rois. Aire de jeux pour enfants à proximité.

À proximité Plan de microrégion

Museo Oteiza à Alzuza B2

7 km à l'est. Prenez la direction de la France, par Roncevaux. À la hauteur de Huarte, suivez le fléchage « Hoz de Lumbier ». Une fois sur la NA 150, rejoignez Alzuza par une petite route à gauche. C. de la Cuesta, 7 - 31 486 Alzuza - ✆ 948 332 074 - www.museooteiza.org - ♿ - de mi-juin à mi-sept. : mar.-sam. 11h-19h, dim. et j. fériés 11h-15h ; reste de l'année : mar.-vend. 10h-15h, sam. 11h-19h, dim. et j. fériés 11h-15h - fermé lun., 1er janv. et 25 déc. - 4 € (-12 ans et vend. gratuit).

La visite nous fait pénétrer dans l'univers créatif de **Jorge Oteiza** (1908-2003), l'un des personnages clés de la sculpture espagnole contemporaine. Le musée, hébergé dans un bâtiment jouxtant la maison de l'artiste, est l'œuvre de son ami l'architecte Saénz de Oiza (1918-1988). Après avoir abandonné l'art figuratif à la fin des années 1950, Oteiza entama une période abstraite d'expérimentation géométrique et métaphysique qui lui valut d'être reconnu comme le grand sculpteur du « vide ».

Monreal B2

20 km au sud-est par la N 240. Pittoresque village avec un petit pont médiéval à double arche, depuis lequel on entend les grenouilles coasser ; une placette, de vieilles maisons et une église dominent le bourg.

Artaiz B2

24 km au sud-est par la N 240. Après environ 16 km, prenez à gauche la NA 234, puis roulez encore sur 6,5 km avant de prendre à droite la NA 2400.

Charmant hameau doté d'une adorable petite église du 12e s. Si son état extérieur laisse peut-être à désirer, son **portail et ses corbeaux★★** romans n'en demeurent pas moins admirables pour la délicatesse et l'expressivité de leurs sculptures (lions, masque grimaçant, homme à trois têtes, musicien, guerrier, etc.).

Petite fontaine romane du 13e s. (en fait, une sorte de petit réservoir) en sortant du village en direction de Zuazu *(sur la gauche, la route non carrossable, derrière les bâtiments longs en contrebas de la route, cachée dans un creux du terrain).*

Itinéraire conseillé

CHÊNES, RANDONNÉES ET SANCTUAIRE B1-2

Pour visualiser cet itinéraire de 120 km, reportez-vous au plan de la région (p. 374) – comptez environ 2h. Quittez Pampelune au nord en direction de la France par la N 121A. Parvenu à Ostiz après 14 km, prenez à gauche la NA 411 vers Gerendiain. Parcourez 8 km et avant le village, suivez à gauche les panneaux Lizaso. Sur la route qui y mène, ne manquez pas, planté sur le bas-côté gauche, un panneau parking : il marque l'entrée de la chênaie d'Orgi.

Chênaie d'Orgi (Robledal de Orgi) B2

Cette forêt de chênes centenaires couvre au total 77 ha, mais seulement une moitié est accessible au public grâce à trois sentiers, ponctués de panneaux explicatifs sur le développement et l'écosystème de la chênaie. Un livret de visite *(1,50 €)*, disponible au point d'information, rend la promenade *(env. 1h)* plus interactive encore. Aire de pique-nique.

Traversez Lizaso et poursuivez dans la vallée d'Ultzama jusqu'à Jauntsarats.

Jauntsarats B1

Ce hameau agricole compte sur son territoire deux **chênes pluricentenaires** classés Monumento natural de Navarra. Le plus accessible se dresse à côté du terrain de sport de l'école, à l'entrée du village, derrière la haie qui cache les bois.

Continuez sur la NA 411 jusqu'à atteindre l'A 15 que vous suivrez en direction de Tolosa. Sortez à Lekunberri.

Lekunberri B1

À l'entrée du village, ne manquez pas les panneaux indiquant Plazaola.

★ **Vía verde del Plazaola** – Certains tronçons de cette ancienne voie de chemin de fer qui reliait Pampelune à St-Sébastien, après avoir transporté du minerai de fer de Plazaola à Andoain, sont progressivement reconvertis en voie verte, ouverte aux randonneurs, aux cavaliers et aux cyclistes. L'ex-station de Plazaola présente aujourd'hui le milieu naturel traversé par ces sentiers. Un wagon-jeux a été spécialement aménagé à l'intention des enfants.

Lekunberri-Mugiro – *2 km - 1h15 AR.* Cette portion suit une rivière jusqu'à un petit barrage, au-delà duquel la voie reste à baliser. Elle dévoile des paysages de prairies et de collines boisées, dont certaines se resserrent presque en gorge.

Quittez Lekunberri vers la sierra de Aralar (NA 7510) et le sanctuaire de San Miguel.

★★ Santuario de San Miguel de Aralar B2

L'**église**, construite à différentes époques – l'abside et une partie des murs sont wisigothiques (9e s.), le reste est préroman (10e s.) –, englobe une petite chapelle romane. C'est là que l'on retrouva, au 18e s., le magnifique **parement d'autel**★★ doré et émaillé, œuvre capitale de l'orfèvrerie romane européenne, qui viendrait peut-être d'un atelier limousin de la fin du 12e s.

Revenez à Pampelune par l'A 10.

NOS ADRESSES À PAMPELUNE

HÉBERGEMENT

BUDGET MOYEN

Hôtel Yoldi – *Avda de San Ignacio, 11 - ✆ 948 224 800 - www.hotelyoldi.com - 52 ch. 69/84 € - ☕ 9 €.* Rénové, cet hôtel constitue un bon choix dans le centre de Pampelune, pour son côté pratique et son confort. Il est situé à proximité des arènes et pendant les fêtes, on peut y côtoyer des toreros.

Hôtel Buhardilla Gambara – *Serapio Huici, 15 - Villava - ✆ 948 382 872 - www.labuhardilla.com - P - 4 ch. 70 € - ☕ 8 €.* Cette très belle demeure ne ressemble à aucune autre tant par son décor soigné que par son ambiance. Les chambres, personnalisées, sont meublées d'armoires massives. La suite avec terrasse et solarium, décorée de meubles anciens, est tout simplement superbe.

Hôtel Europa – *Espoz y Mina, 11 - ✆ 948 221 800 - www.hreuropa.com - 25 ch. 71/126 € - ☕ 9 €.* Bien situé au centre, il propose des chambres petites mais bien équipées avec des salles de bains en marbre. Bonne option dans cette catégorie.

Hôtel Maisonnave – *Calle Nueva, 20 - ✆ 948 222 600 - www.hotelmaisonnave.es - 138 ch. 79/107 € - ☕ 10,50 € - rest. 17 €.* Outre ses prestations haut de gamme et son emplacement central, cet hôtel dispose de chambres confortables, équipées de salles de bains modernes.

POUR SE FAIRE PLAISIR

Hôtel Albret – *Ermitagaña 3 - ✆ 948 172 233 - www.hotelalbret.net - 107 ch. 74/215 € - ☕ 12 €.* Le hall-réception, bien aménagé, donne accès à des chambres peu spacieuses mais décorées de façon moderne. La cafétéria sert quelques plats et menus.

Hôtel Leyre – *Leyre, 7 - ✆ 948 228 500 - www.hotel-leyre.com - 55 ch. 60/290 € - ☕ 9 €.* Cet hôtel central propose des chambres à des prix très variés. Ses chambres, spacieuses et parquetées, sont décorées avec un mobilier classique.

RESTAURATION

PREMIER PRIX

Museo – *San Gregorio 48 - ✆ 948 222 050 - fermé 15-31 juil. - ⊭ - 3,50 € le tapa.* Dans un décor moderne, ce restaurant, qui sert tapas et *raciones*, est apprécié pour la qualité de sa cuisine.

Gaucho – *Espoz y Mina, 4 - ✆ 948 225 073 - www.cafebargaucho.com - fermé 15-31 juil. - ⊭ - 12 €.* Bien géré, cet établissement jouit d'une bonne réputation locale. Le bar, qui propose une multitude de tapas appétissantes, est doté de quelques tables d'appoint.

Baserri – *San-Nicolás, 32 - ✆ 948 222 021 - www.restaurantebaserri.com - 12 €.* Établissement situé dans une rue centrale où se trouvent de nombreux bars. La salle du fond est simple et vous y dégusterez un menu à base de tapas et de différentes brochettes.

Letyana – *Travesía de Bayona, 2 - ✆ 948 255 045 - fermé 26 fév.-4 mars, 15-31 juil., 8-14 août, dim. en été et mar. - 12 €.* Bar à tapas surprenant ! Au rez-de-chaussée, le bar propose d'innombrables tapas succulentes. À l'entresol, une petite salle de restaurant, à l'étage un menu dégustation est servi.

BUDGET MOYEN

Martintxone – *Nagusia, 63 - Arbizu - ✆ 948 460 057 - martintxonea@msn.com - fermé 25 déc.-15 janv. et lun. - 22/37 €.* Petit restaurant familial, aménagé dans une ancienne

maison en pierre. Bar ouvert au public et salle à manger agréable proposant une cuisine traditionnelle.
La Casona – *Pueblo Viejo (Barañáin) - ✆ 948 186 713 - www.lacasonarestaurante.net - fermé lun. - 26/40 €.* Ancienne bâtisse offrant une restauration de type rôtisserie avec cidrerie d'un côté et salle de restaurant de l'autre, avec grill apparent. Deux salles de réception au 1er étage.

POUR SE FAIRE PLAISIR

Casa Manolo – *García Castañón, 12 1º - ✆ 948 225 102 - www.restaurantecasamanolo.com - fermé août, dim. soir et lun. - 30/41 €.* Situé au 1er étage. Ce vaste restaurant, qui accueille aussi les banquets, propose une carte variée et une cuisine de qualité. On y appréciera le service soigné.
La Chistera – *San Nicolás, 40-42 - ✆ 948 210 512 ou 948 227 881 - carminacasada@hotmail - 35/60 €.* La décoration de cet élégant restaurant, réalisée par María Mendez, mérite à elle seule l'attention. Admirez les colonnes et chapiteaux du bar, le plafond en bois de la salle St-Firmin et les peintures évoquant la vie du violoniste Pablo de Sarasate. En cuisine, recettes traditionnelles et spécialités de Navarre.
Rodero – *Emilio Arrieta, 3 - ✆ 948 228 035 - www.restauranterodero.com - fermé Sem. sainte, lun. soir et dim. - 48 €.* Une table luxueuse. Bien situé juste derrière les arènes, cet établissement compte parmi les meilleurs de la région. Organisation familiale mais offrant un service de très haut niveau et une cuisine créative, innovante et d'auteur. Prix élevés.

ACHATS

Vinoteca Murillo – *San Miguel, 16-18 - ✆ 948 221 015 - tlj sf dim. 9h30-13h30, 16h30-19h45, sam. 9h-14h - fermé j. fériés.* Ce bel établissement se transmet de père en fils depuis 1890. Son décor d'époque reste superbe et les produits proposés se remarquent par leur qualité. Vous trouverez, entre autres, une belle sélection de vins espagnols, des crus prestigieux en provenance du monde entier, des spiritueux et des spécialités de Navarre.
Las Tres Z.Z.Z. – *Carretera Puente Miluce 6 - ✆ 948 252 629 ou 948 224 438 - www.lastreszzz.com.* Cette institution locale fabrique des outres à vin artisanales depuis 1873. Vous découvrirez les différentes matières utilisées dans la fabrication des outres, son histoire ainsi que le rituel qui préside à l'utilisation de cet objet culte.

AGENDA

Los Sanfermines – (6-14 juil.).
Concours international de chant Julián Gayarre – (2e et 3e sem. de sept. les années paires) - ✆ 848 424 683 - www.cfnavarra.es/gayarre.
Concours international de violon Pablo Sarasate – (2e et 3e sem. de sept. les années impaires) - ✆ 848 424 683 - www.cfnavarra.es/sarasate.
San Fermín txiki (Petites Sanfermines – 25 sept.).

Vallées du Baztan et de la Bidassoa

★

Valle de Baztan y valle del Bidasoa

Navarre

NOS ADRESSES PAGE 393

S'INFORMER

www.valledebaztan.com – *Ce site, créé par un passionné de la région, donne de nombreuses informations pratiques et touristiques sur la vallée.*

SE REPÉRER

Plan de région B1 (p. 374) – carte Michelin n° 573 C 25. Les principaux accès à la vallée passent par Ainhoa au nord, le col d'Izpegui à l'est en venant de St-Étienne-de-Baïgorry, ou bien par le sud via Elizondo, pour ceux qui arrivent de Pampelune.

ORGANISER SON TEMPS

Comptez une journée pour découvrir toute la vallée, sachant que le parc naturel de Bertiz constitue à lui seul une destination… et empruntez le lendemain la vallée de la Bidassoa.

AVEC LES ENFANTS

Le centre d'interprétation du parc de Bertiz.

De vertes prairies où chevaux et moutons paissent entre des murets de pierre, des pentes sèches où l'herbe se fait drue, des villages aux fiers blasons et des habitants attachés à leurs traditions… Pas de doute, vous êtes dans la vallée du Baztan, à découvrir également pour ses champignons et sa spécialité : le boudin d'agneau. Avis aux amateurs !

Itinéraires conseillés

★ LA VALLÉE DU BAZTAN, D'AINHOA AU PARC NATUREL DE BERTIZ B1

Pour visualiser cet itinéraire de 42 km, reportez-vous au plan de la région (p. 374) – comptez une journée d'excursion en partant de la frontière française depuis Ainhoa sur la N 121ᴮ. Juste après le village frontalier de Dancharinea/ Dantxarinea, tournez à droite vers Zugarramurdi par la petite NA 4401.

Zugarramurdi

Voir la description à « Ainhoa », p. 190.
Revenir à la N 121ᴮ.

Urdazubi/Urdax

Comme Zugarramurdi, ce village *(voir la description à « Ainhoa », p. 190)* constitue avec Sare et Ainhoa, du côté français, un territoire transfrontalier : le **pays de Xareta**.

Poursuivez sur la route qui part à l'assaut du puerto (col) d'Otxondo.

Le reflet des façades dans le río Baztan.
P. Uriz / Servicio de Marketing Turístico Gobierno de Navarra

Pico Gorramakil

Accès à partir du col d'Otxondo (570 m) par la NA 2655. Une très belle route mène en 15 km à ce sommet qui offre, du haut de ses 1 090 m, une vue dégagée sur la vallée.

Revenez sur la N 121^{B} et, après environ 7 km, tournez à gauche.

Amaiur/Maya

Un écrin de verdure enchâsse cette commune navarraise, la dernière à avoir lutté pour l'indépendance de la province face à Charles Quint en 1522.

L'église se trouve en dehors du village, que l'on rejoint par une route bordée de murets de pierre. Une fois franchi l'entrée marquée par une arche surmontée d'un toit, une rue unique se déploie, dévoilant une succession de maisons blasonnées de grès rouge ou crépies de blanc.

Arrêtez-vous devant celle du n° 30 pour en admirer le hall ouvert et la belle porte cloutée. Face à elle, une autre arbore des clous imposants. Presque en bout de rue, au n° 47, se détachent les arcades du palacio Borda (17e s.). Admirez au n° 51, face à la petite fontaine, la porte ornée de clous, les balcons et les poutres sculptées de la maison blasonnée.

Un petit oratoire clôt le village. À sa gauche se détache un chemin menant à un monument commémoratif, érigé en 1922 pour rappeler la **bataille de 1522** en faveur de l'indépendance navarraise. Il offre un beau point de vue sur le village en contrebas, ainsi que sur la vallée *(comptez 10mn d'ascension).*

Rejoignez la N121^{B} et prenez la première intersection sur la gauche, la N 2600 qui vous conduira à Erratzu via Bozate.

Erratzu/Errazu

Village de montagne dont les maisons anciennes et l'église sont construites en **grès rosé**. Ne manquez pas d'admirer l'adorable petit cloître jouxtant l'église. Ses galeries sont ornées de stèles. À proximité, le palais Apeztegia du 17e s. déploie sa sobre façade derrière une sorte d'enclos de pierre ouvert par un portique. De l'autre côté de la rivière, la rue Iturri-Zaharra présente d'étroits trottoirs de galets.

La route menant au col *(puerto)* d'Izpegi/Izpegui s'enfonce parmi les feuillus et dévoile de très beaux points de vue sur la vallée.

Gorostapalo

2 km au sud d'Erratzu, en passant à droite de l'église et de son cloître.

Garez-vous dans le hameau aux ruelles pavées de grosses pierres rosées. Vous retrouverez les mêmes sur le chemin pentu qui part à droite de l'ermitage, posté à l'entrée du village, dans le virage. Attention, le pavage peut se révéler glissant par temps de pluie ! Le sentier descend vers un petit pont pour remonter ensuite légèrement à travers prairies et bois jusqu'à une cascade, que l'on entend plus que l'on ne la voit entre les feuillages *(30mn AR - balisage blanc-vert)*.

Revenez sur vos pas afin de gagner Elizondo, à l'extrémité sud de la vallée, par la N 121^B.

Elizondo

Capitale de la vallée, ce bourg abrite de belles demeures édifiées par les anciens gouverneurs et administrateurs des Indes occidentales, ou par les « Indianos », ou « Americanos », ces Basques émigrés en Amérique du Sud, et revenus fortune faite. Certaines sont bien sûr blasonnées !

Il donne accès à une myriade de hameaux comme Arraioz ou Ziga, où se pratiqua, paraît-il, la sorcellerie (l'Inquisition y organisa des procès en 1725).

Continuez sur la N 121^B pour atteindre Oronoz-Mugairi.

★Parque natural Señorío de Bertiz à Oronoz-Mugairi

Accès à côté de la station-service, en limite du bourg. ✆ 948 592 421 - www.parquedebertiz.es - été : 10h-20h, hiver : 10h-18h - fermé 1er janv. et 25 déc. - 3 € (-18 ans gratuit).

Centro de Turismo Rural (Bertiz) – *31720 Oieregi-Bertizarana - ✆ 948 592 386 - de mi-juil. à fin août, Sem. sainte et ponts : mat. et apr.-midi ; reste de l'année : mar.-dim. 10h-13h, 16h-19h- fermé 1er et 6 janv., 25 déc.*

Parc naturel depuis 1984, ce domaine couvre 2 040 ha, dont 1 869 de forêts (chênaies et hêtraies principalement). Ses bois et ses prairies abritent une faune diversifiée, depuis la salamandre jusqu'au desman des Pyrénées (sorte de taupe). Pedro Ciga en fut le dernier seigneur, dépositaire des terres autrefois données en cadeau par le roi Charles III (14e s.). Il planta les essences exotiques du jardin et fit construire un nouveau palais, tout en restaurant l'ancien. Il fit don de l'ensemble à la députation de Navarre en 1949, à la condition de tout laisser en l'état. Le palais Aizkolegi le domine, en offrant au regard un large panorama sur le parc et les vallées alentour.

Juste à l'entrée du domaine se trouve un magnifique jardin, riche de nombreuses essences et d'un tracé rappelant les parcs à l'anglaise. Un **centre d'interprétation** donne les clés pour comprendre l'écosystème particulièrement humide de Bertiz.

Plusieurs itinéraires balisés partent de l'entrée du parc *(demandez le plan à la guérite)*. Le plus court (700 m) et le plus facile s'engage tout de suite à gauche pour suivre la Bidassoa. Les autres s'enfoncent dans la forêt, à partir du chemin appelé Aizkolegi *(balisage vert - le seul autorisé à bicyclette)*. Le dénivelé varie de 200 m à 680 m suivant le parcours retenu.

Arrivés à ce point, vous pouvez descendre sur Pampelune ou bien remonter en direction d'Irún en suivant la vallée de la Bidassoa. Pour cela, en quittant le parc naturel, gagnez Doneztebe/Santesteban (4 km plus loin au carrefour de la NA 170).

VALLÉE DE LA BIDASSOA DE DONEZTEBE À BERA B1

Bon à savoir – La vallée peut aussi se rallier côté français par Ascain, St-Jean-de-Luz ou Hendaye, via la D 4. Côté espagnol, la N 121 part de la frontière entre Hendaye et Irún pour remonter la rivière et aboutir à Bera. Par le sud, on y accède depuis Pampelune par la N 121^A^.

Pour visualiser l'itinéraire de 48 km, reportez-vous au plan de la région (p. 374) – comptez une bonne demi-journée en parcourant la vallée du nord au sud. Départ de Donetxebe/Santesteban que contourne la N 121^A^.

À la frontière du Pays basque français, la Bidassoa s'encaisse dans les granits en un étroit sillon appelé gorge d'Endarlaza. Mais avant de s'y engager, elle s'est aussi frayé un chemin entre les contreforts des Pyrénées-Atlantiques, caractérisés par de grasses prairies et des champs de maïs entourant des villages aux maisons typiquement basques. Il faut bien reconnaître qu'en dehors de chemins de traverse (comme celui constitué par l'ancienne confédération des Cinco Villas, composée de cinq charmantes cités situées sur de petites routes transversales de part et d'autre de la N 121^A^ : Etxalar, Arantza, Igantzi, Lesaka et Bera, le charme de la route est beaucoup moins prégnant que dans la vallée du Baztan en raison de l'intense trafic routier. Armez-vous de patience et profitez quand même des paysages verdoyants !

AU FIL DE L'EAU

Une rivière a donné son nom à la vallée encaissée entre le massif du Bost Herri (commune des Cinco Villas) à l'ouest et le pays Quint à l'est *(voir « St-Étienne-de-Baïgorry », p. 219)*. Du nord au sud, le climat et le paysage changent une fois franchi le col de Belate (847 m). Ils deviennent alors plus secs, voire méditerranéens, proches en couleurs des jaune et ocre de la plaine navarraise.

UNE IDENTITÉ FORTE

La vallée dispose de son propre blason, un échiquier encadré par des rameaux de laurier, autour duquel se rallient les 18 villages du Baztan. Cet honneur remonte au temps de la bataille de Las Navas de Tolosa, en 1212, où les seigneurs locaux aidèrent le roi chrétien Sanche le Fort à vaincre le souverain almohade (dynastie musulmane originaire du Maroc). Quatre entités siègent aujourd'hui à la Junta General, héritage de Sanche III qui créa, en 1025, la seigneurie de Baztan.

★ **Doneztebe**/Santesteban

De loin la bourgade la plus animée de la vallée, Doneztebe concentre son activité dans son cœur historique, autour de la rue commerçante qui passe devant l'**église**. Embaumant l'encaustique, celle-ci abrite trois retables baroques dorés. Notez la patine et l'usure du banc de maître, à gauche de l'allée centrale. Non loin de là, vous repérerez la mairie à ses arcades en grès et aux blasons ornant son avant-corps.

Quittez Doneztebe vers le nord et empruntez à 1,5 km la N 121^A^.

Sunbilla

En retrait sur la gauche de la route. Un pont médiéval enjambe la rivière. N'hésitez pas à le parcourir afin de contempler la végétation se reflétant dans l'eau ainsi que les maisons bordant la Bidassoa. Celle qui fait l'angle à

l'extrémité droite du pont présente des poutres très travaillées. Remarquerez-vous le petit personnage sculpté sous le toit ?
Après l'église, juste à côté de la maison blasonnée, monte une petite voie pavée de galets.
Revenez sur la N 121ᴬ et après 12 km, prenez à droite la NA 4400 pour Etxalar.

Etxalar/Echalar
4 km. Imaginez un village rassemblé autour de son église en pierre rosée, elle-même précédée d'une pelouse où les stèles discoïdales sont disposées de manière à vous mener à l'édifice. Le tout baigne dans la lumière du soleil couchant qui enflamme les façades des maisons immaculées et caresse leurs jardinets bien entretenus. Vous ne repartirez plus !
Reprenez la N121ᴬ et traversez-la en direction de Lesaka.

Lesaka/Lesaca
On peut se garer au pied de l'église.
Impossible de rester insensible au charme de ses maisons à pans de bois qui longent la rivière. Parmi elles trône une tour du 15ᵉ s., dont l'*alter ego* a été érigé du côté de l'église, près d'un calvaire. Elles auraient servi de QG à Wellington pendant les guerres napoléoniennes. Les demeures présentant les détails les plus intéressants se situent rue Albiztur. Au n° 23, ce sont les poutres qu'il faut regarder ; au n° 2, les pans de bois ; au n° 12, la porte cloutée et, au n° 5, datant de 1578, le travail effectué sur les poutres du toit ainsi que sur les galeries des maisons voisines.
St-Martin-de-Tours – Étonnant **portail★** baroque caché par une tour-porche pour cette église édifiée au 16ᵉ s. L'entrée de droite est ornée de **sculptures** naïves représentant Dieu le Père, des angelots, Adam et Ève, saint Jean Baptiste (à gauche) et saint Paul (à droite). L'entrée de gauche est moins décorée, se contentant d'une représentation de saint Pierre et d'angelots dans les voussures.
Gagnez Igantzi en suivant les panneaux.

Igantzi
Ses principaux centres d'intérêt résident dans l'**église** que précède un petit porche crépi et la plaza de los Fueros où se trouve une élégante maison blasonnée à colonnades.
Poussez jusqu'à Arantza en prenant à gauche la NA 4020.

Arantza
La façade de sa mairie à arcades affiche un blason encadré par deux petits personnages à robe rouge. Son église rassemble autour d'elle quelques vieilles maisons aux parements de pierre. Celle qui fait face au clocher arbore des poutres et une balustrade de bois travaillé.
Revenez sur la N 121ᴬ et prenez à gauche. Remontez vers Bera.

Bera/Vera de Bidasoa
Office de tourisme – *P° Eztegara, 11 - 31780 Bera - ☏ 948 631 222 - www.berakoudala.net - Sem. sainte et de mi-juin à mi-sept. : mar.-sam. 10h-14h, 16h-19h, dim. 10h-14h.*
Cette bourgade se répartit en deux principaux quartiers. Les maisons les plus intéressantes se trouvent dans celui d'Alzate, comme celles des nᵒˢ 5, 23 et 25. Les façades sont caractéristiques de l'architecture basque avec leurs pans de bois, leurs poutres travaillées et, parfois, l'avant-toit abritant un balcon de bois à la fine balustrade.

L'autre quartier se concentre autour de l'église, en direction d'Irún. La plaza Herrikoetxea est entourée de maisons blasonnées et son **hôtel de ville** baroque arbore les fresques de quatre femmes symbolisant la Justice, la Prudence, la Tempérance et la Force. Il se trouve en contrebas de l'église.

NOS ADRESSES DANS LES VALLÉES

HÉBERGEMENT

PREMIER PRIX

Chambre d'hôte Casa Kordoa – *Erratzu - ✆ 948 453 222 - www.kordoa.com - P - 6 ch. 40 € - ☕ 3,50 €.* Installée dans une jolie ferme bâtie en pierre et dirigée par un ménage accueillant. Coquet salon et chambres correctes aux poutres apparentes, dotées de salles de bains complètes.

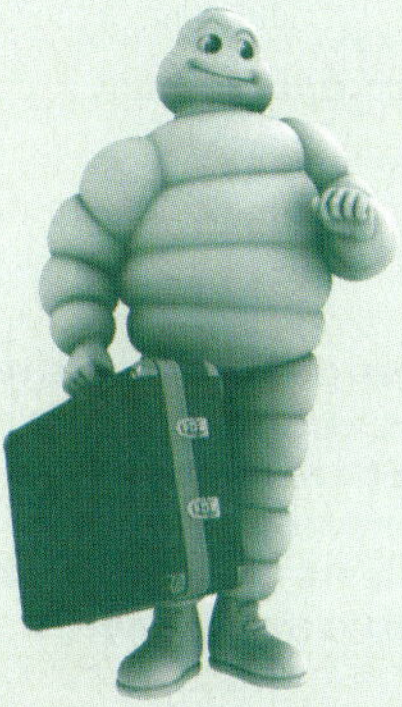

BUDGET MOYEN

Hôtel Trinkete Antxitonea – *Braulio Iriarte, 16 - Elizondo - ✆ 948 581 807 - www.antxitonea.com - 25 ch. 60/75 € - ☕ 4,50 € - rest. 10/18 €.* Cette grande bâtisse du 19e s. entièrement restaurée possède de précieux atouts. La plupart de ses chambres, d'un grand confort et décorées avec goût, ouvrent leurs fenêtres sur le fleuve Baztan. Surtout, elle dispose d'un trinquet, pièce équipée d'un fronton où l'on joue à la pelote basque (tournois fréquents).

RESTAURATION

BUDGET MOYEN

Juan Simón – *Ctra de Pamplona - Ventas de Arraitz - ✆ 948 305 052 - 16 € - 10 ch. 50/58 € - ☕ 5 €.* Cet établissement centenaire se distingue par sa façade ornée de balcons fleuris. Son intérieur s'avère tout aussi séduisant : colonnes, poutres apparentes, cheminée, lampes en fer forgé, belle vaisselle… Dans l'assiette : goûteux petits plats maison et spécialités basques et navarraises.

La Galería – *Plaza de los Fueros, 2 - Vera de Bidasoa - ✆ 948 625 540 - www.hotelchurrut.com - fermé 2 sem. entre janv.-fév. - 16 € déj. - 20 € - 17 ch. 115/200 € - ☕ 12 €.* Décor minimaliste, tables harmonieusement placées sous des poutres apparentes judicieusement éclairées, assiettes soignées et service attentif : ce restaurant a décidément tout pour séduire. Intéressant menu dégustation et délicieux desserts maison.

Santxotena – *Pedro Axular s/n - Elizondo - ✆ 948 580 297 - rest. santxotena@telefonica.net - fermé 1re quinz. de sept., 19 déc.-10 janv., dim. soir en été et lun. - 22/29 €.* Le service en salle soigné, l'attention aimable et l'ambiance chaleureuse sont des valeurs à la hausse dans ce restaurant où est proposée une carte traditionnelle.

AGENDA

Carnaval d'Ituren – (Fin janv.).
Carnaval de Lesaka – (Fév.-mars).
Fête de la St-Firmin – (6-10 juil.).

Roncevaux

★

Roncesvalles/Orreaga

26 habitants - Navarre

NOS ADRESSES PAGE 402

S'INFORMER
Office de tourisme – *Antiguo molino - 31650 Roncevaux - ✆ 948 760 301 - de la Sem. sainte à mi-oct. : mat. et apr.-midi, dim. matin ; reste de l'année : tte la journée, w.-end et j. fériés matin – www.roncesvalles.es, site présentant la collégiale, le site et ses environs.*

SE REPÉRER
Plan de région C1 (p. 374) – carte Michelin n° 573 C 26. Ce point de passage obligé pour tous ceux qui suivent le chemin de St-Jacques depuis St-Jean-Pied-de-Port se trouve à 20 km de la frontière française, au pied du col d'Ibañeta.

SE GARER
En contrebas du monastère, sur le parking prévu à cet effet.

ORGANISER SON TEMPS
Comptez une journée d'excursion pour suivre l'itinéraire des trois vallées.

Roncevaux n'est pas un village mais un hameau de 26 habitants, religieux pour la plupart, qui accueillent les pèlerins dans sa collégiale après le passage des Pyrénées. Si l'envie vous prend de rejoindre ici les chemins de Compostelle, sachez que les trois vallées navarraises qui se déploient à l'est du monastère vous offrent une excellente occasion de découvrir toute la beauté préservée des contreforts navarro-pyrénéens.

Se promener

De vastes bâtiments aux murs gris et aux toits de zinc bleuté apparaissent, entourés d'épaisses frondaisons ; leur fondation remonte au 12e s. L'ensemble comprenait alors une importante hostellerie qui accueillait et réconfortait les pèlerins, une chapelle funéraire, de plan carré, actuellement chapelle du St-Esprit, et une collégiale riche en reliques.

Iglesia de la Real Colegiata (Collégiale)

10h-14h, 15h30-19h (17h en hiver).

La consécration de cet édifice gothique, très inspiré des églises d'Île-de-France, eut lieu en 1219. Sous le dais du maître-autel, le symbole actuel du pèlerinage est une **Vierge à l'Enfant★** en bois recouverte de plaques d'argent, œuvre d'un atelier français du 13e ou 14e s.

Sala Capitular (Salle capitulaire)

Cette belle salle gothique abrite, sous une hauteur de voûte impressionnante, le tombeau du fondateur de l'église, le roi de Navarre **Sanche VII le Fort** (1154-1234), et de sa femme. Remarquez la scène de la **bataille de Las Navas de**

Tolosa que le souverain remporta sur les Almohades en 1212, représentée sur le vitrail du début du 20e s.

Capilla del Espíritu Santo (Chapelle du St-Esprit)

Partie la plus ancienne de l'ensemble monumental avec son plan carré et sa voûte sur arcs diagonaux, la chapelle romane du St-Esprit, ou « silo de Charlemagne », date du 12e s. Sa crypte servait d'ossuaire aux pèlerins qui mouraient à l'hôpital. La légende suppose qu'elle est située à l'endroit même où Charlemagne a demandé de construire la tombe de Roland. Selon la tradition, les restes des soldats morts à la bataille y seraient enfouis.

À sa gauche se dresse **l'église St-Jacques (Santiago)**, petite église gothique du 13e s., et, de l'autre côté de la route, **Itzandegia**, autrefois hôpital (18e s.) et aujourd'hui auberge pour pèlerins.

★ Museo

✆ 948 790 480 - 11h-13h30, 16h-18h - fermé merc., 1er et 6 janv., 25 déc. - 2,10 € (-16 ans 0,70 €).

Installé dans les anciennes écuries, il possède de très belles pièces d'orfèvrerie ancienne : coffret mudéjar, évangéliaire roman, **reliquaire émaillé** du 14e s. qui, sans doute à cause de sa disposition en petits compartiments géométriques, a été surnommé « l'échiquier de Charlemagne ». À signaler aussi un triptyque flamand du 16e s., une émeraude qui aurait orné le turban du sultan (ou *miramolín*) Mohammed al-Nassir le jour de la bataille de Las Navas de Tolosa, et une très belle *Sainte Famille* de Morales.

UNE BATAILLE LÉGENDAIRE

Roncevaux est célèbre dans l'histoire pour la déroute que les Vascons y infligèrent, en 778, à l'arrière-garde de l'armée de Charlemagne qui rentrait en France sous les ordres du préfet de la marche de Bretagne, **Roland**. De chaque côté des Pyrénées, la légende a idéalisé cet événement à sa façon, en s'éloignant facilement d'une réalité historique qui ne serait sans doute restée qu'un épisode peu connu si elle n'avait été ainsi magnifiée.

La **Chanson de Roland**, première chanson de geste française écrite vers 1100, tout en faisant de Roland le neveu de Charlemagne, glorifie la résistance héroïque et désespérée de quelques preux chevaliers chrétiens face à des milliers d'ennemis, devenus Sarrasins pour les besoins de la cause. Composé en réaction contre cette interprétation, *Le Poème de Bernardo del Carpio* (fin 12e-début 13e s.) fait de ce jeune noble un héros national : à la tête de compagnons basques, navarrais et asturiens, il aurait vengé la violation du territoire espagnol (et en particulier la prise de Pampelune) par l'armée franque.

À proximité Plan de microrégion

Puerto de Ibañeta (Col d'Ibañeta ou de Roncevaux) C1

2 km au nord par la N 135. Parking aménagé derrière la petite chapelle. 1 057 m. Une petite chapelle contemporaine et une stèle marquent le passage de ce col, première halte des pèlerins de St-Jacques en Espagne. Derrière l'édifice, notez le petit monticule hérissé de grossières croix de bois laissées par de pieux randonneurs. À proximité, un monolithe rappelle que la bataille de Roncevaux a eu lieu non loin de là, peut-être à **Luzaide**, dont le nom espagnol (Valcarlos) évoquerait Charlemagne.

Itinéraire conseillé

Pour visualiser cet itinéraire de 200 km, reportez-vous au plan des environs de Roncevaux (p. 400) – comptez une journée, voire deux si vous vous promenez dans le massif d'Iraty.

À l'est de Roncevaux se déploient trois vallées pyrénéennes aux identités bien marquées. Il y a d'abord celle d'**Aezkoa**, agricole et boisée, dont les greniers traditionnels ont fait la renommée. Au-delà, celle du **Salazar** paraît plus austère, ponctuée de quelques villages isolés. Enfin, la plus orientale des trois suit le cours de l'Esca, tout en prenant le nom du village le plus important de son territoire : **Roncal**.

Au départ de Roncevaux, suivez la N 135, traversez le village-rue d'Auritz/Burguete et prenez ensuite la première à gauche, la NA 140. Vous pénétrez dans la vallée d'Aezkoa.

★ VALLÉE D'AEZKOA

Juste avant Aribe, vous pouvez tourner à gauche et monter à Orbaitzeta.

Orbaitzeta/Orbaiceta

C'est le point d'accès à la forêt d'Iraty *(bosque del Irati)*.

Le village conserve deux greniers à grains, sortes de petites maisons surélevées que vous trouverez presque au chevet de l'église. Au-delà du bourg, la NA 2032 continue à monter pour atteindre, 4 km plus loin, une fourche.

Fábrica – En tournant à gauche à la fourche, et après 2 km en fond de vallée sur une route défoncée, vous déboucherez sur le quartier de Larraun, en contrebas duquel se dressent les ruines d'une fabrique d'armes construite sous Charles III et fermée en 1873. On peut les apercevoir en descendant l'escalier de fer qui s'ouvre sur la place, à gauche de l'église, reconvertie en hangar.

Prenez à gauche de l'église et après quelques mètres, descendez vers la rivière et la bergerie. Passez devant le bâtiment et continuez sur la droite. Un panneau balisé marque le départ d'une randonnée.

Arrazola et Irabia – Si vous tournez à droite à la fourche, vous verrez fléchées les forêts d'Iraty et d'Irabia. La route passe par l'aire de pique-nique d'**Arrazola**, d'où part une randonnée. En poursuivant votre chemin, vous aboutirez 15mn plus tard au barrage d'Irabia, construit en 1922. Garez-vous au parking du bas. Le barrage se trouve à 3mn de là. Un chemin en fait le tour *(balisage 53C - une demi-journée)*. Vous pouvez le commencer par la rive sud et revenir par le chemin 52C, qui se contente de longer la même rive en surplomb *(1h30 AR)*.

Bas-relief évoquant le combat de Roland contre les Vascons.
S. Sauvignier / MICHELIN

Revenez à la NA 140.

Aribe/Arive

L'Irati traverse ce village qui conserve un grenier à céréales et un pont médiéval à double arche, en assez mauvais état.

Continuez sur la NA 140.

Garaioa/Garayoa

Jadis connu pour ses « sorcières » qui furent emmenées par l'Inquisition en 1575, ce bourg au charme discret est dominé par sa tour-clocher. Notez le portail roman de l'église et la naïveté des chapiteaux, protégés par un auvent. Jouxtant le sanctuaire un petit cimetière aux herbes folles dissimule des stèles discoïdales.

Traversez Abaurregaina/Abaurrea Alta.

En sortie du village, magnifique **panorama★★** sur les sommets enneigés des Pyrénées précédés de prairies moutonnantes. La route se révèle aussi particulièrement jolie à hauteur de Remendía, lorsque le contraste entre résineux et feuillus se fait plus prononcé.

Vous arrivez ensuite à Escároz, après avoir traversé Jaurrieta, le village le plus haut de la vallée du Salazar.

VALLÉE DU SALAZAR (ZARAITZUKO IBAXA)

Ezcaroze/Escároz

Chef-lieu de la vallée du Salazar, ce pittoresque village accueille aussi la Junta del Valle de Salazar, assemblée représentant les sept villages du pays. Promenez-vous quelques minutes dans ses ruelles pavées pour goûter le charme de la place de l'église agréablement ombragée, ou celui de ses demeures aux massives pierres grises.

Prenez ensuite la NA 178 pour descendre la vallée.

La route longe le Salazar dans un fond de vallée relativement plat, encadré par des versants peu élevés. Mais après Güesa, leurs flancs se resserrent un peu comme à l'entrée d'un canyon.

Franchissez à droite le Salazar pour rejoindre Izal par l'étroite NA 2122.

La route menant à Izal est plutôt sauvage, avec un côté parfois méditerranéen lorsque la rocaille affleure au milieu d'une végétation relativement sèche et chiche. Mais au détour d'un lacet, les pentes se couvrent aussi de résineux et de feuillus, rendant soudain verdoyant un paysage qui, un instant plus tôt, paraissait aride.

★ **Itzalle**/Izal

Adorable village de montagne niché dans un creux. Rien n'y manque, ni les maisons traditionnelles aux toits de tuiles, ni le fronton, et encore moins l'église. Le clocher de **San Vicente** dépasse à peine de l'ensemble mais n'en signale pas moins la présence de cet édifice trapu, à l'intérieur encaustiqué et décoré d'un petit retable. Remarquez que la maison de l'entrée, avant le pont à gauche, cache un grenier à blé sur pilotis (ou *hórreo*), le seul de la vallée encore bien conservé.

Peu avant l'entrée d'Izal *(env. 200 m)*, sur la droite, est signalée N. S. de Arburúa, un sanctuaire du 16e s. à 1 030 m d'altitude qui accueille un pèlerinage très couru chaque 1er Mai. On peut y monter à pied en laissant la voiture sur l'aire de parking, nullement aménagée (véritable bourbier en cas de pluie).

Revenez sur la NA 178 et continuez à descendre la vallée.

Uscarrés

Petit village accroché à flanc de colline en surplomb de la route. Quelques maisons ornées de blasons bordent ses ruelles pavées. Admirez son adorable **église** au chevet roman. À l'intérieur, traces de fresques gothiques.

Navascués/Nabaskoze

Sympathique petit village, typique de la vallée avec ses grosses maisons de pierre grise. Il était l'une des deux places fortes de la vallée avec Usún.

Après l'avoir traversé, suivez la NA 214 en direction de Burgui.

Le paysage se fait plus sec. À peu près à mi-chemin de Burgui, lorsque la route redescend, admirez la **vue** sur les Pyrénées.

★ VALLÉE DE RONCAL (ERRONKARIKO IBARRA)

Burgi/Burgui

Prenez le temps de flâner dans ses petites ruelles aux pavés irréguliers, où la pierre des maisons s'est noircie au fil du temps.

Remontez la NA 137 vers Roncal.

Des versants aux crêtes feuillues encadrent le fond plutôt rocailleux de cette vallée qui devient plus étroite une fois dépassé le sanctuaire de N. S. del Camino.

Prenez à droite la NA 176 en direction de Garde.

La route remonte la vallée du *barranco* (torrent) Gardalar.

Sierra de San Miguel

Garde est son seul village, accroché à flanc de montagne sous la protection de son impressionnante et massive église sur laquelle court une galerie à auvent. Dans le bourg, la pierre domine, depuis les pavés jusqu'aux maisons dont les linteaux sont parfois travaillés.

400 m avant Garde, un sentier à gauche mène au sanctuaire de San Sebastián.

Retournez sur la NA 137.

★ **Roncal**/Erronkari

L'office de tourisme et le centre d'interprétation de la vallée de Roncal se trouvent en bordure de route, en contrebas du village.

Office de tourisme – *C/ Gayarre, s/n - 31415 Roncal - 948 475 256 - de mi-juin à mi-sept. : mat. et apr.-midi, dim. et j. fériés mat. ; reste de l'année : mat., vend. et sam. mat. et apr.-midi. Consultez aussi le site www.valledelroncal.es consacré à la vallée.*

Il faut se perdre dans les rues pavées de Roncal pour profiter pleinement de l'atmosphère intemporelle du bourg, construit tout en pierre. Quelques demeures anciennes conservent de magnifiques portes cloutées, des linteaux sculptés, des blasons ouvragés et des encorbellements de bois (calles Iriandoa et Arana). Juchée sur la colline, son église de dimensions massives offre un vaste panorama sur la commune et la vallée.

Enfin, dans le centre du village se trouve la maison natale du ténor **Julián Gayarre** (1844-1890), enterré sous un mausolée rococo réalisé par Mariano Benlliure dans le cimetière du village. Une curiosité : ce mausolée a bien failli ne jamais arriver à Roncal. Il a en effet voyagé à Paris pour l'Exposition universelle de 1900, et aurait été installé à Madrid devant le Teatro Real, selon les désirs de la régente, une « fan » de l'artiste, si la famille de Gayarre n'avait fait valoir la volonté du chanteur de reposer dans sa terre natale. La demeure de Gayarre a été transformée en musée, où sont exposés objets personnels, partitions, décorations et photographies. *948 475 180 - avr.-sept. : tlj sf lun. mat. et apr.-midi ; oct.-mars : w.-end mat. et apr.-midi - 1,80 € (-18 ans 0,60 €).*

Reprenez la route en direction du nord.

Aux abords d'Isaba, le paysage devient plus accidenté, la vallée plus étroite et plus boisée.

★ **Isaba**/Izaba

Office de tourisme – *Calle Bormapea, 5 - 31417 Isaba - 948 893 251 - www.isaba.es - jeu. et dim. : 10h-14h, vend.-sam. : 10h-14h, 16h30-19h30.*

Parking aux deux extrémités du village.

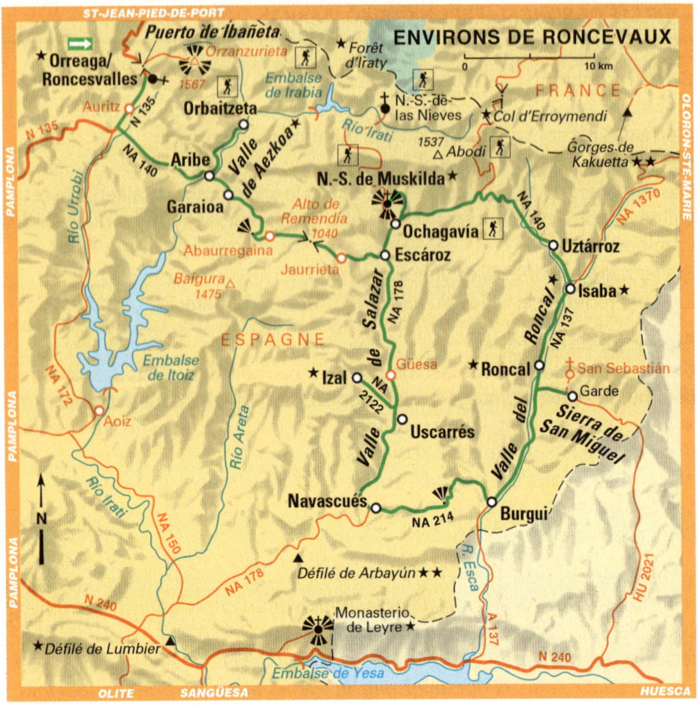

Reconnaissable à la grosse tour-clocher de **San Cipriano** (16ᵉ s.), il regroupe ses maisons montagnardes (grosses pierres et bois) autour de son église fortifiée, qui abrite un retable plateresque et des orgues baroques du 18ᵉ s. Certaines demeures accrochent des chardons à leurs fenêtres. Un belvédère en haut du village ménage une belle **vue** sur les toits du bourg et les montagnes environnantes.

Après Isaba, deux options se présentent à vous. Vous pouvez choisir de monter vers la vallée de Belagua (NA 1370) qui mène à la frontière française *(voir encadré ci-contre)* et à la réserve de Larra, caractérisée par de profonds gouffres. Vous pouvez aussi continuer votre route vers Ochagavía et la vallée du Salazar par la NA 140.

Ustárroz

Jolie vue depuis la route sur ce hameau accroché à une colline en bordure de rivière. Ici aussi, l'église fortifiée domine les maisons.

Plus on approche du col *(portillo)* de Lazar, plus la route devient montagneuse, avec parfois de beaux dégagements sur le paysage à la fois minéral et boisé.

Avant d'arriver à Ochagavía, ne manquez pas les panneaux indiquant sur la droite le sanctuaire de N. S. de Muskilda.

★ Iglesia de Nuestra Señora de Muskilda

W.-end 11h-14h, 16h-18h - gratuit. Adorable sanctuaire perché face aux Pyrénées. Son clocher rond et sa nef toute simple abritent des restes de fresques, un retable de style classique et une voûte centrale dont les arcs présentent une brisure. Notez les piliers massifs, trahissant l'origine romane de l'édifice (12e s.) retouché au 17e s. La tranquillité du site n'est troublée que par le son des clarines qui parvient jusqu'à son enclos.

Un chemin de randonnée aboutit à l'arrière du bâtiment par le chemin de croix *(départ depuis Ochagavía).*

Ochagavía/Otsagabia

Autre point de départ pour la découverte du massif et du GR 11, c'est un beau petit village à cheval sur l'Anduña. Son vieux pont à double arche enjambe le cours d'eau pour relier notamment l'office de tourisme et le **centre d'interprétation de la nature** au reste du bourg. Ce dernier est parcouru de rues irrégulièrement pavées et bordées de maisons anciennes aux toits très pentus et aux façades souvent blasonnées, convergeant plus ou moins vers l'église San Juan Evangelista du 16e s.

DRÔLE DE TRIBUT…

Le 13 juillet n'est pas un jour anodin pour la vallée de Roncal. Ce jour-là, ses syndics montent en effet dans la vallée de Belagua jusqu'à la borne frontière 262, dite « Pierre de St-Martin », où ils retrouvent leurs homologues français de la vallée béarnaise de Barétous. Ces derniers leur remettent trois génisses sans défaut et identiques de couleur, en échange d'un droit de pacage de 28 jours dans la vallée navarraise. Ce tribut remonte à un arbitrage prononcé en 1375 pour mettre fin aux rivalités des deux communautés concernant leurs estives.

Boucles – Deux itinéraires partent du village : l'un de derrière l'église *(2h, 6 km, facile)* en direction de Muskilda et l'autre du camping d'Otsate *(1h30, 4 km, facile).* Renseignez-vous à l'office de tourisme.

N. S. de las Nieves (N.-D. des Neiges) – *Comptez 45 mn de voiture.* La route traverse la sierra de Abodí et passe devant un parking où vous pourrez vous garer pour rejoindre à pied la chapelle, si vous le souhaitez bien sûr. Vers celle-ci convergent différents sentiers qui permettent de faire simplement le tour du lac d'Irabia *(18 km)* ou de longer le torrent Urtxuria.

Abodí – *17 km au nord-est par la NA 140 et NA 2011, dir. France, col de Larrau. www.esquiescolar.com/pistas.htm.* Un petit chalet-restaurant, à gauche dans le virage, marque l'entrée de la sierra de Abodí et de ses pistes de ski de fond. C'est aussi le point de départ de nombreuses randonnées.

Pour revenir à Roncevaux, rejoignez Ezcároz et reprenez la vallée d'Aezkoa.

NOS ADRESSES À RONCEVAUX

HÉBERGEMENT

PREMIER PRIX

Hôtel La Posada – *Roncevalles/Orreaga - ✆ 948 760 225 - www.laposadaderoncesvalles.com - fermé nov. - P - 18 ch. 45/48 € - ☕ 6 € - rest. 15 €.* Installé dans une ancienne maison de ville, cet hôtel propose des chambres, au décor rustique, certaines en duplex, qui vous offriront un bon confort.

BUDGET MOYEN

Hôtel Loizu – *C/ San Nicolás 13 - Auritz-Burguete - ✆ 948 760 008 - www.hotelloizu.com - fermé 15 déc.-15 mars - P - 27 ch. 51/72 € - ☕ 6 € - rest. 16 €.* Un lieu conçu pour se reposer dans un cadre agréable. Ses installations, accueillantes et rénovées, sont décorées de détails néorustiques. Cuisine soignée.

Hostería de Zubiri – *Avda Roncesvalles, 6 - Zubiri - ✆ 948 304 329 - www.hosteriadezubiri.com - fermé nov.-avr. - 10 ch. 57/70 € ☕.* Hôtel de montagne typique qui offre un intérieur néorustique et des chambres gaies aux salles de bains soignées. Service de restauration en soirée réservé aux clients.

RESTAURATION

BUDGET MOYEN

Txikipolit – *Auritz-Burguete - ✆ 948 760 019 - 16/25 €.* C'est dans cet établissement que le prétendant Don Carlos cacha son or lors de sa fuite en France (1876). En remerciement, il légua deux tableaux toujours exposés. Aujourd'hui, le lieu est connu pour ses spécialités : le jarret d'agneau, le magret de canard et le gâteau de légumes.

POUR SE FAIRE PLAISIR

Maitena – *C/ Elizaldea s/n - Luzaide/Vacarlos - ✆ 948 790 210 - www.hostalmaitena.com - 29 € - fermé janv.-fév. - 6 ch. 42/50 € - ☕ 4 €.* Restaurant au décor soigné et au service simple. Chambres au charme suranné.

Crypte du monastère de Leyre.
Larrion et Pimoulier / Servicio de Marketing Turístico Gobierno de Navarra

Monastère de Leyre

★

Navarre

NOS ADRESSES PAGE 405

S'INFORMER

Visites guidées – *948 884 150 - www.monasteriodeleyre.com - mars-oct. : 10h15-14h, 15h30-19h (w.-end 16h-19h) ; reste de l'année : 10h15-14h, 15h30-18h, w.-end et j. fériés 10h15-14h, 16h-18h30 - fermé 1er et 6 janv., 1er Mai, 15 août, 25 déc. - 1,95 € (-12 ans 0,50 €).*

SE REPÉRER

Plan de région C2 (p. 374) – carte Michelin n° 573 E 26. Le monastère est situé sur le versant sud de la sierra de Leyre (appelée aussi sierra de Errando), dominant la retenue de Yesa sur la route de Pampelune à Jaca.

SE GARER

Des parkings ont été aménagés en bout de route, près du monastère.

À NE PAS MANQUER

Le magnifique portail de l'église et la crypte.

ORGANISER SON TEMPS

Comptez 1h de visite.

C'est ce site à la vue imprenable qu'ont choisi les moines navarrais pour y édifier ce qui deviendra l'un des plus majestueux monastères romans du territoire espagnol. Par sa simplicité et par la chaleur des tons ocre de ses murs qui se confondent avec les roches des alentours, comme par le silence qui règne sur les lieux, Leyre dégage une rare atmosphère de sérénité.

LE CŒUR SPIRITUEL DE LA NAVARRE

Attestée dès le 9e s., l'abbaye San Salvador de Leyre s'affirme au début du 11e s. comme le grand centre spirituel de la Navarre, d'autant que les vicissitudes de la vie à Pampelune obligent plusieurs fois les souverains à se réfugier dans ce nid d'aigle inexpugnable. Le roi Sanche III le Grand et ses successeurs en font leur panthéon et permettent l'édification d'une église qui compte, avec sa crypte, parmi les tout premiers témoignages de l'art roman en Espagne (elle fut consacrée en 1057). Les évêques de Pampelune étaient alors traditionnellement choisis parmi les abbés de Leyre, dont le pouvoir s'étendait sur près de 60 villages et 70 églises ou monastères.

DÉCLIN, OUBLI ET RENAISSANCE

Au 12e s., cependant, la Navarre ayant été rattachée à l'Aragon, la royauté délaisse Leyre pour San Juan de la Peña, tandis que l'évêché de Pampelune cherche à accroître son autorité sur les puissants moines. Un long procès s'engage, qui entame les finances et le prestige du monastère. Au 13e s., la réforme cistercienne est adoptée et Leyre devient une simple annexe de la Oliva *(voir p. 435)*. Abandonné au 19e s., le couvent a été occupé à nouveau en 1954 par les bénédictins venus de Silos. Ils ont restauré les bâtiments des 17e et 18e s. et installé une hostellerie.

Se promener

★ Cripta

Elle fut construite au 11e s. pour soutenir l'église romane supérieure dont elle épouse le plan, mais on la dirait plus ancienne, tant il s'en dégage une impression de rudesse et d'archaïsme. Les voûtes sont assez hautes, mais coupées d'arcs en claveaux énormes et parfois à double rouleau, qui retombent sur des chapiteaux massifs, incisés de lignes très simples. Curieusement, ces chapiteaux sont posés sur des fûts de hauteur inégale, presque au ras du sol.

★★ Iglesia

Chevet – 11e s. Trois absides de même hauteur composent, avec le mur de la nef surmonté d'un clocheton et la tour carrée à triple fenêtres, un charmant ensemble. Les murs parfaitement lisses et l'absence de décoration, à part quelques modillons, dénotent l'ancienneté de la construction.

Intérieur★ – Lorsque les cisterciens réédifièrent au 13e s. une nef unique à la voûte gothique audacieuse, ils gardèrent de l'église romane les deux premières travées et le chœur avec ses absides semi-circulaires. Les trois nefs nous sont parvenues intactes : voûtes en berceau dont le départ est situé à la même hauteur, arcs à double rouleau, élégance décorative des colonnes engagées et du dessin des chapiteaux, et assemblage minutieux des grandes pierres de taille. Dans la nef gauche, un coffre en bois abrite les ossements des premiers rois de Navarre.

Portail ouest★ – 12e s. La richesse de son décor sculpté lui fait porter le nom de « Porta Speciosa ». Sur le tympan, des statues archaïques représentent : au centre, le Christ, à sa droite, la Vierge et saint Pierre, à sa gauche, saint Jean. Les voussures fourmillent de monstres et d'animaux fantastiques. Au-dessus, dans les écoinçons, on reconnaît à droite l'Annonciation et la Visitation.

À voir aussi

Fuente de la Virgen (Fontaine de la Vierge)
À 250 m par la route qui s'engage face au monastère, le long du petit parking. Fontaine de pierre sculptée de deux silhouettes de femmes. Touristes et pèlerins vont y remplir de petites bouteilles à son mince filet d'eau. Le site, ombragé mais peu entretenu, fait du reste office d'aire de pique-nique pour nombre de visiteurs du monastère.

Escapade en Aragon

Si vous disposez d'un peu de temps, il serait dommage de ne pas en profiter pour partir à la découverte de sites aragonais très proches de Leyre : il s'agit du village et de l'église romane de **Sta Cruz de la Serós★** et du monastère rupestre de **San Juan de la Peña★★**, tous deux accessibles par la route de Jaca (N 240) puis une petite route à droite l'A 1603, 10 km après Puenta-la-Reina de Jaca lorsqu'on vient de Leyre.

Plus au sud, en contournant le lac de Yesa, ne manquez pas de partir à la découverte de la ville médiévale perchée de **Sos del Rey Católico★**. Vous pourrez ensuite rejoindre la Navarre en ralliant Sangüesa *(voir p. 406)* qui n'est qu'à 13 km de la cité natale du roi Ferdinand le Catholique.

(Voir description de ces sites dans le Guide Vert Espagne Méditerranéenne).

NOTRE ADRESSE AU MONASTÈRE DE LEYRE

HÉBERGEMENT

POUR SE FAIRE PLAISIR

Hôtel Señorío de Monjardín – *Carret. de Leyre - Yesa - ☎ 948 884 188 - www.hotelsenoriodemonjardin.com - fermé 20 déc.-20 janv. - P - 32 ch. 79/99 € - ☕ 8 € - rest. 17,50 €.* Situé sur un site isolé au pied de la route, cet hôtel propose des chambres très spacieuses, avec vestibule au plancher en bois et salles de bains modernes. Restaurant soigné de style classique.

Sangüesa

Zangoza

5 130 Sangüesinos – Navarre

NOS ADRESSES PAGE 410

S'INFORMER

Office de tourisme – *C/Mayor, 1 - 31 400 Sangüesa - ✆ 948 871 411 - www.sanguesa.org - lun.-sam. 10h-14h, 16h-19h, dim. et j. fériés 10h-14h.*
Visites guidées – Sangüesa Tour - *✆ 620 110 581. Cet organisme propose des visites guidées des principaux monuments de la ville.*

SE REPÉRER

Plan de région C3 (p. 374) – carte Michelin n° 573 E 26. Sangüesa se trouve à 36 km de Pampelune par la N 240, à la limite orientale de la Navarre.

SE GARER

En périphérie du vieux centre.

À NE PAS MANQUER

Le magnifique portail de Sta María la Real.

ORGANISER SON TEMPS

Visiter l'église de Sta María la Real et les rues alentour prend 2 ou 3h. Après, direction défilé de Lumbier ou celui d'Arbayún.

AVEC LES ENFANTS

Une excursion nature à la recherche des vautours aux défilés de Lumbier et d'Arbayún.

Cette petite ville, blottie sur la rive gauche du río Aragón et perdue au milieu des champs, renferme des merveilles architecturales, comme l'église Sta María la Real. Fière de ses traditions, il s'y déroule des festivités tout l'été et c'est ici que vous pourrez assister à l'un des cinq drames religieux des Rois mages subsistant en Espagne. La ville est de même idéalement située pour la pratique du canoë-kayak, de l'équitation ou du parapente.

Se promener

★ Iglesia de Sta María la Real

Près de la rivière, à l'entrée du bourg, cette église ouvre la calle Mayor. Édifiée au 12e s., elle est achevée au 13e s. par le splendide portail, la tour octogonale et sa flèche.

★★ **Portail sud** – Fin 12e-13e s. C'est un tel foisonnement de sculptures qu'on reste étonné devant la variété des sujets et leur richesse d'expression. Deux artistes connus y ont travaillé (parmi d'autres) : tout d'abord, Leodegarius, sculpteur que l'on pense d'origine bourguignonne (également auteur du portail de l'église San Esteban de Sos del Rey Católico), s'est chargé de la partie basse à la fin du 12e s. et a signé son œuvre ; la partie haute a probablement été réalisée par le Maître de San Juan de la Peña un siècle plus tard. Les statues-colonnes, déjà gothiques, s'inspirent de leurs modèles de Chartres et d'Autun. Au tympan, Dieu le Père encadré d'anges musiciens accueille à sa droite les Élus, tandis que, de son bras gauche abaissé, il accable les Réprouvés. On distingue dans un coin saint Michel pesant les âmes. Les voussures sont riches d'une multitude de motifs. Sur la deuxième en partant de l'intérieur, les humbles métiers sont illustrés : sabotier, luthier, boucher. Plus anciennes et d'une austérité tout aragonaise, les arcades supérieures représentent Dieu entouré des symboles des évangélistes, de deux anges et des apôtres.

À l'intérieur du sanctuaire, notez le dôme octogonal, la croix processionnelle, chef-d'œuvre de l'orfèvrerie locale (15e s.) et le grand retable plateresque (Renaissance espagnole teintée de baroque) du chœur que préside Notre-Dame de Rocamadour.

Calle Mayor

Rue principale, autrefois empruntée par les pèlerins (certains l'arpentent encore), les maisons de brique cossues sont dotées du classique auvent en bois sculpté et de fenêtres aux riches encadrements gothiques ou plateresques. Leurs façades contrastent avec l'austère palais du Prince de Viana (Príncipe de Viana), résidence des rois de Navarre (aujourd'hui la mairie), dont on peut voir, en passant sous le porche, la façade flanquée de deux imposantes tours crénelées.

Tournez à droite dans la calle Santiago.

Iglesia de Santiago

Commencée dans le style roman tardif et achevée avec une architecture gothique, cette église fortifiée abrite un retable plateresque du 16e s. Notez le portail roman et la statue gothique de saint Jacques Pèlerin (Santiago Peregrino).

Face à elle se dresse une maison décorée de blasons. Il s'agit de l'ancien hôpital reconnaissable aux coquilles St-Jacques sculptées.

Prenez la rue qui longe cette maison.

Iglesia de San Salvador

Cette église gothique du 14e s. est précédée d'un porche aux arcs impressionnants de hauteur. Notez la scène du Jugement dernier sur le tympan. À l'intérieur, retable italianisant de Juan de Berroeta.

Tournez à gauche et suivez la calle Enrique Labrit jusqu'à la prochaine intersection.

Palacio Íñiguez-Medrano

Cette maison d'angle est surmontée d'un avant-toit traditionnel. Regardez-le bien et notez le personnage accroché aux griffes d'un aigle, sculpté dans la poutre d'angle.

Revenez sur vos pas et continuez dans la calle Alfonso el Batallador.

Palacio Ongay-Vallesantoro

Ce palais aligne sa façade baroque sous un **auvent monumental★★** sculpté d'animaux chimériques crachant grappes et fruits.

La rue aboutit à la calle Mayor.

À proximité Plan de microrégion

★ Castillo de Javier/Xabier Gaztelua C3

7 km au nord-est par la NA 5410. ✆ 948 884 024 - mars-oct : 10h-14h, 15h30-19h ; reste de l'année 10h-14h, 15h30-18h - possibilité de visite guidée sur demande préalable - fermé 1er janv., 24, 25 et 31 déc. - 2 € (-12 ans 1 €).

Saint François Xavier (Francisco de Javier), patron de la Navarre, est né ici en 1506. À Paris, il rencontre son compatriote Ignace de Loyola avec lequel il allait poser les bases de la Compagnie de Jésus *(voir p. 289)*. Envoyé comme missionnaire à Goa par les Portugais, il accompagne ensuite ces derniers au Japon. Mort en 1552, juste avant d'arriver en Chine, il fut canonisé en 1622.

Visite – Cette forteresse, totalement restaurée, fut en partie démantelée en 1516 par le cardinal Cisneros, qui assurait alors l'intérim entre la mort de Ferdinand le Catholique et l'arrivée en Espagne du futur Charles Quint. Une fois franchi les fossés et la porte principale, on monte à la salle des blasons, suivie par la grande salle, au mobilier du 17e s. Parmi les pièces dont les murs remontent aux 10e et 11e s. se trouve la chambre du saint. Elle jouxte le donjon ou tour San Miguel (belle vue sur les environs). La visite s'achève par la **chapelle du Santo Cristo**, qui abrite un Christ en noyer du 13e s. et une **Danse macabre**, fresque du 15e s.

Cáseda C3

12 km au sud-ouest. Quittez Sangüesa en direction de Sos del Rey Católico et bifurquez à droite après 1 km pour suivre la NA 5341.

La route menant à Cáseda coupe à travers les champs, verts au printemps, brûlés en été et au repos l'hiver. Le village apparaît soudain, juché sur un flanc de colline, comme une vision de Méditerranée. Son église gothique le domine, ornée d'un portail de style classique et entourée des maisons les plus anciennes.

Gallipienzo/Galipentzu C3

20 km au sud-ouest de Sangüesa par la NA 132 en direction de Tafalla et Olite. Après 14 km (et avoir laissé sur votre gauche Gallipienzo Nuevo), prenez à gauche la NA 5320.

Vision impressionnante que ce village accroché sur une colline couronnée par une église massive. La route dévoile, au fur et à mesure de la montée, des vestiges de fortifications et de murs de maisons, rappelant que Gallipienzo se trouve dans la zone frontalière avec l'Aragon.

Le village en lui-même paraîtrait presque à l'abandon s'il n'y avait du linge mis à sécher aux fenêtres. Les ruelles sont défoncées et les maisons sont battues par le vent. Mais l'ascension vers le sommet de la colline est récompensée par la **vue★** sur la vallée, le patchwork des champs et les toits du village, sans oublier les éoliennes sur les crêtes.

UNE PROSPÉRITÉ LIÉE AU PÈLERINAGE

Au 11e s., les habitants de Sangüesa, jusque-là repliés sur la colline de Rocaforte en raison du péril maure, sont incités par le roi d'Aragon et de Pampelune Sanche V Ramírez à descendre près du pont pour le défendre et faciliter le passage des pèlerins. Le souverain a en effet décidé de faire de la cité une des étapes principales du chemin de St-Jacques en Navarrre. À la fin du Moyen Âge, Sangüesa connaît son apogée et d'élégantes demeures bourgeoises s'élèvent, que l'on peut encore admirer en flânant dans les rues du vieux centre. Quant au fameux pont, le puente Sta María, il a conservé quatre arches d'origine, la partie centrale ayant été remplacée par une structure métallique.

Itinéraire conseillé

DE L'IRATI AU SALAZAR C2

Pour visualiser l'itinéraire de 44 km, reportez-vous au plan de la région (p. 374) – comptez environ 2h (hors balades à pied). Quittez Sangüesa en direction de Pampelune par la NA 140 puis la N 240. Après 6 km, tournez à droite au grand rond-point sur la NA 178. Juste avant Lumbier, prenez à gauche la direction de Tabar, principal hameau de la commune d'Urraúl Bajo.

Tabar, Urraúl Bajo

Garez-vous sur la place de l'église.

Église – On peut y admirer un adorable retable en bois.

Revenez sur la NA 150 pour rejoindre le défilé de Lumbier.

★ Hoz de Lumbier (Défilé de Lumbier)

Office de tourisme – *Pl. Mayor, 3 - Lumbier - 948 880 874 - de mi-juin à mi-sept. : mar.-dim. 10h-14h, 16h-20h30 ; reste de l'année : mar.-jeu. 10h-14h, vend.-dim. et j. fériés. 10h-14h, 16h30 -19h30 - fermé lun., 1er et 6 janv., 25 déc.*

Creusé par l'Irati dans les contreforts de la sierra de Leyre, le défilé, long de 5 km, situé entre Lumbier et Liédena, offre à ses extrémités l'aspect d'une mince coupure dans la falaise. Une belle vue sur cette gorge s'offre du belvédère aménagé sur la N 240.

L'accès au défilé est fléché à l'entrée de la ville. Comptez env. 1 km jusqu'au parking. L'entrée est à quelques centaines de mètres. 1h AR pour 2,6 km, et env. 2h30-3h en passant par la montagne (5,5 km, 175 m de dénivelé) ; début juste à gauche, à l'entrée du défilé, depuis le parking.

L'ancienne voie de chemin de fer qui traversait la *hoz* a été transformée en chemin. Après avoir traversé un premier tunnel, on parcourt plus de 2 km en surplomb de la rivière tumultueuse, survolée par de nombreux vautours dont l'envergure dépasse le mètre ! Les falaises où ils nichent déploient de belles palettes de couleurs allant du gris au rouille et des formes parfois torturées. La promenade débouche sur un second tunnel au-delà duquel se dressait autrefois le pont du Diable, sur l'embouchure de la *hoz*. Vous pouvez décider de revenir sur vos pas ou de rallier le sentier qui passe par la montagne pour retourner à votre point de départ.

Centre d'interprétation des défilés (Centro de Interpretación de las Hoces) – *À Lumbier, au-dessus de l'office de tourisme 948 880 874 - tlj sf lun. mat., vend.-dim. et j. fériés mat. et apr.-midi - 1,20 €.* Occupant un bâtiment moderne sur la place située derrière l'église, ce centre fournit toutes les explications nécessaires à la compréhension géologique, géographique et écologique des défilés de Lumbier et d'Arbayún. Présentation de la faune et de la flore, projection vidéo : les moyens les plus didactiques et modernes sont ici employés !

Poursuivez sur la NA 178. Arrivé à Domeño, prenez à droite la NA 2161.

Usún

3 km de Domeño. Petit parking aménagé en début de localité.

Cette petite localité donne accès à l'embouchure sud du défilé d'Arbayún, la plus grande *hoz* fluviale de Navarre.

Sentier signalé par un panneau de bois dans le village (route non carrossable). Env. 5 km de promenade. 2h en passant devant l'ermitage St-Pierre. Attention, le terrain peut être glissant les jours de pluie en raison des rochers qui affleurent dans

la descente vers le Salazar. Le sentier franchit le Salazar sur un pont moderne qui permet d'admirer toute la beauté sauvage du défilé.
Revenez à Domeño et continuez votre route sur la NA 178.

★★ Hoz de Arbayún (Défilé d'Arbayún)

Parking aménagé dans un virage, sur la droite : ne le manquez pas !
Le Salazar est fortement encaissé dans les calcaires de la sierra de Navascués, mais la route s'éloigne du fleuve et il faut atteindre le belvédère aménagé au nord de l'alto de Iso pour avoir une splendide **vue★★** sur la sortie du canyon. Les falaises font place vers le bas à une végétation dense au milieu de laquelle scintille l'eau du torrent.

NOS ADRESSES À SANGÜESA

HÉBERGEMENT

BUDGET MOYEN

Hôtel Yamaguchi – *Ctra Sangüesa a Javier, s/n - ✆ 948 870 127 - www.hotelyamaguchi.com - P - 41 ch. 58/64,50 € - ☕ 6 € - rest. 12 €.* Cet établissement familial s'avère une bonne alternative dans sa catégorie. Chambres aux différents niveaux de confort, les individuelles sont au rez-de-chaussée, les plus modernes au 1er étage.

RESTAURATION

BUDGET MOYEN

Mediavilla Erretegía – *Alfonso el Batallador - ✆ 948 870 212 - mediavilla15@hotmail.com - fermé 15 sept.-5 oct. - 20/35 €.* Cela fait presque trente ans que la famille Mediavilla régale ses clients de petits plats régionaux. Elle jouit d'une grande popularité. Parmi les spécialités : viandes et poissons rôtis à la braise, toasts frottés à l'ail et la jardinière.

AGENDA

Drame religieux du mystère des Rois mages – (5 janv.). Les habitants du village, déguisés, interprètent l'arrivée des Rois à Sangüesa pour l'Adoration de l'Enfant.
La Javierada – Chaque 12 mars, date anniversaire de la canonisation de François Xavier, ils sont des milliers à se rassembler à Sangüesa pour entreprendre le pèlerinage de 8 km jusqu'au lieu de naissance du saint.
Fêtes patronales – (11-17 sept.). Foire aux bestiaux et *encierros* de taureaux.

La coquille, symbole du pèlerinage de St-Jacques-de-Compostelle.
CDT64

Les chemins de St-Jacques

★★★

Caminos de Santiago

Navarre

NOS ADRESSES PAGE 413

S'INFORMER

www.chemins-compostelle.com – *L'Association de coopération interrégionale « Les chemins de St-Jacques-de-Compostelle » fournit réponses pratiques et conseils - 4 r. Clémence-Isaure - 31000 Toulouse - ✆ 05 62 27 00 05.*

www.aucoeurduchemin.org – *Le site de l'Association des amis du chemin de St-Jacques répond à toutes les questions (dates, logistique, itinéraires).*

www.saint-jacques.info – *À consulter pour le côté culturel de votre démarche.*

www.webcompostella.com – *Ce site aborde conseils pratiques et aspects spirituels.*

SE REPÉRER

Plan de région A3 C1 (p. 374) – carte Michelin n° 573. Outre le chemin du Nord *(camino del Norte)* dit aussi haut chemin ou chemin cantabrique qui longe la Côte basque, le chemin français *(camino francés)* traverse la Navarre. Il est constitué de deux branches, selon le col choisi pour franchir les Pyrénées : le Somport ou Roncevaux. Ces deux branches convergent à Puente-la-Reina *(voir p. 416)*.

À NE PAS MANQUER
En venant de Roncevaux (et St-Jean-Pied-de-Port) : l'abbaye de Roncevaux, l'adorable église de Sta María de Eunate, près de Puente-la-Reina, les églises d'Estella (notamment celle de San Pedro) et celle de Viana. En venant du Somport : le portail de l'église de Sta María la Real à Sangüesa.

ORGANISER SON TEMPS
Si vous faites le vrai pèlerinage, c'est-à-dire à pied, comptez en moyenne 25 km par étape journalière.

POUR RETROUVER LES PRINCIPAUX SITES DES CHEMINS NAVARRAIS – Voir Roncevaux, Pampelune, Puente-la-Reina, Estella et Viana, mais aussi, plus au sud de la Navarre, Sangüesa.

Expérience intense et inoubliable : c'est le sentiment de tous ceux qui ont marché, pédalé ou galopé vers Compostelle. Qu'ils soient partis par conviction religieuse ou par envie de grands espaces, tous reconnaissent avoir vécu une véritable aventure, à la fois physique et humaine. Richesse des rencontres, beauté des paysages et intérêt des sites historiques sont au rendez-vous de ce parcours mythique. N'hésitez donc pas à prendre votre bâton et vos bottes de sept lieues pour le découvrir à votre tour !

Se promener

Credencial en poche, voici les principaux itinéraires à suivre.

Chemin du Nord/Camino del Norte

Peu commode en raison des nombreuses embouchures de rivière à traverser, ce chemin a souffert de sa mauvaise réputation au 15e s., en raison des incursions côtières barbaresques. Il est encore aujourd'hui le moins fréquenté. Principalement suivi par les pèlerins venant de Bretagne ou d'Angleterre (encore que ceux-ci choisissent souvent la voie maritime en débarquant à Bermeo ou Bilbao), il passe par l'Aquitaine en longeant la côte par la voie de Soulac, jusqu'à Bayonne, St-Jean de Luz et Hendaye. Côté espagnol, il traverse au Pays basque : Irún, St-Sébastien, Zarautz, Guernica, Bermeo et Bilbao avant de se prolonger sur la Côte cantabrique. Son principal mérite aujourd'hui est d'être moins fréquenté en haute saison que le *camino francés*.

Chemin français/Camino francés

Le plus connu et le plus emprunté (parfois trop en été !) est le *camino francés* (chemin français), qui traverse la Navarre et vous permet de découvrir, outre de superbes paysages, des églises et des monastères à l'architecture souvent marquée par les influences françaises. Ce chemin français ainsi que les monuments qui le jalonnent est classé au Patrimoine de l'humanité de l'Unesco depuis 1993.

Si vous venez du **Somport**, vous traverserez Jaca, Sta Cruz de la Serós, San Juan de la Peña, et aborderez la Navarre avec le monastère de Leyre et Sangüesa avant de rejoindre Puente-la-Reina *(voir ces noms)*.

Le trajet est plus court pour ceux qui préfèrent partir de St-Jean-Pied-de-Port et franchir le col d'Ibañeta. Au-delà de Roncevaux, l'unique et grande étape avant Puente-la-Reina est Pampelune.

Au-delà de Puente-la-Reina, le chemin vous conduit à Estella puis Viana avant de pénétrer dans la Rioja.

NOS ADRESSES SUR LES CHEMINS DE SAINT-JACQUES

HÉBERGEMENT

Rien ne vous interdit de recourir à l'**hôtellerie traditionnelle** *(voir à « Nos Adresses » des localités concernées)*, mais si vous faites le pèlerinage à pied, vous vous trouverez sans doute dans des lieux ne disposant pas d'hôtels. Sachez aussi que le **bivouac** est interdit en Espagne.

Vous serez donc amenés à recourir aux services de l'assistance aux pèlerins. Pour pouvoir en bénéficier, il est indispensable d'effectuer le pèlerinage de manière « traditionnelle » (à pied, à cheval ou à vélo) et d'être porteur de sa **credencial « del peregrino »** *(voir ci-contre)*.

On a recensé en Espagne quelque 300 auberges pour pèlerins (**albergues de peregrinos », « refugios** » ou « **hospitales** ») et lieux d'accueil (« **lugares de acogida** »), soit en moyenne un tous les 23 kilomètres.

« Albergues »

En dehors de certaines auberges privées qui pratiquent des tarifs raisonnables, l'hospitalité y est souvent gratuite, même si une participation à l'entretien des lieux est appréciée. Ces endroits disposent d'un coin-cuisine, de douches et de toilettes. Aucune réservation n'est possible et les places sont attribuées au fur et à mesure de l'arrivée des pèlerins, les piétons bénéficiant de la priorité. En été, celle-ci s'étend aux pèlerins solitaires portant leurs affaires dans un sac à dos. Il est donc recommandé aux groupes dont les bagages sont acheminés à bord d'un véhicule d'y glisser une tente.

« Lugares de acogida »

Apposé dans un village, le panneau « acogida » signifie que la municipalité, la paroisse ou un particulier peuvent accueillir les pèlerins de façon très sommaire, c'est-à-dire offrir un toit, un peu de lumière et parfois même le luxe d'un robinet ! Prévoir donc un sac de couchage.

Vous trouverez une liste de ces hébergements classés par chemins sur le site www.caminodesantiago.org.

La credencial

Indispensable pour se loger en Espagne, elle permet en outre, grâce aux cachets qui y sont apposés chaque jour, d'obtenir à Santiago la *compostela*, diplôme attestant que vous avez réalisé le pèlerinage (attention : vous devez avoir marché pendant 100 km ou pédalé pendant 200 pour la mériter). Vous pouvez vous la procurer avant de franchir la frontière aux bureaux Accueil St-Jacques de St-Jean-Pied-de-Port (39 rue de la Citadelle), à St-Palais (ancien couvent des franciscains) ou à Bayonne ; en Espagne, au monastère de Roncevaux ou auprès des Asosiaciones de Amigos del Camino de Santiago présentes dans des localités traversées par les chemins. Mais méfiez-vous ! En 2009, seules les « **credenciales oficiales** » distribuées par les autorités ecclésiastiques donnent droit à l'obtention de la *compostela*…

Les pèlerins de St-Jacques

Vieux de plusieurs siècles, le chemin de St-Jacques-de-Compostelle rassemble encore aujourd'hui des jacquets de plus en plus nombreux. Le long de l'ancienne voie romaine allant de Bordeaux à Astorga, passant par St-Jean-Pied-de-Port, en Basse-Navarre, c'est un pèlerinage toujours chargé d'émotions.

L'APÔTRE ET SA POSTÉRITÉ

Selon la légende, l'apôtre Jacques le Majeur aurait été chargé par Jésus d'évangéliser l'Espagne. De retour en Palestine, il fut décapité en l'an 42 sur l'ordre d'Hérode et son corps, placé dans une barque, aurait échoué sur la Côte de Galice. Il aurait alors été enterré à Compostelle… puis oublié jusqu'au début du 9e s. où un ermite du nom de Pelayo (Pélage) vit soudain une mystérieuse étoile le guider vers l'emplacement du tombeau du saint. Il découvre alors les saintes reliques qu'un évêque local décrète appartenir à l'apôtre (Rome attendra 1884 pour officialiser cette identification). Le roi des Asturies Alphonse II ordonne alors d'élever une église sur le « champ de l'étoile », ou *Campus stellae* qui deviendra Compostelle. Le lieu attire aussitôt les pèlerins malgré un raid audacieux conduit par le futur calife de Cordoue, al Mansūr (997)… qui toutefois respecta le sépulcre de l'apôtre.
Entre-temps, lors de la bataille de Clavijo opposant en 844 le roi des Asturies aux Maures, Jacques serait apparu pour prodiguer ses conseils au roi chrétien. Il aurait même participé au combat sur un cheval blanc, et terrassé les Maures (d'où son surnom de « Matamore »). Bien que cette bataille et ce haut fait soient imaginaires, ils ont fait de l'apôtre le symbole de la Reconquête. Son image de saint batailleur lui valut même d'être « exporté » aux Amériques par les *conquistadores* sous le surnom de « Mataindios » ! Il est aujourd'hui le saint patron de l'Espagne.

LE CHEMIN DE LA FOI

Au Moyen Âge, le tombeau de saint Jacques le Majeur attire en Espagne une foule considérable de pèlerins venus de toute l'Europe. La dévotion envers « Monsieur saint Jacques » est si vivante que **Santiago de Compostela** devient un lieu de rassemblement exceptionnel, d'autant que les deux grands lieux de pèlerinage de la chrétienté sont alors inaccessibles (Jérusalem) ou en plein déclin (Rome). Depuis le premier pèlerinage accompli par l'évêque du Puy en 951, des millions de jacquets, jacquots ou jacobits, ont pris la route pour aller vénérer les reliques de l'apôtre.
Une organisation très complète d'**hospices** facilitait le voyage et pourvoyait, le long des principaux itinéraires, à l'hébergement des pèlerins et au maintien de leur bonne santé spirituelle. Les itinéraires pour les pèlerins venus du nord convergeaient à Ostabat, en Basse-Navarre, avant le franchissement des Pyrénées, opérant leur jonction. St-Jean-Pied-de-Port représentait la dernière étape avant l'ascension vers le col frontière. Les pèlerins gagnaient Roncevaux par la route des hauteurs, section de l'ancienne voie romaine de Bordeaux à Astorga.
Chaque pèlerin portait une croix de feuillage faite de ses mains avant la montée. Au terme de la première escalade, au col de Cize (Ibañeta), près de la Croix de Charles, le jacquet priait, chantait et plantait sa croix. À l'ermitage voisin, la cloche sonnait par temps de brouillard et durant une partie de la nuit afin de rallier les égarés.

LE PÈLERIN

Au Moyen Âge, la pratique des grands pèlerinages fit du pèlerin un personnage familier des villages qui ponctuaient le chemin. Il était accueilli avec respect, voire enthousiasme, car il contribuait à la vitalité du commerce local. Son costume ressemblait à celui des voyageurs de l'époque : une vaste cape et un mantelet court (esclavine), une panetière (musette), une gourde, un couvert et une écuelle. En plus de cela, il était équipé d'un coffret contenant les papiers et les sauf-conduits ainsi que d'un gros bâton à crosse (bourdon). La route n'était pas sans dangers : des bandes de « coquillards », faux pèlerins, dont fit partie le poète **François Villon**, rançonnaient sans vergogne les jacquets en leur imposant des péages quand ils ne les dépouillaient pas de leurs biens. De multiples trafics sévissaient : ainsi à l'église de Villafranca del Bierzo (León), les pèlerins découragés par l'ascension du dernier col avant la Galice pouvait se procurer de faux certificats contre monnaie sonnante et trébuchante.

Enfin parvenus à Santiago, ils se voyaient remettre les insignes du pèlerinage : coquille et médaille, ainsi que la « **compostela** », attestation en latin, d'abord destinée à prouver que ceux qui avaient été condamnés à effectuer le pèlerinage avaient bien accompli leur peine, puis généralisée par la suite. À son retour, le fidèle qui avait pris la coquille et le bourdon était considéré comme un notable. Les confréries de St-Jacques avaient leur chapelle particulière dans les églises; elles constituaient des fraternités (frairies ou *hermandades* en Espagne) et conservaient les comptes rendus de voyage.

LA COQUILLE

Fréquente sur les côtes de Galice et en particulier au cap Finisterre, la coquille de *vieira* était donnée aux pèlerins qui la rapportaient en témoignage de leur équipée après l'avoir accrochée à leur manteau ou à leur chapeau. Devenue l'un des symboles du pèlerinage (et l'un des attributs du pèlerin avec le bourdon), elle prit bientôt le nom de coquille St-Jacques. Depuis lors, elle orne les façades d'églises et de demeures nobles, qui ne sont parfois liées que de loin au pèlerinage.

DÉCLIN ET RENOUVEAU

Accentuant l'insécurité, la guerre de Cent Ans marque l'amorce du déclin. La Réforme qui s'oppose au culte des reliques s'accompagne d'un changement des mentalités. Et puis, il devient de plus en plus difficile, du point de vue administratif, de franchir les frontières : au 18e s., quiconque voulait se rendre à St-Jacques-de-Compostelle devait se munir d'un extrait de baptême légalisé par l'autorité de police, d'une lettre de recommandation de son curé, et d'un formulaire, dûment rempli, de son évêque.

Après une longue éclipse, et depuis les années 1980, les pèlerins reprennent la route de Compostelle. Si nombre d'entre eux sont animés par des préoccupations spirituelles (ce sont ceux qui se font remettre la *compostela* après avoir vénéré les reliques), randonneurs ou cyclotouristes (voire cavaliers) purs et durs sont tout aussi nombreux.

Puente-la-Reina

★

Gares

2 777 Puentesinos ou Garestarra – Navarre

NOS ADRESSES PAGE 418

S'INFORMER

Office de tourisme – *Casa del Vínculo -c/Mayor 105 - 31100 Puente-la-Reina - ✆ 948 340 845 - www.puentelareina-gares.net - de déb. nov. à la Sem. sainte : mat. et apr.-midi, dim. et j. fériés mat. ; reste de l'année : apr.-midi, dim. et j. fériés mat. - fermé lun.*

SE REPÉRER

Plan de région B2 (p. 374) – carte Michelin n° 573 D 24. Première étape importante sur la route de Compostelle depuis Pampelune, à 23 km au sud-ouest de la capitale navarraise par la N 111.

SE GARER

Dans les contre-allées qui bordent la grande route.

À NE PAS MANQUER

Les statues des églises du Crucifix et de St-Jacques.

Cette capitale du piment n'a pas toujours hébergé paysans et maraîchers. Son plan typique de village-rue où toute la vie se concentre est caractéristique des villes de pèlerinage. Carrefour des deux chemins traversant la Navarre, Puente-la-Reina (le Pont de la Reine) était et reste une étape-clé de la route de Compostelle. Aujourd'hui, une nationale a remplacé l'ancien chemin des pèlerins. Mais vous pourrez encore fouler de vos pieds le vieux pont jeté sur l'Arga et flâner à loisir le long de la calle Mayor.

Se promener

Le vénérable **pont en dos d'âne** qui enjambe le río Arga fut construit au 11e s. pour permettre le passage des pèlerins se rendant à St-Jacques. À l'entrée de la ville en venant de Pampelune, un pèlerin en bronze signale ce point de rencontre entre les deux *caminos*.

Iglesia del Crucifijo

✆ 948 340 050. Premier monument pour les jacquets arrivant de Pampelune, elle se trouvait hors les murs et communiquait par un porche avec l'ancien hospice des pèlerins. Accolée à la nef d'origine (12e s.), une nef postérieure (14e s.) abrite la fameuse croix en Y et son **Christ★** en bois d'un expressionnisme violent. Il aurait été rapporté d'Allemagne par un pèlerin du 14e s. Engagez-vous à pied dans l'étroite **calle Mayor**, très élégante avec ses maisons en briques dorées, ses blasons (nos 27, 61, 66) et ses avant-toits de bois sculpté (nos 15, 19, 29, 33, 46, 80), qui mène au pont.

Iglesia de Santiago – *✆ 948 341 301 - lun.-vend. mat. et apr.-midi, w.-end apr.-midi.* Son **portail roman★** fourmille de figures presque effacées.

La nef, refaite au 16e s., a été décorée de retables. Remarquez, face à l'entrée, un **saint Jacques★** pèlerin en bois doré et le **saint Barthélemy★** qui lui fait pendant (14e s.).

La calle Mayor aboutit au pont.

Sur la gauche, les rues mènent à l'église de **San Pedro** (St-Pierre, 14e s.), qui conserve, depuis le 19e s., la **Vierge de Txori** (16e s.) autrefois postée sur le pont.

L'IMPORTANCE DU PÈLERINAGE

Point de convergence des deux branches du *camino francés*, celle de Roncevaux et le tronçon toulousain, Puente-la-Reina doit son existence aux pèlerins. C'est Alphonse Ier qui en ordonna en 1121 la création, de façon à peupler l'itinéraire et à en tirer profit grâce aux péages et aux échanges commerciaux. Au 14e s., la cité compte cinq quartiers et s'est entourée de remparts. Après le déclin du pèlerinage, elle s'est reconvertie dans l'agriculture, et notamment le piment.

À proximité Plan de microrégion

★ Cirauqui/Zirauqui B2

7 km à l'ouest par la N 111. Le long des ruelles tortueuses bordées d'escaliers se pressent des façades à demi blanchies, ornées de portes arrondies, de balcons, blasons et corniches sculptés. En haut du village (montée difficile), l'église de San Román possède un **portail★** du 13e s. polylobé, semblable à celui de San Pedro de la Rúa à Estella.

Itinéraire conseillé

ROUTE DES ÉGLISES B2

Pour visualiser cet itinéraire de 20 km, reportez-vous au plan de la région (p. 374) – comptez environ 1h30. Quittez Puente-la-Reina par N 111 en direction de Pampelune, puis tournez presque immédiatement à droite sur la NA 601. Parvenu à la hauteur d'Obanos, prenez à droite la route qui monte vers les collines face à Obanos.

Santa María de Arnotegui

Comptez 1 km de piste à partir de la fin de la route goudronnée.

Protégée par un petit mur défensif, cette sobre chapelle se compose d'un simple narthex et d'une pièce dans laquelle l'autel est encadré de retables baroques. Notez la statue de la Vierge en bois et respirez l'odeur de pin. Contemplez également les alentours depuis son parvis, car elle est juchée au sommet d'une colline.

Revenez sur la NA 601, tournez à droite et dépassez Obanos. Au prochain carrefour, tournez à droite vers Campanas. Suivez les panneaux indiquant « Sta María de Eunate ».

★★ Iglesia de Santa María de Eunate

31152 Murazábal - ✆ 948 341 301 - juil.-sept. : 10h30-13h30, 17h-20h ; mars-juin et oct. : 10h30-13h30, 16h-19h ; janv.-fév. et nov. : 10h30-14h30 - fermé lun. et déc. - gratuit.

Cette chapelle romane si harmonieuse de proportions reste d'origine énigmatique. La découverte d'ossements tend à accréditer la thèse d'une chapelle funéraire établie sur le chemin du pèlerinage qui, à l'époque, venait de Toulouse (la même thèse prévaut pour la chapelle de Torres del Río - *voir « Viana »*).

On estime sa date de construction aux alentours de 1170. Sa structure octogonale intègre un petit chevet pentagonal proche du style cistercien. Quant à l'intérieur, il trahit des influences musulmanes avec les huit nervures à section carrée convergeant vers le centre à la façon mozarabe, sans clé de voûte. Admirez les 26 chapiteaux, sculptés pour beaucoup de motifs végétaux.

La galerie extérieure, aujourd'hui curieusement découverte, se rattachait à des bâtiments annexes ; elle servait d'abri aux pèlerins. *Eunate*, en basque, signifie « cent portes ». Un surnom qui fait référence aux arcades entourant le sanctuaire.

Revenez sur la NA 601 et reprendre la direction de Puente-la-Reina.

Obanos

Église avec une fine tour-clocher. Un arc introduit le visiteur sur la plaza de los Fueros en forme d'entonnoir, sur laquelle se dresse un crucifix.

Revenez à Puente-la-Reina.

NOS ADRESSES À PUENTE-LA-REINA

HÉBERGEMENT ET RESTAURATION

POUR SE FAIRE PLAISIR

Hôtel El Peregrino – *Irunbidea, s/n - 1 km NE de Puente-la-Reina par la rte de Pampelune - ✆ 948 340 075 - www.hotelelperegrino.com - fermé 10-31 janv., dim. soir et lun. - 45/62 € - 13 ch. 190 € - ☕ 18 €.* Restaurant de charme installé dans une magnifique maison de pierre. Le décor soigné crée une ambiance idéale pour se délecter d'une cuisine aux touches créatives. Salle à manger avec vue sur le jardin et la piscine.

Estella

★★

Lizarra

14 049 Estelleses ou Lizartarra – Navarre

NOS ADRESSES PAGE 425

NOS ADRESSES PAGE 425

S'INFORMER

Office de tourisme – *C/San Nicolás, 3 - 31200 Estella - ✆ 948 556 301 - www.estella-lizarra.com - de la Sem. sainte au 11 oct. : lun.-sam. 10h-14h, 16h-19h, dim. 10h-14h ; du 12 oct. à la Sem. sainte : 10h-17h, w.-end 10h-14h.*

SE REPÉRER

Plan de région A2 (p. 374) – carte Michelin n° 573 D 23. Estella se trouve sur le versant sud des sierras d'Andía et d'Urbasa, à côté de la N 111 qui relie Pampelune (36 km au nord-est) à Logroño (48 km au sud-ouest).

SE GARER

Le long de la rivière, dans le parking jouxtant la station des autobus, plaza de la Coronación.

À NE PAS MANQUER

L'église de San Pedro et son cloître.

ORGANISER SON TEMPS

Flânez une journée dans la ville, en vous réservant la fin de la journée pour prendre un verre sur la plaza de los Fueros.

Bâtie dans un cadre grandiose, Estella (Étoile) est une étape importante sur le chemin de St-Jacques. Son riche patrimoine lui a valu d'être surnommée « capitale de l'art roman navarrais » par l'historien Julio Caro Baroja. Après avoir admiré les trésors de son centre historique, profitez-en pour faire une sieste sur l'herbe tendre des rives de l'Ega ou vous promener en humant l'odeur des essences d'arbres qui longent la rivière. Ne repartez pas sans avoir goûté à la spécialité : le cochon de lait, si bien cuisiné qu'il est réputé comme étant le meilleur de la région.

Se promener

Plaza de San Martín

À l'origine, c'était le centre du quartier des « francos », tout bouillonnant de l'animation de ses échoppes et de ses auberges. Aujourd'hui, rien ne trouble le calme de cette harmonieuse petite place, si ce n'est le clapotis de sa fontaine. Sur l'un des côtés, l'ancien hôtel de ville arbore une façade blasonnée du 18e s.

Prenez la calle San Nicolás.

★ Palacio de los Reyes de Navarra (Palais des Rois de Navarre)

San Nicolás, 1. Proche de la plaza de San Martín, le palais des Rois de Navarre est un exemple exceptionnel d'architecture civile romane du 12e s. Sa longue façade est percée d'arcades et de baies géminées remarquables par leurs chapiteaux. Il abrite aujourd'hui le **Museum Gustavo de Maeztu y Whitney.**

★ **Museum Gustavo de Maeztu y Whitney** – *✆ 948 546 037- www.museo-gustavodemaeztu.com - mar.-sam. 11h-13h, 17h-19h, dim. et j. fériés 11h-13h30 - gratuit.* Installé dans l'ancien palais des Rois de Navarre, ce musée rassemble sur deux niveaux les œuvres du peintre Gustavo de Maeztu y Whitney (1887-1947), né à Vitoria en Álava, d'un père cubain (originaire de Navarre) et d'une mère anglaise. Il grandit et étudie les arts à Bilbao. Il part à Paris, voyage à travers l'Espagne pour visualiser et fixer scènes et paysages et vit entre Madrid et Barcelone. Après un séjour à Londres, il revient et s'installe à Estella à partir de 1936. Il y restera jusqu'à sa mort en 1947.
Seul un tiers de la collection peut être exposé à chaque fois. Travail de la couleur, souci du détail dans les paysages comme dans les personnages : son trait déborde de puissance et d'épaisseur. Le premier palier aborde la représentation de la femme, le second présente des dessins, des esquisses, des portraits et des scènes rurales.

Iglesia de San Pedro de la Rúa

Ouv. 30mn avant la messe - juin-sept. : messe sem. 20h ; oct.-mai : messe sem. 19h ; tte l'année messes sam. 20h, dim. et j. fériés 12h et 13h - cloître ouvert dim. 9h-13h30 - visites guidées : se renseigner à l'office de tourisme.
Sur les contreforts de la falaise où se trouvait le château, l'église se dresse face au palais des Rois de Navarre. Le bâtiment garde des parties remarquables des 12e et 13e s.
Le **portail★**, au sommet d'un escalier monumental, ouvre sur le mur nord ; les chapiteaux et les voussures sont richement sculptés, mais son originalité réside dans l'arc d'entrée en tiers-point, bordé de petits lobes, qui témoigne de l'influence de l'art califal. On peut voir des portails de même type dans la région, à Puente-la-Reina et à Cirauqui, d'autres en Saintonge et dans le Poitou. À l'intérieur, remarquez les trois absides romanes : dans celle du centre, une Vierge à l'Enfant romane, un Christ gothique et une colonne faite de trois serpents entrelacés ; dans l'abside gauche, un crucifix roman.
Le **cloître★** roman a perdu deux galeries au 16e s. lorsqu'on fit sauter le château voisin. La virtuosité technique et l'esprit inventif réalisés sur les **chapiteaux★★** font regretter les parties manquantes. La galerie nord représente des scènes de la vie du Christ et des saints Laurent, André et Pierre. Les thèmes végétaux et animaliers occupent la galerie ouest, où l'architecte facétieux a glissé un groupe de quatre colonnes obliques.
Au bout de la rue, un arc marque l'ancienne entrée de la cité.
Revenez sur vos pas et continuez dans la calle de la Rúa.

Calle de la Rúa

C'était le chemin qu'empruntaient les pèlerins. Au no 7, le palais de frère *(fray)* Diego de Estella présente une façade plateresque décorée d'un blason. Il abrite aujourd'hui la maison de la culture, l'occasion d'aller jeter un œil au patio intérieur à colonnades. Admirez au no 6 le toit monumental du palais San Cristóbal, et les arcades gothiques des nos 25, 27, 28 et 31, correspondant à d'anciennes boutiques et à des hospices jacobites.
Elle débouche sur les berges où se dresse l'église du Sto Sepulcro (*passez sous le pont routier*).

Iglesia du Sto Sepulcro

Elle vaut surtout pour son **portail★** nettement gothique. On reconnaît sur trois registres : la Cène, les trois Marie au Sépulcre et l'Enfer, le Calvaire et la Résurrection. Les niches qui encadrent le portail abritent des saintes et des saints traités avec un certain maniérisme.

Cloître roman de l'église San Pedro de la Rua.
Tryon / Servicio de Marketing Turístico Gobierno de Navarra

Passez sur l'autre rive par le pont de la Cárcel (reconstruit en 1973) et montez la calle Asteria dans son prolongement pour rejoindre l'église de San Miguel.

Iglesia de San Miguel

Ouv. 30mn av. la messe - tte l'année : messes lun.-sam. 19h, dim. 11h30, 12h30.
Elle se trouve dans un quartier qui était peuplé de Navarrais à la fin du 12e s., et dont les rues étroites ont gardé un cachet médiéval. Son **portail nord★**, appelé portail de l'Évangile, semble avoir été conçu comme un défi lancé aux habitants de l'autre rive. Au tympan, le Christ est entouré des évangélistes et de personnages énigmatiques. Sur les voussures, on distingue des anges portant des encensoirs, les vieillards de l'Apocalypse, les prophètes et patriarches, des scènes évangéliques et des martyres de saints. Sur les chapiteaux : enfance du Christ et scènes de chasse. Sur les murs au registre du haut, huit statues-colonnes représentent des apôtres. Au registre du bas, deux **hauts-reliefs★★**, les plus achevés et expressifs du portail, montrent à gauche saint Michel terrassant le dragon, à droite les trois Marie au Sépulcre. Par la noblesse des attitudes, l'élégance des drapés, l'expression des visages, cette dernière scène est un chef-d'œuvre de la sculpture romane.
L'intérieur est très dépouillé à l'exception de retables dorés, baroques ou néoclassiques. Notez le retable peint dans le transept gauche.
Dirigez-vous vers la plaza de los Fueros et traversez-la. Prenez la rue qui la prolonge à gauche, coupez par une seconde place, la plaza de Santiago, pour monter ensuite à la basilique (fléchée).

Basilica Nuestra Señora del Puy

Située sur la colline qui domine San Miguel et la plaza de los Fueros, il s'agit d'une église moderne construite entre 1929 et 1951 par l'architecte Víctor Eusa (1894-1990), très actif à Pampelune et dans la région. Une statue de la Vierge à l'Enfant, datée de la fin du 13e s., trône en son centre (beau travail d'orfèvrerie), mise en valeur par les jeux de lumière et le travail du bois qui caractérisent l'édifice. On y voit de nombreuses étoiles.

Revenez sur vos pas jusqu'à la plaza de los Fueros, dépassez-la et suivez par la droite la calle de la Carpinteria qui aboutit à la calle Mayor. Celle-ci vous ramènera, par la gauche, à la rivière et au pont qui fait presque face à la plaza San Martín.

« ESTELLE LA BELLE »

C'est ainsi que l'appelaient au Moyen Âge les pèlerins de St-Jacques-de-Compostelle. Estella était une étape importante du « chemin » et, de ce fait, possède plusieurs monuments de grande valeur artistique datant pour la plupart de l'époque romane. En outre, en 1076, le roi Sanche Ramírez lui avait attribué certains privilèges qui attirèrent des commerçants et des aubergistes, essentiellement des « francos », souvent originaires du Puy-en-Velay. La plupart s'établirent sur la rive droite de l'Ega. Un siècle plus tard, les Navarrais obtinrent à leur tour les mêmes privilèges et s'installèrent de l'autre côté de la rivière.

Les pèlerins venaient vénérer la Vierge du Puy, dont le sanctuaire, reconstruit dans le style moderne, se dresse à l'emplacement où, le 25 mai 1085, selon la légende, des bergers, alertés par une pluie d'étoiles, découvrirent une statue de la Vierge. Des hospices qu'on y avait construits, celui de St-Lazare réservé aux lépreux était le plus célèbre.

ENFANT DU PAYS

Estella est la ville natale du meilleur *rejoneador* (torero à cheval) de ces quinze dernières années (et selon certains, de l'histoire de cet art) : **Pablo Hermoso de Mendoza**, né en 1966.

À proximité Plan de microrégion

Lerín B3

23 km au sud par la NA 122 en direction de Calahorra.

Iglesia de la Asunción (Église de l'Assomption) – *ouv. aux heures d'office ou de neuvaine*. Un splendide **retable★** rococo, exécuté en 1762 par Diego de Camporredondo, occupe tout le chœur de l'église, qui possède une impressionnante hauteur sous voûte.

Itinéraires conseillés

LA ROUTE DES COLS A2

Pour visualiser cet itinéraire de 96 km, reportez-vous au plan de la région (p. 374) – comptez environ 2h. Quittez Estella vers le nord par la NA 120.

★ Monasterio de Iranzu à Abárzuza

À 9 km d'Estella, accès signalé de la NA 120, presque à la sortie d'Abárzuza, sur la gauche. Ne manquez pas le panneau ! ✆ 948 520 047 - www.monasterio-iranzu.com - mai-sept. : 10h-14h, 16h-20h ; reste de l'année : 10h-14h, 16h-18h - fermé lun. en hiver - 2,50 € (-12 ans 1,50 €).

Isolé dans une **gorge★** sauvage, cet ancien monastère cistercien construit à la fin du 12e s. a été restauré à partir de 1942 après une longue période d'abandon et abrite aujourd'hui une communauté de théatins. C'est un bon témoignage de l'architecture cistercienne à la transition du roman et du gothique.

Les fenêtres du cloître – celles qui n'ont pas été décorées par la suite d'un remplage (armature de pierre entourant les vitraux des fenêtres polylobées) gothique très fleuri – sont caractéristiques du style : arcatures romanes, oculus et grand arc de décharge. Parmi les salles donnant sur ses galeries, en plus de la salle capitulaire, voyez la cuisine dotée d'une gigantesque cheminée intérieure. L'église est voûtée d'ogives assez frustes et son chevet plat est décoré d'un « triplet » (ensemble composé de trois fenêtres symbolisant la Trinité), ce qui est fréquent chez les cisterciens.
Reprendre la NA 120.

★★ Puerto (col) de Lizarraga

Juste à la sortie du tunnel (alt. 1 090 m) et avant d'amorcer la descente rapide au milieu des prairies et des bois, arrêtez-vous un instant au **belvédère★ (mirador)** qui domine la verdoyante vallée d'Ergoyena.
Continuez jusqu'à Etxarri-Aranatz.

Dolmens d'Etxarri-Aranatz/Echarri-Aranaz

Sortez d'Etxarri après le centre-ville, en direction de Beasain. Après le pont vient une rotonde, suivez la signalisation du camping. Vous passerez devant une sorte de carrière-entrepôt et, plusieurs centaines de mètres plus loin, vous trouverez le camping. Vous pouvez vous garer à l'extérieur. Demandez une documentation à l'accueil ou bien suivez directement les panneaux d'orientation à l'entrée du parking.

Les deux randonnées (de 1h30 et de 4h) empruntent, pour commencer, le même chemin, agréablement ombragé par des chênes et des hêtres, qui longe le camping puis une rivière. Au bout d'une trentaine de minutes, les sentiers bifurquent, le plus court partant à droite et le plus long continuant tout droit. Ce dernier passe à proximité de nombreux dolmens (10, contre 2 pour l'autre randonnée).
Prenez la N 240A vers l'ouest jusqu'à Alsasua/Altsasu et, là, tournez à gauche vers Estella Lizarra sur la NA 718.

★★ Puerto (col) de Urbasa

L'ascension au col, assez raide et rythmée par l'alternance de rochers massifs et de bosquets, est d'une beauté sauvage. Par contraste, le grand vallon boisé que l'on traverse ensuite apparaît d'une aimable fraîcheur. À la descente, après le col (927 m), les vues sont embellies par de hauts escarpements calcaires, puis vous cheminerez dans les gorges du río Urenderra aux eaux limpides.
La NA 718 vous ramène à Estella.

SUR LES PAS DES PÈLERINS A2-3

Pour visualiser l'itinéraire de 30 km, reportez-vous au plan de la région (p. 374) – comptez environ 3h. Quittez Estella en direction d'Ayegui. Le monastère se trouve à la sortie de ce village.

★ Monasterio de Irache/Iratxe (à Ayegui) A2

948 554 464 - avr.-nov. : mar. 9h-13h30, merc.-vend. 9h-13h30, 17h-19h, w.-end et j. fériés 9h30-13h30, 16h-19h ; reste de l'année : mar. 10h-13h30, merc.-dim. 10h-13h30, 16h-18h - fermé déc., lun. et mar. apr. midi - gratuit.

Dès le 10e s. une abbaye bénédictine existait ici. Étape importante sur le chemin de St-Jacques (son hôpital accueillait les pèlerins), elle adopta la règle cistercienne, puis devint au 16e s. un centre universitaire dirigé par les bénédictins.

QUERELLES DE CLOCHER
Le monastère d'Irache fut dirigé pendant la deuxième moitié du XIe s. par un certain Veremundo (Bermond). Quelques miracles et la charité de l'abbé ont valu à ce dernier d'être canonisé et désigné patron des chemins de St-Jacques en Navarre. Seulement voilà : deux villages voisins, Villatuerta et Arellano se disputent l'honneur d'être le lieu de naissance du saint homme. C'est pourquoi (et pour ne pas faire de jaloux), tous les cinq ans, le 10 août (la prochaine fois en 2013), le coffret renfermant les reliques de l'abbé est transféré d'un village à l'autre dans une ambiance de kermesse.

Le monastère a fermé ses portes en 1839 alors qu'il abritait encore quelques moines (jusqu'en 1985). Il est actuellement question de reconvertir certains bâtiments conventuels en musée ethnographique, et d'autres en *parador* (hôtel de luxe en Espagne) national.

★ **Iglesia** – L'abside d'un roman très pur fait face à une nef où la croisée d'ogives reste primitive. À la Renaissance, la coupole sur trompes a été refaite et le *coro alto* ajouté. La façade, comme la plupart des bâtiments conventuels, a été reconstruite au 17e s. Admirez le beau travail de bois et d'orfèvrerie de la **statue de la Vierge★★**.

Claustro – D'architecture Renaissance, le cloître est orné d'une fontaine moussue et décoré de culs-de-lampe et de chapiteaux relatant la vie du Christ et de saint Benoît.

Avis aux amateurs de vin : les chais qui bordent le monastère jouxtent le chemin de St-Jacques. C'est donc d'abord à l'attention des pèlerins qu'a été aménagée dans le mur même de la bodega une fontaine… à vin, mais rien n'empêche de goûter au breuvage… avec modération bien entendu !

Après le monastère, continuez la route pour rejoindre la N 111 en direction de Los Arcos. Villamayor de Monjardín sera à droite après 4 km.

Villamayor de Monjardín A2

Village-étape sur la route de Compostelle, il comporte une jolie église du 12e s., **San Andrés**, au portail roman et au clocher baroque (18e s.). L'édifice est censé être ouvert toute la journée, mais s'il pleut, la personne en charge de son entretien peut décider de la fermer pour limiter les empreintes boueuses des pèlerins sur le sol immaculé.

Légèrement en dehors de la commune, sur le chemin de St-Jacques (signalisation à l'entrée du village), se dresse une **fontaine gothique★**, dite « Fuente de los Moros » (fontaine des Maures). Plutôt romantique avec son escalier qui descend jusqu'à une piscine d'eau pure.

Si vous voulez poursuivre sur la route de Compostelle, continuez sur la N 111 jusqu'à Los Arcos. Sinon, vous pouvez revenir sur Estella via Arellano.

À l'entrée de Villamayor (côté Estella) prendre la petite route de Luquín et dans ce village, sur votre gauche la NA 6340. Au-delà d'Arróniz, vous prendrez, toujours à gauche la NA 6341 en direction de Dicastillo. Contournez ce village par la NA 6342 (toujours à gauche) qui conduit à Arellano.

Arellano A3

Église San Román – *Demandez la clé à la mairie.* Jolie petite église close d'un muret contre lequel courent de petits bancs de pierre. L'intérieur abrite des grisailles et une fresque d'une hauteur de 3 m représentant saint Christophe portant l'Enfant Jésus (16e s.). De part et d'autre du retable, vestiges d'une fresque du 14e s. : l'Annonciation et un apôtre.

Revenez à Estella par Dicastillo, puis la NA 122.

NOS ADRESSES À ESTELLA

HÉBERGEMENT

PREMIER PRIX

Hôtel Fonda san Andrés – *Plaza de Santiago, 50 - ✆ 948 550 448 ou 948 554 158 - 24 ch. 35/38 € ☕.* Cet hôtel occupe un bel édifice dont la façade en brique, ornée de balcons, attire le regard. L'intérieur reste plus modeste. Les chambres, impeccablement tenues et meublées dans le style castillan, possèdent, pour certaines, une petite terrasse. Dans le salon, fauteuils confortables et TV avec écran panoramique.

BUDGET MOYEN

Hôtel Yerri – *Avda de Yerri, 35 - ✆ 948 546 034 - P 24 ch. 60/65 € - ☕ 5,50 € - rest. 10 €.* Voici un hôtel pratique, situé à moins de 10mn à pied du centre-ville. Ses chambres, confortables et bien équipées, affichent un style actuel. Au restaurant : décor coloré, éclairage soigné et tables bien dressées.

POUR SE FAIRE PLAISIR

Hôtel Irache – *Prado de Irache, 7 - Ayegui - ✆ 948 551 150 - www.hotelirache.com - P - 31 ch. 75/103 € - ☕ 8,50 € - rest. 18 €.* Cet hôtel propose des chambres classiques et des appartements de type studio avec chambre séparée. Dans la salle à manger de style rustique, on appréciera le service.

RESTAURATION

PREMIER PRIX

Casa Faustina – *Magdalena, 58 - Barindano - ✆ 948 539 493 ou 948 539 150 - 13 €.* Vous ne serez pas déçu par cette petite adresse fort sympathique. Le décor des différentes salles, composé de troncs d'arbres noués, de tableaux et de figurines en terre cuite, surprend. Dans l'assiette, on trouvera une bonne cuisine familiale et on pourra aussi choisir le menu dégustation.

POUR SE FAIRE PLAISIR

Navarra – *Gustavo de Maeztu (Los Llanos), 16 - ✆ 948 551 069 - fermé janv., 25 déc., dim. soir et lun. - 26/39 €.* Installé dans une ancienne villa avec jardin, ce restaurant affiche une décoration de style navarrais médiéval. À l'intérieur on découvrira un aménagement et un décor soignés : tables en *azulejos*, linge de table raffiné.

Viana

★

3 759 Vianeses – Navarre

NOS ADRESSES PAGE 430

S'INFORMER

Office de tourisme – *Dans la mairie, pl. de los Fueros, 1 - 31230 Viana - ☎ 948 446 302 www.viana.es - de la Sem. sainte au Pilar (12 oct.) : lun.-sam. 9h-14h, 17h-19h, dim. 9h-14h ; reste de l'année : lun.-sam. 9h-14h - fermé 22 juil.*

SE REPÉRER

Plan de région A3 (p. 374) – carte Michelin nº 573 E 22. En lisière de Navarre, Viana se trouve sur la route de Compostelle, à 39 km au sud-ouest d'Estella sur la N 111. La capitale de la Rioja, Logroño, n'est qu'à 10 km au sud-ouest dans le prolongement de cette voie importante de pèlerinage.

SE GARER

En dehors des remparts, à côté de l'église de San Francisco, ou bien dans la vieille ville, sur la plaza del Coso.

À NE PAS MANQUER

La chapelle romane d'El Santo Sepulcro de Torres del Río.

ORGANISER SON TEMPS

Partez de Viana pour rayonner une journée sur les contreforts des sierras d'Urbasa et de Santiago de Loquiz.

La taille du bourg, niché derrière ses remparts, ne révèle pas son importance comme étape sur le chemin de St-Jacques-de-Compostelle, la dernière en terre navarraise. Il suffit de se rendre sur le parvis de sa magnifique église pour y retrouver l'ambiance sereine des pèlerins au repos.

Se promener

Plaza de los Fueros

Une fois franchi l'arc séparant la vieille ville de ses anciens faubourgs, on pénètre sur cette petite place délimitée par l'hôtel de ville et le parvis clos de l'église, pavé de galets et planté d'arbres.

Casa consistorial (Hôtel de ville) – 17e s. Identifiable à ses arcades et au gigantesque blason qui orne la balustrade entre ses deux tours, elle déploie une belle façade à la fois Renaissance et plateresque.

★★ Iglesia de Sta María de la Asunción

De style gothique et fortifiée, elle fut édifiée entre 1250 et 1312.

★ **Portail Renaissance** – Monumental, il représente différentes scènes des Évangiles, depuis Jésus priant au mont des Oliviers à gauche de la porte, jusqu'à la Passion à droite, en passant par l'Annonciation et la Nativité. Surplombant le tympan, la Crucifixion et la Descente de Croix, surmontées d'un demi-dôme à caissons.

★ **Intérieur** – Retables baroques du 17e s. dans les chapelles encadrant le chœur (celle de droite expose une jolie Vierge du 14e s.). Admirez les fresques de José Bravo et notez les chaires baroques décorées d'angelots.

Dans l'atrium, vous verrez la pierre tombale de César Borgia, fils du pape Alexandre VI, cardinal et frère de la célèbre Lucrèce, tombé en 1507 au pied des remparts de Viana alors qu'il combattait pour son beau-frère, roi de Navarre.

Calle de Sta María

Fondée en 1219 par Sanche VII le Fort, Viana s'est développée grâce à sa position stratégique sur le chemin de Compostelle. Les maisons de sa rue principale témoignent encore de l'importance des hospices et auberges qui la ponctuaient. Elle longe l'église et mène à la plaza del Coso.

Plaza del Coso

Le nom de cette place désignant l'enceinte où courent les taureaux rappelle qu'ici avaient lieu autrefois les corridas, que les autorités présidaient depuis le « balcón de toros », édifice élevé en 1683 et doté d'un avant-toit travaillé. Remarquez en chemin un autre avant-toit ouvragé (à caissons celui-ci).

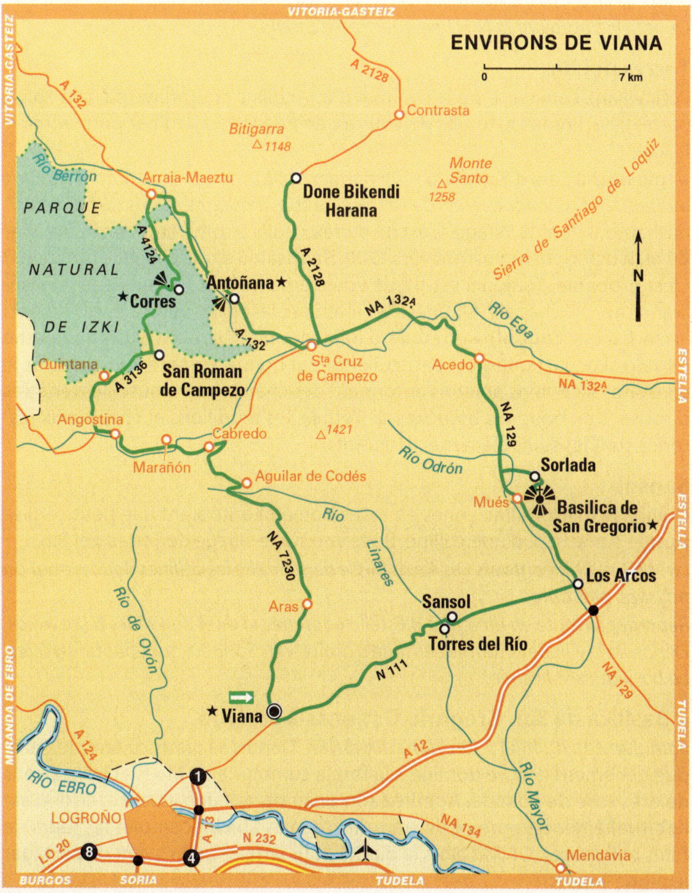

Revenez vers la plaza de los Fueros et dépassez-la.
Dans cette direction, la rue principale est bordée de maisons blasonnées (nos 2, 3 et 9) ou ornées d'un avant-toit sculpté (no 12). Elle aboutit à l'église de San Pedro.

Iglesia de San Pedro

Ses ruines laissent entrevoir une architecture gothique (13e s.) et conservent un portail baroque de 1740.

Derrière l'église, on accède, par la ruelle de l'ancien cimetière et la muraille du 13e s., à un petit **jardin** aménagé sur les anciens remparts.

Ressortez de la vieille ville par la plaza de los Fueros.

Le couvent et l'église San Francisco (17e s.) font face à l'arche donnant accès au centre historique de Viana. Le premier a été transformé en résidence pour personnes âgées, la seconde paraît inemployée (17e s.).

Itinéraire conseillé

Pour visualiser cet itinéraire de 110 km au départ de Viana, reportez-vous au plan des environs de Viana (p. 427) – comptez environ 4h.
Quittez le bourg par la N 111 en direction d'Estella.

Torres del Río

Petit village concentré sur le sommet d'une colline couronnée par son église paroissiale. Prenez le temps de vous asseoir dans son jardinet pour admirer la vue.

★ **Iglesia del Santo Sepulcro** – *Demandez la clé à Mercedes ou Aurora (comme indiqué sur les pannonceaux de l'enclos). Sinon, renseignez-vous au bar - 1 €.* À mi-hauteur dans le village. C'est un curieux édifice roman tout en hauteur et de plan octogonal, construit vers 1200. S'agissait-il d'une chapelle funéraire ? C'est probable. Toujours est-il que vous remarquerez sûrement sa ressemblance avec la chapelle d'Eunate. À l'intérieur, les lignes verticales dominent ; la magnifique **coupole**★ en étoile, d'influence mudéjare, est d'une géométrie parfaite. L'acoustique y est particulièrement bonne, comme vous pourrez le constater si certains pèlerins entonnent des chants. Les minuscules fenêtres disposées au bout des branches de l'étoile, les modillons et chapiteaux historiés sont les seuls éléments décoratifs.

Sansol

Quelques maisons anciennes en assez bon état entourent une petite église postée sur le haut d'une colline. Belle vue sur le village de Torres del Río.

La N 111 se dirigeant vers Los Arcos laisse derrière elle les collines douces pour un paysage plus âpre.

Reprenez la route en direction d'Estella et prenez la direction Mués à Los Arcos. Dépassez le village et tournez ensuite à droite, vers Sorlada, que vous traverserez. La basilique est fléchée.

★ Basilica de San Gregorio Ostiense à Sorlada

Sam. 12h-13h30, 16h45-19h, dim. 16h45-19h. Depuis sa crête, ce temple baroque richement décoré domine à la fois la commune de Mués et les maisons de grès rose de Sorlada. Admirez son beau portail Renaissance. Le lieu est habituellement empreint de tranquillité mais affiche complet les jours de fêtes religieuses. On fait alors la queue pour se faire bénir avant de partager le pique-nique.

Revenez sur la NA 129 et poursuivez jusqu'à Acedo. Là, tournez à gauche en direction de Sta Cruz de Campezo. À l'entrée du village, prenez à droite l'A 2128.

Done Bikendi Harana

L'église de **San Vincente** arbore un auvent et un portail Renaissance, tandis que son chœur abrite un superbe **retable★★** polychrome de 1516 récemment restauré. Surélevé, il illustre richement quelques épisodes de la Passion du Christ comme la Cène ou son arrestation. Admirez la richesse des détails, l'expression des anges et des démons ainsi que la vivacité des couleurs de l'ensemble *(demandez la clé à la ferme qui se trouve au bas des marches, à l'angle des rues).*

Retournez à Sta Cruz de Campezo pour emprunter l'A 132, vers Vitoria-Gasteiz.

★ Antoñana

Hameau de la commune de Campezo/Kampezu accroché à flanc de colline. Les anciens vous diront qu'Antoñana est le plus ancien village de l'Álava et, de fait, il a conservé une très jolie maison-porche médiévale à pans de bois pour marquer son entrée. Ses anciennes murailles servent de murs de soutènement aux demeures du bas et l'eau de son lavoir chante toujours à l'autre bout du bourg.

Poursuivez sur cette route jusqu'à Arraia-Maetzu et tournez à gauche sur l'A 4124.

★ Corres

Le village mérite que l'on s'y arrête, non seulement parce qu'un panneau du **parc d'Izqui** y présente les différentes randonnées possibles sur la région et qu'un petit chalet y fait office de Maison du parc, mais aussi parce que le bourg se situe en surplomb d'un défilé.

En sortie de village, garez-vous sur le côté si vous le pouvez de façon à admirer le **panorama★**.

Des balisages de randonnées parsèment le village et débutent également au niveau de l'église.

Reprenez la route pour rallier San Roman de Campezo.

San Roman de Campezo

Hameau champêtre servant de point de départ à différentes randonnées.

Sanctuaire rupestre – *Montez jusqu'au lavoir en haut du village et commencez l'ascension après l'église. Comptez 45mn. Très bien balisé.*

La pente peut paraître parfois ardue, mais on est récompensé par la beauté du chemin qui laisse entrevoir les monts environnants pour déboucher ensuite sur un col ouvert au vent. La vue ne cache rien alors des champs de la vallée, des routes qui serpentent et des éoliennes sur les crêtes. On rallie le petit sanctuaire aménagé dans une grotte par une sente à flanc de montagne.

Revenez à Viana en prenant la direction de Quintana, puis d'Angostina et de Marañón. Après Cabredo, tournez à droite sur la NA 7200 en direction d'Aguilar. À la hauteur du bourg, dans le lacet, ne manquez pas sur votre droite la NA 7230 qui vous ramènera à Viana.

NOS ADRESSES À VIANA

HÉBERGEMENT

Viana constitue la dernière halte navarraise pour les pèlerins qui ont tous suivi la même route depuis Pampelune ou Sangüesa. C'est pour eux un point de ravitaillement incontournable, voire, pour les plus fatigués, une étape bienvenue.

UNE FOLIE

Palacio de Pujadas – *Navarro Villoslada 30 - ☏ 948 646 464 - www.palaciodepujadas.com - 24 ch. et suites 118/171 € - ☕ 5 € - rest. 15 €.* Une nuit dans un palais du 16e s. superbement restauré et doté de belles et vastes chambres : idéal pour changer de l'ordinaire du pèlerin…

AGENDA

Fête de la Madeleine – (22 juil.). Défilé de vaches, *gigantes* et *cabezudos*. Concerts.

Fête de la Vierge de la Nieva – (8 sept.).

Olite

★★

Erriberri

3 607 Olitenses ou Olitejos – Navarre

NOS ADRESSES PAGE 437

S'INFORMER

Office de tourisme – *Pl. de los Teobaldos 10 - 31190 Olite - ✆ 948 741 703 - www.olite.es ou www.navarra.es - 1er juin-11 oct. : mat. et apr.-midi, dim. et j. fériés mat. ; reste de l'année : mat. et apr.-midi, w.-end et j. fériés mat. - fermé 1er et 6 janv. et 25 déc.*

SE REPÉRER

Plan de région B3 (p. 374) – carte Michelin nº 573 E 25. Depuis Pampelune, la N 121 comme l'A 15 partent plein sud en direction d'Olite. Comptez environ 40 km.

SE GARER

Le centre médiéval étant piétonnier, laissez votre voiture à l'une des portes du vieux quartier, sur l'un des parkings aménagés au pied des remparts.

À NE PAS MANQUER

Les chapiteaux de Sta María la Real, à Ujué.

ORGANISER SON TEMPS

En matinée, la vieille ville et son château, puis l'après-midi, les alentours avec Ujué, les lagunes et le monastère de la Oliva.

AVEC LES ENFANTS

Le château des Rois de Navarre, pour son ampleur, et les lagunes de Pitillas, pour leurs oiseaux.

Résidence de prédilection des rois de Navarre au 15e s., Olite, la « ville gothique », vit dans l'ombre d'un château si démesuré qu'il a l'allure et les dimensions d'une cité médiévale. Autrefois fortifié comme en témoignent les quelques tours et portes de la ville, le centre est désormais réservé aux touristes. Vous pourrez déambuler dans les rues animées et apprécier les dégustations proposées par les bodegas, nombreuses dans cette cité éminemment viticole.

Se promener

Plaza de los Teobaldos

Occupant une place centrale dans le tissu urbain délimité autrefois par les murailles romaines, cette place, dont le nom honore la dynastie champenoise des rois de Navarre fondée en 1234 par Thibaut Ier, regroupe autour de ses arbres les principales curiosités de la ville, dont le *parador* (hôtel de luxe), l'**église Sta María** et le **musée du Vin★**. Des porches permettent de rejoindre la plaza de Carlos III.

Plaza de Carlos III

Tout en longueur, elle assure la jonction entre le quartier nord (ancien *cerco de Dentro*) et la partie sud de la vieille ville (auparavant *cerca de Fuera*). C'est par elle que l'on accède au **château des Rois de Navarre★**. À l'opposé du monument, sur la place, des escaliers donnent accès à des galeries souterraines (*galerías subterráneas medievales - ☎ 978 741 885 - 2 €*) en fer à cheval, du 15e s., reconverties en salles d'exposition.

Iglesia de San Pedro Apóstol

À l'extrémité sud-est du quartier médiéval, en bordure du paseo de Doña Leonor.
C'est la plus ancienne de la ville, mélange de roman et de baroque. Dotée d'un clocher effilé octogonal, la façade de l'église offre, en effet, un aspect assez disparate. Les voussures du portail sont soulignées de boudins. De part et d'autre, deux aigles symbolisent l'un la Violence (à gauche, tuant un lièvre), l'autre la Douceur. À l'entrée, dans le bas-côté à gauche, une pierre sculptée au 15e s. représente la Sainte Trinité. L'église conserve en outre un beau cloître roman *(accessible le matin)*.

★ Castillo (Château) de los Reyes de Navarra

Entrée par la plaza de Carlos III el Noble. ☎ 948 740 035 - www.palaciorealdeolite.com - ♿ - juil.-août : 10h-20h ; avril : 10h-19h ; mai-juin et sept. : lun.-vend. 10h-19h, w.-end 10h-20h ; oct.-mars : 10h-18h30 ; - fermé 1er et 6 janv., 25 déc. - 3,10 € (-13 ans 1,60 €) ; billet combiné avec Sta María la Real 6 € (enf. 4 €).
Tout droit sorti d'un conte de fées, le château se compose de deux éléments majeurs : le vieux palais, ou *palacio de los Teobaldos*, transformé aujourd'hui en *parador*, et le nouveau palais, dont Charles III le Noble ordonna la construction en 1399. Les origines françaises de ce prince – il était comte d'Évreux et natif de Mantes – expliquent le caractère élégant des fortifications, transition entre les lourdes maçonneries du 13e s. et les palais-résidences gothiques de la fin du 15e s., comprenant galeries et petites cours. Les architectes et certains des artisans maures qui y ont collaboré avaient du reste accompagné le souverain en France pour y puiser leur inspiration. Derrière la quinzaine de tours qui renforcent l'enceinte s'étendaient des jardins suspendus. Un décor d'*azulejos* (carreaux de céramique colorés), de stucs peints et de plafonds à marqueterie polychrome illuminait les salles. Parmi celles-ci, les plus remarquables sont : la salle de la Reine et la galerie du Roi aux arcs élancés. Ne manquez pas le petit cloître couvert de vigne vierge, ni la vue sur le toit de lauzes de l'église Sta María et la ville depuis la tour du Retrait. Notez la glacière en forme d'obus qui se dresse au pied des murailles du château.

Iglesia de Sta María la Real

☎ 948 741 273 - www.guiartenavarra.com - ♿ - visite guidée des églises Sta María la Real et San Pedro - juil.-août : 13h et 17h30 - 4 € (enf. 3 €) ; billet combiné avec le château des Rois de Navarre 6 € (enf. 4 €).
C'est l'ancienne chapelle royale. Un atrium aux fines arcades polylobées précède la **façade★** du 14e s., excellent témoin de la sculpture gothique navarraise. Sur le magnifique portail, seul le tympan est historié (vies de la Vierge et du Christ). Remarquez l'attitude de Marie et Joseph dans le tableau de la Nativité : tous deux portent la main à l'oreille et semblent assez perplexes.

L'intérieur est également intéressant. Au-dessus du maître-autel, un très beau **retable★★** peint en 1528 par Pedro de Aponte encadre une Vierge gothique.

★ Museo del Vino

Plaza de los Teobaldos 4 - ✆ 948 741 273 - ♿ - de déb.-avr. à mi-oct. et Sem. sainte : lun.-sam. 10h-14h, 16h-19h, dim. et j. fériés 10h-14h ; reste de l'année : lun.-vend. 10h-17h, w.-end et j. fériés 10h-14h - 3,50 € (enf. 2 €). Panneaux en anglais et en français.

Partageant le bâtiment de l'office de tourisme, ce musée a pris possession des étages et du sous-sol afin d'exposer de façon moderne et didactique toutes les étapes et le savoir-faire liés à l'élaboration du vin navarrais. Chacun des paliers correspond à une thématique : l'histoire du vin, la viticulture (entretien des vignes, outils), la vinification (embouteillage, conservation). Particulièrement intéressante, la partie consacrée à l'œnologie donne quelques clés pour reconnaître et déguster les vins.

DE LA PLACE FORTE À LA VILLE ROYALE

Place forte romaine, Olite a vu son noyau d'origine tripler avec l'octroi du *fuero* de Estella de García Ramírez en 1147. Le centre du bourg passe alors du *cerco de dentro* au *cerco de fuera*, enceinte médiévale nouvellement dressée au sud des anciens remparts. Des vestiges de ces murailles sont visibles à l'ouest du centre historique, le long de la rúa Romana et de la rúa Alcalde de Maillata, où se sont installées les bodegas.

Au 13e s., la cité devient siège royal des rois de Navarre, mais c'est Charles III le Noble (1337-1425) qui en fait leur résidence principale (elle le restera jusqu'en 1512) et réutilise la forteresse romaine pour la transformer en château.

UN PATRIMOINE EXCEPTIONNEL SAUVÉ DE JUSTESSE

Cet immense et fabuleux château semble sorti d'un conte de fées, mais cet édifice classé Monument national en 1925 aurait pu ne pas nous parvenir. En 1813, un général espagnol, soucieux de le voir échapper aux Français, y met en effet volontairement le feu. L'ouvrage perd alors plusieurs tours, mais à la suite de campagnes de restauration, dont les dernières se sont achevées à la fin du 20e s., il a retrouvé toute sa majesté.

La meilleure vue d'ensemble sur le monument et sur Olite se découvre depuis la route de San Martín de Unx. Celle de Beire offre aussi un beau panorama sur la ville.

À proximité

Marcilla B3

29 km au sud d'Olite par l'A 15. Seul monument digne d'intérêt, le château du 15e s. est construit en brique. Ses habitants aujourd'hui sont les cigognes qui ont élu domicile sur ses tours et ses créneaux. Mais en dépit de son état de délabrement avancé, l'édifice a gardé fière allure et illustre encore, avec son fossé, ses tours d'angle et ses mâchicoulis, ce que pouvait être le système défensif de l'époque. L'ensemble a cependant été transformé en résidence dès le 16e s.

Villafranca B3

34 km au sud d'Olite par l'A 15 puis la NA 660. Visez la calle Mayor pour trouver le quartier historique.
Une fois oubliée l'allure négligée de la ville, on peut apprécier les maisons de brique regroupées autour de l'esplanade sur laquelle donne l'église Sta Eufemia, de 1497. La couleur rosée des édifices, tels que le palais de los Obadina ou le couvent du Carmel, et les quelques cyprès plantés sur l'esplanade face à la sierra donnent une allure méditerranéenne à l'ensemble.

Itinéraires conseillés

VAISSEAUX DE PIERRE, MARAIS ET ÉNERGIES RENOUVELABLES B3

Pour visualiser l'itinéraire 1 de 70 km, reportez-vous au plan des environs de Olite (ci-contre) – comptez environ 3h30. Quittez Olite par la NA 530 (face aux remparts, à hauteur du palais) à l'est.
C'est à travers un paysage serein, sur lequel veille une armée d'éoliennes coiffant les crêtes, que vous allez évoluer. De-ci de-là, d'assez disgracieux champs de capteurs solaires rappellent que la Navarre a décidé d'investir assez massivement dans les énergies renouvelables.

San Martín de Unx

Garez-vous devant Sta María del Popolo et montez vers l'église San Martín (fléché). Demandez la clé de celle-ci à la maison marquée « Visitas guiadas », sur la gauche dans la montée (℘ 948 738 149).
Charme assuré dans ce village dont la rue principale est bordée de vieilles demeures de pierre. Elle mène à l'église des 12e-16e s.
La NA 5310 (sur la droite en direction de Sádaba) vous mènera à Ujué.

★★ Ujué/Uxue

Possibilité de se garer au pied de l'église. Juché sur un sommet, dominant le pays de la Ribera, Ujué est resté tel qu'au Moyen Âge, avec ses rues tortueuses bordées de façades pittoresques qui conduisent au sanctuaire fortifié. Un village médiéval incontournable!
★★ **Iglesia de Sta María la Real** – Une église, romane, avait été construite à la fin du 11e s. Au 14e s., le roi Charles II le Mauvais entreprit d'édifier l'église gothique, mais les travaux durent être interrompus et le chœur roman subsista. Dans la chapelle centrale est vénérée santa María la Blanca, statue romane en bois recouverte de plaques d'argent. Les murs extérieurs sont décorés de chapiteaux aux sculptures soignées, illustrant des scènes de la Bible (Annonciation, Nativité), des personnages (musiciens, bergers, vignerons, etc.). Notez sur le tympan le poisson qui sort du cadre.
La fête patronale d'Ujué est célèbre : chaque année depuis le 14e s., le dimanche suivant la St-Marc (25 avril), se déroule la procession traditionnelle avec des pénitents.
Fortaleza (forteresse) – Des tours de l'église, la **vue** s'étend jusqu'à Olite, le Montejurra et les Pyrénées. Ce poste d'observation avait un rôle militaire : du palais médiéval, il reste de hauts murs et un chemin de ronde couvert qui contourne l'église.
Revenez sur vos pas et prenez à gauche la NA 5311 jusqu'à Murillo el Fruto au sud. De là, allez à Carcastillo par la NA 124. En ville, prenez à droite vers Mélida par la NA 5500.

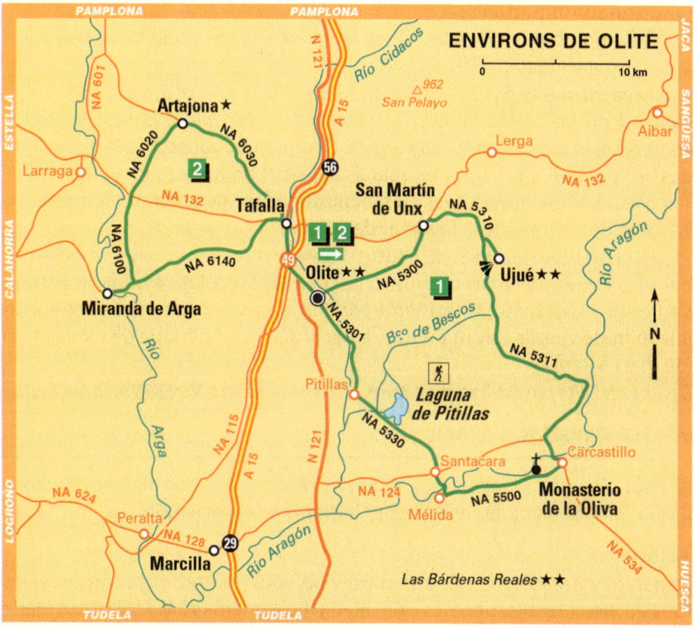

Monasterio de la Oliva à Carcastillo

Fléché depuis Carcastillo. On l'aperçoit à la sortie de la ville, sur la droite en direction de Mélida. ✆ 948 725 006 - www.monasteriodelaoliva.eu - ♿ - lun.-sam. 9h-12h30, 15h30-18h, dim. et j. fériés 9h-11h, 16h-18h - possibilité de visite guidée sur demande (1 sem. av.) - 2 € (-12 ans 0,50 €). La Oliva est un des premiers monastères cisterciens édifiés par des moines venus de France du vivant même de saint Bernard de Clairvaux. Son rayonnement intellectuel fut grand au Moyen Âge. Vidé de ses trésors, le monastère offre encore la remarquable pureté de son architecture cistercienne.

★ **Iglesia** – Fin 12e s. Récemment restaurée, la façade, extrêmement dépouillée malgré le couronnement triangulaire et la tourelle dont on l'a affublée au 17e s., joue avec une rare élégance de la perfection des lignes de son portail et des deux rosaces. Le vaisseau surprend par sa grande profondeur.

Claustro – Fin 15e s. Les baies du cloître apparaissent d'une exceptionnelle légèreté. Cette architecture gothique fut plaquée sur la construction d'origine comme en témoignent les retombées d'arcs qui masquent en partie l'entrée de la salle capitulaire du 13e s.

Quittez le monastère en direction de Mélida. Dans le village, prenez à droite la direction de Santacara que vous traverserez. Roulez ensuite environ 6 km en direction de Pitillas. Vous verrez alors en bord de route une sorte de ferme, isolée ou presque, et un petit panneau qui indique les lagunes.

Lagunas de Pitillas (Lagunes de Pitillas)

Cette zone marécageuse couvre 216 ha au pied de monts couronnés d'éoliennes. L'eau atteint une profondeur moyenne de 3 m, une digue maintenant ce niveau en cas de besoin. Le site a été déclaré réserve naturelle en 1987 en raison de son importance écologique. Il se trouve en effet sur les axes migratoires de nombreux oiseaux qui viennent aussi s'y reproduire. La meilleure saison pour le découvrir est l'hiver.

Observatorio des Aves (Observatoire des oiseaux) – ✆ *619 463 450 - www.lagunadepitillas.org - de mi-juil. à mi-sept. : mat. et apr.-midi ; reste de l'année : w.-end, j. fériés et vac. scol. mat. et apr.-midi.* Des longues-vues sont à la disposition des visiteurs pour regarder les marais et leurs habitants à plumes (canards, sarcelles, hérons, aigles, etc.). Des explications sont également fournies sur l'origine des marais, de la faune et de la flore.

Trois sentiers partent du centre d'observation, sans vraiment pénétrer dans les zones très marécageuses. Le premier fait 1 km (45mn) ; le second s'étire sur 5 km (2h30) ; le troisième conduit, après 1 km de promenade, à un joli point de vue. Ils seront peut-être déconseillés en période de nidification (de mars à juin).

Revenez à Olite par Pitillas, puis Beire, en empruntant la NA 5330 et la NA 5301.

VERS LE VERGER NAVARRAIS B3

Pour visualiser l'itinéraire 2 *de 58 km, reportez-vous au plan des environs d'Olite (p. 435)– comptez environ 2h. Quittez Olite par la N 121.*

Tafalla

En garant votre voiture près du centre-ville, vous pourrez mieux arpenter les rues du vieux Tafalla, dont les principaux monuments sont l'église Sta María (retable du 16e s. réalisé par un sculpteur originaire d'Azpeitia, Juan de Ancheta (1540-1588) et l'un de ses disciples) et le couvent de la Concepción, qui communique par un arc avec la demeure des Mencos.

La NA 6030 vous conduit à Artajona.

La route dévoile un magnifique panorama sur la crête fortifiée d'Artajona.

★ Cerco de Artajona (Enceinte d'Artajona/Artaxona)

Pour atteindre le sommet de la colline depuis la route principale, prenez la calle Hospital dont l'agence CAN fait l'angle. Possibilité de monter en voiture.

Perchée en haut de la colline, **l'enceinte** d'Artajona dresse encore vers le ciel ses impressionnantes tours de défense et des portions de murs qui laissent deviner l'ampleur de cette fortification médiévale du 12e s., l'une des plus importantes de Navarre. Sur les 14 tours d'origine, 9 tiennent encore debout pour encadrer l'**église-forteresse de San Saturnino**, construite au 13e s. pour s'intégrer au système défensif de la forteresse. Dans un état proche du délabrement, elle sert aujourd'hui de lieu de réunion pour les habitants.

Suivez la NA 6020 prolongée au-delà de la NA 132 (route de Tafalla à Estella) par la NA 6100, et tournez ensuite à droite sur la NA 6140 pour arriver à Miranda de Arga.

Miranda de Arga

Le village s'étage sur une colline, depuis l'hôtel de ville blasonné à mi-pente jusqu'à la plaza de la Cruz, reconnaissable à la tour de l'horloge et à la tour mudéjar qui complète la iglesia de la Asunción.

Un peu en dehors du bourg, au-dessus de l'église, se dressent un petit sanctuaire et les vestiges d'une tour depuis laquelle s'offre un beau panorama sur l'Arga en contrebas, le patchwork de champs et de carrés de vigne et les rangées d'éoliennes dans le lointain.

Revenez à Olite par Tafalla via la NA 6140.

NOS ADRESSES À OLITE

HÉBERGEMENT

POUR SE FAIRE PLAISIR

Hôtel Merindad de Olite – *Rúa de la Judería, 11 - ✆ 948 740 735 - www.hotel-merindaddeolite.com - 10 ch. 78 € - ☕ 7,50 €.* Établissement familial agréable, reconstruit sur les restes d'une ancienne muraille romaine et décoré dans un style chaleureux.

UNE FOLIE

Hôtel Joyosa Guarda – *Rúa de Medios, 23 - ✆ 948 741 303 - www.lajoyosaguarda.com - P - 24 ch. 100/170 € - ☕ 13 €.* Orné de balcons en bois, ce palais du 18e s., qui a emprunté son nom à la tour où fut emprisonnée Blanche de Navarre, ne passe pas inaperçu. L'intérieur est restauré avec goût et une touche de modernité. Le soir, le patio est éclairé par des torches.

RESTAURATION

PREMIER PRIX

Casa del Preboste – *Rúa de Mirapies, 8 - ✆ 948 712 250 - www.elpreboste.com. - 11 € déj. - 25/35 €.* Les épais murs en pierre de ce restaurant datent du 15e s. Ils abritaient alors la « maison du prévôt », représentant du roi chargé de récolter les impôts. L'établissement dispose de trois salles : l'une abrite (le soir) une pizzéria. Les deux autres (dont l'une possède un décor médiéval) sont réservées au service à la carte où vous pourrez goûter à la roborative cuisine navarraise.

Tudela

★

Tutera

33 910 Tudelanos – Navarre

NOS ADRESSES PAGE 443

S'INFORMER

Office de tourisme – *C/Juicio, 4 - 31500 Tudela (face au portail de la cathédrale) - ✆ 948 848 058 - www.tudela.com - de la Sem. sainte : oct. : lun.-vend. 9h30-14h, 16h-20h, sam. 10h-14h, 16h-20h, dim. et j. fériés 10h-14h ; reste de l'année : fermeture à 19h (lun.-sam.). - 1er janv. et 25 déc.*

SE REPÉRER

Plan de région B4 (p. 374) – carte Michelin n° 573 F 25. À 96 km au sud de Pampelune par l'A 15, Tudela veille à la frontière navarro-aragonaise. Campée au bord de l'Èbre, elle s'intègre à la Ribera, région de plaines ouvertes qui suit le cours de ce fleuve majeur.

SE GARER

Le vieux centre est en grande majorité piétonnier. Garez-vous en périphérie (payant) ou dans un parking proche de la plaza de los Fueros.

À NE PAS MANQUER

Une promenade dans les Bárdenas Reales.

Tudela compte aujourd'hui parmi les plus importantes villes d'origine islamique. Fondée au 9e s. par le calife de Cordoue, c'est son importante communauté juive qui lui apporte alors la prospérité. Un quartier maure (Morería) et juif (Judería) ainsi que d'anciennes demeures de style mudéjar ont d'ailleurs été conservés. Aujourd'hui, la ville est un florissant centre agricole, pour le plus grand bonheur des restaurateurs locaux qui offrent selon la saison : laitues, asperges, artichauts...

Les Bárdenas Reales, 42 500 hectares de terres arides.
P. Uriz / Servicio de Marketing Turístico Gobierno de Navarra

Se promener

Plaza de los Fueros

Au moindre événement, festif ou politique, tous les habitants convergent vers cette place baroque (1687), trait d'union entre le quartier historique et la ville moderne.

Quittez la place par le Muro, large rue qui rejoint le paseo de Pampelune. À son extrémité, tournez à gauche pour rejoindre la plaza de la Judería.

Plaza de la Judería

Son nom rappelle que, jusqu'à son expulsion en 1498, la ville abritait une importante communauté juive dont les plus illustres représentants ont été le philosophe et mathématicien Abraham ibn Ezra et le poète Yehouda Ha Lévi. Le **palais** Renaissance **del Marqués de San Adrián** du 16e s. borde l'un de ses côtés. Notez à l'étage les arcs de style aragonais et l'avant-toit sculpté par le sculpteur d'origine franco-aragonaise installé à Tudela en 1519, Esteban de Obray. L'intérieur abrite un patio Renaissance.

Prenez la petite rue qui longe le palais sur sa droite et marchez tout droit dans les rues Magallón puis Pontarrón pour aboutir à la plaza Vieja et à la cathédrale.

Plaza Vieja

Elle est bordée par l'*ayuntamiento* (hôtel de ville), bâtiment du 15e s. et le musée d'Art moderne qui a investi le palais d'une noble famille de Tudela, profondément remanié à l'époque baroque.

Museo de Arte moderno Muñoz Sola – *Plaza Vieja 2 - ☏ 948 402 640 - www.museomunozsola.com - lun.-vend. 10h-13h30, 16h30-19h, w.-end et j. fériés 10h-13h30 - 2 €; billet combiné avec le musée de Tudela 3 €.* Natif de Tudela, le peintre César Muñoz Sola (1921-2000) a réuni au cours de sa vie une collection d'œuvres picturales, pour la plupart françaises et datant de la seconde moitié du 19e s. (Girodet de Roucy, Hugard de la Tour, Julien Tavernier, Foubert…). Elle est aujourd'hui exposée dans ce musée, qui consacre également une salle aux peintures, très académiques, de l'enfant du pays.

Rejoignez la calle Roso, à l'opposé de la calle de Pontarrón, afin de découvrir le palais épiscopal.

Palacio episcopal y Museo de Tudela

☏ 948 402 161 - www.ciudadtudela.com/decanal - lun.-vend. 10h-13h30, 16h-19h, sam. et j. fériés 10h-13h30 - fermé dim. (sf j. fériés) - 3 € (-18 ans 1,50 €). L'ancien **palais épiscopal** construit en brique au 16e s. abrite le **musée de Tudela** et

donne accès à la **cathédrale★★**. Avant de pénétrer dans le musée, installé pour partie dans le cloître, admirez le superbe portique plateresque qui orne sa façade côté Roso. Dans le musée, vous découvrirez une collection d'art sacré. Ne manquez pas les **azulejos★** du 16e s. de la chapelle.

★★ Catedral Sta María la Blanca

Accès par le musée. 3,60 €. 12e-13e s. C'est un excellent exemple de l'architecture de transition romano-gothique. Le **portail du Jugement★★**, surprenant ensemble sculpté, difficile à voir globalement à cause du manque de recul, expose près de 120 personnages illustrant, parfois avec beaucoup de verve, le Jugement dernier.

BELVÉDÈRES

Les meilleurs points de vue sur Tudela se capturent depuis la **colline du Sagrado Corazón** qui surplombe la vieille ville, et la **tour arabe Monreal** qui lui fait face, de l'autre côté de la plaza de los Fueros, dans la ville moderne.

L'intérieur, roman dans son élévation, est gothique dans les voûtes et les fenêtres hautes. Excepté la clôture du chœur et quelques chapelles latérales baroques, l'église est riche en œuvres gothiques : stalles du chœur (début 16e s.), retable du maître-autel (vers 1500), Notre-Dame la Blanche (vers 1200 – statue reliquaire d'allure byzantine) dans la chapelle absidiale droite. La **chapelle N.-D.-de-l'Espérance★**, juste à côté, renferme plusieurs chefs-d'œuvre du 15e s. : le sépulcre d'un chancelier du roi de Navarre et le **retable central** (1412) dédié à la Vierge. Dans l'abside gauche, l'une des chapelles abrite le **retable de sta Catalina★★**, en bois doré polychrome (fin 14e s.).

★★ **Claustro** (Cloître) – Ensemble très harmonieux des 12e-13e s. Les arcades romanes reposent alternativement sur deux ou trois colonnes aux chapiteaux historiés relatant, pour la plupart, les épisodes du Nouveau Testament et de la vie des saints. Dans le mur d'une des galeries a été conservée une porte de l'ancienne mosquée. La **chapelle de San Dionis**, ancienne synagogue, retrace quant à elle l'histoire de la communauté juive de Tudela. Dans les galeries, des panneaux évoquent la cohabitation des trois religions monothéistes dans la ville.

En passant par la plaza San Jaime, engagez-vous dans la calle Rúa.

Calle Rúa

Cette rue comprend quelques-uns des plus beaux édifices civils du vieux Tudela. Voyez la magnifique façade de la **casa del Amirante★★** (1515) ornée de cariatides, d'un joli balcon plateresque et d'un avant-toit à caissons. Plus loin se dresse celle de la **casa Ibañez Luna** (16e s.), plus modeste mais aussi de style baroque. Admirez son tympan roman.

La rue mène à l'église de San Nicolás.

Iglesia San Nicolás

À l'angle de la calle de Serralta. En la réédifiant au 18e s., on a replacé sur la façade en brique de style mudéjar le tympan roman d'origine où figure Dieu le Père assis, tenant son fils et entouré des symboles des évangélistes.

Prenez à gauche la calle de Serralta, suivez-la jusqu'au bout puis tournez à gauche pour déboucher dans la plaza Mercadal.

Plaza Mercadal

Cette place étroite est longée par l'édifice baroque de Castel Ruiz, ancien collège des jésuites construit en 1608 près de l'église St-Georges (San Jorge), qui abrite un centre culturel. N'hésitez pas à y entrer pour admirer les caves en pierre de taille, le patio et l'ornementation baroque de la voûte.

À son extrémité, prenez sur votre droite la rue qui débouche sur la rue Herrerías au terre-plein verdoyant.

Palacio del Marqués de Huarte

Ce palais du 18e s. de style néoclassique accueille aujourd'hui la bibliothèque.

Revenez par la calle Yanguas y Miranda à la plaza de los Fueros.

ORIGINE MUSULMANE

Fondée par les Arabes en 802, Tudela devient chrétienne après la conquête de Saragosse par Alphonse Ier le Batailleur en 1119. Navarraise depuis 1134, elle fut la dernière cité à se soumettre au roi de Castille en 1512. Dès le 16e s., elle profite d'une certaine prospérité agricole et commerciale, comme en témoignent les édifices plateresques (Renaissance espagnole) qui parsèment son vieux centre. Des atouts économiques (situation stratégique et agriculture) qu'elle a entretenus et préservés tout au long des siècles puisque, à la fin du 19e s., céréaliculture et viniculture se développent comme jamais (asperges, haricots, piments, etc.). Aujourd'hui, Tudela représente le grand centre de la Ribera, où industries agroalimentaires côtoient métallurgie et équipements lourds.

À proximité Plan de microrégion

★★ Bárdenas Reales B4

Les Bárdenas Reales, ce sont 42 500 ha de terres arides aux multiples couleurs selon que le gypse, l'argile ou le grès affleurent. Elles se divisent en plusieurs secteurs, reconnaissables à leur végétation. Ainsi, le nord et la **Bárdena Negra** (partie méridionale) se caractérisent par la présence de pinèdes et de chênes kermès. Dans le centre et dans la **Bárdena Blanca**, il s'agit plutôt de maquis assez chichement réparti. C'est ici que se trouvent les sites les plus spectaculaires. Cette variété de paysages et de flore permet la cohabitation d'une faune sauvage (pinsons, rapaces, serins) et d'animaux domestiques. Il est en effet encore de tradition de faire entrer les brebis sur ce territoire pour qu'elles y paissent l'hiver. Leur arrivée se célèbre très officiellement lors de la Sanmiguelada qui a lieu le 18 septembre.

Accès aux Bárdenas Reales – *15 km au nord de Tudela. Deux accès permettent d'aborder le désert. L'un se prend 800 m avant Arguedas, après le km 13 en venant de Tudela sur la NA 134, à droite. Vous verrez de petits panneaux marqués « Case » et « Bárdenas Reales ». Tournez là. Ne manquez pas la route qui est très discrète ! L'autre accès se fait au niveau de N. S. del Yugo, qui se rallie via Arguedas. Ne vous aventurez pas dans le parc sans documentation ni carte, et encore moins sans eau ni couvre-chef si vous êtes à pied ou à vélo ; attention également à la présence de serpents. Excursions organisées (voir « Nos adresses à Tudela » p. 444).*

La première route traverse des marais avant de passer devant des montagnes pelées. Ce n'est qu'après 6 km que la piste commence et qu'elle s'enfonce dans un territoire un peu plus désertique, pour passer à côté d'une base militaire. Plus le chemin pénètre dans les Bárdenas, plus le spectacle de l'érosion devient féerique. Tout est raboté et raviné par le vent et l'eau.

L'entrée par Nuestra Señora del Yugo, sanctuaire abritant une Vierge du 15e s., mène à la partie la plus connue des Bárdenas, celle de la Blanca où se trouvent des sites tels que Pisquerra, la butte de Sanchicorrota, la Ralla et le Rallón. Dépaysement total assuré !

Itinéraire conseillé

PALAIS ABANDONNÉS ET SANCTUAIRES B4

Pour visualiser cet itinéraire de 75 km, reportez-vous au plan de la région (p. 374) – comptez 2h. Dans Tudela, suivre la direction de Logroño puis Corella par la NA 160.

La NA 160 traverse des paysages de pinèdes, de rocailles et de buissons rachitiques, avec les éoliennes en toile de fond.

★ Corella

Bien que les palais baroques du quartier historique de Corella tombent en décrépitude, ils donnent à la vieille ville un charme suranné auquel on ne reste pas insensible. Voyez plutôt le vieux palais de brique qui borde la plaza de los Fueros, avec son avant-toit sculpté, ses arcades au dernier étage et les vestiges de céramiques qui entourent encore sa porte. Depuis la plaza de España où se trouvent l'*ayuntamiento* et le palais blasonné du marquis de Bajamar, un réseau de ruelles vous révèlera des maisons anciennes aux murs tout juste droits comme ceux de la casa de los Sada ou encore ceux du palais Sopranis (18e s.).

Musée de l'Incarnation – *Juil.-sept. : apr.-midi.* Accolé à l'église, le cloître accueille désormais une intéressante collection d'art religieux des 16e, 17e et 18e s.

La NA 161 vous conduit à Cintruénigo.

Cintruénigo

Quelques palais au faste fané se fondent dans le vieux centre de Cintruénigo, notamment sur la plaza de los Fueros ou dans la calle Baron de la Torre.

Basilique de la Purissima – *Aux portes du bourg en direction de Fitero.* Sanctuaire de style maniériste de la première moitié du 17e s. À l'intérieur, l'un des premiers retables baroques de Navarre représentant l'Immaculée Conception.

Reprenez la NA 160.

Fitero

27 km à l'ouest. Dans Tudela, suivez la direction Logroño puis Corella et prenez la NA 160 vers Cintruénigo et Fitero. Pénétrez dans le centre, contournez le parvis de l'abbatiale et garez-vous sur la place ombragée de l'hôtel de ville.

Office de tourisme – *C/de la Iglesia, 8 - 31593 Fitero - ✆ 948 776 600 - mat. et apr.-midi, sam. mat. - fermé dim. et j. fériés.*

C'est à Fitero que s'élève le premier couvent cistercien construit dans la péninsule (1140). Fait rare, il est intégré au tissu urbain, en raison du développement de la population de ce qui n'était qu'un village thermal. Sa mainmise sur le bourg provoqua de nombreuses révoltes jusqu'en 1836, date à laquelle la loi de sécularisation permit aux villageois de s'en émanciper. Une partie des bâtiments accueille aujourd'hui des institutions civiles (mairie, maison de retraite, bibliothèque) qu'un plan de réhabilitation prévoit à terme d'installer ailleurs. Pour l'heure, en attendant la réhabilitation du cloître prévue pour 2012, seule l'église se visite.

★ **Église de Fitero** – Elle date du 12e s., comme en témoigne l'allure romane de son **chevet**★, auréolé de chapelles absidiales, visibles en contournant l'édifice. L'intérieur, représentatif de la sobre architecture cistercienne, conserve

un retable majeur Renaissance (fin du 16e s.), d'autres baroques, comme celui de sainte Thérèse (abside droite), et un orgue datant du 17e s.
Achevez la traversée du village et tournez à gauche sur la NA 6900 pour rejoindre Cascante.
Jolis paysages de vergers au pied de collines arborées.

Cascante

★ **N. S. del Romero** – Construite en brique à la fin du 17e s., elle domine le bourg du haut de sa colline, depuis laquelle se déploie un très beau **panorama★** sur les plaines de Queiles, les Bárdenas, la frontière aragonaise et le massif du Moncayo. On y accède par une **rampe★** irrégulièrement pavée que bordent 39 arcades de brique.
À l'intérieur, admirez le dôme Renaissance, la riche décoration du chœur, son retable baroque et celui, plus ancien, de la chapelle de droite.
Prenez la N 121 en direction de Tarazona.

Tulebras

Le monastère de brique abrite depuis 1149 une communauté de cisterciennes (la première implantée en Espagne).
Derrière le monastère et le hameau passent plusieurs voies de randonnée, comme la voie verte del Tarazonica ralliant Tudela à Tarazona sud, ou celle allant de Tulebras à Cascante via Ablitas.
Revenez à Tudela par la N 121.

NOS ADRESSES À TUDELA

HÉBERGEMENT

PREMIER PRIX

Hôtel Remigio – *Gaztambide, 4 - ✆ 948 820 850 - www.hostalremigio.com - 34 ch. 50/55 € - ☕ 4 € - rest. 13 €.* Cet hôtel fonctionnel constitue un point de départ idéal pour parcourir la ville à pied. Il propose des chambres d'une propreté exemplaire, desservies par un élégant escalier orné de verre. Restaurant au menu attractif. Spécialités locales à base de bons produits maraîchers.

BUDGET MOYEN

Hôtel Pichorradicas – *Cortadores, 11 - ✆ 948 821 021 - www.pichorradicas.es - 7 ch. 75 € - ☕ 8,50 € - rest. 35/40 €.* Aucun doute, cet hôtel mérite l'attention. Outre sa situation enviable en plein quartier historique, ses chambres, personnalisées et bien équipées, s'avèrent très accueillantes. Si vous le pouvez, choisissez les pièces mansardées : plus vastes, elles possèdent des baignoires hydromassantes…

POUR SE FAIRE PLAISIR

Hôtel AC Ciudad de Tudela – *Misericordia s/n - ✆ 948 402 440 - www.ac-hotels.com - P - 41 ch. 121 € - ☕ 11 € - rest. 34/44 €.* Belles installations et fusion judicieuse entre le passé et l'avant-garde. Venez découvrir son charme dans des chambres équipées dans le pur style de cette prestigieuse chaîne d'hôtels. Salle à manger moderne et claire, où l'on déguste une belle variété de plats.

RESTAURATION

BUDGET MOYEN

Meson Julian – *Merced, 9 - ✆ 948 822 028 - www.mesonjulian.com - fermé 1re quinz. de sept. - formule déj. 20 € - 18,70/30 €.* Ce restaurant séduit par sa situation en plein quartier historique, par son décor où se mêlent brique et bois et, bien sûr, par ses goûteux petits plats traditionnels. Le chef utilise surtout les produits de saison qu'il fait mijoter. La carte des vins est riche de bons petits crus.

Casa Ignacio (Pichorradicas) – *Cortadores, 11 - ✆ 948 821 021 - www.pichorradicas.es - fermé dim. soir et lun. - 28/33 €.* Ce restaurant intime est installé dans une maison du quartier historique. Dans les deux salles de style moderne, on appréciera le décor de poutres et de murs en brique.

POUR SE FAIRE PLAISIR

Treintaitres – *Capuchino, 7 - ✆ 948 827 606 - www.restaurante33.com - fermé 1er-23 août, 24 déc.-2 janv., lun. soir, mar. soir et dim. - 41 €.* Établissement familial, avec un bar et deux salles, l'une sur le côté et l'autre à l'étage, toutes deux à la décoration minimaliste.

SPORTS ET LOISIRS

Bárdenas Reales – *Information et réservation ✆ 948 412 396 - www.turismobardenas.com* - propositions d'activités (minimum 4 pers.) - promenade en 4x4 : 160 € (4h) - vélo et randonnée pédestre : 30 €/pers. (4h). Et pour les hédonistes, découverte œnologique (80 €).

AGENDA

Fêtes patronales de Ste-Anne (24-30 juil.), comprenant à partir du 25 : feria, courses de taureaux, *encierros* et la *revoltosa*, une danse qui a lieu plaza de los Fueros.

Notes

Notes

Notes

Petit glossaire

Quelques termes essentiels pour mieux appréhender la région.

Aste Nagusia – Semana Grande, la « grande semaine », la fête par excellence.

Bertsu – Chant improvisé que les auteurs-interprètes (les **bertsolari)** adaptent aux réactions de l'auditoire.

Cagots – Les parias du Pays basque français au Moyen Âge. Mais le mystère demeure sur les raisons de cet ostracisme : leur origine ethnique ou religieuse, une maladie contagieuse (peut-être la lèpre).

Cesta punta – La plus spectaculaire des spécialités de la pelote.

Chahakoa – Gourde en cuir, pour boire à la régalade.

Chistera – Panier d'osier à armature de châtaignier fixé à la main du *pelotari*. Il en existe plusieurs types : le petit *chistera* ou **joko garbi** (petit gant) ; le grand *chistera* ; et le **remonte,** à panier peu profond mais plus long que le *joko garbi*.

Chupinazo – Pétard mis à feu dans un bruit assourdissant au début de toute festivité qui se respecte. Le plus fameux, qui marque à Pampelune le coup d'envoi des Sanfermines, est retransmis à la télévision dans toute l'Espagne.

Compostela – Attestation délivrée aux pèlerins à leur arrivée à St-Jacques-de-Compostelle.

Credencial – Le sauf-conduit indispensable pour se loger en Espagne sur les chemins de St-Jacques et pour obtenir la compostela.

Encierro – Lâcher de taureaux dans les rues sur un trajet balisé. Ceux de Pampelune sont les plus connus.

Etxe – Pron. « etché ». La maison.

Fors, fueros – Privilèges.

Francos – Littéralement les Francs. Pèlerins venus de France et fixés dans les villes créées en Navarre à l'initiative des rois qui leur accordaient des privilèges.

Gaïta-dulzaïnera - Si le nom signifie en espagnol « cornemuse », cet instrument d'origine navarraise s'apparente plutôt au hautbois, et se joue accompagné d'un tambour, l'**atabal**.

Hórreo – Grenier à blé sur pilotis.

Jacquet, jacquot ou **jacobit** - Surnoms donnés aux pèlerins de Compostelle.

Jaï-alaï – Pron. « jaï alaï ». Littéralement jeu allègre. C'est un fronton-mur à gauche, doté d'une **cancha** (terrain) de 55 à 60 m sur lequel se pratique la cesta punta.

Laminak – Lutin légendaire, féminin ou masculin, plus ou moins bienveillant, indissociable des légendes de la région.

Lauburu - C'est la croix basque. Composée de quatre « virgules », elle orne les stèles discoïdales.

Mamia - Lait caillé de brebis, souvent dégusté avec du miel.

Makhila – Bâton de marche (mais aussi de défense) en bois de néflier, dotée d'un pommeau en corne ou en métal. Dévissé, il révèle une pointe en fer forgé…

Mari – Principale divinité de la mythologie basque.

Marmitako – Le grand classique de la cuisine des pêcheurs basques : ragoût de poisson (en principe de thon), pommes de terre, tomates épépinées, poivrons mijotant dans le vin blanc avec du piment (d'Espelette bien sûr !).

Mozárabe – Le terme désigne les chrétiens ayant conservé leur religion sous la domination arabe. En matière artistique, c'est un art aux influences islamiques (entrelacs de stucs) mais qui s'applique à des thèmes chrétiens.

Mudéjar – Ce sont les musulmans vivant sur des terres reconquises par les chrétiens. Le style mudéjar se caractérise par ses emprunts à l'art islamique (arcs outrepassés, *artesonados* – plafonds à caissons –, etc.).

Pastorale - Peut-être héritière des mystères du Moyen Âge. Attestée en Soule depuis 1580, cette représentation théâtrale sur des thèmes souvent religieux mais parfois historiques, mobilise tous les habitants du village, et peut durer plusieurs heures.

Pibale ou civelle - Alevin d'anguille, malheureusement en voie de disparition, victime des traditions culinaires du Pays basque.

Piment – L'incontournable spécialité d'Espelette. Attention : en Espagne, le terme **pimiento de piquillo** désigne en réalité un poivron navarrais…

Pintxos – Pron. « *pintchos* ». Tapas particulièrement élaborées, de véritables plats en miniature.

Pottok – Petit cheval sauvage, jadis utilisé comme animal de trait dans les mines.

Sagardoa – Cidre.

Soka tira – Le tir à la corde, épreuve reine des jeux de force basques.

Stèle discoïdale – Monument funéraire très présent dans les cimetières basques. Elle est constituée d'un disque de pierre souvent marqué de la croix basque, et reposant sur un socle trapézoïdal.

Tobera – Pièce de théâtre, parfois polémique, liée à des questions locales et jouée sur la place des villages ; tradition toujours vivante en Basse-Navarre et en Labourd.

Trinquet – Fronton couvert.

Ttoro – Spécialité de Ciboure : soupe de poissons, langoustines et moules apprêtée au piment d'Espelette.

Txapela – L'indispensable béret, appelé **boina** en espagnol. Celui qui le porte est nommé *txapeldun*.

Txarangas (ou **bandas** ou encore **peñas**) – Fanfares chargées d'animer (avec entrain et à grand renfort de grosse caisse) les festivités.

Txikiteo – Activité incontournable : c'est l'art de « tapear » d'un bar à l'autre.

Txistu - Pron. « tchistou ». Flûte basque à trois trous.

Txotx – Pron. « tchotch ». Du nom de la pièce de bois servant à fermer les tonneaux, c'est le rituel de dégustation du cidre nouveau.

INDEX GÉNÉRAL

Biarritz : villes, curiosités et régions touristiques.
Jacques, saint : noms historiques ou termes faisant l'objet d'une explication.
Les sites isolés (châteaux, abbayes, grottes…) sont répertoriés à leur propre nom.
Nous indiquons, entre parenthèses, le nom du département auquel appartient chaque ville ou site.

A

B

C

M

N

T

U

V

CARTES ET PLANS

CARTE GÉNÉRALE

Premier rabat de couverture

CARTES DES RÉGIONS

PLAN DE VILLE

CARTES THÉMATIQUES

CARTE DES ITINÉRAIRES DÉCRITS

CHANGEMENT DE NUMÉROTATION ROUTIÈRE !

Sur de nombreux tronçons, les routes nationales passent sous la direction des départements. Leur numérotation est en cours de modification. La mise en place sur le terrain a commencé en 2006 mais devrait se poursuivre sur plusieurs années. De plus, certaines routes n'ont pas encore définitivement trouvé leur statut au moment où nous bouclons la rédaction de ce guide.

LÉGENDE DES CARTES ET PLANS

Curiosités et repères

- Itinéraire décrit, départ de la visite
- Église
- Mosquée
- Synagogue
- Monastère - Phare
- Fontaine
- Point de vue
- Château - Ruine ou site archéologique
- Barrage - Grotte
- Monument mégalithique
- Tour génoise - Moulin
- Temple - Vestiges gréco - romains
- Temple : bouddhique - hindou
- Autre lieu d'intérêt, sommet
- Distillerie
- Palais, villa, habitation
- Cimetière : chrétien - musulman - israélite
- Oliveraie - Orangeraie
- Mangrove
- Auberge de jeunesse
- Gravure rupestre
- Pierre runique
- Église en bois
- Église en bois debout
- Parc ou réserve national
- Bastide

Sports et loisirs

- Piscine : de plein air - couverte
- Plage - Stade
- Port de plaisance - Voile
- Plongée - Surf
- Refuge - Promenade à pied
- Randonnée équestre
- Golf - Base de loisirs
- Parc d'attractions
- Parc animalier, zoo
- Parc floral, arboretum
- Parc ornithologique, réserve d'oiseaux
- Planche à voile, kitesurf
- Pêche en mer ou sportive
- Canyoning, rafting
- Aire de camping - Auberge
- Arènes
- Base de loisirs, base nautique ou canoë-kayak
- Canoë-kayak
- Promenade en bateau

Informations pratiques

- Information touristique
- Parking - Parking - relais
- Gare : ferroviaire - routière
- Voie ferrée
- Ligne de tramway
- Départ de fiacre
- Métro - RER
- Station de métro (Calgary, ...) (Montréal)
- Téléphérique, télécabine
- Funiculaire, voie à crémaillère
- Chemin de fer touristique
- Transport de voitures et passagers
- Transport de passagers
- File d'attente
- Observatoire
- Station service - Magasin
- Poste - Téléphone
- Internet
- H B Hôtel de ville - Banque, bureau de change
- J POL Palais de justice - Police
- GNR Gendarmerie
- T U M Théâtre - Université - Musée
- Musée de plein air
- Hôpital
- Marché couvert
- Aéroport
- Parador, Pousada (Établissement hôtelier géré par l'État)
- A Chambre d'agriculture
- D Conseil provincial
- G Gouvernement du district, Délégation du Gouvernement Police cantonale
- L Gouvernement provincial (Landhaus)
- P Chef lieu de province
- Station thermale
- Source thermale

Axes routiers, voirie

- Autoroute ou assimilée
- Échangeur : complet - partiel
- Route
- Rue piétonne
- Escalier - Sentier, piste

Topographie, limites

- Volcan actif - Récif corallien
- Marais - Désert
- Frontière - Parc naturel

Comprendre les symboles utilisés dans le guide

LES ÉTOILES

★★★ **Vaut le voyage** ★★ **Mérite un détour** ★ **Intéressant**

HÔTELS ET RESTAURANTS

9 ch.	Nombre de chambres
7,5 €	Prix du petit-déjeuner en sus
50 €	Prix de la chambre double, petit-déjeuner compris
bc	Menu boisson comprise
	Air conditionné dans les chambres
	Restaurant dans l'hôtel
	Établissement servant de l'alcool
	Piscine
CC	Paiement par cartes de crédit
	Carte de crédit non acceptée
P	Parking réservé à la clientèle

SYMBOLES DANS LE TEXTE

	A faire en famille
	Pour aller au-delà
	Promenade à pied
	Randonnée à vélo
	Facilité d'accès pour les handicapés
A2 B	Repère sur le plan

Manufacture française des pneumatiques Michelin
Société en commandite par actions au capital de 304 000 000 EUR
Place des Carmes-Déchaux - 63000 Clermont-Ferrand (France)
R.C.S. Clermont-Fd B 855 200 507

Dépôt légal : 09 2009 – ISSN 0293 9436
Compograveur : Michelin, Paris
Imprimeur : Tipografica Varese, Italie
Imprimé en Italie : 09 2009

Dans la collection Le Guide Vert

Nos guides sur l'étranger

- Allemagne
- Andalousie
- Angleterre Pays de Galles
- Autriche
- Barcelone et la Catalogne
- Belgique Luxembourg
- Bulgarie
- Canada
- Chine [N]
- Chypre [N]
- Croatie
- Écosse
- Égypte
- Espagne Atlantique
- Espagne du Centre Madrid Castille
- Espagne Méditerranéenne Baléares
- Grèce
- Irlande
- Italie du Nord
- Italie du Sud Rome Sardaigne
- Japon
- Londres
- Maroc
- Mexique [N]
- Moscou St-Pétersbourg
- Nouvelle Angleterre [N]
- Pays Baltes
- Pays Bas
- Pologne
- Portugal
- Québec
- Rome
- Roumanie
- Sardaigne [N]
- Scandinavie
- Sicile
- Sud-Ouest américain [N]
- Suisse
- Thaïlande [N]
- Toscane Ombrie Marches

Nos guides week-end en France et à l'étranger

- Week-end Amsterdam
- Week-end Barcelone [N]
- Week-end Berlin
- Week-end Bordeaux [N]
- Week-end Bruxelles
- Week-end Budapest
- Week-end Cracovie
- Week-end Edimbourg [N]
- Week-end Florence
- Week-end Istanbul
- Week-end Lisbonne
- Week-end Londres
- Week-end Lyon [N]
- Week-end Marrakech Essaouira[N]
- Week-end Marseille [N]
- Week-end Montpellier [N]
- Week-end Nantes [N]
- Week-end New York
- Week-end Prague
- Week-end Rome [N]
- Week-end Stockholm [N]
- Week-end Tunis [N]
- Week-end Venise
- Week-end Vienne [N]

Nos guides sur la France

- Alpes du Nord
- Alpes du Sud
- Alsace Lorraine
- Aquitaine
- Auvergne
- Bourgogne
- Bretagne
- Champagne Ardenne
- Charente-Maritime
- Châteaux de la Loire
- Corse
- Côte d'Azur
- Essonne
- France
- France Sauvage
- Franche-Comté Jura
- Haut-Rhin
- Idées de promenades à Paris
- Idées de week-ends aux environs de Paris
- Idées de week-ends en Provence
- Île-de-France
- Languedoc Roussillon
- Limousin Berry
- Loire
- Loiret
- Lyon Drôme Ardèche
- Meuse
- Midi Toulousain
- Moselle
- Nord Pas-de-Calais Picardie
- Normandie Cotentin
- Normandie Vallée de la Seine
- Paris
- Paris enfants
- Pays Basque France Espagne et Navarr
- Périgord Quercy
- Poitou Charentes Vendée
- Provence
- Puy-de-Dôme
- Tarn [N]
- Touraine côté Sud
- A75 La Méridienne
- 31 sites français au patrimoine de l'Unesco [N]

[N] : Nouveau